이 책은 나의 중학교 스승이신,

학원鶴園 성호운成虎雲 선생님을 추념 하면서 엮습니다.

나의 중학시절은 삶에서 가장 약동하는 봄날이었습니다.

우리 학교는 퇴계 이황이 18세 때 공부하던 유서 깊은 안동향교의 행단杏壇으로 "과학의 보습으로 진리 밭 갈아 민주의 씨를 뿌려 자주성 쌓자."교가를 흩날리며 싱그럽게 약동하던 갈매 빛 꿈과 이상, 열정의 요람이었습니다.

국어시간, 우리는 교과서에서 중요한 단어를 찾아서 뜻을 풀이하고 그 단어가 들어가는 단문을 2개씩 짓고 詩나 에세이(essay)를 써야 했으며, 단원이 끝나면 노트 정리는 정자로 또박또박 쓰고 여백에는 삽화를 그려서 디테일(detail) 하게 꾸며야 했습니다.

선생님은 삽삽한 청모시옷에 합죽선을 저으며 구름 흘러가는 창밖을 향해 유유자적 신선이었습니다. '無爲之事 不言之敎'. 은근한 가르침이었습니다.

'無爲'란 함이 없음이 아니라, '알묘조장揠苗助長'하지 않는 것입니다.

필기시험 한 번으로 간편한 것을 마다하시고, 붉은 잉크를 찍어서 일일이 적은 첨삭 지도는 백 마디의 말보다 더 무겁게 가슴을 쳤습니다.

선생님, 글쓰기는 '가장 적절한 단어를 찾는 일' 임을 이제야 알겠습니다.

※ 학원鶴園 성호운成虎雲 선생님은 안동사범 병설중학교 국어 교사로 재직하시면서, 1956년 조선일보 신춘문예 〈인간고발〉, 1959년 동아일보 신춘문예 〈인맥〉 입선. 〈길〉, 〈목향이 타는 세월〉 등을 발표하고, '안동사범학교 교가'를 작사 했습니다. 송나라의 시인 임포林逋가 서호의 고산에 '放鶴亭'을 짓고 매화와 학을 벗 삼았듯이, 선생님은 서재에 '處鶴堂' 편액을 걸어놓고 학처럼 고매한 삶을 지향했습니다.

싱그런 찔레꽃머리, 꽃두레들의 재잘거림이
들리는 듯 합니다
삶의 터서리에 따라 말의 본새가 다르고,
외래어와 인터넷 용어가 익숙해진 지 오랩니다.
'순우리말', 외계어처럼 생소하게 느껴질 것입니다.
제자리 놓이고 보면 비대칭도 편안해진다면
다행입니다

왁자지껄 끓고 있는 난로 위 주전자 물
당신은 에스프레소, 그 향을 떠올리는데
왜 나는 후~ 불어 먹는 라면이 생각날까

짧기도 한 봄 한철이 아직은 창밖인데
입맛만 다시다가 우두커니 앉은 저녁
안전핀 뽑지 않아서 우린 아직 안전한가

한 치 어김없이 매사가 딱 맞기를
목숨을 걸어가며 안달할 일 뭐 있을까
제자리 놓이고 보면 비대칭도 편안한걸

신필영, '에스프레소 혹은, 라면', 달빛줄려, 책만드는집, 2014.

자갈치 아지매

'**자갈치 아지매**'는 성우가 사투리를 쓰는 '자갈치 아지매'로
분하여 내레이션을 하는 형식으로 부산 시민들의 제보를
받아서 사회 고발이나 미담을 하루에 한 가지씩 소개하는
'부산문화방송'의 라디오 프로그램입니다.

'**자갈치 아지매**'는 표준어가 아닌 부산 특유의 사투리를
사용함으로써 친근하고 서민적인 목소리로 부산 시민들의
감정을 보듬었습니다.

'**자갈치와 국제시장**'은 예기치 않은 6.25 동란으로 팔도에서
모여든 피난민들의 전쟁 공포와 춥고 허기지고 뼛속깊이
외로운 애옥했던 삶이 깃든 곳으로 지금도 '팔도의 억양'이
고등어처럼 팔딱이는 곳입니다.

시 읊으면 거닐었네
우리말 항아리

박대우 엮음 | 오용길 그림

차 례

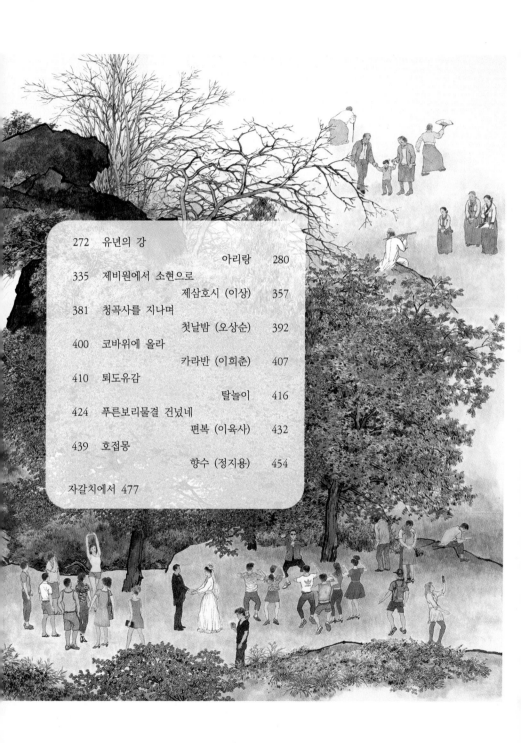

나랏말싸미 듕귁에 달아
문자와롤 서로 사맛디 아니활세
이런 전차로 어린백성이 니르고져 훑배이셔도
마참내 제뜻을 시러펴디 몯홓노미하니라
내 이롤 어엿비너겨 새로 스믈여듧글자롤 맹가노니
사람마다 해여 수비니겨 날로 쑤메 뻔하킈하고져
홓따라미니라

곤양昆陽의 봄

그대, 내년 산 벚꽃 피는 계절에 삼신산 쌍계사를 나와 함께 유람하시기를 바라고 바랍니다.

임진년(1532) 가을, 곤양 군수 관포 어득강의 편지를 받았다.

"그대, 내년 산 벚꽃 피는 계절에 삼신산 쌍계사를 나와 함께 유람하시기를 바라고 바랍니다."

시인은 어관포를 만나러 곤양으로 달려가고 싶었다. 쌍계사를 유람하며 청학동의 자연에 빠져들고 싶기도 하지만, 15세 때 산속 옹달샘의 한 마리 가제를 보고 시를 지으면서부터 여사로 시를 쓰기 시작하였다.

혈기왕성한 청년기가 되면서 도연명의 〈귀거래사歸去來辭〉를 읊었고 소동파의 〈적벽가赤壁歌〉를 소리 높여 노래했던 시인은 무엇보다 어관포의 詩에 관심이 있었다.

대사간을 지낸 63세의 현직 군수가 30세 차이의 자신을 초청한데다, 아직 급제도 하지 못한 자신에게 관심을 가진 것에 호기심이 발동하기 시작했다.

어관포가 청도 청덕루에서 시원試員들에게 하과夏課를 하였고, 흥해 관아官衙에 동주도원을 설치하여 군민을 교화한 것이 당시 젊은 선비들에게 화제가 되었다. 그러나 무엇보다 어관포와 시를 주고받는 수창酬唱이 그의 시벽詩癖을 자극한 것이다.

시인은 곤양까지 먼 길을 여행할 처지가 못 되었다. 서른세 살인데도 아직 출사를 결정하지 못했으며, 측실을 들이고 속현으로 권씨 부인을 맞이하여 형님 댁에 어머니와 아이들을 두고 지산와사에 새 살림을 차린 처지였으며, 셋째형 언장 형이 별세하여 아직 상喪 중인 데다가, 장수희를 비롯해서 조카들을 가르치고 있었다.

어머니 춘천 박씨는 넷째형의 삼백당三柏堂에 계셨다. 어머니가 아들을 불러 앉혔다.

"우물 안 개구리는 바다를 알지 못하느니라."

시인은 아직 바다의 아득한 수평선을 모른다.

"때가 아닌 듯합니다."

"기회는 새와 같으니라."

"아직, 글을 더 읽어야 합니다."

"'독만권서 행만리로讀萬卷書 行萬里路'라 하지 않느냐, 여행도 공부니라, 네 어찌 백면서생白面書生만 할 것이냐?"

여행은 목적지에 도착하는 것만 목적이 아니다. 만남과 헤어짐이 있고, 보고 듣고 생각이 깊어질 것이다.

"버리고 떠나야 채울 수 있느니라."

"……"

장인 허찬은 딸이 죽은 후 의령 백암촌으로 돌아갔고, 영주 초곡의 문전文田은 그의 아들 허사렴이 맡았다.

'의령 처가에 가서 준寯이 외조부도 뵙고……'

어머니는 아들의 마음을 꿰뚫고 있었다.

시인은 고행苦行을 결심했다. 원효는 화쟁和爭의 종체宗體를 찾아서 고행한 끝에 무량무변無量無邊의 대승大乘에 도달할 수 있었듯이, 그는 성리의 원두처를 앉아서 찾을 수 없음을 깨닫게 되었다. 자만自滿에 사로잡혀 견강부회牽强附會하여 원천을 두고 지류에서 방황하고 있는 것은 아닌지 확인하기 위해서는 고행苦行을 통한 깊은 성찰이 필요했다. 그리하여 시인은 사유와 통찰의 길을 고독한 여행에서 찾기로 했다.

시인은 계사년(1533) 1월부터 4월까지 여행할 예정이었다. 그해 정월正月, 연시제年始祭를 지내고 세배를 서둘러 다니면서, 여행을 위한 준비에 바빴다.

맏형 잠潛에게 어머니를 부탁하고 남행南行 길에 오르기로 했다.

노정路程은 도산에서 의령, 곤양 그리고 쌍계사까지 천릿길이다. 여행은 기동성이 있어야 하고 자유로워야 하지만, 동절기의 여행은 얼음 붙은 길에 예측할 수 없는 위험도 있기 마련이다. 안전한 여행을 위해서 젊은 말구종을 데리고 길을 나섰다.

가가 그 사람이냐? /거리에 물건을 벌여 놓고 파는 곳. '가게'.

가가다 가져가다. **가가가가** 그 사람이 그 사람이냐?

가깝다 거리가 짧다. 가작다. 가찹다. 개직다. 개깝다. 개작다. 개찹다.

가구쟁이 바지의 다리 부분. '가랑이'. 가랑이. 가구쟁이. 갈구지.

가근방 중심으로 한 그 부근 일대. 가까운 곳. '근처'. **가급적** 되도록.

가끈시리 썩 가까이 대하다. 가끈이. **가남하다** 과람하다. 분에 넘치다.

가납사니 쓸데없는 말을 지껄이며 수다스러운 사람.

가납하다 간하거나 권하는 말을 옳게 여기어 듣다.

가냘프다 몸이 몹시 가늘고 연약하다. 소리가 가늘고 약하다. 가녈하다.

가년스럽다 몹시 궁상스러워 보인다. **가녁** 변두리나 가장자리.

가누다 기운이나 정신 / 숨결을 가다듬어 바로 차리다. 가눟다.

가는바람 약하게 솔솔 부는 바람. **가는비** 빗발이 가늘게 내리는 '가랑비'.

가는이 가는 사람. 가느이, 가니이. **가늠** 목표나 기준을 미리 헤아리는 기준.

가다구니하다 일을 알뜰하고 규모 있게 처리하다.

가다귀 잔가지로 된 땔나무. **가다듬다** 태도나 매무새를 바르게 하다.

가다리 모낼 논을 삯을 받고 갈아 주는 일.

가닥스럽다 실이나 줄이 풀어지거나 갈라져 나온 느낌이 있다.

가단 굳세고 꿋꿋하게 견디어 내는 힘. '강단剛斷'.

가달 몹시 사나운 사람을 이르는 말. **가달박** 손잡이가 있는 나무바가지.

가담가담 이따금 때때로. 여기저기. '띄엄띄엄'.

가당찮다 도무지 사리에 맞지 않다. 당찮다. '같잖다'.

가따나 어찌 하든 간에. 그렇지 않아도 매우. '가뜩이나'.

가따리 같은 성씨에 딸린 먼 일가붙이. 가짜.

가대기 짐을 어깨에 메고 나르는 일. 가닥. 가대이, 까대기

가댁질 술래가 숨은 사람을 찾기. '숨바꼭질'. 개댁질.

가동거리다 아이를 치켜 올려 들 때, 아이가 다리를 옹그렸다 폈다 하다.

가두리 가장자리를 둘린 언저리. 가두리 양식.

가둥거리다 몸뚱이가 작은 사람이 엉덩이를 흔들다.

가드라들다 몸과 마음이 조여들다. 꽁하고 가드라진 성미.

가드락거리다 버릇없이 경망스럽게 도도히 굴다.

가든하다 다루기에 가볍고 단출하다. 마음이 가볍고 상쾌하다.

가들막거리다 신이 나서 도도하게 굴다. **가들** 거리 등.

가라뜨다 눈을 아래로 향하다. **가라사니** 사물을 판단할 수 있는 실마리.

가라앉히다 흥분이나 아픔을 수그러지게 하다. '가라앉다'.

가라지 밭에 나는 잡초에 비유하여 별 볼일 없는 곁붙이.

가락 오랜 경험을 통해 몸에 밴 재주나 솜씨.

가락나다 일의 능률이 오르다. **가락머리** 두 갈래로 땋은 머리. 가랑머리.

가란하다 집안이 어지럽고 어수선하다. **ㄱ람** '강'.

가람옷 일한 뒤나 외출할 때 갈아입는 옷. '갈음옷'. 가림옷.

가랑파 잎은 좁고 비늘줄기는 좁은 달걀 모양의 파. '쪽파'

가래기 검불이나 곡식 따위를 긁어모으는 데 쓰는 기구. '갈퀴'.

가래다 맞서서 옳고 그름을 따지다. 갈궇다. 갉다.

가래딴죽 씨름이나 택견에서, 가랑이에 발을 넣어 내동댕이치다.

가래발리다 가로 방향으로 벌리다.

가래톳 허벅다리의 임파선이 부어서 살갗 속에 퍼렇게 맺힌 피멍.

가래초 논이나 늪에 자라는 잡초. 가래.

가량가량하다 얼굴이나 몸이 야윈 듯 하면서 탄력이 있어 보인다.

가량맞다 조촐하지 못하여 격에 조금 어울리지 아니하다.

가력되다 산천이 무너지고 변하여 옛 모습이 없어지다.

가렴주구 가혹하게 세금을 거둬들이어 백성의 재물을 빼앗음.

가로거치다 앞에서 거칫거려서 방해가 되다.

가로꿰지다 말이나 행동이 그릇된 방향으로 나아가다.

가로다지 가로로 된 방향. 어떠한 것을 가로지른 물건. '가로닫이'.

가로닫다 샛길로 질러 달리거나 빨리 걷다.

가로맡다 남의 할 일을 가로채서 맡거나 대신 맡다.

가로새다 중간에 슬그머니 빠져나가다. 이야기가 빗나가다.

가로지다 긴 짐을 가로 방향으로 하여 지다.

가로타다 남의 일을 중간에서 당치 않게 가로맡아 나서다.

가루다 자리를 나란히 함께 하다.　**가루지기타령** 판소리 변강쇠타령.

가르다 물체가 공기나 물을 양옆으로 열며 움직이다.

가르매 머리카락을 양쪽으로 갈랐을 때 생기는 금. '가르마'. 가리마.

가르치다 아직 모르는 일을 알도록 일러 주다. 갈케다, 갈체다, 갈치다.

가리늦께 제때가 지나 늦다.　**가리구이** 소의 갈비로 만든 음식. '쇠갈비'

가리다 여럿 중에서 가려내거나 뽑다. '고르다'. 가림. 가레다.

가리단죽하다 중간에서 가로 챔. 되어가는 일을 안 되도록 하다.

가리마 부녀자들이 큰머리 위에 덮어쓰던 검은 헝겊. '가르마'.

가리사니 사물을 분간하여 판단할 수 있는 실마리.

가리새 둘 이상의 상황에서 어느 하나를 선택해야 하는 모양새.

가린스럽다 몹시 인색하다. 가린주머니.　**가마** 조그만 집 모양의 탈 것.

가마니 짚을 돗자리 치듯이 쳐서 만든 용기. 가마이. 가매, 가매이.

가마멀미 가마를 타고 갈 때 하는 멀미.　**가마이 있그라** 가만히 있어라.

가막쏘 물이 고인 웅덩이.　**가말다** 헤아려 처리하다.

가매 처첩을 팔거나 대가를 받고 딸을 시집 보내는 일.

가멸다 살림이 넉넉하다. 가멸차다. 가물지다.　**가모** 사삿집의 가정주부.

가물댁 마누라. 가물덕　**가물치다** 접질려서 근육이 부은 상태. 삐다.

가뭄살 가뭄이 드는 무섭고도 거친 기운(살기煞氣).

가뭇없다 자취가 조금도 없어져 찾을 곳이 감감하다.

가반다 좋은 점이나 착하고 훌륭한 일을 높이 평가함. '칭찬하다'.

가부리 가오릿과의 바닷물고기. '가오리'. 홍어. 노랑가오리, 살홍어.

가부좌 책상다리 앉음새.　**가분다리** 거머리처럼 검질기게 달라붙는 사람.

가뿍 가득하게 차 있는 모양.　**가뿐하다** 몸의 상태가 가볍고 상쾌하다.

가사 가령. **가살스럽다** 간사하고 얄밉다. 꾀바르다. 반지랍다. 개살스럽다.

가상자리 둘레나 끝에 해당되는 부분. '가장자리'. 가생이.

가새다 어떤 상태가 없어지거나 달라지다. '가시다'. 가샏다

가새지르다 어긋매끼어 엇걸리게 하다. **가색** 곡식 농사.

가샛물 그릇 씻는 물 '개숫물'. **가선** 쌍꺼풀이 진 눈시울의 주름진 금.

가수 거짓 좀. **가숙** 식구. **가스러지다** 성질이 온순하지 못하고 거칠어지다.

가스집 과숫댁. **가슬가슬하다** 성질이 보드랍지 못하고 매우 까다롭다.

가슭 농작물을 거두어들임. '가을'. 가실, 가슬, 가을. 가알 가앎

가슴앓이 안타까워 마음속으로만 애달파하는 일.

가슴에 묻다 가슴속에 누군가를 그리워 묻어둔다.

가승 한 가문의 계통과 혈통 관계를 적어 기록한 책. 족보. 문집.

가시나 계집아이. **가시난 듯 도셔 오쇼셔** 가시자마자 돌아오십시오.

가시내 '계집아이'를 속되게 이르는 말. 가스나, 가수나.

가시다 물 따위로 깨끗이 씻다. / 누명, 허물, 과오 따위를 깨끗이 벗다.

가시더 잘 가십시오. 잘 가세요. 가입시더. **가시버시** '부부'의 낮은 말.

가시아비/가시에미 아내의 아버지 어머니. '장인 장모'를 낮춤말.

가시윷 양편이 한 사람씩 섞여 앉아 번갈아 노는 윷놀이. 편윷.

가실 '아내'를 점잖게 이르는 말. **가실왕** 가야금을 만든 가야 말기의 왕.

가심 본바탕이 되는 재료. **가악중에** 갑자기. **가암** 크게 지르는 소리 '고함'.

가야금 가실왕이 만든 우리나라 고유 현악기의 하나.

가야산 성주군과 합천군 사이에 있는 산.

가예 가십니까? / 갑니다. **가오다** '가져오다'.

가오리흥정 값을 깎으려다 오히려 값을 올린 흥정.

가온대치 형제 가운데 둘째. **가외방하다** 얼추 비슷하다.

가윗불 군불. **가웃** 한 되, 한 말, 한 자 등 절반에 해당하는 양. 가옷, 가웇.

가위눌리다 꿈속에서 몸을 꼼짝하지 못하고 고통을 느끼다.

가위다리치다 다리를 서로 어긋 매기어 걸쳐 놓다.

가을 여름과 겨울 사이의 철. 가슳, 가실, 가앎.

가이동가이서 아무렇게나 할 만도 함. **가이방하다** 비슷하다.

가이없다 끝이 없다. **가일마을** 안동시 풍산면의 안동 권씨 집성촌.

가일층 한층더. **가자** 남에게 자기 어머니를 이르는 말.

가잠나룻 구렛나룻, 턱수염. **가장집물** 세간살이.

가재치다 이미 샀던 물건을 도로 무르다.

가쟁이 가지. **가제** 게와 새우의 중간 모양, 상류의 돌 밑에 산다. '가재(石蟹)'.

가전지물 집안에 전하여 내려온 물건. **가조기** 넓적하게 펴서 말린 조기.

가즈럽다 가진 것도 없으면서 가진 체하며 뻐기는 티가 있다. **가증** 미움.

가지껏 할 수 있는 데까지. 한도에 이르는 데까지. '한껏'. 가지끈.

가지기 정식으로 예식을 갖추지 아니하고 미혼 남자와 동거하는 과부.

가지다 그것만이고 더는 없음. 그것 뿐이다.

가지때 놋쇠로 만든 밥그릇 뚜껑. '주발 뚜껑'.식기 뚜껑.

가지런히 여럿이 층이 나지 않고 고르게. **가지롭다** 부모가 살아계시다.

가지붕탱이 키가 작고 뚱뚱한 사람. **가짢다** 바르기 못한 행동. 되잖다.

가쯘하다 그루나 가장자리가 들쭉날쭉하지 않고 가지런하다.

가차다 겁이 없고 용감하다. 담기膽氣 있다.

가차이 거리가 조금 떨어져 있는 상태. '가까이'. 가찹다

가축 몸단장. **가축하다** 알뜰히 매만져서 잘 간직하거나 거두다.

가천 성주군 가천면. **가축없다** 너무 많아서 짐작 할 수 없다. '어림없다'.

가차다 나이에 비하여 마음가짐이나 하는 짓이 야무지고 올차다. '당차다'.

가천 성주군 가천면. /무흘구곡에서 가야산을 돌아 고령으로 흐르는 대가천.

가치작거리다 거추장스럽게 자꾸 여기저기 거치거나 닿다. 갈구체다,

가칫하다 살갗이 야위거나 성미가 좀 거친 듯하다.

가탄이다 마음에 들지 않거나 우스운 상태를 비웃는 말. '꼴볼견이다'.

가탈거리다 사람이 타거나 짐 싣기 불편할 정도로 말이 비틀거리며 걷다.

가팔지다 땅이 가파르게 비탈지다. 가풀막지다. 가팔막.

가학 집안에서 교육 받음. **각고** 어려움을 견디며 무척 애를 씀.

각구목질 성음 바꾸기 판소리 발성. **각궁** 쇠뿔로 꾸민 활. 밝활. 붉활.

각근하다 조심하거나 삼가다. **각다분하다** 일을 해 나가기가 몹시 힘들다.

각다귀 피를 빨아먹는 벌레. 남의 것을 빼앗으려드는 악한을 비유로 이르는 말.

각다분하다 일을 해 나가기가 매우 고되고 힘들다.

각단 사물의 갈피와 실마리. **각단지다** 빈틈없고 야무지다.

각담 논밭의 돌이나 풀 따위를 추려 한쪽에 나지막이 쌓아 놓은 무더기.

각뜨기 짐승 고기 나눔. **각반** 행전. 무릎대. **각불때다** 각 살림하다.

각설이 가게를 돌면서 장타령을 부르고 동냥하는 사람.

각성받이 성이 각각 다른 사람. 각쌍바지. **각일각** 시간이 지남에 더욱더.

각중에 미처 생각할 겨를도 없이 급히. '갑자기'. 각중에, 각중우, 별안간.

각추렴하다 여러 사람에게 각기 돈이나 물품 따위를 내도록 하여 거두다.

각치다 손톱으로 할퀴다. 말로서 남의 부아를 지르다.

각통질 소 장수가 소의 배를 크게 보이도록 억지로 풀과 물을 먹이는 짓.

간각하다 나무나 돌 따위에 글이나 그림을 새기다.

간고등어 소금에 절인 고등어. **간곡히** 간절하고 정성스럽게.

간나위 간사한 사람이나 간사한 짓을 낮잡아 이르는 말.

간난 살림살이가 넉넉하지 못함. '간난신고艱難辛苦'.

간날가쩍에 옛날 옛적에. **간단없이** 끊임없이.

간답다 음식이 산뜻하거나, 속을 후련하게 하는 점이 있다. '시원하다'.

간당간당하다 아슬아슬하거나 생명이 이어질듯 끊어질듯 한 상태.

간대롭다 주책없이. '망령스럽다'. **간데없이** 어디로 갔는지 알 수 없게.

간동하다 흐트러짐이 없이 잘 정돈되어 단출하다.

간둥간둥 조심성이 없이 데면데면하는 태도.

간드러지다 목소리나 맵시가 애교가 있으며 보드랍고 가늘다.

간물 간사한 인물. **간병처리** 병수발. **간불용발** 빈틈이 없음.

간사위 자신의 이익을 위하여 쓰는 약삭빠르고 묘한 수단. 약삭빠른.

간살 문 사이 가로 지르는 나무. 사이를 띄운 거리.

간살떨기 약삭빠른 말과 그럴듯한 행동으로 남의 비위를 맞추는 짓.

간새롭다 자기의 이익을 위하여 나쁜 꾀를 부리는 등 마음이 바르지 않다.

간색미 어떤 조치를 취하기 위하여 대표로 내세워 보이는 본보기. '견본'.

간알 사사로 알현을 구함. **간이녹다** 비통하고 애절하여 마음이 몹시 아프다.

간이부었다 지나치게 대담해졌다. **간이졸다** 몹시 걱정이 되고 불안해서 속이타다.

간수하다 몬을 보관하다. 갈무리하다. 감추다. 갈무리다. 갈미리다.

간자 염알이꾼. **간잔지런하다** 아래 위 눈시울이 맞닿을 듯하다.

간잽이 소금에 절인 생선. **간절히** 더없이 정성스럽고 지극한 마음으로.

간정되다 소란하던 일이 가라앉다. **간정하다** 일의 뒤끝이 깨끗하다.

간종그리다 흐트러진 것을 가지런하게 하다. **간지다** 간드러진 멋이 있다.

간지라기 남의 몸이나 마음을 잘 간지럽게 하는 사람.

간지피다 가지런히 펴서 정돈하다. **간짓대** 대나무로 된 긴 장대.

간택 임금이나 왕자·왕녀의 배우자를 선택하는 일. **간풀다** 개구쟁이 짓 하다.

간혹 이따금. **간힘** 괴로움을 참고 억지로 내는 힘. 온간힘.

갇히다 일정한 장소에서 밖으로 나오지 못하게 하다. 갇헤다.

갈 서쪽에서 부는 바람. 하늬바람. / '마르다'의 뜻을 더하는 접두사.

갈가리 여러 가닥으로 갈라지거나 찢어진 모양. '가리가리'의 준말.

갈가위 인색하여 제 욕심만을 채우려는 사람.

갈개 땅에 괸 물을 빠지게 하거나, 경계의 표시를 위해 얕게 판 작은 도랑.

갈개꾼 남의 일을 훼방 놓는 사람. **갈개다** 물체를 잡아당기어 가르다. '찢다'.

갈개잠 몸을 바르게 가지지 않고 이리저리 구르며 자는 잠.

갈강갈강하다 얼굴은 파리하게 보이지만 단단하고 굳센 기상이다.

갈겆다 가난하여 살림이 구차하다. '곤궁하다'.

갈꽃 갈대의 꽃. 솜과 같은 흰 털이 많고 부드럽다.

갈구다 사람을 약삭빠르고 묘하게 괴롭히거나 못살게 굴다. 갈궇다.

갈구쟁이 나무의 옹이와 우듬지를 잘라 버리고 만든 갈고랑이. '갈고지'.

갈구체다 가치작거리다. 갈구치다. **갈고리눈** 눈초리가 위로 치켜 올라간 눈.

갈고리달 초승달이나 그믐달 같이 갈고리 모양으로 몹시 이지러진 달.

갈그랑거리다 가래가 목구멍에 걸려 숨 쉴 때마다 거친 소리가 나다.

갈그랑비 가늘게 내리는 비. 이슬비보다는 좀 굵다. '가랑비'

갈근갈근하다 음식이나 재물 따위를 얻으려고 치사하고 구차스럽게 굴다.

갈기 말의 목덜미에 난 긴 털. **갈납** 달걀을 얇게 구워서 실처럼 썬 것.

갈다 상관하다. **갈등** 이해관계가 달라 서로 적대시하거나 충돌함.

갈라누마 가렵니다. 갈란구마, 갈라칸다. **갈랑교** 가렵니까. 가니껴, 가여.

갈래다 혼란하여 갈피를 잡지 못하게 되다. **갈램** 목재가 마르면서 벌어진 틈.

갈롱지기다 옷매무새를 신경 쓰며 멋을 부리다. **갈림길** 여러 갈래로 갈린 길.

갈마들다/-보다/-쥐다 번갈아 들다. / 번갈아 보다. / 옮겨 쥐다.

갈망 일을 감당하여 수습함. 갈무리. **갈매기살** 돼지의 가로막 부위의 살.

갈매빛 검은 빛깔이 돌 정도로 짙은 초록빛. **갈매틀** 잘게 부수는 기계.

갈모 비 올 때, 갓 위에 덮어 쓰던 고깔과 비슷하게 생긴 우장雨裝.

갈무리 물건을 잘 정돈하여 간수함. 일을 끝맺음. 갈미하다.

갈묻이 논밭을 갈아서 묵은 끄트러기 따위를 뒤집어 엎어 묻다.

갈미리다 남이 찾아내지 못하도록 숨기다. '감추다'. 갈미키다.

갈바람 뱃사람들의 말로, '서풍'을 이르는 말. 가수알바람.

갈바리 성미가 깔깔하고 고집이 세며 모진 사람. '악바리'. 갈뱅이.

갈발없다 행동이 가볍고 참을성이 없다. '자발없다'.

갈밭 갈대가 많이 난 곳. **갈붙이다** 남을 헐뜯어 사이가 벌어지게 하다.

갈비 말라서 땅에 떨어져 쌓인 솔잎. '솔가리'. **갈서다** 나란히 서다.

갈신대다 자꾸 눈에 띄다. **갈씬갈씬하다** 닿을락 말락 하다.

갈아들이다 본래의 것 대신에 다른 사람이나 물건을 새로 들이다.

갈아붙이다 분함을 억제하지 못할 때, 독한 마음으로 이를 바짝 갈다.

갈야부리하다 체구가 가느다랗고 연약해 보인다.

갈옷 감물을 들인 옷. **갈음옷** 특별한 옷차림.

갈음질 연장을 숫돌에 가는 일. **갈음하다** 다른 것으로 대신하다.

갈청 갈대의 줄기 안쪽에 붙어 있는 아주 얇고 흰 막.

갈초 겨울 동안 가축에게 먹이기 위하여 초가을에 베어서 말린 풀.

갈충이 가래나무의 잎을 갉아먹는 벌레. **갈치잠** 비좁은 방에 모로 끼어 자는 잠.

갈퀴눈 화가 나서 눈시울이 갈퀴 모양으로 모가 난 험상궂은 눈.

갈판 갈대가 무성한 들판. 염전 판에서 긁어모은 흙을 쌓는 곳.

갈팡질팡 갈피를 잡지 못하고 이리저리 헤매는 모양.

갈풀 논에 거름하기 위하여 베는 부드러운 나뭇잎이나 풀.

갈품 막 피려고 하는 갈꽃. **갈피** 일이나 사물의 갈래가 구별되는 어름.

갈피리 송사리. 몸이 몹시 야윈 아이를 비유로 이르는 말.

갉 딱딱한 물건을 보드라울 정도로 잘게 부수거나 갈아서 만든 것. 가루.

갉죽거리다 남의 능력을 실제보다 낮추어 보아 하찮게 대하다. '얕잡다'.

갊다 감추다. 저장하다. **갋다** 맞서서 견주다. '가루다'. 가래다.

감궂다 태도나 외모 따위가 불량스럽고 험상궂다.

감게다 머리나 몸을 물로 씻다. '감기다'. 감겔다. **감기** 고뿔.

감기다 음식이 감칠맛이 난다. / 지나치게 많이 먹어서 갱신을 못하다.

감때사납다 성질이 매우 사납고 험상궂다.

감돌다 생각 따위가 눈앞이나 마음속에서 사라지지 않고 자꾸 아른거리다.

감때사납다 사람이 억세고 사납다. / 사물이 험하고 거칠다.

감또개 감꽃이 달린 채 떨어진 어린 감.

감발 버선이나 양말 대신 발에 감는 좁고 긴 무명천. '발감개'

감발저뀌 이익을 보고 남보다 앞질러서 차지하는 약은 사람. '감바리'.

감빨하다 욕심이 생기다. **감사납다** 억세고 사나워서 휘어잡기 힘들다.

감숭하다 드문드문 난 짧은 털이 모두 가무스름하다.

감심하다 마음속에서 깊이 느끼다. **감양** 일을 헤아려 해낼 만한 능력. '깜냥'.

감영 감사가 일을 보던 곳. **감잡히다** 시비할 때 조리가 닿지 않아 약점을 잡히다.

감장하다 남에게 의존하지 않고 혼자 꾸리어 가다.

감정아이 월경을 하지 않고 밴 아이. 첫 배란 때에 잉태된 아이를 이른다.

감조리 감 따는 장대. 장대 끝에 그물망을 달아서 만든다.

감쪼으다 글이나 물건 따위를 윗사람이 살펴볼 수 있게 하다.

감쪽같다 고친 것이 전혀 알아챌 수 없을 정도로 티가 나지 아니하다.

감쳐물다 입술을 서로 조금 겹치도록 마주 붙이면서 입을 꼭 다물다.

감치다 잊혀지지 않고 늘 마음에 감돌다.

감탕 아교풀과 송진을 끓여서 만든 접착제. / 갯가의 질퍽질퍽한 흙.

감투밥 그릇 위까지 수북하게 담은 밥.   **감파랗다** 감은빛을 띠면서 파랗다.

감풀 썰물 때 드러나 보이는 모래톱.   **감흥** 감동받아 일어나는 흥취.

갑신갑신하다 굽실거리다.   **갑치다** 조르면서 귀찮게 굴다. / 재촉하다.

값눅다 값이 싸다.   **갓** 성인 남자가 머리에 쓰던 의관.   **값새** 값어치. 가격.

갓나무 의자의 뒷다리 맨 위에 가로질러 댄 나무.

갓대우 갓양태 위로 우뚝 솟은 원통 모양의 부분. '갓모자'

갓똑똑이 똑똑한 척 나대나 실제로는 똑똑하지 않은 사람.

갓돌 성벽이나 돌담 위에 비를 맞지 아니하도록 지붕처럼 덮어 놓은 돌.

갓두리 가장자리. 갓도리.   **갓밝이** 날이 막 밝을 무렵.

갓신 '가죽신'.   **갓양태** 갓 밑둘레 밖으로 넓은 바닥 어섯. 갓양.

갓지기 산이나 뫼를 돌보는 사람. 산지기.   **갓짜리** 갓 쓴 양반.

갓채 한 집 안에 두 채 이상의 집이 있을 때, 바깥에 있는 집채. '바깥채'.

갔니이 간 사람.   **강가이** 가끔씩. '간간이'. 드문드문, 듬성듬성.

강강술래 여럿이 손을 잡고 빙빙 돌면서 춤추며 노래 부르는 민속놀이.

강구 '바구니'. / 큰거리.   **강구다** 주의하여 들느라고 귀를 기울이다.

강나루 강을 건너다니는 배를 대이는 일정한 곳.

강다리 쪼갠 장작을 묶어 세는 단위. / 어긋맞게 괴는 나무.

강다짐 억눌러 꾸짖음. / 국이나 물에 말지 않고 맨밥으로 먹음.

강담 흙을 쓰지 않고 쌓은 돌담.   **강대나무** 선 채로 말라 죽은 나무.

강더위 오랫동안 비가 오지 아니하고 볕만 내리쬐는 심한 더위.

강동거리다 침착하지 못하고 채신없이 가볍게 행동하다.

강똥하다 약간 짧은 다리로 매우 가볍게 뛰다. **강력한** 힘이나 영향이 강한.

강모 마른 논에 모심기. **강보** 어린이의 포대기. **상생** 신이 인간으로 태어남.

강울음 억지로 우는 울음. **강조밥** 꽁조밥. **강짜부리다** 지나치게 시기하다.

강참숯 참나무 이외 다른 나무의 숯이 조금도 섞이지 않은 참숯.

강파르다 몸이 야위고 파리하다. **강호령** 까닭 없이 꾸짖는 호령.

갖바치 가죽신 만드는 사람. **갖옷** 가죽으로 지은 옷.

갖풀 짐승의 가죽, 힘줄, 뼈 따위를 진하게 고아서 굳힌 끈끈한 것.

같잖다 짓이나 꼴이 제격에 맞지 않거나 사리에 맞지 않다. '가당찮다'.

같지다 씨름에서, 두 선수가 같이 넘어져서 비기다.

갚다 남에게 빌리거나 꾼 것을 도로 돌려주다. 마굿다.

갸우숙 한쪽으로 갸우듬히 기울어진 모양. '갸우뚱'. **개가** 후살이.

개감스럽다 음식을 욕심껏 먹어 대는 꼴이 보기에 흉하다.

개갑다 무게가 가볍다. **개개다** 성가시게 달라붙어 손해를 끼치다.

개개빌다 잘못된 죄과에 대하여 용서하여 줄 것을 아주 절절히 청하다.

개개풀리다 졸음이 오거나 술이 취하거나 하여 눈에 정기가 없어지다.

개게묻다 달라붙어서 성가시게 굴다. **개골** 까닭없이 내는 골.

개골창 수챗물이 흐르는 작은 도랑. 개굴창.

개구랍다 피부에 긁고 싶은 느낌. '가렵다'.개랍다. 개럽다.

개구멍 울타리 밑이나 대문짝 밑에 터놓고 개가 드나들게 한 구멍.

개구멍바지 용변을 보기에 편하도록 밑을 터서 만든 어린아이의 바지.

개구멍받이 남이 밖에 버리고 간 것을 거두어 기른 아이. 업둥이.

개구신 술에 취하여 행패부리는 사람.

개궂다 말이나 행동이 눈에 거슬려 불쾌하다. '아니꼽다'.

개꼴 볼썽이 엉망인 꼬락서니. **개꽃** 철쭉꽃. 연달래.

개꿀 벌통에서 떠낸, 벌집에 들어 있는 상태의 꿀.

개꿈 특별한 내용 없이 어수선하게 꾸는 꿈.

개다리소반 다리가 민틋한 거칠게 만든 상. **개다리출신** 무반을 얕잡는 말.

개떡같다 보잘것없고 천하다. **개똥벌레** 반딧불이. 개똥벌거지, 개똥벌개이,

개똥참외 길가나 들 같은 곳에 저절로 생겨난 먹지 못하는 참외.

개두환면 근본적으로 고치지 않고 겉만 다르게 꾸밈.

개랍다 언행이 순수하지 못하거나 조금 인색하다. '인색하다'.

개력하다 산천이 무너지고 변하여 옛 모습이 없어지다.

개룽다 여럿 가운데서 하나를 구별하여 고르다. '가리다'.

개맹이 똘똘한 기운이나 정신. **개먹다** 자꾸 맞닿아서 몹시 닳다.

개미 사기나 유리의 고운 가루를 부레풀에 타서 끓여서 연줄에 먹이는 풀.

개바라지 쓸데 없는 짓. **개바지** 개나 닭의 출입을 막는 울타리 바자.

개발코 개발처럼 너부죽하고 뭉툭하게 생긴 코. 개밥도둑.

개밥바라기 저녁 무렵 서쪽 하늘에 보이는 '금성'을 이르는 말.

개부심 장마 뒤, 다시 퍼붓는 비가 갯가의 감탕들을 말끔히 가시어 냄.

개버큼 게거품. **개비** 호주머니. **개비다** 우묵한 곳에 모이다. '고이다'. 괴다.

개비리 갯가의 벼랑. **개락이다** 매우 풍성하다.

개리다 낯을 가리다. **개망나이** 예절에 몹시 어긋나는 짓. '개망나니'.

개삼신 술 취해 행패부리는 사람을 낮잡아 이르는 말.

개살시럽다 마음이 괴팍하다. 가살, 개살스럽다, 개살지다

개신거리다 게으르거나 기운이 없어 자꾸 나릿나릿 힘없이 행동하다.

개심 부러워하며 시샘하여 탐내는 마음. '게염'. 시샘.

개아들 '하는 짓이 못 된 자'를 욕하는 말. 개차반.

개아리타다 윗사람에게 대들다. **개않다** 괜찮다. 개않다.

개암들다 아기를 낳은 뒤에 잡병이 생기다. 산후병.

개어귀 강물이 바다로 들어가는 어귀. **개연히** 억울하고 몹시 분하게.

개올리다 몸을 낮추고 쩔쩔 매면서 말하다.

개자리 온돌 윗목 밑으로 방고래보다 더 깊이 파 놓은 고랑.

개자하다 용모가 깨끗하고 단아하다. 개제하다.

개잘량 털이 붙어 있는 채로 다룬 개가죽 깔개.

개잘량때기 더럽고 지저분하다. 개잠 아침에 깨어났다가 도로 드는 잠.

개장마니 여성 산삼꾼. 개주무리 감기. 고뿔. 개중에 여럿 가운데.

개차반 언행이 몹시 더러운 사람을 속되게 이르는 말.

개초개초 초가집의 지붕을 이기 위하여 짚을 엮은 물건. '이엉'.

개치 두 개울의 물이 합치는 곳. 개코같다 하찮고 보잘것없다.

개코쥐코 쓸데없는 이야기로 이러쿵저러쿵하는 모양.

개평 노름을 끝내고 딴 사람이 잃을 사람에게 나눠주는 돈.

개호령 되지 못한 호령을 비아냥거리는 말. 개혼 여러 자녀 중 첫 혼인.

개화꾼 개화한 사람을 놀림조로 이르는 말. 객개수리 화장품 상자.

객관 나그네를 치거나 묵게 하는 집. 객구물림 객사한 혼령을 물리치다.

객리 객지에 있는 동안. 객원 직접 책임이 없이 참석한 사람.

객일 가외로 손이 가는 허드렛일. 객쩍다 말과 짓이 부질없고 싱겁다

객지 자기 집을 멀리 떠나 임시로 있는 곳. 갬대 대칼 나물 캐는 나무칼.

갭직하다 조금 가볍다. 갯고랑 조수가 드나드는 갯가의 고랑.

갯바위 갯가에 있는 바위. 갱기다 '감기다'. 갱물 국 따위에 따로 부은 물.

갱빈 강의 가장자리에 잇닿아 있는 땅. '강변江邊'. 갱벤, 갱분.

갱솥 작은 동솥. 갱신 몸을 가까스로 움직이는 일. 갱조개 '재첩'.

갱지미 놋쇠로 만든 국그릇의 한 가지. 갱핀 조금 얻어 가지는 것. '개평'.

갸름하다 보기 좋을 정도로 조금 가늘고 긴 듯하다. 게름하다.

갸웃이 무엇을 보려고 고개를 기울이는 모양. 걀찍하다 꽤 길쭉다.

거꾸로 차례, 방향, 형편이 반대로 되게. 거그다 게다가. 거기에다가.

거나하다 얼근하게 취하다. 거년스럽다 몹시 궁상스럽다.

거두다 몸이나 정신을 겨우 지탱하다. 거느름하다 어스레하다. 저뭇하다.

거느리치다 돌보고 보살펴서 살리다. 거느림채 본채에 딸린 작은 집채.

거늑하다 넉넉하여 아주 느긋하다. 거늘 거니리다. 거느리다.

거니채다 기미를 알아채다. **거닐다** 가까운 거리를 이리저리 한가로이 걷다.

거덕치다 모양이 상스럽거나 거칠어 어울리지 않다.

거드렁이 장기에서 한 번 만진 장기짝은 꼭 써야 되는 규칙.

거든그리다 간단하게 꾸려 싸다.　**그든하다** 후련하고 상쾌하다.

거들거리다 함부로 참견하거나 설쳐대다. '거드럭거리다'의 준말.

거들나다 어떤 일을 완전히 실패하여 말아먹고 바닥이 나다.

거들지 한복의 소매 끝에 가로 대는 천.

거듬 팔 따위로 한 묶에 거두어들일 만한 분량을 세는 단위.

거듬거듬하다 흩어져 있거나 널려 있는 것들을 대강 자꾸 모으다.

거떠보다 알은체를 하거나 관심 있게 보다. '거들떠보다'.

거든히 다루기에 거볍고 간편하거나 손쉽게. '거든히'보다 센 느낌을 준다.

거뜻하다 조금이라도 일이 있기만 하면 곧. '걸핏하다'.

거랑 골짜기나 들에 흐르는 작은 물줄기. '개울'. '냇물'. 도랑. 걸. 고랑.

거랑질 구걸하는 짓. '비럭질'. 거지.　**거렁지** 어두운 부분. '그늘'.

거레 괜히 어정거리면서 느리게 움직이는 일.

거령맞다 조촐하지 못하여 격에 어울리지 아니하다. '어색하다'.

거루 돛이 없는 작은 배. 거룻배.　**거루다** 배를 나루터나 강가에 대다.

거름더미 거름을 한데 모아 쌓아 놓은 큰 덩어리. '걸금테미'.

거름장군 거름을 담은 오지그릇.　**거리** 동네 나들 목. 동구. 골목. 걸

거리구신 집에 가만히 있지 못하고 바깥으로 돌아다님. '역마살'.

거머리 어린아이의 두 눈썹 사이로 살 속에 파랗게 비쳐 보이는 심줄.

거머먹다 이것저것 욕심스럽게 급히 걷어 먹다.

거먹빛 윤기 없는 검은 빛.　**거멀다** 두 물체 사이가 벌어지다.

거멀못 벌어지거나 벌어질 나무그릇 모서리 박는 못.

거멀장 떨어져 나가거나 벗어지지도 않도록 단단히 묶다.

거무 거미.　**거무스리하다** 빛깔이 조금 검은 듯하다. '거무스레하다'.

거무트름하다 산뜻하지 아니하고 좀 거무스름하다.

거무틱틱하다 탁하게 거무스름하다. **거물장** 거멀장. 귀퉁이 쇳조각.

거미발 보석 알이 빠지지 않게 겹쳐 오그리게 된 삐죽삐죽한 부분.

거미치밀다 게염스러운 욕심이 치밀어 오르다.

거반 거의 절반 가까이. 어느 한도에 매우 가까운 정도로. '거의', 거방.

거방지다 몸집이 크고 하는 짓이 점잖고 무게가 있다. 걸판지다.

거부지기 검부러기. **거분하다** 마음에 부담이 없이 편안하다.

거불거리다 격에 맞지 않게 자꾸 흔들려 움직이다.

거불거불 눈이 계속 감겼다 뜨였다 하는 모양. '껌벅껌벅'. 졸림.

거붓하다 조금 가벼운 듯하다. **거사리다** 긴 것을 빙빙 돌려서 포개다.

거섶 둑가에 말뚝을 늘여 박고 가로로 결은 나뭇가지.

거섶안주 술안주로 먹는 나물붙이로 된 초라한 음식.

거세다 거칠고 세다. **거쉬다** 목소리가 쉰 듯하면서 굵다.

거스러미 손발톱 뒤의 살 껍질이나 나무의 결이 얇게 터져 일어난 부분.

거스르다 풀을 베다. **거스름** 거슬러 받는 돈. 우수리.

거슬게다 거슬리다. 거슬기다, 거실레다, 거실렜다.

거슴츠레한 눈 졸리거나 술에 취해서 흐리멍덩하며 거의 감길 듯한 눈.

거시기 하려는 말이 생각나지 않거나 바로 말하기가 거북할 때 쓰는 군소리.

거시시하다 눈이 맑지 않고 침침하다.

거시침 음식이 먹고 싶어서 입 안에 도는 침. '군침'. 거위침. 거위 오줌.

거심시럽다 마음씨가 고약스럽다. 거심부리다.

거싱이 사람 몸의 작은창자에 기생하는 '회충蛔蟲'. 꺼깽이. 끌깽이.

거역하다 윗사람의 뜻이나 지시를 따르지 않고 거스르다.

거엽다 큼직하고 너그럽고 꿋꿋하다. **거우다** 건드리어 성나게 하다.

거우듬하다 조금 기울어진 듯하다.

거위영장 여위고 키가 크며 목이 긴 사람을 놀림조로 이르는 말.

거의 어느 한도에 매우 가까운 정도. 거반, 거방, 거진, 거짐. 거이방하다.

거자 과거 보는 선비. **거자수** 자작나무 줄기에서 받는 물.

거장치다 크게 거들먹거리며 세상을 어지럽히고 괴롭히다.

거적눈 윗눈시울이 축 늘어진 눈. **거적데기** 짚을 엮은 자리. 거적때기.

거주 어느 한도에 매우 가까운 정도. 거의, 거진.

거지주머니 여물지 못한 채로 달린 열매의 껍데기. **거짓꾸러** 거짓으로.

거짓불 거짓말. 거짓부렁. 거짓부레. **거처이** 언행이 바르지 못한 사람.

거추없다 보살피어 바라지하다. **거춤거춤** 대강대강 거쳐 지나가다.

거취 버림과 취함. **거츠르신달** 거짓인 줄을. **거치다** 도중에 어디를 지나다.

거치장스럽다 물건이 커서 다루기가 거북하다.

거치적거리다 거추장스럽게 자꾸 여기저기 거치거나 닿다. 걸구치다.

거칠다 나무나 살결 따위가 결이 곱지 않고 험하다. 꺼치럽다.

거침새 걸리거나 막히거나 하여 순조롭지 못한 상태.

거쿨지다 몸집이 크고 말이나 하는 짓이 씩씩하다. 거푸지다.

거탈 실상이 아닌, 다만 겉으로 나타내 보이는 꼴.

거탈수작 겉으로만 주고받는 말이나 짓. 실살 없는 짓.

거통 당당한 생김새. 건방진 태도. **거퍼** 잇따라 거듭. '거푸'.

거푸수수하다 실속 없이 주고받는 말이나 짓을 하다.

거푸집 물건의 모양대로 속이 비어 있어 거기에 쇠붙이를 녹여 붓는 틀.

거푼거리다 물체의 한 부분이 바람에 떠들려 가볍게 자꾸 움직이다.

거품돌 화산 용암이 갑자기 식어서 생긴 잔구멍이 많고 가벼운 돌.

거풋하다 품새가 매우 거뿐하다. **거피팥** 껍질이 얇아 떡고물로 쓰는 팥.

거하다 사람이 일정한 곳에 머물러 살다. 산 따위가 크고 웅장하다.

걱세다 몸이 굳고 억세다. 성질이 굳고 무뚝뚝하다.

걱실걱실하다 성질이 너그러워 말과 행동이 시원시원하다. 걱실거리다.

건건이 변변치 않은 반찬. '간략한 반찬'. **건걸** 지나치게 부리는 욕심.

건구 악귀의 출입을 막는 줄. 금줄. **건공대매** 근거도 없이 무턱대고 판가름.

건공중 땅에서 높지 아니한 공중. **건너긋다** 이쪽과 저쪽을 건너질러 긋다.

건너뜸 집이 대여섯 채 모여 있는 건너편 마을.

건너지피다 강물이 이쪽에서 저쪽까지 꽉 얼어붙다.

건널목 철로와 도로가 교차하는 곳. **건다짐** 속뜻 없이 겉으로만 하는 다짐.

건더기 액체에 녹거나 풀리지 않은 덩어리. 껀데기. **건덩일** 대강하는 일

건둥건둥하다 흩어지지 않게 멀끔히 가다듬어 수습하다. '건둥거리다'.

건둥반둥하다 일을 겉날리며 다 마치지 못하고 그만두다.

건드러지다 목소리나 맵시가 아름다우며 멋들어지게 부드럽고 가늘다.

건들마 남쪽에서 불어오는 초가을의 선들선들한 바람.

건들장마 초가을에 비가 오다 말다 하는 장마.

건뜻 바람이 가볍게 슬쩍 부는 모양. '건듯'보다 센 느낌을 준다.

건뜻하면 조금이라도 일이 있기만 하면 곧. 걸핏하면.

건목 물건을 만들 때에 다듬지 않고 거칠게 대강 만드는 일.

건몰다 일을 건성으로 해치우다. **건몸달다** 공연히 혼자서만 안달하다.

건박 무나 호박 따위의 살을 길게 오리거나 썰어서 말린 것. 오가리.

건밤 잠을 자지 않고 뜬눈으로 새우는 밤.

건사하다 일을 시킬 때에, 그 일거리를 만들어 대어 주다.

건살포 일은 하지 않으면서 건성으로 살포만 짚고 다니는 사람.

건설방 하는 일 없이 빈둥빈둥 놀거나 게으름을 부리는 짓. '건달'.

건성드뭇하다(겅성드뭇) 비교적 많은 수효의 것이 듬성듬성 흩어져 있다

건울음 건성으로 우는 울음. **건입맛** 입맛 다시다.

건잠 일의 제대로 된 실상. **건정** 형식적으로. 대충.

건종하다 우뚝한 모양. 끈중하다. **건중그리다** 가지런하게 하다.

건진국시 칼국수를 삶아 국수만 건진 뒤 고명을 얹어 만든 음식.

건진그릇 구멍이 난 그릇. **건찮다** 많지 않다.

건하다 아주 넉넉하다. 거나하다. **건혼나다** 괜히 놀라서 혼이 나다.

건히 넉넉하게. 거나하게. 물 따위가 푹 잠기거나 고일 정도로 흥건하게.

걷떠보다 '거들떠보다'. **걷몰다** 거듬거듬 빨리 몰아치다.

걷어매다 일을 하다가 중간에서 대충 끝맺다.

걷어지르다 앞이나 뒤로 빠져나오는 것을 다시 안으로 거두어 질러 넣다.

걷어질리다 눈이 껄떡해지다. **걷어치다** 소매나 바짓가랑을 '걷어붙이다'.

걷잡다 한 방향으로 치우쳐 흘러가는 형세 따위를 붙들어 잡다.

걸 골짜기나 들에 흐르는 작은 물줄기. '개울'. 길거리. '거리'.

걸까리지다 몸피가 크고 실팍하다. 거창하다.

걸거질 음식이나 재물을 욕심내는 행동. **걸거치다** 거치적거리다.

걸걸하다 외양이 훤칠하고 성질이 쾌활하다.

걸구 새끼 낳은 암퇘지. 음식을 몹시 탐내는 사람. '걸귀乞鬼'

걸구다 거름을 주어 땅을 비옥하게 하다. '걸다'. 걸우다'. 걸궇다. 걸꿓다,

걸구적대다 거추장스럽게 자꾸 여기저기 거치거나 닿다. '거치적거리다'.

걸그렁거리다 가래가 목구멍에 걸려 숨 쉴 때마다 거친 소리가 나다.

걸금테미 거름을 한데 모아 쌓아 놓은 큰 덩어리. '거름더미'.

걸기다 스스로 걷게 하다. '걸리다(步)'. 걸레다, 걸렣다

걸낫 자루를 길게 하여 먼데 것을 걸어서 잡아당기는 낫.

걸넘어가다 아무런 노력이나 대가 없이. '거저 넘어가다'.

걸다랗다 다른 물질과 섞인 액체가 물기가 적어 된 듯하다.

걸때 사람의 몸집이나 체격. **걸뜨다** 물 위에 뜨지 아니하고 중간에 뜨다.

걸뜨리다 걸쳐서 아래로 늘어뜨리다. **걸량** 일정한 목표로 한 방향.

걸레받이 굽도리 밑으로 좁게 돌려 바르는 기름 먹인 장판지.

걸립 풍물패가 집집마다 다니며 곡식·음식을 걷는 일.

걸망시럽다 나이 보다 많게 보이다. **걸머잡다** 이것저것을 한데 걸치어 잡다.

걸먹다 힘을 들이지 않고 일을 해내거나 어떤 것을 차지하다. '거저먹다'.

걸목 의지할 만한 데. 합당한 밑천이나 거리.

걸빵 짐 따위를 어깨에 걸어 메는 끈. '멜빵'. **걸싸다** 일하는 동작이 날쌔다.

걸싸하다 제법 그렇다고 여길 만하다. '그럴사하다'. 그럴듯하다.

걸쌈스럽다 일솜씨나 먹음새가 좋아서 탐스러운데가 있다. '걸쌍스럽다'.

걸시매다 밭을 다시 매다. **걸신들리다** 게걸스럽게 먹는 모양.

걸씬거리다 닿을락말락. **걸음나비** 앞발 뒤축에서 뒷발 뒤축까지 거리.

걸음발타다 어린이가 처음으로 비틀거리며 걷기를 시작하다.

걸음차례 도착한 순서. **걸쩍거리다** 활달하고 시원스럽게 행동하다.

걸쭉하다 말이 매우 푸지고 외설스럽다. **걸차다** 땅이 매우 기름지다.

걸치다 음식을 아무렇게나 대충 먹다. **걸타다** 걸쳐 있다. 걸쳐 타다.

걸태질 탐욕스럽게 재물을 모으는 짓. **걸터들이다** 닥치는 대로 거둬들이다.

걸터듬질 닥치는 대로 찾아 먹음. **걸판지다** 매우 푸지다.

걸핏하면 조금이라도 일이 있기만 하면 곧.

검검찝지부리하다 기분에 짠 듯, 뒷맛이 개운치 않다. 건검찝지부리하다.

검기울다 검은 구름이 차츰 퍼져서 날이 차차 어두워지다.

검덕귀신 몸이나 얼굴이 몹시 더러운 사람을 일컫는 말.

검뜯다 거머잡고 쥐어뜯다. **검버섯** 늙은이의 살가죽의 얼룩점.

검부러기 검불의 부스러기. 검부적. 검불. **검세다** 성질이 질기고 억세다.

검숭한 거무스름한. **검저리** '거머리'. **검쓰다** 맛이 몹시 거세고 쓰다.

검실검실 어렴풋이 움직이는 모양. **검접하다** 검질기게 붙잡고 놓지 아니하다.

검정새치 같은 편인 체하면서 남의 염탐꾼 노릇을 하는 사람.

검제 안동시 서후면 금계리. **검질기다** 성질이나 행동이 끈기 있다.

검차다 검질기고 세차다. **검쳐잡다** 모서리 좌우 쪽에 걸쳐서 잡다.

검측하다 음침하고 욕심이 많다. **검특하다** 마음이 검측스럽다.

검흐르다 액체가 그릇이나 둑 따위에서 넘쳐흐르다.

겁쟁이 겁이 많은 사람을 이르는 말. **것지르다** 아래에서 위로 거슬러 지르다.

겅걸지기다 먹고 싶어서 함부로 달려들다. **겅궁** 하늘과 땅 사이의 빈 곳.

겅궁다지 생각하지 아니하고 닥치는 대로 마구 하는 짓. '마구잡이'.

겅궁윷말 윷말과 말판이 없이 말로만 쓰는 윷말.

겅궁제비 두 손을 땅에 짚고 공중으로 떠서 돌아내리기. '공중제비'.

겅그레 솥에 무엇을 찔 때, 받침으로 놓는 물건.

겅더리되다 몸이 몹시 파리하고 뼈가 엉성하게 되다.

겅덩일 정성들이지 않고 건성으로 하는 일.

겅둥하다 아랫도리가 너무 드러날 정도로 입은 옷이 짧다.

겅성드뭇하다 많은 수효가 듬성듬성 여러 군데 흩어져 있다.

겅중거리다 긴 다리를 모으고 위로 솟구쳐 뛰어 가다.

겉갈이 잡초나 해충을 없애려고 추수가 끝난 뒤에 농토를 갈아엎는 일.

겉가량 겉으로만 보고 짐작하여 대강 쳐 보는 셈.

겉날리다 일을 대강 해치우다.　**겉늙다** 나이에 비해 더 늙어 보이다.

겉다 다른 것과 비교하여 그것과 다르지 않다. '같다'. 겉으다, 겉이,

겉달레미 당사자가 아닌 주변의 사람. '곁다리'.

겉대접 정성이 없이 형식적인 접대.　**겉더께** 덮어서 찌든 때.

겉목 인 박인 목으로 싱겁게 쓰는 소리.　**겉묻다** 남이 하면 덩달아 따르다.

겉발림 그럴듯하게 꾸미어 속임.　**겉볼안** 겉을 보면 속을 짐작할 수 있다.

겉수청 곁에서 잔심부름 하는 일.　**게감정** 게의 등따지에 담아 조린 음식.

게걸거리다 상스러운 말로 불평스럽게 자꾸 떠들다. '게걸대다'.

게걸음치다 옆으로 걸어 나가다.　**게게** 침이나 콧물을 흘리는 모양.

게구 기껏해야 고작. '겨우'.　**게다가** '거기에다가'가 줄어든 말. 거그다,

게딱지같다 보잘 것 없이 작고 허술하다.

게두덜거리다 굵고 거친 목소리로 자꾸 불평을 늘어놓다.

게뚜더기 눈가의 살이 헐거나 다친 자국이 있어 꿰맨 것같이 보이는 눈.

게들다 기를 쓰며 달려들다.　**게먹다** 지근덕거리며 따지고 들다.

게목지르다 욕하며 소리를 지르다. **게밥짓다** 분통이 터져서 게거품 물다.

게사니 거위 목소리. 꼬락서니.　**게슴치레하다** 눈이 '거슴츠레하다'.

게아내다 도로 입 밖으로 내어놓다. '게우다'. 토하다.

게악질 속이 메스꺼워 자꾸 토하려고 하는 짓. '구역질'. 욕지기.

게염하다 부러워하며 시샘하여 탐내다. 게염스럽다, 개심시럽다.

게으르다 일하기를 싫어하는 성미나 버릇이 있다. 게을밫다, 게글밫다,

게저분하다 너절하고 지저분하다. **게적지근하다** 지저분하게 여기다.

게정꾼 불평을 품고 떠들고 행동하는 사람. 불평꾼.

게정풀이 떼를 쓰며 조르는 짓을 하다. '투정질하다'.

게죽주근하다 조금 너절하고 지저분하다. '게적지근하다'.

게타분하다 냄새가 신선하지 못하고 역겹게 고리다. '고리타분하다'.

겡기 어린아이가 경련을 일으키는 병의 총칭. '경기'.

겡사 / 겡사 / 겡우 경사慶事 / 경사傾斜 / 경우境遇.

겔 어떤 대상의 옆. 또는 공간적·심리적으로 가까운 데. '곁'.

겔눈질 곁눈으로 보는 짓. '곁눈질'. **겔다리** 당사자가 아닌 주변의 사람.

겔사돈 직접 사돈 간이 아니고 방계 간의 사돈. '곁사돈'.

겔주머이 호주머니. **겔끔내기** 어떤 일을 서로 번갈아 하기.

겨냥 목표물을 겨눔. **겨드랑이** 팔 밑의 오목한 곳.

겨레 같은 핏줄을 이어받은 민족. **겨루다** 서로 버티어 승부를 다투다.

겨릅대 껍질을 벗긴 삼대. **겨리** 소 두 마리가 끄는 큰 쟁기 질.

겨린 살인 사건 범인의 이웃에 사는 사람. '절린切隣'.

겨린잡다 겨린이나 범죄현장 근처로 통행하는 사람까지 잡아 가다.

겨매기 겨와 곡식가루를 버물러 만든 고기 잡는 떡밥.

겨반지기 겨가 많이 섞인 쌀. **겨슬** '겨울'. 겨얼, 겨울.

겨우 어렵게 힘들여. 기껏해야 고작. **겨우르다** 야멸차고 박정하다.

겨을 어떤 일을 하다가 생각을 다른 데로 돌릴 수 있는 여유. '겨를'.

격이나다 서로 사이가 벌어지다. **게웆다** 게접스럽고 언짢다.

게접스럽다 약간 지저분하고 더럽다. **겪이** 음식 대접.

견강부회 이치에 맞지 않는 말을 억지로 끌어 붙여 자기에게 유리하게 함.

견대팔 어깻죽지와 팔꿈치 사이. **견디다** 계속 버티는 상태가 되다.

견련보다 서로 미워하다. **견제** 상대편이 자유롭게 행동하지 못하게 억누름.

견지 낚싯줄을 감는 얼레. **견지** 송곳니. **견훤** 후백제 시조.

곁고틀다 서로지지 않으려고 버티어 겨루다.

겯지르다 서로 마주 엇갈리게 걸다.　**결결이** 일이 일어나는 그때마다.

결곡하다 생김새나 마음씨가 깨끗하고 여무져 빈틈이 없다.

결기 성을 내거나 왈칵 행동하는 성미.　**결딱지** '결머리'를 속되게 이르는 말.

결단 단정을 내림.　**결딴** 망가져서 손을 쓸 수 없게 된 상태.

결머리 급한 성미 때문에 일어나는 화증.　**결바르다** 성미가 곧고 바르다.

결심 할 일에 대하여 어떻게 하기로 마음을 굳게 정함.

결은신 기름을 발라서 결은 가죽신.　**결찌** 어찌어찌 연분이 닿는 먼 친척.

결창 '내장'을 속되게 이르는 말.　**결출** 숙직할 때 다음 번이 오기 전에 물러나감.

결코 어떤 경우에도 절대로.　**결패** 결기와 패기.

결혼동맹 나라끼리 왕족의 결혼을 매개로 체결한 동맹.

겸두겸두 겸사겸사, 겸지겸지.　**겸연쩍다** 쑥스럽거나 미안하여 어색하다.

겸치다 둘 이상의 일이 함께 생기다.　**겹것** 솜을 넣지 않은 옷. '겹옷'.

겹말 '수수께끼'의 옛말.　**겹사리지** '담배쌈지'.　**겹사둔** 겹사돈.

겹산 여러 산이 겹쳐 보이는 산.　**겹세다** 물건의 개수를 거듭 세다.

겹지르다 근육이나 관절이 겹질리다.　**겻불** 겨를 태우는 불. 미미한 불기운.

겻칼 주머니 속에 넣거나 옷고름에 늘 차고 다니는 칼집이 있는 작은 칼.

경계 단속하고 조심함.　**경류정** 안동시 와룡면 주하동 진성이씨 종택.

경사 서울 말씨.　**경아리** 서울에서 나고 자란 사람. '서울내기'.

경치 자연이나 지역의 모습. **경치다** 모질게 꾸지람을 듣다.

곁가다 도중에 다른 길로 가다.　**곁가리** 갈빗대 아래쪽의 짧고 가는 뼈.

곁눈질 주의를 기울여야 할 곳이 아닌 데에 신경을 쓰는 일. 곁눈질.

곁땀 겨드랑이에서 나는 땀.　**곁동** 양팔의 오목한 곳, '겨드랑이',

곁두리 농사꾼이 힘드는 일을 할 때 끼니밖에 간식으로 먹는 음식. '새참'.

곁따라 다니기 경계와 감시의 임무를 맡은 병사. '초병'. '반바래기'.

곁말 바로 하지 아니하고 빗대어 하는 말. '은어隱語'.

곁머슴 상머슴의 일을 거들어 주는 머슴.

곁매 두 사람이 싸울 때 곁에서 한쪽을 편들어 치는 매.

곁바대 홑저고리의 겨드랑이 안쪽에 덧대는 'ㄱ' 자 모양의 헝겊.

곁방망이질 덩달아 욕하기. 곁방석 세력가 곁에서 붙어 지내는 사람.

곁쇠질 제짝이 아닌 열쇠로 자물쇠를 여는 짓.

곁쐐기 남의 일에 참견하거나 남이 방해하는 데 덧붙어서 함께 방해함.

곁쪽 직계에서 갈라져 나온 계통. 곁태 곁에 나타나는 모습.

계갈이 계契의 결산을 하는 일. 계모임. 계곡 물이 흐르는 골짜기.

계면가락 조금 빠른 장단과 산드러진 가락. '도드리'.

계면굿 무당이 쌀이나 돈을 얻으려고 돌아다니며 하는 굿.

계면떡 계면굿 때 무당이 나누어 주는 떡. 계면바닥 계면조가 본줄기를 이루는 것.

계면조 구슬픈 소리. 계명성 샛별. 계정푸리 심술궂게 불평하는 말.

계시 공장工匠 밑에서 일을 배우는 제자. 도제徒弟.

계추리 삼의 겉껍질을 긁어 버리고 만든 실로 짠 삼베.

곗다 '있다'의 높임말. '계시다'. 고거리 소의 앞다리에 붙은 살. 사태.

고개티 산이나 언덕을 넘는 길. 고갱이 사물의 핵심이 되는 부분.

고공살이 기댈 데 없어 붙어사는 사람. 고괴지상 예스럽고 야릇한 얼굴.

고깔 승려나 무당, 농악대들이 쓰는, 뾰족하게 생긴 모자.

고깝다 섭섭하고 야속하여 마음이 언짢다.

고께이 익살을 부리는 가운데 어떤 교훈을 주는 일. '골계滑稽'.

고냉이 고양이. 삵괭이. 고논 물길이 가까이 있어 물의 근원이 좋은 논.

고누 땅이나 종이에 그린 말밭에 두 편으로 다투는 놀이.

고눟다 목표물을 향해 방향과 거리를 잡다. '겨누다'.

고다래미 낙숫물이 얼어붙은 얼음. '고드름'. 고드래미, 고드럼.

고다아 그러한 데다가. '게다가'. 고단새 그 사이. 그간.

고달 일이 생기게 된 원인이나 조건. 고대 지금 막. 곧 바로.

고대포 대구를 얇게 저며서 말린 포육. '대구포'.

고도리 고등어 새끼. 죄인의 목을 조르는 자리개미를 맡은 사람.

고독 세상에 홀로 떨어져 있는 듯이 매우 외롭고 쓸쓸함.

고동 일을 할 때, 가장 요긴한 점이나 계기. **고동색** 적갈색, 검누른 색.

고동시 물동이 모양으로 생긴 재래종 감의 일종.

고두리 물건 끝의 뭉툭한 곳. **고드러지다** 마르거나 굳어서 빳빳해지다.

고드롭게 서로 잘 어울려 모순됨이나 어긋남이 없이. '조화롭게'.

고들개 마소에 다는 방울. **고들다** 속이 물크러져 상하다. '곯다'.

고들맨들 술이나 잠에 몹시 취하여 몸을 못 가누는 모양. '곤드레만드레'.

고들빼기 국화과 두해살이풀, 붉은 자줏빛 잎과 뿌리는 식용. '고들빼기'.

고등각시 지네나 노래기와 같은 벌레와 생김새가 유사한 '그리마'.

고따매이 '그러한 부류의 대상'을 낮잡아 이르는 말. '고따위 것', 고따위.

고땡이 어떤 일이나 단체에서 으뜸인 사람. 우두머리.

고라리 어리석고 고집 센 시골 사람을 놀림조로 이르는 말.

고락 낙지의 배. **고랑고랑** 늙어 잔병치레를 많이 하다. '골골'

고랑창 좁고 깊은 고랑. **고랑태** 심하게 당하는 손해나 곤란. '골탕'. 꼬랑태.

고래 방구들 사이로 불길과 연기가 통하여 나가는 길. '방고래'

고래실 바닥이 깊고 물길이 좋아 기름진 논. **고랫재** 방고래에 모여 쌓인 재.

고랭이 긴 쇠붙이를 구부리고 양 끝을 맞붙여 만든 물건. '고리'.

고려동학 함안군 산인면 장내(담안)동 고려유민의 은거지를 명시한 표비.

고려장 늙고 쇠약한 노인을 다른 지역에 버려 두고 오는 일. 고레장

고령 '대가야'의 전 이름. **고로고로** 같게. '고루고루'.

고루다 여럿 중에서 가려내거나 뽑다. '고르다'. 고룧다,

고르매이 고러한 부류의 대상을 낮잡아 이르는 말. '고따위것'. 고매이.

고른돌 담이나 성벽을 쌓을 때 맨 위에 고르게 놓은 돌.

고리눈 놀라거나 화가 나서 휘둥그레진 눈.

고리백정 대오리로 엮어서 고리짝을 만드는 사람. '고리장이'의 낮춤말.

고리삭다 젊은이의 말이나 행동이 풀이 죽어 늙은이 같다.

고리짝 버들가지나 대오리 따위로 엮어서 만든 옷 넣은 상자.

고릿하다 냄새가 조금 고린 듯하다. 꽁꼬무리하다.

고마꿈하다 상태, 모양이 고만하다. **고마움** 고맙게 여기는 마음.

고머리 이마 위쪽에 꽂은 머리차림. **고명** 음식의 모양이나 맛을 더하는 것.

고명딸 아들 많은 사람의 외딸. **고무도둑** 자질구레한 것을 훔치는 '좀도둑'.

고무래 곡식을 그러모으고 펴거나, 아궁이의 재를 긁어모으는 기구.

고물 배의 뒤 부분. 뱃고물. 선미船尾.

고물대 둘 이상의 돛을 다는 배에서 고물 쪽 돛대.

고믈젓다 색채나 형태, 종류가 어울려 다채롭다. 세미하다.

고바우 '인색한 사람'을 속되게 이르는 말.

고방 물건을 간직하여 두는 곳. '곳간'. 고간庫間.

고봉밥 그릇 위로 수북하게 높이 담은 밥.

고부탕이 천을 필을 지을 때에, 꺾이어 겹쳐 넘어간 곳.

고분 고대의 무덤. **고분딩이** 길이 굽이진 곳.

고불이 나이가 많아 노련인 사람. '늙은이'. **고뿔들다** 감기들다.

고비 일이 되어 가는 과정에서 가장 중요한 단계나 대목.

고비늙다 지나치게 늙다. **고빗사위** 중요한 단계에서 아슬아슬한 순간.

고삭부리 늘 병치레를 하는 사람. **고삿** 초가지붕을 일 때 쓰는 새끼.

고상 어렵고 괴로운 가난한 생활. '고생苦生'. 고상시럽다, 고상시레.

고상한 품위나 몸가짐의 수준이 높고 훌륭한. **고샅** 마을의 좁은 골목길.

고새둥거리 썩은 나무그루터기. **고수련** 앓는 사람의 시중을 들어주다.

고수머리 곱슬머리. **고스락** 아주 위급한 때.

고시내 바깥에서 음식을 먹을 때 조금 떼어 던지며 외치는 말. '고수레'.

고시다 어이가 없거나 마지못하여 웃음을 짓다. '고소하다'.고시하다.

고시라지다 앞으로 고부라져 쓰러지다. '고꾸라지다'. 고새다. 고시래지다.

고시라이 조금도 줄어들거나 변한 것 없이 원래의 그대로. '고스란히'.

고시랑거리다 여러 사람이 작은 소리로 조용히 자꾸 말하기.

고심도치 몸을 웅크리어 밤송이같이 되어 자신을 방어한다. '고슴도치'.

고아대다 큰소리로 시끄럽게 자꾸 떠들다.

고약ㅎ다 언행이나 성미가 사나운. '고약하다'. 고약시레, 고약시리, 고이얀.

고윗말기 고의나 바지의 허리를 접어서 여민 사이. '고의춤'.

고울라카다 꾀다. **고요한** 조용하고 잠잠한. **고운** 산뜻하고 아름답다.

고운매 아름다운 맵시. **고인** 옛 사람. **고임성** 남의 눈에 들게 구는 성미.

고자누룩하다 한참 떠들썩하다가 조용하다. 병세가 조금 가라앉은 듯하다.

고자리 노린재의 어린 벌레. 식물의 잎이 오글쪼글한 모양.

고재기 산과 산 사이에 움푹 패어 들어간 곳. '골짜기'.

고주바리 고집이 센 사람. **고주박** 소나무의 그루터기 고즈배기.

고주박잠 앉아서 자는 잠. **고즈넉하다** 잠잠하고 호젓하다.

고지 미리 받는 품삯. **고지기** 여자속곳. 고의袴衣./ 창고지기.

고지리미지리 아주 사소한 일까지 속속들이. '고주알미주알'.

고집시리 보기에 고집을 부리는 태도가 있다. '고집스레'.

고추 살아가면서 겪는 괴롭고 힘든 일이나 상황. '고초苦草'.

고쳐 어떤 일을 되풀이하여. '거듭'. 다시.

고치다 잘못되거나 틀린 것을 바로 잡다. 곤치다.

고치비비기 물레를 돌리기 전, 고치에 솜을 비비는 것.

고콜 관솔불을 올려놓기 위하여 벽에 뚫어 놓은 구멍.

고통 몸이나 마음의 괴로움과 아픔. **고패빼다** 잘못을 인정하고 굴복하다.

고팽이 비탈진 길의 가장 높은 곳. 어떤 일의 가장 어려운 상황.

고행 욕망을 억제하고 깨달음을 얻기 위하여 일부러 몸을 괴롭힘.

고향 태어나서 자란 곳, 조상 대대로 살아 온 곳. 옛살비. 옛살라비.

고현놈 성미나 언행이 도리에 벗어나는 사람을 낮춤말. 고안놈.

고흔 모양, 생김새, 행동거지 따위가 산뜻하고 아름답다. '곱다'. 고운.

곡구 곡기穀氣. **곡두** 눈앞에 없는 것이 있는 것처럼 보이는 것. '꼭두각시'.

곡색히 곡색이다. 곱새기다. 일을 곡해曲解하다. **곡성** 곡하는 소리.

곡지통 목을 놓아 우는 일. **곤** 생선의 수놈의 정액. 곤이鯤鮞.

곤게 곡식의 겉겨가 벗겨진 다음에 나온 고운 겨. '속겨'.

고 향

백 석 白石 (1912~1996)

※ 李東洵編, 白石詩全集-附·散文.(주)창비.1987.

나는 북관에 혼자 앓어 누어서
어늬 아츰 의원을 뵈이었다.
의원은 여래 같은 상을 하고 관공의 수염을 드리워서
먼 넷적 어늬 나라 신선 같은데
새끼손톱 길게 돋은 손을 내어
묵묵하니 한참 맥을 짚드니
문득 물어 고향이 어데냐 한다
평안도 정주라는 곳이라 한즉
그러면 아무개씨 고향이란다
그러면 아무개씨르 아느냐 한즉
의원은 빙긋이 웃음을 띠고
막역지간이라며 수염을 쓴다.
나는 아버지로 섬기는 이라 한즉
의원은 또 다시 넌지시 웃고
말없이 팔을 잡어 맥을 보는데
손길은 따스하고 부드러워

고향도 아버지도 아버지의 친구도 다 있었다.

심득경초상, 보물1488호,국립중앙박물관

곤곤하다 몹시 빈곤하다.　**곤궁하다** 가난하여 살림이 구차하다.

곤댓짓 뽐내어 우쭐거리며 고개를 끄덕이다.

곤데데하다 곤드레만드레하다. 정신이 멍하다.

곤때 보기에 흉하지 않을 정도로 옷 따위에 약간 묻은 때.

곤두박질 몸을 번드쳐 갑자기 거꾸로 내리박히는 짓.

곤드랍다 넘어질 것 같아 위태롭다. '불안정'.　**곤명** 사천시 곤명면.

곤배연배 물건이 거듭 쌓이거나 일이 계속 일어남. '곰비임비'.

곤박신이 쥐벼룩을 총칭하는 개념으로, 기생 곤충이다. '쥐벼룩'.

곤백살/곤젓/곤지 수백살/ 명태 젓갈/ 무말랭이.

곤양 경상남도 사천시의 중서부에 있는 면.　**곤장하다** 시시하다.

곤지곤지 젖먹이에게 손바닥에 다른 손 집게손가락을 댔다 뗐다 하라는 말.

곤지랍다 작은 것이 약간 징그러운 느낌이 들다.

곤짠지 무말랭이를 양념하여 버무린 김치. '무말랭이 김치'.

곤치다 고장이 나거나 못 쓰게 된 물건을 제대로 되게 하다. '고치다'.

곤칠개이 부모의 애를 먹이는 자식.　**곤혹** 곤란한 일을 당하다.

곧듣다 남의 말을 듣고 그대로 믿다. '곧이듣다'.

곧은발질 선자리에서 곧장 턱끝을 돌려차는 택견술.

곧은불림 지은 죄를 사실대로 바로 말함.

곧추다 굽은 것을 곧게 하다.　**골가지** 골마지. 곰팡이. 곰사구.

골갱이 식물이나 동물의 속에 있는 단단하거나 질긴 부분. 일의 골자.

골걷이 밭고랑의 잡풀을 뽑아 없애는 일. 김매기. 골고지.

골골네 무엇이든지 일을 손쉽게 잘 하는 사람. 골골레.

골골하다 오랜 병으로 시름시름 앓다. '골골거리다'.

골구다 평평하게 하거나 가지런하게 하다. '고루다'. 골궁다.

골누이다 '죽음'의 속된 말.　**골다** 쪼글쪼글하게 마르다. 골궁다,

골동이다 머리를 동여매다.　**골따구** 벌컥 성을 내다. '골'.

골레다 여럿 중에서 가려내거나 뽑다. '고르다(選)', 골리다.

골마지 간장, 술 따위의 물기 있는 식료품에 생기는 곰팡이 같은 이물질.

골막하다 그릇에 다 차지 않고 좀 모자라는 듯하다.

골맥이 마을 수호신. '골막이'. 고을의 수호신.

골메우다 쇠약한 아이들에게 찰밥을 지어 먹이다. '골미우다'. 골땜

골목쟁이 골목에서 더 깊숙이 들어간 좁은 곳.

골물 어렵고 고된 일을 겪음. '고달픔'. 골물시럽다. 골물하다.

골미 바느질할 때 바늘귀를 밀기 위하여 손가락에 끼는 도구. '골무'.

골빠지다 정신이 없어지다. '얼빠지다'. **골배기다** 머리에 깊이 배다.

골배질 얼음을 깨고 뱃길을 만드는 일. **골부리** 민물에 사는 골뱅이.

골부림 함부로 골을 내는 짓. **골짜기** 산과 산 사이에 들어간 곳. 개골짝.

골편사 고을에서 활을 잘 쏘는 사람을 뽑아 고을끼리 겨루던 일.

골편수 공장工匠인 도편수의 우두머리. **골풀이** '화풀이'.

곪게다 상처에 염증으로 고름이 들다. '곪다'. **곬** 물이 흘러내려 가는 길.

곯다 속이 물크러져 상하다. **곰방대** 짧은 담뱃대.

곰배 실을 뽑아내는 틀. '고무레'. **곰배상** 상다리가 휘도록 음식을 차린 상.

곰배팔이 팔이 꼬부라져 붙어 펴지 못하는 사람을 낮잡아 이르는 말.

곰뱅이 두 다리. **곰사구** '곰팡이'. **곰살궂다** 성질이 부드럽고 다정하다.

곰상스럽다 성질이나 짓이 잘고 꼼꼼하다. **곰솔** 바닷가의 키 큰 소나무.

곰열 곰의 쓸개. **곰쥐** 집쥐. **곰탱이** 곰처럼 어리석고 둔한 사람.

곰파다 사물이나 일의 속내를 알려고 자세히 찾아보고 따지다.

곱다 이익을 보려다가 도리어 손해를 보다. **곱다시** 그대로 고스란히.

곱돌 매끈한 돌. **곱드러지다** 채이거나 부딪히거나 하여 고꾸라져 엎어지다.

곱바 지게의 짐을 얽는 밧줄. **곱사하다** 예쁘장하고 얌전하다. '곱살스럽다'.

곱살끼다 몹시 보채거나 짓궂게 굴다. **곱새** 용마루 덮는 지네꼴 이엉.

곱솔 박음질 할 때, 솔기를 한 번 꺾어서 호고 다시 또 접어서 박는 일.

곱송하다 놀라거나 겁이 나서 몸을 잔뜩 움츠리다. 곱송그리다.

곱장리 두 배의 장리長利. **곱죄이다** 발목 잡혀서 꼼짝달싹 못하다.

곱질 변에 곱이 섞여 나오고 뒤가 잦은 이질. **곱치다** 곱절로 잡아 셈하다.

곳간 물건을 간직하여 두는 곳. **곳딱지딱** 닥치는 대로 단번에 먹다.

곶감 껍질을 벗기고 말린 감. 꽂감. **공** '빈',색의 반대 개념.

공거 '공것', 공다지. 공짜. **공골말** 털색이 누렇고, 갈기와 꼬리가 흰 말.

공구다 기울어지거나 쓰러지지 않도록 아래를 받쳐 안정시키다. '괴다'.

공겹 공손하게 대접하다. 공궁다. **공경** 공손히 받들어 모심.

공궁다 걸어서 넘어뜨리다. **공규** 남편 없이 혼자 지내는 것. '독수공방'.

공달패 하는 일 없이 빈둥빈둥 놀거나 게으름을 부리는 짓. '건달패'.

공때 일을 마치거나 목적을 이루는 데 들인 노력과 수고. '공로功勞'.

공도시비 공평하고 바른 도리를 따짐. **공명** 공을 세워서 이름을 널리 드러냄.

공사 어떤 일에 대하여 서로 의견을 주고받음. '의논.

공생스럽다 힘들이지 않고 얻은 것과 같이 마음에 대견하다.

공성이나다 길이 들고 이력이 나다. 인이 박이다. **공세** 조세.

공손 겸손하고 예의 바르다. **공수받이** 무당이 전하는 죽은 넋의 말 듣기.

공양주 절에서 밥 짓는 사람. **공장바치** 장색바치. 공장이.

공중 하늘과 땅 사이의 빈 곳. 경궁. **공치다** 무슨 일을 하려다가 허탕치다.

공칙하다 일이 공교롭게 잘못되다. **공현** 빈 활을 잡아당기는 것.

곶 바다 쪽으로, 부리 모양으로 뾰족하게 뻗은 육지.

과객 지나가는 나그네. **과규** 과거 규칙. **과글이** '갑자기'.

과녁 활이나 총 따위를 쏠 때 표적으로 만들어 놓은 물건. '관혁貫革'.

과녁배기집 똑바로 건너다보이는 곳에 있는 집. 막다른 집.

과만 정해진 기간. '만기'. **과맥이** 청어 말린 피득이. **과보** 인과응보.

과연 정말로. 아닌 게 아니라. **과잘** 유밀과의 하나. '매화산자'. 다식.

과피선 긴급히 움직일 수 있는 작은 배.

곽쥐 보채는 아이를 을러서 달랠 때. '곽쥐온다.' 곽쥐 : 홍의장군 곽재우.

관골 광대뼈. **관도** 국가에서 관리하던 간선길. **관문** 국경이나 요새의 성문.

관상감 조선시대 천문지리의 일을 맡아보던 관아. 서운관.

관솔불 송진이 엉기어 붙은 소나무의 옹이에 붙은 불.

관수루 의성 단밀면 낙단보 언덕의 누각. 낙동강 건너 사벌들녘이 보인다.

관아 나랏일을 처리하던 곳. **관자놀이** 귀와 눈 사이의 맥박이 뛰는 곳.

관조 고요한 마음으로 사물이나 현상을 관찰하거나 비추어 봄.

관찰 사물이나 현상을 주의하여 자세히 살펴봄. **관포** 어득강의 호.

관할 일정한 권한으로 통제하거나 지배함. **괄세** 업신여겨 하찮게 대함.

광대등걸 얼굴이 파리해져 뼈만 남은 모습. **광명두** 나무로 만든 등잔걸이.

광목 무명실로 너비가 넓게 짠 베. **광보** 걸핏하면 성내고 소리 지르는 사람.

광주리 대나 싸리로 엮어 만든 그릇. **광이** '괭이'. **괄다** 과過하다. 지나치다.

괘꽝스럽다 언행이 엉뚱하게 이상야릇하다. **괘않나** 괜찮으냐?

괜찮다 별로 나쁘지 않고 보통 이상이다. **괜히** 공연히. 괘이, 맥지로

괴 고양이. **괴괴하다** 쓸쓸할 정도로 아주 고요하다.

괴나리봇짐 먼 길을 걸어갈 때에 보자기에 싸서 어깨에 메는 '담봇짐'.

괴다 떠받치다. 공구다. 특별히 귀엽게 사랑하다.

괴따다 붙임성이 없이 까다롭고 별나다. '괴팍하다'.

괴딸아비 동네에 들어온 까닭을 도무지 알 수 없는 사람.

괴덕 수선스럽고 실없는 말이나 행동. **괴목장** 홰나무장(농장,옷장,찬장,책장).

괴물시럽다 성질이나 까탈스러운 행동. '까탈스럽다'.

괴발개발 글씨를 되는대로 아무렇게나 써 놓은 모양을 이르는 말.

괴발디딤 소리나지 않게 가만히 발을 디디는 것.

괴불주머니 어린아이가 주머니 끈 끝에 차는 세모 모양의 조그만 노리개.

괴수 못된 짓하는 무리의 우두머리. **괴이하다** 이상야릇하다. 괴이쩍다.

괴춤 '고의袴衣춤'. **괴팍하다** 붙임성이 없이 까다롭고 별나다. 괴따다.

괴하다 괴상하다. **교동** 향교가 있던 곳. **교사**驕奢교만하고 사치스러움.

교태 아리따운 자태. **교화** 가르치고 이끌어서 좋은 방향으로 나아가게 함.

구감하다 입안이 헐다. 찧은 곡식에 입을 대다. **구경** 흥미를 가지고 봄.

구경가마리 하는 짓이 우스워 남의 구경거리가 되는 사람.

구곡간장 깊은 마음 속. **구구하다** 구차하고 창피하다. /각각 다르다.

구구자 구기자나무의 열매. 해열제와 강장제로 쓴다. '구기자'.

구기 독에서 술 따위를 풀 때 쓰는 자루가 달린 국자보다 작은 기구.

구기박지르다 함부로 구겨 박다. **구나방** 모질고 사나운 사람의 별명.

구녕 허점이나 약점을 비유적으로 이르는 말. '구멍'. 구영, 구무.

구닥다리 한 가지 일에 오래 종사한 사람. '구년묵이'.

구덥다 아주 미덥다. 확실히 믿을 수 있다.

구뎅이 땅이 움푹하게 파인 곳. '구덩이'. 갱坑. 구데기, 구딩이.

구두들거리다 못마땅하여 혼자 입안에서 불평하다. '구두덜거리다'.

구두쇠 돈이나 재물 따위를 쓰는 데에 몹시 인색한 사람. 구두쉐. 갈바리.

구두칼 구두를 신을 때, 발이 잘 들어가도록 뒤축에 대는 '구둣주걱'.

구둘 난방을 하는 온돌방 구조물. '구들'. 구들빼기, 구둘장, 구들빼.

구들배미 메뚜기목 귀뚜라밋과의 곤충을 통틀어 이르는 말. '귀뚜라미'.

구들장군 방에만 들어박혀 있는 사람. **구듭** 남의 뒤치다꺼리.

구럭 새끼로 눈을 성기게 떠서 그물같이 만든 망태.

구렁배미 움푹 팬 곳 논. **구레** 땅이 낮아서 늘 물이 괴어 있는 곳.

구레나룻 구레나룻은 굴레처럼 난 수염이라는 뜻.

구루마 바퀴를 달아서 사람이 타거나 짐을 싣는 기구. '짐수레'.

구름 공기 중의 수분이 엉기어서 공중에 떠 있는 것.

구름발치 구름과 맞닿아 뵈는 먼 곳. **구름차일** 덩그렇게 높이 친 천막.

구릅 마소의 아홉 살. **구만장천** 아득히 높고 먼 하늘.

구메구메 남모르게 틈틈이. **구메농사** 규모가 작은 농사.

구메도적 자질구레한 물건을 훔치는 도적. '좀도적'.

구메소리 남이 알아듣지 못하도록 낮은 목소리로 수군거림.

구메혼인 격식을 제대로 갖추지 아니한 혼인.

구메활터 사사로이 만든 활터. **구부슴하다** 조금 굽은 듯하다.

구문 흥정을 붙여주고 받는 삯. **구미구미** 여기저기. 구석구석.

구박데기 괴롭힘을 당하는 사람. **구배** 기울기. **구부** 베 헤아리는 단위.

구부리다 한쪽으로 구붓하게 굽히다. **구부슴하다** 약간 굽은 것.

구변 말솜씨. **구분다지** 굽은 모퉁이. **구불다** 몸을 구르다.

구불의체 이규보의 '삼가야 할 아홉 가지 문제'.

구비구비 여러 굽이로 구부러지는 모양. **구비치다** 구겨지다.

구뿌다 몹시 마음에 만족스러운 것. **구쁘다** 먹고 싶어 입맛이 당기다.

구석이비다 말의 앞뒤가 맞지 않거나 논리적으로 모순이 있다.

구새 뒷간. **구새먹다** 벌레가 먹어 구멍이 숭숭 뚫리는 것.

구성없다 격에 어울리지 않다. **구순하다** 의가 좋아서 화목하다.

구성지다 구수하며 멋지다. **구수배미** 구유통처럼 길고 움푹 들어간 논.

구순하다 서로 사귀거나 지내는 데 사이가 좋아 화목하다.

구슬 아름답거나 귀중한 것을 비유로 이르는 말.

구시다 말이나 이야기가 마음을 잡아끄는 은근한 맛이 있다. '구수하다'.

구시르다 그럴듯한 말로 꾀어 마음을 움직이다. '구슬리다'. 구실리다.

구식 모퉁이의 안쪽. 마음이나 사물의 한 부분. '구석'. 구억. 구적. 격.

구신떡달이 몹시 귀찮게 달라붙다. **구액** 예전에 정한 과거시험 합격정원.

구어박다 활동을 자유로이 못하게 한 군데나 한 상태로 있게 하다.

구연하다 쑥스럽거나 미안하여 어색하다. '겸연쩍다'.

구엽다 예쁘고 곱거나 또는 애교가 있어서 사랑스럽다. '귀엽다'.

구완 아픈 사람이나 해산한 사람의 시중을 드는 일.

구역질 속이 메스꺼워 자꾸 토하려고 하는 짓. 게엑질, 게악질.

구우일모 많은 가운데서 가장 적은 수. **구유** 마소의 먹이를 담는 그릇.

구음 입에서 목구멍에 이르는 구강으로만 기류를 통하게 하여 내는 소리.

구짜 누군가 가지게 될 것인지 정해져 있는 물건. **구재** 구들에 쌓인 재.

구전꾼 흥정을 붙여 주고 보수를 받는 것을 직업으로 하는 사람. '주릅'.

구전하다 물건이 넉넉하다. **구접스럽다** 너절하고 지저분하고 더럽다.

구젓 생굴로 담근 젓. '굴젓'. **구종배** 말구종. **구죽죽하다** 지저분하다.

구지 어금니. **구지레하다** 상태나 언행 따위가 더럽고 지저분하다.

구차하다 말이나 행동이 떳떳하거나 버젓하지 못하다.

구체 사물을 따로따로 구분하여 처리함. '구처區處', '대책'.

구처없이 하는 수 없이. 어쩔 수 없이. **구천** 가장 높은 하늘.

구캐 빛깔이 붉고 차진 흙. 질척질척하게 짓이겨진 흙. '진흙'.

구트여 일부러 애써. '구태여'. 굳이.

구틀 마루를 놓기 위하여 먼저 굵은 나무로 가로세로 짜 놓은 틀. '귀틀'.

구피 참나무의 두꺼운 껍질. '굴피'. **구화반자** 국화무늬 반자.

국기다 궂기다. 궂은일을 당함. **국망봉** 소백산의 봉우리.

국시꼬랑대이 칼국수를 썰고 남은 부분. **국으로** 제 생긴 그대로. 잠자코.

국제시장 부산 중구 신창동 일대의 부산·경남 대표적 도매상가.

국추 국화꽃이 피는 가을이라는 뜻으로 음력 9월을 이르는 말.

국캐 수렁의 진흙. **군가락** 쓸데없는 데 돌리는 눈. **군겁다** '궁금하다'.

군것지다 없어도 좋을 것이 쓸데없이 있어서 거추장스럽다.

군계일학 많은 사람 가운데서 뛰어난 인물을 이르는 말.

군눈 쓸데없는 관심. **군담** 군소리. **군달** 윤달을 가외의 달이라 일컫는 말.

군달네 원래 식구 외에 덧붙어서 얻어먹고 있는 식구. '군식구'.

군달스럽다 가난하여 궁색스럽다. **군동질** '군것질'. 군음식. 간식.

군둥내 김치가 오래되어 나는 쉰내. '군동내'.

군드러지다 몸을 바닥 따위에 대고 수평 상태가 되게 하다. '눕다'.

군디 그네. **군락** 같은 생육 조건에서 떼를 지어 자라는 식물 집단.

군물 죽이나 풀 따위의 위에, 섞이지 않고 따로 떠도는 물. '군침'.

군불 오로지 방을 덥히려고 아궁이에 때는 불. 굼불. **군식구** 객식구.

군실거리다 살갗에 벌레 따위가 기어가는 듯한 가려운 느낌이 자꾸 나다.

군욕 괴로움과 모욕. 곤욕. **군저녁** 끼니때가 지나서 간단한 저녁상. '한저녁'.

군정대다 못마땅하여 군소리를 듣기 싫도록 자꾸 하다. '구시렁대다'.

군조럽다 있어야 할 것이 없어서 어렵다. '군졸窘拙하다'.

군지 소의 코청을 꿰뚫어 끼는 나무 고리. '코뚜레'.

군지럽다 마음이나 행실이 더럽고 추저분하다. '군던지럽다'.

군치리집 개고기를 안주로 술을 파는 집. '보신탕 집'.

군턱 살이 쪄서 턱 아래로 축 처진 살.　**군티** 물건의 조그마한 허물.

굳잠 잠이 깊이 든 잠. '숙면'.　**굳은살** 손바닥이나 발바닥의 꾸덕살.

굳이 고집을 부려 구태여.　**굴강** 고집이 세어서 남에게 굽히지 아니함.

굴개 괴어서 썩은 물의 바닥에 가라앉은 개흙.

굴건제복 굴건을 쓰고 제복을 입다.　**굴러듣다** 떠도는 소문을 얻어듣다.

굴레 마소의 고삐에 얽어매는 줄.　**굴레미** 나무로 만든 바퀴.

굴레부리 마소 목에 고삐에 걸쳐 어리어매는 줄 끝.

굴먹하다 담긴 것이 그득 차지 아니하고 조금 모자란 듯하다.

굴살쩍다 흩어져 뒤숭숭하다.　**굴썩하다** 가득차지 못하고 좀 곯은 듯하다.

굴왕신 무덤을 지키는 매우 남루한 귀신.　**굴우물** 매우 깊은 우물.

굴젓 생굴을 담근 젓.　**굴창** 큰창자와 작은창자를 통틀어 이르는 말. '창자'.

굴축나다 몹시 줄어들다.　**굴치** 은근히 탐하는 성질을 가진 사람.

굴침스럽다 억지로 하려는 빛이 보이다.　**굴쿠다** 부피를 두껍게 하다.

굴타리먹다 채소나 과일을 벌레가 파먹다.

굴퉁이 겉만 그럴듯하고 속은 보잘 것 없는 물건이나 사람.

굴티이 시골 구석진 골짜기.　**굴패** 큰 비로 땅의 흙이 패여 나간 곳.

굴풋하다 속이 헛헛한 듯하다.　**굴피** 참나무의 두꺼운 껍데기.

굵다 밤, 대추, 알 따위가 보통의 것보다 부피가 크다. '굵다'. 굴따꿈하다,

굶다 끼니를 거르다. '굶다'. 굶게다, 굶겔다, 굶기다.

굷다 담긴 것이 그릇에 그득 차지 아니하고 조금 비다.

굼닐다 몸을 구부렸다 일으켰다 하다. 꿈지럭거리다. 꿈지럭대다.

굼빙이 동작이 굼뜨고 느린 사물이나 사람 이르는 말. '굼벵이'. 굼뱅이.

굼슬겁다 성질이 겉으로 보기보다 속으로 너그럽다.

굽다리 그릇의 높다란 굽.　**굽달이** 굽이 달린 접시.

굽도리 방안 벽 쪽 아랫도리 **굽바자** 작은 나뭇가지로 엮은 울타리.

굽싸다 짐승의 네 발을 모아 얽어매다. **굽잡히다** 발목 잡히다.

굽죄이다 떳떳하지 못하여 기를 펴지 못하다. **굽질렀다** 굴복시켰다.

굽질리다 일이 꼬이어 제대로 안 되다. **굽통** 말이나 소의 발굽의 몸통.

굿꾸리다 굴이 무너지지 않도록 기둥을 세우다. **굿덕대** 광산의 작업 감독.

굿일 구덩이 파는 일. **궁** 고수鼓手가 왼손으로 북 가죽 치는 솜씨.

궁겁다 무엇이 알고 싶어 마음이 몹시 답답하고 안타깝다. '궁금하다'.

궁구 속속들이 파고들어 깊게 연구함. **궁궁이** '천궁川芎'. 궁깅이, 궁궁이.

궁굴다 그릇 따위가 보기보다 속이 너르다. **궁굴리다** 너그러이 생각하다.

궁글다 착 달라붙어 있어야 할 물건이 들떠서 속이 비다.

궁글채 장구 채. **궁노루** 사향노루. **궁따다** 시치미 떼고 딴소리를 하다.

궁도령 부유한 집에서 자라나 세상의 물정을 잘 모르는 사람을 이르는 말.

궁둥이내외 돌아서서 외면하다. **궁매** 사람의 얼굴을 새긴 푯말. '장승'.

궁사 활을 만드는 사람. 활 쏘는 일을 주로 하는 사람.

궁산하서 깊은 계곡과 멀리 있는 물가. **궁상** 궁싯거리다. 몸을 뒤척이다.

궁수 활 쏘는 군사, 활 쏘는 선수. **궁싯거리다** 머뭇거리다.

궁없다 보기 흉하다. 마음씨가 바르지 못하고 엉큼하다.

궁지렁거리다 입안에서 중얼거리다. 궁시렁거리다.

궁창 물과 물을 나눔으로써 생성된, 지구를 둘러싸고 있는 넓은 하늘.

궁혈 성벽의 활 쏘는 구멍. **궂기다** 윗사람이 죽다. **궂히다** 죽게 되다.

권속 한집에 거느리고 사는 식구. 권솔. **궐련** 얇은 종이로 말아놓은 담배.

궤란쩍다 주제넘다. **궤젓하다** 대담하다. **궤지기** 찌꺼기만 남아서 쓸모없다.

귀 주전자의 부리같이 그릇의 한쪽에 바깥쪽으로 내밀어 만든 구멍.

귀거래사 벼슬을 버리고 전원생활의 즐거움을 동경하는 도연명의 글.

귀경 흥미나 관심을 가지고 봄. '구경'. 구경꾼. **귀꼬마리** '귓구멍'.

귀꿈스럽다 외딸아서 흔하지 아니하다. **귀나다** 의견이 빗나가 틀어지다.

귀다래기 귀가 작은 소. **귀당** 귀퉁이 마당. **귀때이** '귀때기'.

귀동냥 남들이 하는 말을 들어서 앎. **귀둥대둥** 함부로 주책없이 지껄임.

귀뚱머리 귀의 언저리. '귀퉁이'. **귀띰** 요점만 먼저 알려주는 것. 귀뜸.

귀럽다 몸이나 마음이 편하지 않고 고통스럽다. '괴롭다'. 기럽다.

귀마루 지붕 모서리에 있는 마루. **귀마루흘림** 귀마루의 기울어진 정도.

귀망하다 행동이나 성격 따위가 까다로울 만큼 빈틈이 없다. '깐깐하다'.

귀머거리 청각장애인을 낮잡아 이르는 말. 귀막재기. 귀먹쟁이.

귀미다 귀가 어두워져 소리가 잘 들리지 아니하게 되다. '귀먹다'.

귀밑머리 귀 앞에까지 땋아 뒷머리에 모아 땋아 내리던 것. 귀망머리.

귀부레기 시루떡에서 베어 내고 남은 부스레기.

귀부알 귓바퀴의 아래쪽에 붙어 있는 살. **귀뺨** 귀가 붙은 뺨의 언저리.

귀살쩍다 마구 얼크러져 정신이 뒤숭숭하거나 산란하다.

귀싸대기 '귀와 뺨'의 어름. 귀싸대이, 귀싸배기, 귀쌈.

귀서리 사물이나 마음의 한구석이나 부분. '귀퉁이'.

귀성거리다 군소리를 듣기 싫도록 자꾸 되풀이 하다. '구시렁거리다'.

귀성스럽다 정신이 뒤숭숭하거나 산란散亂한 느낌이 있다.

귀역 모퉁이의 안쪽. 구석. 잘 드러나지 않는 치우친 곳을 이르는 말.

귀얄 풀이나 옻을 칠하는 돼지털이나 말총을 넓적하게 묶은 솔.

귀얄자국 토기 표면에 귀얄을 얇고 거칠게 긁어 남긴 자국.

귀에거슬리다 어떤 말에 비위가 상하다. **귀에들어가다** 다른 사람에게 알려지다.

귀에익다 어떤 말이나 소리를 자꾸 들어서 그것에 익숙하다.

귀에젖다 같은 말을 질리도록 되풀이해서 많이 듣다.

귀엽다 예쁘고 곱거나 또는 애교가 있어서 사랑스럽다. 구엽다.

귀이개 귀지를 파내는 기구. **귀인성** 타고난 귀인다운 듬직한 바탕.

귀잠 아주 깊이 든 잠. **귀자모** 귀자모신. 해산. **귀재다** 귀를 기울이다.

귀전 벼슬을 내놓고 고향에 돌아가 농사를 지음.

귀정내다 잘못되어가는 일을 옳게 되도록 하여 끝을 맺다.

귀졸 염마청에서 염라대왕의 명을 받아 죄인을 벌하는 옥졸. 염마졸.

귀주머니 꿰어 차는 주머니. **귀주기** 기저기. **귀짐작** 듣고 헤아리다.

귀짜대기 귓불의 속어. **귓방맹이**. **귀짝** '궤'를 속되게 이르는 말. '궤짝'.

귀창 귓구멍 속에 낀 때. '귀지'. 귓청, 귀쟁이. **귀찮다** 괴롭거나 성가시다.

귀촉도 휘파람새의 둥지에 알을 낳아, 탁란하는 새. '두견새'.

귀타리 사물이나 마음의 한구석이나 부분. '귀퉁이'. 귀서리, 귀퉁배기.

귀틀 네모진 목재나 통나무르 가로세로 어긋나게 '井' 자 모양으로 짠 틀.

귓결에 듣다 사람들 입에 오르내려 전하여 들리는 말. '소문所聞'.

귓구마리 귀의 바깥쪽에서부터 고막까지 사이의 구멍. '귓구멍'. 귓구머리.

귓구멍 막히다 일이 어처구니가 없어서 기가 막히다.

귓돈 '수수료'. **귓맛** 말이나 소리를 듣고 느끼는 재미.

귓밤 '귓불'. **귓속말** 남의 귀 가까이에 입을 대고 소곤거리는 말.

귓집 귀가 시리지 아니하도록 귀에 덮는 물건. **그거맨치로** 그것처럼.

그거참 매우 딱하거나 어이가 없을 때, 뜻밖일 때 내는 소리.

그끄러께 '그러께' 앞의 해. 올해로부터 3년 전의 해.

그끄저께 '그저께'의 앞 날. **그냥** 그 상태 그대로 줄곧.

그냥고지 모내기나 김을 맬 때, 아침곁두리와 점심으로 삯을 대신하는 일.

그냥저냥 그저 그렇게. **그느다** 젖먹이가 대소변을 분간하여 누다.

그느르다 보호하여 보살펴 주다. **그늑하다** 모자람이 없이 느긋하다.

그늘 어두운 부분. 의지할 만한 대상의 보호나 혜택. 응달. 거렁지, 그늚.

그닐거리다 벌레가 기어가는 것처럼 근지럽고 저릿한 느낌이 자꾸 들다.

그다가 그러한데다가. '게다가'. 그다아, **그단새** '그동안'. 그다안, 그단시.

그들먹하다 거의 찰 정도로 그득하다. **그랄라꼬** 그렇게 하려고.

그러구러 우연히 그렇게 되어. **그러매** 글쎄. **그러께** 재작년.

그러찮애도 '그렇지 않아도'. **그렁** 그러니까. **그레** 금을 긋는 물건.

그루갈이 곡물을 수확하고 다시 농사를 짓는 일.

그루되다 어린아이가 성장이 늦되다. **그루박다** 거꾸로 곤두박다.

그루밭 보리를 베어 내고 심는 밭. **그루앉히다** 나아갈 터전을 바로잡다.

그루잠 깨었다가 다시 든 잠. **그루터기** 풀이나 나무 따위의 아랫동아리.

그르다 사리에 맞지 아니한 면이 있다. 틀렸다. 잘못이다. 글렀어.

그르이저르이 '그러하다느니 저러하다느니'가 줄어든 말. '그러니저러니'.

그리매 그림자. **그리움** 보고 싶어 애타는 마음. **그린비** 그리운 남자친구.

그림의 떡 보기만 했지 실제로 얻을 수 없음. '화중지병畵中之餠'.

그망없다 아득하다. **그무러지다** 마음이 침울하다.

그물추기 던진 그물을 추어올리는 일. **그물톱** 그물을 뜨는 작은 나무쪽.

그믐치 음력 그믐께 눈이나 비가 오는 날씨

그미 '그녀'를 멋스럽게 이르는 말. **그빨로** 나쁜 습성을 그대로.

그악하다 장난이 지나치게 심하다. 사납고 모질다. 그악스럽다.

그양그양 그러저러한 모양으로 그저 그렇게. '그냥저냥'.

그윽하다 깊숙하여 아늑하고 고요하다. **그음날** '그믐날'. 그음적.

그을음 연기에 섞여 나오는 먼지 모양의 검은 가루. 끄스름.

그저 변함없이 이제까지. **그적새** 그때에 비로소. '그제야'. 그제사.

그짜아 듣는 이에게 가까운 곳이나 방향을 가리키는 대명사. '그쪽에'.

그쯘하다 빠짐없이 갖추어져 있다. **그캐쌓다** 그렇게 말하다.

극간極諫극력 간함. **극터듬다** 간신히 붙잡고 기어오르다.

근근간간 부지런하고 정성스럽다. **근그이** 어렵사리 겨우. '근근이'.

근나전나 '그러나저러나'. **근대** 무게를 나타내는 단위인 근과 냥. '근량'.

근덕거리다 큰 물체가 가로로 조금씩 자꾸 흔들리다.

근두박질 몸을 번드쳐서 급히 거꾸로 박이는 짓. 곤두박질.

근본 사물의 본질이나 본바탕. **근사모으다** 오랫동안 힘써 은근히 공 들이다.

근사록주희와 여조겸이 일상생활의 장구章句를 모은 책. **근자** 요즈음.

근지랍다 무엇이 살에 닿아 스칠 때처럼 가려운 느낌이 있다. '근지럽다'.

근친가다 시집간 딸이 친정으로 어버이를 처음 뵈러 가다.

근터구 근거나 구실. **글겅이질** 글겅이로 말이나 소의 털을 빗기는 일.

글구멍 글을 잘 이해하는 슬기. **글길** 글 쓰는 삶.

글뛰다 동경하는 마음이 뒤끓다. **글로** 그곳으로. 그쪽으로. '그리로'.
글리싶다 그럴 성싶다. **글마루** 본문 부분. **글바디** 글씨체. '글꼴'.
글밭 그루밭. **글방물림** 세상물정에 어두운 사람. **글자하다** '유식하다.
글찮다 '그렇지 않다'. **글초** '원고'의 옛말. **글치레** 글을 잘 매만져 꾸밈.
글품쟁이 글을 대신 써 주는 사람. **긁젱이** 긁정이. 논밭 가는 연장.
긁히다 흠이 생겼다. **금사망** 금실로 짠 그물. **금산** 진주시 금산면.
금새 물건의 시세. **금성** 샛별. **금어비구** 불화를 그리는 비구.
금오산 구미, 김천, 칠곡 사이에 있는 산. **금줄** 굿패의 우두머리.
금침 이부자리와 베개. **금탕값** 값이 몹시 비쌈. **급기야** 마침내.
급살 갑자기 닥친 재액. **급살김치** 벼락김치. **급장이** 관아의 심부름꾼.
급전직하 사태가 빠르게 변화. **급제** 과거에 합격.
긋다 비가 그치기를 기다리다. **기가** 쇠퇴한 집안을 일으킴.
기가막히다 너무 놀랍거나 언짢아서 어이 없다. **기가차다**.
기갈 배고픔과 목마름. **기꺼하다** '기꺼워하다'. **기껍다** 은근히 기쁘다.
기껏해야 힘이나 정도가 미치는 데까지 아무리 한다고 해야. 가지로.
기대 어떤 일이 원하는 대로 이루어지기를 바라면서 기다림.
기대다 남의 힘에 의지하다. **기덜이** 기더리. 기데기. '구더기'.
기동성 재빠르게 움직이거나 대처하는 특성. **기들다** 기막히다.
기러기발 현악기의 줄을 고르는 제구. **기래기** '길이'. 기럭지.
기럽다 '그립다'/ '아쉽다'. **기로** 갈림길.
기르마 짐을 싣거나 수레를 끌기 위하여 소나 말의 등에 얹는 길마.
기름대우 나무 따위에 기름을 먹이거나 칠하여 윤기를 내는 일.
기막히다 어떠한 일이 놀랍거나 언짢아서 어이없다. 기맥헤다.
기망 희망. **기명물** 개숫물. **기묘하다** 생김새가 이상하고 묘하다.
기미 현물없이 곡식거래. '미두米豆'. **기반** 터전. 굴레 **기별** 알림. '소식'.
기쁨 욕구가 충족되었을 때의 흐뭇하고 흡족한 마음이나 느낌.

기상 타고난 기개나 겉으로 드러난 모양./기이한 인상. **기스락물** 낙숫물.

기슭집 대문간에 붙어 있는 방. '행랑行廊'. 기슬집.

기승밥 논에서 일을 할 때 논둑에서 먹는 밥. **기시다** 감추다. 기이다.

기식인가 남의 집에 빌붙어 얻어먹음. 똥파리.

기신거리다 게으르거나 기운이 없어 동작을 나른하게 하다.

기신없다 기력과 정신이 온전하지 못하다. **기심** 논밭에 난 잡풀. '김'.

기십 뜻밖에. **기아** 굶주림. **기암** 기력이 가라앉음. 넋을 잃음. '기암氣陷'.

기억 이전의 경험을 의식 속에 간직하거나 도로 생각해 냄. **기엽다** 귀엽다.

기영머리 귀밑머리. **기영하다** 경영하다. **기와깨미** 깨어진 기와 조각.

기왓골 기와지붕의 물 흐르는 고랑. '기와고랑'.

기왓장꿇림 기왓장을 깨서 그 위에 사람을 꿇어앉혀 고통을 주던 형벌.

기우다 셈할 돈을 빼고 나머지 돈을 도로 주거나 받다. '거스르다'.

기운 만물이 나고 자라는 힘의 근원. **기울** 밀이나 귀리의 속껍질.

기웃이 고개를 기울이고 엿보는 모양. **기이** 시기나 형편에 잘 맞음. 시이적절.

기장차다 물건이 곧고 길다. **기장하다** 기상이 늠름하고 장대하다.

기지개 몸을 펴고 팔다리를 뻗는 짓. **기직자리** 왕골, 부들로 엮은 '초석'.

기침 누가 있음을 짐작한 기색. '인기척'. **기침쇠** 아침에 절에서 치는 종鐘.

기필 꼭. **기투름** '트림'. **기틀** 중요한 계기나 조건. **기회** 겨를이나 짬.

긴가민가 그러한가 아니한가. 기연가미연가. 분명하지 않은 것.

긴목 즐거운 마음으로 성심을 다하여 순종함. 심복心腹. 복심腹心.

긴업 재산을 늘려 준다는 구렁이. **긴피** 낌새. **길금콩** 콩나물 기르는 콩.

길길이 여러 길이나 높다. / 성이 나서 펄펄 뛰는 모양.

길길하다 느릿느릿 움직이다. **길나들이** 큰길에서 좁은 길로 들어가는 어귀.

길나장이 길을 인도하는 배행꾼. 길안내인. '길라잡이'.

길내다 어떤 일을 여러 번 하여 서투르지 않은 상태에 있다. '익숙하다'.

길녘 길옆이나 근처. **길동무** 길을 함께 가는 동무. 같은 길을 가는 사람.

길목 먼 길을 가는 데 신는 허름한 버선. '길목버선'.

길섶 길의 가장자리. 길가. **길손** 먼 길을 가는 나그네.

길씀하다 조금 길쭉하다. 길쭘하다. **길양식** 여행할 때 먹을거리.

길잡다 길을 안내하다. **길제** 한쪽으로 치우쳐 있는 구석진 자리.

길카리 먼촌 일가붙이. **길품** 남이 갈 길을 대신 가주고 받는 삯.

김바리 이익을 보고 남보다 앞질러서 차지하는 약은 꾀가 있는 사람.

깁 명주실로 발탕을 좀 거칠게 짠 비단. **깁실** 누에고치에서 켠 비단실.

깁옷 비단으로 지은 옷. **깃** 무엇을 나눌 때 각자에게 돌아오는 몫.

깃고대 옷깃을 붙이는 자리. **깃기바람** 도포의 옷깃에서 이는 바람.

깃다 잡풀이 많이 나다. **깃대종** 어느 지역의 대표가 되는 동식물의 종種.

깃옷 졸곡 때 까지 입는 생무명으로 지은 상복. 또는 선녀들의 옷.

깃저고리 '상복'을 속되게 이르는 말. **깊숙이** 위에서 밑바닥까지.

까꾸름하다 편안하지 못하고 불편한 데가 있다. '까끄름하다'

까꾸리 낙엽 따위를 긁어모으는 기구. '갈퀴'. **까꾸막길** 가파른 길.

까끄럽다 깔끄럽다. **까딱하면** 조금이라도 실수하면, 자칫하면. '하마터면'.

까라앉다 떠 있거나 섞여 있는 것이 밑바닥으로 내려앉다. '가라앉다'.

까막까치 까마귀와 까치. **까시랭이** 풀이나 나무의 가시 부스러기.

까무래지다 얼마 동안 정신을 잃고 죽은 사람처럼 되다. '가무러치다'.

까무리하다 엷게 까무스름하다. **까무잡잡하다** 약간 짙게 까무스름하다.

까물치다 몸의 어느 부분이 접질리거나 뼈마디가 어긋나다. '삐다'.

까발시다 비밀 따위를 속속들이 들추어내다. '까발리다'. 까벌시다

까부새 방정맞게 촐랑거리며 까부는 사람을 얕잡아 이르는 말. '까불이'.

까부장대다 몸 따위가 까부러져 보이게 자꾸 움직이다.

까불다 키를 위아래로 흔들어 곡식의 티나 검불 따위를 날려 버리다.

까불리다 재물을 함부로 써 버리다. **까시락지다** 원만하지 않고 까탈스럽다.

까지 활을 쏠 때 손가락을 감싸주는 가죽 끼우새. **까치** 날개. '개비'.

까치구멍집 지붕 양측면 ㅅ자 모양 부분이 매우 작은 집.

까치놀 석양에 멀리 바라다 보이는 바다의 수평선에서 희번덕거리는 물결.

까치눈 발가락 밑의 접힌 금에 살이 터지고 갈라진 자리.

까치두루마기 다섯 가지 헝겊을 모아 지은 어린아이 두루마기.

까치발 키를 높이고자 발뒤꿈치를 드는 일.

까푸릅다 바닥이 가파르게 비탈지다. '가풀막지다'.

까팡이 질그릇 깨어진 조각. **깍다귀** 짐승의 피 빨아먹는 모기.

깍두기공책 글씨를 한 칸에 한 글자씩 쓰도록 되어 있는 공책.

깍두기집안 질서가 없는 집안을 비유적으로 이르는 말.

깍둑그리다 단단한 물건을 대중없이 자꾸 썰다. **깍지** '갈퀴'. 깔꾸리.

깍짓동 콩, 팥의 깍지를 줄기 채로 묶은 단. 뚱뚱한 사람을 비유로 이르는 말.

깍짓손 시위를 당기는 엄지 아랫마디에 끼는 뿔 대롱.

깎은선비 단정하게 차린 선비. **깐깐오월** 해가 긴 오월. 모둔오월.

깐다랍다 복잡하고 엄격하여 다루기에 순탄하지 않다. '까다롭다'. 깐달지다.

깐보다 깔보다. **깐족하다** 길이가 짧아 보이다. 깐총하다.

깐주래기 층이 나지 않고 고르게 되어 있다. '가지런하다'. 깐쭝하다.

깐줄기 말이나 글에서 겉으로 드러나지 않고 속에 깔려 있게 하는 표현.

깐지다 성질이 까다로울 정도로 빈틈없고 야무지다.

깐챙이 까마귓과의 새. '까치'. **깐추리다** 흐트러진 것을 '간추리다'.

깔기다 힘차게 때리거나 치다. **깔낏하다** 좀 차갑고 새침하다.

깔따분하다 숨이 막힐 듯이 갑갑하다. 애가 타고 갑갑하다. '답답하다'.

깔딱요기 식사하기 전에 배가 고픔을 겨우 면할 만큼 조금 먹는 음식.

깔딱질 가로막의 경련으로 들숨이 방해를 받아 이상한 소리가 나는 증세.

깔락깔락하다 날씬하다. **깔밋하다** 아담하고 깔끔하다. **깔진** 가죽신. 갖신.

깔축없다 조금도 버릴 것이 없다. **깜냥** 스스로 일을 헤아릴 수 있는 능력.

깜부기 깜부기병에 걸려서 까맣게 된 밀이나 보리의 이삭.

깜부기불 깜부기숯 따위에서, 불꽃 없이 붙어서 거의 꺼져 가는 불.

깜부기숯 장작을 때고 난 뒤 불을 꺼서 만든 숯.

깜쪽같다 남이 전혀 알아챌 수 없을 정도로 티가 나지 아니하다.

깝데기 알맹이를 빼내고 겉에 남은 껍질. '껍데기'. 깝데이, 깝디기

깝살리다 재물이나 기회 따위를 흐지부지 다 없애다.

깝신거리다 체신없이 까불거리다. **깝죽거리다** 자꾸 방정맞게 움직이다.

깝치다 '재촉하다'. **깟거** 별것 아닌. 하찮은. '까짓거'. 까이꺼.

깡꽹이 서양 음악가를 비아냥조로 이름. **깡그리다** 일을 수습하여 끝을 맺다.

깡다구 악착같이 버티는 힘. **깡총하다** 옷이 좀 짧다. '깡충하다'. 깡동하다.

깨끌받다 솜씨가 알뜰하다. '깔끔하다'. **깨끔발** 뒤꿈치를 들어올린 발. '앙감질'.

깨끼적삼 솔기를 곱솔로 박은 저고리. **깨끼춤** 난봉꾼이 멋을 내어 추는 춤.

깨다 생각이나 지혜 따위가 사리를 가릴 수 있게 되다. '깨다[醒]', 깨달다.

깨단하다 어떠한 실마리로 말미암아 깨닫거나 분명히 알다.

깨닫다 사물의 본질이나 이치를 생각하거나 궁리하여 알게 되다.

깨두거리 풀이나 나무 따위의 아랫동아리. '그루터기', 깨두이.

깨묵쉥이 대수롭지 않다. '깻묵송이'. **깨반하다** 개운하다. **깨새** '박새'.

깨성 지쳐서 허약하여진 몸이 차차 회복되다. '소복蘇復'. 추섬

깨소금 볶은 참깨 빻은 것으로 고소한 맛이 난다.

깨죽거리다 음식을 먹기 싫은 듯이 자꾸 되씹다.

깽매 '꽹과리'. 메구. **깽비리** 하잘것없는 사람 낮잡아 일컫는 말.

꺼꾸정하다 매우 구부러져 있다. '구부정하다'. '꾸부정하다'.

꺼그렁베 올리 거칠고 품질이 안 좋은 베. '하품베'.

꺼그렁보리 탈곡을 할 때 겉껍질이 벗겨지지 아니하는 보리. '겉보리'.

꺼끄렁욕심 분수에 넘치는 욕심. '겉욕심'.

꺼끔하다 자주 있던 왕래나 소식 따위가 한동안 없다.

꺼대기다 가볍고 조심성 없이 함부로 행동하다. '까불다'.

꺼대다 끌어다가 맞추어 대다. '끌어대다'.

꺼덕치다 모양 따위가 거칠고 막되어 어울리지 않다.

꺼두르다 움켜쥐고 함부로 휘두르다. **꺼들다** 끌어당겨서 추켜들다.

꺼떡없다 아무런 변동이나 탈이 없이 매우 온전하다. '끄떡없다'.

꺼떡하마 조금이라도 일이 있기만 하면 곧. '걸핏하면'. 꺼떡하면,

꺼리다 자신에게 해가 될까 하여 피하거나 싫어하다.

꺼림칙하다 마음에 걸려서 언짢고 싫은 느낌. 께름직하다, 미찐하다.

꺼멍 물질이 탈 때에 연기에 섞여 나오는 검은 가루. '그을음'. 꺼시럼,

꺼모둠다 목적을 이루기 위해 한곳에 모으다. '끌어모으다'.

꺼병이 꿩의 어린 새끼. 외양이 거칠게 생긴 사람.

꺼적때기 거적 조각. '거적때기'. 꺼펑이 덧씌워 덮거나 가린 물건.

꺽꺽하다 말이 막히어서 순탄하지 못하다. 꺽쑥하다 목이 메이다.

꺾자 내리글씨에 쓰는 'ㄱ'자 비슷한 부호의 인쇄상의 이름.

꺾자치다 글자를 지우고 꺾자 그리다. 꺽지다 억세고 꿋꿋하며 기운차다.

꺽짓손 억세고 사나워서 마음대로 되지 않는 솜씨.

껄그랍다 뻣뻣한 털 따위가 살에 닿아서 뜨끔거리는 느낌. '껄끄럽다'.

껄깽이 사람 몸의 작은창자에 기생하는 회충과의 기생충. '회충'.

껄대 사람의 몸집이나 체격. 껄떡대다 욕심이 드러나는 행동을 하다.

껄렁하다 말이나 행동이 들떠 미덥지 아니하고 허황되다.

껄쭉하다 액체가 묽지 않고 꽤 걸다. '걸쭉하다'.

껍적거리다 방정맞게 함부로 자꾸 까불거나 잘난 체하다.

껑까다 거짓말을 하다. 껑짜치다 면목없다. 어색하여 거북하다.

께꾸룸하다 마음에 걸려서 언짢은 느낌이 꽤 있다. '께름하다'.

께끔하다 꺼림칙하고 탐탁하지 아니하다.

께끼다 방아질 할 때, 확의 바깥으로 올라오는 낟알을 안으로 밀어 넣다.

께느른하다 몸을 움직이고 싶지 않을 만큼 느른하다.

께죽거리다 불평스럽게 되씹어 중얼거리다. 껴잡다 팔로 끼어서 잡다.

꼬까지 물기 많은 음식물 겉면에 생기는 곰팡이 같은 물질. '골마지'.

꼬꼬마 병졸들 벙거지 뒤에 단 길고 부풀한 수술.

꼬꼬재배 신부가 두 번, 신랑이 한 번 절한다 하여 '꼬꼬재배'. 혼인식.

꼬끌불 소나무의 가지나 옹이를 태울 때 생기는 불. '관솔불'.

꼬다케 불이 꺼지지도 않은 채 고스란히 붙어 있는 모양.

꼬당꼬당 바싹 말라서 몹시 야윈 모양.　꼬대기다 위아래로 흔들리다.

꼬두람이 맨 꼬리, 또는 막내.　꼬두바리 차례의 맨 끝. '꼴찌'. 꼬바리.

꼬드기다 부추기어 남의 마음을 일으키다.

꼬라보다 눈을 한쪽 옆으로 뜨고 노려보다. '꼬나보다'.

꼬라지 사람의 모양새를 낮잡아 이르는 말. '꼬락서니', 꼬락세이.

꼬롬하다 정직하지 못하다.　꼬리치다 아첨하고 아양을 떨다.

꼬리치마 겨우 무릎을 가릴 상것 부녀자들 치마.　꼬막 돌조갯과의 조개.

꼬물 아주 조금.　꼬부랑이 한쪽으로 옥아 들어 곱은 물건.

꼬불시다 '꼬부리다'.　꼬이다 하는 일이 얽히거나 뒤틀리다.

꼬장주 한복 치마 안에 입는 바지 모양의 속옷. '고쟁이'.

꼬다댁이 그릇의 뚜껑이나 기구 따위에 붙은 볼록한 손잡이. '꼭지'.

꼬물 보잘것없이 아주 적은 분량을 이르는 말.

꼬투리 이야기나 사건의 실마리. 남을 해코지하거나 헐뜯을 만한 거리.

꼭대기 높이가 있는 사물의 맨 위쪽. 꼭대배이.

꼭두새벽 이른 새벽. '꼭두새벽'.　꼭두쇠 남사당패의 우두머리.

꼭두잡이 씨름에서, 상대편 뒤통수를 누르며 넘어뜨리는 기술. '꼭뒤잡이'.

꼭뒤 뒤통수의 한가운데. '뒤통수'. 뒤꼭지.　꼭지 길이의 단위.

꼭지도둑 옛날, 혼인 때 신랑을 따라 가는 아이종.

꼭지딴 거지나 딴꾼의 우두머리.　꼭하다 정직하며 고지식하다.

꼰 '고누'.　꼰드랍다 형세가 위태롭다.　꼰장 멀고 험한 곳.

꼰지박질 '곤두박질'.　꼰질꼰질하다 지나치게 꼼꼼하여 갑갑하다.

꼴 말이나 소들에게 먹이는 풀. '꼴풀'.　꼴꾼 꼴을 베는 사람.

꼴난거 별 것 아닌 것.　꼴다 성질이나 성욕이 불끈 일어나는 것.

꼴두마리 물레의 꼭지마리.　꼴따구 성질내는 것. 꼴 때.

꼴때기 자기의 의견을 바꾸지 않고 굳게 버팀. '고집'.

꼴뚜기장수 재산을 모두 없애고 어렵게 사는 사람.

꼴뚜기질 남을 욕할 때에, 가운뎃손가락을 펴서 남에게 내미는 짓.

꼴박다 마구 쑤셔 넣거나 푹 밀어 넣다. '처박다'. 꼴아박다.

꼴싸다 천의 양쪽 길이를 같게 하여 접다. **꼴아보다** 꼬나보다.

꼼꼼하게 빈틈이 없이 차분하고 조심스럽게.

꼼냉이짓 다랍게 구는 것. **꼼바르다** 인색하다.

꼼비기 논매기의 만물을 끝낸 음력 7월쯤에 하루를 노는 일. 호미씻이.

꼽꼽쟁이 성질이 잘고 서두르는 사람을 낮잡아 이르는 말.

꼽다 아니꼽다. **꼽다시** '고스란히'. 꼼짝없이' **꼽들다** 가까이 접어들다.

꼽비비다 꼬부려 비비다. **꼽사리** 남이 노는 판에 거저 끼어드는 일.

꼽삶다 두 번 삶다. **꼽재기** 때나 먼지 따위와 같은 작고 더러운 물건.

꽁꼬무리하다 역한 냄새가 나는 상태이다. '고릿하다'.

꽁꾸레이 소죽을 푸거나 뒤집을 때 쓰는 ㄱ자 모양의 도구.

꽁다대기 '꼬리'를 낮잡아 이르는 말. '꼬랑이'. 꼬다대이, 꼬랑대이.

꽁하다 무슨 일을 잊지 못하고 속으로만 언짢고 서운하게 여기다.

꽂감접말 똑 같은 말을 겹쳐하는 것을 이르는 말. 곶감 겹말.

꽃굴레 어린아이의 머리에 오색의 비단 오리로 만들어 씌우는 굴레.

꽃다지 십자화과의 두해살이풀. 열매채소의 그해 맨 처음에 열린 열매.

꽃따름 참꽃을 따서 전을 부치거나 떡에 넣어서 먹는 화전놀이. '꽃달임'.

꽃두레/꽃두루 처녀/총각. **꽃등** 그해 맨 처음에 난 과일.

꽃말 꽃의 특징에 따라 상징적인 의미를 부여한 말.

꽃망울 아직 피지 않은 어린 꽃봉오리. 꽃맹아리 꽃매아리, 꽃미아리.

꽃매아리 아직 피지 않은 어린 꽃봉오리. '꽃맹아리' 꽃망울, 꽃미아리.

꽃무릇 수선화과에 속하는 여러 해 살이 풀. 석산石蒜. 상사화.

꽃물 맹물을 타지 않은 진한 고기 국물. / 일의 긴한 고빗사위.

꽃바람 꽃필 무렵에 부는 봄바람. **꽃보라** 바람에 날리는 많은 꽃잎들.

꽃부리 꽃잎 전체를 이르는 말. '갈래꽃부리', '통꽃부리'.

꽃살문 문살에 무늬를 새겨 만든 문. 꽃살창.

꽃샘추위 봄철에 꽃이 필 무렵의 추위. **꽃자리** 꽃이 달렸다가 떨어진 자리.

꽃잠 신랑 신부의 첫날밤의 잠. **꽃차례** 꽃이 가지에 붙어 있는 상태.

꽃초롱 꽃같이 생긴 초롱. **꽤짜** 꽤 괜찮은 사람이나 물건.

꽹과리 풍물놀이의 매구. **꾀꾀로** 남이 보지 않는 틈을 타서 살그머니.

꾀바르다 난처한 경우를 잘 피하거나 약게 처리하는 꾀가 많다. **꾀시럽다**.

꾀송꾀송 달콤하고 재치있는 말로 남을 자꾸 꾀는 꼴. '꾀음꾀음'.

꾀자기 잔꾀가 많은 사람. **꾀잠** 자는 척 거짓으로 자는 잠.

꾀하다 어떤 일을 이루려고 뜻을 두거나 힘을 쓰다. **꾸굽하다** 조금 축축하다.

꾸득살 손바닥이나 발바닥의 굳은 살. **꾸덕시기리하다** 약간 굳은 듯하다.

꾸럼하다 날씨가 약간 흐리다. **꾸무대다** 매우 느리게 자꾸 움직이다.

꾸미다 모양이 나게 손질하다. **꾸밈** 꾸민 상태나 모양.

꾸불퉁 느슨하게 구부러져 있다. **꾸주구리하다** 외모가 단정하지 못하다.

꾸중새 며느리를 꾸중만 하는 시어미를 이르는 말.

꾼드러지다 몹시 피곤하거나 술에 취하여 정신없이 쓰러져 자다.

꾼지 재갈이나 코뚜레, 굴레에 잡아매는 줄. '고삐'.

꿀뚜름하다 흥미를 느끼다. **꿀뚝같다** 무엇을 하고 싶은 생각이 간절하다.

꿈땜 꿈에 나타난 궂은 조짐을 현실에서 때우는 일.

꿉배기 돈 쓰기에 몹시 인색한 사람을 낮잡아 이르는 말. '군짜'. 꾿배기

꿉치다 발목을 접질리다. **꿍꾸무리하다** 냄새가 좀 구린 듯하다.

꿍수 '꿍꿍이셈'. **꿍치다** 한 뭉치씩 뭉쳐 넣다.

꿰들다 남의 허물을 들추어내다. **꿰뚫다** 일의 내용이나 본질을 잘 알다.

꿰맞추다 서로 맞지 아니한 것을 적당히 갖다 맞추다. **끼맞좋다**.

끄나풀 앞잡이 노릇을 하는 사람. **끄느름하다** 날씨가 흐리어 어둠침침하다.

끄래기 소의 주둥이 '부리망.' **끄렁뎅이** 머리털, 실의 뭉친 끝. '끄덩이'.

끄레발 단정하지 못한 몸치장이나 헙수룩한 몰골.

끄름지 두 팔을 둥글게 모아 만든 둘레 안에 들 만한 분량. '아름'.

끄림없다 일이나 행동 따위를 하는 데에 걸려서 방해가 되는 것이 없다.

끄먹거리다 등불 같은 것이 꺼질 듯 말 듯하다.

끄믈거리다 날이 화창하게 개지 않고 자꾸 흐려지다.

끄숙이다 앞으로 끌어당기다. **끄잡다** 끌어 잡다. '끄잡다'.

끄적거리다 글씨나 그림 따위를 아무렇게나 자꾸 쓰거나 그리다.

끄질러먹다 근근이 먹고 산다. **끈안다** '끌어안다'.

끈중하다 긴 다리를 모으고 힘 있게 높이 솟구쳐 뛰는 모양.

끈지벅하다 끈기 있게 검질기다. '끈질기다'.

끈하다 마음에 걸리다. **끌끌하다** 마음이 맑고 바르며 깨끗하다.

끌끔하다 깨끗하고 미끈하다. **끌다** 바닥에 댄 채로 잡아당기다.

끌떡붓 끝이 거의 다 닳아서 없어진 붓. '몽당붓'. **끌신** 베틀신.

끌테기 풀이나 나무 따위를 베고 남은 아랫동아리. '그루터기'. 끌테이.

끌밋하다 훤칠하고 시원스럽게 잘생기다. **끌박다** 그루박다. '처박다'.

끙가리 물건을 매거나 꿰거나 하는 데 쓰는 가늘고 긴 물건. '끈'. 끄내끼.

끝갈망 일의 뒤끝을 수습하는 일. **끝다리** 거슬러 받는 잔돈. 우수리.

끝물 푸성귀, 과일 따위의 그해에 맨 나중 나는 것.

끼꿈하다 마음에 걸려서 언짢은 느낌이 있다. '꺼림하다'. 찝찝하다.

끼끗하다 생기가 있고 깨끗하다. 싱싱하고 길차다.

끼뜨리다 흩어지게 내어던져 버리다. **끽긴한** 매우 중요한. 대단한.

끽소리 조금이라도 떠들거나 반항하려는 태도나 소리.

낀걸이 물건을 걸어 두는 도구. **낀달이** 물건에 끈을 매달아 놓은 것.

낑게다 벌어진 사이에 들어가 죄이고 빠지지 않게 되다. '끼다'. '끼이다'.

낑구다 벌어진 사이에 무엇을 넣고 죄어서 빠지지 않게 하다. 끼우다.

낙동관수루에 올라

가을 강물은 청둥오리 머리같이 푸르고,
아침노을은 성성이 핏빛처럼 붉어라.

오용길, 화성의 봄(방화수류정), 135×107cm, 화선지에 수묵담채, 2014

유곡(점촌)에서 통영대로를 따라 솔티(松峴)를 넘고 사벌 들녘을 지나 부치당고개(佛峴)를 넘어 낙동에서 강 건너 관수루에 올랐다.

군위에서 시작한 위천渭川이 쌍계에서 의성천과 만나서 안계의 너른 들판을 적시며 흐르다가 단밀에서 낙동강으로 흘러든다.

낙동관수루에 올라서니, 얼었던 강물이 풀리면서 철새들이 떼를 지어 날고 물고기가 몰려다니는 연비어약鳶飛魚躍이었다.

관수루에 걸린 이규보李奎報의 시를 차운하였다.

산승이 달빛을 탐하여
병 속에 물과 함께 길어 담았네.
절에 다다르면 바야흐로 깨달으리라,
병 기울이면 달빛 또한 텅 비는 것을.

山僧貪月光 瓶汲一壺中 到寺方應覺 瓶傾月亦空

달빛조차 색色으로 보고, 병 속의 물을 쏟아내면 달빛 또한 사라지니 공空이라고 하였다.

이규보는 〈시에서 마땅하지 않은 아홉 가지(九不宜體)〉에서, 고인古人의 이름을 들먹이지 말고, 남의 글을 표절하지 말며, 어렵게 쓰려고 애쓰지 말고, 일상어를 잘 활용하라고 하였다.

　　자칭 백운거사白雲居士 이규보는 결국 무신정권에 참여하였다.
그의 처세가 대의大義를 위한 것이었는지, 출사出仕에 갈등하는 시
인에게 현실적인 문제로 다가왔다.
　　이규보의 〈동명왕편〉은 주몽 곧 동명성왕의 고구려 건국신
화로서, 병서幷序와 오언고율五言古律 詩로 쓴 영웅서사시이다. 그
시에서 하느님의 아들 해모수는 주몽의 아버지다. 그의 하강은
이규보의 문학적 감수성에 의해 환상적인 신화로 탄생하였다.

　　처음 공중에서 내릴 때에는
　　오룡거五龍車에 몸을 싣고,
　　종자從者 백여 사람은
　　고니 타고 우의羽衣 휘날려,
　　맑은 음악소리 퍼져 가고
　　구름은 뭉게뭉게.

　　주몽은 준마를 여위게 한 뒤 그 말을 타고 탈출하는데, 큰 강가
에서 절명의 순간에 자라와 물고기가 다리를 만들어 주었고, 어
머니가 보낸 오곡 종자를 심고 졸본에 고구려를 세웠으며, 유리
는 아버지 주몽을 찾아가서 부러진 칼 조각을 맞추었다.
　　이규보의 문학적 상상력은 환상적이면서도 역사적 사실처럼
설득력 있었다. 신성한 왕위의 보존과 백성을 위한 왕도정치를
바라는 마음에서 성인이 다시 나타나기를 기원하고 있다.

　시인은 이규보의 "가을 강물은 청둥오리 머리같이 푸르고"를 차운하여, 〈그믐날 관수루에 올라〉라는 시를 지어서 읊었다.

낙동강 위에 갈매기 떼 지어 날아 푸른 바탕에 흰 점이며,
봄의 풍광은 채색 구름 병풍을 마주하는 듯하구나.
관수루 난간에 기대어 머리 돌려 석양 속 주위를 둘러보니,
크고 작은 정자 여럿이 잔잔히 흩어져 있구나.

| 번역 | 장광수 2017 |

　시인은 안축의 詩를 차운하여, 〈상주관수루에 올라 登尙州觀水樓〉를 읊었다.

길 뚫으며 벼랑 따라 북쪽으로 오르자,
나는 듯한 다락이 언덕 동쪽에 나래를 폈네.
배를 타고 은하수에 오른 듯
오래 섰노라니 겨드랑이에서 바람이 이네.

들판은 아지랑이가 아른거려 멀어 뵈고,
강물은 저녁놀 머금어 붉게 물들었네.
티끌세상 괴로움을 드디어 알겠기에
머리 돌려 고기 잡는 늙은이를 부러워하네.

| 번역 | 장광수 2017 |

2월 1일 경, 야은冶隱 길재가 살았던 선산 봉계리(고아면 봉한리)를 지나게 되었다. 선산 해평의 들판에 우뚝 솟은 태조산이 있다.

이 산에 절을 지을 때 그 산허리에 복숭아꽃과 배꽃이 만발한 것을 보고, 절 이름을 도리사桃李寺라고 불렀다.

길재는 도리사에서 처음 글을 배웠고, 개경에서 이색李穡·정 몽주鄭夢周·권근權近 등의 문하에서 학문을 연마한 후, 김숙자金叔 滋 등 많은 학자를 배출하여 사림파의 학통으로 이어지게 했다. 그는 고려가 망한 후 고려의 옛 도읍지 개성을 돌아보며, 고려 멸 망에 대한 안타까운 심정과 인간사의 무상함을 노래했다.

오백년 도읍지를 필마로 돌아드니,
산천은 의구하되 인걸은 간데없네.
어즈버, 태평연월이 꿈이런가 하노라.

길재는 조선이 세워진 후 이곳에 내려와 띳집을 짓고 가난하 게 살았다. 그가 사는 곳이 외지고 농토가 척박해 살기에 마땅 하지 못하다 하여, 오동동의 전원으로 옮겨 풍부한 생활을 누리 도록 하였다. 그러나 그는 필요한 만큼만 남겨두고 나머지는 모 두 돌려보냈다.

시냇가 띳집에 한가롭게 홀로 사니,
밝은 달 맑은 바람 흥취가 넉넉하다.
바깥손님 오지 않고 산새만 지저귀니,
대숲으로 상을 옮겨 누워 책을 읽는다.

길재는 선산 봉계 시냇가에 띳집을 짓고 살아가는 은둔자로서 자신의 삶을 시로 썼다.

시인은 그가 은거한 것이 현실을 도피한 것이 아니라, 자신의 대의大義를 지키고자 했기 때문이라고 하고, 길재를 엄자릉嚴子陵의 기풍氣風에 빗대고 있다.

장자릉莊子陵은 젊어서 유수劉秀와 함께 공부했으나, 유수劉秀가 후한의 광무제光武帝로서 왕위에 오르자, 자신의 성性을 엄嚴으로 개성改姓하여 엄자릉嚴子陵으로 부춘산富春山에 들어가 은거하였다는 고사가 있다.

길재를 엄자릉에 비한 것은 길재의 대절大節이 매우 귀한 것임을 말하고, 아울러 높은 벼슬에 대한 경계의 뜻을 함께 언급한 것이다. 특히, "지닌 것 없지만, 달은 희고 바람이 맑아 좋다."라는 시구詩句에서 자신의 〈달팽이집芝山蝸舍〉을 생각했다.

시냇가에 띳집을 짓고 살면서, 지닌 것 없지만 달은 희고 바람이 맑아 좋다는 길재의 높은 인격과 삶의 자세를 숭모하는 마음과 벼슬살이를 경계하는 뜻을 피력한 〈길재 선생의 마을을 지나며 過吉先生閭〉를 지었다.

길재 선생의 마을을 지나며 過吉先生閭

대의는 굽히지를 못하는 것이나니,
어찌 속된 세상인들 마다고 하리오.
천 년 전 부춘산에서 낚시하던 기풍이
다시금 우리 동방의 선비들을 감격하게 하셨다.

> 大義不可撓　豈曰辭塵寰
> 千載釣臺風　再使激東韓

나가시 동네나 공청에서 각 집에 부담시켜 거두어들이던 공전公錢

나귀쇠 나귀를 부리는 사람. 남사당패에서 짐을 지니고 다니는 사람.

나그네 자기 고장을 떠나 다른 곳에 잠시 머물거나 떠도는 사람.

나근거리다 가늘고 긴 물건이 보드랍고 탄력 있게 자꾸 움직이다.

나나니벌 모래땅에 집을 짓고 사는 구멍벌과의 곤충.

나난 일정한 공간을 둘러막기 위하여 쌓아 올린 울의 안. '울안'.

나날삶 날마다 반복되는 생활. 일상日常. **나닐다** 날아서 오락가락하다.

나다분하다 지저분하게 뒤섞여서 갈피를 잡을 수 없이 어지럽다.

나달 흘러가는 시간. 날(日)+달(월) . **나대다** 깝신거리고 나다니다.

나댕기다 밖으로 나가 여기저기 다니다. '나다니다'. 나돌아다니다.

나댔다 얌전히 있지 못하고 철없이 촐랑거리다. '나대다'.

나동그라지다 뒤로 아무렇게나 넘어져 구르다. '나가동그라지다'.

나두다 들었던 것을 어떤 곳에 두다. '놓아두다'. 나뚜다.

나들목 나가고 들고 하는 길목. **나들이옷** 나들이할 때 입는 옷. 내거리.

나뜨다 물 위나 공중에 뜨다. 나타나거나 나와서 다니다.

나디 산초나무의 열매. 기름을 만드는 원료.

나라뜰 임금이 신하들과 의논하여 정치하는 곳. '조정朝廷'.

나라이 여럿이 줄지어 늘어선 모양이 가지런한 상태로. '나란히'. 나라비.

나락 벼의 이삭. 이것을 찧은 것이 '쌀'이다. '벼'.

나락끌테기 벼를 베고 난 후의 그루터기. '벼 그루터기'.

나락가리 벼를 베어서 가려 놓거나 볏단을 차곡차곡 쌓은 더미. '볏가리'.

나락끌개이 벼를 베고 난 그루터기. **나락단** 벼를 베어 묶은 단. '볏단'.

나락씨 못자리에 뿌리는 벼의 씨. **나래** 배를 젓는 도구.

나래비 여럿이 줄지어 늘어선 모양이 가지런한 상태로. '나란히'.

나룻 성숙한 남자의 입 주변이나 턱 또는 뺨에 나는 털.

나룻배 나루와 나루 사이를 오가며 사람이나 짐을 실어 나르는 작은 배.

나릅 짐승 나이 네 살. **나리** 배가 건너다니는 강이나 바다의 물너들. 나루.

나룻배와 행인

한용운 韓龍雲 (1879~1944)

※ 한용운, 한용운시집, 젊은지성문고8, 청년사, 1992

나는 나룻배
당신은 행인

당신은 흙발로 나를 짓밟습니다.
나는 당신을 안고 물을 건너갑니다.
나는 당신을 안으면 깊으나 옅으나 급한 여울이나 건너갑니다.

만일 당신이 아니 오시면 나는 바람을 쐬고 눈비를 맞이며
밤에서 낮까지 당신을 기다리고 있습니다.
당신은 물만 건느면 나를 돌어보지도 않고 가십니다그려.
그러나 당신이 언제든지 오실 줄만은 알어요.
나는 당신을 기다리면서 날마다 낡어갑니다.

나는 나룻배
당신은 행인

단원 김홍도, 단원풍속도첩 도선 보물 527호. 1/2

나릿믈 내에 흐르는 물. '냇물'. **나릿선** 나룻배. **나릿하다** '나른하다'.

나막신 나무에 홈을 판 신. **나메지** 한도에 차고 남은 부분. '나머지'. 남거지.

나명들명 나고 들면, 들락날락하면. **나무갓** 나무를 못하게 하던 곳.

나무거울 겉꼴은 그럴듯하나 아무 쓸모없는 것.

나무떠거리 크지 아니한 나무들이 한곳에 모여 난 무더기. '나무떨기'.

나무래다 상대방의 잘못이나 부족한 점을 꼬집어 말하다. '나무라다'.

나무말미 장마 기간 중에 날이 잠깐 개어 풋나무를 말릴 만한 겨를.

나무바리 마소에 실은 나무의 짐. **나무새** 여러 가지 땔나무. /남새(채소).

나무지저귀 나무를 패거나 찍거나 깎을 때 생기는 부스러기.

나뭇가래이 나무를 쌓은 더미. '나뭇가리'. **나뭇바리** 말이나 소에 싣는 나무.

나박나박 야채 따위를 납작납작 얇고 네모지게 써는 모양.

나배다 덤불 속을 뒤지다. /되풀이 하다. **나변** 어느 곳, 어디. /그곳, 거기.

나벗하다 몸가짐이나 행동이 반듯하고 의젓하다.

나부 나비목의 곤충 가운데 낮에 활동하는 무리를 통틀어 이르는 말. '나비'.

나부대다 가만히 있지 못하고 철없이 납신거리다. 나쌓다.

나부랑납잡하다 높낮이가 없어 평평하게 퍼진 듯이 납잡하다.

나부래이 어떤 부류의 사람이나 물건을 낮잡아 이르는 말. '나부랭이'

나부로 어떤 목적이나 생각을 가지고. 또는 마음을 내어 굳이. '일부러'.

나부리 바다의 크고 사나운 물결. '너울'.

나부죽하다 작은 것이 좀 넓고 평평한 듯하다. 나붓하다.

나불 주로 부정적인 현상이 생겨난 까닭이나 원인. '탓'.

나붓이 고개를 숙이고 앉거나 엎드리는 얌전한 맵시.

나비눈 못마땅해서 못 본 체하는 눈짓. **나비물** 옆으로 평평히 끼얹는 물.

나비수염 양쪽으로 갈라 위로 꼬부라지게 한 콧수염.

나비잠 반듯이 누워 두 팔을 머리 위로 벌리고 자다.

나비질 곡식의 검부러기를 날리려고 키 따위로 부쳐 바람을 일으키는 일.

나비치다 나비질을 하여 검부러기나 먼지 따위를 날리다.

나비헤엄 접영蝶泳.   **나살** 지긋한 나이를 낮잡아 이르는 말. '나잇살'.

나쌀다 얌전히 있지 못하고 움직임이 매우 날쌔다. '나대다'.

나생이 어린잎과 뿌리는 향기가 좋아 무치거나 국으로 끓여 먹는다. '냉이'.

나섬과 물러남 벼슬에 나아가는 것과 내려놓음. **나수다** 내어서 드리다.

나숫다 병이나 상처 따위가 고쳐져 본래대로 되다. '낫다'. 나샀다.

나슬나슬하다 가늘고 짧은 털이나 풀 따위가 보드랍고 성기다.

나신다 나긋나긋하다. **나신 것** 낯선 것. **나안날** ·넷째 되는 날. '나흔날'.

나앉다 물러나서 자리를 잡다. **나오르다** 소문이 자꾸 오르내리다.

나오리 바다의 크고 사나운 물결. '너울'. **나우** 좀 많게. 좀 낫게. 좀 높게.

나우리 해가 뜨거나 질 무렵에, 하늘이 벌겋게 보이는 현상. '노을'.

나위 더 할 수 있는 여유나 더 해야 할 필요. 낮에 활동하는 곤충. '나비'.

나인 궁녀. **나장이** 의금부에서 죄인을 족대길 때 매질하는 하례下隷.

나잘 '한나절'의 옛말.   **나절가웃** 한나절이 좀 넘는 시간.

나조배기 겉보기보다 나이가 많은 사람을 낮잡아 이르는 말. '나이배기'.

나종 얼마의 시간이 지난 뒤. '나중'. 내중, 낸중, 냉재, 냉제.

나쪼다 앞에 나아오거나 나아가다. **나주불** 신부 집에서 나좃대에 켜는 불.

나지라기 지위나 등급이 낮은 사람이나 물건을 낮잡아 이르는 말.

나지리 자기보다 능력이나 품격이 못하게. 나지리(보다), 나지리(여기다).

나티 짐승 모양의 귀신. **나티상** 귀신같이 망측하고 무시무시한 얼굴.

나팔륜拿破崙 프랑스 황제 나폴레옹. **낙각** 각질이 굳어져 떨어진 사슴뿔.

낙간 책의 원문이 일부 빠짐. **낙강** 신이 하늘에서 인간 세상으로 내려옴.

낙계 벼슬아치의 나무패에 찍던 도장. **낙경** 행복하게 살 수 있는 좋은 땅.

낙길 한 질을 이루는 여러 권의 책 중에서 빠진 책. '낙질'.

낙나찮다 만만할 만큼 힘이 없지 않다. **낙낙하다** 만만하다./겨냥보다 크다.

낙락장송 가지가 길게 축축 늘어진 키가 높게 솟은 소나무.

낙랑고분 황해도와 평양 근교에 흩어져 있는 낙랑군의 고분.

낙랑공주 호동왕자를 위해 자명고를 찢어 고구려가 낙랑군을 치는 것을 도왔다.

낙랑단궁 예전에, 낙랑 땅에서 난 활이란 뜻으로 '단궁'을 달리 이르던 말.

낙론 기호학파의 한 갈래. **낙매** 떨어지거나 넘어져 다침. '낙상'. 낭매.

낙선재 창덕궁의 건물. 영친왕의 부인 이방자와 덕혜옹주가 거처하던 곳.

낙수받이 낙숫물이 한곳으로 모여 흐르도록 추녀 밑에 댄 홈통.

낙원 괴로움이나 고통이 없이 안락하게 살 수 있는 즐거운 곳.

낙은지 은박 가루 뿌린 편지지. **낙장거리** 네 활개를 벌리고 뒤로 발딱 나자빠짐.

낙지 갯벌에 사는 문어과의 하나. **낚수** '낚시'. **낚시걸이** 낚시 모양의 호미.

낚싯거루 낚시질할 때 쓰는 조그만 배. **난간** 층계, 마루의 가장자리의 낭간.

난개 꽃이 한창 만발함. **난공불락** 공격이 어려워 쉽사리 함락되지 아니함.

난다긴다 동작이 재빠르고 날래다. **난다리** 흠이 생긴 과일이나 채소.

난달 여러 갈래로 통하는 길. **난당이다** 마구잡이여서 당해 내기 어렵다.

난데 그 지방이 아니 다른 고장. **난든집** 손에 익은 재주.

난들 마을에서 떨어진 넓은 들. **난등** 불상의 머리나 영단을 장식용 꽃 뭉치.

난리버꾸통 몹시 소란스럽고 질서가 어지러운 상태. '난리법석'.

난바다 육지에서 먼 바다. **난발** 총을 마구 쏨. /꽃이 흐드러지게 한창 핌.

난벌 나들이할 때 착용하는 신이나 옷 따위. 나들잇벌.

난장대다 힘없이 촉 처지거나 조금 물러지다. '난작대다'. **난장질** 몰매질.

난질 술과 색에 빠져 방탕한 짓. **난질가다** 여자가 정을 통한 사내와 내빼다.

난짝 번쩍. 한 번에 번쩍. **난전** 허가 없이 길에 벌여 놓은 가게.

난추니 새매의 수컷. **난탕질** 칼 따위로 함부로 치거나 엉망으로 만드는 짓.

난후청군대 행렬 뒤에 재인才人을 서게 한 것을 이르는 말.

낟가리 곡식을 그대로 쌓은 더미. **낟알기** 곡식으로 만든 적은 분량의 음식.

날가지 잎이 없는 맨가지. 산의 원줄기에서 날카롭고 짧게 뻗은 곁줄기.

날갈이 소가 하루에 갈 수 있는 밭의 넓이. **날깝다** 날이 서다. '날카롭다'.

날개집 집채의 좌우에 붙어 있는 곁채. **날갯질** 날개를 치는 짓.

날굿이 궂은 날 특별한 음식을 먹으며 즐기는 일.

날나다 짚신이 닳아서 날이 보이다. **날내** 덜 익은 음식물에서 나는 냄새.

날다 베 따위를 짜기 위해 샛수에 맞춰 실을 길게 늘여서 베틀에 걸다.

날단거리 베는 대로 곧 묶어 말린 풀이나 나뭇가지 따위의 땔나무.

날도적 침략자나 약탈자를 비유적으로 이르는 말. **날돈/날땅** 생돈 / 맨땅.

날떠퀴 그날의 운수. **날뜨기** 아직 교습 받지 아니한 기녀. **날라리** 나란히.

날래 속히. **날레쓰다** 글씨를 아무렇게나 마구 쓰다. '갈겨쓰다'.

날렝다 바람이나 힘에 의해 어떤 위치에서 다른 위치로 날아가다. '날리다'.

날름쇠 총의 방아쇠를 걸었다가 떨어뜨리는 쇠. 물건이 퉁겨지게 하는 걸쇠.

날림치 날림으로 만든 물건. **날망** 길게 등성이를 이룬 지붕, 산꼭대기.

날메 두툼한 날이 있어 돌의 표면에 대고 돌의 옆을 따 내는 데 쓰는 망치.

날물 조수의 간만으로 해면이 하강하는 현상. '썰물'.

날밀 칼자루 손잡이의 손을 보호하는 테. **날미들미** 집밖으로 나며 들며.

날밤 부질없이 새우는 밤. **날밤집** 밤새 술 팔던 주막.

날밭 윷판에서 20의 자리. 즉, 말이 나가는 맨 끝의 밭.

날베락 뜻밖에 당하는 불행이나 재앙을 비유적으로 이르는 말. '날벼락'.

날붙이 칼 낫 도끼처럼 날이 선 연장. **날비** 징조 없이 갑자기 내리는 비.

날삯 나날이 치르는 품삯. 일급. **날쌍하다** 피륙의 짜임이 좀 성글다.

날새 지난 며칠 동안. '날사이'의 준말. **날세** 그날의 기상 상태. '날씨'.

날송장 죽은 지 갓 된 송장. **날아놓다** 여러 사람이 낼 돈의 액수를 배정하다.

눌애 새나 곤충의 몸 양쪽에 붙어서 날아다니는 데 쓰는 기관. '날개'.

날연하다 노곤하고 기운이 없다. 날짝지근하다. **날장구** 쓸데없이 치는 장구.

날짜 어떤 일에 서투른 사람. '생무지'. **날짱거리다** 놀면서 천천히 행동하다.

날짱날짱 느리고 야무지지 못한 모양. **날짐승** 날아다니는 짐승.

날찌 뱃간에 까는 엮은 나뭇가지. **날찍** 일한 결과로 생기는 이익.

날치 '날아가는 새'를 사냥꾼이 이르는 말. **날치꾼** 날아가는 새를 잡는 사냥꾼.

날캉하다 물러서 조금씩 늘어지다. **날탕** 기술 없이 마구잡이로 일 함.

날파람 바람이 일 정도로 날쌘 움직임이나 등등한 기세.

날파람둥이 주책없이 싸다니는 사람. **날포** 하루가 조금 더 되는 동안.

날품 날삯을 받는 일. **날피** 가난한 데다 헛되고 미덥지 못한 사람.

날피리 급히 쫓기어 물 위로 뛰어 도망가는 피라미.

남가일몽 꿈과 같이 헛된 한때의 부귀영화를 이르는 말.

남갈개 사냥꾼의 가죽 화약 통. **남기다** 다 쓰지 않고 나머지가 있게 되다.

남나중 남보다 나중. **남다히** '남쪽'. **남대되** 남과 같이.

남바위 추위를 막기 위하여 머리에 쓰는 쓰개.

남박 안쪽에 여러 줄로 고랑이 지게 돌려 파서 만든 함지박. '이남박'.

남볼썽 남을 대할 면목. **남루하다** 옷이 낡아 해지고 차림새가 너저분하다.

남머이 남보다 먼저. **남발하다** 말이나 행위를 자꾸 함부로 하다.

남보매 남이 보기에. **남사** 남색 비단. /맹인들의 은어로, '사람'을 이르는 말.

남사당패 곰뱅이쇠(총감독), 뜬쇠(여섯마당놀잇꾼). 버나(쳇바퀴돌리기), 살판(땅재주), 어름(줄타기), 덧뵈기(탈춤), 덜미(꼭두각시놀음), 얼른(요술장이), 반주자는 징수(징), 고장수(장구), 북수(북), 벅구(벅구), 회적수(날라리),회덕(선소리).

남상거리다 얄밉게 자꾸 넘어다보다.

남새 심어서 가꾸는 채소. **남새시럽다** 비웃음을 받을 만큼 창피하다. '우세스럽다'.

남색 푸른색을 띤 자주색. **남색짜리** 쪽 머리에 남색 치마 입은 새색시.

남실남실 물결 따위가 보드랍게 자꾸 굽이쳐 움직이는 모양.

남실바람 나뭇잎이 흔들리는 정도의 가벼운 바람.

남우세 비웃음이나 조롱을 받게 됨. **남유달리** 여느 것과는 아주 다르다.

남인 사색당파의 한 갈래. 동인에서 남인·북인으로 갈림.

남인맞다 시집가다. **남저지** 어한도 차고 남은 부분. '나머지'. 남지기.

남전대 화약통 달린 조끼. **남정** 열다섯 살이 넘은 사내.

남지 경상남도 창녕군 남지읍. **남짓이** 어느 한도에 차고 조금 남는 정도.

남청장 술이 취해서 정신을 못 차리는 것. **남촌** 종각 남쪽 마을을 일컫는 말.

남편 혼인하여 여자의 짝이 된 남자. 바깥양반, 밖으로.

남풍 큰 바람. 남쪽에서 불어오는 바람. **남행** 도산에서 의령 가는 길.

납 기둥 위에 건너지르는 나무. '도리'. **납가새** 물가 모래땅 한 해 살이 풀.

납박주다 퇴짜 놓아 무안을 주다. **납닥발이** 개오지. 살쾡이.

납닥시그리하다 판판하고 얇으면서 납작한 모양. **납뛰다** '날뛰다'.

납상 윗사람에게 돈이나 물건을 바침. 또는 그 돈이나 물건. '상납'.

납시다 왕이 집 안으로 들어올 때, '나가시다', '나오시다' 외쳐서 알리던 말.

납신 윗몸을 가볍고 빠르게 구부리는 모양. 수그리다. **납신납신** 납작납작.

납월 섣달. **납작소반** 납작하고 자그마한 밥상. **납족하다** '납작하다'.

납청장 꼼짝도 못하게 만들다. **낫기** 베틀에서 베를 짜는 일. '베짜기'.

낫낫하다 상냥하고 친절하다. **낫살** 지긋한 나이를 낮잡는 말. '나잇살'. 낫세.

낫웅다 병이나 상처 따위가 고쳐져 본래대로 되다. '낫다'. 낫우다.

낫이 크기나 수량 따위가 기준에 차고도 남음이 있게. 여유있게. 넉넉히.

낫잖이 모자라지 않고 넉넉하게. **낫잡다** 수량, 금액, 나이를 좀 넉넉하게 치다.

낭 주머니 또는 벼랑. **낭구** 땔감이 되는 나무붙이. '나무'.

낭구다 다 쓰지 않고 나머지가 있게 하다. '남기다'.

낭끝 깎아지른 듯한 언덕. **낭낭끄팅이** 위험한 몬 끝에. '낭떠러지'.

낭낭하다 음식 맛이 좋다. **낭랑하다** 소리가 맑고 또랑또랑하다.

낭만 현실에 얽매이지 않고 감상적이고 이상적으로 사물을 대하는 태도나 심리.

낭심 포유류의 음낭의 기관. 정자를 만들고 남성 호르몬을 분비한다. '고환'.

낭자 일정한 직업이 없이 이리저리 떠돌아다니며 빈둥빈둥 노는 사내.

낭중 얼마의 시간이 지난 뒤. '나중'. 내중, 낸중, 낸줴, 냉제, 냉주, 냉중.

낭창하다 크게 소리를 내어 글을 읽거나 외다. 걸음걸이가 안정되지 아니하다.

낮결 낮의 어느 무렵이나 동안. '나절'.

낮놀이 날씨가 좋을 때 벌들이 벌통 밖에 나와서 한데 모여 진을 치는 일.

낮뒤 한낮이 지난 뒤 오정부터 자정까지.

낮때 한 낮 동안. **낮부림** 낮 동안만 부림을 받아 하는 일.

낮잡다 만만히 여기고 함부로 낮추어 대하다.

낯거죽 얼굴의 살가죽. **낯꽃** 감정의 변화에 따른 얼굴 표정.

낯설다 전에 본 기억이 없어 익숙하지 아니하다.

낯설이 갓난아이가 낯선 사람 대하기를 싫어함. '낯가림'.

낯짝 '낯'의 속된 말. **낱자리** 하나치. 단위. **낳이** 피륙을 짜는 일.

내갈기다 힘껏 마구 때리거나 치다. **내거리** 나들이할 때 입는 옷.

내구럽다 연기로 인해 눈이나 목구멍이 쓰라린 느낌이 있다. '냅다'.

내구미 게 벼의 겉겨. '왕겨'. **내굴** 물체가 탈 때 연기와 먼지.

내금 코로 맡을 수 있는 기운. 분위기 따위에서 느껴지는 낌새. '냄새'.

내끼내끼 낱낱이. **내나** 앞서 말 한 내용과 '같다'. 역시. 매나, 맹.

내남없이 나나 다른 사람이나 다 마찬가지로.

내다서다 있던 자리에서 뒷걸음으로 피하여 옮겨 서다. '물러서다'.

내다앉다 있던 자리에서 물러나 앉다. 하던 일이나 지위를 내놓다.

내다지 처음부터 끝까지 계속해서. '내내'. 내도록, 내두룩.

내대다 함부로 말하거나 거칠게 굴며 대하다. **내동댕이치다** 무엇을 포기하다.

내두르다 남의 행동을 자기 마음대로 이리저리 휘휘 흔들다.

내둘리다 내두름을 당하다. **내떤지다** 아무렇게나 힘차게 던지다. '내던지다'.

내라놓다 위에 있는 것이나 들고 있는 것을 아래로 옮기다. '내려놓다'.

내려조기다 위에서 내리지르다. **내루막** '내리막'. 내르막.

내리닫이 바지저고리가 붙고 뒤가 터진 옷. **내림** 집안의 유전적인 특성. 혈통.

내림새 한 끝에 반달형의 혀가 붙은 암키와. **내멭기다** 아주 맡기다. '내맡기다'.

내몰렝다 일정한 지역 밖으로 몰려 쫓겨나다. '내몰다'.

내미손 물건을 흥정하러온 만만하고 어수룩하게 생긴 사람.

내발리다 겉으로 환하게 드러나 보이게 하다.

내버리다 더 이상 쓰지 아니하거나 못 쓰게 된 물건 따위를 아주 버리다.

내뻬레두다 제 마음대로 하도록 내어 맡기다. '놓아두다'.

내성천 봉화에서 영주, 예천으로 흐르는 강.

내숭 겉으로는 부드러워 보이나 속은 엉큼함. **내앨모레** '내일모레'.

내연 '내년'. 이듬해. **내음갈피** 냄새나는 까닭.

내졸기다 갑자기 밖이나 앞쪽으로 힘차게 뛰어나가다. '내닫다'.

내지르다 냅다 소리를 내다. **내짚다** 한숨을 내쉬다.

내처 어떤 일 끝에 더 나아가. 줄곧 한결같이.

내치 처음부터 끝까지 계속해서. **내평** 겉으로 드러나지 않은 일의 실상.

내평가치다 내팽개치다. **내행** 아녀자들 여행. **낼받아보다** '내려다보다'.

냄새맡다 낌새를 알아채다. **냅다** 연기로 눈이나 쓰라린 느낌. 내구랍다.

냅뜨다 기운차게 앞질러 나서다. **냉갈령** 몹시 매몰차고 쌀쌀한 낌새.

냉굴 찬 방고래. '냉골'. **냉소** 비웃음. **냉족** 찬바람 부는 가난한 집.

냉큼 머뭇거리지 않고 가볍게 빨리. **냠냠이탐** 주전부리 깜 찾기.

냥냥고자 활 끝에 고갱이 걸리는 곳. **냥냥하다** 성이 차지 않아 더 먹고 싶다.

냇내 연기 냄새. **냉갈령** 몹시 매정하고 쌀쌀한 태도.

냉과리 잘 구워지지 아니하여 불을 붙이면 연기와 냄새가 나는 숯.

너겁 괴인 물 위에 떠 있는 검불. **너그** 너희.

너그마씨/너가바씨 너희 어머니/너희 아버지. 너검마·너개비,

너글너글하다 마음 씀씀이가 너그럽고 시원하다.

너꾸받다 엉큼한 마음을 숨기고 겉으로는 천연스럽게 행동하다. 능청스럽다.

너끈하다 무엇을 하는 데에 모자람이 없이 넉넉하다.

너나들이 서로 허물없이 터놓고 지내는 사이. 니나돌이.

너널 추울 때에 신는 커다란 솜 덧버선. **너누룩하다** 병세가 잠시 가라앉다.

너더분하다 뒤섞이어 갈피를 잡을 수 없다. **너덜경** 돌이 많이 깔린 비탈.

너덜대다 주제넘게 입을 너불거리며 자꾸 까불다.

너래 '너럭바위'. **너렁청하다** 안이 텅 비고 널따랗다.

너레기 둥글넓적하고 아가리가 넓게 벌어진 질그릇. '자배기'.

너르차다 소견이 너그럽고 크다. **너름새** 판소리 가락 짜임새.

너리 한방에서, 잇몸이 헐어 이가 빠지는 '이틀 고름 샛길' 병.

너메 높이나 경계로 가로막은 사물의 저쪽. '너머'.

너벅다리 넓적다리. **너벌** 말하는 솜씨나 힘. '입담'.

너부데데하다 얼굴이 둥그번번하고 너부룩하다 넙데데하다.

너부레지다 힘없이 너부죽이 바닥에 까부라져 늘어지다. '너부러지다'.

너부적거리다 큰 물체나 몸이 중심을 잃고 이리저리 자꾸 기울어지는 모양.

너부죽이 넓적하게 천천히 엎드리는 상태로. **너뷔바위** 편편한 넓은 바위.

너불매기 붉은 갈색 바탕에 검은 갈색 얼룩무늬의 독이 없는 뱀. '무자치'.

너새 지붕의 합각머리 양쪽으로 마루가 지도록 기와를 덮은 부분.

너스레 남을 놀려먹으려고 수다스럽게 떠벌려 늘어놓는 말이나 짓.

너얼찌다 위에서 아래로 내려지다. '떨어지다'.

너울 부녀들의 나들이 때 머리에서 허리까지 쓰던 것.

너울가지 남과 잘 사귈 수 있는 솜씨. 붙임성.

너울짜리 너울을 쓴 사람이라는 뜻으로, 양반의 부녀를 낮잡아 이르는 말.

너저부리하다 질서가 없이 마구 널려 있어 어지럽고 깨끗하지 않다.

너테 물이나 눈이 얼어붙은 위에 다시 여러 겹으로 얼어붙은 얼음.

너풀거리다 가볍게 자꾸 나부끼다. **너출모란** '메꽃'. **너헐산** 너머저.

넉가래 곡식이나 눈을 한 곳에 밀어 모으는 연장.

넉동무이 윷놀이에서, 네 동이 한데 포개어져 가는 말. '넉동무니'.

넉살스럽다 부끄러움이 없이 비위가 좋다. **넉자배기** 네 문자로 된 시문.

넉장거리 네 활개를 펴고 뒤로 벌렁 나자빠짐. **넉장질** 날삯을 받고 파는 품.

넉적다 겸연쩍고 부끄럽다. '열적다'.

넋 괴어 있는 물에 떠 있는 검불. / 덕지덕지 앉은 때. / 정신이나 마음.

넋두리 무당이 죽은 사람의 넋을 대신하여 말하듯이, 혼자서 하소연하는 말.

넋잃다 정신없이 멍하다. **넋풀이굿** 죽은 사람의 원한을 풀어 주는 굿.

넌구렁이 능구렁이에 비유하여 성격이 음침한 것.

넌달래 진달랫과의 철쭉. **넌더리** 소름이 끼치도록 싫은 생각.

넌들넌들하다 천이나 옷 따위가 어지럽고 지저분하게 늘어져 있다.

넌즉하다 무심하거나 등한하다. **넌출지다** 처렁처렁 길게 늘어지다.

넌출한 길게 뻗어 나가 늘어진. **널너리하다** 여우 있게 넓게 펼치다.

널라와 너보다. '널라와 시름 한 나도' 〈청산별곡〉

널비기 너르게. 질그릇. **널음새** 말이나 사물을 펼쳐 놓는 솜씨. 너름새.

널이다 폐를 끼치다. **널쭈다** '떨어뜨리다'. 널쫓다. 널찌다.

널출지다 식물의 줄기가 처렁처렁 길게 늘어지다.

널쿵다 면이나 바닥 따위의 면적을 크게 하다. '넓히다'. 널풍다. 넓쿵다.

널평상 널빤지 평상. **널푼수** 앞으로 좋게 발전할 품질이나 품성. '늘품'.

넘궁다 물건, 권리, 책임, 일 따위를 남에게 주거나 맡기다. '넘겨주다'.

넘나다 분수에 넘치다. **넘나다니다** 넘나들어 다니다.

넘받아보다 고개를 들어 가리어진 물건 위로 건너 쪽을 보다. '넘겨다보다'.

넘어박히다 심하게 넘어져 바닥에 부딪다.

넘우줃다 바로 선 것을 넘어지게 하다. '넘어뜨리다'. 넘궁다. 넘구좋다.

넘찌다 건방지다. **넘치눈이** 두 눈망울을 한 곳으로 잘 모으는 사람.

넙쭉이 몸을 바닥에 너부죽하게 대고 닁큼 엎드리듯이. '넙죽이'.

넙쭉다 다리에서 무릎 관절 위의 부분. '넓적다리'.

넙푼넙푼 물결이나 늘어진 천, 팔이 부드럽게 움직이는 모양. '너울너울'.

넝게치기 남의 생각이나 행동을 근거 없이 짐작으로 판단하다. '넘겨짚다'.

넝뚱쟁이 여름 장마비를 빗대어 이르는 말.

넝치럽다 살림살이가 모자라지 않고 여유가 있다. '넉넉하다'.

네굽씨름 샅바 없이 하는 씨름. '민둥씨름'. **네굽질** 네발짐승이 몸부림치다.

네눈박이 양쪽 눈 위에 흰 점이 있어 언뜻 보기에 눈이 넷으로 보이는 개.

네다엿 '네다섯'. **네뚜리** 사람이나 물건 따위를 대수롭지 않게 여김.

네사려춤 네 번을 사려 한 춤이 되는 것. **녀가다** 가거나 다녀가다.

녀느 다른 것. '여느'. **녀다니다** 돌아다니다. **녀름다외다** 풍년이 들다.

녀져라 지내고 싶어라. **녈고사리** 산을 내려가며 꺾는 고사리.

녈비/녈손/녜뉘 지나가는 비/ 나그네/ 옛날.

녜랍다 예스럽거나 예전과 같다. **녜계꽃** 금낭화. **노** 밧줄.

노가리 씨를 흩어 뿌리어 심은 일. **각** 너무 익어서 빛이 누렇게 된 오이.

노고리하다 나른하고 피로하다. '노곤하다'. 노그리하다. 노글노글하다.

노구메 산신령에게 제사지내는 밥. '노구밥'.

노구솥 자유롭게 옮겨 쓸 수 있는 놋쇠나 구리쇠로 만든 작은 솥.

노구질 뚜쟁이 할미. **노근노골** 몸을 아끼지 않고 에허리지도록 일하다.

노깨 체로 쳐서 밀가루를 뇌고 남은 찌꺼기.

노나깨이 실, 삼, 종이 따위를 가늘게 비비거나 꼬아서 만든 끈. '노끈'.

노네각시 노래기강의 절지동물로, 습기가 많은 곳이나 초가지붕에 많이 산다.

노년 늙은 나이. **노놓다** 여러 몫으로 갈라 나누다. '노느다'. 나누다,

노느매기 여러 몫으로 갈라 나누는 일. **노늠몫** 여럿으로 갈라 노느는 몫.

노다지 광물이 많이 묻혀 있는 광맥. 끊어지지 않고 줄곧 내리는 비. '노박'.

노닥이다 재미있고 수다스럽게 말을 하다. **노도** 무섭게 밀려오는 큰 파도.

노동요 일을 즐겁게 하고 일의 능률을 높이기 위하여 부르는 노래.

노둣돌 말에 오르내릴 때에 발돋움하기 위하여 대문 앞에 놓은 큰 돌. '하마석'.

노드리듯 노끈 같은 빗발이 죽죽 퍼붓는. **노드매기** 여러 몫으로 나누는 일.

노디 개울이나 물이 괸 곳에 돌이나 흙더미를 놓아 만든 다리. '징검다리'.

노라리 건들건들 놀며 세월을 보내는 짓. **노라지다** 노랗게 되다.

노란자 알의 흰자위에 둘러싸인 동글고 노란 부분. '노른자'. 노른재, 조른자우.

노랑목청 판소리 창법에서, 목청을 떨어 지나치게 꾸며 속되게 내는 목소리.

노랑수건 심부름꾼. 앞잡이. **노량으로** 어정어정 놀면서 느릿느릿.

노래기 배각류 절지동물. **노랭이** 속이 좁고 인색한 사람을 낮잡아 이르는 말.

노래하다 같은 말을 자꾸 되풀이하여 졸라 대다.

노량으로 어정어정 놀면서 느릿느릿 움직이다.

노레보다 미운 감정으로 어떠한 대상을 매섭게 계속 바라보다. '노려보다'.

노루글 내용을 건너뛰며 띄엄띄엄 읽는 글. **노루막이** 산의 막다른 꼭대기.

노루잠 깊이 들지 못하고 자주 깨는 잠. **노류장** 노류장화. '창부'를 비유한 말.

노론 사색당파의 한 갈래. 서인에서 노론·소론으로 갈림.

노릇노릇 군데군데 노르스름한 모양. **노리** 늙은이. 늘그막. 늙고 쇠약함.

노리개삼작 저마다 다른 세 가지 밑감. **노리다** 칼로 갈겨 가로 베다.

노린내 노린 냄새. 노랑내. **노망태** 노로 그물처럼 떠서 만든 망태기.

노백이로 줄곧 계속하여 오래. **노삼** 질이 낮은 삼으로 꼰 줄.

노성자 선비답게 세련되고 경험이 많아 일에 능숙한 사람.

노수弩手 쇠뇌를 잘 쏘는 사람. 궁수. **노숙** 한데에서 잠을 잠.

노승 '천둥'. **노심개** 베틀에 걸린 연장. **노연** 윗사람의 옛말.

노연분비 때까치와 제비가 서로 나뉘어 날아간다는 뜻으로, 이별을 이르는 말.

노엮개 닥종이로 꼰 노끈으로 엮거나 걸어 만든 그릇.

노외다 지나간 일이나 한 번 한 말을 여러 번 거듭 말하다. '뇌다'.

노을 해가 뜨거나 질 무렵에, 하늘이 햇빛에 물들어 벌겋게 보이는 현상.

노을빛 노을이 질 때 생기는 불그스름한 빛.

노잎 물속에 잠기는 노의 부분. **노자** 사내종.

노잣돈 먼 길을 오가는 데 드는 돈. **노적가리** 집밖에 쌓아 둔 곡식 더미.

노적화총 꽃이 핀 갈대 떨기. **노정기** 나그넷길을 적바림한 것. 여행기

노죽 남의 마음에 들기 위하여 말, 표정, 몸짓을 일부러 지어내는 일.

노천 한데. **노총** 기일期日을 남에게 알리지 말아야 될 일.

노치 쌀가루에 기름을 둘러 구운 떡. 차노치. **노틀** 늙은이. 늙정이. 늘따리.

노파리 삼, 종이, 짚 따위로 만들어 집안 에 신던 신.

노폐하다 낡아서 더 이상 쓸모가 없다. **노해** 바닷가에 넓게 퍼진 들판.

노혼노혼하다 김·연기·아지랑이가 조금씩 잇따라 피어오르다. '하늘하늘하다'.

녹 벼슬아치에게 주던 급료給料. **녹노그래지다** 몹시 좋아서 반기는 모습.

녹노틀 무거운 물건을 들어 올리는 데에 쓰던 기계. '거중기'.

녹디 묵, 빈대떡 따위로 먹거나, 싹을 틔워 길러서 숙주나물로 먹기도 한다.

녹디질금 숙주나물. **녹병** 깜부기. **녹수** 옥에 갇힘을 밝히는 일.

녹작지근하다 온몸 맥이 풀려 나른하다. **논가리다** 나누다.

논골뱅이 '우렁이'. **논꼬** 논에 물이 들어가도록 만든 좁은 통로.

논두덩 물이 괴어 있도록 논의 가장자리를 흙으로 둘러막은 두둑. '논두렁'.

논또가리 자그마한 논. '논뙈기'. **논머래기** 논배미의 한쪽 가. '논머리'.

논빼미 논둑이나 논두렁으로 둘러있는 논 하나하나 가름. '논배미'.

논틀 논이 있는 어느 구획이나 지역.논두렁 위로 난, 꼬불꼬불하고 좁은 길.

논틀밭틀 논두렁 밭두렁의 꼬불꼬불하고 좁은 길.

논하다 옳고 그름을 따져 말하다. **놀갱이** 사슴과의 포유류. '노루'. 놂.

놀게다 짓궂게 굴거나 흉을 보거나 웃음거리로 만들다. '놀리다'.

놀금 물건을 살 때, 팔지 않으면 그만둘 셈으로 크게 깎아서 부른 물건 값.

놀놀하다 물기가 있어 딱딱하지 않고 좀 무르며 보드랍다. '녹녹하다'.

놀랬다 뜻밖의 일로 남을 무섭게 하거나 가슴을 두근거리게 하다. '놀라다'.

놀량목 목청을 떨면서 내는 목소리. **놀량으로** 노는 것처럼 천천히.

놀량패 건달패. 논팽이. 난봉꾼. **놀소리** 젖먹이가 하는 군소리. 옹아리.

놀음차 잔치에서 기생이나 주는 돈이나 물건. 광대놀이로 받던 돈. '놀이채'.

놀치다 큰 물결이 거칠게 일어나다. **놉** 밥과 술을 날삯으로 시키는 품꾼.

놋갓장이 놋그릇 만드는 사람. **놋그릇** 놋쇠로 만든 그릇.

놋날같이 노끈을 드리운 듯 빗발이 굵은 비가 죽죽 내리쏟아지는 모양.

놋다리밟기 줄지어 허리를 굽히고 한 사람이 등을 밟고 지나는 부녀자들의 놀이.

놋동이 놋쇠로 만든 동이. **놋좆** 뱃전에 솟은 노를 끼우는 나무못.

농가르다 하나를 둘 이상으로 가르다. '나누다'. 논가르다, 농갈리다.

농땡이 게으름을 피우는 사람. 농띠이. **농무** 자욱하게 낀 짙은 안개.

농바리 한 아이의 등에 두 아이가 양쪽에서 서로 발을 잡고 매달리는 장난.

농삼장 상자를 넣거나 싸려고 삼노를 엮어 만든 망태나 보.

농째기 옷 따위를 넣어 두는 장과 농을 아울러 이르는 말. '농짝'. 장롱欌籠.

농치다 실없이 놀리거나 장난으로 말하다. '농弄하다'.

농탕질 계집과 사내가 야한 소리와 상스러운 짓거리.

농투성이 '농부'를 낮잡아 이르는 말. 농토산이, 농투사이.

농하다 실없이 놀리거나 장난으로 말하다. **농하다** 속이 물크러져 상하다.

높게더기 고원의 평평한 땅. **높다하다** 썩 높다. '높다랗다'.

높대 섬돌 층계나 축대를 쌓는 데 쓰는, 길게 다듬어 만든 돌. '장대杖臺'.

높드리 꼴짜기 높은 곳. 메마르고 물기가 적은 논밭.

높새바람 동해로부터 태백산맥을 넘어 불어오는 고온 건조한 북동풍.

놓다 배 속의 아이, 새끼, 알을 몸 밖으로 내놓다. '낳다'.

놔뚜다 들었던 것을 내려서 어떤 곳에 두다. '놓아두다'.

뇌까리다 아무렇게나 마구 지껄이다. **뇌꼴스럽다** 아니꼽고 못마땅하다.

뇌다 굵은 체에 친 가루를 더 곱게 하려고 가는 체에 다시 치다.

뇌리에 박히다 인상이 마음속에 남아 사라지지 않는다.

뇌정탕화 무서운 천둥과 끓는 물과 달구어진 쇠붙이. **뇌짐** 폐결핵.

누꼬 '누구'. **누구름하다** 좀 묽으며 누글누글하다.

누꿉 창문의 살 한 구획 사이에 따로 여닫도록 낸 작은 창. '눈꼽째기창'.

누그레지다 딱딱한 성질이 부드러워지거나 약하여지다. '누그러지다'.

누그리하다 축축한 기운이 약간 있다. '눅눅하다'. **누더기** 누덕누덕 기운 옷.

누랍다 대소변을 누고 싶은 느낌이 있다. '마렵다'. 누럽다, 매랍다.

누렁지 솥 바닥에 눌어붙은 밥. '누룽지'. 누릉지.

누루백히다 한 곳에 오래 머물다. **누르미** 녹두를 갈아 부쳐 만든 것. '빈대떡'.

누름적 고기나 도라지를 꿰어 달걀을 씌워 지진 것.

누리 세상世上. 천지. 울타리. **누리다** 짐승의 고기에서 나는 기름기 냄새.

누부 남자가 여자 형제를 이르는 말. '누이'. **누비옷** 누빈 감으로 지은 옷.

누비처네 누벼서 만든 작은 이불. **누비혼인** 두 성姓이 서로 겹치는 혼인.

누에다 몸을 바닥 따위에 수평 상태로 길게 놓다. '눕히다'. 누엘다.

누에꼬치 누에가 번데기로 변할 때에 둥글고 길쭉한 모양의 집. '누에고치'.

누우룩하다 꼭 졸라맨 줄이나 끈이 느슨하게 되다. '느즈러지다'. 누흙다.

누지다 조금 축축하다. **누항** 누추함. 자기가 사는 곳을 겸손하게 이르는 말.

누흐럽다 두께가 적다. 빛깔이 진하지 아니하다. '엷다'.

눅거리 물건을 싼 값에 사는 일. **눅다** 값이 싸다. / 날씨가 풀리다.

눅은목 하탕성下湯聲 목소리. **눅지다** 추운 날씨가 누그러지다.

눅진 누긋하고 끈끈한. **눅진하다** 됨됨이가 누긋하고 끈끈하다.

눈가림 겉만 꾸며 남의 눈을 속이는 짓. **눈갈비** '진눈깨비'.

눈거죽 눈알을 덮는, 위아래로 움직이는 살갗. '눈꺼풀'. 눈꺼푸리.

눈거칠다 하는 짓이 보기에 싫고 마음에 들지 아니하다.

눈결 눈에 슬쩍 뜨이는 잠깐 동안. **눈구뎅이** 눈이 많이 온 곳. '눈구덩이'.

눈굴때기 눈이 큰 사람을 놀림조로 이르는 말. '왕눈이'.

눈곱 눈에서 나오는 진득진득한 액이 말라붙은 것. 아주 적거나 작은 것.

눈까재비 한쪽 눈이 먼 사람을 낮잡아 이르는 말. '애꾸눈이'.

눈깔 '눈알'의 속된 말. **눈꼴시다** 하는 짓이 거슬리어 보기에 아니꼽다.

눈꼽재기 눈에서 나오는 진득진득한 액이 말라붙은 것. '눈곱'. 눈곱자기.

눈대중 눈으로 보아 크기, 수량, 무게 등을 대강 짐작함. 눈어림.

눈땜 갈라진 틈이나 작은 구멍 따위를 메워 채우는 일.

눈뚜버리 눈언저리의 두두룩한 곳. '눈두덩'. 눈두던.

눈띠이 눈두덩의 불룩한 곳을 속되게 이르는 말. '눈퉁이'.

눈마울 눈알 앞쪽의 도톰한 곳. 또는 눈동자가 있는 곳. '눈망울'.

눈매 눈이 생긴 모양새. **눈물겹다** 눈물이 날 만큼 가엾고 애처롭다.

눈보래 바람에 불리어 휘몰아쳐 날리는 눈. '눈보라'.

눈비음 남 눈에 들게끔 겉으로만 꾸미는 일. 눈발림.

눈시욹 눈언저리의 속눈썹이 난 곳. '눈시울' 시울:가장자리, 눈수부리.

눈썰미 한두 번 본 것으로 그대로 알아낼 수 있는 재주. '눈살미'. 눈살미.

눈썹지붕 한쪽이 몹시 좁은 지붕. **눈어덕** 눈 언저리의 두두룩한 곳. '눈두덩'.

눈요구 보기만으로 만족하다. '눈요기'. **눈자라기** 아직 곧추앉지 못하는 어린아이.

눈질 눈으로 흘끔 보는 짓. 아니꼬워 차마 볼 수 없다.

눈찌 흘겨보거나 쏘아보는 눈길. '눈매'. **눈초리** 눈에 나타나는 표정.

눈칫밥 남의 눈치를 보아 가며 얻어먹는 밥. '눈칫밥'.

눈팅이 눈두덩의 불룩한 곳을 속되게 이르는 말. '눈퉁이'

눈허리 콧등의 잘록한 곳. **눈확** 눈알이 박혀 있는 부분.

눈흘레 상대를 바라보면서 성적인 눈빛으로 쳐다보는 일.

눌내 밥이 눌을 때 냄새. '눋내'. **눌눌** 말이 잘 나오지 아니하여 더듬는 모양.

눌눌하다 풀 같은 것이 누르스름하다. **눌러눌러** '누르다'의 강조하는 의미.

눌리다 물체의 전체 면이나 부분에 대하여 힘이나 무게를 가하다. '누르다'.

눌면하다 약간 누르스름하다. **눌웇다** 누런빛이 나도록 조금 태우다. '눋게하다'.

눕다 원금은 그대로 두고 이자만 치르다. **눗다** '눕다'. 눕히다.

눙치다 좋은 말로 풀어서 마음이 누그러지게 하다. **뉘** 누구의. 누이. 이 세상.

뉘뉘 대를 계속이어서. '대대代代'. **뉘읏하다** 해가 곧 지다. '뉘엿하다'.

뉘럴 누이를. **뉘반지기** 뉘가 많이 섞인 쌀. **뉘우쁘다** 뉘우치는 생각이 있다.

뉘웇다 '뉘우치다'. **느껍다** 어떤 느낌이 가슴에 사무쳐서 마음에 겹다.

느긋거리다 먹은 것이 자꾸 괴는 듯하다. **느달시리** 종잡을수 없이 지껄이다.

느런히 한 줄로 죽 벌여 있는. **느루** 한꺼번에 몰아치지 아니하고 오래도록.

느루먹다 양식의 소비를 조절하여 예정보다 더 오래 먹다.

느리기 나무로 만든 함지. **느물거리다** 능글능글한 꼴로 끈덕지게 굴다

느즈러지다 느슨하게 되다. **느즌배** 택견의 발차기.

느지 바지의 사타구니 부분. **느지막이** 시간이나 기한이 매우 늦게.

느짓느짓 자주 느즈러지게 **느침** 길게 흘리는 끈적끈적한 침.

늑놀다 쉬어가면서 천천히 일하다. **늑하다** 느긋하다.

늑늑하다 속이 얹힌 거처럼 개운하지 않다. **늑바리** 동작이 느린 사람.

는개 안개보다 조금 굵고 이슬보다 가늘면서 뿌옇게 내리는 비. 연우煉雨.

는실난실하다 성적충동으로 야릇하게 굴다. **는질는질** 물크러질 듯한 느낌.

는적거리다 썩거나 삭아서 자꾸 힘없이 처지거나 물러지다.

는짓는짓 능청스럽고 징글맞게. **늘따리** 늙은이를 낮잡는 말. '늙다리'.

늘비하다 되는대로 죽 늘어서 있다. **늘옴치래기** 늘었다 줄었다 하는 물건.

늘읏늘읏하다 빠르지 못하고 느려지다. '늘어지다'.

늘임새 말솜씨를 길게 늘이는 태도. **늘자리** 부들로 짠 돗자리.

늘쩡하다 느른하고 굼뜨다. **늘차다** 능란하고 재빠르다.

늘창 계속하여 언제나. '늘상'. **늘채다** 예상했던 수효보다 많이 늘어나다.

늘컹하다 몹시 물러서 늘어져 처지다. **늘큰하다** 늘어져 처질 만큼 무르다.

늘키다 시원하게 울지 못하고 흐느끼다. **늘푼수** 품질이나 품성. '늘품'.

늘핏늘핏 태연하고 침착하게. **늙되다** 늙수그레하다. **늙바탕** 늘그막.

늠그다 곡식의 껍질을 벗기다. **늠름하다** 의젓하고 당당하다.

늠실거리다 비위 좋게 잇달아 슬며시 살피다.

늡늡하다 너그럽고 활달하다. **늦늦하다** 마음을 느긋하게 먹다.

능갈치다 아주 능청스럽다. **능감** 소작권을 관리하는 사람. '마름'.

능갈 얄밉도록 몹시 능청을 떪. **능갈맞다** 얄밉도록 능갈치다. 능글맞다.

능구리 등은 붉은 갈색, 배는 누런 갈색이고 온몸에 검은 세로띠가 있는 뱀.

능금 능금나무의 열매. 사과와 비슷한 모양이지만 훨씬 작다. '사과'.

능깽이 알면서도 모르는 척 시치미 떼다. **능두다** 넉넉하게 여유를 두다.

능력 깜냥. **능멸** 남을 업신여기어 깔봄. **능선** 산등성이를 따라 죽 이어진 선.

능소니 곰의 새끼. **능증이** 얄밉고 능청스레. **능치럽다** 솜씨가 '능란하다'.

늦깎이 나이가 많이 들어서 어떤 일을 시작한 사람.

늦기다 몹시 서럽거나 감격에 겨워 흑흑 소리를 내며 울다. '흐느끼다'.

늦다 팽팽하지 아니하고 느슨하다. **늦맺이** 뒤늦게 맺는 열매.

늦배 늦게 까거나 낳은 새끼. **늦사리** 철 늦게 거두는 농작물.

늦은불 요긴하지 않는 곳에 맞은 총알. 그리 심하지 않은 곤욕.

늦잡드리다 켕기지 못하고 풀어져서 늦추어지다. '늦잡죄다'.

늦잡죄다 뒤늦게 잡도리를 하다. **늦축다** '늦추다'.

닝쥔히 넉넉하다. **니끼하다** 비위에 맞지 않을 만큼 음식에 기름기가 많다.

니나돌이 서로 너니 나니 하고 부르며 허물없이 말을 건넴. '너나들이'.

니룽다 위에 올려져 있는 물건을 아래로 옮기다. '내리다'.

니물리기 혼인하였던 여편네. **닐러 므슴 ᄒᆞ리오** 말해서 무엇하겠느냐.

닝닝하다 밍밍하다. **닁큼** 머뭇거리지 않고 단번에 빨리.

도가천 渡伽川

먼 데서 밀려오는 비의 기운은 물가 모래밭에 서려 있고,
평지는 들판 가운데 안개 속에 막막하게 펼쳐져 있도다.

2월 2일, 선산에서 금오산을 비켜서 성주 땅으로 들어섰다.

별티(星峙)를 넘고 두리티재를 또 넘어야 안언 역이다. 안언 역
가는 길에 성산 고분星山古墳 억새밭에 지친 몸을 뉘었다.

원효가 고분古墳 속에서 화쟁和爭의 종체宗體를 깨달았다고 한다.
크다고 하자니 극히 좁은 것(無內 가장 작은 것)에 들어가도 남김이 없
고, 작다고 하자니 무한히 넓은 것(無外 가장 큰 것)을 감싸고도 남음
이 있다. 그것을 유有라 하자니 공空하고, 무無라고 하자니 만물이
그것을 타고 생겨난다. 그것을 대승(大乘 큰 수레)이라 하였다.

미풍에 억새의 사각거림뿐 적요寂寥 속에 스르르 잠이 들었다.
꿈속에 길을 잃고 헤매다가 날이 저물어 고분 속에서 잤다. 목이
말라 머리맡 바가지에 담긴 물을 마시려는데……. "히이잉!"
말 울음소리에 깨어 보니, 바지런한 태백성(Venus)이 바람에게 전하
는 말,

"요즘 사람 어찌 모자라는가?今人那欠"

옛 도道 없어지지 않았으니 타고난 성품 똑같을 것인데,
요즘 사람 어찌 모자라는가? 유독 뛰어난 정만은.
성산星山은 본래부터 영웅의 덤불이라 불렀으니,
저버리지 말자, 뭇 생물들 중 우리네가 가장 영험스러움을.

별티(星峴)를 넘어 안언 역으로 가는 길, 초이틀 밤하늘에 달은 지
고, 별인 양 반짝이는 장학리 주막의 등불이 반가웠다.

2월 3일, 성주에서 고령을 향했다. 가천을 건너서 고령으로 들
어서면 남행의 여정이 가야산의 지경 내로 들어가게 된 기쁨을
노래하여 〈삼일도가천 三日渡伽川〉 이라 하였다.

사방이 아득하고 비가 오려는 날씨인데도,
남행이 이제 시작되니 가천을 건너는도다.
땅의 신령스런 기운은 날씨에 비하면 오히려 선경仙境인데,
날은 더워 일찍 가뭄이 드는 해인 줄 차라리 알겠노라.
먼 데서 밀려오는 비의 기운은 물가 모래밭에 서려 있고,
평지는 들판 가운데 안개 속에 막막하게 펼쳐져 있도다.
말이 히힝 울어대는 기세에 향림을 뚫고 지나가니,
물총새 날갯짓하고 울며 숲으로 물러가는구나.
가천 서쪽 언덕에 숲이 있으니, 이름하여 '향림' 일러라.

| 번역 | 장광수 2017 |

고령 땅에 들어서면서 산천이 잠에서 기지개를 켜는 듯 가야산
무흘구곡 골짜기마다 봄풀이 파르라니 생기가 돌았다.
대가야의 성지聖地 고령 향교에 오르니, 맞은편 주산主山 능선에
신령스런 고분들이 올록볼록 엎드려 길손을 헤아린다.
'왕과 함께 묻힌 순장자들의 천년 한이 지금쯤 삭아졌을까?'
고분은 왕국의 부침浮沈을 표상하는 시간의 상징이다.
가실왕嘉實王이 만든 가야금 12줄이 천년을 울리고 있으니,
왕국과 인걸은 간데없으나 예술은 땅위에 영원히 전승된다.
시인은 가야산을 바라보며 최치원 신선이 생각났다.

당나라에서 큰 포부를 품고 고국으로 돌아온 최치원,
도학정치 펼치려 했으나 시무책時務策은 골품제에 밀리고,
《계원필경桂苑筆耕》한 권 남긴 채, 아찬阿湌 벼슬 벗어던지고,
월영대·해운대·쌍계사 세상 떠돌다 가야산 신선 되었다.

시인은 〈가야산을 바라보며 望伽倻山〉에서 최치원 떠난 지 천
년이 지났는데, 신선은 보이지 않고 흰 구름만 떠돈다고 읊었다.

가야산 옛 가야 땅에 있는데,
봉우리 이어지고 산 포개져 높고도 험하다네.
푸르른 기운 넓고 아득히 자줏빛 하늘에 닿으니,
이는 아마 성모께서 파란 하늘에 오르는 것이리.

신령스럽고 기이한 자취 남겨진 옛 풍습에서 찾아보니,
옛 기록에 전하는 것 진실과 거짓 알 수 없네.
산속에는 듣자 하니 해인사 있다 하니,
금당과 옥실 실로 신선의 집이라네.

최치원 신선 떠난 뒤 일천 년이 지났는데,
흰 구름만 외롭고 쓸쓸하게 산굽이에 남겨놓았네.
옛 누각엔 전적 감춘 것 아직도 남아 있으나,
도사들 집에서는 더 이상 영지靈芝와 단사丹砂 만들지 않네.

지금은 원숭이와 새들만이 현란하게 울부짖고,
돌 오솔길은 파묻히고 푸른 이끼만 무성하구나.

내 남쪽으로 삼신산 찾아 지극한 도를 묻고,
돌아올 때는 산도화 볼 수 있었으면 하네.

홍류동 속의 푸른 대나무 지팡이로
최치원 신선 불러 일으켜 항아 따르게 하리.
가야금 타면서 구름과 달 희롱하며,
한 번 마셔 천일 동안 취해 아무것도 없는 세상에서 노닐리라.

이 시에서는 만년에 가야산 해인사에 은거했던 최치원의 신선 같은 삶을 좇으려는 마음을 피력하는 한편, 돌아오는 길에 그 유적지를 찾아보겠다고 하였다.

최치원은 가야산 홍류동 깊은 계곡, 골 사이로 쏟아져 내린 물이 힘껏 바위에 부딪쳐 옆 사람 말소리 안 들리는 곳, 분노도 지우고 슬픔도 지우고, 그래도 자꾸 세상 쪽으로 향하는 내 귀도 지우고, 흔적 없이 가겠다는 뜻을 바위에 새겨놓고 홀연히 사라졌다.

미친 물결 쌓인 돌 멧부리를 울리니,
지척서도 사람 말 분간하기 어렵구나.
올타 글타 하는 소리 내 귀에 들릴까 봐,
흐르는 물 부러 시켜 산을 온통 감싼 게지.

다가 '모두'를 되묻다. **다가가다** 어떤 대상 쪽으로 가까이 가다.

다가끼다 바싹 가까이 끌어당겨서 끼다. **다갈** 말굽에 편자를 박는 징.

다갈마치 어려운 일을 겪어서 아주 야무진 사람을 비유적으로 이르는 말.

다걸리다/다드케다 숨기려던 것을 남이 알게 되다.

다구치다 일이나 행동 따위를 빨리 끝내려고 몰아치다. '다그치다'.

다구지다 보기보다 마음이 굳고 야무지다. 생김새가 옹골차다. '다부지다'.

다그다 당기거나 가깝게 옮기다. 서두르다.

다그치다 일이나 행동 따위를 빨리 끝내려고 몰아치다. 다구치다.

다글다글 햇볕이 따갑다. **다글리다** 숨긴 것을 남이 알아채다. '들키다'.

다기져 힘차고 야무져. **다기차다** 매우 당차고 야무지다.

다녈밤 짧은 밤(夜). **다는목** 떼지 않고 달아 붙이며 하는 목소리.

다니다 볼일이 있어 일정한 곳을 정하여 놓고 드나들다. 댕기다.

다님 한복 바지를 입은 뒤에 가랑이를 접어서 졸라매는 끈. '대님'. 발댕이.

다다 아무쪼록 힘닿는 데까지. 될 수 있는 대로 잘.

다다귀다다귀 꽃이나 열매가 곳곳에 많이 붙은 모양.

다따가 갑자기. 별안간. **다닥뜨리다** 서로 닿아서 마주치다.

다닥치다 서로 마주쳐 닿거나 부딪치다. **다단하다** 일이 갈래나 가닥이 많다.

다담상 손님 대접 교자상. **다달거리다** 말이 자꾸 더듬다.

다달이 달마다. **다달부라하다** 약간 달큼하다. '달보드레하다'.

다대끼다 서로 마주쳐 닿거나 부딪치다. '다닥치다'. **다대다** 바싹 붙다.

다댕기다 닥치는 대로 모두. **다떠위다** 시끄럽게 떠들고 덤비다.

다듬잇돌 다듬이질을 할 때 받치는 돌. **다듬잇살** 다듬이질이 알맞게 된 옷.

다라니 천장 귀틀에 그린 단청. **다라이** 아가리가 둥글넓적한 그릇. 다랭이.

다라지 다리(肢). **다라지다** 여간 일에는 놀라지 아니하다.

다락같이 매우 높다. **다랍다** 인색하거나 지저분하다.

다랑귀 두 손으로 붙잡고 매달리는 짓. **다래** 말안장에 늘어뜨리는 흙받이.

다래 몽두리 다래나무의 어린 순. '다래순'.

다래끼 눈시울이 곪은 작은 부스럼. / 바구니 보다 작은 종다래끼.

다래미 옷이나 천의 구김을 펴는 데 쓰는 도구. '다리미'. 다래비, 다리비.

다레다 먹은 음식이 잘 소화되지 아니하고 배 속에 답답하게 처져 있다.

다루다 사람이나 짐승을 부리거나 상대하다. **다른 이** 다른 사람. 다리이.

다름없이 견주어 보아 같거나 비슷하게.

다리 여성의 머리숱이 많게 보이려고 덧넣었던 딴머리. 다리머리.

다리걸이 씨름에서, 상대편의 다리를 발로 걸어 넘어뜨리는 기술.

다리다 비교가 되는 두 대상이 서로 같지 아니하다. '다르다'.

다리몽댕이 '다리'를 속되게 이르는 말. '다리몽둥이'. -몽다리, -몽데이.

다리사이 남사당패 놀이의 버나돌리기 기예.

다리속곳 예전에, 치마의 가장 안쪽에 받쳐 입던 작은 속옷. 팬티.

다리쇠 주전자나 냄비 따위를 화로 위에 올려놓을 때 걸치는 기구.

다리씨름 둘이 앉아서 정강이를 서로 걸고 넘어뜨리기.

다림방 쇠고기나 돼지고기를 주로 팔던 가게. 푸줏간.

다림판 수평이나 수직으로 바로 섰는가를 살펴보는 일.

다릿걸 다리부근. '다릿거리'. **다릿돌** 징검다리로 놓은 돌.

다망 바쁨. **다모** 다른 것이 아니라 오로지. '다만'. 다무, 다문.

다모토리 큰 잔으로 파는 소주. **다문다문** '드문드문'.

다미씌우다 자기가 맡아 할 책임을 남에게 넘기다. 더미씌우다.

다바지기 버티면서 항의 하다. **다박나룻** 다보록하게 함부로 난 수염.

다박머리 다보록하고 짧은 머리털을 한 아이.

다받아치다 일이나 행동 따위를 빨리 끝내려고 몰아치다. '다그치다'.

다밭다 길이가 몹시 짧고 바짝 붙어 있다. **다배다** 논밭을 갈다.

다복솔 가지가 탐스럽고 소복하게 많이 퍼진 어린 소나무. '다박솔'.

다부 예상이나 기대 또는 일반적인 생각과는 반대되거나 다르게. '도리어'.

나부닐다 바짝 다붙어서 붙임성 있게 굴다. **다부지다** 옹골차다. 다구지다.

다부치홰 말린 쑥을 묶어서 만든 햇불. '다북쑥'.

다분시럽다 쓸데없이 말수가 많은 데가 있다. '수다스럽다'.

다불대 베의 날실을 풀기 위하여 도투마리를 밀어서 넘기는 막대기. '다올대'.

다불다불 어린애의 머리털이 늘어진 모양. **다붙다** 바싹 다가붙다.

다비 주검을 화장하는 일. 육신을 원래 이루어진 곳으로 돌려보낸다는 뜻.

다솜 인위적으로 맺어진 자식이나 어버이. 다솜아비, 다솜어미.

다석 우리나라 고유 과자의 하나. 다식판에 박아 찍어낸다. '다식茶食'.

다솔다 다스리다. 다스려지다. **다솜** 애틋하게 사랑함.

다습 짐승 나이 다섯 살. **다시금** 하던 것을 되풀이해서 하다.

다아앉다 어떤 대상이 있는 쪽으로 더 가까이 옮기어 앉다. '다가앉다'.

다안에 어느 한때에서 다른 한때까지 시간의 길이. '동안'.

다암 차례의 바로 뒤. '다음'. **다에다** 다른 물체에 맞붙다. '닿다'.

다옥하다 풀이나 나무 따위가 자라서 우거져 있다. '무성茂盛하다'.

다잡다 들뜨거나 어지러운 마음을 엄하게 다그쳐 단단히 잡다.

다조지다 일이나 말을 다급하게 재촉하다. **다지다** 틀림 없도록 다짐하다.

다직해야 아무리 한다고 해야. **다질리다** 갑자기 당하거나 부딪치다.

다짜고짜 사정 따위를 미리 알아보지 아니하고 덮어놓고.

다투다 의견이나 이해의 대립으로 서로 따지며 싸우다. 겨루다. 다퉅다.

다팔다팔 다보록한 물건이 조금 길게 늘어져 바람에 자꾸 흔들리는 모양.

다팔머리 갓난아이의 눈썹이 덮도록 내버려둔 머리칼.

다함없이 그지없이 크거나 많게. **다황** '당황唐黃'. 성냥.

닥뜨리다 무엇에 세게 부딪다. **닥채다** 다그쳐 채다.

닦달 윽박질러서 혼을 냄. '닦달'. **단거리** 단 한 벌의 옷.

단근질 쇠를 달구어 몸을 지지는 형벌. **단내** 열날 때 콧구멍에서 느끼는 내음.

단대기 반찬을 담는 그릇. **단대목** 명절이나 큰일이 바싹 다가 온 때.

단단하다 야무지고 빈틈없다. **단듫다** 변하거나 잘 부서지지 아니하는 상태.

단디이 뜻이나 생각이 흔들림 없이 강하게. '단단히'. 확실히, 빈틈없이. 매매.

단매 단 한차례 쳐서 죽이는 센 매. **단묘하다** 단정하고 묘하다.

단물나다 옷 같은 것이 오래 되어 바탕이 헤지게 되다.

단미 사랑스런 여인. **단바람에** 쉬지 아니하고 곧장. '단숨에'.

단배 입맛이 당겨 음식을 달게 많이 먹을 수 있는 나이.

단배단배 염소를 부르는 소리. **단서**丹書 붉은 글씨로 쓴 죄인의 명부.

단수묘아 단정하고 예쁘고 아담함. 매우 단아함. **단술** '감주'.

단안 어떤 갈등 사항에 대한 생각을 딱 잘라 결정함.

단암진 의령읍 남강의 정암나루. **단연코** 확실히 단정할 만하게.

단위 수량을 수치로 나타내는 일정한 기준.

단작스럽다 하는 짓이나 말이 보기에 치사학 다라운 데가 있다.

단지랍다 재물을 아끼는 태도가 몹시 지나치다. '인색하다'.

단지백산이 사람들이 즐겁게 구경할 만한 물건이나 일. '볼거리'.

단참에 쉬지 아니하고 곧장. '단숨에'. 단첨에, 한꺼번에.

단초 일이나 사건을 풀어 나갈 수 있는 실마리.

단총박이 짚 속대로 꼰 짚신. **단추** 단으로 묶은 푸성귀./ 옷고름 대신 사용.

단출하다 딸린 식구가 많지 않아서 홀가분하다.

단층 지각 변동으로 지층이 갈라져 어긋나는 현상.

단통에 그 자리에서 대번에 곧장 하는 것. 대번에. 대뜸.

닫게다 열린 문짝, 뚜껑, 서랍 따위가 도로 제자리로 가 막히다.

닫집 옥좌, 불좌 위에 장식으로 만들어 다는 집의 모형.

달 꿩과의 새. 가금으로 가장 많이 사육한다. '닭'.

달가림 월식 月蝕. **달가지** '다리〔脚〕'. **달갈** '달걀'.

달개 땅을 단단히 다지는 데 쓰는 기구. '달구'. 덜구.

달개다 고통스러워하거나 흥분한 사람의 기분을 가라앉히다. '달래다'.

달개들다 갑자기 사나운 기세로 무섭게 다가들다. '달려들다'. 달기들다.

달거오례 일찍 베는 올벼. **달구** 땅을 다지는데 쓰는 둥근 나무토막.

달구가레 짚이나 싸리 따위로 엮어 닭이 알을 낳는 둥우리. '닭의어리'.

달구다 타지 않는 고체인 쇠나 돌 따위를 불에 대어 뜨겁게 하다.

달구똥 닭이 배설한 똥. 질소나 인산이 많아 거름으로 쓰인다. '닭똥'.

달구름 흘러가는 시간. 세월歲月.　달구리 새벽닭이 울 무렵.

달구비 빗발이 달구치듯이 아주 굵고 억세게 쏟아지는 비.

달구비슬 닭의 볏.　달구삼삼 조금 달고 맛이 삼삼하다.

달구삼신 닭이 모이를 갈서 쪼듯, 남의 결점을 잘 파헤치는 사람.

달구살 털을 뽑은 닭의 껍질같이 오톨도톨한 사람의 살갗. '소름'. '닭살'.

달구쌈 아이들끼리 싸우는 것을 닭에 비유하여 이르는 말. 닭싸움.

달구치다 꼼짝 못하게 마구 몰아치다.　달구털 '닭털'.

달근달근하다 재미스럽고 탐탐하다.　달기 보기에 환하여.

달다 저울로 물건의 무게를 헤아리다.　달다랗다 '달콤하다'보다 여린 느낌.

달뎅이 둥글고 환하게 생긴 사람의 얼굴을 비유적으로 이르는 말. '달덩이'.

달뜨다 마음이 가라앉지 아니하고 조금 흥분되다. '젖다'.

달띠이 둥글고 환하게 생긴 사람의 얼굴을 비유적으로 이르는 말. '달덩이'.

달라다 '달라고 하다'가 줄어든 말.　달라빼다 '달아나다'. 달아빼다.

달람하다 옷이 썩 짧다.　달랑쇠 침착하지 못하고 몹시 까부는 사람.

달려들다 사나운 기세로 무섭게 다가들다. 어떤 일에 적극적으로 임하다.

달망지다 다부지다. 보기보다 실하고 단단하다.

달매 달 언저리에 둥그렇게 생기는 구름 같은 허연 테. '달무리'. 달머리,

달매기 옷고름이나 끈 대신 사용한다. '단추'. 단초.

달밑 솥 밑의 둥근 부분.　달밭골 소백산 초암사에서 비로사까지 계곡.

달보드레하다 약간 달큼하다.　달비 여자들의 머리숱에 덧넣었던 딴머리.

달소수 한 달이나 조금 넘는 기간 동안. '달포'. 달장.

달애비 금전을 모을 줄만 알고 쓰지 않는 사람을 낮잡아 이르는 말. 수전노.

달애이다 꾐을 당하다.　달온밥 닭을 곤 국물로 지은 밥. '닭백숙'.

달음질 급히 뛰어 달려감.　달창나다 닳아서 밑구멍이 뚫어지다.

달치다 몹시 안타깝고 들뜨다.　달콤하다 감칠맛이 있게 달.

달편 반달 모양으로 만든 떡. 월편. **닭똥집** 닭 모래주머니. 달구똥개.

닭서리 몇 사람이 짜고서 남(친척·친구)의 집 닭을 몰래 훔치는 장난.

닭울녘 닭이 우는 이른 새벽. **닭잦추다** 새벽에 닭이 잦추어 잇달아 울다.

닭털 닭의 깃털. **담** 빗으로 빗어서 넘기는 머리털의 결. **담가** 들것.

담구다 액체 속에 넣다. '담그다'. **담금질** 쇠붙이를 불에 불려 물에 담그기.

담기 겁이 없고 용감한 기운. '담력'. **담다** 김치 따위를 만들다.

담담한 차분하고 평온한. **담방** 분량이 차고도 남도록 넉넉하게. '흠뻑'.

담방구질 헤엄칠 때 발등으로 물 위를 잇따라 치는 일. '물장구'. 헤엄.

담방석 꽃무늬가 가득 찬 돗자리. **담백** 욕심이 없고 마음이 깨끗하다.

담뱃대 담배를 피우는 데 쓰는 기구. **담벼락** 담이나 벽. '담벽락'. 담베락.

담보 담력의 바탕. **담봇짐** 먼 길을 떠날 때 어깨에 메는 짐. '괴나리봇짐'.

담부랑 담벽. **담부랑거리다** 아무 일에나 함부로 뛰어들다. '덤벙거리다'.

담뿍장 메줏가루에 쌀가루, 고춧가루를 넣고 익힌 된장. 청국장. 뜸북장.

담불 곡식이나 나무를 높이 쌓아 놓은 무더기. 짐승의 나이 열 살의 셈씨.

담살이 남의 집에서 드난으로 지내는 생활을 하다. '드난살이'. 머슴살이.

담숙하다 연하고 달콤하다. **담쌓다** 관계하지 않거나 인연을 끊다.

담지개 아담하게. **담지꾼** 상여 따위의 무거운 물건을 막대기로 메는 사람.

담차다 대담하여 겁이 없다. **담타기** 남에게 넘겨씌우거나 넘겨받은 걱정거리.

답니다 '-다고 합니다'가 준 말. **답다부리하다** 애가 타고 갑갑하다. '답답하다'.

답대비 답답이. **답산** 좋은 묏자리를 잡으려고 산을 돌아봄.

답새다 세차게 후려치다. **답신** 냉큼 달려들어 움켜잡거나 입으로 무는 모양.

답작이다 남에게 붙임성 있게 굴다. **답청** 봄에 풀을 밟으며 산책 함.

답치기 되는 대로 함부로 덤벼드는 짓. 생각 없이 덮어놓고 하는 짓.

닷곱방 벼 다섯홉이나 뿌려둘 만큼 좁다. 아주 작은 방.

닷곱장님 눈이 나쁜 사람. **닷둘홉** 오갈피나무의 뿌리나 줄기의 껍질.

당가리 벼의 껍질을 벗긴 쌀겨 중 고운 속겨.

당강하다 발목이 드러날 정도로 '바지가 짧다'는 말.

당그라매다 달아매다. **당길마음** 무엇을 바라고 움직여지는 마음.

당나귀 말과 비슷한데 몸은 작고 앞머리의 긴 털이 없으며 귀가 길다.

당나귀기침 백일해나 오래된 감기 기침.

당나발 벌레에 쏘이거나 얻어맞아서 퉁퉁 부은 입을 놀림조로 이르는 말.

당내 자신이 살아 있는 동안. **당다이** 떳떳한 모습이나 태도로. '당당히'.

당당걸음 발을 가까이 자주 떼며 급히 걷는 걸음. '동동걸음'.

당도리 바다로 다니는 큰 나무배. **당마** 몰래 살피는 군사를 태운 말.

당미 수수쌀. **당백전** 경복궁 중수 때, 한 푼이 엽전 백 푼과 맞먹던 돈.

당사자 어떤 일이나 사건에 직접 관계가 있거나 관계한 사람.

당산 수호신이 있다고 믿는 부락의 산이나 언덕. **당수** 미음과 비슷하게 쑨 죽.

당시기 반짇고리. **당싯당싯** 소리 없이 입을 벌리어 슬쩍슬쩍 웃는 모양.

당여.운여.외코 아녀자용 신발. **당조짐** 정신을 차리도록 단단히 조지는.

당주 현재의 주인. **당줄** 망건 아랫단 끈. **당지다** 눌리어 단단히 굳어지다.

당질녀 종질녀. **당차다** 짓이 야무지다. **당체** 아무리 해도. '도무지'. 당최.

당초무늬 식물의 덩굴 줄기 도안화. **당추** 고추의 한 종류. 매운 고추.

당취 진보적 승려 동아리. **당치다** 꼭꼭 다지다. **당하다** 원하지 않는 일을 겪다.

당한기요 '당치 않다'를 강조한 말. **당황** 다급하여 어찌할 바를 모름.

닻별 카시오페아 자리. **대갚음** 은혜나 원한을 그대로 갚는 일.

대가리 달걀이나 조개의 겉을 싸고 있는 단단한 껍질. '껍데기'.

대가야 고령 지방에 있던 가야국. **대갈놀음** 때리며 싸우는 짓.

대갈림 소작인이 나락을 대궁이째 베어서 지주와 나누는 것.

대갈마치 온갖 어려운 일을 겪어 여무진 사람을 일컫는 말.

대거리 상대편에게 맞서서 대듦. 또는 그러한 말이나 행동.

대고 계속하여 자꾸. 무리하게 반복하여. 자꾸, 대구.

대고마고 아무렇게나, 되거나 말거나 마구. 대구마구, 대나마나.

대궁밥 먹다가 그릇에 남긴 밥. **대근하다** 견디기에 힘들다.

대꼬바리 '담뱃대'. **대꼬챙이** 대나무로 만든 꼬챙이.

대꾼하다 기운이 빠져 눈이 쑥 들어가고 정기가 없다. **대기** 몹시. 되게.

대끼다 두렵고 마음이 불안하다. / 수수나 보리를 마지막으로 찧다.

대길지 명당자리. **대낄이다** 대길大吉에서 유래된 듯 한. '아주좋음'.

대나깨나 아무렇게나. **대낮올빼미** 보고도 알아보지 못하고 멍청하니 있는 모양.

대내 왕의 침실이나 창고를 맡는 벼슬. 운현궁을 일컬음.

대놀음 기생이 풍악을 울리는 놀음. **대님** 바지가랑이를 졸라매는 받댕이

대다 정해진 시간에 닿거나 맞추다. 어떤 것을 목표로 삼거나 향하다.

대닳다 출중하게 뛰어나다. '대단하다'. **대대로** 형편 되는대로./ 끼리끼리.

대돈변 돈 한 냥에 한 돈의 비싼 변리. 한 돈변.

대돋움 장사 지내기 전날 밤 상두꾼들이 상여를 메고 마당을 돌면서 노는 일.

대두리 일이 크게 벌어진 말. **대라지다** '되바라지다'. **대련** 겨루기.

대렴 결혼하지 않은 시동생을 높여 부르는 말. '도련님'. 대렴, 대름.

대리사우 데릴사위. **대림질** 다리미로 옷을 다리는 일. '다리미질'. 다림질.

대마루판 어떤 겨룸에서 판가리 나는 마지막 판.

대망이 아주 큰 구렁이. 대맹이. **대매** 단 한번 때리는 매.

대먹다 '막되다'를 속되게 이르는 말. '돼먹다'.

대명천지 환하게 밝은 세상. **대모테** 거북 껍질로 만든 안경 테.

대목 설이나 추석 따위의 명절을 앞두고 경기景氣가 가장 활발한 시기.

대못박이 어리석고 둔하여 가르쳐도 깨닫지 못하는 사람.

대문니 앞니 가운데 위아래 두 개씩의 넓적한 이.

대물치 담배를 끼워서 빠는 물건. '물부리'.

대밑 어떤 시간이나 시기를 바로 앞둔 때. 세밑.

대배기 높이가 있는 사물의 맨 위쪽. 산대배기. 산꼭대기.

대범 무릇. **대벽** 수형자의 목숨을 끊는 형벌. '사형'.

대보단 창덕궁 후원. 명나라 황제 제사 하는 단. 대원군이 만듦.

대봉 빚을 대신 갚거나 받는 일. **대비** '대빗자루'.

대빵 '우두머리'를 속되게 이르는 말. **대사간** 사간원의 으뜸벼슬.

대살지다 몸이 강파르고 야무지다. **대서다** 대들어 맞서다. **대세** 매우. 무척.

대수 중요하게 여길 만한 일. **대숲** 대나무 숲. **대야성** 협천의 옛성.

대역부도 나라에 큰 죄를 지어 도리에 크게 어긋남.

대우 상당한 기간에 많이 쏟아지는 비. **대울라지** 제멋대로 휘두르는 억센 사람.

대원군 조선 고종 때의 정치가 이하응李昰應 (1820~1898). /임금이 대를 이을
자손이 없어, 방계로서 왕위를 이은 임금의 친아버지에게 주던 벼슬.

대잡이 무당이 신탁 받을 때 대 잡아주는 사람.

대장간 쇠를 달구어 온갖 연장을 만드는 곳. 베름칸. **대저** 무릇.

대전 전통 혼례에서, 신랑이나 신부 옆에서 접대하는 일. '대반對盤'.

대접 국이나 물 따위를 담는 그릇. 대집, 대집이.

대접감 굵고 납작한 감. **대지르다** 찌를 듯이 마구 대들다.

대죽리 예천군 지보면 대죽리. **대질** 무릎마춤. **대찐** 담뱃대에 낀 니코틴.

대차다 거세고 힘차다. **대창** 대 한 쪽 끝을 뾰족하게 깎아서 다듬은 창.

대처 사람이 많이 살고 상공업이 발달한 번잡한 지역. 도회지. / 아내를 둠.

대척 남의 말을 받아들이지 아니하고 그 자리에서 제 의사를 나타냄.

대청마루 방과 방 사이의 큰 마루. **대체로** 일반적으로.

대추 남이 쓰다가 물러낸 물건. **대추꾸리** 잘게 썬 대추를 묻힌 인절미.

대컨 대충 보아. 대저. 무릇. **대토** 땅을 판 돈으로 대신 장만한 다른 땅.

대통받다 통대나무 토막처럼 앞뒤가 꽉 막히다.

대푼 돈 한 푼이라는 뜻으로 아주 적은 돈을 이르는 말.

대푼거리질 몇 푼어치씩 땔나무나 물건 따위를 사서 쓰는 일. 푼거리질.

댁 남의 집이나 가정을 높여 이르는 말. 남의 아내를 대접하여 이르는 말.

댑바람 북쪽에서 불어오는 차고 센 바람. **댓닭** 싸움닭. **댓두러기** 늙은 매.

댓바람 아주 이른 시간. **댕가리지다** 단단하여 여간해서 놀라지 않다.

댕갈댕갈 조금 떨어진 곳에서 잇따라 맑고 높은 소리가 나다.

댕구방망이 댕구는 대화포. 수염이 빽빽한 덥석부리.

댕기다 불을 옮겨 붙이다. **댕댕하다** 힘이 세다. 속이 빈틈없이 옹골차다.

대원군의 적수敵手

* 황현 저, 이장희 역, 매천야록. 명문당. 2008.

대원군이 집권한 후, 어느 공식 석상에서 여러 재신들에게,
"나는 천리를 끌어다 지척을 삼겠으며, 태산을 깎아내려 평지를
만들고, 남대문을 3층으로 높이려는데 제공들은 어떻게 생각 하오?"
조신들은 대답을 못했는데 김병기金炳冀(1818~1875)가 분연히 말하기를,
"천리가 지척이면 지척인 것이요. 남대문을 3층으로 높이면 3층이
되는 것이지. 대감께서 어떠한 일이고 못할 것이 있겠소? 그러나
태산은 스스로 태산인 것이지 어찌 평지로 바꾸겠소?"
자리에서 벌떡 일어나 나갔다. 대원군은 한참 동안 생각하여 말하기를,
"그 놈 잘난 척하는군." 하였다.

천리지척이란 말은 종친을 높인다는 뜻이요,
남대문을 3층으로 높인다는 말은 남인을 천거하겠다는 뜻이고,
태산을 평지로 깎아 내리겠다 함은 노론을 억압하겠다는 뜻이었다.

대원군은 김병기의 굴강함을 꺼려해서 그를 제거 시키려 하였으나
그의 종친들이 강성함을 두려워하여 오랫동안 참아왔다.

병인양요 때, 서울이 소란하고 피난민이 나간다는 소문을 듣고
경기도 여주에 물러가 있던 김병기는 가족들을 모아놓고,
"우리는 대대로 국은을 입었으니 사직과 존망을 함께 함이
 마땅하다. 너희들은 죽음을 두려워하지 말라."
그날로 가족을 이끌고 서울로 돌아왔다.
그 소식을 들은 대원군은 마음이 꺾였다고 한다.

일찍이 대원군은 이렇게 말한 적이 있다.
"자식을 낳거든 김병기와 같이
웅특 (굳세고 영특함) 하든가,…"

이하응초상, 금관조복본, 보물1499

댕삐 삐비. 땅벌. **댕알지다** 되바라지다. **더겁** 땅이 비탈지고 조금 높은 곳.
더겁조상 남에게 내세울 만한 조상. **더껑이** 길쭉한 액체의 엉겨 붙은막.
더께 찌든 물건에 앉은 거친 때. **더께더께** 여러 겹으로 쌓여 붙은 모양.
더그레 군사들 세 자락 옷. **더그매** 지붕 밑과 천장 사이의 빈 공간.
더기 고원의 평평한 땅. '고원분지'. **더냉기다** 쑥덕쑥덕 흉을 보고 어르다.
더넘 넘겨받은 걱정거리. 장사치가 선심을 쓰는 체하면서 더 주는 것.
더넘스럽다 다루기에 버거운 데가 있다. **더늠** 소리꾼이 더욱 잘하는 소리.
더대발이치다 일이나 행동이 분명하지 않거나 허술한 데가 있다. '더듬하다'.
더더기 쓸데없이 덧붙은 것. 군더더기. **더더리** 말을 더듬는 사람.
더덜이 더하고 덜함. **더덤하다** 이치에 맞지 않는 데가 있다. 데데하다.
더뎅이 부스럼 딱지가 덧붙어서 된 조각.
더도리하다 음식을 여러 몫으로 나누고 남은 것을 다시 돌면서 나누다.
더디다 어떤 움직임이나 일에 걸리는 시간이 오래다.
더러 이따금 드물게. **더럭** 어떤 감정이나 생각이 갑자기 일어나다.
더리다 격에 맞지 않아 마음에 달갑지 않다. 싱겁고 어리석다.
더미씌우다 남에게 허물, 책임 등을 넘겨 지우다.
더부러지다 정신 따위가 가물가물해지다.
더부룩하다 먹은 것이 소화가 잘 안되어 속이 그들먹하고 거북하다.
더부살이 남에게 얹혀사는 일. **더블레기하다** 아랫사람의 일을 도와 주다.
더불어 거기에다 더하여. **더새다** 길을 가다가 날이 저물어 정한 곳 없이 들어
가 밤을 지내다. **더수구기** 뒷덜미. **더욱** 정도나 수준이 한층 심하거나 높게.
더운갈이 한차례 소나기가 뒤에 그 물로 논을 가는 일.
더위닿다 높은 곳에 오르려고 무엇을 끌어 잡다. **더치다** 병세가 도로 더해지다.
더트다 무엇을 찾으려고 손으로 더듬다. **더펄이** 성미가 활발한 사람.
덕금어미 게으르고 잠이 많은 사람. **덕달걸다** 잠시도 늦추지 않다. '득달같다'.
덕살 숫기 좋게 언죽번죽 구는 짓. 넉살. **덕석** 소의 등을 덮는 멍석.
덕달같다 잠시도 늦추지 않다. **덕대** 광산의 한도막을 떼어 날일꾼을 부림.

덕천강 지리산에서 발원, 사천시 곤명면 완사계에서 남강으로 흘러든다.

덕채 아주 크다. **덕택** 베풀어 준 은혜나 도움. **덖다** 채소볶아서 익히다.

던적스럽다 하는 짓이 보기에 매우 치사스럽고 더럽다.

던질사위 남사당패 놀이에서 버나를 위로 던졌다 다시 받아서 돌리기.

덛들다 건드리다. **덜구** 땅을 단단히 다지는 데 쓰는 기구. '달구'.

덜괭이 침착하지 못하고 몹시 덤벙거리는 사람. '덜렁이'.덜깽이

덜렁군 침착하지 못하고 덤벙대는 사람. 덜렁이, 덜렁쇠.

덜룽스럽다 성미가 찬찬하고 차분하지 않게 보이다.

덜미 '꼭두각시놀음'. 덜미꾼. **덜미소리** 소리를 통성으로 질러내는 소리.

덜컹하다 겁에 질려서 가슴이 울렁거리다. **덜퍽지다** 푸지고 탐스럽다.

덤거리 물건을 덤으로 주듯이 못난 사람을 이르는 말.

덤거칠다 우울하고 답답하다. **덤덤하다** 반응이 없이 조용하고 무표정하다.

덤바우골 바위가 많은 산골. **덤받이** 여자가 데리고 들어 온 자식.

덤벙거리다 들뜬 행동으로 아무 일에나 함부로 뛰어들다. '담부랑거리다'.

덤벼들다 함부로 대들다. **덤부렁듬쑥하다** 덤불이 우거지고 깊숙하다.

덤불 어수선하게 엉클어진 수풀. /무성한 숲. '덩굴'. 넝쿨.

덤불싸움 싸움을 말리던 사람까지 말려들어 덤불 엉클어지듯 한 싸움.

덤쑥하다 크고 넉넉해 보인다. **덤짜** 덤이 되는 사람./기예가 시원찮은 기생.

덤터기 남에게 넘겨씌우기. 덤티, 덤터기, **덥시기** '덥거나 추운 것'.

덥적이다 남에게 붙임성 있게 굴다. /참견하다. /손으로 마구 쥐거나 잡다.

덥추 일패—牌· 이패· 삼패의 기생을 통틀어 이르던 말. / 더벅머리.

덧거리 정해진 수량 이외에 덧붙이는 물건. 덧거리질.

덧거칠다 일이 순조롭지 못하고 가탈이 많거나 그릇되다.

덧거침 논밭에 잡풀이나 가시나무가 우거지는 것.

덧걸이 씨름에서, 오른다리로 상대편의 왼다리 걸어 당기면서 가슴으로 밀기.

덧게비질 다른 것 위에 쓸데없이 덧엎어 대는 일.

덧두리 정한 액수에 더 보탠 웃돈. **덧들이다** 남을 건드려서 언짢게 하다.

덧입다 옷을 입은 위에 겹쳐 입다. **덧정없다** 정나미가 뚝 떨어지다.

덩거리 부피가 큰 것이나 크게 뭉쳐서 이루어진 것. '덩어리'.

덩굴 길게 뻗어 나가는 식물의 줄기. 덩거리, 덤불.

덩덕새 빗질을 하지 않아 더부룩한 머리.

덩두렷하다 매우 덩실하고 두렷하다. **덩둘하다** 매우 둔하고 어리석다.

덩드럭거리다 잘난 체하며 함부로 거드럭거리다.

덩싯거리다 편히 누워서 팔과 다리를 가볍게 놀리다.

덩어리 크게 뭉쳐서 이루어진 것. 덩거리, 모타리.

덩저리 좀 크게 뭉쳐서 쌓은 물건의 부피. '몸집'. '부피'.

덩치 몸의 부피. 등치. **덮두들기다** 사랑하는 마음으로 어루만져 두들기다.

데끼 때릴 듯한 기세로 나무라거나 화가 났을 때 내는 소리. '예끼'.

데김 소장이나 청원서에 그댈 쓰는 분부. 판결문.

데데하다 더듬하다. **데려가다** 함께 거느리고 가다. 데루가다, 데루다,

데릴사위 아내의 집에서 처부모와 함께 사는 사위.

데면데면하다 붙임성이 업고 대수롭지 않게 여기다.

데미 많은 물건이 한데 모여 쌓인 큰 덩어리. 뎅이.

데밀다 들어가게 밀다. 밑천을 들이다. **데삶다** 덜 삶다.

데생각하다 허투루 생각하다. **데설궂다** 성질이 걸걸하고 꼼꼼하지 않다.

데시근하다 말과 행동이 조리에 닿지 아니하고 미적지근하다.

데시기다 먹고 싶지 않은 음식을 억지로 먹다. **데알다** 대강 알다.

데퉁궂다 조심성이 없고 매우 거칠다. 데퉁맞다. 데퉁스럽다.

덴겁하다 뜻밖에 일을 당해 놀라 허둥지둥하다. 깜짝 놀람.

덴둥이 불에 데어서 흉터가 많이 난 사람을 낮잡아 이르는 말.

덜 승려가 불상을 모시고 불도를 닦으며 교법을 펴는 집. 절.

도 마땅히 지켜야 할 도리. **도가** 양조장. **도가니** 흥분하여 들끓는 상태.

도가리 논두렁으로 둘러싸인 논의 하나하나의 구역. '배미'.

도깨그릇 독, 항아리, 중두리, 바탱이 따위의 그릇을 통틀어 이르는 말.

도거리 몫으로 나누지 않고 한데 합쳐서 몰아치는 일.

도거머리 남에게 거머리처럼 달라붙어 괴롭게 구는 패거리의 우두머리.

도꼭지 어떤 방면에서 가장 으뜸이 되는 사람.

도관 흥분이나 감격 따위로 들끓는 상태를 비유적으로 이르는 말. '도가니'.

도구 절구. **도구치다** 논의 논물을 빼내려고 논두렁에 물길을 터주다.

도꾸 나무를 찍거나 패는 연장. '도끼'. 도꾸, 도치. **도꿋날** 도끼날.

도국 넓은 마음과 깊은 생각. '도량度量'. 그릇.

도급 일정한 기간이나 시간 안에 끝내야 할 일의 양을 도거리로 맡거나 맡김.

도끼눈 분하거나 미워서 매섭게 노려보는 눈을 비유적으로 이르는 말.

도긴개긴 도와 개는 별 차이가 없듯이 견주어 볼 필요가 없음을 이르는 말.

도나기 지금까지의 방식을 버리고 새롭게 시작하다. '거듭나기'. 부활.

도내기 구멍을 깊게 파는 것. **도다녀오다** 머무를 사이 없이 되돌아오다.

도달 목적한 수준에 다다름. **도담도담하다** 모두가 야무지고 탐스럽다.

도담하다 도도하고 당차다. **도당기다** 다그치거나 서둘러 당기다.

도떼기시장 무질서하게 사고 파는 시끄럽고 어수선한 시장.

도도리치다 깜짝 놀라 몸을 갑자기 떠는 듯이 움직이다. '소스라치다'.

도도평장 글을 잘못 가르치는 본데없는 훈장. **도두뛰다** 힘껏 높이 뛰다.

도두보다 실제보다 더 크게. **도두앉다** 궁둥이에 발을 괴고 높이 앉다.

도두치다 실제보다 더 많게 셈 치다. **도드락장단** 잔가락을 많이 넣는 장단.

도드밟다 오르막길에 발끝에 힘을 주어 밟다. **도뜨다** 말이나 행동이 정도가 높다.

도란도란 여럿이 나직한 목소리로 정답게 이야기하는 소리.

도람 도로. 다시. **도랑** 물이 흐르는 작은 개울. **도랑치마** 짧은 치마.

도래 문이 저절로 열리지 못하게 하는 데 쓰는 갸름한 나무 메뚜기.

도래떡 초례상에 놓는 둥그렇적한 떡. 두리 뭉실하다.

도래샘 빙 돌아서 흐르는 샘물. **도래솔** 무덤 근처에 둘러선 소나무.

도래질 머리를 좌우로 흔들어 싫다거나 아니라는 뜻을 표시하는 짓.

도련 저고리나 두루마기 자락의 가장자리. **도로** 기대와 다르게. '도리어'.

도로람이 여치. 도래. **도롱이** 어깨에 걸쳐 두르는 짚으로 엮은 우장雨裝.

도롱테 나무로 된 수레. 그 수레바퀴. **도르다** 먹은 것을 게우다.

도르리 여러 사람이 음식을 돌려가며 내어 함께 먹는 일. 한 사람이 부담.

도리 마땅히 행하여야 할 바른길. /남이 천거한 어진 사람을 비유로 이르는 말.

도리기 여럿이 낸 돈으로 음식을 함께 나누어 먹는 일. 함께 부담.

도리머리 어린아이가 머리를 좌우로 흔드는 동작. '도리질'. 도리도리.

도리소반 둥글고 작은 밥상. **도리칼** 죄인을 이송할 때 목에 씌우던 칼. 행차칼.

도린곁 사람이 별로 가지 않는 외진 곳. **도림** 가까운 이웃.

도림질 실톱으로 널빤지를 오리거나 새겨서 여러 가지 모양을 만드는 일.

도릿거리다 어리둥절하여 여기저기를 휘둘러보다.

도마 칼로 음식의 재료를 썰거나 다질 때에 밑에 받치는 것. 도매.

도마름 우두머리 마름. **도마리** 모두 다 쓸어버리는 일. '싹쓸이'.

도막이 지주나 늙은이. **도머리치다** 머리를 흔들어 싫거나 아니라는 도리머리.

도모지都某知 도대체 누가 알겠나. 모르면 함부로 말하지 말라. '도무지'. 도시都是.

도반 함께 도를 닦는 벗. **도부꾼** 행상. 도붓장수. 도붓장시.

도부흥정 장사치가 물건값을 흥정하는 것. **도분** 화증火症을 내다. 화내다.

도붓길 행상길. **도비꾼** 통나무 운반을 직업으로 하는 사람.

도사리 과일이 다 익지 못하고 저절로 떨어진 열매. 못자리의 잡풀.

도산 안동시 도산면. 퇴계 이황이 살았던 곳으로 도산서원이 있다.

도섭스러운 주책없이 능청맞고 수선스럽게 변덕을 부리는.

도손 벼를 베고 난 뒤에 그 그루터기에서 다시 자라난 벼.

도손대다 겨우 알아들을 수 있는 낮은 목소리로 정답게 말을 주고받다.

도수리굼 도자기 가마 옆으로 난 불 때는 구멍.

도숙붙다 머리털이 아래로 나서 이마 앞이 좁게 되다. **도술** 무예. 무술.

도스르다 일을 하려고 마음을 다잡다. **도습** 전통을 그대로 본받아 좇음.

도시다 거친 면을 곱게 깎아 다듬는 일. **도신행** 혼인한 날 시집으로 가는 것.

도심질 굽은 것을 도려내는 일. **도안** 도인 이름밝기.

도액 가정이나 개인에게 닥칠 액을 미리 막는 일. '액막이'.

도약 환약 재료를 골고루 반죽하여 찧어 부드럽게 하는 것.

도연명 중국 동진의 시인(365~427), 귀거래사를 남기고 관직에서 물러남.

도우미 남에게 봉사하는 사람. 어떤 일을 거들어 주기 위해 채용된 사람.

도움 남을 돕는 일. **도장** 곡식이나 음식, 물건을 간직하여 두는 곳. '곳간'.

도장두 장두頭 가운데 우두머리都. **도장밥** 머리털이 동그랗게 빠진 부분.

도장방 부녀자가 거처하는 방. **도저하다** 썩 잘되어 매우 좋다.

도중 길을 가는 중. **도지** 가을에 비와 함께 거친 파도를 일으키는 바람.

도지개 트집난 활을 바로 잡는 틀. **도지다** 병이나 노여움이 되살아나다.

도짓돈 한 해 동안 얼마씩 변리를 내기로 하고 꾸어 쓰는 돈.

도차지 세력 있는 집이나 부잣집의 살림을 도맡아서 하는 사람.

도척이 매우 악한 사람을 일컫는 말. **도치기** 인색하고 인정이 없는 사람.

도치눈 분하거나 미워서 눈을 도끼날처럼 상대방을 매섭게 쏘아보는 것.

도치다 언짢거나 못마땅한 것이 있어 화가 나다. '돋치다'.

도톰하다 조금 두껍다. **도투락** 여자아이의 자줏빛 댕기.

도투라지 명아줏과의 한해살이풀. '명아주'. 도토라지.

도투마리 베를 짜기 위해 날실을 감아 놓은 커다란 틀. '삼실감개'.

도튼말 논문이나 저서의 첫머리에 싣는 큰 줄거리. 총론總論.

도파니 죄다 몰아서. 통틀어. **도편수** 우두머리 목수.

도포 통소매가 넓고 등 뒤에는 딴 폭을 댄 남자의 겉옷. **도화** 복숭아꽃.

독만권서 행만리로 만권의 책을 읽고 만리를 여행하라.

독메 외따로 떨어져 있는 조그만 산. **독새** '독사毒蛇'.

독자 전통 혼례에서, 새신랑과 새색시가 서로 절할 때에 차려 놓는 음식상.

돈내기 일정한 분량의 일을 단위에 따라 품삯을 미리 정하고 하는 것.

돈머리 얼마라고 이름을 붙인 액수. **돈바르다** 너그럽지 못하고 까다롭다.

돈배기 제수용 돔발상어를 토막 친 토막. '돔배기'.

돈벌갱이 돈을 지나치게 밝히는 사람을 낮잡아 이르는 말. '돈벌레'.

돈비 담비 종류의 모피. **돈사** 돈을 셀 적에 몇 냥에서 남는 몇 푼.

돈사다 무엇을 팔고 돈으로 바꾸다. **돈적** '애호박전'.

돈절 아주 끊어짐. **돈점총이** 돈짝만한 점이 박힌 푸른 빛 부루 말.

돈주머이 돈이 나올 원천을 비유적으로 이르는 말. '돈주머니'.

돈피 노랑담비 털. **돋가이** 도탑게. 인정이나 사랑이 많고 깊게.

돋구다 감정이나 기색 따위를 생겨나게 하다. '돋다'의 사동사. '돋우다'.

돋나다 인품이 두드러지게 뛰어나다. **돋나물** 돌나물과의 '돌나물'.

돋다 속에 생긴 것이 겉으로 나오거나 나타나다.

돋보기 작은 것을 크게 보이도록 알의 배를 볼록하게 만든 안경. 돋배기.

돋은양지 쨍쨍한 햇볕. **돋을새김** 글자나 그림을 도드라지게 새기는 일.

돋체다 돋아서 내밀다. 성질나다. '도치다', 도챘다.

돋치다 값이 오르다. 돋아서 내밀다. **돌가리** '돌가루'. 시멘트.

돌가지 초롱꽃과의 여러해살이풀. '도라지'. 돌개.

돌까불이 촐랑거리며 조심성 없이 함부로 행동하는 사람을 놀림조로 이르는 말.

돌개바람 갑자기 공기가 나선 모양으로 일으키는 선회 운동. 회오리바람.

돌개잠 한자리에 누워 자지 아니하고 이리저리 굴러다니는 잠. '돌곗잠'.

돌꼇 실을 감고 풀고 하는 기구. **돌계집** 아이를 낳지 못하는 여인.

돌너덜길 돌이 많은 너덜강. **돌담** 돌로 쌓은 담. **돌담불** 돌무더기.

돌레돌레 사방을 요리조리 살피는 모양. 사람이나 물건이 둘러 있는 모양.

돌림감기 전염성이 있는 감기感氣. **돌림고뿔** 유행성 독감.

돌림매 한 사람을 여럿이 돌려가면서 때리는 매.

돌림배기 힘든 일을 거들어 주면서 품을 지고 갚고 하는 일. '품앗이'.

돌림턱 여러 사람이 일정한 시간을 두고 차례로 돌아가며 내는 턱.

돌마낫적 첫돌이 될락 말락 한 어린애 때.

돌매총이 분수를 모르는 사람. **돌멩이** 돌덩이보다 작은 돌.

돌반지기 돌이 많이 섞인 쌀. **돌번지** 밭을 고르는 원통 모양의 굴림돌.

돌서덜길 냇가나 강가의 돌이 많은 길. **돌세나다** 날개 달린 듯 팔리다.

돌씨 품질이 나쁜 씨앗. **돌아내리다** 은근히 당기면서도 겉으로는 아닌 체하다.

돌알 삶은 달걀. **돌옷** 돌이나 바위의 표면에 난 이끼.

돌입내정 허락 없이 남의 집에 불쑥 들어감. 내정돌입.

돌장 국악에서 되돌아드는 악장. **돌짜리** 첫돌장이. **돌짬** 갈라진 돌 틈.

돌잽히다 돌상에 실·돈·붓을 차려놓고 아기에게 마음대로 집어보게 하는 것.

돌쩌귀 문짝을 문설주에 달아 여닫는 데 쓰는 두 개의 쇠붙이.

돌쩍스럽다 능청스럽고 엉터리를 부리는 데가 있다.

돌쪼시 돌을 다루어 물건을 만드는 사람. '석수'. 석수장이.

돌쳐서다 가던 방향을 바꾸어서 돌아서다. **돌치다** 지난 일을 다시 생각하다.

돌캉 도랑이나 시궁창. **돌콩** 이 몸집은 작지만 아주 야무진 사람을 이르는 말.

돌타랑 돌이 쌓여 있는 비탈. **돌팔이** 떠돌아다니며 기술.

돌확 방앗공이로 찧을 수 있게 돌절구 모양으로 우묵하게 판 돌.

돓씨 토종. 토박이. **돔바가다** 훔쳐가다. **돔바르다** 매우 인색하다. 인정이 없다.

돗대기 시장이나 역대합실 등 사람이 붐벼 시끄러운 곳.

돗진갯진 윷판에서 도아니면 개, 거기서 거기. 도진개진. **동가리** 동강.

동(똥)가리다 잘라서 나누다. **동가슴** 앞가슴의 가운데. '앙가슴'.

동가식서가숙 떠돌아 다님. **동개** 활과 화살을 넣어 등에 지는 물건.

동개다 놓인 것 위에 또 놓다. '포개다'. **동개달이** 경첩, 돌쩌귀를 단 문.

동개살 깃을 크게 댄 화살, 속도보다 정확도를 중시한 화살.

동개철 대문짝 위 아래 문장부 양쪽에 대거나 걸치는 쇠.

동거리 물부리 끝에 물린 쇠. **동경** 간절히 그리워하여 그것만을 생각함.

동고리 버들로 동글납작하게 만든 작은 옷을 넣는 상자.

동곳 사투가 풀리지 않게 꽂는 물건. **동곳빼다** 잘못을 인정하고 굴복하다.

동구다 모종 옮겨 심다. **동구래저고리** 앞도련이 둥글고 긴 여자 저고리.

동구리 바구니. **동구미** 짚으로 둥글게 엮어서 곡식을 담는 그릇. '멱동구미'.

동그라미 동그랗게 생긴 모양. **동그마니** 외따로 떨어져 있는 오똑한 모양.

동그스름하다 약간 둥글다. 똥글밪하다.

동글리다 작은 것을 원이나 공과 같이 둥글거나 동그스름하게 하다.

동나다 물건 따위가 다 떨어져서 남아 있는 것이 없게 되다.

동냥 동령動鈴. (스님이 시주를 얻기 위해) 요령搖鈴을 흔들다.

동내 동네 안. **동네방네** 온 동네. 또는 이 동네 저 동네 여기저기.

동네조리 동네에서 죄진 사람을 끌고 돌아다니면서 망신시키다.

동니 남사당패 소속 무동의 속칭. 일명 동구리.

동달이 뒷솔기 길게 째진 옛 군복. 옷소매 끝 등급 줄.

동닿다 차례가 끊어지지 않고 이어지다. 조리가 맞다.

동대이 남의 어깨 위에 두 다리를 벌리고 올라타는 일. '목말'.

동동이 투전의 하나. 짓고땡. **동동촉촉** 공경하고 삼가며 매우 조심스러움.

동동팔월 부산한 가운데 쉬 지나간다. 건들팔월.

동뜨다 보통보다 훨씬 뛰어나다. **동띠** 서로 힘이 같음.

동량 기둥과 들보. 집안이나 나라를 떠받치는 중대한 일을 맡을 만한 인재.

동마 연을 높이 올려서 얼레의 줄이 다 풀린 것.

동마리 뒷마루. **동맡기다** 부엌일을 전적으로 맡기다.

동무장사 두 사람 이상이 공동으로 하는 장사. 동업.

동바 짐을 싣고 동여매는 줄. **동바리** 쪽마루나 좌판의 밑에 괴는 짧은 기둥.

동방 승려들의 방한용 윗도리. **동배** 목을 지키는 몰이꾼.

동부레기 뿔이 날 만한 때의 송아지. **동부리** 담뱃대 입에 닿는 물부리.

동사리 동사리과 민물고기. 꾸구리, 뚜구리.

동살 해돋이 전 여명이 드는 때 동쪽에서 푸르스름하게 비치는 빛줄기.

동서 시아주버니의 아내, 시동생의 아내를 이르거나 부르는 말. 동세.

동솥 건넌방이나 사랑방 아궁이에 거는 작고 오목한 솥. '옹달솥'.

동심 겨울과도 같이 차갑고 쓸쓸한 마음.

동아따기 앞장 선 아이 허리를 잡고 줄을 지어 꼬리잡기 놀이.

동아리 목적이 같은 사람의 모임. 한패를 이룬 무리.

동아밧줄 튼튼하게 꼰 굵은 줄. 동아줄. **동악상조** 서로 돕고 힘을 모은다.

동안뜨게 '동안'은 촌수나 시간이나 공간 거리가 먼 정도. 동안이 뜨다.

동안뜰 한길과 사이가 떨어져 있는 안뜰.

동요 이 사람 저 사람 입에 오르내리며 근거 없이 떠도는 소문. '뜬소문'.

동우 물 긷는 데 쓰는 둥글고 배가 부르고 아가리가 넓은 질그릇. '동이'.

동은 윷놀이에서 말이 첫 밭에서 끝 밭을 거쳐 나가는 한 차례.

동임 같은 곳에서 함께 일하는 사람. '동료同僚'.

동자치 밥 짓는 일을 하는 여자 하인. '동자아치'.

동저고리 남자가 입는 저고리. 겹것과 핫것이 있다. 동옷.

동짜 동학쟁이. 동학군.　**동주도원** 흥해 관아의 부속건물.

동치다 작은 것을 휩싸서 동이다.　**동칫바람** 바지저고리 차림.

동탁한 씻은 것 같이 깨끗한.　**동탕하다** 얼굴이 토실토실하게 잘 생기다.

동티 건드리지 말아야 할 것을 공연히 건드려 재앙이 일어나다.

동패 같은 동아리. 또는 같은 패.　**동포洞布** 동네에서 바치는 군포.

동헌 지방 관아.　**돗대치기** 농악에서 상모를 수직으로 세우는 동작.

돗살 얕은 바다에 울타리를 쌓고 그물을 쳐서 물고기를 가두는 시설.

돝고기 '돼지고기'의 예스런 말.　**되강오리** 논병아릿과의 철새.

되게 더 할수 없이 심하게. '몹시'.　**되고마고** 아무렇게나. 마구잡이로.

되곱쳐 도로. 다시. 되풀이해서.　**되깎이** 환속하였다가 다시 중이 되는 일.

되꽉지 도꼭지. 우두머리.　**되나깨나** 덮어놓고. 마구잡이로.

되내기 볼품이 있고 많아 보이게 다시 묶은 것.　**되다** 일이 매우 힘들다.

되들다 얄밉도록 얼굴을 쳐들다.　**되라지다** 적대적으로 대하다. '되바라지다'.

되려 예상이나 기대 또는 일반적인 생각과는 반대되거나 다르게. '도리어'.

되룡이 도롱이.　**되리** 음식을 조금씩 거두어 모여서 함께 먹고 노는 모임.

되마중 배웅하여 보냈던 사람을 다시 나가서 맞이하는 일.

되매귀 도막이. 지주, 늙은이.　**되반들거리다** 도리어 매끄럽고 반들거리다.

되배기 곡식·가루·액체 따위를 담아 분량을 헤아리는 데 쓰는 그릇. 되, 말.

되살리다 잊었던 감정이나 기억, 기분을 다시 떠올리거나 살려 내다.

되새기다 지난 일을 다시 떠올려 골똘히 생각하다. **되세** 된통. 몹시. 되우.

되수리 곡식을 되로 되고 난 뒤에 조금 남은 분량. '됫밑'.

되술래잡히다 나무라야 할 사람이 도리어 나무람을 당하다.

되숭대숭하다 똑똑하지 못하여 그 뜻을 헤아릴 수 없이 지껄이다.

되알지다 힘을 주어 대드는 맛이 있다. **되우** 아주 몹시, 매우 심하게.

되지기 찬밥을 더운 밥 위에 얹어 다시 찌거나 데운 밥.

되집어홍 저쪽에서 도리어 먼저 들고나서 불가불하는 것.

되창문 벽의 위쪽에 자그맣게 만든 창. 또는 들어서 여는 창. '들창'.

되채다 혀를 제대로 순히 놀려서 말을 똑똑하게 하다.

되처 되짚어서. **되통스럽다** 덤벙거리고 미련하여 일을 저지를 듯하다.

되풀이 같은 말이나 일을 자꾸 반복함. /곡식 따위를 되로 되어 헤아림.

된도둑 사리에 어긋나지 않는 도둑.

된밀치 안장을 지울 때 볼기 쪽으로 잇대는 가죽 끈.

된변 아주 심하게 당한 고통을 이르는 말. '된맛'.

된바람 북풍北風을 이르는 말. **된불맞다** 급소를 맞다.

된비알 몹시 험한 비탈. **된새** 동북쪽에서 서남쪽으로 부는 바람. 된새바람.

된새벽 아주 이른 새벽. **된서리** 되게 내리는 서리. /모진 재앙이나 타격.

된수 감당하기 어렵고 나쁜 운수. **된숨** 거친 숨.

된시앗 남편이 얻은 몹시 악한 첩(妾). **된이문** 당찮은 이문. 폭리.

된장떡 된장을 섞어서 만든 떡. **된정** 짜증. **된통** 아주 몹시. '되우'.

됩세 도리어. 됩데. **됫밑** 되질을 다하고 난 뒤에 조금 남는 곡식.

됫박 되 대신 쓰는 바가지. 쪽박, 되배기. **돗파람** '휘파람'.

두견 두견이. 두견새. 진달래. **두겹복** 바둑의 두 점.

두꺼비 뚜꺼비, 두께비. **두껍닫이** 미닫이 창짝이 들어가는 곳.

두길보기 두 가지 마음을 품고, 유리한 쪽으로 붙으려고 엿보아 살피기.

두남두다 애착을 가지고 편들다. **두남받다** 남다른 도움이나 사랑을 받다.

두남재 북두칠성 아래, 천하에 으뜸가는 재주.

두대기 어린아이의 작은 이불, 어린아이를 업을 때 쓴다. '포대기'.

두대박이 돛대를 두 개 세운 큰 배. **두대발이** 재주가 둔한 사람. '둔재'.

두덕 두두룩하게 솟아 있는 '둔덕'. **두동지다** 앞뒤가 엇갈리거나 어긋나다.

두두러기 음식을 잘못 먹거나 환경의 변화로 인해 생기는 피부병의 하나.

두둑 밭과 밭 사이의 경계를 이루는 언덕. **두들** 언덕.

두량 되나 말로 곡식을 되는 셈. **두랭이** '두루마기'.

두럭 너나하고 부르며 허물없이 지내는 사이로 놀이를 위하여 모인 무리.

두런거리다 여럿이 나지막하고 조용한 목소리로 두런두런 이야기하다.

두렁이 치마 같은 어린 옷. **두렁쇠** 전문이 아닌 풍물재비.

두레 공동으로 일하는 마을 단위의 조직. **두레먹다** 여럿이 둘러 앉아 먹다.

두레박 줄을 길게 달아 우물 긷는 기구. **두레우물** 두레박 우물.

두레풍장 두레를 이룬 농악. **두렛불** 둥그렇게 피워놓은 불 둘레.

두려빠지다 한 부분이 온통 빠져나가다. **두려빼다** 무너뜨리다. '함락'.

두렵다 원만하다. / 마음에 꺼리거나 염려스럽다. **두루가다** 데리고 가다.

두루거리 한 가지 물건을 여기저기 두루 씀. '두루치기'. 평상복.

두루거리상 여러 사람이 둘러앉아서 먹는 음식상.

두루마리구름 실올처럼 보이는 높이 뜬 구름.

두루뭉수리 말이나 행동이 분명하지 아니한 상태.

두루미 아가리가 작고 배가 부른 술병.

두루빛 어떤 모임이나 단체에서 총무의 일을 맡아보는 사람.

두루주머니 허리에 차는 주머니. 염낭. 복주머니.

두루춘풍 누구에게나 좋도록 대하는 사람. **두룸마당** 논두렁을 둘러보는 것.

두룽박 꼭지에 구멍만 뚫어 속을 파낸 바가지. '뒤웅박'. 두룸박.

두름 물고기를 열 마리씩 두 줄로 엮거나, 고사리 열 모숨을 엮은 것.

두름성 주변머리가 좋아서 일을 잘 꾸리는 솜씨.

두리 둥근 것의 둘레나 언저리. 변두리, 테두리.

두리기 여러 사람이 둘러앉아 먹는 일. 두리기상.

두리기둥 둘레를 둥그렇게 깎아 만든 둥근 기둥. '둥근기둥'.

두리넓적하다 둥글고 넓적하다. **두리번거리다** 여기저기를 휘둘러 살펴보다.

두리티재 선남면 장학리에서 용암으로 가는 고개. 남성주 참외 휴게소 부근.

두릿그물 물고기 떼를 둘러싸서 잡는 그물. **두말** 쓸데없이 자꾸 하는 말.

두매한짝 손가락 다섯 개를 젓가락 두 쌍과 한 짝을 다섯 손가락에 비유.

두멍 물을 많이 담아 두고 쓰는 큰 가마나 독. 드멍, 드므.

두메 도회에서 멀리 떨어져 사람이 많이 살지 않는 변두리나 깊은 곳.

두문동 조선 건국에 반대한 고려 유신이 모여 살던 개성 광덕산 서쪽 기슭.

두발놀이 공중으로 솟구쳐서 두 발로 천장을 치는 택견.

두발당성 두 발로 차는 발길질. **두발부리** 서로 머리털을 꺼두르고 싸우는 일.

두벌죽음 죽은 사람이 다시 해부나 화장, 극형 따위를 당하는 일.

두베다 무엇을 찾으려고 샅샅이 들추거나 헤치다. '뒤지다'.

두붓물 두부를 만들려고 콩을 간 물. **두세거리** 조금 사이. 두세두세.

두손매무리 일을 거칠게 얼버무려 냄. **두습** 짐승 나이 두 살.

두신거리다 묵직하고 낮은 목소리로 주고받다. 두선거리다.

두억시니 모질고 사나운 귀신의 하나. '두억신'.

두엄발치 두엄을 썩히는 웅덩이. 두엄가리, 두엄더미.

두절개 두 가지 일을 하면서 한 가지 일도 제대로 못하는 사람을 일컬음.

두지 곡식을 담아 두는 세간의 하나. '뒤주'.

두툼발이 걸음을 뒤뚱거리며 걷는 사람을 낮잡아 이르는 말. '뒤뚱발이'.

둔기끼다 늙어서 정신이 흐려지고 말이나 행동이 정상이 아닌 상태.

둔덕지다 땅바닥이 두둑하게 언덕지다. **둔중하다** 둔하고 느리다.

둔치 강, 호수 등 물가의 언덕. **둔치다** 사람이 한 곳에 떼 지어 모이다.

둔턱진 두두룩한. **둔팍하다** 굼뜨고 어리석다. 미련하고 무디다.

둘개방 여자들이 원형으로 둘러앉아 삼을 삼는 것.

둘되다 둔팍하게 생기다. 둘러엎다 하던 일을 그만두다.

둘레빠꾸치다 일을 상황에 맞게 대응하거나 잘 처리하는 것.

둘레춤 꿀벌들이 근처에 꽃밭이 있다고 알리는 춤.

둘리다 그럴 듯한 꾀에 속다. 둘암소 새끼를 낳지 못하는 짐승의 암컷.

둘하다 둔하고 미련하다. 둠벙 웅덩이. 둥개다 감당하지 못하고 쩔쩔매다.

둥개둥이치다 마음대로 굴리다. 둥구나무 크고 오래된 정자나무.

둥구미 짚으로 둥글고 울이 깊게 결어 만든 곡식이나 채소를 담는 그릇.

둥두렷 보름달처럼 환하게. 둥싯거리다 몸이 거추장스럽게 자꾸 움직이다.

둥지 새가 깃들이거나 알을 낳는 새의 집. 둥지. 둥주리.

둥천 냇물과 닿아 있는 기슭에 쌓은 둑. '냇둑'.

둥치다 칭칭 휩싸서 동이다. 너저분한 것을 몰아서 잘라버리다.

뒤거둠새 일의 뒤끝을 거두어 처리함. 뒤꼍 집 뒤 뜰이나 마당. 뒤안.

뒤꼭지 뒤통수의 한가운데. 꼭뒤. 뒤꾸머리 발뒤꿈치.

뒤내다 함께 일을 하다가 중도에 싫증 내다.

뒤넘스럽다 어리석은 것이 주제넘다. 뒤넘이 쫓기어 뒤로 도망침.

뒤놀다 뒤집힐 듯이 이리저리 몹시 흔들리다.

뒤다 틀어지거나 구부러지다. 뒤대 어느 곳을 중심하여 그 북쪽 지방.

뒤대다 어떤 일을 할 수 있도록 계속하여 돌보아 주다.

뒤떠들다 왁자하게 떠들다. 뒤떨다 몸을 몹시 흔들다.

뒤두다 나중을 생각하여 여유를 두다. 다음으로 미루다.

뒤둥그러지다 생각이나 성질이 비뚤어지다. 아주 세게 넘어지면서 구르다.

뒤뚱거리다 몸의 중심을 잃고 이리저리 가볍게 기울어지며 자꾸 흔들리다.

뒤뚱발이 뒤뚱거리며 걷는 사람. 뒤뜨다 뒤받아서 대들다.

뒤듬바리 어리석고 둔하며 거친 사람. 뒤띔 뒤에서 남몰래 귀띔하다.

뒤란 집 뒤에 울타리 안. 뒤마치 늦은 장단. 뒤미처 그 뒤에 잇달아 곧장.

뒤바람 북풍. 된바람. 뒤바르다 거침없이 아무 데나 함부로 마구 바르다.

뒤받다 남의 의견에 반대 되는 말로 받다. 뒤발하다 액체를 온통 뒤집어쓰다.

뒤변덕스럽다 매우 변덕스럽다. **뒤보깨다** 소화가 안 되어 속이 불편하다.

뒤보다 착각을 일으켜 잘못 보다. **뒤뿔** 일이 지난 뒤 내는 성.

뒤뿔치다 남의 밑에서 뒷바라지를 하다. **뒤비다.** 뒤집다.

뒤설레놓다 서두르며 수선을 떨다. **뒤숭숭하다** 어수선하고 불안하다.

뒤스럭스럽다 말과 행동이 얌전하지 못하고 늘 부산하고 수다스럽다.

뒤스르다 일이나 물건을 가다듬느라고 이리저리 바꾸거나 변통하다.

뒤쓰다 다른 모양으로 변하다. 온통 뒤집어쓰다. **뒤안** 뒤꼍. 뒷터.

뒤어쓰다 책임이나 허물을 억지로 넘겨 맡다. '들쓰다'.

뒤움치다 함부로 움츠리다. **뒤웅박** 쪼개지 않고 속을 긁어 낸 바가지.

뒤웅스럽다 뒤웅박처럼 보기에 미련하다. **뒤재비꼬다** 엎친 몸을 뒤집으며 꼬다.

뒤재주치다 물건을 함부로 뒤집거나 내던지다. **뒤조지다** 뒷마무리 하다.

뒤지 밑씻개 종이. 휴지. **뒤지다** 죽다. **뒤집고핥다** 속속들이 자세히 알다.

뒤쪼다 마구 쪼다. **뒤쪽** 엇나가거나 반대가 되다. 뒤쪽되다.

뒤채다 너무 흔해서 쓰고도 남다. 함부로 늘어놓아 발길에 채이다.

뒤치다꺼리 뒤에서 일을 수습하여 주는 일. **뒤침말** 같은 뜻의 다른 말.

뒤터지다 몹시 앓아 거의 죽게 된 때에 똥이 저절로 나오다.

뒤턱 노름판에서 남에게 붙어 돈을 태는 것.

뒤통수치다 뜻을 이루지 못하여 매우 낙심하다.

뒤퉁스럽다 미련하거나 찬찬하지 못하여 일을 저지를 듯하다.

뒤트레방석 손잡이를 내어 만든 트레방석.

뒤틈바리 어리섞 미련하여 하는 짓이 찬찬하지 못한 사람.

뒤파다 드러나지 않은 속내나 행동을 알아내려고 몰래 조사하다. 뒤캐다.

뒤피다 가축의 짝짓기. **뒨장질** 이것저것 뒤져내는 일.

뒵들다 성낸 낯으로 서로 대들어 말다툼하다. **뒷간** 화장실(서양). 변소(왜).

뒷갈망 일의 뒤끝을 맡아 다루다. 뒷감당. 뒷갈무리. 뒷갈미.

뒷거두기 자식 낳아 기르는 것. **뒷고대** 목 뒤쪽에 닿는 어서. 깃고대.

뒷귀 사리나 말귀를 알아채는 힘. **뒷그림자** 차차 멀어져 가는 뒷모습.

뒷글 배운 것을 뒤에 다시 읽는 글. **뒷길** 남도에서 북쪽지방을 가리키는 말.

뒷눈질 눈을 흘깃거리는 짓. 흉보는 눈짓. **뒷더** 뒷등. 등에 업는 것.

뒷동 일 뒷 어섯. 뒤에 얽힌 도막. **뒷머리** 넓고 크고 긴 물건 뒤쪽.

뒷바대 엉덩이에 덧대는 헝겊 조각. **뒷배** 나서지 않고 남 뒤에서 보살펴 주다.

뒷손 겉으로는 사양하는 체하고 뒤로 슬그머니 받는 돈.

뒷수쇄 일의 뒷끝을 정리하고 정돈하는 일. 뒷손. **뒷장** 파장 무렵의 장판.

뒷전놀이 무당의 열두거리굿에서 마지막 굿거리.

뒷줄 배후의 세력. **뒷질** 배가 물에서 앞뒤로 흔들리는 일.

드난꾼 남의 집 행랑에 붙어 지내며 그 집의 일을 돕는 사람.

드난살이 (흔히 여자가)남의 집에서 드난으로 지내는 생활. 담살이. 꼴머슴.

드날리다 드러나게 크게 떨치다. 또는 손으로 들어서 날리다.

드놓다 들었다 놓았다 하다. 들놓다. 또는 논밭에서 일손을 놓다.

드다루다 들어 올려 다루다. **드던지다** 크게 내두르며 짚어나가다.

드디다 말미암다. **드디어** 무엇으로 말미암아 그 결과로.

드러내다 가려 있거나 보이지 않던 것을 보이게 하다.

드러장이다 많은 물건이 한군데에 차곡차곡 쌓이다. **드러치다** '진동하다'.

드레 사람의 됨됨이로서의 점잖음과 무게. 점잖은 성품.

드레나다 기계의 바퀴나 나사못이 헐거워져서 흔들거리다.

드레우물 두레박 우물. **드레지다** 사람의 됨됨이가 점잖아서 무게가 있다.

드레질 됨됨이를 떠보는 짓. **드림셈** 값을 몇 번에 나누어 내기로 하는 셈.

드림흥정 값을 여러 차례에 나눠 주기로 하고 하는 흥정.

드리없다 경우에 따라서 달라져서 일정하지 아니하다.

드리우다 한쪽이 위에 고정된 천이나 줄, 수염 따위가 아래로 늘어지다.

드므 물을 담아두는 넓적하게 생긴 독.

드부냉기다 구입한 물건을 다시 돌려 팔아넘기다.

드새다 길을 가다가 집이나 쉴 만한 곳에 들어가 밤을 지내다.

드성거리다 일찍 일어나 꼼작거리다.

드솟다 힘차게 솟다. 기운이나 감정이 강하게 일어나다.

드잡이 서로 머리나 멱살을 움켜잡고 싸우는 짓.

드터보다 관심을 갖고 잘 살펴보다. 쇼핑하다.

드티다 자리가 옮겨져 틈이 생기거나 날짜·기한 등이 조금씩 연기되다.

드팀새 틈이 생긴 기미나 정도. **드팀전** 피륙 가게.

득달같다 시키는 대로 조금도 어김이 없다. 재빠르다.

득달하다 목적한 곳에 도달하다. 또는 목적을 이루다.

득보기 아주 못난 사람을 이르는 말. **득실** 얻음과 잃음.

득음 소리의 갈피를 깨우치는 것. **득하다** 날씨가 갑자기 추워지다.

든바람 동남풍. **든번** 일을 쉬었다가 다시 들어가는 번이나 차례.

든손 망설이지 않고 곧. **든직하다** 사람됨이 묵중하다.

듣그럽다 소리가 거슬리거나 듣기 싫다. **듣다** 빗방울이 떨어지다. 맺히다.

들까부르다 키를 몹시 흔들어서 까부르다. **들기름** 들깨로 짠 기름. 뜰기름.

들게다 포개다. **들경머리** 어느 곳에 들어가는 첫머리가 되는 곳. 초입.

들깐 출입문. **들고나다** 남의 일에 참견하여 일어나다.

들고주다 달아나다. 사람이 난봉이 나서 재산을 마구 쓰다.

들고파다 한 가지 일에 열심히 연구하다. **들꼬가다** 데리고 가다.

들꾀다 여럿이 많이 모여들다. **들나다** 끝장이 나다. '들장나다'.

들놀다 들썩거리며 이리저리 흔들리다.

들놀음 들에서 행하는 가면극으로, 얼굴에 가면을 쓰고 길놀이를 한다.

들놓다 들었다 놓았다 하다. 끼니때가 되어 일을 멈추다.

들대 가까운 들녘. **들뒤지다** 함부로 뒤지다.

들때밑 힘 있는 집 고달(점잔을 **빼고** 거만한)부리는 종.

들떼놓다 똑바로 집어 말하지 않다. **들똘같이** 잠시도 지체하지 않게. 득달같이.

들뛰다 급하게 마두 뛰다. **들뜨기** 일정한 거처 없이 떠돌아다니는 '뜨내기'.

들락거리다 자꾸 드나들다. **들레다** 왁자지껄하게 떠들다.

들마 가게 문을 닫을 무렵. **들마리** 들어서 옮길 수 있는 마루. '들마루'.

들맞추다 겉으로 알랑거리며 남의 비위를 맞추다. **들매다** 쩔쩔매다.

들먹다 못생기고 올바르지 못하다. **들메** 끈으로 신을 발에 동여매다.

들몰다 몹시 닦아세워 몰다. **들무새** 남을 뒷바라지 하는 사람.

들바람 바다에서 육지로 부는 해풍. **들배지기** 몸을 슬쩍 돌리면서 넘어뜨리기.

들병이 돗자리 한 닢과 병술을 끼고 다니며 몸을 팔던 여자.

들살 집이 기울어져 쓰러질 염려가 있을 때, 괴어 받치는 지레.

들샘 박우물. 두레박샘. 두레우물. **들손** 그릇 옆에 달린 손잡이.

들쌀대다 시끄럽고 어수선하다. '들썩대다'. 소란을 피우다.

들썽하다 마음이 어수선하여 들떠있다. **들쇠** 반달 모양의 손잡이.

들쑤시다 무엇을 찾으려고 샅샅이 마구 헤치다. '들이쑤시다'.

들쓰다 이불이나 옷 따위를 위에서 아래까지 덮어쓰다.

들에음 시끄럽고 떠들썩함. **들은귀** 잇속말 듣고 고비를 놓치지 않다.

들입다 세차게 마구. 무리하게. **들치다** 물건의 한쪽 끝을 쳐들다.

들키다 숨기려던 것을 남이 알아채다. 다들케다. **들판** 들을 이룬 벌판.

들피지다 굶주려서 몸이 야위고 쇠약해지다. **듬** 외딴 골짜기 동네.

듬부룩하다 먹은 것이 잘 삭지 않고 뱃속이 딩딩하다.

듬직이 사람됨이 믿음성 있게 묵직하게. **듬쑥하다** 사람됨이 과묵寡默하다.

둣둣다 '뜨뜻하다'. **등개등개** 가지런히 쌓거나 포개는 모양. '동개동개'.

등갱이 산의 등줄기. **등거리** 등만 덮는 홑옷.

등걸 줄기를 잘라 낸 나무의 밑동. **등걸불** 나무 등걸을 태우는 불.

등걸잠 아무데나 쓰러져서 입은 채로 잠깐 자는 것.

등검쟁이 물건을 등에 지고 다니며 파는 사람. '등짐장수'. 등걸장사. 보부상.

등겁 뜻밖의 일에 자지러질 정도로 깜짝 놀람. **등제**과거에 급제함. 등과.

등구다 불을 붙이다. **등날** 등마루 꼭대기의 날카롭게 선 줄.

등내 벼슬아치의 임기任期. **등넘이눈** 등 너머로 바라보는 눈길.

등등거리 등나무 줄기로 만든 등거리. **등때기** '등허리'의 속어. 등어리.

등떠보다 에멜무지로 시켜보다. **등롱** 댓살에 종이나 헝겊을 씌운 초롱.

등메 부들자리의 가장자리에 헝겊을 댄 돗자리.

등물 다른 사람의 도움을 받아 허리에서부터 목까지 물로 씻는 일.

등밀이 바닥에 누워서 앞으로 나아가기 위하여 등을 미는 것.

등배 강약을 잡는 북 장단. **등사** 일. 탈. 삭달. 사건(왜).

등사말랭이 산등성이의 가장 높은 곳. '등성마루'.

등쌀놓다 남을 귀찮게 하다. **등성마루** 등뼈가 있는 등마루의 거죽 쪽.

등신이 어리석고 줏대 없는 짓. 바보. **등옷** 등허리에 닿는 옷.

등장 여럿이 연명으로 소를 올리다. **등짐장수** 등에 짊어지고 팔러다니는 장수.

등채 무장할 때 등나무 채찍. **등천하다** 냄새가 넓은 공간에 널리 퍼지다.

등충이 어리석고 줏대 없는 사람. **등하다** 행동이 둔하다.

등한하다 예사롭다. 범상하다. **등힘** 활 잡은 손목에서 손등과 팔등에 뻗는 힘.

되림부채 끝을 모아 묶어서 만든 부채. 씀씀이 큰 팔덕선. **디건이** 두견이.

디다보다 들여다보다. **디디발이** 더듬한 사람. **디디하다** 변변치 못하다.

디딜바 발로 디디어 곡식을 찧거나 빻게 된 방아. '디딜방아'.

디룽거리다 큰 물건이 매달려 자꾸 흔들리다.

디새죽담 기와조각을 흙에 박아 쌓은 죽담 **딧다** 세차게 마구. '들입다'.

딩딩하다 옹골차고 든든하다. **따감질** 큰 덩어리에서 조금씩 뜯어내는 짓.

따깨모자 태와 운두가 없는 납작한 모자. **따기꾼** '소매치기'.

따개다 나무 따위의 단단한 물건을 연장으로, '짜개다'. 쪼개다.

따다바리다 뜯어내서 죽 벌이어 놓다. 얄미운 태도로 이야기를 늘어놓다.

따따부따 딱딱한 말투로 시비하는 꼴. **따돌림** 따돌리는 짓. 따돌렘.

따디미 가승假僧. 가짜 승려. **따라지** 노름판에서 '한끗'을 이르는 말.

따리꾼 아첨을 잘하는 사람. **따바리** 또아리. **따비밭** 좁고 비탈진 작은 밭.

따짜구리 딱따구리. **따지기** 얼었던 흙이 풀리는 이른 봄 무렵. 해토머리.

딱새 말 많은 사람을 빗대어 부르는 말. **딱선** 살이 몇 개 안 되는 질부채.

딱쇠 마음씨가 사납고 고집이 센 사람. **딱꾼** 포졸을 거들던 사람.

딴죽 이미 동의나 약속한 일에 대하여 '딴전'을 부림을 비유로 이르는 말.

딴청 어떤 일을 하는 데 그 일과는 전혀 관계없는 일이나 행동. 딴전.

딸 딸기. **딸각발이** 신이 없어 마른 날에도 나막신을 신는다. '가난한 선비'.

딸꾹질 호흡작용을 보조하는 근육이 수축하며 소리가 나는 현상. '깔딱질'.

딸들 문중의 여자들. '딸네'. **딸따니** 정겹게 부르는 '딸'.

딸보 너그럽지 못한 사람. **땀** 바느질할 때 실을 꿴 바늘로 한 번 뜸.

땀국 때가 낀 옷에 흠뻑 젖은 땀. **땀벌창** 땀이 흘러서 후줄근한 상태.

땀직하다 언행이 무게가 있어 보이다. **땀질** 끌이나 칼로 따내는 것.

땅가물 몹시 심한 가물. **땅거미** 해가 진 뒤 어스레한 상태. 땅거무.

땅두께 두꺼운 땅덩어리. **땅뜀** 무거운 몬을 들어 올림.

땅방울 쇠사슬에 둥근 쇳덩이를 달아서 죄인의 발에 채워 두던 형구刑具.

땅발 첫발을 내 디딤. **땅버들** 갯버들. **땅불쑥하게** 유별나게

땅알맞다 되바라지다. **땅자리** 참외나 호박의 거죽이 땅에 닿아 빛이 변한 부분.

땅재주 남사당패 놀이에서, 땅에서 묘기나 재주를 펼치는 것.

땅파기 덮어놓고 외고집을 부리거나 분별없이 외곬으로만 우기다.

때가다 감옥(때)에 잡혀 가다. **때깔** 꼴과 빛깔. **때꺼리** 끼니에 먹을 거리.

때꼽재기 '때'를 얕잡은 말. **때꾼하다** 지쳐서 눈이 들어가고 정기가 없다.

때끼다 애벌 찧은 수수나 보리를 마지막으로 깨끗이 찧다. '대끼다'.

때다 도둑이 잡히다. **때때메때기** '방아깨비'. 방아개비, 항글래.

때를 씻다 누명을 벗다. **때알이** 때를 알리는 기계. '시계'.

땟물 겉으로 나타나는 자태나 맵시. **땡감** 덜 익은 감. 떫은 감.

땡기다 물건 따위를 힘을 주어 가까이 오게 하다. '당기다'.

땡비 땅속에 집을 짓고 사는 벌. '땅벌'. **땡빚** 공연히 얻게 된 빚.

땡초 파계하여 중답지 못한 중을 낮잡아 이르는 말. '땡추'.

땡추중 가짜 중. 땡초중. **떠꺼머리** 혼인 나이가 넘은 꽃두루의 땋은 머리.

떠껑지 한지 백 권을 한 덩어리로 하여 그 덩이를 싸는 두꺼운 종이.

떠다박지르다 떠다밀어서 넘어뜨리다. 떠박지르다.

떠대다 거짓으로 꾸며 말하다. **떠덩구치다** 떠다밀다. **떠돌뱅이** 떠도는 사람.

떠들다 가리거나 덮인 물건을 한 부분만 잦히거나 쳐들다.

떠벌리다 이야기를 과장하여 늘어놓다. 떠벌씨다.

떠러미 팔다 조금 남은 물건을 다 떨어서 싸게 파는 일. '떨이'. 떠리미.

떠세 돈이나 세력을 믿고 억지를 쓰는 것. **떠이다** 쳐들어 머리에 이다.

떠죽거리다 젠체하고 자꾸 지껄여 대다. 거짓으로 싫은 체하고 사양하다.

떡광부리다 울면서 떼를 쓰다. **떡눈** 물기를 머금어서 들러붙는 눈송이.

떡니 위아래 앞니의 가운데 이. **떡돌멩이** 바둑에서 한데 모이게 놓은 바둑돌.

떡먹기 힘 안들이고 쉽게 하다. **떡메** 떡 치는 도구. **떡목** 텁텁한 목소리.

떡무거리 체에 쳐서 남은 거칠고 굵은 떡가루의 찌끼. 무거리.

떡부엉이 너절하고 상스러운 사람. **떡비** 가을에 내리는 비.

떡살 떡을 눌러 무늬를 찍어내는 판. **떡심** 억세고 질긴 힘.

떨갔다 앞 사람의 뒤 따라 가다가 놓쳤다.

떨깨둥하다 여럿 가운데서 두드러지게 뛰어나다. '빼어나다'.

떨거둥방아 하릴없이 쫓겨나 의지가지없게 된 사람.

떨거지 혈연관계가 있거나 마음이 통하여 모인 사람들을 낮잡아 이르는 말.

떨꺼둥이 의지하고 지내던 곳에서 가진 것 없이 쫓겨난 사람.

떨달이 끈질기게 달라붙는 우둔한 사람. **떨떠름하다** 몹시 얼떨떨하다.

떨뜨리다 위세를 드러내며 뽐내다. **떨어뜨리다** 아래로 널쭈다. 널쫗다.

떨어치다 힘을 내어서 세차게 떨어지게 하다. **떨잎** 말라서 떨어진 나뭇잎.

떳다바라 보란 듯이. **떼깡부리다** 떼쓰고 강짜 부리다.

떼떼하다 뜨악하게 여기고 불평스럽게 투덜기리다.

떼서리 한 동아리가 되어 무리를 이룬 사람들. '떼전'. 떼거지. 떼.

또깝다 두텁다. **또디기** 바보. **또랑거리다** 눈동자를 또렷하고 움직거리다.

또랑또랑 조금도 흐리지 않고 아주 밝고 똑똑한 모양. 또록또록.

또렷하다 분명하다. **또아리** 짚·헝겊으로 둥글게 틀어서 짐을 괴는 고리.

또야기 논밭의 한 구획을 이루고 있는 땅. '떼기'.

똘기 채 익지 아니한 과실. **똘배** 크기가 작고 신맛이 나는 토종배.

똘배기 우물물을 퍼 올리는 도구. '두레박'. 똥강생이 '똥강아지'.

똥고집 억지가 매우 심하여 자기 의견만 내세워 우기는 성미. '옹고집' 말.

똥기다 살며시 일러주어 깨닫게 하다. 똥또도롬 도도록하게 솟아 오른.

똥두디 똥오줌을 받아 내기 위하여 다리 사이에 채우는 물건. '기저귀'.

똥자바리 '항문'의 속어. 미주알. 똥짜바리. 똥구멍. 똥꾸바리, 똥쭈바리.

똥장군 똥이나 오줌을 담는 통. 똥주머리 지지리 못나서 쓸모 없는 사람의 별칭.

똥쭐빠지다 몹시 혼이 나 황급히 달아나다. 똥찌그리하다 시시하다.

똥치망태기 똥 치우는 망태기. 똥항아리 일 없이 먹고 노는 사람의 별칭.

뙤다 몹시 지쳐서 눈이 쑥 들어가고 생기가 없다.

똬리 짐을 머리에 일 때 머리에 받치는 고리 모양의 물건. 또뱅이.

뙈기밭 넓이가 조그만 밭. 뙤다 그물코의 올이 터지거나 끊어지다.

뙤새집 안뜰을 중심으로 'ㅁ'자 형의 집. 뙤창 방문 옆에 조그맣게 낸 창.

뚜껑밥 잡곡 위에 이밥을 조금 담은 밥. 뚜께버선 바닥이 다 해진 버선.

뚜레질 두레로 물을 푸는 일. '두레질'. 뚜벙 난데없이 불쑥. /밥그릇 뚜껑.

뚜쟁이 결혼을 중간에서 주선하는 사람. 뚝다리 시내의 둑에 걸친 다리.

뚝뚝감 소금물에 담가서 떫은맛을 없앤 감. 침수감.

뚝배기 찌개를 끓이거나 설렁탕 따위를 담을 때 쓰는 오지그릇. 뚝바리

뚝벌씨 걸핏하면 불뚝불뚝 성을 내는 성질. 또는 그런 사람.

뚝별나다 불뚝불뚝 성을 내는 성질이 있다. 뚫레 땅굴. 동굴.

뚱기다 슬쩍 귀띔해 주다. 뚱치다 훔치다. 뛰엄질 '뜀박질'.

뜀들다 성난 얼굴로 서로 덤벼들어 말다툼하다.

띠앗 형제나 자매 사이의 우애심. 뜨끈거리다 매우 뜨듯하고 덥다.

뜨끔거리다 찔리거나 얻어맞은 것처럼 아픈 느낌이 자꾸 들다.

뜨께질 남의 속을 떠보는 일. 뜨내기 일정한 거처 없이 떠돌아다니는 사람.

뜨다 소가 뿔로 세게 들이받다. 뜨더귀 가리가리 찢어 내는 짓. 그 조각.

뜨르르하다 소문이 널리 퍼져 자자하다. 뜨름뜨름 얼마쯤씩 있다가 가끔.

뜨막하다 오랫동안 뜸하다. 뜨물 진딧물과의 곤충. '진딧물'.

뜨신변 '좋은 일'을 이르는 말. **뜨악하다** 마음이 선뜻 내키지 않다.

뜨저구니 심통心統. 나쁜 마음자리. 소가지. 소갈머리.

뜨주거리다 남을 트집 잡으려고 자꾸 짓궂게 건드리다. **뜬적거리다**

뜬걸이 하는 일 없이 이리저리 떠돌아다니는 사람. '부랑인浮浪人'.

뜬광대 유랑광대. **뜬귀** 떠돌아다니는 못된 귀신. '뜬귀신'.

뜯게 헤어지고 낡아서 입지 못하게 된 옷.

뜬그림자 물 위에 비친 그림자. **뜬금없다** 갑작스럽고도 엉뚱하다.

뜬눈 밤에 잠을 이루지 못하다. **뜬벌이** 일정치 않은 돈벌이.

뜬생각 헛된 생각. **뜬쇠** 탄소가 들어 있지 않아 무르고 잘 늘어나는 쇠.

뜬숯 장작불을 꺼서 만들 숯. **뜬재물** 수고하지 않고 우연히 생긴 재물.

뜯게 헐어서 입지 못하게 된 옷. **뜯이** 헌옷을 뜯어서 새로 만드는 일.

뜯적거리다 손톱이나 날카로운 것으로 자꾸 긁어 뜯거나 진집을 내다.

뜰뜰 명령이나 위세가 아주 잘 시행되는 모양.

뜸 한동네 안에서 몇 집씩 따로 모여 있는 구역.

뜸단지 피고름을 빨아내는 부항 붙이는 데 쓰는 작은 단지.

뜸들이다 일이 절로 이루어지도록 서두르지 않고 한동안 가만히 두다.

뜸뜸히 몇 집씩 모여서 구역을 이루고 널려 있다.

뜸베질 소가 뿔로 마구 들이받는 짓. **뜸부기** 뜸부기과의 듬북이. 무닭.

뜸지근하다 마음이 느긋하여 뜸직하다. **뜸직하다** 속이 깊고 무게가 있다.

뜻대로 마음먹은 대로. **띠** 활터에서 한패 안에서 몇 사람씩 나눈 무리.

띠개미 아이를 업을 때 쓰는 띠. **띠리하다** 정신이 약간 흐리멍덩하다.

띠앗 형제자매 간의 우애심. **띠짐** 처음으로 논밭을 일구는 일.

띤띤하다 '단단하다'보다 센 느낌을 준다. '딴딴하다'.

띵가먹다 남에게 갚아 주어야 할 것을 갚지 않다. '떼어먹다'.

띵꼴이 돈을 잘 안 쓰는 인색한 사람.

란幽蘭이 재곡하니

유란幽蘭이 재곡在谷ᄒ니, 자연이 듣디 됴해.
백운白雲이 재산在山ᄒ니, 쟈연이 보디 됴해.
이 듕에 피미일인彼美一人을 더옥 닛디 몯ᄒ애.

하외마을에서 배에 오르면 곤양 앞바다까지 갈 수 있지만, 지금은 광목을 펼쳐놓은 듯 하얗게 얼어붙어 있다. 넓은 풍산 들을 품은 가일佳日 마을이 정산鼎山 뒤에 숙연하다. 시인의 장인 사락정 권질權礩의 고향마을이다.

권질은 안동 권씨 화산花山 권주權柱의 장남이다. 권주는 대과급제하여 참판까지 올랐으나, 성종의 처방전에 따라 폐비 윤씨에게 사약을 내릴 때, 그는 단지 주서注書로서 약사(승지)가 조제한 사약을 약국에서 가지고 왔을 뿐이었다. 그런데 폐비의 복권이 사헌부·사간원·홍문관 삼사三司에 견제 당하자, 연산燕山은 왕도를 일탈逸脫하여 전횡과 보복의 칼을 휘둘렀다.

권주權柱의 형제자매를 모두 외방으로 귀양 보내고, 그의 가산家産을 적몰籍沒하되 그의 집을 남천군南川君 이쟁李崢에게 주었는데, 연산이 쟁崢의 아내 최씨崔氏와 통간通奸한 대가로 주어졌다. 폐비 윤씨의 아들 연산은 그 앙갚음을 사약으로 되갚았으나, 권주는 연산이 내린 사약을 마시느니 누각에서 뛰어내렸다. 권질의 어머니 고성 이씨도 순절殉節을 택했다.

중종반정으로 권질은 복권되었다가 권전權碩의 사건에 연루되어 예안으로 유배당하고 그의 아우 권전은 장살杖殺당했는데, 이는 송사련宋祀連이 조작한 신사무옥의 희생자가 되었다. 그러니 역사(轢死 억압받아 죽음)는, "그때는 맞았고, 지금은 틀리다."

시인의 처조부 화산 권주 부부는 가일마을 뒷산에 묻혔다. 500
여 년이 지난 오늘날, 경상북도 도청이 이곳에 이전되면서 권주
부부의 묘소가 도청 신도시 역사공원 안에 위치하게 되자, 옛 경
상도 관찰사가 경상북도 지하도지사地下道知事로 복권되니, 추중追
重의 빛남 황천에 떨어졌다네. 13세 소년의 〈선악도〉(仙嶽圖, 권주가
13세 때, 안동부의 백일장에서 장원한 글)가 상제上帝의 천기天機를 울렸으니,
역사歷史는 "그때는 틀리고 지금은 맞다."

겨울을 견디는 보리는 종달새의 봄노래를 들을 수 있다. 사화
의 노도怒濤가 가일마을을 휩쓸고 지나간 뒤, 권문의 솟을대문은
굳게 입을 닫고 명예를 팔지 않았다. 아무리 세찬 바람도 지나갈
뿐 억새는 다시 일어난다.

숙부가 장살당하고 아버지가 귀양 가는데, 어느 누군들 편할
까? 권소저는 혼절하여 숙맥菽麥이 되었다. 마음(心)이 버금(亞) 자를
품으면 '악할 惡' 자가 된다. 마음에서 亞 자를 빼고 善만 남은
사람이 숙맥이다.
권씨 부인은 시인의 찢어진 도포를 예쁘게 기우고 싶어 하얀
도포에 빨간 천을 덧대어 꿰맸는데, 시인은 군소리 없이 입고 다
녔다. 착한 사람 둘이 만나면, 인仁이 된다. 권씨 부인은 숙맥이
아니라, 한 송이 은은한 유란幽蘭이었다.

-ㄹ까 받침 없는 어간에 붙어서 미래나 현재의 일을 짐작할 때 의심이나 의문 또는 자기 의사를 나타내는 데 쓰이는 종결 어미. -ㄹ까 말까, -ㄹ까 보나, -ㄹ까 보다, -ㄹ거나, -ㄹ걸, -ㄹ게, -ㄹ꼬.

-ㄹ 나위 없다 받침 없는 동사의 어간에 붙어서 더 어찌할 수 있는 힘이나 필요가 없다는 뜻을 나타내는 말. -할 나위 없다.

-ㄹ는지 용언의 어간에 붙는 종결형 의문의 뜻을 나타내는 어미.

-라니 받침 없는 체언에 붙어 미심한 말을 되짚어 묻거나 해괴하게 느끼는 표정을 나타내는 조사. -라니, -라니까, -라도, -라며,

ㄹ 을, 를

라 '라고'의 준말. 생황 사자관의 구음(口吟).

라각 소라의 껍데기로 만든 옛 군악기. 길이가 40cm 정도인 소라고둥의 위쪽을 깎아 내어 구멍을 뚫고 그 구멍에 혀를 대고 불게 된 것으로, 고려 공민왕 때에 명나라에서 전래되었다.

라건 고려 시대에 벼슬아치가 쓰던, 자주색 무늬가 있는 비단으로 만들어 구슬로 장식한 쓰개.

라마승 불교의 한 갈래인 라마교의 승려.

라면 면을 증기로 익히고 기름에 튀겨서 말린 즉석식품.

라사 양털 또는 거기에 무명, 명주, 인조 견사 따위를 섞어서 짠 모직물.

락 뜻이 상대되는 두 동작이나 상태가 번갈아 되풀이됨을 나타내는 연결 어미. 오르락내리락.

락닥하다 '희희낙락하다'.

'-라고' 앞 절의 일을 뒤 절의 까닭이나 근거로 듦을 나타내는 연결 어미. -ㄴ다고, -는다고, -다고.

락가 값이 떨어짐.

란 '-라고 하는' 또는 '-라고 한'이 줄어든 말.

란卵 '알'의 뜻을 나타내는 말.

란欄 '구분된 지면'의 뜻을 나타내는 말. '칸'. 광고란.

ㄹ 자

이은상 李殷相 (1903~1982)

※ 이은상, 고지가 바로 저긴데, 한국대표명시선, 시인생각, 2013

평생을 배우고도 미처 다 못 배워
인제사 여기 와서 ㄹ(리을) 자를 배웁니다
ㄹ(리을) 자 받침 든 세 글자
자꾸 읽어 봅니다

제 '말' 지키려다
제 '글' 지키려다
제 '얼' 붙안고

차마 놓지 못하다가 끌려와
ㄹ(리을) 자 같이
꼬부리고 앉았소.

소백산 성혈사 나한전, 꽃살무늬

란蘭 '난초'의 뜻을 나타내는 말. 유란幽蘭. 한란寒蘭.

란亂 '난리'의 뜻을 나타내는 말. 임진왜란.

란다 '라 한다'. 받침 없는 체언에 붙어서 몸소 겪은 일을 서술적으로
　나타내는 말.

란분卵粉 달걀의 알맹이를 말려서 만든 가루.

란분분亂紛紛 눈이나 꽃잎 따위가 흩날리어 어지럽다. '난분분하다'.

랄 ('이다', '아니다'의 어간이나 어미 '-으시-', '-더-', '-으리-')뒤에
　붙어 '-라고 할'이 줄어든 말.
　(받침 없는 동사 어간, 'ㄹ' 받침인 동사 어간 또는 어미 '-으시-') 뒤에
　붙어 '-라고 할'이 줄어든 말.

랄라리 '태평소'.

람 (구어체로) 해라할 자리나 혼잣말에 쓰여, '-란 말인가?'의 뜻으로
　스스로에게 물음을 나타내거나 언짢음을 나타내는 종결 어미.
　주로 '누구', '무엇', '언제', '어디', '어떻게' 따위의 의문사와 함께
　쓰인다.
　해라할 자리나 혼잣말에 쓰여, '-란 말인가'나 '-라고 했나'의 뜻으로
　스스로에게 물음을 나타내거나 언짢음을 나타내는 종결 어미.
　주로 '누구', '무엇', '언제', '어디', '어떻게' 의 의문사와 함께 쓰인다.

랑 (받침 없는 체언 뒤에 붙어))어떤 행동을 함께 하거나 상대로 하는 대상
　임을 나타내는 격 조사. 비교의 기준이 되는 대상임을 나타내는 격 조사.
　둘 이상의 사물을 같은 자격으로 이어 주는 접속 조사.

랑郞/浪 방산한씨금보芳山韓氏琴譜에서, 양금의 왼쪽 괘 오른쪽 여섯째 줄
　남려의 구음(口音).

랑영대郞詠臺 퇴계 이황이 도산서원 앞을 흐르는 낙동강의 경치를 읊은 시.
　끝없는 구름 산 눈 앞에 떨어져 있고,
　옥 같은 무지개 띠처럼 긴 내 굽어다 보네.
　무엇 거리끼리오, 돌 치우고 높이 기댄 곳에서,
　맑게 읊조려 쇳소리 울리며 땅에 시 던짐.

래 ('이다', '아니다'의 어간이나 어미 '-으시-', '-더-', '-으리-' 뒤에 붙어)
해할 자리에 쓰여, 어떤 사실을 주어진 것으로 치고 그에 대한 의문을
나타내는 종결 어미. 놀라거나 못마땅하게 여기는 뜻이 섞여 있다.

래자불거來者不拒 **왕자물추**往者勿追
오는 사람 막지 않고 가는 사람 잡지 않는다.

러비 '널리'.

런 ('ㄹ' 받침으로 끝나는 체언류 뒤에 붙어) 는.

런가 ('이다', '아니다'의 어간이나 어미 '-으시-', '-더-', '-으리-') 뒤에
붙어 하게할 자리에 쓰여, '-던가'의 뜻으로 예스럽게 사용하는 종결 어미.
주로 옛 말투의 시문詩文에 쓰인다.

런들 ('이다', '아니다'의 어간이나 어미 '-으시-', '-더-', '-으리-') 뒤에
붙어 '-라고 할지라도'의 뜻을 나타내는 연결 어미. 어떤 조건을 양보하여
서 인정한다고 하여도 그 결과로서 기대되는 내용이 부정됨을 나타낸다.
'-ㄴ들'보다 예스러운 느낌을 준다.

련만 '-으련마는'의 준말.

령嶺 호피를 세던 낱자리. '그 나라의 영토'의 뜻을 더하는 접미사.
재나 산마루의 이름이라는 뜻을 더하는 접미사.

로 (받침 없는 체언이나 'ㄹ' 받침으로 끝나는 체언 뒤에 붙어)움직임의
방향 경로, 변화의 결과, 물건의 재료, 일의 도구·방식·원인을 나타내는
격 조사.

로고 ('이다', '아니다'의 어간이나 어미 '-으시-') 뒤에 붙어 해할 자리나
혼잣말에 쓰여, 어미 '-로군'의 뜻을 예스럽게 나타내는 종결 어미.

로다 (받침 없는 체언이나 'ㄹ' 받침으로 끝나는 체언) 뒤에 붙어,
'로다가'의 준말. -로다.

로되 ('이다', '아니다'의 어간이나 어미 '-으시-') 뒤에 붙어 대립적인
사실을 잇는 데 쓰는 연결 어미. '-되'보다 다소 강한 느낌을 나타낸다.

로라 ('이다'의 어간)뒤에 붙어, (주로 1인칭 주어와 함께 쓰여) -노라.

로부터 (받침 없는 체언이나 'ㄹ' 받침으로 끝나는 체언) 뒤에 붙어
어떤 행동의 출발점이나 비롯되는 대상임을 나타내는 격 조사.
격 조사 '로'와 보조사 '부터'가 결합한 말이다.

로서 (받침 없는 체언이나 'ㄹ' 받침으로 끝나는 체언) 뒤에 붙어
지위나 신분 또는 자격을 나타내는 격 조사.

로홉다 화가 날 만큼 분하고 섭섭하다. '노엽다'. **룡** 미르.

루樓 (일부 고유 명사) 뒤에 붙어, '다락집', '요릿집'의 뜻을 더함.

루笙 생황의 일자관의 구음口홉.

류성룡 임진왜란 때 이순신 장군과 함께 나라를 구함. 징비록 저술.

류춘수 건축가. 상암월드컵 경기장. 설악산 한계령 휴게소 설계.

를 (받침 없는 체언 뒤에 붙어), 동작이 미친 직접적 대상·행동의 간접적인
목적물이나 대상, 재료나 수단임을 나타내는 격 조사.
(받침 없는 체언 뒤에 붙어), '가다', '걷다', '뛰다' 따위의 이동을
표시하는 동사와 어울려서 동작이 이루어지는 장소를 나타내는 격 조사.

리里 지방 행정의 말단 구역. 몇 개의 촌락이 모여 이루어지며, 읍과 면면
의 아래에 둔다. 어말에 붙어 특정 동리의 이름을 나타낼 때에는 '리'로
바뀐다. '이'로 표기.

리理 (어미 '-을' 뒤에 '있다', '없다' 따위와 함께 쓰여)'까닭', '이치'의 뜻
을 나타내는 말.

리라 ('-으시-', '-으리-')뒤에 붙어, 상황에 대한 화자의 추측을 나타내거
나 마음속으로 다짐하는 뜻을 나타내는 종결 어미.

리로다 ('-으시-', '-으오-') 뒤에 붙어, 상황에 대한 화자의 추측을 나타
내는 종결 어미. '-리라'보다 장엄한 느낌을 나타낸다.
상대편에게 그렇게 하겠다는 의지를 나타내는 종결 어미. '-리라'보다
장엄한 느낌을 나타낸다.

리리양실 서양에서 들어온 실의 일종.

물총새의 날갯짓

수물총새와 암물총새가 어울려서 시끄럽게 날갯짓

翠羽刺嘈感師雄

시인은 삼우제를 지낸 후 도산으로 돌아왔으나, 며칠 후 굴건
제복屈巾祭服에 대지팡이를 짚고 다시 아내의 묘소를 찾아 나섰다.
주자가례朱子家禮에 철저한데다가 침식을 겨우 연명하는 자학적自虐
的 복상服喪으로 초췌한 얼굴은 쓰러질 듯 지쳐 있었다.

아내의 묘소는 고향 도산에서 영주로 통하는 도중途中에 있다.
상주의 애곡哀哭도 걸쭉한 상엿소리까지도 죄다 묻어버린 듯, 서
늘한 솔바람 소리만 이따금 몰려왔다 회오리쳐 흩어질 뿐, 산 꿩
도 알을 품은 채 새내기 무덤을 조심스레 힐끗거린다. 스물일곱
해를 살다 간 여인이 흙내가 알싸한 황토 이불을 덮어쓴 채 깊은
잠에 빠져들어 있었다.

피어오르는 향연香煙을 망연히 바라보다가 아내의 머릿결 같다
는 생각이 미치자, 참았던 울분이 원망으로 터져 나왔다.
　'하필, 왜? 우리가······.'
가슴속에 가뒀던 슬픔을 애곡으로 토해 내며 무덤을 빙빙 돌
았다. 만남이 있어 이별이 있고, 산다는 것은 떠난다는 것이라지
만, 너무 짧은 만남, 너무 빠른 이별이었다.
한편, 아내와의 삶에서 인생의 참된 의미를 미처 알지 못하고
방만했던 자신의 삶을 자책하는 순간, 원망이 회한으로 바뀌면
서 슬픔이 폭포수같이 쏟아져 내렸다.

'그래도, 외롭지는 않을까?'

부질없는 생각에 주위를 둘러보니, 아내의 무덤 바로 아래쪽에 처외조부 창계의 묘소가 보였고, 시선을 더 먼 곳으로 돌리니 황금빛 들녘이 펼쳐지고, 들녘을 가로지르는 내성천이 햇빛에 눈부시게 반짝였다.

묘소 초입에 오래된 마애삼존불상이 모여 불경을 합창하며, 좌청룡 우백호 형상의 산울타리 낮게 둘러쳐진 그 가운데 오도카니 솟은 동산에 자리한 망자의 음택陰宅이 산 자의 재사齋舍같이 아늑하였다. 하늘에 솔개 날고 강에 물고기 뛰는 '연비어약鳶飛魚躍' 형상으로 망자의 공간이 활기차고 조화롭다는 느낌이 들었다.

하늘 이치 생생하여 이름할 수 없으니,
그윽이 만물 관조 즐거움이 깊어라.
그대 이리 와서 동쪽으로 흐르는 물을 보시오.
밤낮으로 이와 같아 잠시도 그치지 않는다오.

내성천 건너 동산골로 들어서면 봉화 황전마을로 통하고, 산을 오른쪽으로 돌아서 구천을 지나면 도산으로 가는 길……,

시인의 시선이 멈춘 곳은 강가 언덕의 버들과 모래톱이었다.

도산과 영주를 오가면서 지친 발을 강물에 담그던 하얀 모래톱, 버드나무 그늘에 앉아 흐르는 강물처럼 도란도란 애기꽃을 피우던 강가 언덕, 바지를 둥둥 걷어 올리고 아내를 업어서 강을 건너던 내성천 맑은 물은 햇살에 반짝이며 쉼 없이 흐르는데……

어느 무더운 여름날, 시원한 강물에 멱 감고 아이들처럼 송사리 떼를 쫓아다니다가 물속에 엎어지던 그를 보고 까르르 웃던 아내,

'수물총새와 암물총새가 어울려서 시끄럽게 날갯짓하는' 장면을 연상하면서 무심코 아내를 돌아보았다. 그러나 아내가 늘 앉았던 그의 옆자리는 허탕이었다.

'아, 아내가…….'

아내의 빈자리를 확인하는 순간, 아내의 존재가 한없이 깊고 넓게 허허로웠다. 자신과 아내가 '삶과 죽음', '이승과 저승'이란 서로 다른 공간에 존재한다는 현실을 처음으로 깨닫는 순간이었다.

생명은 유한하고 쉼 없이 흐르니 죽음은 결코 두렵지 않으나, 단독자의 고독과 상실감이 뼛속까지 시리고 아려 왔다.

깎은 듯 빼어난 얼굴에 사슴처럼 순한 눈, 수줍은 목소리에 가지런한 이빨을 드러내던 그 웃음도 더 이상 들을 수 없다. 아내의 미소가 떠올라서 정신을 가다듬어 간절히 읊조렸다.

風吹齊發玉齒粲　바람 불어 고운 이 가지런히 빛나고,
雨洗渾添銀海渙　흐렸던 눈은 비에 씻겨 빛나네.

아내가 그에게 와서 7년, 처음과 마지막이 한결같았으니, 비록 하인에게까지 기쁨을 주면서도 정작 자신에게는 엄격했다. 마지막 날도 아내는 부축을 받아 가며 대문 밖까지 나와 서서, 과거장으로 가는 남편의 뒷모습이 사라질 때까지 바라보았다.

죽어가는 아내를 지켜만 보았던 무기력한 자신이 미웠고, 아내가 고통스러울 때 과장科場에 나갔던 자신이 미안하였다.
　'내가 죽고 그대 산다면, 기꺼이 황령을 넘고 열수를 건너리.'
　아내의 무덤 위에 풀썩 엎어져 흐느끼는 어깨가 들먹였고, 지는 해의 산그늘이 서늘한 바람을 타고 시인을 덮어 왔다.

　하늘을 나는 신선과 만나 놀며
　저 밝은 달을 품고 오래도록 머물고 싶은데
　얻을 수 없음을 홀연히 깨닫고
　그저 소리를 슬픈 바람결에 보낸다네.

　"천지에 기대어 하루살이로 살아가는 우리의 삶이 그저 잠깐임을 슬퍼한다." 라는 소식蘇軾의 〈적벽부赤壁賦〉를 읊으니, 온 산천이 숙연해졌다.

마가리 산골. **마고자** 저고리 위에 덧입는 옷.

마구 일정한 수효나 양을 기준으로 하여 빠짐이나 넘침이 없는 전체. '전부'.

마구리 길쭉한 물건의 양 끝에 대는 것.

마구발방 분별없이 함부로 하는 말이나 행동. **마구발치** 마굿간 뒤쪽.

마구잡이 여러모로 생각하지 아니하고 닥치는 대로 하는 짓. 마구다지.

마굶다 (빌린 돈을) 갚다. 공과금을 납부하다. (값을) 치르다.

마꿈 앞의 내용에 상당한 수량이나 정도임을 나타내는 말. '만큼'.

마기 어떤 일에 실지로 이르러. '막상'. **마까질** 저울질.

마냥 언제까지나 줄곧. 매양每樣.

마는 앞의 말을 받아 조건을 덧붙일 때 그 말머리에 쓰는 말.

마는목 느린 소리를 빨리 돌려 차차 몰아들이는 목소리.

마늘각시 마늘같이 하얗고 반반하게 생긴 각시.

마늘모눈 눈윗까풀이 모가 져서 삼각형으로 보이는 눈.

마늘홰기 마늘의 꽃줄기. 연한 것은 장아찌로 만들어 먹는다. '마늘종'.

마늘쪽봉우리 [蒜峯] 우뚝하게 높이 솟아 다른 곳에서 볼 수 없는 곳.

마닐마닐하다 음식이 씹어 먹기에 알맞도록 부드럽고 말랑말랑하다.

마다 마음에 들지 아니하다. '싫다'. **마다리** 굵고 거친 삼실로 짠 자루.

마답 마당에 소나 말을 매어두는 곳. **마당** 판소리나 탈춤의 단락을 세는 단위.

마당과부 신부 집에서 초례나 겨우 올리고 이내 남편을 잃은 청상과부.

마당굿 대문 밖 마당에서, 굿에 모여들었던 귀신들을 보내는 마지막의 굿.

마당귀 마당의 한쪽 귀퉁이. **마당극** 마당에서 펼쳐지는 극.

마당때기 논매기의 만물을 끝낸 음력 7월쯤 하루를 즐겨노는 일. '호미씻이'.

마당발 인간관계가 넓어 폭넓게 활동하는 사람을 이르는 말.

마당질 마당에서 타작하거나 풋바심하는 일.

마당판 마당에서 행하는 민속놀이나 연극 따위가 벌어진 자리.

마땅하다 흡족하게 마음에 들다. **마도위** 말 매매, 흥정 붙이는 사람.

마득하다 앞으로 어떻게 해야 할지 막막하다.

마들가리 잔가지나 줄거리의 토막으로 된 땔나무.

마디 줄기에서 가지나 잎이 나는 잘록하거나 도드라진 부분.

마디다 쓰는 물건이 잘 닳거나 없어지지 아니하다.

마디숨 마디게 몰아쉬는 숨. **마디힘** 몹시 애쓰는 힘. '안간힘'. 뼛심.

마때치기 짤막한 나무토막을 긴 막대기로 쳐서 날아간 거리를 재는 놀이.

마뜩잖다 마음에 들지 않다. **마뜩다** 제법 마음에 들 만 하다.

마라기 머리에 쓰는 모자. 마래기. **마련없다** 깨끗이 잊었다.

마렵다 대소변을 누고 싶은 느낌이 있다. 매랍다, 매룹다.

마령 '붓꽃'. **마루** 산이나 지붕의 꼭대기. 물결의 꼭대기. 일의 고비.

마루보 서까래를 얹는 도리. **마루터기** 산이나 지붕의 두드러진 턱. 마루턱.

마르다 살이 빠져 야위다. **마른일** 손에 물을 묻히지 아니하고 하는 일.

마름 이엉을 엮어서 말아 놓은 단. 지주를 대리하여 소작권을 관리하는 사람.

마름쇠 날카로운 송곳 끝같이 된 네 가지의 무쇠덩이.

마름질 옷감이나 재목材木 등을 치수에 맞추어 자르는 일.

마리 우두머리. 으뜸가는 사람. '머리'. /시詩의 편수를 세는 단위./ 마루.

마리사기 가마에 꾸미는 술. **마리실** 갓모자 윗 어섯.

마마님 존귀한 사람과 벼슬아치의 첩을 높여 부르던 말.

마바릿집 말을 두고 삯짐 싣는 일을 업으로 하는 집. '마방집'.

마방진 자연수를 네모꼴로 늘어놓아 맞모금으로 같은 합.

마빡 '이마'의 속된 말. 마빠구, 마빼기. **마 병** 오래된 헌 물건. 넝마.

마상이 거룻배처럼 노를 젓는 작은 배. 마상.

마새 말이 여러 사람에게 퍼져 나가는 시초의 바탕이 된 말. '말씨'.

마속 곡식을 되는 말의 용량. **마수걸이** 장사꾼이 그날 처음으로 물건을 팖.

마수없이 갑자기. 난데없이. **마실** 여러 집이 모여 사는 곳. '마을'. 마슬,

마실꾼 이웃에 놀러 다니는 사람. **마아지** 새끼 말. '망아지'. 마안지.

마안한 끝없이 아득하게 먼. **마알라꼬** 뭐 하려고.

마애불 음각으로 조각한 불상. **마우재** 러시아 사람을 얕잡아 부르는 말.

마을 여러 집이 모여 사는 곳. **마을돌이** 이웃으로 돌면서 노는 일.

마음껏 마음에 흡족하도록. **마음씨** 마음 씀씀이.

마음이 맞다 서로 뜻이 같거나 감정이 통하다. **마음자리** 마음의 본바탕.

마이 세차게 빨리. **마장** 오 리나 십 리가 못 되는 거리를 '리' 대신 쓰인다.

마장스럽다 무슨 일이 막 되려는 때에 헤살(훼방)이 들다.

마전 갓 짠 천을 삶거나 빨아 볕에 바래는 일. '표백漂白'.

마주나무 말이나 소를 매어놓는 나무. **마주치다** 눈길이 서로 닿다.

마줏대 말을 매기 위하여 땅에 박은 기둥이나 몽둥이 모양의 것. '말말뚝'.

마중물 펌프질을 할 때 물을 끌어올리기 위하여 위에서 붓는 물.

마지 불전에 올리는 메. **마지기** 논밭 넓이의 단위. **마지막** 시간이나 순서의 끝.

마지못하다 마음이 내키지는 않으나 사정에 따라서 하지 아니할 수 없다.

마질 곡식을 말로 되어는 일. **마쪽** 뱃사람들이 '남쪽'을 이르는 말. 마녘.

마찬가지 사물의 모양이나 일의 형편이 서로 같음. 마창가지.

마초 말꼴. **마치다** 몸의 어느 부분에 무엇이 부딪는 것처럼 결리다.

마치맞다 어떤 경우나 기회에 꼭 알맞다. '마침맞다'.

마침 어떤 경우나 기회에 알맞게. '마침하다'. **마침내** 드디어 마지막에는.

마카 어떤 대상을 이루는 낱낱을 모두 합친 것. '전부全部'. 마캐, 마커, 말캉.

마칼바람 뱃사람이 '서북풍'을 이르는 말.

마티다 쓴맛 단맛 다 겪으면서 온갖 시련을 견디어 내다.

마티다 보기에 고집을 부리는 태도가 있다. '고집스럽다'.

마파람 남쪽에서 불어오는 바람. '남풍南風'. **마패짜리** '암행어사'.

마풀다 종이나 헝겊 따위의 거죽에 부풀이 일어나다. '부풀다'.

마훙다 잘못하여 그르치거나 아주 못 쓰게 만들다. '망치다'.

막 바로 지금. 바로 그때. **막가다** 앞뒤를 고려하지 않고 막되게 행동하다.

막가루 메밀 따위를 껍질까지 빻아 체로 치지 아니한 좀 거친 가루.

막가파 앞뒤를 고려하지 않고 막되게 행동하는 방식.

막낳이 아무렇게나 짠 품질이 좋지 않은 막치 무명.

막내 여러 형제, 자매 중에서 맨 나중에 난 사람. 막내이.

막달 해산할 달. **막대잡이** 앞장 서서 남을 이끌어주는 길라잡이. 길잡이.

막돌 버릴 셈 치고 작전상 놓은 바둑돌. **막된놈** 버릇없고 난폭한 사람.

막매다 끈이나 줄 따위가 풀리지 않도록 고를 내지 않고 꼭 매다. '옭매다'.

막무가내 달리 어찌할 수 없음. **막바지** 어떤 일이나 현상의 마지막 단계.

막벌 막 입는 옷. **막보** 귀머거리. '청각 장애인'을 낮잡아 이르는 말.

막불겅이 불겅이보다 바대가 낮은 썬 담배. 막 익어가는 고추.

막불매다 논밭에 난 잡풀을 마지막으로 뽑다.

막비 아닌 게 아니라. **막살이** 막집. **막살하다** 하던 일을 그만두다. 막살놓다.

막새 수막새와 암막새를 통틀어 이르는 말. 아귀토를 바르는 부분.

막새기와 처마 끝에 놓는 반달모양의 혀가 달린 기와.

막새기와쪽 여성의 얼굴무늬를 돋을새김 한 깨어진 '얼굴무늬수막새'.

막새바람 가을에 부는 선선한 바람. **막서리** 막일을 해 주며 사는 사람.

막설 말을 그만둠. **막여치** 나이가 가장 앞섬. **막역지간** 허물이 없는 사이.

막연하다 갈피를 잡을 수 없게 아득하다. /뚜렷하지 못하고 어렴풋하다.

막음거리·널름새·딴죽 밧짱다리·오금치기·중배걸이·안낚 등 택견솜씨.

막이 바람이나 물을 막는 일이나 물건. **막죽** 시간상이나 순서상의 맨 끝.

막지 '찌꺼기'. **막지르다** 마구 질러가다. 앞지르기.

막직하다 부피가 작은 데 비하여 무겁다. **막초** 품질이 아주 낮은 잎담배.

막치기 되는대로 마구 만들어 질이 낮은 물건. 막치.

막판 일이 아무렇게나 마구 되는 판국. **만강하다** 아주 편안하다.

만개 오랜 세월 동안. 세상에 비길 데가 없음. '만고萬古'. 만구에.

만고강산 아주 오랜 세월 동안 변함이 없는 산천.

만고상청 오래도록 변함이 없이 푸르름.

만꿈 앞말과 비슷한 정도나 한도임을 나타내는 격 조사. '만큼'.

만권생애 많은 책을 읽으며 학문하는 생활.

만귀잠잠하다 깊은 밤에 온갖 것이 잠자는 듯이 고요하다.

만날 매일같이 계속하여서. '맨날'. **만남** 만나는 일. **만대** 무엇 때문에.

만댕이 산등성이의 가장 높은 곳. '산마루'. **만도리** 마지막 논매기.

만동묘 청주 화양동 서당. 노론의 본거지. 서원 철폐의 원인.

만들다 목적하는 바를 이루다. 맹글다.

만들락 흠이나 거친 데가 없이 부드럽고 반드럽다. '매끈하다'.

만들래미 줄기는 마디마디 굽으면서 가시가 있다. '청미래덩굴'.

만리변성 서울에서 멀리 떨어진 변방의 성.

만만타 부담스럽거나 무서울 것이 없어 쉽게 다루거나 대할 만하다. 만문하다.

만무방 염치가 없이 막된 사람. **만물** 논에 마지막으로 김매기./세상 모든 것.

만반 모든 일. **만발공양** 공동 기도. **만볏모** 제철보다 늦게 여무는 벼.

만수받이 귀찮게 굴어도 싫증내지 않고 좋게 받아주는 이. **만수판** 푸짐함.

만술아비 '만술아비축문'. 만술아비는 제사상을 차릴 수 없을 만큼 가난하다.

만신 '무녀'를 높여 이르는 말. **만유** 우주에 존재하는 모든 것.

만작 활을 힘껏 당겨 동작이 정지된 상태를 유지하는 것.

만장이 뱃머리가 삐죽한 큰 목조선.

만장창 채광이나 환기를 위하여 지붕에 낸 창. '지붕창'.

만조하다 얼굴이나 모습이 초라하고 잔망하다.

만중운산 구름이 겹겹으로 겹쳐 덮인 산.

만지장서 사연을 많이 담은 긴 편지. **만지장터** 아주 널따란 장터.

만차리 살아 있는 나무에 붙어 있는, 말라 죽은 가지. '삭정이'. 맨자리.

만추 늦가을. **만치** 앞의 내용에 상당하는 정도. **만치다** 손을 대어 '만지다'.

만판 넉넉하고 흐뭇하게. **만포장이다** 물건이 아주 넉넉하고 많다.

맏 '맏이'의 뜻을 더하는 접두사. '그해에 처음 나온'의 뜻을 더하는 접두사.

맏간 배의 고물의 첫째 칸으로, 잠을 자는 곳. **맏놈** '맏이'. 맏아들, 딸.

맏동서 큰아주버니의 아내를 이르는 말. 큰처형의 남편을 이르는 말.

맏물 과일, 푸성귀, 해산물 따위에서 그해의 맨 처음에 나는 것.

만술아비의 축문 祝文

박목월 朴木月 (1916~1978)

※ 박목월, 나그네, 한국대표시인100인선집 30, 미래사.1991

아배요 아배요
내 눈이 티눈인 걸
아배도 알지러요.
등잔불도 없는 제사상에
축문이 당한기요
눌러눌러
소금에 밥이나마 많이
묵고 가이소.
윤사월 보릿고개
아배도 알지러요.
간고등어 한 손이믄
아배 소원 풀어드리련만
저승길 배고플라요
소금에 밥이나마 많이
묵고 묵고 가이소.

십이지신상 쥐. 국립중앙박물관

여보게 만술아비 니 정성이 엄첩다.
이승 저승 다 다녀도 인정보다 귀한 것 있을락꼬,
망령도 응감하여, 되돌아가는 저승길에
니 정성 느껴느껴 세상에는 굵은 밤이슬이 온다.

맏배 첫 번째 새끼. **말** 분량을 되는 그릇. / 어떤 기간의 끝이나 말기.

말가리 말의 갈피와 조리. 말의 줄거리. **말갈** 문법을 연구하는 학문.

말갈망 자기가 한 말의 뒷수습. **말감고** 되나 말로 되어 주는 '되감고'.

말갛다 산뜻하게 맑다. **말거리** 트집이나 시비가 될 만한 일이나 사물.

말결 말의 법칙. 어떤 말을 할 때를 이르는 말. **말꼭지** 말의 첫 마디.

말끙다리 남을 헐뜯거나 해칠 만한 이야기가 되는 말할 거리. '말꼬투리'.

말괄량이 말이나 행동이 얌전하지 못하고 덜렁거리는 여자.

말광대 곡마단에서 말 재주를 부리는 광대. **말구멍** '말문'을 속되게 이르는 말.

말구종 말 고삐를 잡고 끌거나 뒤에서 따르는 하인.

말꿈이 눈을 똑바로 뜨고 오도카니 한곳만 바라보는 모양. '말끄러미'.

말끄러미 눈을 똑바로 뜨고 오도카니 한곳만 바라보는 모양. 맬꼼이.

말끔이 티 없이 맑고 환하게 깨끗하다. '말끔하게'. 마뜩시리, 매꼬롬하게.

말기 옷의 윗허리에 둘러서 댄 어섯.

말기다 어떤 행동을 못하게 방해하다. '말리다'. **말깃을 달다** 말결을 달다.

말놀음 말을 훈련하여 재주를 부리게 하는 일.

말더듬다 말을 유창하게 하지 못하는 일. 말서슴다.

말떡 한 말 가량의 말쌀로 만든 떡. **말똥가리** 수릿과의 겨울 철새.

말똥꿀레 들이나 길가에서 흔히 자라는 양귀비과의 두해살이풀. '애기똥풀'.

말똥머리 말의 똥 같은 머리 모양. **말뚝댕기** 땋은 머리에 드리는 치렛감의 끈.

말뚝잠 앉아서 자는 잠. **말라비틀어지다** 몹시 하찮고 보잘것없다.

말랑이 등성이를 이루는 지붕이나 산 따위의 꼭대기. '마루'.

말레받다 남을 생각하고 도와주는 따뜻한 마음이 전혀 없다. '몰인정하다'

말롱질 아이들이 말 모양으로 서로 타고 노는 놀이나 장난.

말루다 물기를 다 날려서 없애다. '말리다'. 말룻다.

말리다 다른 사람이 하고자 하는 어떤 행동을 못하게 방해하다.

말림갓 산의 나무나 풀 따위를 함부로 베지 못하게 단속하는 땅이나 산.

말마감하다 자기에게 불리한 말을 하지 못하도록 미리 구실을 찾아서 막다.

말마따나 (사람 이름 뒤에)~의 말과 마찬가지로.

말말뚝 말 매는 말뚝. 마줏대. **말매같다** 맵시나 생김새가 사납고 거칠다.

말머리 말의 첫마디. **말머리아이** 결혼한 뒤에 곧바로 배서 낳은 아이.

말모이 1910년 무렵 광문회에서 편찬하다 끝내지 못한 최초의 국어사전.

말목 가늘게 다듬어 깎아서 무슨 표가 되도록 박는 나무 말뚝. '말뚝'.

말몫 말잡이 몫의 곡식. **말몰잇군** 짐 싣는 말을 몰고다니는 업. 말꾼.

말무덤 장수가 죽을 때, 그가 타던 말을 묻은 무덤. / 말(言)을 묻은 무덤.

말밑 곡식을 말로 되고 난 뒤에 조금 남은 분량.

말박줄박 마구 지껄이다. **말밤새** 소작권을 관리하는 사람. '마름'.

말밥 언짢은 이야깃거리. **말방구** 성가신 말을 미리 막는 일. '말막음'.

말뺌 이야기 중에 제 말에 약점이 있으면 피하여 빠져나오는 짓.

말벗김 마름이 소작인에게 말을 후하게 지주에게 박하게 되고 나머지를 갖는 짓.

말보다 업신여기어 깔보다. **말본** 말의 구성 및 운용상의 규칙.

말본새 말하는 태도나 버릇. **말부주** 곁에서 말로 거드는 것.

말빚 말로 남에게 진 빚. **말숨** 남의 말을 높여 이르는 말. '말씀'. 말.

말싸움 말로 옳고 그름을 가림. **말세** 말하는 기세나 태도.

말서슴이 말을 더듬는 사람. '말더듬이'.

말소수 한 말 남짓한 곡식의 양. **말수더구** 늘어놓은 말솜씨.

말쑴하다 지저분함이 없이 말끔하고 깨끗하다. '말쑥하다'.

말시답 남의 말을 받아서 그 자리에서 제 의사를 나타냄. '말대꾸'.

말씬하다 잘 익거나 물러서 연하고 말랑하다.

말씸 남의 말을 높여 이르는 말. 자기의 말을 낮추어 이르는 말. '말씀'.

말아니다 말이 조금도 사리에 맞지 아니함. '어불성설語不成說'.

말을비치다 넌지시 상대편의 의향을 떠보다.

말이나다 어떤 이야기가 시작되다. 남이 모르는 일이알려지게 되다

말자루 여럿이 말을 주고받는 자리에서의 말의 주도권.

말짜 가장 나쁜 물건. 버릇없이 행동하는 사람을 낮잡아 이르는 말.

말잡이 곡식을 마되질 하는 '되감고'. **말짱** 속속들이 모두. '모조리'. 말캉.

말짱도루묵 아무 소득이 없는 헛된 일이나 헛수고를 속되게 이르는 말.

말짱하다 흠이 없고 온전하다. 정신이 맑고 또렷하다.

말재기 쓸데없는 말을 꾸며내는 사람. **말전주** 말을 전하여 이간질하는 짓.

말조가리 말의 다리. **말조롱** 남자아이들이 액막이로 차고 다니는 주머니.

말주벅 경위를 따져서 남을 공박하거나 자기 이론을 주장할 만한 말주변.

말주비 남의 시비에 참견하기를 좋아하는 사람을 이르는 말. '시빗주비'.

말질 말로 다투거나 쓸데없이 말을 옮기는 일을 낮잡아 이르는 말.

말코지 물건을 걸기 위하여 벽에 달아 놓는 나무 갈고리.

말파리 썰매 모양으로 만들어 말이 짐을 싣고 끌도록 된 운반 기구.

말휘갑 말을 잘 둘러맞추는 일. **말힛마리신저** 무리들의 말입니다.

맑은술 술을 빚어놓은 독에 용수를 박아서 떠낸 술.

맑지다 마음이나 태도에 맑은 티가 있다. 소리가 또렷하다.

맗곗 말과 말 사이의 관계를 표시하는 형태소. '허사虛辭나 토'.

맘밑 마음의 본바탕. 마음자리. **맛가이** '알맞게'. 맛갑다. 맛것젖다.

맛깔지다 입에 당길 만큼 음식의 맛이 있다. '맛깔스럽다'.

맛대가리 '맛'을 낮잡아 이르는 말. **맛맛으로** 맛보기.

맛문하다 몹시 지치다. **맛바르다** 먹던 음식이 양에 차지 않는 감이 있다.

맛보기 맛을 보도록 조금 내놓은 음식. 맛배기. **맛비** '장마'. 맣.

맛장수 아무런 멋이나 재미 없이 싱거운 사람을 비유적으로 이르는 말.

맛짜가리 입에 당길 만큼 음식의 맛. '맛깔'.

망가뜨리다 부수거나 찌그러지게 하여 못 쓰게 만들다. 망가죽다.

망간 보름께. **망골** 언행이 매우 난폭하거나 주책없는 사람을 낮잡아 이르는 말.

망구다 파괴하여 못 쓰게 하다. **망단하다** 일을 뒤탈 없이 끝맺다.

망댕이가마 사기 굽는 흙가마. **망둥부리** 막되게 행동하며 놀고먹는 사람.

망상거리다 어찌할 바를 몰라 이리저리 머뭇거리다. 망설이다.

망석중 팔다리에 줄을 매어 그 줄로 움직이는 인형. '꼭두각시'.

망생이 말의 새끼. '망아지'. **망신했다** 자기의 체면이 서지 못하거나 깎였다.

망연 매우 넓고 멀어서 아득하다. **망웃** 밑거름.

망자 죽은 사람. **망정** 괜찮거나 잘된 일이라는 뜻을 나타내는 말. '망정이지'.

망조 당황하거나 급하여 어찌할 줄을 모르고 갈팡질팡함. '망지소조'.

망춘 개나리. **망치다** 잘못하여 그르치거나 아주 못 쓰게 하다. 마훑다.

망팔 여든을 바라본다는 뜻에서 일흔한 살. **맞갚다** 우열이나 승부를 가리다.

맞갖잖다 마음이나 입맛에 맞지 아니하다. **맞넉수** 마주 대꾸함.

맞닥뜨리다 좋지 않은 일 따위에 직면하다. **맞닿은** 서로 마주 닿다.

맞대매 단 두 사람이 마지막으로 우열이나 승부를 겨룸.

맞돈 물건을 사고팔 때, 외상이 아니라 즉시 치르는 물건값.

맞두레 함지에 줄을 매어 두 사람이 마주 서서 물을 푸게 만든 농기구.

맞물레다 다른 물체에 마주 물리다. '맞물다'. 맞물렸다.

맞바리 남이 팔러 가는 나무를 중간에서 사서 시장에다 파는 일.

맞발기 팔고 사는 사람이 문건을 적은 문서. 건기件記.

맞배지붕 건물의 모서리에 추녀가 없이 용마루까지 벽이 삼각형으로 된 지붕.

맞보기 도수度數가 없는 안경. 바둑에서 실력이 비슷한 맞잡이.

맞붙이 다른 사람을 거치지 아니하고 직접 얼굴을 맞대고 일을 처리함.

맞소리 서로 동시에 마주 응하는 소리. **맞은바라기** 마주 바라보이는 곳.

맞은편 마주 바라보이는 편. **맞잇다** 마주 잇다. **맞자라다** 같이 생장하다.

맞잡이 서로 실력이 비슷한 두 사람. **맞전** 값을 치르는 돈. 맞돈. 직전.

맞줄임 약분約分. **맞춤** 주문하여 만든 물건.

맞통 바로 통하다. **매枚** 종이나 널빤지 따위를 세는 단위. 열매를 세는 단위.

매每 하나하나의 모든. **매가리** 기운이나 힘. '맥'을 낮잡아 이르는 말.

매가지 '목'을 속되게 이르는 말. '모가지'. 매간지.

매개 일이 되어가는 형편. **매고르다** 크기나 모양 따위가 모두 가지런하다.

매골 축이 나서 볼품없이 된 사람의 모습. 몰골.

매구 천 년 묵은 여우가 변하여 된다는 짐승.

매구 풍물놀이에서, '꽹과리'. / 둔갑한 늙은 여우.

매구북 풍물놀이에서, 양면을 가죽으로 메우고 나무 채로 치는 북. '소고'.

매구장단 멋대로 하는 행동. **매그럽다** 연기가 눈이나 코를 아리게 하다.

매깔시럽다 보기에 매우 밉살스러운 데가 있다. '밉광스럽다', '밉살스럽다'.

매꼬자 밀짚모자. **매꾸러기** 장난이 심하여 어른에게 자주 매를 맞는 아이.

매끈하다 생김새가 말쑥하고 훤칠하다. 매꼬롬하다, 매끄리하다, 맨드름하다.

매끝이 되다 매가 호되다. **매기** 다른 종끼리 교미하여 낳은 새끼. 트기.

매끼다 물건을 보관하게 하다. '맡기다'. **매나** 생각하였던 대로. '역시'. 내나.

매나니 연장 없이 맨손 또는 맨밥. **매다** 끈이 풀어지지 아니하게 만들다.

매닥질 정신을 잃고 아무렇게나 하는 몸짓.

매단가지 일의 순서에 따른 결말. 매듭거리. 매지.

매대기 반죽이나 진흙 따위를 아무 데나 함부로 뒤바름.

매동 '낱낱이 모두'의 뜻을 나타내는 보조사. '마다'. 매덤, 매도, 매둥, 매듬.

매동구리다 매듭짓다. **매등가리** 끈을 잡아매어 마디를 이룬 것. '매듭'.

매뜩지다 생김새 따위가 매끈하고 깨끗하다. '깔끔하다'. 매뜩하다, 매뜻하다.

매디 식물의 줄기에서 가지나 잎이 나는 부분. '마디'.

매라끈 여러 번 자꾸. '누누屢屢이'.여러 겹으로 쌓이게 '누누纍纍이'.

매란당이 터무니없이 고집을 부릴 정도로 어리석다. '매련쟁이'. 매란디이.

매란없다 형세가 실망스러우리 만큼 정도가 심하다. '형편없다'.

매랍다 대소변을 누고 싶은 느낌이 있다. '마렵다'. 매럽다, 매룹다.

매로 모양이 서로 비슷하거나 같음을 나타내는 격 조사. '처럼'. '모처럼'.

매롱매롱하다 정신이 또렷또렷한 꼴. **매력꼿게** 차갑고 모질게.

매매 지나칠 정도로 몹시 심하게. / 매 때마다. **매매하다** 세상일에 어둡다.

매맥 부모나 조상으로부터 내려오는 유전적인 특성. '내력'.

매무새 옷을 입은 맵시. **매문자생** 글을 팔아서 먹고사는 사람.

매미 죄수들의 은어로, 술집 접대부나 몸 파는 여자를 이르는 말.

매미옷 아래 위를 통짜로 만든 아기 옷. **매미치레** 도포의 등 뒷자락에 덧댄 감.

매받이 매사냥꾼. **매부리** 매를 맡아 기르고 부리는 사람.

매사 하나하나의 일마다. **매사르다** 서둘러 준비하다.

매상 마냥. **매소래** 굽이 없는 접시 모양의 넓고 큰 질그릇.

매솔받다 여물고 빈틈이 없다. **매슴치레하다** 옷 맵시가 보기좋다.

매시근하다 기운이 없고 나른하다. **매실매실하다** 되바라지고 반드러워 얄밉다.

매아리 아직 피지 아니한 어린 꽃봉오리. '꽃망울'. 맹아리.

매암쇠 맷돌 위짝의 한가운데에 박혀 있는 쇠. **매양** 매 때마다.

매얼음 매우 단단하게 꽁꽁 언 얼음. **매우** 보통 정도보다 훨씬 더. 매매.

매욕. 목욕. 미역 감다. **매욱하다** 하는 짓이나 됨됨이가 어리석고 둔하다.

매이다 남에게 딸려, 종속 또는 의무 관계에 처하다. 매에다, 매애다, 매엘다.

매일없이 날마다. 거의 날마다. **매잡이** 일을 맺어 마무르는 일.

매조지다 일 끝을 단단하게 맺다. '마무리하다'.

매지 어떤 일에서 순조롭지 못하게 맺히거나 막힌 부분. '매듭'.

매지구름 비를 머금은 검은 조각구름. **매지근하다** 더운 기운이 조금 있다.

매지매지 작은 물건을 여럿으로 나누는 모양. **매질꾼** 싸움을 잘하는 사람.

매착없이 일의 앞뒤 차례나 갈피를 잡을 수 없이. '두서없이'. / 매듭.

매찰없이 조심성 없이. **매처학자** 유유자적한 풍류 생활을 이르는 말.

매촐하다 보기좋게 매만지다. 매끈하다. 매초롬하다.

매총이 분수를 모르고 행동하는 사람. **매추** 알이 작은 대추.

매치 매사냥으로 잡은 짐승. **매치다** 상식에서 벗어나는 행동. '미치다'.

매카였다 모자라거나 빈 것을 채워 넣다. **매칼없이** 아무 까닭 없이 공연히.

매캐하다 연기나 곰팡내가 나서 목이 조금 칼칼하다.

매팔자 빈들빈들 놀면서도 먹고사는 걱정이 없는 사람.

매포하다 약간 매운 듯하다. 동물의 사체 냄새.

매품 관가에 가서 남의 매를 대신 맞아 주고 삯을 받는 일.

매화점 바둑의 화점. 구궁점. **매화틀** 가지고 다닐 수 있는 변기. 매우틀.

매흙 벽 거죽을 곱게 바르는 데 쓰는 흙.

맥맥 부모나 조상으로부터 내려오는 유전적인 특성. 혈통. 내림.

맥당가지 멱살. **맥맥히** 끊임없이 줄기차게. **맥방석** 맷돌 밑에 까는, '맷방석'.

맥싸리 곡식를 담기 위하여 짚을 돗자리 치듯이 쳐서 만든 용기. '가마니'.

맥아리 기운이나 힘. '매가리'. **맥안지** '목'을 속되게 이르는 말. '모가지'.

맥장꾼 일없이 장터에 나온 장꾼. **맥쩍다** 열없고 쑥스럽다.

맥지로 아무 까닭이나 실속이 없게. '공연空然히'. 백줴.

맥진 병을 진찰하기 위하여 손목의 맥을 짚어 보다.

맥통이 콩과 보리를 구분 못하는 숙맥菽麥. 물정을 모르는 사람을 비유 한 말.

맨깔따지 아무것도 가지지 아니한 상태를 비유적으로 이르는 말. '맨손'.

맨꽁무니 밑천이 없이 맨주먹으로 하는 일. **맨날** 매일같이 계속하여서.

맨다리 살아 있는 나무에 붙어 있는, 말라 죽은 가지. '삭정이'.

맨다지 아무것도 지니지 아니한 상태나 형편을 비유적으로 이르는 말. '맨몸'.

맨드름하다 겉모양이 반드르르하다. 맨들맨들하다, 맨드리하다.

맨드리 옷을 입고 매만진 맵시. **맨들다** 만들다. 맹글다.

맨망스럽다 요망스럽게 까부는 짓. **맨밥** 반찬이 없는 밥.

맨송맨송하다 털이 있어야 할 곳에 털이 없어 반반하다. 말짱하다.

맨스무리하다 옷을 잘 차려 입은 맵시가 예쁘장하다.

맨자구 말이나 행동이 다부지지 못하고 소견이 좁은 사람을 이르는 말.

맨작지근하다 더운 기운이 있는 듯 만 듯하다. '매작지근하다'.

맨침 앞의 내용에 상당한 수량이나 정도임을 나타내는 말. '만큼'.

맬갛다 산뜻하게 맑다. 국물 따위가 진하지 않고 묽다. '말갛다'.

맬끔히 눈을 똑바로 뜨고 오도카니 한곳만 바라보는 모양. '말끄러미'.

맴돌다 제자리에서 몸을 뱅뱅 돌다. 결국結局.

맵다 고추나 겨자와 같이 맛이 알알하다.

맵살스럽다 말이나 행동이 남에게 미움을 받을 만한 데가 있다.

맵싸하다 맵고 싸하다. 맵싸그리하다.

멥쌀 쪄서 약간 말린 다음, 찧어서 껍질을 벗긴 메밀.

맵자하다 모양이 제격에 어울려서 맞다.

맵짜다 성질 따위가 야무지고 옹골차다. 매섭게 사납다. 옹골차다.

맷가마리 매 맞아 마땅한 사람. **맷고기** 조금씩 갈라 덩이로 파는 쇠고기.

맷맷하다 생김새가 매끈하게 곧고 길다.

맷방석 맷돌을 쓸 때 밑에 까는, 짚으로 만든 방석. 멍석보다 작고 둥글다.

맷다 매를 자주 맞게 되는 일을 당한 사람을 놀림말.

맷수쇠 맷돌의 아래짝 한가운데에 박는 뾰족한 쇠.

맷집 매를 견디어 내는 힘이나 정도. **맸다** 아파서 어쩔줄 모르고 헤매다.

맹 어떤 것을 전제로 하고 그것과 같게. 예전과 마찬가지로. '역시亦是'. 노상,

맹꼼징꼼하다 남이 알아듣지 못할 말로 요란스럽게 지껄이다.

맹그작대다 나아가지 못하고 제자리에서만 자꾸 움직이다. '몽그작대다'.

맹근하다 약간 매지근하다. **맹글다** 목적하는 사물을 이루다. '만들다'.

맹글타 그냥 그렇다. **맹딩이** 수목의 우둠지.

맹문 일의 시비나 경위. 일을 하면서 옳고 그름이나 흘러가는 과정을 모름.

맹물 아무것도 타지 아니한 물. 야무지지 못하고 싱거운 사람을 이르는 말.

맹송맹송하다 술을 마시고도 정신이 말짱하다. '맨송맨송하다'.

맹아리 꽃망울. **맹이** 말안장 몸뚱이가 되는 몬. 안장 위를 덮는 헝겊.

맹이로 모양이 서로 비슷하거나 같음을 나타내는 격 조사. '처럼'. 맹크로.

맹탕 옹골차지 못하고 싱거운 일이나 사람을 비유적으로 이르는 말.

맺히다 마음속에 잊히지 않는 응어리가 되어 남아 있다. '맷다'의 피동사.

머거리 소의 주둥이에 씌우는 물건. '부리망'.

머구 국화과의 여러해살이풀. '머위'. **머귀나모** '오동나무'.

머금다 사물의 어떤 기운을 안에 품다. **머대다** 친척 관계가 있다. 뭐되다.

머드러기 여럿 가운데서 가장 좋은 물건이나 사람을 이르는 말.

머라카다 부드럽지 못한 말로 꾸짖다. '나무라다'. 멀카다.

머라카노 상대방이 자기와는 다른 생각의 말을 했을 때, 되받아서 묻는 말.

머래기 몬의 가장자리./산모롱이. **머루마치** 대장간에서 달군 쇠를 치는 쇠망치.

머리끄덩이 머리카락을 한데 뭉친 끝. 머리채. **머리끼** 머리카락.

머리말 책의 첫머리 글. **머리맡** 누웠을 때 머리 부근. **머리얹다** 시집가다.

머릿달 종이 연의 머리에 붙인 대. **머릿방** 안방 뒤에 붙은 방.

머릿장 머리맡에 놓는 장. **머르지르다** 눈을 질러 멀게 하다. 머르치다.

머만길 멀고 먼 길. **머무르다** 도중에 멈추거나 일시적으로 어떤 곳에 묵다.

머무름표 뜻이 조금 중단되어 쉬는 자리에 쓰는 구두점.

머슬머슬하다 탐탁스럽게 잘 어울리지 못하여 어색하다.

머슴아 남자아이를 낮잡아 이르는 말. 머심아.

머쓱하다 무안을 당하거나 흥이 꺾여 어색하고 열없다. 버쭉하다. 머슥하다.

머시기 말하는 도중에 떠오르지 않거나, 그것을 밝혀 말하기 곤란할 때 쓰는 말.

머에 마소의 목에 얹는 구부러진 막대. 구속을 비유적으로 이르는 말. '멍에'.

머여 시간적으로나 순서상으로 앞선 때. 며칠 전의 어느 때. '먼저'. 머이.

머이머이해도 뭐니뭐니해도. **머잖다** 멀지 않다.

머저리 어리석은 사람을 낮잡아 이르는 말. 어리보기. 맨재기.

머째이 멋을 잘 부리는 사람. '멋쟁이'. **머줍다** 동작이 둔하고 느리다.

머지다 연줄이 저절로 끊어지다.

머츰하다 계속해서 내리던 눈이나 비 따위가 잠시 잦아들어 멎는 듯하다.

머틀머틀하다 '우툴두툴하다'. **머흐럽다** '험상궂다'. 머흘다.

머흘다 험하고 사납다. **먹거리** 사람이 살아가기 위하여 먹는 온갖 것.

먹거지 여러 사람이 모여서 벌이는 잔치.

먹고잽이 밥을 많이 먹는 사람을 놀림조로 이르는 말. '먹보'.

먹국 주먹 속에 쥔 물건의 수효를 알아맞히는 아이들의 놀이.

먹더꿍이 먹을 것을 걸고 내기. **먹매** 음식을 먹는 정도나 태도. 먹음새.

먹물장삼 검게 물들인 중의 옷. **먹새** 먹성. **먹새좋다** 음식을 가리지 않는다.

먹우다 뻗대다. **먹이다** 음식을 입속에 들여보내다. 믹엤다. 믹이다.

먹장구름 먹빛같이 시꺼먼 비구름. **먹중** 먹장삼을 입은 승려.

먹지 피라미. **먹집게** 닳아진 먹을 잡는 집게. 묵협墨挾.

먹피 멍이 들거나 굳어 검게 죽은 피. **먼눈** 보이는 것들이 '낯설다'.

먼가래 가랫밥을 멀리 던지는 가래질. **먼데** '변소'를 완곡하게 이르는 말.

먼물 먹을 수 있는 우물물. **먼빛** 멀리서 언뜻 보이는 정도나 모양.

먼산나물 집 가까운 채전은 죄 뜯어먹어서 먼 곳에 간다.

먼산바라기 한눈을 파는 짓. **먼옷** 염습할 때에 시체에 입히는 옷. '수의'.

먼장질 먼발치로 활쏘기. **먼지떨음** 정식 노름 앞서 손풀기 노름.

먼지잼 비가 겨우 먼지나 날리지 않을 정도로 조금 옴.

먼첨 맨 먼저 또는 앞서. **멀꾸루미** 물끄러미, 멀구미, 멀꿈이, 멀끄레미

멀꿈하다 지저분하지 않고 훤하게 깨끗하다. '멀끔하다'.

멀끄댕이 머리끄덩이, 멀끄딩이, 멀크댕이.

멀대 키가 크고 멍청한 사람을 놀림조로 이르는 말.

멀대죽 쌀알이 없이 멀건 죽. **멀미** 진저리가 나도록 싫어짐. 그런 증세.

멀찍이 사이가 꽤 떨어지게. 멀찌감치. 멀쭉이.

멀험 마구간. **멋** 차림새나 행동이 세련됨. **멋모리다** '멋모르다'. 멋모으다.

멍 심하게 맞거나 부딪쳐서 살갗 속에 퍼렇게 맺힌 피. 신당구, 신디구.

멍구럭 새끼를 드물게 떠서 물건을 담을 수 있도록 만든 그릇. 멍.

멍기 우렁쉥이. 멍게. **멍덕** 짚을 만든 벌통 뚜껑. **멍멍히** 멍멍하게.

멍석 짚으로 새끼 날을 만들어 네모지게 걸어 만든 큰 깔개.

멍석말이 사람을 멍석에 말아놓고 두둘겨 패다. **멍울** 마음이나 몸에 멍든 상처.

살가죽에 **멍청이** 멍덕 안에 박힌 가장 좋은 꿀. 멍덕꿀.

멍청하다 정신이 흐릿하여, 일을 제대로 판단하고 처리하는 능력이 없다.

멍텅구리 한 되들이 큰 병. **메** 제사 때 신위神位 앞에 놓는 밥.

메구 어떤 일에 정통한 사람. **메꾸다** 비어 있는 곳을 채우다. '메우다'.

메꾸라지 미꾸라지. **메꽂다** 고집이 세고 심술궂다.

메기다 두 편이 노래를 주고받고 할 때 한편이 먼저 부르다.

메나리 논밭에서 일하며 흥겹게 부르는 농요. 메나리조.

메다 어깨에 걸치거나 올려놓다. 어떤 책임을 지거나 임무를 맡다. 미다.

메떨어지다 모양이나 말, 행동이 세련되지 못하여 어울리지 않고 촌스럽다.

메뚜기 메뚜기과의 곤충. 메떼기. 메뜨다 밉살스럽도록 느리고 둔하다.

메레치 '멸치'. 메밀꽃 파도가 하얗게 부서지는 물보라를 비유로 이르는 말.

메밀눈 작고 세모진 눈을 비유적으로 이르는 말.

메부수수하다 말과 하는 짓이 메떨어지고 시골티가 나다.

메슥메슥하다 속이 자꾸 심하게 울렁거리는 모양. 미슥미슥하다.

메스껍다 먹은 것이 되넘어 올 것같이 속이 몹시 울렁거리는 느낌이 있다.

메어붙이다 둘러메어 세게 내리치다. 메어치다 둘러메어 바닥에 내리 꽂다.

메우다 부족하거나 모자라는 것을 채우다. 메꾸다, 메꿓다, 미꾸다, 미꿓다.

메우다 무, 오이 따위의 챗국을 만들다. 메이 동류·부류·무리의 깔보는 말.

메지 일의 한 가지가 끝나는 단락. 메지메지 물건을 여러 몫으로 나누다.

메추라기 꿩과의 겨울 철새. 메칠 그달의 몇째 되는 날. 몇 날. '며칠'.

메터 뫼를 쓸 자리. '묏자리'. 메투리 짚신처럼 삼은 신. '미투리'.

멕살 사람의 멱 부분의 살. '멱살'. 멕이다 음식을 먹게 하다. '먹이다'.

멘경 주로 얼굴을 비추어 보는 작은 거울. '면경'.

멘도 얼굴이나 몸에 난 수염이나 잔털을 깎음. '면도'.

멘목 얼굴의 생김새. 남을 대할 만한 체면. '면목'.

멘장 면(面)의 행정을 맡아보는 으뜸 직위에 있는 사람. 또는 그 직위. '면장'.

멥쌀 메벼를 찧은 쌀. 멧간나희 시골 계집아이.

멧굿 풍물놀이를 반주로 하여 치르는 굿. 멧돌 멧돼지.

멧발 큰 산에서 길게 뻗어 나간 산의 줄기. '산줄기'.

멧밭 풀과 나무를 불살라 버리고 농사를 짓는 밭. 또는 비탈진 밭. '묏밭'.

멧부리 산등성이나 산봉우리의 가장 높은 꼭대기.

멧부엉이(멧뷩이) 어리석은 시골뜨기. 촌놈.

멧일 시체를 묻고 뫼를 만들거나 이장하는 일. '산역山役'. 멧잣.

멧잣 산 위에 쌓은 성. '산성山城'. 멧젓 멸치로 담근 젓갈. '멸치젓갈'.

멩 명命. 멩엇 나라나 지역의 구간을 가르는 경계. '지경'. 멩젤 '명절'.

멩태 명태. 멧날메칠 몇날며칠. 며느리 아들의 아내. 메느리, 메늘아이.

며느리고금 한방에서, '말라리아'. 며느리발톱 새끼발톱에 덧달린 작은 발톱.

며늘아기 '며느리'를 귀엽게 이르는 말. 며칠 그달의 몇째 되는 날.

멱 장기짝을 옮기는 길. 멱당가지 목덜미. 멱감다 냇물에서 몸을 씻거나 놀다.

멱둥구미 짚으로 만든 곡식을 담는 그릇. 멱부리 턱 밑에 털이 많이 난 닭.

멱살 사람의 멱 부분의 살. 멱씨름 서로 멱살을 잡고 싸우는 짓.

멱차다 더 이상 할 수 없는 한도. 면경 얼굴을 보는 작은 거울. 멘경, 민경.

면리 무덤을 옮겨서 다시 장사를 지냄. 또는 그런 일. '면례緬禮'.

면먹다 여러 사람이 내기 할 때, 어떤 두 사람끼리는 계산을 따지지 않는 것.

면박 보고 있는 앞에서 꾸짖거나 나무람. 면상받이 얼굴 부딪치기.

면치레 겉으로만 꾸며 체면을 닦음. 면화 아욱과의 한해살이풀. '목화'.

멸치 멸칫과의 바닷물고기, 또는 그것을 말린 것. 메레치, 메루치, 멘고기.

명개 갯가나 흙탕물이 지나간 자리에 앉은 검고 고운 흙.

명경과 경서의 뜻을 시험하는 과거. 명다리 신상 천장에 생일시를 써서 매다는 천

명두랭이 '명두루막이' 명매기걸음 맵시 있게 아장거리며 걷는 걸음.

명문뼈 명치뼈. 명물도수 사물·법식·기후절기·경서이름 들을 적어놓은 책.

명불허전 이름은 헛되이 전해지는 것이 아님. 명상 눈을 감고 깊이 생각함.

명세재보세상에 널리 알려진 고관대작을 일컬음. 명숭애 면화. 목화.

명심보감 어린이들의 인격 수양을 위한 한문 교양서.

명씨박이다 눈동자에 하얀 점이 생기어 시력을 잃다.

명예 훌륭하다고 인정되는 존엄. 명재경각 곧 숨이 끊어질 지경에 이름.

명절 전통적으로 해마다 지켜 즐기는 날. 가일佳日, 가절佳節. 축일.

명주 누에고치에서 뽑은 명주실로 짠 옷감. 면주綿紬. 비단. 필백正帛.

명주바람 보드랍고 화창한 바람. 명지바람 부드러운 실바람.

명치기 가슴치기의 택견솜씨. 명태 대구과의 한류성 어류. '명태'. 멩태.

명토박다 누구 또는 무엇이라고 이름을 대다. 지명하다.

명토없이 누구 또는 무엇이라는 구체적인 지명도 없이.

명화적 떼를 지어 돌아다니며 재물을 마구 빼앗는 무리. '불한당'.

모가비 사당패, 산타령패 따위의 우두머리. 모갑.

모가지 '목'의 속된 말. 해고解雇,면직免職을 속되게 이르는 말. '목'. 매간지,

모가치 몫으로 돌아오는 물건.　**모갑** 여사당을 업고 뒷바라지하는 기둥서방.

모개 모과. 못생긴 여자를 놀림조로 이르는 말. / 곡식의 이삭이 달린 부분.

모개돈 여러 가지를 죄다 한데 묶어서 셈을 쳐서 한꺼번에 떠넘기다. 목돈.

모개용 큰 몫으로 쓰는 비용.　**모개흥정** 죄다 한데 묶어서 모개로 하는 흥정.

모걸음(질) 게처럼 옆으로 걷는 걸음.　**모곡** 함안군 산인면.　**모구** '모기'.

모구리질 잠수질.　**모꺾다** 굽어 돌다　**모꺾어 앉다** 옆으로 조금 돌아앉음.

모냥 겉으로 나타나는 생김새나 모습. '모양'.　**모대기** '무더기'.

모대다 한데 합치다. '모으다'.　**모때기** 베개 모서리의 수놓은 부분. '모서리'.

모때다 악한 성질을 부리다.　**모동모동** 각각의 무더기. 또는 모든 무더기.

모똑잖다 마음에 들 만하지 아니하다. 몸이 불편하다. '마뜩잖다'.

모두걸이 두 발을 한데 모아 붙이고 뛰거나 넘어지는 것.

모두사리 콩을 섞은 떡.　**모둠실** 여러 사람이 쌀을 내어 만든 떡.

모둠매 여럿이 한꺼번에 덤벼 때리는 매. 뭇매.

모둠발 가지런히 같은 자리에 모아 붙인 두 발.

모들치다 흩어진 것을 한데 합치다. '모으다'.　**모듬** 모이는 일. '모임'.

모듬걸이 씨름에서, 상대편의 발을 걸어 넘어뜨리는 기술.

모디다 쉽게 닳거나 없어지지 아니하다.　**모란** 모란꽃.

모람모람 이따금씩 한데 몰아서.　**모래** 잘게 부스러진 돌 부스러기. 몰개.

모래곶 해안에서 바다 가운데로 내밀어 뾰족하게 뻗은 모래사장.

모래미 강의 모랫바닥에 사는 잉엇과의 민물고기. '모래무지'. 모래사장우.

모래부리 모래가 바다 쪽으로 계속 밀려 나가 쌓여 형성되는 해안 퇴적 지형.

모래북실 강가나 바닷가에 있는 넓고 큰 모래벌판.

모래사장우 강의 모래톱에 사는 잉어과 민물고기. '모래무지'.

모래집 포유류의 태아를 둘러싼 반투명의 얇은 막. 양수가 들어 있다.

모래톱 강가나 바닷가에 있는 넓고 큰 모래벌판.

모랭이 구부러지거나 꺾어져 돌아간 자리. '모퉁이'. 모롱이.

모로 해, 달에 어리는 무리. **모로기** 생각이 갑자기 떠오르다. '문득'.

모로매 사리를 보건대 마땅히. '모름지기'. **모로미** 모름지기.

모롱이 모퉁이 휘어둘린 곳. **모루** 쇠를 두드릴 때 받침으로 쓰는 쇳덩이.

모루구름 적란운의 윗부분에 나타나는 나팔꽃 모양의 구름. 소나기구름.

모루채 달군 쇠를 모루 위에 놓고 메어칠 때 쓰는 쇠메.

모르쇠 아는 것이나 모르는 것이나 덮어놓고 모른다고 잡아떼는 것.

모름하다 생선이 신선한 맛이 적고 조금 타분하다. **모리꾼** 몰이꾼.

모매꽃 '메꽃'. **모모** 이모저모의 가운데. **모모이** 이런 면 저런 면마다.

모반 배반을 꾀함. **모방** 안방의 한 모퉁이에 붙어 있는 작은 방.

모사리 '모서리'. **모삽다** 재물을 아끼는 태도가 몹시 지나치다. '인색하다'.

모새 가늘고 고운 모래. **모색** 얼굴의 생김새나 차린 모습.

모수모구 산과 언덕. **모숨** 한 줌 안에 들어올 만한 분량의 물건.

모숭기 모를 못자리에서 논으로 옮겨 심는 일. '모심기'.

모습 자연이나 사물의 겉 모양. **모시** 닭이나 날짐승의 먹이. '모이'.

모시다 웃어른이나 존경하는 이를 가까이에서 받들다. 메시다.

모싱이 물체의 모가 진 가장자리. '모서리'.

모아다 여러 조각을 한데 붙이거나 이어서 어떠한 물건을 만들다. '뭇다'.

모양도리 어떠한 투와 솜씨. **모오리돌** 모가 나지 않고 둥근 돌.

모온 마취약에 의하여 감각을 잃고 자극에 반응할 수 없게 됨. '몽혼夢魂'.

모욕 머리를 감으며 온몸을 씻는 일. '목욕沐浴'.

모으다 한데 합치다. 모둫다. **모은** 함안 모곡에 은거한 이오李午 선생의 호.

모이 물고기 새끼. 닭이나 날짐승의 먹이.

모이다 작고도 여무지다. **모이마당** 봉분 앞의 넓은 터.

모자래다 기준이 되는 양이나 정도에 미치지 못함. '모자라다', 모라랳다.

모장갈로 옆으로. '모잽이'. **모재** 겉으로 나타나는 생김새나 모습.

모잽이 몸이 모로 떠들리거나 누운 꼴. 모장갈, 옆댕이.

모쟁이 숭어새끼. 또는 갈조류 모자반목의 한 과. '모자반'.

모제 동복同腹 아우. **모조리** 하나도 빠짐없이 모두. 몽조리, 몽주리, 몽지리.

모종비 모종하기에 알맞은 때에 오는 비.

모주 술을 거르고 남은 찌꺼기(재강)에 물을 타서 뿌옇게 걸러 낸 탁주.

모주꾼 술을 늘 대중없이 많이 마시는 사람을 놀림조로 이르는 말.

모주망태 술을 대중없이 많이 마시는 사람을 놀림조로 이르는 말. 고주망태.

모중 산모퉁이의 휘어 둘린 곳. **모지락스럽다** 억세거나 거세어 매우 모질다.

모지랭이 오래 써서 끝이 닳아 떨어진 몬. '모지랑이'.

모지리 하나도 빠짐없이 모두. '모조리'.

모질음 고통을 견디어 내려고 모질게 참다. **모집다** 허물을 명백하게 지적하다.

모짝 한 번에 있는 대로 다 몰아서. **모쫄하다** 무게가 나가는 정도가 크다.

모찌기 모를 내기 위하여 모판에서 모를 뽑는 일.

모차다 마음씨가 몹시 매섭고 독하다. '모질다'.

모착하다 아래위를 자른 듯이 짤막하고 똥똥하다. **모처럼** 일껏 오래간만에.

모춤하다 길이나 분량이 어떤 한도보다 조금 지나치다.

모코 여성이 입는 길이가 짧은 거고리. **모코리** 키버들로 엮어 만든 그릇.

모타리 몸의 부피. '덩치'. **모탕** 나무를 팰때 받쳐 놓는 나무토막.

모테 가까운 주변. '근방近傍'. 모테, **모투다** 아궁이에 불을 지피다.

모팅이 아랫사람의 잘못을 꾸짖다. '꾸지람'. **모풀** 못자리에 넣는 풀.

모하다 일정한 수준에 못 미치게 하거나, 그 일을 할 능력이 없다. '못하다'.

모해 본. 모범模範. **목** 화투 따위를 세는 단위. '모'. '꿰미'.

목간 '목욕沐浴'. **목간통** 목욕탕. **목강** 예전에, 임시 훈장을 이르던 말.

목거지 놀이나 잔치로 여러 사람이 모이는 일. '모꼬지'. 모꺼지. 잔치. 향연.

목걸라보다 친구들끼리 한 모임을 만들다. **목곧이** 주장이 뚜렷한 사람.

목골라 좋고 튼실한 과일을 고르다. 목고르다. **목과** '모과'.

목구성 목소리 구성진 맛. 청구성 **목구영** '목구멍'.

목꾸르다 친구끼리 여럿이 한 친구를 괴롭히다.

목내이木乃伊 미이라(mirra). **목노** 새끼나 노 따위로 옭는 '올가미'.

목놀림 어린아이의 목을 축일 정도로 젖을 적게 먹임.

목다리 목의 앞쪽. '멱'. /양말의 맨 윗부분. **목단** '모란꽃'.

목대 멍에 양쪽 끝 구멍에 꿰어 소의 목 양쪽에 대는 가는 나무.

목대기 큰길에서 좁은 길로 들어가는 어귀. '길목'. 목다리.

목대세다 줏대가 매우 세다. **목대잡이** 일을 도맡아 여러 사람을 시키는 것.

목도 두 사람이 짝이 되어, 무거운 물건을 몽둥이를 꿰어 메고 나르는 일.

목로점 '목로주점'의 준말. **목마르다** 간절히 원하다. **목말** '무등'.

목매기 코뚜레를 꿰지 않고 아직 목에 고삐를 맨 송아지.

목메다 감정이 북받쳐 목에 엉기어 막히다. **목목이** 길목마다.

목무장 씨름에서, 상대편의 머리 위와 턱을 잡아서 빙 돌려 넘기는 기술.

목물 상체를 굽혀 엎드린 채로 다른 사람의 도움으로 등을 씻는 일.

목발 지게 몸체의 맨 아랫부분에 있는 양쪽 다리. '지겟다리'.

목발우 스님의 나무 밥그릇. **목배롱** 목백일홍. **목사** 목牧을 다스리던 지방관.

목수리 정월대보름날 가축의 목에 홀겡이를 둘러 한해 병이 없기를 비는 일.

목심 사람이나 동물이 숨을 쉬며 살아 있는 힘. '목숨'.

목에 힘주다 오만하고 건방지다. **목욕** 온몸을 씻는 일. 모욕, 목간.

목울대 울대뼈나 목청을 이르는 말. **목자** 눈. 안구.

목자배기 둥그넓적하고 아가리가 쩍 벌어진 나무그릇.

목잠 곡식 이삭 줄기가 말라 죽는 병. **목쟁이** 목정강이. 목. '목정이'.

목적지 목적을 삼는 곳. **목접이질** 목이 접질리어 부러짐.

목지 목구멍의 안쪽 뒤 끝에 위에서부터 아래로 내민 둥그스름한 살. '목젖'.

목차다 일이 너무 많고 중대하여 힘에 부치다. '멱차다'.

목침돌림 목침을 돌려서 그 차례를 맞은 사람이 노래하기.

목화 아욱과 목화속으로 열매속의 섬유가 솜의 원료로 쓰인다.

몫 여럿으로 나누어 가지는 달 부분. 모가치, 모간지.

몬〔物〕 '물건'. 옛 속담집인 《동언해東言解》에 근거.

몰 남이 모르게 살짝. 또는 가만히. '몰래'. 모르게.

몰강스럽다 억세고 모질며 악착스럽게 보인다.

몰개 자연히 잘게 부스러진 돌 부스러기. '모래'.

몰두 어떤 일에 온 정신을 다 기울여 열중하다.

몰록 한꺼번에 모두 다. 문득을 가리키는 선가의 말.

몰매 여러 사람이 한꺼번에 덤비어 때리는 매. 뭇매.

몰몰하다 남을 생각하고 도와주는 따뜻한 마음이 전혀 없다. '몰인정하다'.

몰미리 하나도 빠짐없이 모두. '모조리'. **몰밀다** 한 곳으로 모두 밀다.

몰삭 연기나 냄새, 김 따위가 계속 조금씩 피어오르는 모양. '모락'.

몰씰다 모두 그러모아 모조리 독차지하다. **몰인정하다** 인정이 전혀 없다.

몰작하게 부담스럽거나 무서울 것이 없어 쉽게 대할 만하다. '만만하다'.

몰차다 인정이나 싹싹한 맛이 없고 아주 쌀쌀맞다. '매몰차다'.

몰쳐 하나도 빠짐없이 모조리 그러모으다.

몰판 온 바둑판에 한군데도 산 말이 없이 지는 일.

몰풍시럽다 성격이나 태도가 부드러운 맛이 없고 매몰스럽다. '몰풍스럽다'.

몰하다 부피가 어림하였던 것보다 적은 듯하다. **몸가축** 몸을 다듬음.

몸굿 몸에 내린 신을 맞아서 무당이 되려고 신에게 비는 굿.

몸기럽다 몸이 괴롭다. **몸닦달** 시련을 참고 견디는 수련.

몸똥아리 '몸'을 속되게 이르는 말. '몸뚱이'. **몸맨두리** 몸꼴과 틀거지.

몸받다 아랫사람이 윗사람 대신으로 일을 받아하다.

몸빼 여자들이 일할 때 입는 통이 넓고 발목을 묶은 바지.

몸부래기 잠잘 때 이리저리 몸을 뒤치는 일. '몸부림'.

몸써리 몹시 싫거나 무서워서 몸이 떨리는 일. '몸서리'.

몸수검搜檢 몸을 검사나 검열하듯이 부모님의 건강을 살펴보다.

몸씨 몸의 맵시. 몸매. **몸알리** 매우 친한 친구.

몸을 바치다 어떤 목적을 위하여 목숨을 희생하다.

몸이 달다 일이 마음대로 되지 않아서 안타깝고 조바심이 나다.

몸주 무당의 몸에 내린 신. **몸채** 여러 채의 살림집에서 내세우는 채.

몸태질 악에 받치거나 감정이 몹시 격해서 자기의 몸을 부딪거나 내어던짐.

몸푼다 임산부가 출산하다. 해산하다. **몸피** 몸통의 굵기.

몸흙 옮겨 심는 식물의 뿌리에 붙어 있는 흙. **몹시하다** 못살게 굴다.

못 주로 손바닥이나 발바닥에 생기는 단단하게 굳은 살.

못나이 못나고 어리석은 사람. '못난이'. 못냄이.

못때다 성질이나 품행 따위가 좋지 않거나 고약하다. '못되다'.

못동 파 들어가는 구덩이에 갑자기 나타난 딴딴한 부분.

못하다 일정한 수준에 못 미치게 하거나, 그 일을 할 능력이 없다.

몽구리 바짝 깎은 머리. '승려'를 놀림조로 이르는 말.

몽근벼 까끄라기가 없는 벼. **몽글리다** 옷맵시를 가뜬하게 차려 모양을 내다.

몽글타 낟알이 까끄라기나 허섭스레기가 붙지 않아 깨끗하다. '몽글다'.

몽긋거리다 나아가는 시늉만 하면서 앉은 자리에서 머뭇거리다.

몽녁 남에게 넘겨씌우거나 남에게서 넘겨받은 허물이나 걱정거리. '덤터기'.

몽니 받고자 하는 대우를 받지 못할 때 심술궂게 욕심부리는 성질.

몽다리 뾰족한 끝이 많이 닳아서 거의 못 쓸 정도가 된 물건. '몽당이'.

몽달구신 총각이 죽어서 된 귀신. '몽달귀신'.

몽당다리 짧고 못쓰게 된 물건. **몽도리** 잔치에 나아가는 기생의 원삼 차림.

몽돌 강 바닥이나 바닷가의 모가 나지 않고 둥근 돌.

몽동발이 딸려 붙었던 것이 다 떨어지고 몸뚱이만 남아 있는 물건.

몽두리 여러 줄기가 한 뿌리에서 나와 한 덩이로 뭉쳐 있는 무더기. '떨기'.

몽따다 알고 있으면서 일부러 모르는 체하다.

몽딱하다 끊어서 뭉쳐 놓은 것처럼 짤막하다. '몽땅하다'. 몽탁하다.

몽때린다 알면서 일부러 모른 체하다. 몽따다.

몽오리 작고 동글동글하게 뭉쳐진 것. '멍울'.

몽조리 하나도 빠짐없이 모두. '모조리'. 몽주리, 몽지리.

몽종하다 새침하고 쌀쌀하다. 조금 모자란 데가 있다. '몽총하다'.

몽짜 음흉하고 몽니부르는 짓. 또는 그런 사람.

몽창시럽다 붙임성과 인정이 없이 새침하고 쌀쌀하다.

몽창시리 무척. **몽총하다** 길이나 부피 따위가 조금 모자란 데가 있다.

몽치 짤막하고 단단한 몽둥이. **몽침이** 나무토막으로 만든 베개. '목침'.

몽키다 여럿이 모여 덩어리가 되다. **몽태치다** 남의 물건을 슬그머니 훔치다.

뫼 사람의 무덤. 산소. 묘. **뫼구** 무덤가를 떠도는 귀신.

뫼시다 웃어른을 가까이에서 받들다. '모시다'. **묏계절** 묘의 앞자리.

묏괴 '살쾡이'. **묏구릉** 묘가 있는 언덕. **묏벌** 묘 주변의 땅.

묏부리 산등성이나 산봉우리의 가장 높은 꼭대기. '멧부리'.

묏봉 무덤의 윗부분. '묏등'. '산봉우리'. **묏새** '멧새'.

묏자리 뫼를 쓸 자리. 또는 쓴 자리. 메터. **및** '산'.

묘 빼어나고 훌륭함. 무덤. 논밭 넓이의 단위. 사당이나 문묘. 묘소.

묘도 무덤으로 통하는 길. **묘막** 아득하게 멀리. **무가내** 어찌할 수 없음.

무값 값을 매길 수 없을 정도로 귀하다. **무거리** 체에 쳐서 남은 찌꺼기.

무겁 과녁에 화살이 들어맞는지 살피는 웅덩이. '무더기'. **무격** 무당과 박수.

무고 아무 죄가 없음. **무골호인** 줏대가 없이 두루뭉실한 사람.

무꼬랑지 무의 뿌리. **무꾸** '무'. 지방에 따라 이름이 다양하다.

무꾸리 무당이나 판수에게 길흉을 점침. 또는 그 무당이나 판수를 이르는 말.

무꾸밥 무를 채 썰어 쌀에 섞어서 지은 밥. **무내안개** 뿌옇게 낀 안개.

무녀리 먼저 나온 새끼. 언행이 좀 모자란 듯한 사람을 비유로 이르는 말.

무눅다 성질이 무르고 눅다. **무느다** 쌓인 것을 흩어지게 하다.

무다이 까닭없이. '괜히'. 무단이. **무닭** 뜸부깃과의 여름새. '뜸부기'.

무당 귀신을 섬겨 길흉을 점치고 굿을 하는 것을 업으로 하는 사람.

무당꼴부리 달팽이. **무따래기** 남의 일에 함부로 훼방을 놓는 사람들.

무더기 한데 수북이 쌓였거나 뭉쳐 있는 더미나 무리. 무데이, 무데기.

무데뽀 일에 신중함이 없음을 속되게 이르는 말. '무모함'. 무대가리.

무더기비 짧은 시간 동안에 내리는 양이 많은 비.

무데이 한데 수북이 쌓였거나 뭉쳐 있는 더미나 무리. '무더기'. 무디기.

무동우 물을 긷거나 담아 두는 데 쓰는 동이. '물동이'.

무두질 생가죽, 실 따위를 매만져서 부드럽게 만드는 일.

무드러기 화톳불이 꺼진 뒤에 미처 다 타지 않고 남아 있는 장작개비.

무드럭가락 달리 어찌할 수 없음. '막무가내莫無可奈'.

무드럭지다 두두룩하게 많이 쌓여 있다. 무덕지다.

무등 남의 어깨 위에 두 다리를 벌리고 올라타는 일. '목말'. 무동.

무라리 남에게 끼친 손해를 갚음. '보상補償'. 변상辨償.

무라쌂다 푹 익게 삶다. **무람없다** 사이가 가까워 스스럼없다. '무름없다'.

무람하다 수줍거나 창피하여 볼 낯이 없다. '무안하다'.

무랍 정부나 공공 단체가 국민에게서 거두어들이는 금품. **무량겁** 무한 시간.

무량무변 헤아릴 수 없고 끝도 없이 많다. **무럭이** 수두룩하게.

무렵에 대략 어떤 시기와 일치하는 즈음에. ~답에.

무롸내다 윗사람으로부터 무엇을 받다. '무르와내다'의 준말.

무료하다 수줍거나 창피하여 볼 낯이 없다. '무안하다'.

무룡태 깜냥이 없고 그저 착하기만 한 사람. **무룩하다** 조금 거무스름하다.

무르녹다 과일 따위가 충분히 익다. 일이 한창 이루어질 지경에 이르다.

무르다 이미 행한 일을 그 전의 상태로 돌리다. 무릏다.

무르춤하다 물러서려는 듯 몸짓을 멈추다.

무르익다 과일이나 곡식이 충분히 익다. **무르팍** '무릎'의 속된 말. 무루팍.

무릅쓰다 부녀자들이 외출할 때 장옷처럼 뒤집어서 머리에 덮어쓰다.

무릎꿇림 뒷짐을 지우고 무릎을 꿇린 뒤 무릎 위에 돌 얹기 형벌.

무릎맞춤 높낮이와 잘잘못을 따져 마음을 모으는 것. 대질심문.

무릎제자 무릎을 마주하고 가르친 제자. **무리개** '무리'의 낮춤말.

무리무리 적당한 시기를 따라 여러 차례에 걸쳐 무리를 지어.

무릿마우리 상처가 아물고 남은 자국. 남에게 비웃음을 살 만한 거리. '흉'.

무릿매 여러 사람이 한꺼번에 덤비어 때리는 매. 몰매.

무말랭이 무를 반찬거리로 쓰려고 썰어 말린 것. 곤지.

무말랭이김치 곤짠지.　**무명** 목화실로 짠 옷감. 명.

무모함 앞뒤를 잘 헤아려 깊이 생각하는 신중성이나 꾀가 없다. 무데뽀.

무밥 쌀에 무를 섞어서 지은 밥. 무꾸밥.

무배 무당의 남편.　**무부** 힘이 세고 사나우며, 아는 것이 없는 무식꾼.

무사마귀 살가죽에 밥알만 하게 돋은 군살. 어린아이에게 많으며 전염된다.

무삼 겉껍질을 훑어 내지 않고 잿물에 익혀 겉껍질을 벗겨 내는 길쌈.

무색 물감을 들인 빛깔. 안개가 짙게 끼어 가려져 있음.

무색옷 물색 옷. 흰옷.　**무서리** 늦가을에 처음 내리는 서리. /무써리. 몸서리.

무섬 무서움. 물 위에 떠 있는 섬을 뜻하는 수도리水島里.

무성하다 풀이나 나무 따위가 자라서 우거져 있다.

무소유 아무것도 갖지 않는 것이 아니라 불필요한 집착에서 벗어나는 것.

무속 무당에 의해 인간의 불행을 점치고 신을 달래서 불행이 막는 민간 신앙.

무솔다 땅에 습기가 많아서 푸성귀 따위가 물러서 썩다.

무수기 밀물과 썰물 때의 '조차潮差'를 일상적으로 이르는 말.

무수다 닥치는 대로 사정없이 때리거나 부수다.

무수리 궁중에서 청소 따위의 잔심부름을 담당하던 계집종.

무수새질 흙을 개어서 바르는 일.　**무술** 제사 때 술 대신에 쓰는 맑은 찬물.

무스거 무슨.　**무시끼** '이끼'.　**무시로** 특별히 정한 때가 없이 아무 때나.

무시 무.　**무시기** 뭐.　**무슨.　무시로객주** 세간살이를 거래하는 상설 객줏집.

무신 무엇인지 모르는 일이나 대상, 물건 따위를 물을 때 쓰는 말. '무슨'.

무심상하게 아무 생각이 없는 듯이 보인다.　**무심찌레** '무심결'. 무심코.

무싯날 장이 서지 않는 날. 무심날.　**무안** 면목 없음.　**무안쑤시** 무안수세.

무양무양하다 고지식하여 융통성이 없다.　**무엇이라고** 머라꼬? 무시레.

무엇하다 할 말이 생각나지 않을 때 암시적으로 둘러서 쓰는 말. '거북하다'.

무에리수에 장님이 거리로 다니면서 점을 치라고 할 때 외치는 소리.

무연하다 아득하게 너르다. **무왕불복** 한번 하면, 다시 함이 없다.

무응에수수 알이 붉고 가시랭이가 없는 수수. **무이다** 부탁을 잘라서 거절하다.

무인지경 사람이라곤 아무도 없는 지역. **무자르다** 쉽게 할 수 있는 일.

무자리 논에 물을 대어야 하는 곳. **무자수** 독은 없는 뱀. '무자치'.

무자위 물을 높은 곳으로 퍼 올리는 기계. **무자위간** 무자위를 설치해 놓은 집.

무작배기 보기에 무지하고 우악한 사람을 낮잡아 이르는 말. '막무가내'.

무작스럽다 무지하고 우악스럽다. **무장** 갈수록 더해지다.

무쩍 한 번에 있는 대로 모두 몰아서. **무제다** 쌓아 두다. '쌓다'. 무지다.

무쪽같다 생김새가 몹시 못나다. **무주공산** 인가도 전혀 없는 쓸쓸한 곳.

무주잠맥이 가랑이가 무릎까지 내려오도록 짧게 만든 홑바지. '잠방이'.

무쭐하다 다소 큰 물건이 보기보다 제법 무겁다. '묵직하다'. 무찔하다.

무지개 비가 갠 뒤 하늘에 생기는 일곱 가지 색의 띠. 홍예虹霓. 채홍彩虹.

무지게 물을 길어 나르는 데 쓰는 지게. '물지게'.

무지기 치마 속에 입던 짧은 통치마. **무지렝이** 아무것도 모르는 '무지렁이'.

무지르다 한 부분을 잘라 버리다. 말을 중간에서 끊다.

무지몽매 아는 것이 없고 미욱하고 어리석을 정도로 사리에 어둡다.

무질러불다 종이나 천을 가위로 자르다. **무질러앉다** '퍼질러 앉다'.

무질레 아주 연약하고 부드러운 것.

무척 다른 것과 견줄 수 없이 양이나 정도가 아주 지나친 상태. 엄청. 뭉청

무춤하다 하던 짓을 갑자기 멈추다. 무르춤하다.

무치다 나물 따위에 갖은양념을 넣고 골고루 한데 뒤섞다.

무텅이 거친 땅에 논밭을 일구어서 곡식을 심는 일.

무트로 한꺼번에 많이. **무후** 대를 이어갈 후손이 끊김.

무흘구곡 성주군 수륜면 가야산 대가천 계곡. 한강 정구의 〈무흘구곡〉의 배경.

묵객 글씨를 쓰거나 그림을 그리는 사람. 선비. **묵권** 과거시험 시권. 답안지.

묵나물 말렸다가 이듬해 봄에 먹는 산나물. **묵다** 일정한 곳에 나그네로 머무르다.

묵다리 오래 종사하여 일에 요령을 부리며 얼버무려 넘기는 사람. '구년묵이'.

묵뫼 오래 묵은 무덤. 묵미. 묵무덤. **묵묵히** 말없이 잠잠하게.

묵사들이다 남의 집에 여러 날 묵으며 지내다.

묵사리 연안 가까이 밀려든 조기들이 알을 슬려고 머무는 일.

묵사발 여지없이 패망한 상태를 이르는 말. **묵삼재** 삼재가 드는 둘째 해.

묵새기다 별로 하는 일 없이 한곳에 오래 머물며 세월을 보내다.

묵세배 섣달 그믐날 밤에 하는 '묵은세배'. **묵소깝** 묵은 소나무의 가지와 잎.

묵신행 혼례를 치른 뒤 일정 기간을 친정에서 묵혔다가 시댁으로 가는 신행.

묵은닭 한 해 이상 자란 닭. **묵이** 오래 처리하지 아니하였던 일.

묵전 녹말묵을 만들 때 얇게 썰어 말려서 기름에 띄워 지진 웃기떡.

묵정밭 오래 내버려 두어 거칠어진 밭. **묵재** 불기가 없는 아궁이에 쌓인 재.

묵주머니 뭉개고 짓이기거나 하여 못 쓰게 된 물건을 비유적으로 이르는 말.

묵패 서원의 제수 경비 갹출. 화양동서원의 '화양동묵패지'.

묶어치밀다 한데 몰려 힘 있게 막 솟아오르다.

문갑 가로 길게 짜서 여러 개의 서랍에 문서나 문구를 넣어 두는 궤.

문객 자기 문중에 장가를 온 사람을 일컫는 말.

문경동 영주 초곡의 퇴계의 처외조. **문구멍** 문에 뚫은 구멍. 문구무, 문구영.

문둥병 나균 감염증으로 피부나 말초신경계에 병변을 일으키는 한센병.

문둥이 경상도 출신의 사람을 낮잡아 이르는 말.

문드레지다 썩거나 물러서 힘없이 처져 떨어지다. '문드러지다'.

문득 생각이나 느낌 따위가 갑자기 떠오르는 모양.

문딩이같다 '일이 틀어지다'의 속어. **문문하다** 무르고 부드럽다. 만문하다.

문받이 여닫이문을 닫을 때 그 이상 닫히지 않도록 받쳐 주는 턱. 문바지.

문뱃내 술 취한 사람의 입에서 나는 문배와 비슷한 냄새.

문복 점쟁이에게 길흉吉凶을 물음. **문빙** 증거가 될만한 문서. 증명서.

문살 문짝에 종이를 바르는 뼈가 되는 나무. **문설주** 문의 양쪽에 세운 기둥.

문세전 도성 출입 통행세. **문얼굴** 문의 옆과 위아래에 이어 댄 테두리.

문에숙회 생문어를 살짝 데쳐서 초고추장에 찍어 먹도록 만든 회.

문외한 어떤 일에 전문적인 지식이 없는 사람. **문우좋다** '무너뜨리다'.

문잡다 아이를 낳을 때 아이의 머리가 나오도록 산문産門이 열리다.

문장부 널문 한쪽 위아래에 꽂는 둥근 촉으로, 문을 여닫게 하는 수톨쩌귀.

문전 퇴계 이황의 처 외조부 문경동의 장원莊園.

문쥐 서로 꼬리를 물고 줄을 지어 다니는 쥐. **문지** '먼지'.

문지구디기 먼지가 많이 쌓여 있는 곳을 비유적으로 이르는 말. 문지구데이

문지도리 문짝을 여닫을 때 문짝이 달려 있게 하는 돌쩌귀나 문장부 따위.

문지받개 비로 쓴 쓰레기를 받아 내는 기구. '쓰레받기'.

문질빈빈 생김새와 속내가 들어맞음. **문째기** '문짝'.

문참 어쩌다가 쓴 글이 뒷일과 꼭 맞다. 조짐

문천 출입문 밑의, 두 문설주 사이에 조금 높게 가로로 댄 나무. '문지방'.

문치다 가루, 풀, 물 따위를 물체에 들러붙게 하거나 흔적을 남기다. '묻히다'.

문치적대다 일을 결단성 있게 하지 못하고 어물어물 끌어가기만 하다.

묻들마라 묻지를 마라. **묻묻다** 상가에 가서 상주를 위문하다. '문상하다'.

물가 바다, 강, 못 따위와 같이 물이 있는 곳의 가장자리. 강변. 해변. 못둑.

물개음식 성의 없이 만든 음식. **물거리** 잡목의 가지로 된 땔나무.

물거리 잡목의 우죽이나 잔가지 같이 부러뜨려서 땔 수 있는 것들을 이른다.

물결 물 표면의 움직임. **물결바지** 헝겊을 호아서 지은 나팔 모양 바지.

물겹것 헝겊을 겹치어 성기게 꿰매 지은 겹옷. **물계** 어떤 일의 처지나 속내.

물골내다 두두룩한 두 땅 사이에 물이 흐르도록 도랑을 만들다. '도구치다'.

물곬 물이 흘러 빠져나가는 작은 도랑. **물꼬** 논배미에 물이 흐르는 어귀.

물구룸하다 조금 묽은 듯하다. '묽스그레하다'. **물긋하다** 묽은 듯하다.

물꾼 값을 받고 물을 길어다 주는 사람. **물끄러미** 우두커니 바라보는 모양. 멀끄레미.

물기이 물 것. 피를 빠는 벌레. **물나들** 배가 건너다니는 일정한 곳. '나루'.

물너울 바다와 같은 넓은 물에서 크게 움직이는 물결. 물놀, 물나오리.

물내 마시는 물의 맛. '물맛'. **물노릇** 물을 다루는 일.

물놀이 잔잔한 물이 공기의 움직임을 받아 수면에 잔물결이 이는 현상.

물덤벙술덤벙 아무 일에나 대중없이 날뛰는 모양.

물독 수도가 없던 시절, 부엌에서 물을 담아 저장하는 큰 물그릇. 물두멍.

물동 물이 흘러 내려가지 못하고 한곳에 괴어 있도록 막아 놓는 둑.

물두멍 물을 길어 붓고 쓰는 물두무. **물들이** 여러 물줄기가 합쳐지는 곳.

물들인 소리 본디 가락에서 달라진 소리. **물떠러지** 폭포(瀑). 쏠.

물똥싸움 물을 상대편의 몸에 끼얹어 물러나게 하는 아이들의 놀이.

물띠 배가 지나갈 때 배의 추진기에 의하여 생긴 물거품이 띠처럼 뻗은 줄기.

물렁죽사발 사람의 성격이 야무지지 못하고 부드러운 사람.

물려지내다 남에게 약점이 잡히어 어쩔 수 없이 그냥저냥 지내다.

물레 솜에서 실을 뽑거나 도자기를 만들 때 잣는 기구.

물리다 다시 대하기 싫을 만큼 몹시 싫증이 나다. 물레다.

물린 색깔 입힌. **물림쇠** 나무를 겹쳐 붙일 때에, 양쪽에 물려서 조이는 쇠.

물림퇴 본채 앞뒤 좌우에 딸린 반 칸 너비 칸살. 물림칸.

물마 비가 많이 와서 사람이 다니기 어려울 만큼 땅 위에 넘쳐흐르는 물.

물마루 바다와 하늘이 맞닿은 것처럼 보이는 두두룩한 부분.

물매 지붕이나 언덕 따위가 비탈진 만큼. **물매지다** 가파르다.

물매질 흙을 묽게 풀어서 벽면이나 방바닥 따위에 바르는 일.

물머리 파도나 물결이 일 때 높이 솟은 희끗한 부분.

물멀미 움직이는 큰 물결이나 흐름에 어지러운 증세.

물명태 얼리거나 말리지 아니한, 잡은 그대로의 명태. '생태'.

물모 물속에서 자라는 어린 볏모. **물목발기** 물품이름을 적어 놓은 종이.

물물이 때를 따라 한목씩 묶어서. **물미** 사물의 이치를 터득하다.

물미장 부보상들이 짚고 다니던 작대기. **물밀듯이** 물결이 밀려오듯 몰려오는 기세.

물바다 홍수 따위로 인하여 넓은 지역이 온통 물에 잠긴 상태를 이르는 말.

물반 처마에 달아서 지붕에서 내려오는 빗물을 받아 내리게 한 것. '물받이'.

물발 물이 흐르는 기세. **물방아** 메뚜깃과의 곤충. '방아깨비'.

물배기 물바가지. **물벼락** 갑자기 물을 뒤집어쓰게 되는 일. '물벼락'.

물보낌 여러 사람을 모조리 매질함. **물보라** 안개처럼 흩어지는 잔 물방울.

물볼기 여성의 볼기를 칠 때 옷에 물을 끼얹어 살에 달라붙게 하여 매질을 하기.

물부리 궐련을 끼워 입에 물고 빠는 물건. 빨부리.

물살 물이 흘러 내뻗는 힘. **물색없이** 하는 짓이 형편에 어울리지 아니하게.

물썽하다 몸이나 성질이 물러서 손쉽게 다루거나 대할 만하다.

물손 반죽 따위의 질고 된 정도. **물손받다** 농작물이 물의 해를 입다.

물수제비뜨다 둥글고 얄팍한 돌을 물 위로 담방담방 튀기어 가게 던지다.

물시하다 하던 일을 그만 두거나 없던 일로 하다.

물신선 기뻐하거나 성낼 줄 모르는 사람을 비유적으로 이르는 말.

물씨 물체의 색깔이 나타나도록 해 주는 성분. 색소色素.

물아일체 물질세계와 정신세계가 어울려 하나가 됨.

물알 아직 덜 여물어서 물기가 많고 말랑한 곡식알이나 새나 닭의 알.

물앙팅이 마음이 매우 좋은 사람. **어내리다** 웃어른에게 물어서 지시를 받다.

물어린 눈 눈물이 괸 눈. **물어미** 물 긷기를 맡아 하는 계집종.

물어박지르다 짐승이 달려들어 물고 뜯으며 마구 몸부림치다.

물었다 무엇을 알아내려고 찾았다. **물외** '오이'. 오이소박이.

물윗배 뱃전이 비교적 낮고 바닥이 평평한 배. 주로 강물에서 나룻배로 쓴다.

물음마구리 남의 말을 전하여 싸우게 만들었을 때 해명하는 것. 물음막음.

물이들다 어떤 사람의 영향을 받아 그와 같아지다.

물이못나게 부득부득 조르는 모양. **물잇꾸럭** 빚을 대신 물어주는. 거추꾼

물잇가 오징어. **물조루** '물뿌리개'.

물줄개 삼실이 마르면 나무 끝에 헝겊을 달아서 물을 축이는 대. '젖을개'.

물중태 물에 흠뻑 젖어 볼품없이 된 사람.

물지다 홍수가 나서 물이 불어나서 흐르다. 큰물지다.

물지럭하다 사람의 몸이나 기질. / 규율 따위가 썩 약하다. '물렁하다'.

물집 옷이나 천 따위에 물들이는 일을 직업으로 하는 집. 염색집.

물쩍지근하다 일을 하는 태도가 지루할 정도로 느리다.

물정 세상의 형편. **물쩡하다** 사람의 성미가 여무지지 못하고 만만하다.

물찔다 물 긷다. **물참** 밀물이 들어오는 때.

물참봉 물에 흠뻑 젖은 사람을 놀림조로 이르는 말.

물초 온통 물에 젖음. **물총새** 물총샛과의 물가 벼랑에 사는 여름 새.

물캐지다 너무 삶아서 채소가 뭉크러졌다.

물커덩거리다 매우. **물쿠다** 날씨가 찌는 듯이 더워지다.

물타작 베어 말릴 사이 없이 물벼 그대로 이삭을 떨어서 낟알을 거둠.

물태 선태식물에 속하는 은화식물을 통틀어 이르는 말. '이끼'.

물퉁이 살만 찌고 힘이 없는 사람을 놀림조로 이르는 말.

물편 시루떡을 제외한 모든 떡을 통틀어 이르는 말.

물항라 씨실을 세 올이나 다섯 올씩 걸러서 구멍이 송송 뚫어지게 짠 피륙.

묽숙하다 알맞게 묽다. **뭇** 볏단 묶음. 속束.

뭇가름 묶음으로 된 물건의 수효를 늘리려고 더 작게 갈라 묶음.

뭇갈림 베어 놓은 볏단을 지주와 소작인이 절반씩 나누어 가지던 일.

뭇다 여러 조각을 한데 붙이거나 이어서 어떠한 물건을 만들다.

뭇따래기 자주 나타나서 남을 괴롭히거나 일을 훼방하는 무리.

뭇바리 여러 친구와 동료. **뭇발길** 여러 사람의 발길.

뭇방치기 함부로 남의 일에 간섭하는 짓. 또는 그러한 무리.

뭇새 여러 가지 종류의 새. **뭉개다** 한자리에서 미적거리다. 뭉그대다.

뭉게치다 연기나 구름 따위가 한꺼번에 뭉쳐져 오르다.

뭉구리 아주 바싹 깎은 머리. '중'을 놀림조로 이르는 말.

뭉그레지다 썩거나 지나치게 물러서 본모양이 없어지게 되다. '뭉그러지다'.

뭉근하다 세지 않은 불기운이 끊이지 않고 꾸준하다.

뭉기다 형태가 변하도록 마구 문질러 지우다. 밍개다.

뭉뭉하다 구름, 연기 따위가 잇달아 뭉키어 나오다.

뭉수리 말이나 행동이 분명하지 아니한 상태. '두루뭉수리'의 준말.

뭉우리 모난 데가 없이 둥글둥글하게 생긴 큼지막한 돌.

뭉청 다른 것과 견줄 수 없이. '무척''뭉텅'. 뭉텅이, 뭉테미, 뭉티이.

뭉치 한데 뭉치거나 말리거나 감은 덩이.뭉텅이. 뭉텅이, 뭉테미, 뭉테이,

뭐라카다 상대방의 잘못이나 부족한 점을 꼬집어 말하다. '나무라다'.

뭐락카노 말을 받아서 되묻거나 잘못을 꼬집어 말하다. 뭐라카노?, 뭐시?

뭘새 흔들리므로. '뿌리 깊은 나무는 바람에 아니 뭘새' 〈용비어천가〉

믈리굽다 물러서 싫증나다. **밍주 즌대** 명주로 만든 돈자루.

미구 매우 교활한 사람을 여우에 비유하여 이르는 말. '여우'. 매구.

미까리시럽다 보기에 매우 밉살스러운 데가 있다. '밉광스럽다'. 미깔지다.

미꿈하다 흠이나 거친 데가 없이 부드럽고 번드럽다. '미끈하다'.

미끄레지다 비탈지거나 미끄러운 곳에서 밀리어 넘어지다. '미끄러지다'.

미끈유월 일이 많아서 가는지 모르게 지나가는 유월.

미나리꽃노래 뫼나리꽃노래. 산유화가.

미나래 깊은 믿음을 갖고 하늘을 훨훨 날다. 믿음성이 있다. 미쁘다, 미덥다.

미난지 '미나리'. **미늘** 낚시바늘 안쪽 끝에 거스러미처럼 생긴 작은 갈고리.

미다 어깨에 걸치거나 올려놓다. '메다'.

미다 어떤 감정이 북받쳐 목소리가 잘 나지 않다. '메이다'.

미닫이 문이나 창을 옆으로 밀어서 여닫는 문. **미답다** '미덥다'.

미대다 하기 싫은 일이나 잘못된 일의 책임을 남에게 떠밀어 넘기다.

미딱지같다 정돈된 것. **미련** 잊지 못하고 끌리는 데가 남아 있는 마음.

미렷하다 살이 쪄서 군턱이 져 있다.

미루나무 버드나뭇과의 낙엽 활엽의 키가 큰 교목. 미류美柳 + 나무.

미루메 등성이에서 넓고 밋밋한 땅. **미룽다** '미루다'.

미르 용龍. **미륵불** 성불하여 중생을 제도하리라는 보살. **미리견** 미국.

미리내 은하수. **미리지떡** 쌀가루에 팥이나 콩소를 넣고 타원형으로 빚은 떡.

미립 경험을 통하여 얻은 묘한 이치나 요령. **미미히** 애써 부지런히.

미쁘다 티 없이 믿음성이 있다. **미사리** 산속에 사는 털 많은 자연인.

미상불 아닌 게 아니라. **미새** 벽이나 바닥을 흙이나 회, 시멘트 따위를 바름. '미장'.

미세기 두 짝을 한편으로 겹쳐서 여닫는 문.

미숫가루 찹쌀이나 멥쌀 또는 보리쌀 따위를 찌거나 볶아서 찧은 가루.

미시 설탕물이나 꿀물에 미숫가루를 탄 여름철 음료. '미수'.

미시다 웃어른이나 존경하는 이를 가까이에서 받들다. '모시다'.

미식미식하다 먹은 것이 되넘어 올 것같이 울렁거리다. '메슥메슥하다'.

미어진다 가득 차서 터질 듯하다. 가슴이 찢어질 듯이 심한 고통을 느끼다.

미열 그다지 높지 않은 몸의 열. **미얄할미** 양주 별산대놀이의 할미.

미욱하다 짓이나 됨됨이가 어리석고 미련하다.

미움받이 미움 받는 사람이나 짐승. 민줏단지, 민줏덩거리.

미자바리 항문을 이루는 창자의 끝부분. '미주알'.

미장 벽이나 천장, 바닥 따위에 흙이나 회, 시멘트 따위를 바르는 일. 미새.

미조차 아직 처리하지 아니함. '미쳐'.

미좇아가다 뒤를 따라가다. **미주** 빛깔과 맛이 좋은 술.

미주알 똥구멍을 이루는 창자 끝 어섯. 미자바리.

미주알고주알 아주 사소한 일까지 속속들이. 꼬치꼬치 따지다.

미쭉하다 미끈하고 길쭉하다. **미즈구리** 물가자미.

미지 세습 무당. **미지다** 옷이 해어져서 구멍이 나다.

미지기짜지기 서로 밀어붙이는 것.

미직지근하다 따뜻하지 않고 미지근하다. 미지그리하다.

미찐하다 마음에 걸려서 언짢고 싫은 느낌이 있다. '꺼림칙하다'.

미추룸하다 매우 젊고 건강하여 기름기가 돌고 아름다운 태가 있다.

미출미출하다 흠이나 거친 데가 없어 몹시 번드럽다. '미끈미끈하다'.

미치갱이 상식에서 벗어나는 행동을 하는 사람을 낮잡아 이르는 말. '미치광이'.

미타찰 아미타불이 살고 있는 정토淨土로, 지극히 안락하고 자유로운 세상.

미투리 삼으로 엮은 신. **미풍** 약하게 부는 바람. **믹이다** 먹이다.

민값 물건을 받기 전에 먼저 주는 물건값.

민꽃 꽃이 피지 않고 홀씨로 번식하는 식물.

민낚시 미늘이 없는 낚시. **민날** 칼이나 창의 날.

민낯 화장을 하기 전의 여자의 얼굴.

민다래끼 부스럼이 나지 않고 눈시울이 민틋하게 부어오르는 다래끼.

민달 눈치가 빠르고 민첩하여 모든 일에 환하게 통달함.

민둥산 나무가 없어 황토가 들러난 산.

민둥씨름 샅바 없이 하는 씨름. **민듯하다** 바닥이 편편하다.

민망타 낯을 들고 대하기에 부끄러운 데가 있다.

민머리 벼슬을 못함. 대머리. 백두白頭. **민부채** 아무런 꾸밈이 없는 부채.

민색 검푸르죽죽한 빛. **민요** 폭정에 항거하여 백성들이 일으킨 소요. 민란.

민어풀 민어의 부레로 만든 풀. **민적거리다** 할 일을 자꾸 미루어 질질 끌다.

민주대다 넌더리나게 귀찮게 굴다. **민주르다** 나란히 상대하다.

민주스러운 면구스럽다. **민줄** 연줄에 개미를 먹이지 않은 맨 연줄.

민줏단지 '미움받이'. 민줏덩거리. **민짜** 아무 꾸밈새 없는 소박한 몬.

민춤하다 미련하고 덜되다. 민충하다. **민탈** 낭떠러지.

민틋하다 일한 뒷자리가 깨끗하고 번번하다.

민패 아무 꾸밈새 없는 소박한 물건. **민핀하다** 바닥이 편편하다.

민툿하다 울퉁불퉁한 곳이 없이 평평하고 비스듬하다.

민하다 책임이나 의무 따위를 지지 않게 되다. '면免하다'.

믿자리떡 미나리,부추 등을 밀가루에 버무려 밥 위에 찐 떡.

밀가리 밀을 빻아 만든 가루. '밀가루', 밀갏.

밀개 곡식을 끌어 모으고 펴거나, 흙을 고르는 'ㅜ'자 모양의 기구. '고무래'.

밀굽 마소 따위의 다리에 편자를 박지 않거나 병이 생겨 앞으로 밀려난 발굽.

밀낫 풀을 밀어 깎는 낫. **밀냄비** 밀가루 반죽을 동그랗고 부친 전. '밀전병'.

밀대 대패. **밀돌** 곡식을 빻거나 바느질거리를 반드럽게 하는 납작한 돌.

밀뚝하다 못마땅하여 불쑥 하는 말이나 무뚝뚝한 기색이 있다. '퉁명스럽다'.

밀뚤레 '밀'을 둥글넓적하게 뭉쳐 놓은 덩이. **밀삐** 지게를 지는 끈.

밀레 산소를 이장하다. **밀막다** 못하게 말리다. **밀문** 앞으로 밀어 열게 된 문.

밀박 큰바가지. **밀범벅** 밀가루에 청둥호박이나 청대콩을 섞어 찐 범벅.

밀뵙기 명절에 부득이 그날 찾아가지 못할 경우, 그 전에 미리 찾아가는 일.

밀사리 밀을 불에 그슬려 먹는 것을 이르는 말. 사리는 사르다, 그을리다.

밀세다리 그나풀. 밀정. **밀알지다** 얼굴이 생김새가 빤빤하다.

밀장지 옆으로 밀어서 여닫는 장지. **밀절미** 사물의 기초가 되는 본바탕.

밀찌울 밀을 빻아 체로 쳐서 남은 찌꺼기. '밀기울'.

밀창 문이나 창 따위를 옆으로 밀어서 열고 닫는 방식. '미닫이'.

밀치 말의 안장이나 소의 길마에 걸고 꼬리 밑에 거는 막대기.

밀타승 '일산화 납' 물감. 색상의 농도에 따라 금밀타, 은밀타가 있다.

밀태상 꿀과 밀가루를 반죽하여 상처에 바르던 고약. **밀푸러기** 밀가루 국.

밀화장도 호박으로 꾸민 주머니 칼. **밉살스럽다** 미움을 받을 만한 데가 있다.

밉생 미운 얼굴이나 행동. '밉상'. **밉둥이다** 어린아이가 미운 짓을 하다.

밋겨집 본 마누라. **밋남진** 본 남편. **밍그적거리다** '밍기적대다'.

밍근하다 조금 미지근하다. **밍밍하다** 음식 맛이 싱겁다.

밑바대 속곳 밑 안폭에 힘받침으로 댄 천.

밑도리 머리털을 깎아 다듬음. '이발'. **밑두방치** 기본이 되는 바탕. '밑바탕'.

밑둥 긴 물건의 맨 아랫동아리. 나무줄기에서 뿌리에 가까운 부분. '밑동'.

밑둥치 둥치의 밑부분. **밑불** 불을 피울 때에 불씨가 되는 불. **밑살** 미주알.

밑싣개 두 발을 디디거나 앉을 수 있게 그넷줄의 맨 아래에 걸쳐 있는 물건.

밑알 암탉이 알 낳을 자리를 바로 찾아들도록 둥지에 넣어 두는 달걀.

밑이질기다 앉은 자리에 늘어붙은 듯이 자리를 뜨지 않고 추근거리다.

밑짝 '아내'의 낮은 말. **밑절미** '밑천'. **밑턱구름** 낮게 뜬 구름.

백암촌에서

빗속에 매화 꽃술 옥 같은 꽃잎 떨어지지만,
누가 높은 하늘의 해 맬 끈 빌릴 수 있을까?

2월 4일 저녁, 협천 황강의 남정(함벽루)에 올랐다. 고령을 지나 굽이가 많은 높은 재를 넘으면 협천에 다다른다. 협천陝川은 서쪽 백제와의 접속지로서, 신라는 이곳에 40여 개의 성읍을 관할하는 대야성 도독부를 두고, 김춘추의 사위 김품석金品釋 장군을 성주로 삼았다.

견고한 성일수록 성안에서부터 무너지는 법, 김품석의 방탕함 때문에 성주에게 불만을 품었던 검일黔日과 모척毛尺의 모반으로, 백제의 윤충允忠 장군의 공격에 난공불락의 대야성이 무너졌다. 신라군은 체념했지만, 죽죽 장군은 끝까지 맞서 최후를 맞았다.

대야성 산성에 올라 황강의 강변에 앉은 남정으로 내려갔다. 가야산에서 흘러내린 황강이 풀리면서 나룻배가 정박한 모래톱에 기러기 무리지어 날아오르고, 봄비 맞으며 풀과 나무들이 싹을 틔우니 물빛 또한 연둣빛으로 찰랑이었다.

황강 적벽의 남정 난간에 앉아 흐르는 강물 굽어보는데, 정자 지붕의 빗물이 죽죽竹竹 장군의 눈물처럼 황강 물 위로 죽죽 하염없이 떨어졌다.

남정에는 마치 시화전詩畵展 열 듯이 시인들의 시가 걸렸는데, 그 중에 시인의 처남 허사렴許士廉의 〈협천 남정〉이 있었다. 처남의 詩를 보면서 처가가 가까워졌음을 실감하게 된다.

삼가三嘉로 가는 길, 뒤로 멀어지는 남정이 강물 위에 외롭다.

죽죽장군의 임전무퇴 정신이 청사에 빛나는 대야성 전투,

'김유신의 반격은 그렇다 치고, 우리 땅에 당군唐軍을 들이다니!'

'백제와 왜, 당과 신라 연합군의 백강전투는 또 어떻고?'

천 년 전 역사를 두고 '나' 와 또 다른 자아自我가 갑론을박하니,

'세상일에 어이하여 걸핏하면 걸려드는가? (奈何世事動遭牽)'

세속의 굴레에서 벗어나지 못하는 자신을 탄식하면서, 〈삼가로 가는 길에 向三嘉途中〉 라는 詩를 지었다.

> 세속적인 마음 모두 잡아 속박에서 벗어나려 하나,
> 세상일에 어이하여 걸핏하면 걸려드는가?

2월 5일, 드디어 의령 가례 백암촌 처가에 도착하였다.

시인의 처가는 고성에서 의령 가례촌으로 이거하여 박천駁川 냇가에 백암정을 지었는데, 아내 허씨 부인의 할아버지 예촌禮村 허원보許元輔는 재물과 딸린 사람들이 많았으며, 임란 당시 홍의장군 곽재우도 세 살 때부터 허원보 집안에서 양육되었다.

시인의 장인 허찬은 예촌禮村 허원보許元輔의 둘째아들로서, 문경동의 사위가 되어 영주 푸실에 분가하여 살았다. 그러나 이때에는 고향 백암촌으로 돌아와 고독한 노년을 보내고 있었다. 모처럼 찾아온 사위가 반가웠지만, 사위를 보면 볼수록 죽은 딸 생각이 간절하였다.

가례 백암촌 앞 박천駁川은 자굴산에서부터 시작한 백암천(가례천)과 합류하여 의령읍을 에둘러서 단암진으로 흐르는 하천으로, 허원보는 박천駁川 강가에 백암정을 짓고 백암정 뜰에 연못을 파고 온갖 꽃과 나무를 심었다.

예촌 허원보는 백암정에 이름난 시인 묵객들을 초청하였는데, 어느 날, 탁영 김일손金馹孫, 한훤당 김굉필金宏弼, 창계 문경동文敬仝, 우랑 김영金瑛과 함께 시회詩會를 열었다.

처가의 백암정에는 시인 묵객들의 시가 걸려 있었는데, 그 가운데 처외조부 문경동文敬仝의 詩도 있었다. 그는 시인이 허씨 부인과 혼인하던 그 해 여름 세상을 떠났다.

처외조부가 별세하고 어느덧 12년이 지난 후, "빗속에 꽃잎 떨어짐을 안타까워한다."라는 그의 詩를 대하고 보니 그 시를 쓴 당사자가 살아서 온 듯 반가워, 그의 시를 차운하여 〈의령우택동헌운宜寧寓宅東軒韻〉을 지어 나그네 신세의 안타까운 심정을 읊었다.

빗속에 매화 꽃술 옥 같은 꽃잎 떨어지지만,
누가 높은 하늘의 해 맬 끈 빌릴 수 있을까?
새가 사람 부르고자 우는 소리 더욱 정답기만 하고,
꽃은 저녁임을 속이고자 어두운데도 오히려 환하네.

울타리에는 푸른 이끼 끼고 봄은 고요한데,
짙푸른 풀 무성한 못 둑에는 물 가득 차 있네.
나그네 신세 안타까운 마음 누가 알 수 있으리오?
크게 취하여 휘청거리며 앞쪽 추녀 밑에 드러눕는다네.

2월 11일, 의령 가례 백암촌을 떠나 단암진(정암다리)을 건넜다. 지리산 계곡마다 흘러내린 남강 물이 단암진을 지나 남지에서 낙동강과 만나면서, 큰 강을 이루어 남해로 흘러 들어간다.

봄빛은 남에서 강물을 거슬러 올라가고, 봄꽃은 들에서 산정 山頂으로 오른다. 양지바른 강 언덕엔 화사한 산 벚꽃이 산수유 와 봄을 다투어 꽃 피우고 개나리 줄기마다 샛노란 잎을 늘이는 봄빛에 흥이 겨워, 붉은 바위 나루〉를 지었다.

함안 모곡의 들은 꼬물거리는 많은 산봉우리로 갈라지고,
강 가운데는 한 조각 나뭇잎 배로다.
주변 경치에 취해 주위를 둘러보니 봄은 이미 한낮인데,
풀이 난 모래톱엔 수심이 가득하구나.

| 번역 | 장광수 2017 |

함안은 남강이 흘러 낙동강과 만나는 곳으로, 농사를 지을 수 있는 넓은 들판, 다른 지역과 교통할 수 있는 큰 강 덕택에, 초기 철기시대와 원삼국시대를 거치면서 강력한 고대국가인 아라가야 로 통합 발전하게 된다.

단암진을 사이에 두고 의령과 함안 일대는 아라가야 땅이다. 고령의 대가야가 신라와 결혼동맹을 맺고 신라에 병합되었으나, 아라가야는 오래도록 자립성을 유지하였던 곳이다.

죽재 오석복의 모곡矛谷은 함안 산인의 자양산 기슭이다.

모곡矛谷은 고려의 유민 재령 이씨 모은矛隱 이오李午 선생의 모은矛隱에서 유래된 것이다. 모은 선생은 고려 유민의 절의를 지켜 두문동杜門洞에 지내다가 밀양에 이거해 살면서 의령에 왕래하다, 자미화(紫薇化 백일홍) 활짝 핀 이곳에 집을 짓고 '고려 동학高麗洞壑'이라 하였다.

모은 선생은 함안 원북에 은거한 금은琴隱 조열趙悅, 합천 삼가 두심동에 은거한 만은晩隱 홍재洪載와 왕래하고 합천 가회의 운구대에서 시를 읊었는데, 사람들은 이들을 영남 삼은三隱이라 했다.

그는 아들에게 유언하기를, "나라를 잃은 백성의 묘비에 무슨 말을 쓰겠는가?"라며, 자신의 비碑에는 이름은 물론이고 글자 한자 없는 백비白碑를 세우도록 했다. 훗날, 시인은 자신의 묘도墓道에 비갈碑碣을 세우지 말고 작은 돌에 '퇴도만은진성이공지묘退陶晩隱眞城李公之墓'라고 쓰도록 유언하였다.

오석복의 죽재는 고려동의 고려교를 건너 자미화 덤불 앞을 지나 고려동 뒤로 오르니 대나무숲 속에 있었는데, 푸른 대나무숲에 이는 맑은 바람으로 죽재의 소쇄瀟灑한 정취를 알 수 있다. 의령에서 단암진을 건너면서 시 〈붉은 바위 나루〉를 지었다.

함안 모곡의 들은 꼬물거리는 많은 산봉우리로 갈라지고,
강 가운데는 한 조각 나뭇잎 배로다.
주변 경치에 취해 주위를 둘러보니 봄은 이미 한낮인데,
풀이 난 모래톱엔 수심이 가득하구나.

바가지 요금이나 물건값이 실제 가격보다 훨씬 더 비쌈.

바가지장단 바가지를 물 위나 맨바닥에 엎어 놓고 치는 장단.

바깥 밖이 되는 곳. 한데. 배꼍, 배끝.

바깥노인 한 집안의 남자 노인. 밧노인.

바깥애 하녀가 자기 남편을 웃어른에게, 웃어른이 여자 하인에게 이르던 말.

바깥채 한 집 안에 안팎 두 채 이상의 집이 있을 때, 바깥에 있는 집채.

바구니 대나 싸리 따위를 쪼개어 둥글게 결어 속이 깊숙하게 만든 그릇.

바구미 곡식을 갉아먹는 좁쌀만한 벌레. 바개미, 바기미.

바꾸 돌리거나 굴리려고 테 모양으로 둥글게 만든 물건. '바퀴'.

바꿈질 자기 물건을 다른 사람에게 주는 대신 그 사람의 물건을 받다.

바끈 어떤 때가 바싹 다가와 가까움. '박근迫近'.

바기롭다 솜씨나 재주 따위가 재치 있게 약삭빠르고 묘하다.

바냐위다 성질이 반지랍고도 아주 인색하다.

바늘겨레 헝겊 속에 솜이나 머리카락을 넣어 만든 바늘꽂이. 바늘쌈지.

바늘당시기 바늘, 실, 골무, 헝겊 등 바느질 도구를 담는 그릇. 받짇고리.

바늘산 바늘이 꽂혀 있는 고통스런 지옥의 한 가지.

바니다 따라가거나 머뭇머뭇거리며 바장이다.

바닥쇠 바둑돌과 비슷한 마고자 단추. **바당간** 부엌.

바대 겉옷이나 속옷의 필요한 부분에 덧대거나 치레로 대는 천 조각.

바더리 '땅벌'. **바두다** 다그쳐 단단히 잡다. '다잡다'.

바둑 검은 돌과 흰 돌을 번갈아 두어 에워싼 집의 크기를 셈하는 겨루기.

바둑머리 머리털을 조금씩 모숨을 지어 여러 갈래로 땋은 어린아이의 머리.

바듬하다 작은 물체 따위가 밖으로 약간 벋은 듯하다. '바드름하다'.

바디 베틀, 가마니틀, 방직기 따위에 딸린 기구의 하나.

바딱 눕거나 앉아 있다가 조금 큰 동작으로 갑자기 일어나는 모양. '벌떡'.

바라 불교 의식에서 둥글넓적하고 배가 불룩한 놋쇠 두 짝을 마주치는 타악기.

바라경 혼인·출산·죽음에 관한 미신을 없애려는 불경. '팔양경'.

바라기 음식을 담는 보시기만한 사기그릇.

바라지 음식이나 옷을 대어 주거나 온갖 일을 돌보아 주는 일.

바라춤 마음과 도를 닦는 장소를 깨끗이 한다는 불교 의식 무용.

바람 실이나 새끼 따위의 한 발 쯤 되는 길이.

바람꽃 큰 바람이 일어나려고 할 때 먼 산에 구름같이 끼는 뽀얀 기운.

바람만바람만 바라보일 만한 정도로 뒤에 멀리 떨어져 따라가는 모양.

바람머리 바람 쏘이면 골이 아픈 증세. **바람벽** 칸살을 둘러막은 둘레의 벽.

바람(이)자다 소란하던 분위기가 가라앉았다.

바람총 대통이나 나무통 속에 화살 같은 것을 넣고 입으로 불어서 쏘는 총.

바람칼 새의 날개가 바람을 가른다는 뜻으로, '새의 날개'에 비유한 바람.

바람할미 전설에 이른 봄에 꽃샘바람을 불게 한다는 신선 할미.

바랑 승려가 짊어지고 다니는 자루 같은 큰 주머니. 배낭의 변한 말.

바래 파루罷漏. 오경삼점에 큰 쇠북을 서른세 번 친다.

바래다 볕이나 습기를 받아 색이 변하다. 바렜다.

바래주다 가는 손님을 일정한 곳까지 따라가서 작별하여 보내는 일. '배웅'.

바루 옆 길로 빠지지 아니하고 곧장. '바로'.

바루다 비뚤어지거나 구부러지지 않도록 바르게 하다. 바룽다.

바룩하다 작은 입을 좀 크게 벌리고 자꾸 숫기 있게 웃다.

바르다 상대방을 압도적으로 제압하거나 능가하다.

바르잡다 숨겨진 일을 들추어내다. **바리** 마소의 등에 싣는 짐을 세는 단위.

바리공주 버림받은 딸이 고행으로 부모의 병을 고친 효녀.

바리데기 오구굿에서, 죽은 사람의 영혼을 저승으로 인도하는 사령제.

바리때 승려의 공양 그릇. **바리바리** 짐 따위를 잔뜩 꾸려 놓은 모양.

바리안베 한 필을 접어서 바리때에 전부 담을 수 있을 정도로 썩 고운 베.

바림 색깔을 한쪽을 짙게 칠하고 다른 쪽으로 갈수록 엷게 나타내는 기법.

바릿밥 대접처럼 아가리가 넓은 그릇인 바리에 담은 밥.

바보축구 사람답지 못한 짓을 하는 사람을 낮잡아 이르는 말.

바쁘재 밥상 덮는 밥보자기. 보자褓子기. '밥부제'.

바사기 물정에 어두워 똑똑하지 못한 사람을 놀림조로 이르는 말.

바싹하면 조금이라도 일이 있기만 하면 곧. '걸핏하면'.

바세다 빛이 아주 아름답고 황홀하다. '눈부시다'.

바소가리 짐을 싣기 위하여 지게에 얹는 소쿠리 모양의 물건. '발채'.

바수다 여러 조각이 나게 두드려 잘게 깨뜨리다.

바스러지다 얼굴이 마르고 쪼그라지다.

바시웁다 빛이나 색채가 강렬하여 마주 보기가 눈이 부시다.

바심 곡식의 이삭을 털어서 낟알을 거두는 일. '타작'. 바슴.

바실바실하다 하는 일에 쉬지 아니하고 꾸준하다. '바지런하다'.

바앗간 방아로 곡식을 찧거나 빻는 곳. '방앗간'. 바앙깐.

바오달 군영. 군막. **바우** 남자 머슴을 홀하거나 얕잡아 부르는 이름.

바우옷 바위에 끼는 돌이끼. **바위너겁** 바위 사이에 생긴 틈.

바위너설 바위가 삐죽삐죽 내밀어 있는 험한 곳.

바위너덜 바위가 많은 비탈. **바위옹두라지** 울퉁불퉁한 바위의 뿌다구니.

바이 다른 도리 없이 전연. **바자** 싸리를 발처럼 엮어서 만든 울타리. 바지.

바자구 '바닥'. **바자위다** 성질이 깐깐하여 너그러운 맛이 없다.

바잡다 두렵고 염려스러워 조마조마하다.

바장이다 부질없이 짧은 거리를 오락가락 거닐다. / 머뭇머뭇하다.

바지게 발채를 얹은 지게. **바지랑대** 빨랫줄을 받치는 장대.

바지런하다 놀지 아니하고 하는 일에 꾸준하다. 바실바실하다.

바지저고리 바지와 저고리. '촌사람'을 속되게 이르는 말.

바직하다 물기 있는 생선이 뜨거운 열에 닿아서 급히 졸아붙는 소리.

바질타 조금도 꺼리거나 어려워하지 않고 야무지고 굳세다. '당돌하다'.

바짓말 바지춤. 바지의 허리 부분. **바치** 어떤 일에 종사하는 사람을 이르는 말.

바치다 음식이나 암수에 주접스럽게 가까이 덤비다.

바쿠 돌리거나 굴리려고 테 모양으로 둥글게 만든 물건. '바퀴' 발통.

바탕 거리의 단위로, 한 바탕은 활을 쏘아 살이 미치는 거리.

바탱이 중두리보다 조금 작은 오지그릇.

바투 두 물체의 간격이 썩 가깝게. 매우 짧은 시간. 바특이.

바특하다 두 대상이나 물체 사이가 조금 가깝다.

바틀리다 서로 힘 있게 마주 닿게 되거나 마주 대게 되다. '부딪히다'.

바풀 밥 하나하나의 알. '밥풀'. **박** 판잔이나 면박.

박고지 박의 속을 파낸 뒤 길게 오려서 말린 반찬거리.

박구기 작은 박으로 만든 국자. **박나다** 있던 것이 없어져 바닥나다.

박다위 종이나 삼을 꼬아서 길게 엮어 짐짝을 걸어서 메는 데에 쓰는 멜빵.

박등 순라꾼의 등불. 수조롱. **박래품** 외국에서 배에 실어온 물품.

박모 땅거미. **박물군자** 모든 것을 널리 아는 어진 사람.

박박이 그러하리라고 미루어 짐작건대 틀림없이.

박배 문짝에 돌쩌귀, 고리, 배목 따위를 박아서 문틀에 끼워 맞추는 일.

박부득이 일이 매우 급하게 닥쳐와서 어찌할 수 없이.

박사 생사로 짠 얇고 가벼운 비단.

박살 뜨다 씨름에서, 단번에 메다꽂으려고 상대를 위로 들어올리다.

박상 '튀밥'. **박쌈** 남의 집에 주려고 함지박에 음식을 담고 보자기로 싼다.

박수 사내 무당. **박우물** 바가지로 물을 뜰 수 있는 얕은 우물.

박장구 물 위에 바가지를 엎어 놓고 장구 치듯 두드리기. **박재기** '바가지'.

박절하다 인정이 없고 쌀쌀하다. /일이 바싹 닥쳐서 매우 급하다. 절박.

박쥐 쥐와 비슷하나 날아다니는 야행성으로, 초음파로 거리와 방향을 알아낸다.

박쥐구실하다 줏대 없는 사람을 비유적으로 이르는 말.

박지르다 힘껏 차서 쓰러뜨리다. **박초** 값싼 잎담배.

박치다 집어서 냅다 던지다. **박통** 쪼개지 아니한 통째로의 박.

박혀 한곳을 뚫어지게 바라보다. **밖으로** 아내가 남편을 이르는 말. '바깥양반'.

반거충이 무엇을 배우다가 중도에 그만두어 이루지 못한 사람. 반거들충이.

반께이 어린 계집아이들의 살림놀이 도구. **반격** 되받아 공격함.

반골 권력이나 권위에 순응하거나 따르지 아니하고 저항하는 기백.

반구비 화살이 높지도 않고 낮지도 않게 알맞게 가는 꼴.

반기 음식을 여러 군데에 나누어 주려고 목판이나 그릇에 몫몫이 담은 것.

반다시 '반드시'. **반닫이** 앞의 위쪽 절반이 문짝으로 된, 궤 모양의 가구.

반달문 윗부분이 반달 모양으로 생긴 문. **반대기** 감자떡.

반도 그물 양쪽에 막대로 손잡이를 만든 고기 잡는 그물. '반두', 반디.

반동강 일을 끝맺지 못하고 중간에서 흐지부지 그만두거나 끊어 버림.

반둥건둥 일을 다 끝내지 못하고 중도에서 성의 없이 그만두는 모양.

반득하다 작은 물체나 행동이 비뚤어지거나 굽지 아니하다. '반듯하다'.

반들임 씨름에서, 수단과 배의 힘 반반으로 상대를 제압하는 것. 반드림.

반듯이 생각이나 행동 따위가 비뚤어지거나 기울거나 굽지 아니하고 바르게.

반듸 미나리아재빗과의 여러해살이풀. '너도바람꽃'.

반물(빛) 짙은 검은빛을 띤 남藍색. 쪽빛. **반물치마** 짙은 남색 치마.

반바래기 '따라 다니기. **반박지다** 얼룩지다.

반버버리 발음 기관 이상으로 남이 잘 알아듣지 못하게 말 하는 사람.

반벌충 모자라는 것을 다른 것으로 갈음하여 반쯤 채움.

반병두리 둥글고 바닥이 편편한 놋쇠 국그릇. **반보** 남색물 들인 보자기.

반보기 멀리 시집 간 친척부인네들이 중간지점에서 만나보기.

반부새 말이 조금 거칠게 닫는 일. **반분대** 살짝 칠한 엷은 화장.

반불겡이 반쯤 익어서 불그레한 고추. **반빗간** 반찬을 만드는 부엌.

반빗사리지다 땅이 약간 비탈지다. '반비알지다'.

반빗아치 반찬 만드는 하녀. **반빗하님** '반빗아치'를 조금 높여 이르는 말.

반살미 갓 혼인한 신랑이나 신부를 일갓집에서 처음으로 초대하는 일.

반색 매우 반가워함. **반쇠** 온전히 채우지 아니한 자물쇠.

반수둑이 물건이 완전히 마르지 아니하고 반쯤만 마른 정도.

반숭반숭하다 이것도 저것도 아니고 어중간하다. **반식자** 얼치기 지식인.

반실 디딜 방앗간. **반실이** 신체의 기능이 온전치 못하거나 변변찮은 사람.

반양 배내. 배내기. **반웃음** 웃는 듯 마는 듯. **반월깃** 반달처럼 생긴 옷깃.

반자 지붕 밑이나 위층 바닥 밑을 편평하게 하여 치장한 각 방의 윗면.

반자돌림 양반 명색. **반자받다** 몹시 노하여 펄펄뛰다.

반짝이다 작은 빛이 잠깐 나타났다가 사라지다.

반쟁이 바닷가 바위에 붙은 작은 게.

반절 아랫사람의 절을 받을 때, 앉은 채 윗몸을 반쯤 굽혀서 하는 절.

반조개 모래가 많은 진흙 바닥에 서식하는 재첩과의 민물조개. '재첩'.

반종 종種이 다른 두 종의 동물 사이에서 난 새끼. '튀기'.

반주 날은 명주실, 씨는 명주실과 무명실을 두 올씩 섞어 짠 천.

반주그레하다 얼굴이나 겉모습이 매우 반반하고 아름답다.

반죽斑竹 전설에 아황娥皇과 여영女英의 피눈물이 떨어져 생긴 반점. '소상반죽'.

반중동 붓의 반쯤에 먹물을 적시다.

반지기 지주가 소작인에게 소작료를 수확량의 절반으로 매기는 일. '배메기'.

반지깽이 바늘, 실, 골무, 헝겊 등의 바느질 도구를 담는 그릇. '반짇고리'.

반지랍다 됨됨이가 꾀바르다. **반지랍다** 윤이 나고 매끄럽다.

반지빠르다 빈틈없고 두름성이 있는 솜씨. **반질당새기** '반짇고리'.

반짓다 과자나 떡 따위를 둥글고 얇은 조각 모양으로 만들다. **반추** 되새김.

반춤 나뭇가지가 센 바람에 춤추듯이 흔들거리는 모양을 비유하는 말.

반치 전체의 절반이 되는 수. '반수'. **반치기** 가난한 양반. 쓸모없는 사람.

반틈 반으로 자름. **반팅이** 통나무의 속을 파서 만든 그릇. '함지'.

반팔등거리 짧은 소매 등거리. **반포** 자식이 부모를 봉양하는 일. 안갚음.

반포수건 실을 섞어 짠 좁은 무명 수건. **반핀이** '멍청이'. 반푼이.

반회장 여자 저고리의 깃, 끝동, 고름을 다른 색 헝겊을 대어 꾸미는 것.

받걷이 받을 돈을 거두어들이는 일. **받고차기** 머리로 받고 발길로 차기.

받내다 몸을 움직이지 못하는 사람의 대소변을 받아내다.

받는소리 민요나 상여소리에서, 앞소리를 여럿이 함께 받아 부르는 소리.

받다 돈을 주고 물건을 사다. **받댕이** 한복 바지가랑이의 '대님'.

받자 관아에서 환곡이나 조세 따위를 받아들이던 일.

받자하다 남이 괴로움을 끼치거나 요구를 하여도 너그럽게 잘 받아 줌.

받치다 물건의 밑이나 옆에 다른 물체를 대다. 받훌다.

받침두리 양복장 아래에 덧대어 받침 역할을 할 수 있도록 한 나무.

받히다 머리나 뿔 따위로 세차게 부딪치다. 받헤다. **발** 다리 맨 끝부분.

발가내다 겉에 둘러 싼 것을 헤집고 속의 것을 끄집어내다. '발라내다'.

발가리 암탉이 알을 품으면서 털을 곤추세우고 날개를 펴는 짓.

발감개 버선이나 양말 대신 발에 감는 좁고 긴 무명천.

발거리 간사한 꾀로 남을 은근히 속여 해를 끼치는 짓.

발광 미친병의 증세가 밖으로 드러나 비정상적이고 격하게 행동함.

발구 산간지방에서, 마소에 메워 물건을 실어 나르는 큰 썰매.

발긔 〔件記〕 돈이나 머릿수 따위를 적은 글발.

발기집다 (남의 허물을)들추어 내다. **발꼬뱅이** 발목의 잘록한 부분.

발그대대하다 산뜻하지 못하고 조금 천박하게 발그스름하다.

발그림자 찾아가거나 찾아오는 일을 비유로 이르는 말. 오고가는 발걸음.

발그족족하다 칙칙하고 고르지 아니하게 발그스름하다.

발끈 왈칵 성내는 꼴. **발끝** 발이 움직이는 방향. 행동거지.

발기 사람이나 물건의 이름을 죽 적어 놓은 글. **발길질** 발로 차는 짓.

발내다 물건의 값을 부르다. '호가하다'. **발댕이** '대님'. 받댕이.

발더쿠 사람이 가는 곳을 따라 생기는 길흉화복의 운수. '발떠퀴'.

발덧 길을 많이 걸어서 발에 생기는 탈. **발동** 일이 작용하기 시작함.

발덩거지 발을 걸어 방해하는 짓으로 남이 하려는 것을 앞지르는 것. 발등치기.

발등거리 초상집에서, 임시로 쓰기 위해서 대충 엮어 만든 등燈 바구니.

발등걸이 남이 할 일을 앞질러 함. 상대의 발등을 밟아 넘기는 씨름 기술.

발라맞추다 말이나 행동을 남의 비위에 맞게 하다.

발랑까지다 아주 가볍고도 성격이 되바라져 까진 것.

발랑거리다 아주 가볍고도 재빠르게 자꾸 움직이다.

발록구니 일이 없이 돌아다니는 사람. **발리다** 재물을 이리저리 뜯기다.

발림 판소리에서 노래하는 사람이 행하는 몸짓.

발림수 비위를 맞추기 위하여 달래는 수작. 발림수작.

발막 코끝이 넓적한 노인들의 가죽신 **발막하다** 염치없고 뻔뻔스럽다.

발만스럽다 두려워하거나 삼가는 태도가 없이 꽤 버릇없다.

발맘발맘 한 발씩 또는 한 걸음씩 길이나 거리를 재는 모양.

발매 산판의 나무를 한목 베어 냄. **발매치** 발매 때에 베어 낸 땔나무.

발멩 죄가 없음을 밝힘. **발모간지** '발모가지'. 발매가지, 발목디이.

발바심 곡식의 이삭을 발로 밟아서 낟알을 떨어냄.

발바투 기회를 놓치지 않고 재빠르게. **발발성** 떨리는 소리. 발발이 여러번.

발밭다 기회를 놓치지 않고 재빠르게 붙잡아 이용하는 소질이 있다.

발보이다 남에게 자랑하기 위하여 자기의 재주를 일부러 드러내 보이다.

발뿌리 식물의 새로 난 잔뿌리. **발비** 빗줄기가 보일 정도로 굵은 빗방울.

발싸심 팔다리를 움직이고 몸을 비틀면서 비비적대는 짓.

발새 발을 디딜 수 있는 공간. **발설다** 가는 곳마다 낯설다.

발쇠 남의 비밀을 캐내어 다른 사람에게 넌지시 알려 주는 짓. 발쇠짓.

발씨 길을 갈 때 발걸음이 그 길에 익은 정도. **발원** 물줄기가 시작한 곳.

발주저리 해진 버선이나 양말을 신은, 너절하고 지저분한 발.

발질 발길질. **발짜구** 발로 밟은 모양. 발자취. '발자국' 발자악, 발짜우.

발짝거리다 누워서 몸을 일으키려고 팔다리를 자꾸 움직이다.

발쪽거리다 조금 바라졌다 오므라졌다 하여 속의 것이 보였다 안 보였다.

발칙 발치는 누워서 발을 뻗는 곳. **발채잠** 남의 발치에서 자는 잠.

발탄강아지 강아지처럼 일없이 쏘다니는 사람을 놀림조로 이르는 말.

발톱 발가락의 끝을 덮어 보호하고 있는, 뿔같이 단단한 물질. 발톱.

밝히다 지나치게 좋아하다. **밟다** 두 팔을 편 길이를 단위.

밟다듬이 천이나 종이 따위를 발로 밟아서 구김살이 펴지게 다듬는 일.

밤농사 부부어르기. **밤느진이** 밤나무의 꽃. '밤느정이'.

밤대거리 밤낮 교대로 일하는 경우 밤에 일하는 대거리.

밤도와 밤에도 낮처럼 힘써. **밤두억시니** 사라운 귀신(두억시니). 야차夜叉.

밤뒤 '밤똥'. **밤마실** 밤에 이웃에 놀러 가는 일.

밤물잡이 밤에 물고기나 새우 따위를 잡는 일.

밤볼 입 안에 밤을 문 것처럼 살이 볼록하게 찐 볼.

밤새드록 잠을 자지 않고 밤을 보냄. **밤새미** '밤샘'. 밤새움. 철야

밤소리 쥐가 듣는 소리. **밤얽이** 짐을 묶을 때에 두 겹으로 매는 매듭.

밤엿 흰엿을 밤톨만 하게 잘라 깨나 콩고물을 묻힌 엿.

밤윷 밤알을 쪼갠 조각만큼 작은 윷짝. **밤잔물** 밤 동안의 자리끼.

밤저녁 잠자리에 들기 전의 그다지 늦지 않은 밤.

밥 끼니로 먹는 음식. **밥고리** 반찬을 곁들여 담는 밥그릇. '도시락'.

밥그릇 밥벌이를 위한 일자리의 속된 말. **밥대기** 밥 해주는 사람. 마누라.

밥뎜 음식을 파는 가게. '음식점'. **밥밑** 밥지을 때 밑에 놓는 콩.

밥받이 죄인에게 형벌을 주어 자백을 받아 내던 일.

밥벌이 먹고살려고 하는 일. **밥병신** '벌이가 신통찮은 사람'을 낮춤말.

밥부제 밥상을 덮기 위해 베나 헝겊으로 만든 보자기. '밥보자기'. 밥보자.

밥산노릇 밥벌이. **밥소라** 밥, 떡국, 국수를 담는 뚜껑 없는 큰 놋그릇.

밥쇠 밥만 축내는 사람. **밥자배기** 밥을 담는 둥글고 아가리가 벌어진 질그릇.

밥재이 남에게 '아내'를 겸양하여 말할 때. **밥쥭** '밥주걱'.

밥풀눈 눈꺼풀에 붙은 밥알만한 군살. 밥풀 ; 바풀.

밥풀때기 계급을 낮잡는 뜻으로 이르는 말. **밧나랗** '외국'.

밧사돈 '바깥사돈'. **밧삼다** 상관하지 아니하거나 무시하다. '도외시하다'.

밧집 대궐 밖의 민가. **방榜** 여러 사람에게 알리기 위해 써 붙이는 것.

방갓 대오리로 만든 상제의 삿갓. **방걷기** 재목을 깎아서 둥글게 하는 일.

방구 매우 큰 돌. '바위'. **방구리** 동이보다 조금 작은 물 긷는 질그릇.

방구매기 초가의 양쪽 추녀를 조금씩 잘라서 처맛기슭을 둥그스름하게 함.

방구멍 연의 한복판에 둥글게 뚫은 구멍.

방구부채 비단이나 종이 따위로 둥글게 만든 부채. '단선'.

방궉 방 안을 속되게 이르는 말. '방구석'. **방귀** 방기放氣, 방구.

방깐 '방앗간'. **방나다** 집안의 재물이 모두 다 없어지다.

방낮 밝은 대낮을 강조하여 이르는 말. **방년** 이십 세 전후의 한창 나이.

방뎅이 짐승 엉덩이, 방딩이. **방둥구부렁이** 엉덩이가 구부러진 길짐승.

방망이 어떤 일에 대하여 필요하고 참고될 만한 사항을 간추려 적은 책.

방동사니 사초과의 한해살이풀. 왕골과 비슷한데 작고 특이한 냄새가 난다.

방맹이 두드리거나 다듬는 데 쓰기 위하여 길고 둥그스름한 도구. '방망이'.

방목 과거에 급제한 명단을 적은 책. **방물장수** 방물을 팔러 다니는 장수.

방박지다 '단단하다'. 방박하다. **방발시다** 힘이 한창 왕성하게 생겨나다.

방사오리 몸을 기대는 방석. '안석'. **방상하다** 모습이나 실력이 비슷하다.

방선도리 방안 벽의 굽도리. **방성** 마을, 동리.

방성대곡 큰 소리로 몹시 슬프게 곡을 함. **방수방수** 방싯방싯 웃음.

방아살 쇠고기의 등심 복판에 있는 고기.

방아호박 방앗공이로 찧을 수 있게 우묵하게 판 돌. '방아확'.

방앗간 방아로 곡식을 찧거나 빻는 곳. 바앗간, 방깐.

방앗다리 디딜방아 방아채에서 발로 디디는 뒷부분. **방어** 주술적 언어.

방울나귀 몸은 작으면서 걸음이 빠른 나귀. **방울띠** 방울 꼴 허리띠.

방울목 궁굴궁굴 굴려내는 목소리. **방울쏘냐** 당해내겠느냐.

방이다 어떤 부분을 힘껏 후려치다. **방자** 남이 재앙을 받도록 저주하는 방술.

방자고기 씻지도 않고 다른 양념 없이 소금만 뿌려 구운 고기.

방조각 옷의 기운 조각. **방죽** 홍수를 막기 위하여 쌓은 둑.

방짜 손으로 두드려 만든 놋그릇. 제대로 된 사람을 비유하여 일컫는 말.

방천 냇물이 넘쳐 들어오는 것을 막는 둑. 냇둑, 천방.

방치년 초례 치른 어린 신부가 신방에 들었다가 도로 밖으로 나오는 것.

방치다 '합하다'를 강조하여 이르는 말. **방칫돌** '다듬이돌'.

방퉁이 '바보'를 낮잡아 이르는 말.

방틀굿 땅속으로 곧게 파 내려가 '井' 자로 방틀을 쌓아 올린 광산 구덩이.

방티이 통나무의 속을 파서 큰 바가지같이 만든 그릇. '함지박'.

방파내기 불만스러움을 맞대놓고 강하게 반발하여 따지는 것을 이르는 말.

방패막이 어떤 사건이나 공격으로부터 막아 보호하는 일.

방황 분명한 방향이나 목표를 정하지 못하고 갈팡질팡함.

밭갈애비 밭을 가는 농부. **밭구덕** 밭이랑 사이 홈 진 곳.

밭날갈이 며칠 걸려서 갈 만큼 큰 밭. **밭다** 거리나 관계가 짧거나 가깝다.

밭둑 밭과 밭 사이의 경계를 이루는 둑. 밭지겁.

밭뒤다 밭을 거듭 갈다. **밭때기** 얼마 안 되는 자그마한 밭. '밭뙈기'.

밭띠기 밭에서 나는 작물을 밭에 나 있는 채로 몽땅 사는 일. '밭떼기'.

밭머래기 '밭머리'. **밭벼** 밭에 심어 기르는 벼. 밭나락.

밭사돈 딸의 시아버지, 며느리 친정아버지를 양가에서 이르는 말. 바깥사돈.

밭은기침 병이나 버릇으로 힘도 들이지 않으며 자주 하는 기침.

밭장다리 두 발끝이 바깥쪽으로 벌어진 다리.

밭지겁 밭과 밭 사이의 경계를 이루고 있거나 밭가에 둘려 있는 둑. '밭둑'.

밭팔다 여자가 정조를 팔아 먹고 살다를 속되게 하는 말.

배리 이치에 맞지 아니함. **버들강아지** 버드나무의 꽃. 버들개지. 버들가안지.

버쿠통 아주 복잡하고 시끄러운 분위기나 모습을 일컫는다. **벌로** 함부로.

법륜사 진주시 문산읍 소재. 퇴계와 혜충스님이 도불道佛을 논하던 절.

배강 돌아앉아서 책을 보지 않고 욈. 배송背誦.

배게다 바닥에 닿는 몸의 부분에 단단한 것이 받치는 느낌. '배기다'.

배깥 밖이 되는 곳. '바깥'. 배껕, 배끝. **배꼽** '뱃복'의 순 우리말.

배꼽노리 배꼽이 있는 언저리. **배꼽점** 바둑판 맨 가운데. 어복魚腹.

배내 남의 가축을 키워서 새끼를 주인과 나누어 가지는 일. '배내기'.

배내똥 갓난아이가 먹은 것 없이 처음으로 싸는 똥.

배냇버릇 태어날 때부터 버릇 또는 고치기 힘들게 굳어진 나쁜 버릇.

배냇병신 세상이 태어날 때부터 장애자.

배냇짓 갓난아이가 자면서 웃거나 눈, 코, 입 따위를 쫑긋거리는 짓.

배다리 뱃집다리. 선창船艙. **배돌다** 한데 어울리지 않고 혼자 행동하다.

배동 곡식의 이삭이 나오려고 대가 불룩해지는 현상.

배동바지 벼, 보리 따위의 이삭이 나오려고 대가 불룩해질 무렵.

배따라기 12가지 서경악부西京樂府 중의 하나.

배때기 '배'의 속된 말. 배때지, **배때벗다** 언행이 거만하고 반지빠르다.

배두렁이 어린아이가 입는, 배만 겨우 가리는 좁고 짧은 치마같이 만든 옷.

배듬하다 수평이나 수직이 되지 아니하고 한쪽으로 조금 기운 듯하다.

배라먹다 남에게 구걸하여 얻어먹다. '빌어먹다'.

배래 육지에서 멀리 떨어져 있는 바다 위.　**배리** 창자.

배리디기 죽은 이의 넋을 저승에 보낼 때 무당이 부르는 노래. '바리데기'.

배리틀리다 '아니꼽다'. **배리배리하다** 배틀어질 정도로 야위고 연약하다.

배릿배릿하다 냄새나 맛이 매우 배린 듯하다.

배막디이 소견이 좁고 앞뒤가 꽉 막힌 사람을 비유적으로 일컫는 말.

배맨하다 조심성이 없다. **배면** 범연하게. 얼마나 잘.

배메기 지주와 소작인이 수확한 것을 똑같이 나누어 갖다. 반타작. 배내,

배목 방문의 문고리를 거는 쇠.　**배미** '논배미'의 준말. / 뱀.

배미리기 배를 바닥에 대고 기어가는 일. '배밀이'.

배벌 수나 양을 두 번 합한 만큼.　**배뽕양하다** 배가 불러 크게 만족하다.

배뿔띡 '배불뚝이'.　**배상들다** 손님에게 음식을 차린 상을 올리다.

배상부리다 자기의 몸을 아껴 할 일을 제대로 하지 않고 꾀만 부리다.

배쌈 배가 부딪힐 때 충격을 줄이기 위하여 뱃전의 언저리를 덧붙여 둘러쌈.

배석앉다 한쪽으로 비스듬히 앉다. **배설** 연회에 음식을 차려서 베푸는 것.

배숫도랑 골짜기에 흐르는 작은 도랑. '개울'.　**배스르다** 임신하다.

배쏙 대수롭지 아니한 일에 틀어져서 돌아서는 모양.

배쏙거리다 쓰러질 듯이 요리조리 자꾸 비틀거리다.

배시시 입을 조금 벌리고 소리 없이 가볍게 웃는 모양. 보일 듯 말 듯 살짝.

배씨댕기 배의 씨 모양으로 은 위에 칠보를 올린, 어린 여자아이 댕기.

배식배식 입을 조금 벌리면서 소리 없이 웃는 모양.

배아다 '망치다'. 배알 산이나 언덕의 기울어진 상태나 정도. '비탈'.

배알뽑다 속마음을 떠보다. 배암 뱀. 배어루러기 배에 난 털이 얼룩인 짐승.

배움배움 보거나 듣거나 하여 배운 지식이나 교양. 배움바다 배움터.

배자 순장바둑에서 돌을 미리 놓던 것. 배젊다 나이가 아주 젊다.

배점마을 소백산 국망봉 오르는 길의 대장장이 배순이 살았던 마을.

배지 지위가 높은 사람이 낮은 사람에게 권한을 위임하던 공식 문서. '패지'.

배차 '배추'의 한자어 '白菜'는 당시 중국 한자음에서 직접 들여왔다. '배추'.

배차꼬랭이 배추뿌리. 배창지꼬추다 배창자가 꼬일 정도로 매우 우습다.

배총 탯줄이 떨어지면서 배의 한가운데에 생긴 자리. '배꼽'.

배치 눈시울이 발갛게 붓고 곪은 작은 부스럼. '다래끼'.

배코 면도하듯이 빡빡 깎은 머리. 배태 나락의 알이 밴 것./ 아이를 가짐.

배회 어떤 곳을 중심으로 이리저리 걸어 다님.

배흘림기둥 건물의 안정을 위해 중간이 배가 부르고 아래위로 점점 가늘다.

백골난망 남에게 큰 은혜를 입었을 때 고마움을 표시하는 말.

백낙같이 '벽력같이'. 백날마지 백일百日불공.

백년대계 앞날까지 미리 내다보고 세우는 크고 중요한 계획.

백당목 흰 무명시리로 짠 고운 천 백당시기 머리카락이 하얗게 샌 나이.

백당지 생진과 입술증. 백두짜리 벼슬하지 못한 민머리.

백리 백 리 안팎이 한 고을. 백면서생 글만 읽고 세상물정을 모르는 사람.

백비 아무것도 씌어 있지 않은 빗돌. 백사 모든 역사책.

백서 비단에 쓴 글. 백설총이 온몸이 희고 입술이 검은 흰말.

백성 일반 평민. 백세후 죽은 뒤. 백수문 천자문. / 머리가 하얗게 세다.

백암촌 경상남도 의령군 가례면 가례동천. 1942년 대화재로 소실됨.

백의종군 벼슬함이 없이 군대를 따라 싸움터에 나감.

백이다 한곳에 들어앉아 나가지 아니하는 상태를 계속하다. '박히다'.

백자포 물고기 수컷의 배 속에 있는 흰 정액 덩어리로 만든 포.

백정 가축을 잡는 일을 하는 사람. **백중물** 백중날 무렵에 많이 오는 비.

백줴 백주白晝(대낮)에 할 수 없는 일을 드러내놓고 한다는 뜻. '백지'. 백제.

백지 아무 까닭이나 실속이 없게. '괜히', '공연히'. 백줴.

백짐 '백설기'. 시루떡. 백편. **백청** 빛깔이 희고 바탕이 썩 좋은 꿀.

백태 신열이나 위의 병 때문에 혓바닥에 끼는 누르스름한 물질.

백토주 바탕이 두텁고 색깔이 흰 웃길 주사니. '명주羅紬'.

백통 대통과 물부리가 백통인 담뱃대. **밴댕이** 전어와 비슷한 바닷물고기.

밴질맞다. 뺀들거리다. **뱀뱀이** 예의범절이나 교양. **밸** '창자'. '배알'.

밸부리다. 배짱을 부리다. **뱀댕이** 도투마리에 날실을 감을 때 막대. '밥댕이'.

뱀딸 들이나 길가에서 나는 딸기와 비슷한 삭과蒴果. '뱀딸기'.

뱀뱀이 (예절이나 교양)을 보고 배운바가 있다. 어른을 받들 줄 알다.

뱀장어 뱀장어과의 민물고기. 배미자구. **뱁새눈이** 눈이 작고 샐죽한 사람.

뱁짜구 질경잇과의 여러해살이풀. '질경이'. **뱃고물** 배의 뒷부분. '고물'.

뱃구리 사람이나 짐승의 배 또는 배 속을 속되게 이르는 말. '뱃구레'.

뱃구무 '배꼽'의 다른 이름. 뱃구마리, 뱃구영, 배구움, 뱃궁, 뱃굼.

뱃대끈 치마나 바지허리에 매는 끈. **뱃두리** 양념, 꿀을 넣어 두는 항아리.

뱃밥 틈으로 물이 새어 들지 못하도록 바닥을 메우는 천이나 대나무의 껍질.

뱃심 거리낌없이 제 생각대로 버티어내는 힘. 뱃장. **뱅그레** '미소微笑'.

뱅니 무당의 넋두리에서, 죽은 이의 넋이 그 배우자를 부르는 말.

뱌비작거리다 우스개로 자꾸 대고 뱌비는 짓. 뱌빚거리다.

뱐죽거리다 반반하게 생긴 사람이 이죽이죽하면서 느물거리다.

버거 패티와 채소 따위를 둥근 빵에 끼운 음식.

버겁다 다루기에 거북하다. **버근하다** 맞붙인 것이 벌어져 틈이 있다.

버금 으뜸의 바로 아래의 사람. 첫째의 다음 차례.

버금달 2, 5, 8, 11월. **버구다** 서로 버티어 승부를 다투다. '겨루다'.

버굿 큰 나무줄기의 비늘 모양의 겉껍질. '보굿'.

버긔오다 몸을 숨기고 만나지 아니하다. '회피하다'.

버긋하다 맞붙은 곳에 틈이 조금 벌어져 있다.

버기미 변기, 요강 등에 허옇게 끼는 것. '버캐'.

버꾸 농악기의 하나. 모양은 소고와 비슷한데 그보다는 훨씬 크다.

버꾸내기 어떤 일을 여럿이 나누어서 차례에 따라 맡아 함. '겨끔내기'.

버꾸통 아주 복잡하고 어지러우며 시끄러운 분위기나 모습.

버끔 액체가 기체를 머금고 부풀어서 생긴, 속이 빈 방울. '거품'.

버노하다 마음이 시달려서 괴로워하다. '번뇌하다'.

버나돌리기 남사당놀이의 사발이나 대접을 막대기나 담뱃대로 돌리는 묘기.

버덩 조금 높고 평평하며 풀만 우거진 들판. **버들가안지** '버들강아지'.

버들가지 버드나무의 가지. **버들게지다** 생선 구울 때 생선살이 떨어져 나가다.

버들고리 버들가지로 엮어 만든 옷상자. **버들구다** 참고 견디다.

버들낫 보통의 낫보다 날의 길이가 짧은 낫.

버들묵지 피라미와 비슷한 민물고기. 수컷은 산란기에 붉은빛을 띤다. '버들치'.

버듬하다 조금 큰 물체 따위가 밖으로 약간 벋은 듯하다. '버드름하다'.

버떡 걸리는 시간이 짧게. '빨리'. **버러** 예상보다 빠르게. '벌써'.

버렁 매사냥에서, 매를 받을 때에 끼는 두꺼운 장갑.

버력 하늘이나 신령이 사람의 죄악을 징계하려고 내린다는 벌.

버르장머리 '버릇'을 속되게 이르는 말. 버르쟁이. **버르지** 벌레.

버르집다 숨은 일을 들추어 내다. 작은 일을 떠벌리다.

버름하다 물건의 틈이 꼭 맞지 않고 조금 벌어져 있다.

버릇 오랫동안 자꾸 반복하여 몸에 익어 버린 행동. 벌시.

버릇다 벌여서 어수선하게 늘어놓다. **버리** 볏과의 두해살이풀. '보리'.

버리다 앞말이 나타내는 행동이 이미 끝났음을 나타내는 말. '버리다'.

버리줄 과녁을 켕기는 줄. 버팀줄. **버림치** 못 쓰게 되어서 버려 둔 물건.

버마재비 사마귀. **버무리** 쑥을 쌀가루와 섞어 찐 것. **버물다** 범죄에 관계하다.

버물리다 한데에 뒤섞다. '버무리다'. **버버리** '벙어리'. 버부리.

버새 노새보다 작고 나귀 비슷한 수말과 암나귀 잡종.

버선 발에 신는 물건. **버선볼** 해진 버선을 기울 때 덧대는 헝겊.

버성기다 분위기가 어색하다. **버스러지다** 뭉그러져 조각이 나서 흩어지다.

버슷버슷하다 여러 사람의 사이가 모두 서로 잘 어울리지 아니하다.

버심 곡식을 한 말(되, 홉)되게 되고 나서 한 말(되, 홉)이 못 차게 남는 양.

버어지다 머리카락이나 몸의 털 따위가 빠지다. '벗어지다'.

버억아가리 방이나 솥 따위에 불을 때기 위하여 만든 구멍. '아궁이'.

버젓이 남의 시선을 의식하여 조심하거나 굽히는 데가 없이.

버정이다 부질없이 짧은 거리를 오락가락 거닐다.

버지기 둥글넓적하고 아가리가 넓게 벌어진 질그릇. '자배기'.

버지감 알이 큰 감. **버지다** 칼이나 날카로운 물건에 베이거나 조금 긁히다.

버짐 백선균에 의하여 일어나는 피부병.

버쭉하다 창피를 당하거나 흥이 꺾여 어색하고 부끄럽다. '머쓱하다'.

버치 백선균에 의하여 일어나는 피부병. 마른버짐, 진버짐. '버짐'.

버커리 늙고 병들거나 또는 고생살이로 쭈그러진 여자를 속되게 이르는 말.

버캐 소금기가 엉기어서 뭉쳐진 찌끼. **버투다** '버티다'.

버틀 겉모습. **버틈** '부터'. 부터, 버텀. **버티다** 어려움을 참고 견디다.

버팀목 물건이 쓰러지지 않게 받치어 세우는 나무. 재갈. 버팀개, 버팅개.

벅구잡이 소고와 비슷한 농악기를 치는 사람. **벅다** '버금가다'. 다음가다.

벅딕다 서로 번갈아 나타나다. '갈마들이다'. 번갈다.

벅벅이 그러하리라고 미루어 헤아려 보건대 틀림없이.

벅수 마을 어귀나 길가에 수호신으로 세운 사람의 형상. '장승'. /공중제비.

벅썩 물기가 아주 다 말라 버리거나 타들어 가는 모양. '버썩'.

벅지다 탐스럽게 두툼하고 부드럽다. 푸지거나 만족스럽다. '흐벅지다'.

번가루 곡식의 가루를 반죽할 때에 물손을 맞추어 가며 덧치는 가루.

번갈증 목이 말라서 물을 많이 마시는 증세. 갑갑증. 다음증. 번걸증.

번개 공중 전기의 방전이 일어나 번쩍이는 불꽃. 벙개.

번거하다 조용하지 못하고 자리가 어수선하다. **번견** 집 지키는 개.

번때 본보기가 되거나 내세울 만한 것. '본때'.

번데기 곤충의 애벌레. **번덥하다** 원본을 그대로 옮겨 쓰거나 그리다.

번둥질 일없이 번둥거리며 지내는 짓. **번드기** 뚜렷이.

번드레하다 실속 없이 겉모양만 번드르르하다. 번드리하다.

번드치다 물건을 한 번에 뒤집다. 마음 따위를 변하게 하여 바꾸다.

번들개 '번개'. **번주그레하다** 생김새가 겉보기에 번번하다.

번죽거리다 번번하게 생긴 사람이 매우 얄밉게 이죽이죽하면서 느물거리다.

번지럽다 일의 갈피가 어수선하고 복잡한 데가 있다. '번거롭다'.

번질나다 잇따라 드나드는 것이 잦다. **번캐** 아이들의 심한 장난질.

번패스럽다 번거롭고 패스럽다. **번하다** 어두운 가운데 빛으로 조금 훤하다.

벋놓다 다잡아 기르거나 가르치지 아니하고, 제멋대로 하도록 내버려 두다.

벋대다 넘어지거나 미끄러지지 않으려고 손이나 발을 받치어 대고 버티다.

벋버듬하다 사이가 벌어져서 어색하다. '버성기다'.

벋서다 버티어 맞서서 겨루다. **벌** 옷을 세는 단위.

벌가리 말이나 행동이 얌전하지 못하고 덜렁거리는 여자를 일컫는다. '말괄량이'.

벌낫 자루가 길고 큰 낫. 무성한 갈대 따위를 베는 데 쓴다.

벌다 일을 하여 돈을 얻거나 모으다./ 식물의 가지 따위가 옆으로 벋다.

벌떡증 화가 벌떡 일어나는 병증. **벌레** 벌갱이, 벌거지, 벍.

벌레퉁이 재목에 벌레가 먹어서 생긴 흠. **벌로** '귀넘어듣다'. 건성으로.

벌물 물을 논에 대거나 그릇에 담을 때에 딴 데로 흘러나가는 물.

벌불 아궁이에 불을 땔 때 아궁이 밖으로 내뻗치는 불.

벌시 오랫동안 자꾸 반복하여 몸에 익어 버린 행동. '버릇'.

벌시다 일을 계획하여 시작하거나 펼쳐 놓다. '벌이다'.

벌씨 예상보다 빠르게. '벌써'. **벌앉히다** 꿀벌을 치다.

벌역 하늘이 내리는 벌. '벼락'. **벌열가** 지체가 높고 유서가 깊은 집. 문벌가.

벌욷 정한 자리 밖으로 튀어나간 욷짝. **벌이줄** 그물 벼리를 이룬 줄 몸.

벌이터 벌이를 하는 일터. **벌임솔** 두 겹을 맞박은 박음질.

벌잇속 일 한 품값. **벌쩍거리다** 몸을 일으키려고 팔다리를 자꾸 움직이다.

벌쭉하다 속의 것이 드러나 보일 듯 말 듯 크게 벌어지다.

벌집 (피난살이)임시로 아무렇게나 지은 집.

벌창 가게나 시장에 물건이 매우 많이 나와 있음을 비유적으로 이르는 말.

벌충 손실을 입거나 모자라는 것을 다른 것으로 대신 보태어 채우는 일.

벌치 벌판에 심어 놓고 돌보지 않은 참외. 흔히 크기만 하고 맛이 덜하다.

벌터질 활을 과녁에 쏘지 않고 아무데나 쏘아 팔힘 올림.

벌통시 한뎃뒷간. 지붕이 없는 변소. **벍** '벌레'. **범부** 평범한 사람.

범살넘기 한바퀴 굴러서 넘기. **범아귀** 엄지와 집게손가락의 사이.

범영루范影樓 불국사 팔각 다리 위의 누각이다. 거북 등에 커다란 법고法鼓가 있어, 범종소리가 번뇌를 씻어 준다는 의미에서 뜬그림자에 비유하였다.

범우장다리 힘세고 씩씩한. **범위** 테두리. **범패** 석가의 공덕을 찬미하는 노래.

법구 장승. **법단** 곱고 아름다우며 부드러운 비단. **법사** 설법하는 중.

법연 부처 앞에 절하는 자리. **법열** 참된 이치를 깨달았을 때의 취한 기쁨.

법의 중의 옷. **벗** 불씨에서 불이 붙는 장작이나 숯. **벗개** 함께 어울리는 개.

벗개다 안개나 구름이 벗어지고 날이 맑게 개다.

벗바리 뒷배를 보아 주는 사람. **벗장이** 반거충이. 엉거주춤. 애매모호.

벗트다 서로 쓰던 경어를 그만두고 스스럼없이 터놓고 지내기 시작하다.

벙개 공중 전기의 방전이 일어나 번쩍이는 불꽃. '번개'. **벙거지** 털모자.

벙구레죽 '수제비'. **벙벙하다** 어쩔줄 몰라 얼빠진 사람처럼 아무 말이 없다.

벙어리 '언어 장애인'을 낮잡아 이르는 말. 버버리.

베갈기다 당연히 오거나 가야 하는데도 그리하지 아니하다.

베갯잇 베개의 겉을 덧씌워 시치는 헝겊. 비개호청.

베거리 꾀를 써서 남의 속마음을 슬쩍 떠보는 짓.

베기 싫다 '보기 싫다'. **베다** 베개 따위를 머리 아래에 받치다.

베돌다 한데 어울리지 아니하고 동떨어져 행동하다.

베락 공기와 땅 위의 물체가 방전 작용으로 일어나는 자연 현상. '벼락'.

베루다 어떤 일을 마음속으로 단단히 준비하고 기회를 엿보다. 벼르다.

베름 무디어진 연장의 날을 달구어 두드려서 날카롭게 만드는 일. 베름간.

베리다 못쓰게 망치다. '버리다'. **베면히** 얼마나 잘. **베밀콩** 밥에 넣는 풋콩.

베붙이 베실로 짠 천. **베슬거리다** 바로 대들지 않고 자꾸 동떨어져 행동하다.

베슬다 아이를 배다. **베오리** '삼베올'. **베적삼** 여름에 입는 베 홑저고리.

베정적 위협을 당할 때에 마구 떠들면서 대드는 짓. **베풀다** 대접하다.

베하다 홍수로 논이 수해가 나다. **벗가리** 볏단을 쌓은 더미. '볏가리'.

벳기다 몸의 일부에 착용된 물건이 몸에서 떼어지다 '벗기다'. 벗게지다.

벳불 삼을 찌는 불. **벳짚** 벼의 낟알을 떨어낸 줄기. '볏짚'. **벵신** 병신.

벼 볏과의 한해살이풀로서 가을에 익은 영과를 나락 이라고 한다.

벼기다 억지를 부려 제 의견을 고집스럽게 내세우다. '우기다'.

벼기더시니 어기신 이가. **벼늘** 볏가리. **벼락같이** 동작이 몹시 빠르게.

벼락덩이 밭에서 김을 맬 때 호미로 크게 떠서 뒤집어엎은 흙덩이.

벼락맞다 못된 짓을 하여 벌 받다. **벼락방망이** 갑자기 얻어맞는 매.

벼랑 낭떠러지의 험하고 가파른 언덕. **벼랑톱** 벼랑들이 쭉 늘어선 곳.

벼렉이 벼룩목에 속하는 곤충을 통틀어 이르는 말. '벼룩'.

벼루 강가나 바닷가에 있는 낭떠러지. **벼룻길** **벼루박** 벽.

벼룩잠 벼룩처럼 몸을 오그리고 잠깐 눈을 붙이는 선잠.

벼름질 고루 별러서 나누어 주는 것. **벼리** 일이나 글 뼈대가 되는 줄거리.

벼리다 연장을 불에 달구어서 두드리듯이, 의지를 단련하여 강하게 하다.

벽 집이나 방의 둘레를 막은 수직 건조물. **벽장코** 콧등이 넓적한 코.

변돈 변리를 무는 돈. **변두리** 어떤 지역이나 물건의 가장자리. 벤두리.

변리 빚돈의 이자. **변릿돈** 변리를 무는 빚돈. **변말** 암호. 은어.

변명 어떤 잘못에 대하여 구실을 대며 그 까닭을 말함.

변모없다 체모 없이 말이나 행동을 함부로 하다.

변상 남의 빚이나 손해를 대신 물어 주는 일. '무리꾸럭'.

변색하다 얼굴에 엄정한 빛을 나타내다. '정색표色하다'.

변죽 그릇이나 세간, 과녁 따위의 가장자리.

변죽울림 바로 집어 말을 하지 않고 둘러서 말을 하여 상대가 깨닫게 하다.

별 밤하늘에서 반짝이는 천체(星). 특별한, 이별(別). 왼쪽 비침 글씨(撇).

별견 흘끗 봄. **별꼴** 눈에 거슬리는 꼬락서니. **별똥** '유성流星'. 별똥별.

별똥지기 빗물에 의하여서만 벼를 심어 재배할 수 있는 논. '천둥지기'.

별리 오랫동안 만나지 못할 것이라고 생각하면서 서로 갈리어 떨어짐. 이별.

별미적다 성질이나 행동이 멋없이 뻘쭘하다. '별미쩍다'.

별박이 높이 오르거나 멀리 날아가서 아주 조그맣게 보이는 종이 연.

별서 별장. 별업, 별저. **별세** 세상을 떠남. **별스레** 별시리. 특별히. 별히.

별조 달리 어떻게 할 방법. '별수'. **별쭝나다** 하는 짓이 아주 별스럽다.

별티 성주읍에서 선남면 장학리 가는 성산의 고개.

볌 반지나 병마개가 헐거워 잘 맞지 아니할 때에 끼우는 헝겊이나 종이.

볏 닭이나 새 따위의 이마 위에 세로로 붙은 살 조각.

볏가리 벼를 베어서 가려 놓거나 볏단을 차곡차곡 쌓은 더미.

볏뉘 해에서 나오는 빛의 줄기. 또는 그 기운. '햇살'.

볏술 가을에 벼로 갚기로 하고 외상으로 마시는 술.

병인양요 1866년 프랑스 함대가 강화도를 침범한 사건.

병추기 건강하지 못하거나 걸핏하면 잘 앓는 사람을 낮잡아 이르는 말.

병구려 앓는 사람을 돌보아 주는 일. '병구완'. **병답다** 잘못하다.

병집 깊이 뿌리박힌 잘못이나 흠. **병통** 깊이 뿌리박힌 잘못이나 결점.

병풍 바람막이, 가림막이. **병합** 둘 이상의 기구, 단체, 나라가 하나로 합쳐짐.

볕뉘 작은 틈으로 잠시 비치는 햇볕. **보堡** 흙으로 축대를 쌓은 둑.

보깨다 속이 답답하고 거북하게 느껴지다. **보꾹** 지붕 안쪽의 반자.

보글보글하다 물이나 거품이 끓거나 일어나다.

보늬 밤이나 도토리의 속껍질. 보물. **보다** ~에 비해서. ~보다가, ~보다아.

보동되다 키가 작고 통통하게 가로로 퍼져 있다. **보동하다** 동행하다.

별리 別離

조지훈 (1920~1968)

※ 조지훈, 승무, 한국대표명시선100, 시인생각, 2015.

푸른 기와 이끼 낀 지붕 너머로
나즉히 흰 구름은 피었다 지고
두리기둥 난간에 반만 숨은 색시의
초록 저고리 당홍치마 자락에
말없는 슬픔이 쌓여오느니

십리라 푸른 강물은 휘돌아 가는데
밟고 간 자취는 바람이 밀어가고

방울소리만 아련히
끊어질 듯 끊어질 듯 고운 뫼아리

발 돋우고 눈 들어 아득한 연봉을 바라보나
이미 어진 선비의 그림자는 없어…,
자주고름에 소리 없이 맺히는 이슬방울

이제 임이 가시고 가을이 오면
원앙침 비인 자리를 무엇으로 가리울꼬

꾀꼬리 노래하던 실버들 가지
꺾어서 채찍 삼고 가옵신 님아….

지운영. 장송낙일. 국립중앙박물관. 1917

지운영池雲英(1852-1935)은 종두법을 시행한 지석영의 형. 한국 최초 사진작가.

보드기 크게 자라지 못한 나무. **보드레하다** 꽤 보드라운 느낌이 있다.

보득솔 키가 작고 가지가 많은 어린 소나무. **보듬다** 가슴에 붙도록 안다.

보따리 보자기에 물건을 싸서 꾸린 뭉치. **보똑** 더할 수 없이 '가뜩, 잔뜩'.

보라매 새끼를 잡아 길들여서 사냥에 쓰는 매.

보람 다른 물건과 구별하거나 잊지 않기 위하여 표를 해 둔 표적.

보료 주인이 앉는 자리에 깔아두던 탄력 있는 요.

보름보기 애꾸눈이'를 조롱하는 말. 한 달의 절반인 '보름'을 비유한 말.

보름치 보름께 눈이나 비가 오는 날씨. **보리** 식이섬유 풍부한 세계 4대 곡물.

보리경사 촌놈이 돼먹잖게 지껄이는 서울말. **보리곱삶미** 보리를 두 번 삶기.

보리끌테기 '보리 그루터기'. **보리누름** 보리가 누렇게 익는 철.

보리동지 '무던한 사람'을 놀림조로 이르는 말. 맥동지. **보리때** 보릿고개.

보리뚝 보리수나무의 열매. **보리문디이** 경상도 사람 별명. '보리문둥이'.

보리바둑 엉터리 바둑. **보리밟기** 언 땅의 보리를 밟아서 땅에 활짝시키다.

보릿고개 곡식이 다 떨어지고 아직 보리가 여물지 않은 때.

보릿동 햇보리가 날 때까지의 보릿고개를 넘기는 동안.

보무라지 종이, 헝겊, 실 따위의 자잘한 부스러기. **보미다** '녹슬다'.

보밍개 비가 온 뒤에 쌓인 흙, 모래와 진흙이 뒤섞인 토양. '명개'. 밍개.

보복 남이 저에게 해를 준 대로 저도 그에게 해를 줌.

보부상 봇짐장수와 등짐장수를 통틀어 이르는 말.

보비리 구두쇠. 양식을 몹시 아끼고 다랍게 야박한 이. **보살감테** 여승.

보쌈 혼기를 놓친 총각이 과부를 보에 싸서 데려와 부인으로 삼던 일.

보선 '버선'. **보슬이** 눈자위에 보슬비처럼 하얗게 어리는 눈물.

보습 쟁기에 끼우는 넓적한 삽 모양의 쇳조각. **보시** 자비심으로 남에게 베풂.

보시기 사발 같으나 높이가 낮고 크기가 작은 반찬 그릇.

보시대다 가만히 있지 못하고 몸을 자꾸 조금 움직이다. '바스대다'.

보싱기다 보살펴 미리미리 챙기다. **보암보암** 이모저모로 짐작할 수 있는 겉꼴.

보유스름하다 빛이 진하지 않고 조금 보얗다.

보자 '보재기', 보재이. **보잡이** 쟁기질을 하는 사람.

보적 물건의 틈에 박아서 사이를 벌리는 데 쓰는 물건. '쐐기'. 보족.

보쟁이다 부부가 아닌 남녀가 남몰래 서로 친밀한 관계를 계속하다.

보짱 마음속에 품은 꿋꿋한 생각이나 요량.

보조개 말하거나 웃을 때 두 볼에 움푹 들어가는 살갗.

보채다 아기가 아프거나 불만스러워 떼를 쓰듯이 성가시게 조르다.

보초롬하다 맑고 푸르스름하다.

보쿠 얼어붙은 위에 다시 물이 흘러서 여러 겹으로 얼어붙은 얼음. '너테'.

보탕 나무를 패거나 자를 때에 받쳐 놓는 나무토막. '모탕'.

보태다 모자라는 것을 더하여 채우다. 보탱다.

보푸름 대구나 명태, 종이나 헝겊의 거죽에 부풀어 일어나는 몹시 가는 털.

보풀래기 종이나 헝겊 따위의 거죽에 부풀어 일어나는 몹시 가는 털.

보해기 백선균에 의하여 일어나는 피부병. '버짐'.

복거ㅏ居 살 만한 곳을 가려서 정함.

복달임 복이들어서 몹시 더운 날씨. 복떠림.

복대기 여러 사람이 떠들거나 분주하게 왔다갔다 하는 짓.

복물 복날 또는 복날을 전후하여 많이 내리는 비.

복불복 사람이 잘살고 못 사는 것은 타고난 복이다.

복상 상중에 상복을 입음. **복사뼈** 발목 부근에 안팎으로 둥글게 나온 뼈.

복새기 모래흙으로 이루어진 땅. **복서ㅏ筮** 좋고 언짢음을 점치는 일.

복자 아가리가 좁은 병에 액체를 부을 때 귀 달린 그릇.

복장 가슴의 한복판. 속에 품고 있는 생각. 마음씨. **복지** 땅에 엎드림.

복지개 주발 뚜껑. **복치** 엎드리거나 앉아 있는 사냥감을 활로 쏘는 일.

복치형 꿩이 알을 품고 엎드려 있는 형국. **본** 본보기./바탕./밑천.

본견 명주실로 짠 비단. **본곁** 비妃나 빈嬪의 친정.

본국검 신라 화랑들이 쓰던 우리나라 본디 검. **본금** 본전. 원금.

본대 사물이 전하여 내려온 그 처음. **본데없다** 보고 배운 것이 없다.

본동만동 보고도 아니 본 듯이. '본체만체'. **본때** 본보기.

본말本末 일의 처음과 끝. 일의 중요한 부분과 중요하지 않은 부분.

본메본짱 증거가 될 몬의 본디 모양. 본메:증거가 될 몬. 본짱:본디 모양.

본밑 본밑천. 자본. **본살** 노름판 따위에서 밑천으로 가졌던 본디의 돈.

본새 본디의 생김새. **본시** 맨 처음. 본디. **본치** 남의 눈에 띄는 태도.

볼가심 아주 적은 양의 음식으로 시장기나 궁금함을 면하는 일.

볼강거리다 잘 씹히지 아니하고 입 안에서 자꾸 볼가지다.

볼거리 '유행성 이하선염'을 한방에서 이르는 말. 볼치기.

볼끼 털가죽이나 솜을 둔 헝겊 조각으로, 두 뺨을 얼러 싸는 방한구.

볼때기 '볼'의 속된 말. '볼따구니'. 볼따구. 볼치, 볼태기, 볼퉁이.

볼똥거리다 걸핏하면 핏대를 올려 볼끈거리며 성을 내다.

볼만장만 옆에서 보기만 하고 간섭을 하지 않는 모양.

볼맞추다 함께 일할 때에 생각, 방법 따위를 서로 잘 맞추다.

볼먹다 말소리나 표정에 성난 기색이 있다.

볼멘소리 서운하거나 성이 나서 퉁명스럽게 하는 말투.

볼모 약조의 담보로 상대편에 잡혀 두는 사람이나 물건.

볼물다 못마땅하여 골이 나다. **볼받다** 헝겊을 덧대어 깁다.

볼썽 남에게 보이는 체면이나 태도. **볼일** '용변'을 완곡하게 이르는 말.

볼치기 '유행성 이하선염'을 한방에서 이르는 말. '볼거리'.

봄동 봄배추. **봄뜻** 봄이 오는 기운. **봄빛** 봄을 느낄 수 있는 경치나 분위기.

봄살이 봄철에 먹고 입고 지낼 양식이나 옷가지들을 통틀어 이르는 말.

봄새 봄철이 지나는 동안. **봇도랑** 봇물을 대거나 빼게 만든 도랑.

봇둑길 보를 둘러쌓은 둑을 따라 난 길. **봇대** 마룻대와 '+' 꼴을 이루는 나무.

봇장 조금도 굽히지 아니하고 버티어 나가는 성품이나 태도. '배짱'.

봇짱 도련님. 철부지. **봉가** 나누어 주는 몫을 조금씩 떼어 담은 것. 봉지.

봉노(방) 주막집의 가장 큰 방. '봉놋방'. '화로'.

봉달이 종이나 비닐 따위로 물건을 넣을 수 있게 만든 주머니. '봉지封紙'.

봉당 안방과 건넌방 사이의 흙바닥. **봉두** 밥을 그릇의 전 위로 수북이 담다.

봉두각시 봉황머리모양으로 장식한 각시. 얌전한 여인.

봉두리 산에서 뾰족하게 높이 솟은 부분. '봉우리'.

봉머리 산봉우리의 맨 꼭대기. **봉바리** 놋쇠로 만든 여자의 밥그릇.

봉박이 이에 봉 박는 합금. 또는 충치에 봉 박는 일.

봉벤 뜻밖의 변이나 망신스러운 일을 당함. '봉변逢變'.

봉빼다 남의 집에 여러 날 눌러 박여 애를 먹이다.

봉분 흙을 둥글게 쌓아 올려서 만든 무덤.

봉잡다 여러 사람이 술이나 밥을 먹고 한 사람에게 뒤집어 씌우는 것.

봉서 봉한 편지. 왕이 종친이나 근친에게 사적으로 보내는 편지.

봉세기 물건을 넣을 수 있게 만든 주머니. '멱동구미'. 봉태기,

봉송 잔치나 제사음식을 노인들 계시는 집에 보내는 것.

봉실봉실 꽃봉오리가 탐스러운 모습. **봉제사** 조상의 제사를 받들어 모심.

봉죽 일을 꾸려 나가는 사람을 곁에서 거들어 도와줌. /꿩 깃을 단 대나무.

봉창고지 삯만 받고 음식은 제 것을 먹고 일을 해 주는 고지.

봉창질 몰래 모아서 감추어 두는 일. **봉창하다** 손해 본 것을 벌충하다.

봉채 혼인 전에 신랑 집에서 신부 집으로 채단과 예장을 보내는 일. '봉치'.

봉태기 짚으로 날을 촘촘하게 결어서 볏섬크기로 만든 '벽동구미'. 봉세기,

봉투 편지나 서류 따위를 넣기 위하여 종이로 만든 주머니. 봉세기,

봉화 경상북도 최북단 태백산 지역. 낙동강 내성천 발원지. **부각** 다시마 조각에 찹쌀 풀을 발라 말렸다가 기름에 튀긴 반찬.

부개 배가 불룩하다. 소쿠리, 봉태기, 멱동구미. **부개같다** 옷이 헐렁하다.

부개비잡히다 하도 졸라서 본의 아니게 억지로 하게 되다.

부검지 짚의 잔부스러기. **부계** 알을 품은 닭. **부골스럽다** 부자스러운 관상.

부관참시 큰 죄가 드러난 사람의 시신을 무덤에서 꺼내어 극형에 처하던 형벌.

부꾸미 찹쌀가루, 밀가루, 수수가루를 반죽하여 번철에 지진 떡.

부끄럽다 일을 잘 못하거나 양심에 거리끼어 볼 낯이 없거나 떳떳하지 못하다.

부기 세상사에 어둡고 사람의 마음을 모르는 어리석은 사람.

부나비 불나방과의 하나. **부난살** 실제보다 양이 많다. 붙는 살.

부난창문 옆으로 밀어서 열고 닫게 되어 있는 창. 미닫이.

부넘기 불길이 아궁이로부터 골고루 방고래로 넘어가게 만든 언덕.

부닐다 가까이 따르며 붙임성 있게 굴다. **부담** 부담롱. 옷 따위를 넣는 농짝.

부대 청하거나 부탁할 때 바라는 마음이 간절함을 나타내는 말. '부디'.

부대기 풀과 나무를 불사른 자리에 농사를 짓는 밭. '부대밭'. 화전.

부대끼다 사람이나 일에 시달려 크게 괴로움을 겪다.

부대밭 풀과 나무를 불사르고 그 자리를 일구어 농사를 짓는 밭. '화전'.

부던지 진딧물과의 곤충을 통틀어 이르는 말. '진드기'. 진딧물.

부득총각 불덕거리는 총각. **부들다** 다른 사람에게 끈덕지게 자꾸 요구하다.

부들부들하다 살갗에 닿는 느낌이 매우 부드럽다. 넌들넌들하다.

부등가리 아궁이의 불을 담아낼 때 부삽 대신에 쓰는 도구.

부등깃 갓 태어난 어린 새의 약한 깃.

부딪히다 무엇과 무엇이 힘 있게 마주 닿거나 마주 대다. 바틀렝다.

부뚜 곡식에 섞인 쭉정이를 날려 없애려고 바람을 일으키는 돗자리.

부뚜막 부엌의 아궁이 위에 솥을 걸어 놓는 언저리.

부라질 젖먹이를 들어 올리거나 두 손을 잡고 흔들어 다리를 움직이게 하는 짓.

부라퀴 암팡스러운 사람. **부랑스럽다** 행실이나 성품이 나쁜 데가 있다.

부럼 정월 대보름날 새벽에 한 해 동안 부스럼이 생기지 않게 깨물어 먹는 것.

부레풀 민어부레를 끓여서 만든 풀. **부려하다** 부유하고 화려하다.

부로 실없이 거짓으로. '부러'. **부루** 상추.

부루나가다 써서 없어질 물건이 조금 남아 있게 되다.

부루다 사람의 등에 지거나 자동차나 배에 실었던 짐을 내려놓다.

부룩 밭두둑 사이나 빈틈에 다른 농작물을 듬성듬성 심는 일.

부룩소 작은 황소. **부룻** 무더기로 놓인 물건의 부피.

부르대다 남을 나무라거나 하는 듯이 거친 말로 야단스럽게 떠들어 대다.

부르쥐다 주먹을 힘껏 쥐다. **부르터나다** 감추어져 있던 일이 드러나다.

부르트다 성이 나다. **부리나케** 불이 날 정도로 서두르듯 빠르게. '급하게'.

부리망 곡식이나 풀을 뜯지 못하게 하려고 소의 주둥이에 씌우는 물건.

부리시리 심마니들의 은어로, '산삼'을 이르는 말. **부보상** 봇짐 등짐 장수.

부비 일하는 데 드는 삯. 씀씀이. **부비다** 맞대어 '비비다'.

부사리 머리로 잘 받는 버릇이 있는 황소. **부삽** 재를 치는 작은 삽. 불가래.

부살개 불을 처음 피울 때 쓰는 연료. **부석** '부엌'. 부술, 정지, 부적.

부손 화로에 꽂아 두고 쓰는 작은 부삽. **부숫거리다** '소란히 떠들다'.

부숭하다 부은 듯 부석부석하다. **부시다** 빛이 강렬하여 보기가 어려움. 바세다.

부시럼 피부에 나는 종기를 통틀어 이르는 말. '부스럼'.

부시생기 부시를 넣던 주머니. **부싯돌** 맞부딪쳐 불꽃을 일게 하는 돌.

부아 노엽거나 분한 마음. 부아통. **부아질** '부아'를 돋우는 짓.

부아통 노엽거나 분한 마음. '부아'. **부알** '고환'을 일상적으로 이르는 말.

부엉이셈 어리석어서 이익과 손해를 분별하지 못하는 셈을 비유로 이르는 말.

부엌 음식을 만들고 설거지를 하는 등 식사에 관련된 일을 하는 곳. 버억.

부역 백성이 부담하는 공역. **부연** 처마 끝에 덧얹는 짧은 서까래.

부연 늘려서 널리 폄. 이해하기 쉽도록 설명을 덧붙여 자세히 말함.

부엳다 심하게 꾸지람이나 추궁을 심하게 당하여 정신이 흐리멍덩하다.

부용 작은 나라가 큰 나라에 부속함. **부용장** 연꽃 무늬가 있는 휘장.

부이다 대들다. '찝쩍거리다'. **부자리** 집터가 되는 땅. 살림터.

부작 악귀를 쫓고자 붙이는 붉은 글씨. **부작대이** '부지깽이'.

부전 색 헝겊을 둥근 병 모양으로 만들어서 차고 다닌 여자아이들의 노리개.

부전나비 작은 나비. **부접** 남에게 의지함. **부젓가락** 화로에 쓰는 쇠 젓가락.

부주 자손에게 전해지는 소질. **부지깽이** 부엌의 불을 헤치거나 거두는 막대기.

부지하다 어려움을 견디다. **부질없이** 대수롭지 아니하거나 쓸모가 없이.

부채잡이 맹인의 '왼쪽'. 맹인이 오른손에 막대, 왼손에 부채에서 유래한다.

부체 석가모니'의 다른 이름. **부출** 뒷간 바닥의 좌우에 깔아 놓은 널빤지.

부치당고개 공검에서 낙동강 사이의 고개. 낙동강을 건너면 의성 단밀이다.

부침 세력이 성하고 쇠함. **부태** '하필'. 부채.

부포 풍물놀이에서, 상쇠가 쓰는 벙거지 꼭대기에 달린 물건.

부품하다 부피가 부풀어 어지간히 크다. **부프다** 매우 급하고 거칠다.

부홰 노엽거나 분한 마음. '부아'. **부헙다** 이가 갈리고 허쁘다.

북 날실의 틈을 왔다 갔다 하면서 씨실을 푸는 기구.

북관 '함경도'의 다른 이름. **북데기** 짚이나 풀이 뒤섞여서 엉클어진 뭉텅이.

북돋웅다 기운이나 정신 따위를 더욱 높여 주다. '북돋우다'.

북두갈고리 험한 일을 많이 해서 험상궂게 된 손가락.

북망산천 무덤이 많은 곳이나 죽어서 묻히는 곳을 이르는 말.

북받체다 감정이나 힘 따위가 속에서 세차게 치밀어 오르다. '북받치다'.

북새통 야단스럽게 부산을 떨며 법석이다. 버꾸통. 북새놓다, 북새떨다.

북섬이 짚북데기. 검불. 북서미. **북촌종각** 북쪽을 일컫는 말.

분 일의 차례를 나타내는 말. **분가** 가족의 한 구성원이 살림을 차려 나감.

분가시 분粉 중독으로 여자의 얼굴에 생기는 여드름과 같은 부스럼.

분결같다 살결이 보드랍고 희다. **분길** 분의 곱고 부드러운 결. '분결'.

분뇨 '똥오줌'의 순화. 분전. **분답다** '수선스럽다'. 분답시럽다.

분대질 분란을 일으켜 남을 괴롭히는 짓. **분돋움** 남의 분을 돋우는 일.

분동 저울 추. **분별하다** '염려하다' 옛말. **분주하다** 몹시 바쁘게 뛰어다니다.

분지 분糞과 요尿를 아울러 이르는 말. '분요糞尿'.

분지다 귀찮게 하다, 괜히 시비를 걸다. **분탕焚蕩질** 재물을 죄다 없애다.

분풀이 화가 나거나 억울한 마음을 참지 못해 다른 사람에게 화를 냄.

분합문 대청 앞쪽에 다는 네 쪽 문. 둘씩 접어 올려 기둥만 남는 공간이 된다.

붇다 분량이나 수효가 많아지다. **붙질기다** 지나치게 박하다. 인색하다.

불 옷이나 그릇을 여러 개 모은 덩어리. 옷을 세는 단위. '벌'. 고환, 불알.

불가래 숯불이나 불을 담아 옮기는 데 쓰는 조그마한 삽. '부삽'.

불가분不可分 나눌 수가 없음. **불가불不可不** 옳고 그름. '시비是非'.

불각처 별안간. **불갈기** 타래 모양으로 흩날리는 불길을 비유로 이르는 말.

불강아지 몸이 바짝 여윈 강아지. **불같다** 매우 급하고 날카롭다.

불개 일식이나 월식 때에 해나 달을 먹는다고 하는 상상의 짐승.

불거웃 남녀의 생식기 언저리에 있는 불룩한 불두덩에 난 털.

불거지다 거죽으로 툭 지어져 나오다. 두드러지거나 갑자기 생겨나다.

불겅이 붉은 빛 나는 썬 담배. **불결하고** 붙들어 묶고.

불경 불교 경전. **불광** 불을 지핀 효과. '화력'.

불구다 분량이나 수효가 많아지다. '불리다'.

불꾸러미 불씨를 옮기기 위하여 짚 뭉치 따위에 옮겨붙인 불.

불끄럼지 불씨를 옮기기 위해 짚 뭉치 따위에 댕긴 불. '불꾸러미'.

불근거리다 질기고 단단한 물건이 입 안에서 지그시 자꾸 씹히다.

불근닥세리 풀과 나무를 불살라 버리고 그 자리에 농사를 짓는 밭. '화전'.

불길하다 운수 따위가 좋지 아니하다.

불깃 산불이 번지는 것을 막기 위하여 주위에 미리 불을 놓는 일. '맞불질'.

불내 어떤 것이 타서 나는 냄새. '탄내'. 화근내.

불담 좋게 불에 잘 타게. **불땀** 화력이 세고 약한 정도.

불당그레 아궁이에 불을 밀어 넣거나 끌어내는 데 쓰는 고무래.

불덩거리 '불덩어리'. 불뎅이, 불딩이. **불동** 부추. 상추.

불되다 강하게 내리누르거나 죄는 힘이 아주 심하다.

불두덩 남녀 성기性器 언저리 두두룩한 곳.

불뚝성 갑자기 솟아오르는 성깔. **불뚝심** 갑자기 일어나는 힘.

불뚝하다 남에게 성난 태도로 무뚝뚝하다.

불뚱이 걸핏하면 불뚱거리며 화를 잘 내는 사람.

불등걸 불이 이글이글하게 핀 숯등걸. **불만** 마음에 흡족하지 않음.

불매간 대장간. **불매불매** 어린아이를 붙들고 좌우로 흔들면서 하는 소리.

불목한이 절에서 잡일 하는 사람. '불목하니'. **불미하다** 아름답지 못하다.

불민하다 딱하고 가엾다. **불발기** 창문에 창호지를 바르기. **불부다** '부럽다'.

불불이 매우 급하게. 갑자기. '부랴부랴'. **불살개** '불쏘시개'. 불싸개. 불사래.

불쌍놈 '행실이 아주 나쁜 사람'을 일컫는다. '불상놈'. 불쌍늠.

불쌍하다 처지가 안타깝고 애처롭다. 불쌍ㅎ다.

불씨다 무섭고 사납게 눈을 크게 뜨다. **불알동무** 발가벗고 함께 놀던 사이

불약 가벼운 자극에도 순간적으로 연소 또는 분해 반응을 일으키는 '화약'.

불어리 불티가 바람에 날리는 것을 막으려고 화로에 들씌우는 제구.

불여시 몹시 변덕스럽고 못된, 꾀가 많은 여자를 이르는 말. '불여우'.

불우다 실었던 짐을 내려놓다. **불잉걸** 불이 이글이글하게 핀 숯덩이.

불줄기 고환 밑에서부터 항문까지 잇닿은 힘줄. **불질** '사냥총'.

불집 석등 따위에서 불을 켜 넣는 곳. **불청** 청한 것을 들어주지 아니함.

불치 총으로 잡은 짐승. **불치인류** 아직 이도 없는 어린아이니 사람 아니다.

불침 성냥개비 따위를 태워 만든 숯으로 자는 사람의 살에 놓는 장난. 불총.

불칼같다 성격이 매우 급하고 격렬하다.

불켠당 세상을 밝히려 불을 켜고 다녔던 명화적明火賊.

불퉁가지 고분고분하지 않고 퉁명스러운 성질.

불퉁이 걸핏하면 성을 내는 사람. **불풍나게** 매우 잦고 바쁘게 드나드는 모양.

불현 듯 불을 켜서 불이 일어나는 것 같이 갑자기 생각이 일어나는.

불효 새벽. 밝을 무렵. 여명. **불후리** 등불의 바람막이.

붉그족족 칙칙하고 불그스름하다. **붉덩물** 붉은 흙탕물이 섞여 흐르는 큰물.

붉은발 부스럼의 독기로 그 언저리에 붉게 나타나는 핏줄.

붋다 '남부럽다'. **붐** 사람이 죽었다는 것을 알리는 말이나 글. '부음'.

붐하다 날이 새려 빛이 희미하게 돌아 약간 밝은 듯하다.

붑써다 양이 불어나다. **붓** 글씨를 쓰거나 그림을 그리는 도구의 하나.

붓날다 말이나 하는 짓 따위가 가볍게 들뜨다.

붓다 살가죽이나 어떤 기관이 부풀어 오르다. '붇다'.

붓다 액체나 가루 따위를 다른 곳에 담다. 씨앗을 뿌리다.

붓방아 글을 쓸 때 생각이 잘 떠오르지 않아 붓대만 놀리고 있는 것.

붕동 나뭇잎이 싹이 트는 것. 붕성하다 '떠들썩하다'.

붙박이 한 곳에 고정되어 이동할 수 없게 된 사물.

붙은문자 어떤 사물의 설명에 꼭 들어맞는 말이나 표현.

붙이 같은 갈래에 딸린 것들. 붙임새 남과 잘 어울리는 성품. '붙임성'.

붙쫓다 따라 다니며 섬기다. 뷘입십다 '잠꼬대나 헛소리를 하다'.

브새 수말과 암노새 사이의 잡종. '버새'. 블 꿀벌과의 곤충. '벌'.

븨상 비상砒霜. 청산가리. 사이나. 비 삼실로 짠 천. '베', '삼베'.

비가비 양반이나 상민이 판소리를 배우던 사람. 비각 서로 맞지 않는 일.

비갈 죽은 이의 사적을 새김. 빗돌의 윗머리 얹으면 '비', 빗돌은 '갈'.

비거스렁이 비 그친 뒤 바람이 불고 기온이 낮아지는 꼴.

비개 잠을 자거나 누울 때에 머리를 괴는 물건. '베개'.

비개호청 베개의 겉을 덧씌워 시치는 헝겊. '베갯잇'. 비게 애벌에 뽑힌 장사.

비게미 베틀의 잉아의 뒤와 사침대 앞 사이에 날실을 걸치도록 벌린 나무.

비게질 말이나 소가 가려운 곳을 긁느라고 다른 물건에 몸을 비비는 짓.

비계 높은 곳에서 공사를 할 수 있도록 임시로 설치한 건물이나 장치물.

비껴들다 엇비스듬하게 위로 쳐들다. 비구니 출가하여 구족계를 받은 여승.

비구다 승부를 가리지 못하다. '비기다'. / 마음이 토라지다. '삐치다'.

비꾸러지다 그릇되게 빗나가다. 비그이 비를 잠시 피하여 그치기를 기다림.

비근거리다 물건의 사개가 느슨해져 이리저리 흔들거리다.

비긋다 비를 잠시 피하여 그치기를 기다리다.

비기다 벌어진 틈에 다른 물건을 박아 넣어 틈을 없애다.

비나리 걸립패가 마당굿에서 받은 곡식과 돈을 상 위에 놓고 외는 고사 문서.

비녀 여성의 쪽진 머리가 풀어지지 않도록 꽂는 장신구.

비노 '비누'. 비늘창 햇빛은 막고 통풍은 잘되게 만든 비스듬한 창.

비닭이 비둘기. 비대발괄 억울한 사정을 간절히 청하여 빎. '비두발괄'.

비대칭 상하 좌우가 같지 않은 불균형 상태.

비라리 떳떳하지 못한 말로 남에게 무엇을 요구하는 것.

비락 비오는 날 방전 작용으로 하늘에서 일어나는 자연 현상. '벼락'.

비랑 낭떠러지의 험하고 가파른 언덕. '벼랑'. **비럭질** 빌어먹는 짓.

비렁내 날콩이나 물고기, 동물의 피 따위에서 나는 역겹고 매스꺼운 냄새.

비렁밭 바위밭. **비료** 거름. **비로소** 그 전까지 없던 일이 이루어지기 시작함.

비루먹다 짐승이 피부에 비루 걸리다. '비루'. 비리.

비를 긋다 잠시 비를 피하여 그치기를 기다리다.

비릇다 아이를 낳으려는 기미. '산통'. **비리적하다.** 냄새나 맛이 비리다.

비말 작은 물방울. 침방울. **비망록** 잊지 않으려고 중요한 것을 적어 둔 책.

비미이 걱정하지 않아도 잘 될 것이 명백하거나 뚜렷하게. '어련히'.

비바리 해녀. **비발** 일을 하는 데 드는 비용. **비스낯** 비의 '낱줄기 하나하나'.

비사리춤 싸리나무의 껍질. **비사벌** 창녕과 전주의 옛이름.

비사치기 에둘러서 말하여 은근히 알아차리도록 하기.

비상천 하늘로 날아 오름. **비새** 수말과 암나귀 사이에 난 잡종.

비석치기 손바닥만 한 납작한 돌을 세워 놓고 돌을 던져 맞히기.

비설거지 비가 오려고 할 때, 젖으면 안 되는 물건을 치우거나 덮는 일.

비손 신령에게 두 손을 싹싹 빌며 소원을 말함.

비식하다 비스듬히 기울다. **비쎄다** 사양하다. 손사래치다.

비스듬이 수평이나 수직이 되지 아니하고 한쪽으로 기운 듯하게. 비식이.

비스름하다 거의 비슷하다. 비스무리하다.

비슥거리다 일을 탐탁하게 여기지 아니하고 따로 행동하다.

비슬거리다 힘없이 비틀거리다.

비식이 한쪽으로 기운 듯하게. '비스듬히'.

비실비실 힘없이 흐느적거리며 비틀거리는 모양.

비아냥거리다 얄밉게 빈정거리며 자꾸 놀리다. 비양거리다.

비양거리다 남을 은근히 비웃는 태도로 놀리다. '빈정거리다'.

비역질 사내끼리 하는 성행위. 계간鷄姦.

비영비영하다 병으로 몸이 야위어 기운이 없다.

비오듯 하다 (눈물이)줄줄 많이 쏟아지다. **비오롱** 바이올린(violon).

비오톱 인공적으로 조성한 자연이나 설치물을 일컫는 말.

비용 어떤 일을 하는 데 드는 돈. 비발.

비우 편 들어서 감싸 주고 보호함. /지라와 위를 통틀어 이르는 말. '비위脾胃'.

비우다 욕심이나 집착 따위의 어지러운 생각이 없게 되다. '비우다'.

비잡다 자리가 몹시 좁다. 생각이나 마음 따위가 넓지 못하다. '비좁다'.

비잡이 쇠꼬리 밑으로 걸쳐서 쟁기머리로 연결하는 봇줄.

비접 나가다 병중에 몸조리하기 위하여 자리를 옮기다.

비정비팔 활을 쏠 때의 발디딤 자세.

비죽비죽 비웃거나 언짢거나 울려고 할 때 소리 없이 입을 실룩거리다.

비지땀 몹시 힘든 일을 할 때 쏟아져 내리는 땀. 팥죽땀.

비척걸음 비치적거리면서 걷는 걸음.

비척비척 이리저리 맥없이 비칠거리는 꼴.

비치다 시달려서 느른하고 기운이 없어지다.

비케서다 한쪽으로 피하여 옮겨 서다. '비켜서다'.

비탈 산이나 언덕 따위가 기울어진 상태나 정도. 기울어진 곳. 벤달, 비알.

비테 부유하게 보이는 모습이나 태도. '부富티'.

비통 품질이 낮은 백통. **비틈하다** 말뜻이 그럴듯하게 어느 정도 비슷하다.

빈도 중이나 도사가 '자기'를 겸손하게 일컫는 말. 빈승.

빈소 상여가 나갈 때까지 관을 놓아두는 방. '빈소殯所'.

빈인사 실속이 없이 겉으로 차리는 인사. **빈입** '맨입'.

빈자떡 녹두를 맷돌에 갈아 부쳐 만든 음식. 빈대떡.

빈지문 가게에서 한 짝씩 끼웠다 떼었다 할 수 있게 만든 문.

빈지렁거리다 남을 은근히 비웃는 태도로 자꾸 놀리다. '빈정거리다'.

빈채 쓸데없는 채찍. **빈처** 가난으로 고생하는 아내. **빈치하다** 내놓고 자랑하다.

빈탕 성과 없이 일을 끝냄. **빈한** 가난하여 집안이 쓸쓸함.

빌다 바라는 바를 이루게 하여 달라고 신이나 사람, 사물 따위에 간청하다.

빌미 불행이 생기는 원인. **빌밋하다** 어느 정도 비슷하다.

빌붙다 남의 환심을 사려고 들러붙어서 알랑거리다.

빌빌거리다 하는 일 없이 허둥대는 것. 기운이 없어 기를 못 펴다.

빌어먹다 남에게 구걸하여 거저 얻어먹다. 배라먹다.

빔 실이나 섬유의 꼬임. 명절이나 잔치 때 새 옷을 차려 입음.

빕더서다 비켜서다. 물러서다. 약속을 어기고 돌아서다.

빗꺾다 엇비슷하게 꺾다. **빗날** 빗방울. **빗대다** 빙둘러 대다.

빗더서다 방향을 조금 틀어서 서다. **빗듣다** 잘못 듣다.

빗디디다 다른 곳을 잘못 디디다. **빗뜨다** 눈을 옆으로 흘겨 뜨다.

빗먹다 톱질이 마음먹은 대로 가지 않고 비뚜루 나가다.

빗물받이 낙숫물이 한곳으로 모여 흐르도록 추녀 밑에 댄 홈통. '물받이'.

빗물이 남이 진 빚을 대신 갚는 일. **빗밋이** 비스듬히.

빗밑 비가 그치어 날이 개는 속도. **빗뵈다** 잘못 보이다. **빗빠지다** 빗디디어 빠지다.

빗보다 실제와 다르게 잘못 보다. **빗아치** 맡은 이. 아전. 받아지.

빗알다 잘못 알고 있다. **빗자루** 먼지나 쓰레기를 쓸어 내는 기구.

빗장둔테 대문 빗장을 끼울 수 있게 구멍을 내서 문짝에 대는 나무.

빗장뼈 앞가슴 양옆으로 벌려 있는 뼈.

빗점 여러 비탈의 밑자락이 한자리에 모이는 곳.

빗접 빗, 빗솔, 빗치개를 넣어 두는 도구. **빙골이** 약골. 골골하는 사람.

빙글거리다 입을 벌릴 듯 말 듯 하면서 소리 없이 부드럽게 자꾸 웃다.

빙긋이 입을 슬쩍 벌릴 듯 하면서 소리 없이 가볍게 한 번 웃는 모양.

빙시이 모자라는 사람을 낮잡아 이르는 말. '병신'. 숙맥.

빙충맞다 똘똘하지 못하고 어리석으며 수줍음을 탄다.

빚구럭 빚이 많아서 헤어나지 못하는 상태. **빚는길** 내왕하게 될 걸음걸이.

빚두루마기 빚에 얽매어 헤어날 수 없게 된 사람.

빚지시 빚을 주고 쓰는 일을 중간에서 소개하는 일. '빚거간'.

빛 표정이나 몸가짐에서 나타나는 기색이나 태도.

빛기둥 좁은 틈 사이로 뻗치는 빛살. **빛없다** 면목 없다. 볼 낯이 없다.

빛접다 엉너번듯하여 떳떳하다. **빠가사리** 민물에 사는 물고기 '동자개'.

빠구미 어떤 일에 정통한 사람. **빠금장** 메주를 빻아 담은 임시 된장.

빠끔벼슬 곡물, 포백, 금, 은 등을 주고 얻은 벼슬.

빠끔이 작은 구멍이나 틈 따위가 깊고 또렷하게 나 있는 상태로. '빠끔히'.

빠꿈이 어떤 일에 정통한 사람. **빠닥심** 굳세게 버티거나 감당하는 힘. '뚝심'.

빠닥조우 빳빳한 종이. **빠대다** 밟아대다. **빠대리다** 대충 빨다.

빠락빠락 성이 나서 잇따라 기를 쓰거나 소리를 지르는 모양. '바락바락'.

빠리빠리하다 똘똘하고 행동이 날래다. '빠릿빠릿하다.

빽빽이 그러하리라고 미루어 헤아려 보건대 틀림없이.

빠삭하다 환하게 잘 알고 있다. **빠싹** 아주 가까이 달라붙거나 죄는 모양.

빠이 바라보는 눈매가 또렷하게. '반히'보다 센 느낌을 준다. '빤히'.

빠자먹다 말 또는 글의 구절 따위를 빠뜨리다. 빼먹다.

빡조개 완전히 망하다. **빡주걱** 밥을 푸는 도구. '밥주걱'. 빡주개, 빡죽.

빡시다 아주 야무지고 드세다. **빤뜻하다** 생김새가 아담하고 '반듯하다'.

빤때기 판판하고 넓게 켠 나뭇조각. '판자板子'.

빤지럽다 사람됨이 어수룩한 맛이 없고 약삭빠르다. '빤드럽다'.

빤지리하다 사람됨이 약삭빠르다. **빨** 일이 되어 가는 형편과 모양.

빨가쟁이 옷을 벗은 아이. 벌거숭이. **빨랑꾼** 여기저기 잘 돌아다니는 사람.

빨지 박쥐. 목뒤 머리털이 난 가장자리에 생기는 부스럼. '발제髮際'.

빨쯤하다 물건의 틈이 꼭 맞지 않고 조금 벌어져 있다. '버름하다'.

뺨따구 '뺨'을 비속하게 이르는 말. '뺨따귀'. 뺨때기.

빵떡모자 차양이 없이 동글납작하게 생긴 모자.

빼그다리치다 온갖 힘이나 수단을 다하여 애를 쓰는 일. '발버둥치다'.

빼그어 의기가 양양하여 우쭐거리다. '뽐내다'.

빼까리 몸이 몹시 여윈 사람을 속되게 이르는 말. **빼닫이** 서랍.

빼딱하다 물체가 한쪽으로 배스듬하게 기울어져 있다. '배딱하다'.

빼뜨다 빼앗다. **빼먹다** 빠뜨리다. **빼물다** 혀를 입 밖으로 늘어뜨리다.

빼쏘다 성격이나 모습이 꼭 닮다. **빼다박다**. **빼박다**. **빼쏬다**.

빼애다 바람에 비가 옆으로 쳐서 처마 안쪽에 뿌리다.

빼양대 화살을 만드는 가늘고 곧은 대나무. **빼이** 그것만이고 더는 없음.

빼장구 몸이 몹시 여윈 모습. **빼쭉이** 성격이 비뚤어진 사람.

빼치다 성나거나 못마땅해서 마음이 토라지다. '삐치다'.

빽빽이 마땅히. 틀림없이. 응당應當. **뺵세다** 뻣뻣하고 거세다. 뻣세다.

뺀지랍다 사람됨이 몹시 약삭빠르다. **뺀드랍다**. 뺀질이, 뺀질바우.

뺀지리하다 몹시 개으름을 피우며 맡은 일을 잘 하지 아니하다.

뺑덕어미 심술궂고 수다스러운 여자를 낮잡아 이르는 말.

뻐대다 발로 어지럽게 흩뜨리다. 닭이 모이를 쪼는 모습.

뻐덕손 '솜씨가 없는 거친 손' **뻐드렁니** 밖으로 나온 앞니. '뻐덕니'.

뻐뜩하먼 조금이라도 일이 있기만 하면 곧. '걸핏하면'.

뻐석하다 살이 빠져 야위다. '버석하다'. **뻐지다** 부서지다.

뻑대지르다 온순하지 못하고 대항하다. **뻑뻑하다** 융통성이 없고 고지식하다.

뻑쓰다 맞서서 버티는 힘. **뻑시다** 박히거나 끼어서 움직이는데 힘이 들다.

뻔지좋다 주눅들지 않고 스스럼없다. **뻔질나다** 드나드는 것이 매우 잦다.

뻗정다리 구부리지 못하는 다리. **뻘** '그런관계'의 뜻을 더하는 접미사.

뻘쭉하다 어색하고 민망하다. '뻘쭘하다'. **뻥긋하다** '벙긋하다'의 센말.

뼛성 갑자기 발칵 일어나는 짜증. **뻬가지** '뼈'를 낮잡아 이르는 말.

뻬끼다 글이나 그림 따위를 원본 그대로 옮겨 쓰거나 그리다. '베끼다'.

뼈물다 단단히 벼르다. **뼈붙이** 가까운 친척.

뼈아프게 마음이 몹시 쓰리고 괴롭다. **뼈에 새기다** 뼛속에 사무치다.

뼈품 뼈가 휘어지도록 들이는 품. **뺌들이로** 여러 물건이 잇달아 늘어선 모양.

뺌어본다 견주어본다. **뼛성** 갑자기 발칵 일어나는 짜증.

뼛속들이 골수 깊이까지 온통. **뻬가지** 뼈다귀. **뽀꿍새** '뻐꾸기'. 뿌꾹새.

뽀닷이 간신히. **뽀돗이** 한도에 차거나 꼭 맞아서 빈틈이 없다. '빠듯하게'.

뽀사부리다 부숴버리다. **뽀시대다** 가만히 있지 못하고 몸을 자꾸 움직이다.

뽁닥거리다 많은 사람이 좁은 곳에 모여 수선스럽게 뒤끓다.

뽁닥불 분잡하여 정신을 차릴 수가 없는 상태를 비유로 이르는 말.

뽂에다 성가시게 구는 사람에게 괴롭힘을 당하다. '볶이다'.

뽂음밥 '볶음밥'. **뽄** 본을 받을 만한 대상. '본보기'. 뽄배기.

뽄때 본보기가 되거나 내세울 만한 것. '본때'.

뽄뜨다 무엇을 본보기로 삼아 그대로 좇아 하다. '본뜨다'.

뽄받다 본보기로 하여 그대로 따라 하다. '본받다'.

뽄새 어떤 물건의 본디의 생김새. '본새'. 뽄세.

뽐 엄지손가락과 가운뎃손가락을 힘껏 벌린 길이. '뼘'.

뽐뿌 '펌프'. **뽈록하다** '볼록하다'보다 센 느낌을 준다.

뽈뽈거리다 바쁘게 여기저기 돌아다니다. '발발거리다'보다 센 느낌을 준다.

뽈지 박쥐목의 동물을 통틀어 이르는 말. '박쥐'.

뽑스런목 평평하게 나가다가 휘잡아 뽑아올리는 목소리.

뽕나다 비밀이 드러나다. **뽕빠지다** 크게 밑져 밑천이 다 없어지다.

뽕빼다 밑천을 다 잃게 하다. **뽀로통하다** 못마땅하여 성난 빛이 엿보이다.

뽀루지 작은 부스럼. **뽀족하다** 물체의 끝이 점차 가늘어져서 날카롭다.

뽀주리감 꼴이 조금 기르스름하고 끝이 뽀족한 감.

뽓뽀하다 반듯하고 곧추서 있다. **뿌다구니** 물체의 삐죽하게 내민 부분.

뿌드드하다 인색하게 움켜쥐고 내놓기 싫어하는 태도가 있다.

뿌라지다 부러지다. 뿌러지다, **뿌락지** 길들이지 않은 어린 소.

뿌래기 뿌리. 뿌리기. **뿌시래기** 잘게 부스러진 물건. '부스러기'.

뿍데기 짚이나 풀 따위가 함부로 뒤섞여서 엉클어진 뭉텅이. '북데기'.

뿍찌 마소를 먹이기 위하여 말려서 썬 짚이나 마른풀. '여물'.

뿔거지다 단단한 물체가 꺾여서 둘로 겹쳐지거나 동강이 나다. '부러지다'.

뿔따구 노여움을 내다. '성'을 비속하게 이르는 말. '성내다'.

뿔뚝고집 뿔뚝대며 피우는 고집. **뿔씨다** 무섭고 사납게 눈을 크게 뜨다.

뿔치기 짐승이 서로 뿔을 걸고 겨루다. **뿔쿠다** '붙다'의 사동사. '붙리다'. 뿔쿻다.

뿥들레다 빠져나가지 못하게 꽉 잡히다. '붙들다'의 피동사. '붙들리다'.

뿥잡다 달나거자 놓치지 않도록 단단히 쥐다. '붙잡다'.

뿥잡헿다 달아나지 못하게 잡히다. '붙잡다'의 피동사. '붙잡히다'.

뿣다 단단한 물체를 여러 조각이 나게 두드려 깨뜨리다. '부수다'.

삐가리 병아리. 삐갱이, 삐개이, 삘가리, 삥아리, 삘갱이.

삐간치 '뼈' 작고 가느다란 뼈. **삐긋하면** 걸핏하면.

삐꿈거리다 거볍게 곁눈질하여 자꾸 슬쩍슬쩍 쳐다보다. '힐끔거리다'.

삐끗 실수 또는 맞추어 끼일 물건이 꼭 들어맞지 아니하고 어긋나는 모양.

삐끗하다 맞추어 끼울 물건이 꼭 들어맞지 아니하고 어긋나다. '어긋나다'.

삐다 접질리거나 비틀려서 뼈마디가 어긋나다. 가물치다.

삐대다 한군데 오래 눌어붙어서 끈덕지게 굴다. '밟아 대다'.

삐득하다 물기 있는 물건이 갑자기 마르거나 얼어서 굳은 듯하다.

삐때기 비딱하게 닳은 숟가락. **삐뜨룸하다** 조금 비뚤다. '비뚜름하다'.

삐뜰에지다 바르지 아니하고 한쪽으로 기울어지거나 쏠리다. '비뚤어지다'.

삐리 남사당패에서, 각 재주의 선임자 밑에서 재주를 배우는 여장한 초보자.

삐무르다 가위나 입으로 잘라내다. **삐삔내** 제각각 수시로. 삣삣내로. 틈틈이.

삐적지그리하다 물기가 약간 빠진 상태. **삐정** 물기가 말라 타들어 가는 모양.

삐제나오다 속에 있는 것이 겉으로 불거져 나오다. '삐져나오다'.

삐죽다 곡식이 덜 영글다. **삐쭉새** 종달새. **삐지다** 못마땅해서 마음이 토라지다.

삐질삐질하다 덥거나 일이 뜻대로 되지 아니하여 자꾸 땀이 나는 모양.

삐치다 일에 시달리어서 몸이나 마음이 몹시 느른하고 기운이 없어지다.

삐태기 삐딱하게 닳은 숟가락. **삘기** 새로 돋아나는 이삭.

삘기먹다 남의 재물을 좀스러운 말로 꾀어 빼앗아 가지다. '알겨내다'.

삘죽하다 마음에 차지 않아 약간 고까워하는 몸짓을 하다.

삣디디다 잘못하여 다른 자리를 디디다. '빗디디다'. **삣삣내로** 제각각 수시로.

삥등그리다 마음에 싫거나 못마땅하여 고개를 옆으로 비틀다.

삼질날

꽃 꺾어 머리에 꽂으니 나비 뒤따르고,
연꽃 벌고 버들가지 흥겨운 서암지(池) 못둑은
삼삼오오 여인네들 연꽃보다 더 고왔더라.

3월 3일, 자굴산 쪽으로 오르며 답청놀이를 하였다. 아내와 처가에 근친近親 왔던 신혼시절, 처가 권속과 함께 자굴산 보리사로 답청했었다. 그때의 기억을 되살리며 보리사菩提寺에 가려고 했으나, 봄날 경치에 흠뻑 취해 봄 산을 헤매고 다녔다.

봄빛을 머금은 산야에 두견화·산벚꽃·산수유가 어지러이 피었으니, 바로 푸른 봄의 삼월 삼진날이었다.

돌아오는 길에 집집마다 대나무 울타리에 모란·작약이 봄의 정취를 풍기는 마을이 있어서, 그 마을을 '수성리修誠里'라 이름 지었다.

허원보의 둘째사위 박운朴芸의 집 앞에 누운 큰 돌에 신선이 사는 경치 좋은 곳이란 뜻의 '가례동천嘉禮洞天'을 새겼다.

이날 놀이의 과정과 그 흥겨움을 34운짜리 장편 詩, 〈삼월 삼진날 유람을 나서다 三月三日出遊〉에 담았다.

매화는 강남에서 피려는데,
북쪽 나그네 처음으로 말 빌어 타고 노니네.
여관 창은 텅 비었고 세월은 지나가는데,
꽃과 버들 무르익은 봄과 다투는 줄 모르겠네.

고개 숙여 적막함을 멋 내어 글로 써 보고,
말 타고 문을 나와 시내 찾았네.
시냇물 파인 골짜기 흐르다 흰 바위에 떨어지는데,
가운데 있는 한 동네는 안개로 자욱하네.

산중 곳곳에는 도화 살구꽃이 어지러이 피었으니,
바로 푸른 봄의 삼월 삼짇날.
가다가 오솔길 찾아 꽃향기 풀 밟고,
한 병 좋은 술을 사람 시켜 메게 했네.

집집마다 많은 대나무는 대문 삼아 정성스레 키웠고,
뒤따른 풍광도 당해낼 곳 없이 멋있네.
꽃 꺾어 모자에 꽂으니 나비가 따라오고,
가슴에는 캔 고사리 가득하고 광주리엔 봄이 가득하네.

머리 구부려 높이 읊으니 들 학인 양 의심되고,
크게 웃고 박수하니 시골 아동 생각나네.
일색의 푸른 산은 나를 불러 가게 하고,
새들은 조잘조잘 사람 머물러 이야기하라네.

흥이 짙어지고 뜻대로 따르는 것도 갈 만한 경지에 가야 하니,
바람 속에 흩어지는 머리털 이리저리 나부끼네.
시심의 정이 보기 좋은 것 다 시로 쓸 수 있게 된다면,
조물주도 그 탐함을 싫어할 것이리라.

농촌엔 농부들 일하기 급한데,
나무 끝엔 햇빛이 비쳐 산누에 자라네.
높고 낮은 언덕엔 자갈돌이 어지럽고,
무성한 들판엔 메추라기 숨어 있네.

온갖 모습 아름다운 꽃들은 서시西施와 모장毛嬙처럼 예쁘고,
천 그루 고목들은 팽조彭祖와 노담老聃처럼 노숙하네.
돌들은 흩어져 뾰족하게 쌓였고,
채색의 날짐승은 빠르게 위로 올라 어지러이 나네.

| 번역 | 장광수 2017 |

사각거리다 억새가 바람에 서로 스치는 소리가 자꾸 나다.

사갈 산을 오를 때나 눈길을 걸을 때, 굽에 못을 박은 나막신.

사갈시하다 싫어하는 대상을 뱀이나 전갈처럼 보다.

사개 사리의 앞뒤관계가 빈틈 딱 들어맞음을 이르는 말.

사고지 습자나 기신祈神 용으로 쓰던 백지. **사고무친** 친한 사람이 없는 처지.

사구일생 목화 네 근이 솜 한 근, 수삼 네 근이 건삼 한 근이듯, 넷이 모여 하나를 이룸.

사궁 늙은 홀아비어미. 부모 없는 자식. 무자식 늙은이.

사귀다 서로 얼굴을 익히고 친하게 지내다. 사괴다, 사기다.

사그라지다 삭아서 없어지다. **사그랑이** 다 삭아서 못쓰게 된 물건. 폐품.

사그랑주머니 겉모양만 남고 속은 다 삭은 물건을 이르는 말.

사그리 하나도 남김없이. '깡그리'. **사근사근** 성깔이 매우 부드럽고 상냥한 꼴.

사글세 월세를 받고 빌려주는 방. '사글세朔月貰'.

사금치 사기그릇의 깨어진 작은 조각. '사금파리'. 사금팽이.

사나 '뿐만 아니라. 조차'. **사나아** '사나이'. 사내.

사나알 사흘이나 나흘. '사나흘'. **사납다** 성질이나 행동이 모질고 억세다.

사날 비위 좋게 남의 일에 참견하는 일. **사날없다** 붙임성 없이 무뚝뚝하다.

사냥 산행(사냥하러 가는 일). **사내꼭대기** 남존여비에서 남자를 비꼬기.

사내끼 물고기를 잡을 때 물에 뜬 고기를 건져 뜨는 기구.

사내아이 '남자 아이'를 친근하게 이르는 말. 머슴아.

사내코빼기 '사내'를 낮잡아 이르는 말. 사내꼽재기.

사니다 '살아가다'. **사다듬이** 몽둥이로 사정없이 마구 때리기. 싸다듬이.

사다듬질 봐주지 않고 마구 때리다. **사달나다** 일이 잘 못되어 탈이 나다.

사당패 몰려다니면서 노래와 춤, 재주 부리는 패.

사대 투전이나 골패에서 같은 짝을 모으는 일.

사대부 사와 대부를 아우르는 말로서, 일반 평민층과 상대적으로 이르는 말.

사도 유교의 도덕을 이르는 말. **사도거리** 허가 없이 가축을 잡는일. 밀도살.

사또 범 곁말. 못된 원처럼 무서운 것이 범. / 자기 고을 원을 존대하는 말.

사드래공론 마무리가 되지 않는 갑론을박 헛공론.

사득판 밑바닥이 매우 무르고 질퍽하여 빠지면 나오기 어려운 진펄.

사들롱다 물건을 사서 들여오다. '사들이다'.

사뜨다 단춧구멍이나 수눅 따위의 가장자리를 실로 휘갑치다.

사라수 석가모니가 열반할 때 사방에 한 쌍씩 서 있었다던 나무.

사라지 담배가 마르지 아니하도록 쌈지 안에 까는 유지油紙.

사람값 사람으로서 마땅히 하여야 할 노릇.

사랑 어떤 사람이나 사물의 존재를 몹시 아끼고 귀중히 여기는 마음.

사랑노인 '남자 노인'. **사랑시리** '사랑스럽다'.

사랑으로 '남편'. "사랑으로는 안 계시니더".

사래 묘지기나 마름이 수고의 대가로 부쳐 먹는 논밭.

사래들리다 음식물이 목에 걸려 재채기가 나오다. '사레들리다'.

사래질 곡식을 키로 흔들어서 모래나 쭉정이를 가려내는 일.

사려감다 새끼, 노끈 따위를 헝클어지지 아니하게 칭칭 돌려서 감다.

사련 도리에 어긋난 사랑. **사로자다** 마음을 놓지 못하고 조바심하며 자다.

사로잠그다 자물쇠나 빗장 따위를 반쯤 걸어 놓다.

사륙문 네 글자와 여섯 글자로 된 문장 체.

사르다 어떤 것을 남김없이 없애 버리다. 사뤃다.

사름 모를 옮겨 심은 뒤 모가 뿌리를 내려 파랗게 생기를 띠는 상태.

사릅 짐승 나이 세 살. **사리** 매달 보름과 그믐날 조수가 밀려오는 시각.

사리다 일을 회피하며 몸을 아끼다. 또는 헝클어지지 않게 포개다.

사리사리 연기가 가늘게 올라가는 모양. 국수를 동그랗게 포갠 모양.

사마귀 피부 위에 낟알만 하게 도도록하게 돋은 군살. 사마구.

사마동년 소과 같이 오른 사람. **사막하다** 가혹하여 조금도 용서함이 없다.

사망 장사에서 이익을 많이 얻는 운수. / 어떤 일을 바람. '소망'.

사매질 권력이 있는 자가 사사로이 사람을 때리는 짓.

사면발이 여러 군데 다니며 약삭바른 꾀로 알랑 거리는 이.

사무 끊임없이 잇따라. '줄곧'. **사무랍다** 성질이나 행동이 모질고 억세다.

사문沙門 중. **사미** 어린 남자 중. **사미승**. **사바** 괴로움이 많은 인간 세계.

사바사바 떳떳하지 못하게 뒷거래로 은밀히 일을 조작하는 짓.

사박사박하다 가볍게 바스러질 만큼 무르고 부드럽다.

사발모찌 물고기를 잡는 '통발'처럼 설치하는 사발. '사발묻이'.

사발옷 가랑이가 짧은 여성 옷. **사발잠방이** 짧은 여름 잠방이.

사발통문 성명을 사발꼴로 둥글게 돌려 적은 두루알림글.

사발허통 막을 자리를 막지 아니하여 사면팔방이 툭 터져서 허수함.

사방등 들고 다닐 수 있는 네모반듯한 등. **사방침** 사방길이가 같은 베게.

사방탁자 네 기둥을 세우고 사방이 트인 층을 얹은 탁자.

사방팔방 여기저기 모든 방면. **사빠** 씨름에서, 손잡이로 쓰는 천. '샅바'.

사배사배 하나도 빠뜨리지 아니하게 꼼꼼히. '찬찬히'.

사배지 높은 사람이 낮은 사람에게 공식으로 주던 글말.

사벌들녘 상주 공검에서 낙동면 사이의 들판으로, 삼한 때 사벌국이 있었다.

사변 빗변. **사별** 죽어서 이별함. **사복개천** '입이 거친 사람'을 낮춤 말.

사부작대다 계속 가볍게 행동하다. **사분** 때를 씻어 낼 때 쓰는 '비누'.

사사賜死 국왕이 내린 사약賜藥. **사사망념** 여러 가지 나쁜 생각.

사살 잔소리나 푸념을 길게 늘어놓음. '사설辭說'.

사색 말과 얼굴빛. 언사言辭와 안색顔色. **사소한** 보잘것없이. 작거나 적은.

사순 마흔 살. **사슬** 억압이나 압박을 비유적으로 이르는 말.

사슬돈 꿰거나 싸지 않은 쇠붙이 돈.

사슴 포유류의 초식동물로 위턱에 앞니가 없는 순한 짐승.

사시랑이 가냘픈 사람이나 몬. **사실** '사설, 옹알이'.

사아생 '사하생', 사돈총각. **사악하다** 간사하고 악하다.

사알, 나알 사흘, 나흘. **사약** 죄인을 죽이기 위해 나라에서 내리는 독약.

사양 산야에서 짐승을 잡는 일. '사냥'. **사연** 일의 앞뒤 사정과 까닭.

사연하다 '자상하다'. **사오리** 발끝만 디디고 섬. '발돋움'.

사올 천이나 그물을 짤 때, 가로 방향으로 놓인 실. '씨실'.

사우 딸의 남편을 이르는 말. '사위'. **사운시** 네 운각韻脚의 율시律詩.

사위 미신으로 좋지 아니한 일이 생길까 두려워 언행을 꺼림.

사위다 불이 다 타서 재가 되다. **사위스럽다** 불길하고 꺼림칙하다.

사유 개념, 구성, 판단, 추리 따위를 행하는 인간의 이성 작용.

사읕날 셋째 날. '사흗날'. **사이때** 끼니 사이에 먹는 음식. 곁두리. 사잇밥.

사잇길 큰길에서 갈린 작은 길. 큰길로 통하는 길. '샛길'.

사장어른 혼인한 두 집안에서 그 집안의 위 항렬이 되는 상대편을 이르는 말.

사전 머슴이 주인에게서 일한 대가로 받는 품삯. '품삯'. 사경, 새경.

사절 죽음으로 절개를 지킴. **사족** '사지'의 속된 말. 사죽.

사주 돈을 개인이 사사로이 주조함. 위조. **사직** 한 왕조의 기초.

사창 기근 때 빈민 구제를 위하여 설치함 미창米倉.

사처 잡은 사사로이 쓰고자 얻은 방. **사초롱** 비단등. 사등롱紗燈籠.

사축 품삯으로 떼어 주는 농토. **사출나다** 조사를 당하여 드러나다.

사춤 벽의 갈라진 틈을 메우다. '사침'. **사친지도** 어버이를 섬기는 도리.

사타구니 '샅'의 낮잡은 말. 사타구리. **사태** 일이 되어 가는 형편이나 상황.

사토 무덤에 떼를 입혀 다듬는 일. **사토장이** 일삼아 무덤을 만드는 사람.

사판승 절의 재물과 사무를 맡은 승려. **사팔이** 비뚤어지게 보는 눈.

사품 일이 진행되는 겨를. **사풍맞다** 말이나 행동을 함부로 하여 경솔하다.

사학邪學 천주교를 국교에 어긋난 것이라 하여 배척하여 부르던 말.

사향 사향노루의 향낭. **사화** 선비들이 정치적 반대파에게 화를 입던 일.

사형 넷째 형. **사흘거리** 사흘에 한 번씩. **사흘돌이** 사흘마다.

삭가래 삽자루 목의 양쪽에 두 개의 줄을 맨 삽. '삽가래'.

삭갈리다 '헛갈리다'. **삭다** 음식물이 소화되다.

삭다리 살아 있는 나무에 붙어 있는, 말라 죽은 가지. '삭정이'. 맨다리.

삭신 몸의 근육과 뼈마디. **삭정이** 살아 있는 나무의 말라 죽은 가지.

삭치다 뭉개거나 지워서 없애 버리다. **삭풍** 북쪽에서 불어오는 바람.

산골 유골 따위를 화장하여 그대로 땅에 묻거나 산이나 강에 뿌리는 일.

산골고라리 어리석고 고집 센 산골 사람을 놀림조로 이르는 말.

산골짜기 산과 산 사이의 움푹 들어간 곳. 산골째기, 산골테기.

산꼭대이 '산꼭대기'. 산대배기, 산두배이, 산마루. 산만데이, 산때베이

산구지다 아이를 낳는 일을 신랑이 함께 지다. '산고産故'.

산굼부리 화산 분화구.　**산그늘** 산에 가려서 지는 그늘.

산기슭 산의 비탈이 끝나는 아랫부분. 산머래이.

산날가지 산의 등줄기. '산등성이'. **산누에** 야산에서 고치를 만드는 누에.

산다구 '얼굴'을 속되게 이르는 말. '상판대기'.

산다화 동백꽃.　**산달** 들이 적고 산이 많은 지대. '산지山地'.

산따다기 산다랑이 논에서 나온 쌀. 겉이 붉은 앵미가 많이 섞인 쌀.

산담 무덤 뒤에 반달 모양으로 둘러막은 토성.

산떨음 산에서 벤 나무를 산기슭이나 평지까지 굴려서 내리는 일.

산돌림 이리 저리 한 줄기씩 쏟아지는 소나기.

산돌이 산에 익숙한 사람.　**산돗모** 산비탈에 심던 모.

산똥 배탈이 나서 먹은 것이 제대로 소화되지 못하고 나오는 똥. 생똥.

산두베 밭에 심어 기르는 벼. '산도山稻'.

산드러지다 맵시있고 말쑥하다.　**산득하다** 갑자기 사늘한 느낌이 있다.

산들다 바라던 일이나 소망이 틀어지다.　**산록** 산비탈이 끝나는 아랫부분.

산림山林 벼슬하지 않는 학식과 도덕이 높은 숨은 선비.

산마누라 산을 지키고 다스리는 신. **산말** 실감 나도록 알맞게 표현한 말.

산망스럽다 말이나 행동이 경망하고 좀스러운 데가 있다.

산머래이 '산모롱이'. 산모퉁이. 산몰랭이. **산매증** 산 귀신이 들린 증세.

산목 예전에, 수효를 셈하는 데에 쓰던 막대기. '산가지'. 주판.

산문 산의 어귀. **산물** 제사상에 올리는 물. **산바라지** 해산을 돕는 일.

산발 큰 산에서 길게 뻗어 나간 산의 줄기. 머리를 풀어 헤침.

산벼락 죽지 않을 정도로 맞는 벼락으로, 호되게 당하는 재난을 이르는 말.

산불 활활 타오르거나 이글이글 피어오르는 불을 이르는 말.

산비탈 산기슭의 비탈진 곳. 산벤달, 산비알, 산빈달.

산새 산에서 사는 새를 이르는 말. **산성** 산 위에 쌓은 성.

산소리 어려운 가운데서도 속은 살아서 남에게 굽히지 않으려고 하는 말.

산손님 산에 모여 살면서 민가에 내려와 양식을 빼앗아 갔던 **빨지산**.

산수유꽃 이른 봄에 피는 산수유나무의 꽃. **산승** 산속의 절에 사는 승려.

산영개 '사냥개'의 옛말. **산영애** 피어나는 구름. **산원** '수학자'의 옛말.

산울림 소리가 맞은편 산에 부딪쳐 되울려오는 소리.

산울타리 산이 둘러쳐 있다. **산인**山人 세상일을 버리고 은거하는 사람.

산자 서까래 위에 흙을 받쳐 기와를 이기 위하여 싸리나무 따위로 엮은 것.

산자드락길 산자락에 난 좁은 산길. **산정** 산꼭대기. **산졔** 멧돼지.

산죽 산에서 나는 대. **산천** 산과 내라는 뜻으로, '자연'을 이르는 말.

산청 경상남도 산청군. **산치거리** 산의 비탈이 끝나는 아랫부분. '산기슭'.

산태 산비탈이나 언덕 또는 쌓인 눈 따위가 무너져 내려앉는 일. '사태'.

산태미 흙이나 쓰레기, 거름 따위를 담아 나르는 데 쓰는 기구. '삼태기'.

산통 언제나 변함없이. '항상'. 늘, 삼통. **산판** 산에서 나무를 베어내는 현장.

산화 전쟁터에서 목숨을 바침. /꽃을 뿌리며 부처를 공양하는 일.

산후발이 아이를 낳은 뒤에 한기가 들어 떨고 식은땀을 흘리며 앓는 병.

살 '화살'. **살갑다** 공간이 겉으로 보기보다 속이 너르다.

살같다 화살같이 아주 빠르다. **살강** 그릇을 얹는 부엌의 선반. 실겅. 시렁.

살거름 씨와 섞어서 뿌리는 거름. **살걸음** 화살이 날아가는 빠르기.

살게비 남이 알아차리지 못하게 슬며시. '살그머니'. 살기미, 솔기미.

살결박 죄인의 옷을 벗기고 알몸뚱이 상태로 묶음.

살구경 남모르게 살그머니 들여다 보는 것. **살구다** 살궇다, 살우다, 살웋다.

살그니 남이 알아차리지 못하게 살며시. 살그머니의 준말. 살고미.

살근살근 힘들이지 않고 살그머니 가볍게 행동하는 모양. 살방살방.

살금살금 살곰살곰. **살금하다** 남이 알아차리지 못하도록 비밀로 말하다.

살긋하다 물체가 한쪽으로 약간 배뚤어지거나 기울어져 있다.

살煞기 사람을 해치려는 독하고 모진 기운. 나쁜 띠앗.

살깊게 몸에 살이 많이 붙은 자리가 두껍게.

살꽃 웃음과 몸을 파는 계집의 몸뚱이. **살년** 심한 흉년.

살닳다 이해득실이 엇갈리다가 본밑천에 손해가 나다.

살돈 장사나 노름의 밑천. **살동개** 화살 넣는 통. '화살집'.

살똥스럽다 말이나 행동이 독살스럽고 당돌하다.

슬드리 사랑하고 위하는 마음이 매우 정성스럽게 하여 빈틈이 없음.

살림 한집안을 이루어 살아가는 일. /집 안에서 주로 쓰는 온갖 물건.

살림두량 곡식을 되어서 헤아리듯 살림 얼개를 잡다.

살망하다 아랫도리가 가늘고 어울리지 않게 조금 길다.

살모사 제 어미를 잡아먹는다는 뱀. 살무사.

살모치 몸길이가 두 치 정도 될 때까지의 새끼 숭어.

살무겁 과녁에 화살이 날아와 꽂힐 자리. '살받이'.

살문 능陵, 원園, 묘廟, 대궐, 관아官衙의 정면에 세우는 붉은 칠 한 '홍살문'.

살밑 화살 끝에 박은 뽀족한 것. 쇠, 돌, 나무 따위로 만든다.

살바람 이른 봄에 부는 찬 바람. **살방살방** '살금살금'.

살별 긴 꼬리를 끌고 운행하는 천체. **살보드랍게** 몸가짐이 매우 부드럽게.

살붙이 부모와 자식의 관계. **살살이꽃** '코스모스'.

살손 일을 할 때 연장이나 다른 물건을 쓰지 않고 직접 대서 만지는 손.

살소매 옷소매와 팔 사이의 빈틈. **살수건** 화살을 닦는 수건.

살얼음판 매우 위태롭고 아슬아슬한 상황을 비유적으로 이르는 말.

살여울 물살이 급하고 빠른 여울물. **살오매다** 도로 풀 수 있도록 매다.

살옥이다 '절룩거리다'. **살옷븐저** 사라지고 싶어라.

살우비 화살이 비에 젖지 아니하도록 전동을 덮어씌우는 덮개.

살을먹이다 화살을 활시위에 걸고 당기다.

살짝 남의 눈을 피하여 재빠르게. **살쩍** 관자놀이와 귀 사이에 난 털.

살지르다 노름판에서, 이미 걸어 놓은 돈에다 덧붙여 돈을 더 대어 놓다.

살찌미 큰 고깃덩어리에서 떼어 낸 살의 조각. '살점'.

살찐이 고양이.　**살짓** 화살의 뒤 끝에 붙인 새의 깃.

살차다 성미가 차고 매섭다.　**살책박** 싸릿대로 엮어 만든 쌀을 담는 그릇.

살천스럽다 성미가 쌀쌀하고 매섭다.　**살춤** 속옷의 샅 부근에 달린 주머니.

살치다 잘 못 되었거나 못 쓰게 된 글이나 문서에 긋는 'X' 자.

살키 사람의 살가죽의 겉면. '살갗'. 피부.

살쾡이 들고양이, 멧괴. 삵아지. 삵:삵+과+-앙이. 개갈가지, 개갈간지.

살판 화살 열 순에 스무 개를 과녁에 맞히는 일.

살포 논에 물꼬를 내는 농기구.　**살푸슴** 살풋이 웃는 꼴. 미소微笑(왜).

살풀이 살을 피하기 위한 굿.　**살품** 옷과 가슴 사이에 생기는 빈틈.

살풋이 모르는 사이에 살며시. '살포시'.　**살풍경하다** 풍경이 너무 스산하다.

살피 두 땅의 경계. 물건 사이를 어름하는 표식.

살피꽃밭 건물, 담 밑, 도로 따위의 경계선을 따라 좁고 길게 만든 꽃밭.

살핏하다 피륙의 발이 촘촘하지 않고 조금 듬성듬성하다.

살흙 돌멩이나 모래가 섞이지 아니한 순수한 흙.

삼 눈동자에 좁쌀만 하게 생기는 희거나 붉은 점.

삼가 겸손하고 조심하는 마음으로 정중하게. /합천군 삼가면.

삼가람길 삼거리. 삼가름길.　**삼경**三更 밤11시부터 새벽 1시 사이. 한밤중.

삼공조선시대 관직. 영의정·좌의정·우의정을 일컬음.

삼국유사 고려 충렬왕 때(1281)에 승려 일연이 쓴 역사책.

삼굿같다 날씨가 삼을 찌듯이 덥다.

삼궤구고두례 한 번에 세 번 씩 이마를 아홉 차례 땅에 찧는 벌.

삼단같다 삼을 묶은 단처럼 머리숱이 많고 길다.

삼동네 이웃에 있는 가까운 동네. 이웃동네.　**삼동초** 겨울초. 유채.

삼문잡다 대궐이나 관청 앞에 세운 정문, 동협문, 서협문을 열다.

삼바라지 해산을 돕는 일. **삼방** 낳은 아이의 태를 묻기 전에 보관해 두는 방.

삼백당 퇴계의 넷째 형 이해의 온계종택. **삼부리** 우두머리 포교.

삼비 삼실로 짠 천. '삼베'. **삼사** 임금에게 직언하던 사헌부, 사간원, 홍문관.

삼사미 활의 먼오금과 뿔끝의 사이. 대와 뽕나무가 연결된 곳.

삼사하다 지내는 사이가 조금 서먹서먹하다.

삼살방우 세 가지의 불길한 살이 낀 방위. '삼살방'. **삼삼** 아홉 살.

삼삼기 삼을 한 올 한 올 맞대고 비벼 꼬아 잇는 일.

삼삼오오 서너 사람 또는 대여섯 사람이 함께 다니는 모양.

삼삼이 활의 먼오금과 뿔끝의 사이. **삼삼하다** 잊히지 않고 보이는 듯 또렷하다.

삼색 노론을 제외한 소론·남인·북인. **삼성들리다** 무당이 음식을 욕심껏 입에 넣다.

삼승 몽골산 석새 베. **삼시불(울)** 겹으로 된 눈꺼풀. '쌍꺼풀'.

삼시판 초시初試의 감독관. **삼씨오쟁이** 자기의 계집이 다른 사내와 사통하다.

삼신산 중국의 삼신산을 본떠 금강산을 봉래산, 지리산을 방장산, 한라산을 영주산이라 한다. **삼엄하다** 무서우리만큼 엄숙하다.

상용傷勇 꼭 죽지 않아도 될 때 지나친 용기를 부려 죽는 것.

삼우제 장사를 지낸 후 세 번째 지내는 제사.

삼이부제 온 동네. 삼동네. 삼이웃. **삼재** 화재, 수재, 풍재의 세 가지 재앙.

삼적다 눈동자에 좁쌀만 하게 생기는 희거나 붉은 점. '삼'.

삼조대면 원고, 피고, 증인이 모여서 하는 무릎맞춤. '삼자대면'.

삼종지도 여자가 따라야 할 세 가지 도리를 이르던 말.

삼줄 태아와 태반을 연결하는 '탯줄'. **삼지놓이** 손가락 셋을 합한 만큼의 폭.

삼짇날 음력 삼월 초사흗날. 삼짇날에는 화전놀이로 봄맞이를 즐긴다.

삼척냉돌 겨울에도 불을 때지 않은 몹시 찬 방을 이르는 말.

삼척동자 철없는 어린아이. **삼척지율** 삼족이 모두 벌을 받을 만한 중죄.

삼태기 대오리, 칡, 짚을 엮어서 흙이나 거름을 담아 나르는 기구. '삼태미'.

삼태불 콩나물의 잔뿌리. **삼태사** 고려 개국공신 김선평, 권행, 장길.

상평전 조선시대 엽전. 상평통보常平通寶.

삼허리 활의 줌통과 고자 사이의 둥근 부분. **삼화토** 석회 모래 황토.

삽, 삽가래 땅을 파고 흙을 뜨는 데 쓰는 연장. 삭가래, 수근포, 수금포.

삽사리 털이 복슬복슬한 둘씨개.　**삽사리질** 앞잡이질.

삽삽하다 부드럽고 사근사근하다./ 미끄럽지 아니하고 껄껄하다.

삽상하다 바람이 시원하여 상쾌하다.　**삽작거리** 삽작문 앞 길거리.

삽지지다 다투며 떠들다.　**삽짝** 나뭇가지를 엮어서 만든 문짝. '사립문'.

삿갓구름 외딴 산봉우리의 꼭대기 부근에 둘러져 있는 갓 모양의 구름.

삿갓반자 천장을 꾸미지 않고 서까래에 그대로 바른 반자.

삿되다 행동이 바르지 못하고 나쁘다.　**삿반** 갈대로 채반같이 결어 만든 그릇.

삿자리 갈대로 엮은 자리.　**삿짬** 두 다리의 사이. 샅 사이.

상가롭다 성미가 서글서글하다.　**상가르다** 물고기의 배를 가르다.

상각 혼인 때에 가족 중에서 신랑이나 신부를 데리고 가는 사람. '상객'.

상각관계 둘 사이에 서로 맞지 않는 관계. '상극相剋관계'.

상간에 한곳에서 다른 곳까지, 한때로부터 다른 때까지의 동안. '사이에'.

상거지 비참할 정도로 형편없는 불쌍한 거지. 상걸뱅이.

상고 장사하는 사람. '장사치'.　**상고대** 나무나 풀에 내려 눈같이 된 서리.

상고머리 옆머리와 뒷머리를 짧게 치켜 올려 깎은 머리.

상구 끊임없이 잇따라. 훨씬.　**상구났다** 사람이 죽은 사고. '상고喪故'.

상그랗다 싸느랗다.　**상그렇다** 불편하다. 거슬린다.

상그리하다 은근히 향기롭다. '향긋하다'.　**상글하다** 소리없이 보드랍게 웃다.

상것 예전에, 양반 계급이 평민을 낮잡는 뜻으로 이르던 말. 상꺼. 상것들.

상극 둘 사이에 마음이 서로 맞지 아니하여 항상 충돌함. 생콩.

상기 아직도.　**상기다** 물건의 사이가 조금 뜨다.　**상낮** 환히 밝은 낮. '대낮'.

상년 지난 해.　**상노** 밥상 나르고 잔심부름하는 아이.

상답 자식들의 혼인에 쓸 옷감.　**상두꾼** '상여꾼'.

상막하다 기억이 분명하지 않고 아리송하다.　**상머슴** 우두머리 머슴.

상방 큰방의 옆방. 주인이 거처하는 방.

상사목 두드러진 턱이 있고 그다음이 잘록하게 된 골짜기.

상석 상가喪家에서 아침저녁으로 궤연 앞에 올리는 음식. '상식上食'.

상선약수 물을 으뜸가는 선善의 표본으로 여기는 노자老子의 사상.

상성上聲 높은 음넓이 소리. **상송**이 꽃가지의 맨 위 꽃송이.

상쇠잡이 풍물패(두레패, 농악대)를 이끌어가는 꽹과리 치는 사람.

상씨름 씨름판에서 결승을 다투는 씨름.

상실감 무엇인가를 잃어버린 후의 느낌이나 감정 상태.

상앗대질 주먹이나 손가락 따위를 상대편 얼굴 쪽으로 내지름. '삿대질'.

상애술 흥정을 도와준 대가로 대접하는 술. **상어른** 웃어른의 웃어른.

상어산적 상어의 살을 길쭉하게 썰어 꼬챙이에 꿰어서 구운 음식.

상여 시체를 실어서 묘지까지 나르는 도구. **상여집** 상여 넣는 '곳집'.

상엿소리 상여꾼들이 상여를 메고 가면서 부르는 구슬픈 소리.

상일 별로 기술이 필요하지 않은 막일.

상장 상중에 옷깃이나 소매 따위에 다는 검은 헝겊이나 삼베 조각.

상제 상주喪主. /우주를 창조하고 주재한다고 믿어지는 초자연적인 절대자.

상직군 주인이나 아낙네들 심부름 하던 할멈. **상질** 상등의 품질.

상징 추상적인 개념이나 사물을 구체적인 사물로 나타냄.

상처나다 갈아붙이다. **상추** 부르, 부리, 상초.

상침질 실밥이 겉으로 드러나도록 꿰맴.

상태기 남성의 머리털을 끌어 올려 정수리 위에 틀어 감아 맨 것. '상투'.

상투잡다 주식이나 부동산 따위의 시세가 최고로 올랐을 때 사는 일.

상투잡이 씨름에서, 샅바를 쥐지 아니한 손으로 꼭뒤를 짚어 누르는 공격.

상판때기 '얼굴'을 속되게 이르는 말. '상판대기'.

상피 가까운 친척 간의 성적 어우름. **상**ㅎ**다** 사람의 됨됨이를 판단하다.

상혼 자기 집안보다 문벌이나 신분이 높은 가문과 맺는 혼인. '앙혼'.

샅 두 다리 사이 아래쪽의 공간. **샅깃** 기저귀.

샅바 씨름에서, 허리와 다리에 둘러 묶어서 손잡이로 쓰는 천. 기저귀.

새 피륙의 날을 세는 단위. /시·공간의 '사이'/ 잘된 사람을 싫어함. '시새움'.

새가슴 겁이 많거나 도량이 좁은 사람의 마음을 비유적으로 이르는 말.

새깡이 낳은 지 얼마 안 되는 어린 짐승. '새끼'.

새겨듣다 말하고자 하는 본뜻을 잘 헤아려 듣다.

새경 머슴이 주인에게서 한 해 동안 일한 품값으로 받는 돈이나 물건.

새꼽빠지게 새삼스럽게. **새꽤기** 짚이나 갈대, 억새 껍질을 벗긴 가는 줄기.

새그럽다 맛이 시다. **새금파리** 사기그릇의 깨어진 작은 조각. '사금파리'.

새끼댕이 짚으로 꼬아 만든 줄. '새끼'. **새끼참** '새참'.

새끼초라니 잡귀 쫓는 굿에 등장하는 어린 초라니.

새나 짐작대로 어쩌면. '혹시'. **새나다** 비밀 따위가 밖으로 드러나다.

새남 죽은 사람의 넋을 극락으로 인도하는 굿. '지노귀새남'.

새남터 서울의 신용산의 철교와 인도교 사이의 천주교의 순교지.

새납 나팔 모양으로 된 우리나라 고유의 관악기. 태평소. 날라리.

새내기 새로 갓 들어온 사람. **새눈** 낮에만 잘 보이는 눈. **새다리** 사다리.

새되다 목소리가 높고 날카롭다. **새득** 새색시나 손아래 동서를 일컫는 말.

새들 시간이 지나는 동안 꼬박. '새껏'.

새딱 마음이 흡족하여 서두르는 모습. 새뜩. **새때** 끼니와 끼니 사이.

새뚝하다 토라져서 새치름하다. **새뜻** 새롭고 산뜻하거나 말쑥한 모양. 산뜻.

새록새록 어떤 생각이나 느낌이 거듭하여 새롭게 생기는 모양.

새롱거리다 경망스럽게 지껄이며 까불다. **새막** 새를 쫓기 위하여 지은 막.

새매 매보다 작은 수릿과의 새. **새문** 새로 생긴 문. 돈의문.

새물내 빨래하여 이제 막 입은 옷에서 나는 냄새.

새미 샘물이 솟아 나오는 곳. 수ㅣ 미 기픈 므른 ㄱㆍ래 아니 그츨 쎄ㅣ.

새박뿌리 마디풀과의 여러해살이풀. '하수오何首烏'.

새발의 피 분량이 엄청나게 모자라 쓸모가 거의 없다. **새밭** '억새밭'.

새복 벽이나 방바닥에 누런 빛깔의 차지고 고운 흙을 재벌 바르는 일.

새별 '금성'을 달리 이르는 말. '샛별'.

새사람 새로 시집온 사람을 그 손윗사람이 이르는 말.

새살떨다 성질이 차분하지 못하고 가벼워 실없이 수선을 부리다.

새삼스레 이전의 느낌이나 감정이 다시금 새롭게. 새삼시리.

새새거리다 실없이 웃으며 가볍게 자꾸 지껄이다.

새수나다 갑자기 좋은 수가 생기다. 뜻밖에 재물이 생기다.

새수없다 말이나 행동이 경솔하여 위엄이나 신망이 없다. '채신없다'.

새실랑 갓 결혼한 남자. **새아재** 고모부, 이모부, 형부의 호칭 지칭.

새알꼽재기 새알처럼 아주 작은 물건이나 분량을 비유적으로 이르는 말.

새앙 '생강生薑'. **새앙머리** 여자아이가 두 갈래로 갈라서 땋은 머리.

새앙손이 손가락이 잘려서 생강처럼 생긴 사람. **새양내** 놋쇠솥에서 나는 냄새.

새오다 공연히 미워하고 싫어하다. '시새우다'. 질투하다, 시샘하다.

새옹 놋쇠로 된 작은 솥. **새잡다** 남의 비밀 이야기를 엿듣다.

새잡이 새로 시작하는 일. **새젓** 귀에 자그마한 사마귀처럼 생긴 돌기살.

새줄랑이 소견 없이 방정맞고 경솔한 사람.

새쭉하다 마음에 차지 아니하여서 약간 고까워하다. '실쭉하다'.

새첩다 생김새가 말쑥하고 곱다. '예쁘다'. '참하다' 새찹다.

새척지근하다 쉬어서 신맛이 조금 나는 음식. **새청** 날카로운 목소리.

새초롬하다 조금 쌀쌀맞게 시치미를 떼는 태도가 있다. 새촘하다.

새촘새 새침한 성격을 지닌 사람. '새침데기'.

새치기 맡아서 하고 있는 일 사이에 틈틈이 다른 일을 하는 것.

새침데기 겉으로 얌전한 체 하는 사람. 새촘새.

새침하다 날씨 따위가 푸근하지 못하고 조금 쌀쌀하다.

새코무리하다 조금 신 맛이 난다. 새크므레하다. **새키** 속히. 빨리. 색히.

새파랗다 아주 젊다. 또는 몹시 질리다. **새피하다** 보잘 것 없다.

새할배 존고모부의 호칭, 지칭. **새형님** 자형姉兄의 호칭 지칭.

새호루기 새처럼 빨리 성교. **색** 물질적인 형체가 있는 모든 존재.

색갈이 봄에 묵은 곡식을 꾸어 주었다가 가을에 햇곡식이 나면 받는 일.

색경 물체의 모양을 비추어 보는 물건. '거울'. 석경.

색대 가마니나 섬 속의 곡식이나 소금을 찔러서 빼내어 보는 기구.

색바람 이른 가을에 부는 선선한 바람.

색시걸음 새색시처럼 아주 얌전하고 조심스럽게 걷는 걸음을 이르는 말.

색시샅 여색女色을 밝히다. **색이다** 긴장이나 화를 풀어 마음을 가라앉히다.

샐그러지다 한쪽으로 배뚤어지거나 기울어지다.

샐녘 날이 샐 무렵. '새벽'. 샐빛. **샐닢** 매우 적은 액수의 돈을 이르는 말.

샐상하다 정신이 약간 이상하다. '실상하다'.

샐심 팥죽 따위에 넣어 먹는 새알만 한 덩이. '새알심'.

샐쭉하다 마음에 차지 아니하여서 약간 고까워하다. 새쭉하다, 샐쪽하다.

샘바르다 시새움이 심하다. '새암바르다'. **샘받이** 샘물이 나는 논.

샘이깊은 물은 가물에 아니 그츨세 유서 깊은 나라는 어려움을 견딜 수 있다.

샘키다 무엇을 입에 넣어서 목구멍으로 넘기다. 삼키다. 생키다.

샛강 큰 강에서 갈려 나가 중간에 섬을 이루고, 다시 본래의 강에 합쳐지는 강.

샛거리 농사꾼이나 일꾼들이 끼니 외에 참참이 먹는 음식. '곁두리'.

샛거랑 작은 도랑. '샛도랑'. 봇도랑. **샛눈** 감은 듯하면서 살짝 뜬 눈.

샛노랗다 매우 노랗다. **샛득다** 새롭고 산뜻하다. '새뜻하다'.

샛바람 뱃사람들의 은어로, '동풍'을 이르는 말. '동풍東風'.

샛바리 마소의 등에 띠나 억새 따위의 새를 실은 짐. **샛집** 빌린 집. '셋집'.

생각시 나이 어린 의녀醫女./순결한 처녀. **생각을 돌리다** 계획을 바꾸다.

생강시리 아쉬운 때에 쓰게 되어 보람을 느낌. '생광시리'.

생거 익히지 아니한 것. 또는 살아 있는 것. '생것'.

생게망게하다 뜻밖의 일이 너무도 터무니없어 알아들을 수 없다.

생겐 살아 있는 동안. '생전生前'. **생광스럽다** 아위운 때 잘 쓰게 되다.

생급스럽다 하는 일이 뜻밖이고 갑작스럽다. **생기** 싱싱하고 힘찬 기운.

생내이 잿물에 익히지 않고 손으로 비벼서 이은 삼실로 짠 삼베.

생뇌生牢 제사에 바치는 제물. **생다지** 무리하게 억지를 부림. 막무가내.

생동생동하다 본디의 기운이 그대로 남아 있어 생생하다.

생되다 일에 익지 않아 서투르다. **생때같다** 아무 탈 없이 멀쩡하다.

생떼 억지로 쓰는 떼. 생떼거리, 생떼거지.

생똥 배탈로 먹은 것이 제대로 소화되지 못하고 싼 똥. 산똥.

생량머리 초가을로 접어들어 서늘해질 무렵. **생매** 길들이지 않은 매.

생먹다 일부러 모르는 체하다. 남이 하는 말을 잘 듣지 않다.

생명 생물이 살아 있게 하는 힘. **생명줄** 생명체의 목숨을 비유로 이르는 말.

생목 아직 트이지 않은 목소리.

생목개이다 음식이 다시 입으로 올라와 새콤한 맛이 입안에 퍼지다.

생무지 일에 손 익지 못한 사람. **생불** 갑자기 받게 된 나쁜 일.

생불 받는다 죄 없이도 뜻밖에 큰 언짢은 일을 만난다.

생색나다 다른 사람 앞에 당당히 나설 수 있거나 자랑할 수 있다.

생생이판 속임수로 돈을 빼앗는 판.

생서양포 가는 무명올로 폭이 넓고 바닥은 설피게 짠 피륙.

생소하게 익숙하지 못하고 서투르다.

생아리 청상아리 또는 소금을 치지 않은 생상어.

생요대친다 흔들리어 움직임. 또는 흔들어 움직임. '요동친다'.

생의 어떤 일을 하려고 마음을 먹음. 또는 그 마음. '생심生心'.

생이 새뱅잇과의 민물 새우. '토하土蝦'./ 형. / 상여.

생인손 손가락 끝에 종기가 나서 곪는 병. 생손앓이.

생일꾼 별다른 재주없이 막노동하는 사람. 막일꾼.

생장 뜬 메주에 물을 붓고 익으면 소금,고춧가루로 양념된 된장. '무장'.

생재기 종이나 피륙 같은 것이 손을 대지 아니하여 그대로 있는 상태.

생절이 배추, 상추, 무 따위를 절여서 곧바로 무친 것. 겉저리. 생저래기.

생짜 아무런 근거 없이 억지를 부리거나 강다짐을 하는 것. 생짜배기.

생청스레 억지스럽게 모순되는 말을 하는 태도. 생청 붙이다.

생채기 손톱 따위로 할퀴거나 긁히어서 생긴 작은 상처. '상채기'.

생청 억지로 쓰는 떼. **생치** 일반 평민을 이르던 말. '백성百姓'.

- 238 -

생콩 둘 사이에 마음이 서로 맞지 아니하여 항상 충돌함. '상극'.

생키다 목구멍으로 '삼키다'. **생태** 얼리거나 말리지 않은 잡은 그대로의 명태.

생파리같다 남이 조금도 가까이할 수 없을 만큼 까다롭고 쌀쌀하다.

생피붙다 가까운 친척 사이에 성적性的 관계를 맺다.

생홀애비 아내가 살아 있지만 떨어져 생활을 하는 남자. '생홀아비'.

샤님 '남편'. **샤옹** 혼인하여 여자의 짝이 된 남자. '남편'. 샤웅.

샤창 부엌, 곳간, 헛간 따위에 채광이나 환기용의 창. '사롱창'.

샤텽 활쏘기를 훈련하는 곳. '사청射廳'. **샹긔** '아직'.

샹샹 '평상시'. **샹언** '속담俗談'. **샹풍** '본디'.

샹훼하다 헐어 상하게 하다. '훼상毁傷하다'.

서까래 마룻대에서 도리 또는 보에 걸쳐 지른 나무. 연목椽木. 서끄리.

서거리 깍두기 소금에 절인 명태 아가미를 넣고 담근 깍두기.

서걱거리다 바람에 댓잎이 서로 부딪는 소리.

서겁다 마음에 섭섭한 느낌이 있다. **서껀** 'ᄂ이랑 함께'의 뜻.

서껄 지붕 아래 마룻대에서 도리 또는 보에 걸쳐 지른 나무. '서까래'.

서계 봉명관의 복명서. **서구새** 쌉쌀한 맛이 나는 풀. '고들빼기'.

서귀다 서로 바꾸다. **서그러지다** 너그럽고 서글서글하다. **서그프다** '서글프다'.

서근서근하다 사과나 배처럼 씹을 맛이 있게 연하다.

서글프다 쓸쓸하고 외로워 슬프다. 섭섭하고 언짢다. 서그프다.

서낙배기 장난꾸러기 아이. **서낙하다** 장난이 심하고 하는 짓이 극성맞다.

서낭당 마을을 수호하는 서낭신을 모셔 놓은 신당. 성황당. 서낭댕이.

서낭대 서낭당에 세워 신이 내리기를 비는 막대.

서낭목 서낭신이 머물러 있다고 믿는 나무.

서느렇다 물체의 온도나 기온이 꽤 찬 듯하다.

서느름 서늘할 때. **서늘하다** 시원한 느낌이다.

서답 빨래 또는 생리대, 개짐(여성이 월경할 때 샅에 차는 헝겊).

서답돌 '빨랫돌'. **서덜** 생선의 살을 발라낸 나머지.

서돌 집을 짓는 데 중요한 재목인 서까래, 도리, 보, 기둥을 이르는 말.

서두레 어떤 일을 예정보다 빠르게 혹은 급하게 처리하려고 하다.

서두르다 어떤 일을 급하게 처리하려고 하다.

서뜩 갑자기 서늘한 느낌이 드는 모양. '선득'보다 조금 센 느낌을 준다.

서디 지주를 대리하여 소작권을 관리하는 사람. '마름'.

서라벌 '경주'의 옛 이름. **서랑** 남에게 그 사위를 지칭. 사위, 서군壻君.

서래 수증기가 지상의 물체 표면에 얼어붙은 것. '서리'.

서로치기 같은 종류의 일을 서로 바꾸어 가며 해 줌.

서르짓다 하던 일을 뒷정리하다. **서른살** 섣달에 태어난 사람의 나이.

서름하다 남과 가깝지 못하다. **서릇다** 좋지 못한 것을 쓸어 치우다.

서리다 기운이 어리다. / 수증기가 물방울로 엉기다. /실이 얼기설기 얼키다.

서리담다 국수, 새끼, 실을 헝클어지지 아니하도록 둥그렇게 포개어 담다.

서리병아리 이른 가을에 깬 병아리. **서릿발** 서리가 성에처럼 된 모양.

서릿쌀 당해에 새로 난 쌀. '햅쌀'. **서말찌** 아주 크고 우묵한 솥. '가마솥'.

서머하다 매우 미안하여 볼 낯이 없다. **서면하다** 낯이 설다.

서방 성에 붙여 사위나 매제, 아래 동서 등을 이르는 말.

서방정토 서쪽에 있다는 아미타불의 세계.

서벅돌 단단하지 못하고 서벅서벅 잘 부서지는 돌.

서부렁섭적 힘들지 아니하고 가볍게 건너뛰거나 올라서는 모양.

서부렁하다 묶거나 쌓은 물건이 느슨하거나 틈이 벌어져 있다.

서분서분하다 마음씨가 부드럽고 너그럽다. **서분하다** 서운하다. 섭섭하다.

서붓서붓하다 소리가 거의 나지 아니할 정도로 발걸음을 가볍게 걷다.

서숙 볏과의 곡식. 이삭을 탈곡한 것이 좁쌀이다. '조'.

서슬 쇠붙이 연장이나 유리 조각의 날카로운 부분 / 강하고 날카로운 기세.

서슴다 말이나 행동을 머뭇거려 망설이다. **서시모장** 절세의 미녀를 이름.

서암지 의령군 가례면 자굴산 골짜기의 저수지. **석양** 해거름. 해름참.

서어먹다 서로 지켜야 할 의무에 대하여 약속하다. '계약하다'.

서어하다 서름서름하여 탐탁하지 못하다. **서우리** '느슨히'.

서음전벽 지나치게 글 읽는 버릇. **서의하다** 쓸쓸하고 처량하다. 서의히.

서짜 '가톨릭교도'를 속되게 이르는 말. '천주학쟁이'.

서절구투 쥐나 개처럼 몰래 물건을 훔친다는 뜻으로 '좀도둑'을 이르는 말.

서털구털 말이나 행동이 침착하고 단정하지 못하며 어설프고 서투른 모양.

서핀 서쪽으로 기울어짐. **석감주** 밥과 엿기름을 넣은 단지를 잿불에 끓인 감주.

석글하다 '시끄럽다'. **석녀** 성욕이나 성적 흥분을 느끼지 못하는 여자. 돌계집.

석루 돌로 쌓은 작은 성채城砦. **석문** 불교. **석바** 가마꾼의 멜방줄.

석배기 낭떠러지의 '벼랑'. **석배다** 썩어 없어지다. **석별** 서로 애틋한 이별.

석사碩士 벼슬하지 않은 선비를 높임 말. **석산화** 돌마늘 꽃.

석새삼베 예순올의 날실로 성글게 짠 베. '석새베'.

석석하다 서걱서걱하다. **석세** 갯버들뿌리가 엉긴 도랑 / 이해의 바로 앞의 해.

석수 저녁때 밀려왔다가 나가는 바닷물. / 겉옷. 도포 / 순서. '차례'.

석얼음 유리창에 붙은 얼음. **석음석음하다** 나무가 오래되어 생생하지 않다.

석임 빚어 담근 술이나 식혜 따위가 괴면서 방울이 속으로 삭는 일.

석죽 패랭이 꽃. **석죽색** 분홍색. **석치다** 절에서 예불할 때 종을 치다.

섞바꾸다 번갈아 차례를 바꾸다. **섞박자** 젓국을 버무리고 조기젓국물을 섞은 김치.

섦 순간적으로 일어나는 격한 감정. **섨김** 서슬에 불끈 일어나는 김. 섧김.

섨삭다 불끈한 노여움이 풀리다. 의심이 풀리다.

선仙 사망한 사람에게 붙이는 말. **선감** 채 익지 않은 감.

선객 현실 세계를 떠나 자연과 벗하며 산다는 상상의 사람.

선겁다 무서워서 놀랄만 하다. **선경** 경치가 신비스럽고 그윽한 곳.

선그렇다 따뜻하지 않고 서늘하다. **선길장수** 봇짐장수.

선나선나 아이가 서는 법을 익힐 때, 어른이 손을 떼면서 내는 소리.

선낫 적은 정도나 분량. '서넛'. 선내끼, 조금. **선다님** '선달'의 높임말.

선떡부스러기 어중이떠중이가 모인 실속 없는 무리. '오합지졸'.

선드그리하다 서늘한 느낌이다. '선득하다'. **선뜩** 시간을 끌지 않고 '얼른'.

선등 남보다 먼저 함. **선머리** 순서대로 하는 일의 맨 처음.

선명하다 산뜻하고 뚜렷하여 다른 것과 혼동되지 아니하다.

선몽 꿈에 나타난 것을 이르는 말. '현몽現夢'. **선무당** 익숙하지 못한 무당.

선바람 지금 그대로의 차림새. **선바람쐬다** 낯선 지방으로 돌아다니다.

선변 빚을 쓸 때에 본전에서 먼저 떼어 내는 이자. '선이자'.

선부 남에게 돌아가신 자기 어머니를 이르는 말. '선비先妣'.

선불 설맞은 총알. **선불걸다** 섣불리 건드리다. / 참견하여 해를 입는다.

선비 학문을 닦는 사람. **선비걸음** 다리를 크게 떼어 느릿느릿 걷는 걸음.

선상 성姓이나 직함 따위에 붙여 남을 높여 이르는 말. '선생'.

선샘 장마철에 땅속으로 스며들었던 빗물이 다시 솟아 나오는 샘.

선소리 민요를 부를 때 한 사람이 앞서 부르는 소리. 메김소리.

선손질 먼저 손찌검함. **선악** 착한 것과 악한 것을 아울러 이르는 말.

선웃음 억지로 웃는 거짓 웃음. **선자방** 부채 만드는 곳.

선잠 깊이 들지 못하거나 설친 잠. 설잠. **선지** 부처의 가르침을 널리 알림.

선질꾼 짐을 진 채로 쉬는 짐꾼. **선찮다** 흡족하지 아니하다. '시원찮다'.

선천 새로 무과에 급제한 사람 가운데에서 선전관의 후보자를 천거하던 일.

선풍 소란스런 사건을 바람에 비유. **선하다** 알맞게 서늘하다. '시원하다'.

선하품 몸이 지쳐 있거나 흥미 없는 일을 할 때에 나오는 하품.

선행 착하고 어진 행실. **선현** 옛날의 어질고 사리에 밝은 사람.

섣달받이 음력으로 섣달 초순에 함경도 연안에 몰려드는 명태의 떼.

섣부르다 솜씨가 설고 어설프다. **설겆다** 설거지하다.

설기 시루떡. **설깃하다** 그럴듯해 보여 마음이 쏠리는 데가 있다. 솔깃하다.

설구이 잿물을 바르지 않고 낮은 온도의 열로 굽는 일.

설기 싸리나 버들채로 엮은 상자. **설딩이** 섣달에 태어난 사람. 서른 살.

설래위 서로 자기주장을 고집하며 옥신각신하는 짓. '실랑이질'.

설렁(줄) 문설주에 달아놓고 부를 때 줄을 당기는 방울.

설렁설렁 천천히 티나지 않게. **설레꾼** 직업적인 노름꾼이나 야바위꾼.

설레기 낚싯봉을 달지 아니하고 낚시를 물살에 떠밀려 가게 하는 낚시.

설레발 몹시 서두르며 부산한 행동. **설레발치다** 서두르며 부산하게 굴다.

설만하다 거만하고 무례하다. **설멍하다** 옷이 짧아서 어울리지 않다.

설면하다 자주 만나지 못하여 낯이 설다. **설밥** 설날에 오는 눈.

설보다 충분하지 아니하게 대강 보다. **설빔옷** 설날에 입을 새 옷.

설미 일의 갈래가 구별되는 어름. '갈피'. 눈설미. **설상** 혀처럼 생긴 모양.

설설하다 성미가 활달하고 시원시원하다. **설소리** 앞소리.

설안개 안개 서린. **설엊다** 걷다. 설거지하다. 치우다.

설은살 생월이 늦어 꽉 차지 않은 나이. 섣달 생. 섦은나.

설음지 설거지. **설자리** 활을 쏠적에 서는 자리.

설잠 깊이 들지 못하거나 흡족하게 이루지 못한 잠. '선잠'.

설장구 농악대에서, 장구를 치는 사람의 우두머리.

설중고죽 눈 속에 외로운 대나무. 선비의 절개를 비유적으로 이르는 말.

설직멀직 남의 눈을 피하여 재빠르게 행동하다. '슬쩍'.

설차다 마음에 덜 차다. **설체하다** 흔하게 쓰다. 마음껏 먹다.

설축 오입질하는 사람을 낮잡아 이르는 말. '오입쟁이'.

설치국 바지락조개에 미역이나 파래를 넣어 끓인 국.

설치레 설을 맞아 새로 장만하는 옷, 신발 따위를 이르는 말.

설탕 맛이 달고 물에 잘 녹는 결정체. 사탕가리.

설통발 강이나 개울의 상류에서 물고기를 잡으려고 물속에 놓은 통발.

설피 눈 신발. **설피다** 촘촘하지 않고 성기다. /솜씨가 거칠고 서투르다.

설피설피 '볼썽사납다'. **설풋하게** 서먹하여 거리를 두고.

설핏하다 해가 질 때 밝은 빛이 약하다. **섦다** 원통하고 슬프다. 서럽다.

섬 층계. 섬돌. (한 섬=열말=100되). **섬거적** 섬을 엮거나 뜯어낸 거적.

섬광 순간적으로 강렬히 번쩍이는 빛. **섬기다** 윗사람을 잘 모시어 받들다.

섬누룩 막걸리나 소주에 쓰이는 품질이 낮은 누룩.

섬떡 한 섬 분량의 쌀로 만든 떡. **섬돌** 집채에 밟고 오르내리는 돌층계.

섬뻑 잘 드는 칼로 단칼에 깊게 베어지는 꼴.

섬서 서먹서먹. **섬서하다** 지내는 사이가 다정하지 아니하고 서먹서먹하다.

섬우코 뒤주에서 곡식을 퍼내면서 표식을 하고.

섬연 가냘프고 아름답다. **섬지기** 볍씨 한 섬의 모를 심을 만한 논의 크기.

섬통 곡식을 담은 섬의 부피. **섬피** 곡식을 담는 섬의 겉껍질. 거적.

섭 글자나 그림이 도드라지게 가장자리를 파내거나 새기는 '섭새김'. 양각.

섭겁다 나약하다. **섭산적** 쇠고기를 양념에 주물러서 반대기에 구운적.

섭섭하다 서운하고 아쉽다. 애틋하고 아깝다. 서운하거나 불만스럽다.

섭새기다 글자나 그림이 도드라지게 가장자리를 파내거나 뚫어지게 새기다.

섭수 어떤 목적을 이루기 위한 방법. 또는 그 도구. '수단手段'.

섭쓸리다 함께 섞여 휩쓸리다. **섭채** 무채와 콩나물을 섞어 무침.

섭치 여러 가지 물건 가운데 변변하지 아니하고 너절한 것.

섭호 본채와 떨어져 있어서 딴살림을 하게 되어 있는 집채. '협호夾戶'.

섭화 꽃무늬의 섭새김. **섯돌다** 섞여 돌다.

성 주로 남자 형제 사이에 동생이 형을 부를 때 많이 쓴다. '형兄'.

성가퀴 몸을 숨기고 적을 치려고 성 위에 낮게 쌓은 담.

성각 눈을 떠서 정신을 차림. **성깔머리** 거친 성질을 부리는 버릇. '성깔'.

성결 성품의 바탕이나 상태. **성귀소** '부림소'를 이르는 말. 농우나 짐소.

성균진사 조선시대의 소과. **성그렇다** 기온이 꽤 찬 느낌이 있다. 썽그렇다.

성글거리다 눈과 입을 천연스럽게 움직이며 소리 없이 정답게 자꾸 웃다.

성글다 성기다. **성글벙글** 기분 좋은 표정으로 소리 없이 환하게 웃는 모양.

성금 말이나 일의 보람이나 효력. 꼭 지켜야 할 명령.

성끗 소리 없이 가볍게 웃는 모양. **성기다** 사이가 배지 않고 뜨다.

성냥 대장장이가 무딘 쇠 연장을 불에 불리어 재생하거나 연장을 만듦.

성노꽃쫄네야꽃 석류꽃 찔레꽃. **성냥노리** 대장장이가 외상값 받으러 돌아다님.

성님 형님. 언니, 싱야, 쌩이, 힝야. **성동** 15살 소년.

성리 인간의 본성, 존재 원리를 이르는 말. 인간의 도리를 이른다.

성마르다 참을성이 없고 성질이 조급하다.

성산고분 성주읍 성산의 성산가야 수장층의 무덤군. **성설궂다** 손에 익지 않다.

성숙하다 몸과 마음이 자라서 어른스럽게 되다.걸망시럽다. 걸망하다.

성신 천체 가운데 성운처럼 퍼지는 모양을 가진 천체를 제외한 모든 천체.

성애 흥정을 끝낸 증거로 옆에 있는 사람들에게 대접하는 일. 성애술.

성엣장 물 위에 떠내려가는 얼음덩이. **성읍** 군, 현의 관아가 있던 곳.

성적하다 혼인날 신부가 얼굴에 분을 바르고 연지를 찍다.

성주 가정에서 모시는 수호신. /경상북도 성주군. 성산가야 옛터.

성주단지 성주신의 신체神體를 모신 단지.

성주받이 집을 새로 짓거나 이사한 뒤에 성주를 모시는 굿.

성지 신성시하는 장소. **성진** 먼지에 비유하여. 어지러운 세상을 뜻함.

성찮다 '성하지 아니하다'의 준말. 아프다. **성찰** 자신을 반성하고 살핌.

성채 성과 요새를 아우르는 말. **성크름하다** 바람기 많아 선선하다.

성큼하다 키 큰 사람의 아랫도리가 길쭉하다. **성품** 사람의 성질이나 됨됨이.

성풍하다 넉넉하고 매우 흔하다. **섶** 저고리의 깃 아래쪽에 달린 길쭉한 헝겊.

세간나다 살림나다. '분가分家'. **세골접이** 세 번 포개어 접는 것.

세교 대대로 사귀어 온 정. **세굳차다** 힘차다.

세나다 물건이 잘 팔려 나가다. 부스럼 따위가 덧나다.

세나절 한나절의 세 배, 일부러 느린 동작을 조롱 삼아 이르는 말.

세납전해마다 바치는 세금. **세대박이** 돛대를 세 개 세운 큰 배.

세뚜리 한 상에서 세 사람이 먹는 일. **세련을 부리다** 몸을 사리다.

세마치 대장간에서 세 사람이 돌려가며 치기. / 판소리의 자진진양 장단.

세물이 번거로울 정도로 도수度數가 잦다. '빈번하게'.

세미 성숙한 남성의 얼굴에 나는 털. '수염'. 셈, 쉠지.

세밑 한 해의 마지막 무렵. **세배** 섣달그믐이나 정초에 웃어른께 인사로 하는 절.

세비·세미 시아버지·시어머니. 시애비·시애미. **세빠지게** 매우 힘들게.

세산조시 판소리에서, 처음부터 가장 빠른 속도로 휘몰아 부르는 장단.

세상충이 철부지. **세속** 세상의 일반적인 풍속.

세손목카래 세 사람이 하는 가래질. **세숫대야** 세숫물 담는 둥글넓적한 그릇.

세습 가축의 나이 세 살을 이르는 말. **세아리다** 헤아리다. 세다.

세안 한 해가 끝나기 이전. 설안. **세염** 세도의 기세.

세우 더할 수 없이 심하게. 세게. '몹시'. **세우다** '우기다'.

세짜래기 'ㄹ', 'ㅅ', 'ㅈ'의 발음을 제대로 하지 못하는 사람. '혀짤배기'.

세장질 어린아이를 붙들고 앞뒤로 밀었다 당겼다 하며 '달강달강' 소리 짓.

세존단지 농신農神에게 바치는 뜻으로 햇곡식을 넣어 모시는 단지.

세차다 기세나 형세가 힘 있고 억세다. 빡세다.

세찬 설에 차리는 음식. 차례나 세배하러 온 사람들을 대접하는 음식.

세찬바리 세밑에 소나 말등에 몬을 잔뜩 싣다. 세찬歲饌.

세톨박이 한 송이에 세 톨의 알이 들어 있는 밤송이.

세한고절 한겨울 추위도 이기는 절개. **센개** 털빛이 흰 개.

센둥이 털빛이 흰 짐승. 강아지를 귀엽게 이르는 말.

센일 쟁기질처럼 힘드는 일. **셈들다** 사물을 분별하는 판단력이 생기다.

셈속 돌아가는 사실의 내용. **셈을 치다** 셈하여 헤아리다.

셈찬아제비 수염 달린 아저씨. **셈판** 어떤 일이나 사실의 원인. 그런 형편.

셈평스럽다 말이나 태도가 태평하고 넉살스러운 데가 있다.

셋갖춤 바지 저고리 조끼를 다 갖춘 한 벌 옷.

셋바늘 혓바닥에 좁쌀알같이 돋아 오르는 붉은 살. '혓바늘'.

셋바닥 혀의 윗면. **세겸상** 세 사람이 같이 먹게 차린 밥상. 세뚜리.

셋겹복 바둑에서, 석 점. **셋줄** 권세가와 닿은 연줄.

셍기다 이 소리 저 소리 잇달아 주워대다. **셔보조** 사냥에 쓰던 화살.

셔슬 지붕 서까래 위에 기와를 이기 위하여 싸리나무로 엮은 것. '산자'.

셜만하다 무례하고 거만하게 대하다. '모독하다'. **소** 작은 물웅덩이./비웃음.

소가지 '마음보'를 낮잡아 이르는 말. 소갈머리. 소갈찌.

소갑 소나무의 가지를 땔감으로 쓰려고 묶어 놓은 것. '솔가리'. 소깝.

소겨리 겨리에 묶인 겨릿소 두 마리의 짝. **소견** 일이나 사물에 대한 의견.

소견머리 '소견'을 속되게 이르는 말. **소경낚시** 미늘이 없는 낚싯바늘.

소곰 '소금'. **소꼴** 소에게 먹이기 위하여 베는 풀. '쇠꼴'. 소풀

소관하다 볼일을 보다. **소구리** 대나 싸리로 엮어 만든 그릇. 소쿠리.

소구부리 송곳구멍. **소나기** 몰아치는 공격을 소나기에 비유한 말.

소나기밥 보통 때에는 얼마 먹지 아니하다가 갑자기 많이 먹는 밥.

소나기술 입에 대면 끝없이 먹는 술. **소납** 일을 하는 데에 소용되는 물건.

소녀풍 비가 오기 직전에 솔솔 불어오는 부드러운 바람.

소담스럽다. 음식이 넉넉하여 보기에도 먹음직하다. 생김새가 탐스럽다.

소댕 솥을 덮는 쇠뚜껑. 소댕이. 소도방. **소도리** 금은 세공하는 작은 장도리.

소동파 북송의 시인 '소식蘇軾'의 성과 호를 함께 이르는 이름.

소두 연명으로 올린 상소문에서 맨 먼저 이름을 적거나 우두머리. 소수.

소두래이 홑두루마기. **소두배** 솥의 아가리를 덮는 것. '솥뚜껑'.

소똥벌거지 '반딧불이'. **소드락질** 남의 재물을 마구 빼앗는 것.

소득밤 겉껍데기를 벗기지 않은 채로 소득소득하게 반쯤 말린 밤.

소들하다 분량이 생각보다 적어서 마음에 덜 차다.

소매바가지 똥바가지. **소매통** 똥오줌통. **소머거리** 소의 주둥이에 씌우는 멍.

소목꾼 소목장이. **소락소락** 말이나 행동이 요량 없이 경솔한 모양.

소란히 시끄럽고 어수선하게. **소래기** 접시와 비슷한 굽 없는 접시.

소래다 물기가 잦아들고 틈이 성글다. **소리맵시** 음의 구성 요소인 음색.

소롯길 좁은 지름길. **소롱하다** 재물을 되는대로 아무렇게나 써 없애다.

소름끼치다 두렵고 무서운 기분이다. **소리소문** 여론이나 소문. '소문所聞'.

소릿광대 판소리 잘하는 광대. **소릿귀** 남의 노래를 듣고 기억하는 능력.

소릿바람 소리가 나간 뒤에 일어나는 바람으로, 말소리의 떨치는 기세.

소마소마하다 두려워서 마음이 초조하다. **소말소말** 마맛자국이 얕게 있는 모양.

소망 희망. 염원. **소맷동냥** 먹을 것을 얻어서 소매 안에 넣어 가지고 다님.

소머거리 소의 주둥이에 씌우는 새끼로 그물같이 엮은 물건. '부리망'.

소명하다 '해맑다'. **소무다** 한곳에 **빽빽**하게 모여 있다. '촘촘하다'.

소바리 등에 짐을 실은 소. **소박데기** 남편에게 소박을 맞은 여자.

소박이 소를 넣어서 만든 음식. **소발구** 소에 메워 물건을 싣는 썰매.

소버짐 피부가 몹시 가렵고 쇠가죽처럼 두껍고 단단하게 번지는 버짐.

소부 쟁기, 극젱이, 가래 따위의 술바닥에 끼우는, 삽 모양의 쇳조각. '보습'.

소분지애씨 유도 아니다. **소빈지** '소 진드기'. **소사스럽다** 좀스럽고 간사하다.

소삼정 추울 때에 소의 등을 덮어 주는 멍석. '소덕석'.

소성小成 생진과에 오르는 것. **소소리** 높이 우뚝 솟은 모양.

소소리바람 이른 봄에 살 속으로 스며드는 듯 한 차고 매서운 바람.

소소리쳐 회오리바람처럼 맴돌며 솟구쳐. **소소리치다** '솟구치다'.

소소리패 나이가 어리고 경망한 무리. **소소하게** 자질구레하게. 소소하이.

소솔 한집에 사는 식구. **소쇄하다** 기운이 맑고 깨끗하다. 상쾌하다.

소수 몇 냥, 몇 말, 몇 달에 조금 넘음을 나타내는 말.

소스치다 몸을 위로 높게 올리다. **소슬트리다** 갑자기 몸을 소스라치다.

소슬한 으스스하고 쓸쓸한. **소승기다** 어깨 따위를 옴츠러뜨리다.

소실 한집에 거느리고 사는 식구. '소솔所率'. **소아치다** 솟구치다. 도지다.

소양배양하다 나이가 어려 함부로 날뛰기만 하고 분수나 철이 없다.

소연하다 떠들썩하다. **소요** 자유롭게 거닐다. '산책'. **소용** 길쭉하고 작은 병.

소용없다 아무런 쓸모나 득이 될 것이 없다. **소위** 하는 일.

소이 까닭. **소이까리** 소의 굴레에 매어 끄는 줄. '소고삐'.

소인小人 수양이 적은 사람으로 소인지덕초小人之德草.

소잡다 자리가 몹시 좁다. '비좁다'. 비잡다. 솔다.

소저 '소녀'의 옛말. **소쪽박** 조롱박. 또는 나무를 깎아 파서 만든 바가지.

소주 고두밥과 누룩을 발효시킨 알코올 증류수. **소주방** 주간. 주방. 부엌.

소죽 '쇠죽'. **소죽통** 소나 말 따위의 가축들에게 먹이를 담아 주는 그릇.

소중하다 매우 귀중하다. **소지** 청소를 뜻하는 '소제掃除'.

소지랑물 외양간 뒤쪽에 괴여 있는 쇠오줌.

소질매 짐을 싣거나 수레를 끌기 위하여 소나 말 따위의 등에 얹는 안장.

소캐 목화의 털 모양의 흰 섬유질. '솜'. 소쿠리 둥근 대그릇.

소타래기 말이나 소를 몰거나 부리려고 굴레에 잡아매는 줄. '고삐'.

소태 소태나무 껍질. 몹시 쓴 맛. 소피 오줌을 눔. 소해小孩 소년 사내 종.

소회 마음에 품은 회포. 속가름 돈이나 물품의 총액, 조목별 액수 등을 밝힘.

속걸이 씨름에서, 상대편 다리를 걸어 넘어뜨리는 방법의 하나.

속고뱅이 풀이나 나무의 줄기의 연한 심. 사물의 중심이 되는 부분.

속곳 예전에, 여자들이 입던 아랫도리 속옷 가운데 맨 속에 입는 것.

속꿍꿍이 드러내지 아니하고 속으로만 일을 꾸며 우물쭈물하는 속셈.

속고삿 이엉을 얹기 전에 지붕에 건너질러 잡아매는 새끼.

속긋 글씨나 그림을 처음 배우는 이에게, 그 위에 덮어 쓰게 하는 '체본'.

속내평 드러내지 않는 속마음. 속눈 곱자의 아래쪽에 새겨 있는 눈금.

속다꾸이 어떤 일을 꾀하고 의논하는 뜻의 '모의'. 속닥질, 속닥궁이.

속다짐 마음속으로 하는 궁리나 계획. 속대 푸성귀의 줄기나 잎.

속닥하다 홀가분하면서 아늑하고 정답다. '오붓하게'. 속닥이.

속당가지 겉으로 드러나지 아니한 '속마음'의 비속어.

속돌매 용암이 굳은 부석으로 만든 맷돌. 속되다 평범하고 세속적이다.

속마음 겉으로 드러나지 아니한 실제의 마음.

속바람 몹시 지친 때에 숨이 차서 숨결이 고르지 못하고 몸이 떨리는 현상.

속바치다 죄를 벗고자 속전을 내다. 속발기 속갈래. 속가름. 세목細目.

속빼다 두 번째 논을 갈다. 속사 일상생활의 잡다한 일.

속살 보기보다 실속 있다. 속살거리다 남이 듣지 못할 작은 소리로 이야기하다.

속상ㅎ다 화가 나거나 걱정꺼리로 마음이 불편하고 우울하다. '속상하다'.

속새 '쏨바귀'. 속새질 사포로 문지르는 일. / 고자질.

속소그레하다 조금 작은 여러 개의 물건이 크기가 거의 고르다.

속소위 세상에서 이른바. 저잣거리 사람들이 일컫는 바.

속속곳 맨속에 입는 여성의 속옷. 속속들이 깊은 속까지 샅샅이.

속이다 혼내주다. **속임수** 남을 속이는 짓. 또는 그런 술수.

속잠 깊이 든 잠. **속절없다** 어찌할 도리가 없다.

속정 명예와 이익을 바라는 세속적인 생각. 은근하고 진실한 정.

속종 어떤 것에 붙어서 좋음. 또는 그런 물건. 마음속에 품고 있는 소견.

속주머니 옷의 안쪽이나 속옷에 단 주머니. 속주마이, 속주머이, 속주무이.

속탈 먹은 것이 잘 삭지 아니하여서 병이 나다.

속판 '속마음'을 속되게 이르는 말. 속에 숨은 사정이나 형편.

속현 아내를 여읜 뒤에 다시 새 아내를 맞다.

솎다 촘촘히 있는 것을 군데군데 골라 뽑아 성기게 하다.

손 남자를 낮추어 이르는 '녀석'의 비속어. **손가스러미** 손거스러미.

손각시 혼기가 찬 처녀가 죽어서 된 귀신. '손말명'. 꼭두각시.

손까시랭이 손톱이 주변에 살갗이 일어난 것. '손거스러미'.

손골목 좁은 골목. **손꼽이치다** 손에 꼽을 만큼 상당한 축에 들다.

손그릇 거처하는 곳에 가까이 두고 늘 쓰는 작은 세간. 반짇고리, 벼룻집.

손끝맺다 할 일이 있는데도 아무 일도 안 한다.

손기척 문을 가볍게 두드려서 인기척을 내는 일.

손길 만지거나 할 때의 손. 도와주거나 해치는 일을 비유적으로 이르는 말.

손님 '천연두'를 일상적으로 이르는 말. **손대기** 잔심부름을 해줄 만한 아이.

손대중 손으로 쥐거나 들어 보아 어림으로 하는 헤아림. 또는 그런 분량.

손때먹다 오래 써서 길이 들다. **손떠퀴** 무슨 일에 손을 대는 데 따른 운수.

손돌바람 음력 10월 20일경에 부는 찬바람. 강화도 손돌목 설화에서 유래.

손두맞다 남에게 배척을 당하다. 손도損徒맞다.

손마디 손가락의 마디. 손매디. **손말명** 혼기가 찬 처녀가 죽어서 된 귀신.

손맑다 재수가 없어 생기는 것이 없다. 후하지 아니하다.

손맛 음식을 만들 때 솜씨에서 우러나오는 맛.

손목댕이 '손목'을 낮잡아 이르는 말. 손모가지, 손모갱이.

손모듬 출상 전날 밤 빈 상여를 메고 마을을 돌다. **손바꿈** '겨끔내기'.

손바람 일을 치러나가는 기세. **손방** 도무지 일을 할 줄 모르는 솜씨.

손사래 잡아떼거나 조용하기를 바랄 때 손을 내젓기.

손삽손실 훼손하거나 덧끼우거나 빼버리는 일. **손샅** 손가락과 손가락 사이.

손섰다 겨루다. 싸우다. **손손증** 조바심. **손수세** 다른 사람이 손댄 흔적.

손숫물 손을 씻는 데 쓰는 물. **손순** 유순柔順함.

손심부름 몸 가까이 있는 일에 대한 잔심부름.

손씻이 남의 수고에 보답하는 마음으로 적은 물건을 주는 일.

손아래 나이나 항렬 따위가 자기보다 아래이거나 낮은 관계. 손알

손없는날 일을 방해하는 귀신이 없는 날. 이사를 하거나 행사를 잡는다.

손위 나이나 항렬 따위가 자기보다 위이거나 높은 관계. 손우.

손자국 손으로 만지거나 때려서 남은 흔적. 손짜구, -짜우, -짜욱, -짜죽.

손잡이 손으로 어떤 것을 열거나 붙잡을 수 있도록 덧붙여 놓은 부분.

손잽히다 품이 많이 들다. **손질** 손으로 남을 함부로 때리는 일. 손찌검.

손짓기 손찌검. 하수下手. **손창방** 몸채에서 떨어져 있는 사랑방.

손치다 돈을 받고 손님을 묵게 하다. **손타다** 도둑맞다.

손톱눈 손톱의 양쪽 가장자리와 살의 사이. **손티** 살짝 곱게 얽은 마마 자국.

손포 실제 일하는 사람의 수. **손항** 손자뻘 항렬. **손헤다** 손을 내젓다.

손회목 손목의 잘록한 부분. **솓가지** 꺾어서 말린 소나무의 가지. '솔가지'.

솓깜부리 말라서 땅에 떨어져 쌓인 솔잎. '솔가리'. 갈비, 솔검불.

솔 사방 열자가 되게 만든 과녁. **솔가** 온 집안 식구를 거느리고 가거나 옴.

솔가리 말라서 떨어져 쌓인 솔잎. 갈비. 솔갈비. 솔검불. **솔개** 수릿과의 새.

솔개그늘 아주 작게 지는 그늘. **솔갱이** 소나무의 옹이.

솔곳이 그럴듯해 보여 마음이 쏠리는 데가 있게. '솔깃이'.

솔관 천으로 된 과녁. **솔기** 옷이나 이부자리에 두 폭을 맞대고 꿰맨 줄.

솔깃증 조마조마하여 마음을 졸임. 또는 그렇게 졸이는 마음. '조바심'.

솔다 시끄러운 소리나 귀찮은 말을 자꾸 들어서 귀가 아프다. 숧다.

솔다 공간이 좁다. **솔닥거리다** 재잘거리다. **솔밋하다** 아주 작게 쏠림.

솔바람 소나무 사이를 스치는 바람. **솔박솔박** 모르는 사이에 차츰 차츰.

솔버덩 소나무가 무성한 거친 들. **솔보굿** 비늘같이 생긴 소나무의 껍질.

솔봉이 나이 어리고 촌스러운 사람. **솔불** 관솔불. **솔빵구리** '솔방울'.

솔소반 작은 상床. **솔수펑이** 솔숲. **솔아내다** 귀아프게 듣다.

솔엪 내용, 속사정. **솔옵 솔잎상투** 뭉뚱그려 짠 상투. **솔찮다** 수월찮다.

솔티 문경 유곡역에서 상주 공검에 이르는 옛 통영대로의 고갯길.

솔포기 가지가 다보록하게 퍼진 작은 소나무.

솔피 옷이나 이부자리 따위를 지을 때 두 폭을 맞대고 꿰맨 줄. '솔기'.

솜뭉치 솜을 뭉쳐 놓은 덩어리. 소개뭉테기, 소캐뭉테이.

솜소미 틈이나 간격이 매우 좁거나 작게. '촘촘히'.

솜솜하다 잊혀지지 않아 눈앞에 아른 거리는 듯하다.

솝다 '감추다, 입다'. **솝뜨다** 아래에서 위로 솟아 떠오르다.

솟대 마을 수호신의 상징으로 끝에 새를 달아 마을 입구에 세운 장대.

솟대장이 솟대 위에서 재주를 부리는 사람.

솟보다 물건을 자세히 살피지 않아 원래의 가치보다 비싼 값으로 사다.

솟엪다 연기나 비행기가 위로 세차게 움직이다. '솟아오르다'.

솟을대문 행랑채의 지붕보다 높이 솟게 지은 대문.

솟젹다시 올빼밋과의 여름새로, 울음소리로 흉년과 풍년을 점친다는.

솟체다 감정이 세차게 일어나다. '솟치다'. 솟쳴다.

솟쯩 푸성귀만 먹어서 고기가 먹고 싶은 티. 솟증.

송곳눈 날카롭게 쏘아보는 눈초리를 비유적으로 이르는 말.

송구 소나무의 속껍질. '송기'. **송낙** 소나무 겨우살이로 만든 여승쓰개.

송낙뿔 옆으로 꼬부라진 쇠뿔. **송당골** 퇴계의 숙부 이우가 살던 곳.

송사련 신사무옥(1521)의 무고자. **송송하다** 살갗에 소름이 돋아나다.

송순주 소나무 새 순을 넣어 빚은 술. **송신증** 지루하여 온몸이 근질근질한 증세.

송아리 꽃이나 열매가 잘게 모여 달려 있는 덩어리.

송야천 학가산에서 검제를 지나 송현에서 낙동강으로 흐르는 시내.

송이 송이과의 버섯. **송이술** 물을 섞지 않은 술. **송이재강** 술찌끼.

송장헤엄 위를 향하여 반듯이 누워서 물장구를 치는 수영법. '배영背泳'.

송재 퇴계의 숙부 이우의 호. **송진** 소나무에서 분비되는 끈적끈적한 액체.

송치 암소 배 속에 든 새끼. **솥검정** 솥 밑에 붙은 그을음. 솥검댕.

솥귀 옛날 솥의 둘레 가장자리 위로 두 귀처럼 삐죽이 돋은 부분.

솥뒤비 솥의 아가리를 덮는 뚜껑. '솥뚜껑'. 소댕. 솥두구리. 솥뚜방.

솥물 새 솥에서 우러나는 쇳물. **솥발내기** 꼼짝할 수 없어 아무 일도 못 함.

솥발이 솥발이 셋인 데서 나온 말로, 한배에 난 세 마리의 강아지.

솥전 솥 몸의 바깥 중턱에 납작하게 둘러 댄 전.

솥지기 밥을 한 솥 짓는 동안. **쇄지** 송아지. **쇄장이** 옥을 지키는 옥쇄장.

쇠 자물쇠. 자물통. **쇠고기** 소의 고기. 소고기. **쇠고집** 몹시 센 고집.

쇠꼬리 소꼬랑대이. **쇠꼴** 소에게 먹이는 풀. 꼴.

쇠구들 고래가 막히어 불을 때도 덥지 아니한 방. **쇠귀** 우이牛耳. /주도권.

쇠기러기 강, 호수에 떼 지어 살다가 날아가는 오릿과 철새.

쇠기침 오래도록 낫지 아니하여 점점 더 심해진 기침.

쇠나다 솥에 난 녹이 음식에 물들다. **쇠내기** '소나기'. 쇠나기.

쇠노리 늦벼의 하나. **쇠뇌** 활보다 멀리 쏠 수 있는 장거리 공격용 무기.

쇠다 명절을 지내다. / 한도를 지나쳐 점점 심해지다.

쇠딱지 어린아이의 머리에 덕지덕지 눌어붙은 때.

쇠도적놈 움충맞고 게염많은 사람. **쇠동지** 돈으로 벼슬을 산 사람.

쇠똥구리 풍뎅이과의 갑충으로, 쇠똥이나 말똥 속에 알을 낳는다. 말똥구리.

쇠두겁 가늘고 긴 물건의 끝에 씌우는 쇠. **쇠로기** '솔개'.

쇠멱미레 미련하고 답답하며 고집 센 사람을 놀리는 말.

쇠발개발 소의 발과 개의 발이라는 뜻으로, 더러운 발을 비유로 이르는 말.

쇠배 부정하는 말과 함께 '도무지, 아주, 완전히'의 뜻을 나타내는. '전혀'.

쇠때 열쇠. **쇠뜨기** 속새과의 여러해살이 풀. **쇠뿌러기** '대장장이'를 얕잡는 말.

쇠비름 쇠비름과의 한해살이 풀. **쇠살쭈** 소전에서 소 흥정 붙이는 거간꾼.

쇠새 강가 벼랑에 굴을 파고 민물고기를 잡아먹는 여름새. '물총새'.

쇠소댕 쇠로 만든 솥뚜껑. **쇠술** 놋쇠 따위의 쇠붙이로 만든 숟가락.

쇠양배양하다 요량이 적고 분수가 없어 아둔하다.

쇠옹두리 소 정강이에 불퉁하게 나온 뼈.

쇠잔하다 쇠하여 힘이나 세력이 점점 약해지다. **쇠점일꾼** 대장간 일꾼.

쇠지랑물 외양간 뒤에 괸, 소의 오줌이 썩어서 검붉게 된 물.

쇠지랑탕 쇠지랑물을 받아 썩히는 웅덩이.

쇠천 청나라의 놋쇠 돈 '소전小錢'을 속되게 이르는 말.

쇠코잠방이 짧은 잠방이. **쇠통** 온통. **쇠파랭이** 쇠파리.

쇠푼 얼마 안 되는 돈. **쇤네** 소인小人네. 저 스스로를 낮추어 일컫던 말.

쇰직하다 하거나 그것과 같다. **쇳기** 쇠붙이가 부딪는 것 같은 날카로운 기운.

쇳날 창칼 같은 쇠붙이 날. **쇳대** 자물쇠를 잠그거나 여는 '열쇠'.

수 길. 꾀. 솜씨. 천운. 기수. **수가 나다** 뜻밖에 좋은 행운이 생기다.

수걱수걱 말없이 꾸준히 일하는 모양. **수건머리** 수건을 머리에 동인 농군.

수껑 나무를 숯가마에 넣어 구워 낸 검은 덩어리의 연료. 숯.

수캃 자웅 한 쌍으로 된 두 검 가운데 하나. '웅검雄劍'.

수껑 나무를 숯가마에 넣어 구워 낸 검은 덩어리의 연료. '숯'. 숯검.

수구(매기) 풍수에서 득得이 흘러간 곳. 수구막이.

수구리다 깊이 숙이다. '수그리다'. **수굿하다** 흥분이 다소곳해지고 고분고분하다.

수꾸 수수. **수꾸때비** 수숫대. **수꿀하다** 무서워서 몸이 으쓱하다.

수귀하다 아직 귀에 익지 않다. **수글** 한문을 한글에 상대하여 이르던 말.

수끽 관아에서 식구의 수효에 따라 내어 주던 양식(구량口糧)을 타 먹음.

수나롭다 무엇을 하는 데 어려움이 없이 순조롭다.

수나이 두 필을 짤 감을 주고 한 필은 천으로 받고 한 필은 그 삯으로 줌.

수냇소 송아지 때 빌려주어 부린 값에서 키운 값을 뺀 금액과 함께 돌려받는 소.

수눅 버선 따위의 꿰맨 솔기. **수답다** '수다시럽다'.

수대 화초 따위에 물을 주는 데 쓰이는 도구. '물뿌리개'. 조로.

수더분하다 성질이 까다롭지 아니하여 순하고 무던하다. **수두분하다**.

수떨다 수다스럽게 떠들다. **수두룩하다** 매우 많고 흔하다.

수득수득 풀이나 뿌리, 열매 따위가 시들고 말라서 거친 모양.

수들수들하다 풀이나 뿌리, 열매 따위가 시들고 말라서 생기가 없다.

수랏간 대궐 부엌. **수런거리다** 여럿이 한데 모여 수선스럽게 지껄이다.

수렁이 '수퇘지'. **수레바꾸** '수레바퀴'. **수련** 몸가짐과 마음씨가 맑고 곱다.

수렴청정 어린 임금을 대신하여 왕대비가 뒤에서 정사를 보좌함.

수루 물가에 세운 누각. '망루'. **수루메기** 혼인색을 띤 피라미의 수컷. 먹주.

수리 밤이나 도토리, 개암 따위의 일부분이 상하여 퍼슬퍼슬하게 된 것.

수리먹다 개암이나 도토리, 밤 따위의 일부분이 상하여 퍼슬퍼슬하게 되다.

수리목 목청이 곰삭아서 조금 쉰듯해진. **수리성** 목쉰 듯한 소리.

수리치기 수수께끼 맞추기 놀이. 수리걸기, 수리적기, 수리저끔.

수릿날 음력 5월 5일로, 씨름하고 창포물에 머리를 감고 그네 뛰는 날.

수막새 지붕 끝에서 기와를 마무리하기 위해 사용하는 둥근 형태의 기와.

수말스럽다 수수하고 다소곳하다. **수멍** 논에 물을 대고 빼는 구멍.

수모 전통 혼례에서 신부의 단장 및 그 밖의 일을 곁에서 도와주는 여성.

수목 낡은 솜으로 실을 켜서 짠 무명.

수무지개 쌍무지개가 섰을 때에, 빛이 곱고 맑게 보이는 쪽의 무지개.

수빠지다 말이나 행동을 실수하여 남에게 약점을 잡히다.

수부덕하게 수수하고 덕성스럽다. **수비기** 물건이 불룩하게 많다. '수북이'.

수사납다 운수가 나쁘다. **수삽하다** 수줍고 부끄럽다.

수새하다 손 댄 흔적이 안 나도록 하다. **수성리** 의령군 가례면 수성리.

수세 적의 공격을 맞아 지키는 형세나 그 세력. 해지킴. **수세다** 매우 세차다.

수수 부모에게 맛있는 음식으로 봉양함.

수수깡 수숫대. **수수꾸다** 실없는 농담으로 남을 부끄럽게 하다.

수수러지다 돛이 바람에 부풀어 올라 둥글게 되다.

수수미틀 김맬 때 흙덩이를 푹푹 파서 넘기는 것.

수숫대 수수의 줄기. 수꽂대, 수꽂대비. **수심** 근심스런 마음.

수알치 수리부엉이. **수액** 불행한 운수. **수야부모** 시부모.

수얼ㅎ다 까다롭거나 힘들지 않아 하기가 쉽다. '수월하다'. 수헐ㅎ다.

수엘라 번식기의 수잠자리. **수여리** 꿀벌의 암컷. **수염수세** 수염의 숱.

수월관음 삼십삼관음 중 하나. 달빛 바다에 한 잎 연꽃에 서 있는 관음.

수월찮다 까다롭거나 힘이 들어서 쉽지 아니하다. 솔찮다.

수이 어렵거나 힘들지 아니하게. '쉽게'. 쉬. / 숫기. 기상.

수자리 국경에서 나라를 지키는 일. 위수衛戍. **수잠** 깊이 들지 않은 잠.

수제비태껸 버릇없이 함부로 대듦. **수종꾼** 따라다니며 심부름 하는 하인.

수쪽 채권자가 가지는 어음의 오른쪽 조각. **수줍다** 숫기가 없다.

수지 밑을 닦거나 코를 푸는 데 허드레로 쓰는 얇은 종이. '휴지'.

수지야지 야단법석. **수지밥** 밥솥에서 처음 푼 밥. **수지비** '수제비'.

수창 시詩를 서로 주고받음. **수챗구무** '수챗구멍'. 수챗구영, 수챗궁기.

수클 한문을 한글에 상대하여 이르던 말. '수글'. 진서眞書. 사내글.

수타 아주 많다. '숱하다'. **수펑이** 나무들이 무성한 숲. '수풀'. 숲.

수평선 물과 하늘이 맞닿아 경계를 이루는 선. **숙다** 기운 따위가 줄어지다.

숙덕질 여러 사람이 모여 저희끼리만 알아듣는 낮은 목소리로 이야기하다.

숙맥 콩과 보리를 아우르는 말로, 세상 물정에 어두운 사람을 비유한 말.

숙보다 교만한 마음에서 남을 낮추어 보거나 하찮게 여기다. '업신여기다'.

숙붙다 머리털이 아래로 나서 이마가 좁게 되다.

숙사 여러 사람이 집단으로 살고 있는 집. 기숙사.

숙설간 잔치와 같은 큰일이 있을 때에 음식을 만드는 곳.

숙스그레하다 조금 굵은 여러 개의 물건이 크기가 거의 고르다.

숙연히 고요하고 엄숙하게. **숙주** 기생 생물에게 영양을 공급하는 생물.

숙지근해지다 불꽃처럼 세차던 판세가 누그러져 가다.

숙지다 어떤 현상이나 서슬이 차츰 누구러져 가다.

숙회 육류 내장, 생선, 야채 따위를 살짝 익혀서 먹는 음식을 통틀어 이르는 말.

순간 아주 짧은 동안. **순내기** 순한 사람을 귀엽게 이르는 '순둥이'.

순물 순두부를 누를 때에, 순두부가 엉기면서 나오는 누르스름한 물.

순박 거짓이나 꾸밈이 없이 순수하며 인정이 두터움.

순배주 술자리에서 술잔을 차례로 돌림. **순애기** 연한 호박잎.

순우리말 우리말 중에서 고유어만을 이르는 말. 맨우리말, 민우리말.

순장자 지배층 계급이 죽었을 때 강제로 산사람을 함께 묻었다.

순지 부드러운 한지. **순한** 성질이 까다롭지 않은. **순혹** 꿰맨 솔기. '수눅'.

술 밥 따위의 음식물을 숟가락으로 떠 그 분량을 세는 단위.

술고래 술을 많이 마시는 사람을 놀림조로 이르는 말.

술구기 독이나 항아리 따위에서 술을 풀 때에 쓰는 도구.

술구더기 걸러 놓은 술에 뜬 밥알. **술김** 술 취한 김.

술깃대 주막집 문간의 '酒'를 쓴 등을 걸어두는 대.

술대 단단한 대로 만든 거문고 타는 채.

술덤벙물덤벙 경거망동하여 함부로 날뛰는 모양을 이르는 말.

술동이 술을 담는 단지. **술두루미** 단지처럼 둥글게 부른 모양의 큰 병.

술띠 두 끝에 술을 단 세조細條띠. 술:치레용 가닥 실.

술래 순라군이 경계하느라고 일정한 지역을 돌아다니거나 지키던 일. '순라'.

술렁술렁 천천히 표나지 않게. 설렁설렁.

술망나니 술 주정이 몹시 심한 사람을 이르는 말.

술명하다 수수하고 훤칠하게 걸맞다. **술밑** 누룩을 섞어 버무린 지에밥.

술부대 술을 아주 많이 마시는 사람을 비유적으로 이르는 말. '술고래'.

술사 방술에 정통한 사람. **술술하다** 부드럽고 원만하다.

술어미 술을 파는 여인. 주모酒母. **술을 치다** 술을 잔에 따르다.

술자리 술을 마시며 노는 자리. **술장** 술자리가 벌어진 마당. '술마당'.

술적심 국물이 있는 음식. **술지게미** 술을 거르고 난 찌꺼기. 술막지.

술지에 술을 담글 때에 찹쌀이나 멥쌀을 물에 불려서 시루에 찐 밥. '술밥'.

술짐 술에 취한 김. '술김'. **술착이** 술을 뜨는 기구.

술청 술집에서 술을 따라 놓는 널빤지로 만든 긴 탁자.

술추렴 술값을 여러 사람이 분담하고 술을 마심.

술탁객 술주정꾼. 술지정. **술탐** 술을 자꾸 마시려고 하는 욕심.

술푼주 술을 넣는 아가리는 넓고 밑은 좁은 너부죽한 사기그릇.

숨궂다 어떤 사물이나 사실을 남이 모르게 감추다. '숨기다'. 숨구다.

숨숨하다 마마 자국이 듬성듬성 있다. **숨차다** 일이 힘겹거나 급박하다.

숨탄 것 '동물'을 가리킴. **숨하다** 몹시 힘에 겹거나 벅차다.

숩다 '쉽다', 쉽사리. **숩잖다** '쉽지않다'. **숫** 더럽혀지지 않아 깨끗한.

숫간 몸채 뒤에 지은 광. **숫구** 활발하여 부끄러움이 없는 기운. 숫기.

숫구멍 갓난아이의 정수리가 굳지 않아서 숨 쉴 때마다 발딱발딱 뛰는 곳.

숫국 숫보기로 순진하고 어수룩한 사람이나 진솔대로의 진짜 물건.

숫그리다 웅그리다. 수구리다. **숫내기** 숫되고 깨끗한 처녀. 숫처녀.

숫눈 아무도 지나가지 않고 쌓인 눈. **숫답하다** 너그럽고 수더분하다. 무던하다.

숫돌 연장을 갈아 날을 세우는 데 쓰는 돌. **숫되다** 속되다. **숫되배기** 숫보기.

숫막 밥과 술을 팔고, 돈을 받고 나그네를 묵게 하는 집. '주막'.

숫반 숫고집 양반. **숫밥** 손대지 않은 밥. **숫보기** 순진하고 어수룩한 사람.

숫스럽다 순진하고 어수룩한 듯하다. **숫양** 좋은 양털로 맨 붓.

숫어리다 수다스럽게 떠들다. **숫음식** 만든 채 고스란히 있는 음식.

숫이다 '드날리다'. **숫접다** 순박하고 진실하다. **숫지다** 인정이 후하다.

숫하다 순박하고 어수룩하다. **숭** 남에게 비웃음을 살 만한 거리. '흉'.

숭글숭글하다 얼굴 생김새가 귀염성이 있고 너그럽게 생긴 듯하다.

숭년 농작물이 예년에 비하여 잘되지 아니하여 굶주리게 된 해. '흉년'.

숭냉 밥을 지은 솥에서 밥을 푼 뒤에 물을 붓고 데운 물. 숙랭. 숭늉, 숙융.

숭덩숭덩하다 연한 물건을 자꾸 조금 큼직하고 거칠게 빨리 썰다.

숭물 모양이 흉하게 생긴 사람이나 동물. '흉물'. **숭보기** 남의 흉 보기.

숭상 높여 소중히 여김. **숭새숭새하다** 남의 뒷말을 하다.

숭악하다 성질이 악하고 모질다. '흉악하다'. 숭칙하다.

숭어리 꽃이나 열매 따위가 굵게 모여 달린 덩어리.

숭어뜀 땅재주에서, 손을 땅에 짚고 잇따라 거꾸로 뛰어넘는 동작.

숭얼숭얼하다 마음에 들지 않아 자꾸 낮은 목소리로 혼잣말을 하다.

숭태기 과일이나 옥수수 등의 살을 베어먹고 남은 속심.

숭터 상처가 아물고 남은 자국. '흉터'. **숯구리** 바보.

숯등걸 타다 남은 숯덩어리. **숯막** 숯 굽는 움막. **숯무지** 숯 굽는 사람.

숱하(多)다 셀 수 없을 정도로 아주 많다. 수타. **숲정이** 마을 근처의 숲.

쉬 파리의 알. **쉬가씰다** 파리가 알을 까놓았다. 쉬가 슬다.

쉬다 명절, 생일, 기념일 같은 날을 맞이하여 지내다. '쇠다'. 쐬다.

쉬슬다 파리가 알을 낳다. **쉬지근하다** 맛이나 냄새가 좀 쉰 듯하다.

쉬파리 쉬파릿과의 곤충을 통틀어 이르는 말.

쉰둥이 나이가 쉰이 넘은 부모에게서 태어난 아이.

쉰바리 절지동물로, 어둡고 습한 곳에서 작은 벌레를 잡아먹는다. '그리마'.

쉴청 쉴 곳. **쉼없이** 쉬지않고 계속. **쉐미** '수염'. **쉑장** 마을 유사. '소임'.

스라소니 살쾡이와 비슷한 짐승으로, '약으면서도 어리석은 사람'을 비유.

스란 치맛단에 금박을 박아 선을 두른 것.

스란치마 스란을 단 긴치마. 폭이 넓고 발이 보이지 않을 정도로 길다.

스르르 졸음이 슬며시 드는. **스리** 음식을 먹다가 볼을 깨물어 생긴 상처.

스며들다 속으로 배어들다. 마음 깊이 느껴지다. **스무나안** 스물 남짓.

스뭇하다 의지가 굳세어서 끄떡없다. **스산하다** 몹시 어수선하고 쓸쓸하다.

스스럼없다 부끄러운 마음이 없다. **스스럽다** 정분이 두텁지 않아 조심스럽다.

스승 자기를 가르쳐서 인도하는 사람. **슨성** 일찍이 알려진 이름. '선성'.

슬까름 놀리는 말투나 행동. **슬가스르다** 남을 비위 상하게 놀리다.

슬겁다 너그럽고 미덥다. '슬기롭다'. **슬게슬게** 성큼성큼 걷는 걸음.

슬금하다 어리석고 미련해 보이지만 속마음은 슬기롭고 너그럽다.

슬기 사리를 바르게 판단하고 일을 잘 처리하는 재능.

슬기샘 지혜智慧 밑바탕. **슬다** 쇠붙이에 녹이 생기다.

슬먹다 야금야금 먹다. **슬며시** 남의 눈에 띄지 않게 넌지시.

슬믜다 싫어하고 미워하다. **슬슬동풍** 봄바람.

슬쩍 남의 눈을 피하여 재빠르게. 슬쩍이, 슬찍이.

슬치 알을 낳은 뒤라서 배 속에 알이 없는 뱅어.

슬ㅋ장 마음에 하고 싶은 대로 한껏. '실컷'.

슬탏다 애달프게 슬퍼하다. **슬픔** 슬픈 느낌. **슬ᄒ다** '싫다'. **슳다** 슬퍼하다.

습벅습벅하다 시근시근하다. 눈을 감았다 떴다 하다.

습벅한 눈꺼풀이 움직이며 눈이 한 번 감겼다 떠지다. 껌벅거리는.

습베 (칼,낫의)날의 한 끝이 자루 속에 들어간 부분.

습습하다 흥취나 멋이 없다. 싱겁고 심심하다.

습습하다 사내답게 활발하고 거쿨지다(말투가 씩씩하다).

습시하다 입맛이 깔깔하고 떫다. '삽시하다'.

습자배기 염 할 때에 송장을 씻을 향을 넣고 끓인 물을 담는 질그릇.

승겁들다 힘들이지 않고 저절로 이루다. 초조한 기색이 없이 천연스럽다.

승교바탕 가마의 사람이 들어앉는 부분. **승묵** 먹통에 딸린 실줄.

승부수 승패를 좌우하는 결정적인 수. **승새** 피륙의 올과 올 사이.

승앗대 여귀과의 풀로 맛이 시큼한 승아줄기. **승유** 즐겁게 놀다.

승창 말을 탈 때 디디는 의자. **승청보** 시치미 떼고 모른 체하는 사람.

시간 때의 흐름. **시간살이** 집안 살림에 쓰는 온갖 물건. '세간살이'.

시거리 그믐이나 달이 뜨지 않았을 때 바다에서 반짝거리는 빛.

시거에 다음은 어찌 되었든 **시계전** 시장에서 곡식을 파는 노점.

시겟바리 시장으로 가는 곡식을 실은 짐바리.

시겟장수 곡식을 말이나 소에 싣고 이곳저곳으로 다니면서 파는 사람.

시건 사리를 분별할 수 있는 철이 듦. '소견'.

시건방 비위에 거슬리게 잘난 체하며 지나치게 주제넘은 태도. 시건방지다.

시곤하다 몸이 지쳐서 느른하다. '고단하다'.

시구문 시체를 내가는 문. '수구문'. **시굴고라리** 어리석은 촌놈.

시궁 더러운 물이 잘 빠지지 않고 괴어 있는 도랑.

시그러지다 애쓰거나 뻗친 힘 따위가 사라지거나 사그라지다.

시그럽다 식초나 설익은 살구 맛이다.

시금장 메주가루를 삶은 콩물에 버무려 만든 메주로 담은 된장.

시금털털 시고 텁텁한 맛. **시끄때** '식기뚜껑'.

시끄럽다 소리가 지나치게 커서 듣기 싫다.

시끌벅적거리다 많은 사람들이 자꾸 어수선하게 움직이며 시끄럽게 떠들다.

시꿈버꿈 확실한 주관도 없이 이랬다저랬다 하는 것.

시기전 가꿔지고 있는 땅으로서 구실이 매겨지는 곳.

시김새 판소리에서, 소리하는 방법이나 상태. **시나리** 심은 지 쉰 날이 된 팥.

시나브로 모르는 사이에 조금씩. 다른 일을 하는 사이에 틈틈이 하다.

시나위 육자배기토리의 허튼가락 기악곡. 심방곡心方曲.

시난고난 병이 심하지는 않으면서 오래 앓는 모양.

시낭고낭 병이 심하지는 않으면서 오래 앓는 모양. '시난고난'.

시내 골짜기나 평지에서 흐르는 자그마한 내. **시누** 남편의 누나나 여동생.

시님 스님. **시다** 행동하거나 밀고 나가는 기세가 강하다. '세다'.

시다이 실속 있고 넉넉하다. '실하게'. **시단머리** 머리카락 숱이 많은 머리.

시달리다 괴로움이나 성가심을 당하다. 시달레다, 시달렜다.

시답다 마음에 차거나 만족스럽다. **시답잖다** 만족스럽지 못하다. 시답잖이.

시드러웁다 고달프다. **시드럭하다** 식물이 시들어서 생기가 없다.

시드럽다 잔악하다, 고달프다. **시들꿰** 불켜는 잡역군雜役軍.

시들방귀 시들한 사물을 하찮게 여겨 이르는 말.

시들부들하다 풀이 죽고 활기가 없다.

시뚝하다 마음에 언짢아서 모르는 체하거나 토라져 있다.

시뜻하다 내키지 않아 시들하다. **시라아샀다** 버텨 견디다. 실랑이하다.

시라소니 스라소니. 시라손. **시내기** 배추나 무청 말린 것.

시러금 능히. 넉넉히. 잘. **시러베자식** '실없는 사람'을 낮추어 이르는 말.

시렁 긴 나무 두 개를 박아 그릇이나 물건을 얹어 놓는 것. 실강. 실겅.

시루다 서로 버티어 승부를 다투다. '겨루다'. 시룽다.

시루떡 시루에 켜를 안치고 찐 떡. 시리떡.

시룻번 시루를 솥에 안칠 때 그 틈에서 김이 새지 않도록 바르는 반죽.

시룽거리다 실없이 까불거리며 지껄여대다.

시룽새룽하다 마음이 들떠서 갈팡질팡하고 어수선하다. '싱숭생숭하다'.

시르죽다 기운을 못차리다. 기를 펴지 못하다. 설죽다.

시르죽은 이 몰골이 핼쑥하고 초라한 꼬락서니.

시름답다 '걱정스럽다'. **시름없다** 근심과 걱정으로 맥이 없다.

시리떡 시루떡. **시리시리하다** 추워서 몸이 으스스하다.

시리알다 미리 알았다. **시마** 뱃사람들의 은어로, '동남풍'을 이르는 말.

시막지다 매우 출중하게 뛰어나다. '대단하다'.

시망스럽다 몹시 짓궂은 데가 있다. **시맵씨** 시매제, 시매부씨.

시먹다 버릇이 못되게 들어 남의 말을 듣지 않는 경향이 있다.

시모 세상 소식. **시밑** 한 해가 끝날 무렵. '세밑'.

시방 사방과 사우와 상하의 총칭. '온 세상'. **시벌거리다** '시부렁거리다'.

시벽 사도세자의 폐위를 계기로 시피時派(남인)와 벽파僻派(노론)으로 갈라짐.

시부롱하다 시무룩하다. **시부시** '슬며시'. **시부적거리다** 거볍게 행동하다.

시분다이 싱거운 사람. **시쁘다** 대수롭지 않다. '시뻐하다'. 시삐보다.

시쁘둥하다 마음에 차지 않아 시들하다. **시비** 옳고 그름을 따지는 다툼.

시산이 주책바가지. **시상없다** 세상에 다시없다. **시새** 잘고 고운 모래.

시새하다 잘되거나 나은 사람을 공연히 미워하고 싫어하다. '시새움하다'.

시서늘하다 음식이 매우 차다. **시선** 눈으로 보는 방향. '눈길'.

시설거리다 실실 웃으면서 수다 떨다. **시설궂다** 차분하지 못하고 부산하다.

시수 그 당시의 형세나 세상의 형편. 시세. 정세. **시숙** 아주버니.

시스마금 여럿이 각각. '제각각'. 시시마꿈, 시시마끔.

시시껄렁하다 신통한 데가 없이 하찮다. **시시껍적하다** 시시하고 검질기다.

시시럽다 수줍고 부끄럽다. '스스럽다'. **시시름** 얼마쯤씩. '가끔'.

시시마큼 각각의 사람이 따로따로. '각자'. **시시세하다** 시간을 재다.

시실다 파리가 알을 여기저기에 낳다. '쉬슬다'. **시심** 시詩적 감흥.

시아버지 남편의 아버지를 이르는 말. 시아바이, 시애비.

시아리다 수량을 세다. '헤아리다'. **시악** 자기의 악한 성미를 믿음.

시안 한 해가 끝나기 이전. '세안'. **시앗** 남편의 첩.

시어마이 '시어머니'. 시어마씨, 시어미. **시여지다** 물 새듯이 없어지다.

시우대 관악기와 현악기를 아울러 이르는 말. '관현'. **시울** '활시위'.

시원 시험 감독관. **시원칠칠하다** 하는 짓이 시원하고 칠칠하다.

시원한 답답한 마음이 풀리어 흐뭇하고 가뿐하다. **시월** 10월. / 세월.

시위 강물이 범람하다. **시위잠** 활시위 모양으로 몸을 웅크리고 자는 잠.

시의 세상의 정의. **시이** 남자 형제의 손윗사람을 부르는 말. '형'. 히.

시장시럽다 마음에 차지 않아 내키지 않다. '시들하다'. 시장스럽다.

시적 이제 곧. **시적거리다** 힘들이지 아니하고 느릿느릿 행동하거나 말하다.

시종하다 처음부터 끝까지 한결 같다. **시주구리하다** 기가 죽어 보인다.

시지부지 확실하지 못하고 흐리멍덩하게 넘어가거나 넘기는 모양.

시진종표 시간을 재거나 시각을 나타내는 장치를 통틀어 이르는 말. '시계'.

시집살이 결혼한 여자가 시집에 들어가서 살림살이를 하는 일.

시즈리다 '드러눕다'. **시창** 배의 고물머리에 깐 작은 마루.

시찾다 거의 죽게 되다. **시척지근하다** 음식이 비위에 거슬릴 정도로 시다.

시천같은 물 시퍼렇고 푸른 물. **시치다** 임시로 하는 바느질.

시치름하다 시치미를 떼고 꽤 태연한 태도로 있다.

시치미 알고도 모르는 체하는 태도. **시치미 떼다** 남의 매의 시치미를 떼다.

시침 여러 겹을 맞댄 조각을 듬성듬성 뜨는 바느질.

시컨 마음에 하고 싶은 대로 한껏. '실컷'. 실컨.

시큰둥하다 달갑지 않거나 못마땅하여 시들하다. 시풋하다.

시큼하다 맛이나 냄새 따위가 조금 시다. 시구럽다, 시굽다.

시집살이 노래

형님 형님 사촌 형님 시집살이 어떱댑까. 이애 이애 그 말 마라 시집살이 개집살이
앞밭에는 당추唐楸 심고 뒷밭에는 고추 심어 고추 당추 맵다 해도 시집살이 더 맵더라

둥글둥글 수박 식기 밥 담기도 어렵더라. 도리도리 도리 소반小盤 수저 놓기 더 어렵더라
오 리 물을 길어다가 십 리 방아 찧어다가 아홉 솥에 불을 때고 열두 방에 자리 걷고
외나무다리 어렵대야 시아버니같이 어려우랴 나뭇잎이 푸르대야 시어머니 더 푸르랴

고추 당추 맵다 해도 시집살이 더 맵더라. 시아바니 호랑새요 시어머니 꾸중새요
동세 하나 할림새요 시누 하나 뾰족새요 시아지비 뾰중새요 남편 하나 미련새요
자식 하난 우는 새요 나 하나만 썩는 샐세

귀먹어서 삼 년이요 눈 어두워 삼 년이요 말 못해서 삼 년이요 석 삼 년을 살고 나니
배꽃 같던 요내 얼굴 호박꽃이 다 되었네 삼단 같던 요내 머리 비사리춤이 다 되었네
백옥 같던 요내 손길 오리발이 다 되었네 (…)

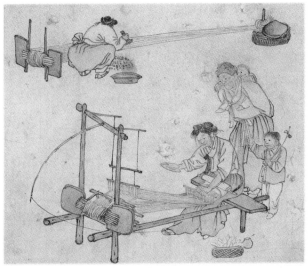

단원 김홍도. 풍속화첩. 직조. 보물527호 23.9×28cm

시태 세해. 첫태-이태-시태-니태. **시투름하다** 반갑잖는 표정이다.

시퉁하다 못마땅하다. **시툿이** 일이 물려서 싫증이 나는. 시툿하게.

시파리 소나 말의 살갗을 파고들어 피를 빨아 먹는 파리. '쇠파리'. 쉬파리.

시푸다 행동을 하고자 하는 마음이나 욕구를 갖고 있음을 나타내는 말.

시폭짜리 세폭 짜리. **시플시플하다** 칙칙하게 퍼렇다. **시하다** 셈하다.

시한내 겨우내. **시험타** 아주 크고 대단하다. '굉장하다'.

시화전 시와 그림을 함께 전시. **시호諡號** 죽은 다음에 내려주는 칭호.

식겁먹다 뜻밖에 놀라 겁을 먹음. 시껍먹다. 식겁하다.

식년 4년마다 돌아오는 과거보는 해. **식은죽먹기** 아주 쉽게 예사로 여기다.

식팅이 밥만 먹고 하는 일 없이 지내는 사람을 비난조로 이르는 말. '식충이'.

식혜 감주와 비슷한 고유의 제례음식. **신각시** '비구니'를 이르는 말.

신골 신을 만드는 데 쓰는 골. **신관** 윗사람의 '얼굴'.

신기전 화약을 장치하여 쏘던 신호 화살.

신날 짚신이나 미투리 바닥에 세로 놓은 날.

신내이 씀바귀. **신넙지** '허벅지'. **신다리** '허벅다리'. **신당구** 살갗의 멍.

신딸 늙은 무당의 수양딸이 되어 대를 잇는 젊은 무당.

신떨음 신나게 실컷 함. **신돌** 디딤돌. **신둥건둥** 건성으로 일하는 모습.

신둥껑둥 빈정거리는 모습. **신둥부러지다** 푼수에 지나치게 주제넘다.

신둥지다 지나치게 주제넘다. **신들메** 짚신을 들메는 끈.

신록 새로 나온 잎의 푸른빛. **신령스러운** 신기하고 영묘한.

신망스럽다 믿음과 덕스럽다. **신명떨음** 신명나게 한바탕 놀다.

신명도망 타고난 운명. **신명풀이** 신이나서 한 껏 흥겹게 노는 것.

신발차 심부름꾼에게 노자나 고맙다는 뜻에서 주는 돈.

신방돌 일각 대문의 신방을 받치는 돌. **신부** 신령한 부적. 신의 예언.

신사무옥 신사년(1521)에 일어난 안처겸 일당의 옥사. **신색** 건강 상태.

신세 처지와 형편. **신선** 자연과 벗하며 산다는 상상 세계의 사람.

신소리 상대편의 말을 슬쩍 받아 엉뚱한 말로 재치 있게 넘기는 말.

신어미 젊은 무당을 수양딸로 삼아 신(神)의 계통을 전하여 주는 늙은 무당.

신역身役 몸으로 치르는 노역. **신져** 벼의 겉켜. '왕겨'.

신줄 베틀의 신을 연결하는 줄. **신중** '여승'. 비구니. **신질로** 새길. 쉬운 길.

신청부같다 근심 걱정이 너무 많아서 사소한 일을 돌아볼 여유가 없다.

신총 짚신이나 미투리의 앞쪽 가장자리를 이루는 낱낱의 올.

신출애기 새로 나온 잎. 어떤 일에 처음 나서서 일이 서투른 사람.

신풍스럽다 적거나 모자라서 마음에 차지 아니하다. '신청부같다'.

신혼 갓 결혼함. **실감** 실제로 체험하는 느낌. **실까스르다** 트집을 잡다.

실겅 몬을 얹는 시렁. **실겁다** 너그럽고 미덥다. 슬겁다.

실게비 남이 알아차리지 못하게 슬쩍. '슬그머니'. **실골목** 폭이 좁고 긴 골목.

실굼다리 밑바닥에 받침이 달린 그릇. **실꾸리** 실감개. 실꿈치.

실그럭실그럭 이쪽저쪽으로 비뚤어지거나 기울어지다.

실긋하다 물체가 한쪽으로 비뚤어지거나 기울어지다.

실기죽거리다 실그러져 잇달아 천천히 움직이다.

실낳이 섬유 원료로 실을 뽑아 천을 짜 내기까지의 모든 일.

실낱같다 아주 가늘다. **실내끼** 실낱. 가는 실. 실올.

실념 곡식알이 여물고 익음. **실다** 시름겨워하다.

실답다 꾸밈이나 거짓이 없이 참되고 미더운 데가 있다.

실떡대다 실없이 웃으며 쓸데없는 말을 자꾸 하다.

실뚱머룩하다 마음에 내키지 아니하여 덤덤하다. **실뒤** 좁은 뒷마당.

실뜨기 실의 두 끝을 양쪽 손가락에 얽어 두 사람이 차례로 꾸미는 놀이.

실랑이 옳으니 그르니 하며 남을 못살게 굴거나 괴롭히는 일. 승강이, 실랭이.

실력굿 집안을 평안하게 하여 달라고 3년에 한 번씩 하는 굿.

실머리 일이나 사건을 풀어 나갈 수 있는 첫머리. '실마리'.

실머슴 궂은일을 가리지 아니하고 착실히 일하는 머슴.

실무시 행동이나 사태 따위가 은근하고 천천히. '슬며시'.

실미적지근하다 음식이 식어서 더운 기운이 조금 있는 듯하다.

실바람 연기의 이동에 의하여 풍향을 알 수 있으나 풍향계는 움직이지 않는다.

실빵구리 실감개. **실보무라지** 실의 잔부스러기.

실사귀 겉으로 드러나지 아니한 이익. '실속'. **실삼스럽다** 새삼스럽다.

실살스럽다 겉으로 드러나거나 객쩍은 것이 없고 내용이 충실하다.

실쌈스럽다 말이나 행실이 부지런하고 착실한 데가 있다. 수다스럽다.

실실이 가는 가지마다. **실안개** 엷게 낀 안개. **실오리** 한 가닥의 실.

실직하다 야무지고 힘세다. **실쭉하다** 싫은 티로 얼굴을 한쪽으로 실그러지다.

실찍하다 싫다는 기분이 들다. **실체하다** 슬쩍하다.

실치다 서로 살짝 닿으면서 지나가다. '스치다'. 슬치다.

실쿠다 수레, 짐승의 등에 올리다. '싣다'. **실큼하다** 싫은 생각이 있다.

실타래 실을 쉽게 풀어 쓸 수 있도록 한데 뭉치거나 감아 놓은 것.

실터 집과 집 사이에 남은 길고 좁은 빈터. **실퇴** 좁은 툇마루.

실팍하다 사람이나 물건 따위가 보기에 매우 실하다. **실프다** 슬프다.

실피달다 멋스럽게 달다. **심** 수를 세는 일. '셈'. / 힘. / 인삼.

심간 깊은 마음 속. **심다** 초목의 뿌리나 씨앗을 흙에 묻다. 숭구다, 숭궇다.

심드렁하다 마음에 탐탁하지 아니하여 관심이 거의 없다.

심마니 산삼을 캐는 일을 업으로 삼는 사람.

심메꾼 산삼캐는 것을 업으로 하는 사람. '심마니'.

심보 우차의 바퀴가 걸려져 있는 쇠로 된 봉.

심뽀 마음 자리. 마음보. **심산** 속셈. **심살** 죽에 넣은 쌀.

심살내리다 잔근심이 늘 마음에서 떠나지 않다.

심설 '심지어'. **심술** 온당하지 아니하게 고집을 부리는 마음. 남심청시럽다.

심심초 담배. **심심파적** 심심풀이. **심심ᄒ다** '민망하다, 답답하다'.

심심하다 음식 맛이 조금 싱겁다. **심정** 마음속에 품은 감정.

심지뽑기 승부나 차례를 정하는 일. '제비뽑기'.

심짜가리 조그만 힘. 힘들다. **심청** 심술스런 마음보. 심술. 질투.

심청시리 온당하지 아니하게 고집을 부리다. 심숙궂다.

심통 마땅치 않게 여기는 나쁜 마음. **심패때리기** 다른 사람의 손목 때리기.

십목하고 있다. 여럿이 지켜보고 있다. **십상** 일이나 물건이 썩 알맞은 것.

십상시 환관을 비롯한 권력자 측근의 부하들. **십상아전** 어쩔 수 없는 아전.

십이령길 등금쟁이가 해산물을 지고 울진에서 봉화까지 넘나들던 12고개.

싯까스르다 남을 추기었다 낮추었다 하여 비위를 거스르다. '쏼까스르다'.

싯구다 시끄럽게 굴다. **싯닷기** 씻고 닦는 일. **싯봇기다** 닦달하여 씻다.

싱갱이 서로 옥신각신하다. **싱겁** 말이나 행동이 상황에 어울리지 않고 엉뚱하다.

싱겅싱겅하다 방이 차고 서늘하다. **싱그럽다** 냄새가 싱싱하고 향기롭다.

싱금흣다 목이 어울리지 않게 길쭉하다. **싱둥겅둥** '건성건성'.

싱둥싱둥하다 본디의 기운이 그대로 남아 있어 싱싱하다.

싱미 성질, 마음씨, 비위, 버릇 따위를 통틀어 이르는 말. '성미'.

싱키다 어떤 사실이나 물건을 남이 모르게 감추다. '숨기다'.

싸가지없다 장래성이 없다. '싹수없다'.

싸개 여러 사람이 둘러싸고 다투며 승강이를 하는 짓.

싸게 얼른. 빨리. 머뭇거리지 말고. 이내. **싸게싸게** 빨리빨리. 얼른. 버떡.

싸게통 여럿이 둘러싸고 다투며 실랑이를 벌이는 모습.

싸구다 서로 주고받을 물건이나 일 따위를 비겨 없애다. 에끼다. 상계하다.

싸그리 하나도 남김없이. '깡그리'. **싸그리해지다** 싸늘해지다. 쌀쌀하다.

싸다 마땅하거나 오히려 적다. **싸다듬이** 매나 몽둥이로 함부로 때리는 짓.

싸데려가다 신랑의 집에서 혼수를 장만하고 잔치를 하여 신부를 데려가다.

싸리 음식을 잘못 삼켜 나오는 기침. '사레'.

싸목싸목 조금씩 천천히 나아가는 모양.

싸울아비 무예를 익히어 그 방면에 종사하는 사람. 무사武士.

싸지르다 '싸다니다'를 속되게 이르는 말. **싹내다** 싹을 틔우다.

싹독싹독하다 작고 연한 물건을 자꾸 썰거나 베는 소리가 나다.

싹수 장차 잘 될 조짐이 보이는 사람. **싹싹하다** 마음씀이 부드럽고 시원시원하다.

싹쓸바람 폭풍우를 수반한 열대 저기압. **싹쓸이** 모두 다 쓸어버리는 일.

싼거리 물건을 싸게 팔거나 사는 일. 또는 그렇게 팔거나 산 물건.

싼게 비지떡 값이 싸다고 다 좋은 것은 아니다.

쌀강아지 털이 짧고 보드라우며 윤기가 반지르르하게 흐르는 강아지.

쌀골집 돼지의 창자 속에 갖은 재료를 넣고 삶은 것. '순대'. **쌀금** 쌀값.

쌀긋하다 물체가 한쪽으로 약간 배뚤어지거나 기울어지다.

쌀깃 갓난아이의 배냇저고리 아래에 옷 대신 둘러싸는 헝겊 조각.

쌀배기 쌀 따위를 씻어 일 때에 돌과 모래를 가라앉게 하는 함지박.

쌀책박 싸리로 엮어 만든 쌀그릇. **쌀팔러가다** 쌀사러가다.

쌈 바늘 묶음 단위. **쌈노** 나뭇조각을 붙이고 굳을 때까지 동여매는 노끈.

쌈다 물에 넣고 끓이다. '삶다'. **쌉싸리하다** '쌉싸래하다'.

쌍가마 머리에 가마가 둘이 있는 것. 또는 그런 사람. 쌍가매.

쌍갈지다 두 갈래로 갈라지다. **쌍꺼풀** 겹으로 된 눈꺼풀.

쌍계 의성 비안면의 쌍계천. **쌍계사** 경상남도 하동군 화개면 운수리의 절.

쌍그네 두 사람이 마주 올라타고 뛰는 그네. 쌍군디.

쌍그랗다 서늘한 기운이 있다.

쌍글하다 보기에 산뜻하다. 매우 못마땅하여 성난 느낌.

쌍둥이 한꺼번에 함께 태어난 두 아이. **쌍륙**雙六 주사위 노름.

쌍망이 광산에서 돌에 구멍을 뚫을 때, 정을 치는 쇠망치.

쌍바라지 좌우로 열고 닫게 되어 있는 두 짝의 덧창.

쌍조치 국물을 바특하게 만든 두 가지의 찌개나 찜 따위를 이르는 말.

쌍크랗다 눈살이 꼿꼿하고 분기가 어려 매섭다. **쌔가리** 이의 알. 서캐.

쌔그랍다 맛이 새콤하다. **쌔기** 속速히, '빨리'. **쌔딱** 흡족하여 서두르는 모습.

쌔리다 세게 때리다. **쌔발리다** 쌓일 만큼 퍽 흔하고 많이 있다. '째빌리다'.

쌔비다 남의 물건을 남몰래 슬쩍 가져가다. '훔치다'. 째비다.

쌔아리 '사례'. 쌔아리들리다. **쌔쭉** 마음이 차지 않아 고까워하는 태도. '샐쭉'.

쌨다 많다. **쌩이질** 한창 바쁠 때에 쓸데없는 일로 남을 귀찮게 구는 짓.

써다 밀물이나 밀린 물이 물러 나가다. **써레질** 써레로 논바닥을 고르는 일.

써우다 억지를 부려 제 의견을 고집스럽게 내세우다. '우기다', 쎄우다

썩다리 살아 있는 나무에 붙어 있는, 말라 죽은 가지. '삭정이'. 썩정이'.

썩돌 잘 부서지는 돌. **썩배기** 썩은 그루터기. **썩살** 굳은 살.

썩썩하다 눈치가 빠르고 서근서근하다. **썩초** 색이 검고 품질이 낮은 담배.

썩히다 마음이 몹시 상하다. **썰레놓다** 안 될 일이라도 되도록 마련하다.

썰물 해면이 하강하는 현상. **썰썰하다** 속이 빈 것처럼 시장한 느낌이 있다.

썽긋거리다 눈과 입을 천연스럽게 움직이며 소리 없이 가볍게 자꾸 웃다.

쏘 땅바닥에 우묵하게 패여 물이 고인 늪(沼)이나 습지를 소沼라고 한다.

쏘가지 '심성'의 속된 말. **쏘개질** 있는 일 없는 일을 얽어서 일러바치는 짓.

쏘냉기 갑자기 세차게 쏟아지다가 곧 그치는 비. '소나기'.

쏘대다 여기저기를 채신없이 분주히 돌아다니다. '싸다니다'. 싸대다.

쏘삭이다 가만히 있는 사람을 꾀거나 추겨서 마음이 움직이게 하다.

쏙꼬배이 풀이나 나무의 줄기 한가운데에 있는 연한 심. 속고갱이.

쏙다 남의 거짓이나 꾀에 넘어가다. '속다' 쏙에다, 쏙이다, 쏙헹다.

쏙닥질 저희들끼리만 알아들을 수 있는 말. 쏙당궁이.

쏙대기 돌김을 성기게 떠서 종이처럼 만든 김.

쏙소그레하다 조금 작은 여러 개의 물건이 크기가 거의 고르다.

쏠 작은 폭포. 폭포(왜). **쏠다** 쥐나 좀 따위가 물건을 잘게 물어뜯다.

쏠락쏠락 쥐처럼 조금씩 파먹는다. **쏠리다** 마음이 끌려서 한쪽으로 기울다.

쏠쏠하다 어지간하여 쓸만하다. **쐐기박다** 뒤탈이 없도록 미리 다짐을 두다.

쐐기치다 남이 하고 있는 이야기에 끼어들다.

쐬 '철鐵'을 일상적으로 이르는 '쇠'. 쇳동강이, 쇳조각.

쑤 나무들이 무성하게 우거지거나 꽉 들어찬 '수풀'.

쑤구리다 몸을 깊이 숙이다. 형세나 기세를 굽히거나 줄이다. '수그리다'.

쑤석이질 가만히 있는 사람을 추기거나 꾀어 부추기는 것.

쑤세 설거지할 때 그릇 씻는 '수세미'. **쑤세뭉테이** 구겨진 수세미.

쑤우때기 수렁논. **쑥국새** 뻐꾸기. **쑥대강이** 흐트러진 머리. 쑥대머리.

쑥대밭 쑥이 우거져 있는 거친 땅. **쑥대살** 쑥줄기로 만든 장난감 화살.

쑥덕공론 여럿이 저희끼리만 알아들을 수 있는 목소리로 의견을 나눔.

쑥바구니 머리털이 마구 흐트러져 어지럽게 된 머리.

쑥버무리 쌀가루와 쑥을 한데 버무려서 찐 떡. 쑥털털이.

쏠쏠하다 품질이나 수준, 정도 따위가 웬만하여 기대 이상이다.

쓰개 머리에 쓰는 물건을 통틀어 이르는 말.

쓰개치마 부녀가 나들이할 때, 머리와 몸 윗부분을 가리어 쓰던 치마.

쓰겁다 맛이 쓰다. **쓰다** 불을 일으키다. '켜다'.

쓰렁쓰렁하다 사귀는 정이 버성기어 서로의 사이가 소원하다.

쓰레하다 쓰러질 듯이 한쪽으로 기울어져 있다.

쓰리 겨울 낚시에서 잉어 따위의 고기를 낚기 위하여 얼음을 끄는 쇠꼬챙이.

쓰이다 갈증이 나서 물을 자꾸 마시다. '켜이다' 쓰에다, 쓰옜다.

쓰잘데기 사람이나 사물의 쓸모 있는 면모나 유용한 구석. '쓰잘머리'.

쓰적거리다 물건이 서로 맞닿아 비벼지는 소리가 자꾸 나다.

쓱 그 수량이나 크기로 나뉘거나 되풀이됨'의 뜻을 더하는 접미사. '씩'.

쓴다 수염 따위를 쓰다듬다. **쓴술** '멥쌀술'을 찹쌀술에 상대하여 이르는 말.

쓴입 다시다 어이없거나 못마땅하다. **쓴하다** 시원하다.

쓸까스르다 남을 추기었다 낮추었다 하여 비위를 거스르다.

쓸개빠지다 하는 짓이 사리에 맞지 않고 줏대가 없다.

쓸다 가볍게 쓰다듬거나 문지르다. 돌림병이 널리 퍼지다.

쓸리다 풀 먹인 옷 따위에 살이 문질려 살갗이 벗어지다.

쓸어들다 한꺼번에 마구 몰려들다. **쓿다** 곡식을 찧어 속꺼풀을 벗기다.

쓿은쌀 찧은 쌀. **씀바귀** 쓴맛이 나는 식용 풀. 속새, 써구새,

씁쓰레하다 달갑지 아니하여 조금 언짢은 듯하다. 씁쓰리하다. 씨굼하다.

씁쓰무레하다 씁쓰무리하다. **씨가 지다** 죄다 없어지다.

씨갑 곡식이나 채소 따위의 씨. 앞으로 커질 수 있는 근원. '씨앗'.

씨개 간에서 분비되는 쓸개즙을 일시적으로 저장하는 주머니. '쓸개'. 씨래.

씨겁다 혀로 느끼는 맛이 소태, 달갑지 않고 싫거나 괴롭다. '쓰다'. 씨굽다.

씨그둥하다 귀에 거슬려 달갑지 아니하다.

씨근덕거리다 들떠서 숨을 잇달아 가쁘게 쉬다.　**씨나락** 볍씨. 신나락.

씨내리 대를 이을 아이를 낳지 못할 때, 다른 남자를 들여 아이를 배게 하던 일.

씨녀氏女 여성의 이름이 없어 성 밑에 그냥 붙이던 말.

씨다리 사금沙金 낱알.　**씨도리배추** 씨앗을 받으려고 남겨 둔 배추.

씨동무 소중한 동무.　**씨 말리다** 다시 생겨나지 못하게 모조리 없애다.

씨부리다 주책없이 함부로 실없는 말을 하다. '지껄이다'.

씨식잖다 같잖고 되잖다.　**씨아** 목화씨 빼는 기구.　**씨압씨** 시아버지.

씨알머리 남의 혈통을 속되게 이르는 말.

씨암탉걸음 아기작거리며 조용히 걷는 걸음.

씨양이질 한창 바쁠 때에 쓸데없는 일로 남을 귀찮게 구는 짓. 쌩이질.

씨억씨억하다 성질이 굳세고 활발하다.

씨엉씨엉하다 걸음걸이나 행동 따위가 기운차고 활기 있다.

씨오쟁이 씨앗을 담아 두는 짚으로 엮은 물건.　**씨올** 베 짤 때 가로 건 올.

씨우다 억지를 부려 제 의견을 고집스럽게 내세우다. '우기다'.

씨우적거리다 마음에 못마땅하여 입 속으로 자꾸 불평스럽게 말하다.

씨월거리다 씨부렁거리다.　**씨이다** 당기다. 땡기다.

씨적하다 같잖고 되잖다.　**씨종** 대를 물려 내려가며 종노릇하는 사람.

씨지다 대를 이을 씨가 하나도 없이 죄다 없어지다. 전혀 없게 되다.

씩둑거리다 쓸데없는 말을 수다스럽게 자꾸 지껄이다.

씩둑깍둑 객쩍은 일로 꼴사납게 지껄이다. 씩둑꺽둑.

씰다 곰팡이나 곤충의 알 따위가 생기다. '슬다'.

씸바구 씀바귀.　**씹다** 쓰다. 씨굽다.　**씹시무리하다** 쓴맛이 좀 나다.

씻갓다 부수다. 쓸어버리다.　**씻디** 소가 먹지 못하는 독초 '쇠뜨기'.

씻부시다 그릇 따위를 물에 씻어서 깨끗하게 하다.

씻죽하다 마음에 들지 않아 못마땅해 하는 표정을 짓다. 씰죽하다.

유년의 강

시비종일유是非終日有 라도,
불청자연무不聽自然無 니라.

시인은 어릴 때 '서홍瑞鴻'으로 불리었으나, 어머니는 언제나 그를 '황滉'이라고 불렀다. 어머니는 그가 말을 채 알아듣기도 전부터 어르고 노래했다.

일곱 남매 중에 맏아들 잠潛이 장가 들었을 뿐, 제비새끼처럼 입 벌리고 짖어대는 여섯 남매, 먹이고 입히고 가르치고, 봉제사 받들며, 부역과 세금은 호랑이보다 더 무서웠다.

목화 심고, 삼 삼고, 뽕잎 따다 누에 치고, 물레 젓고 베 짜고 땀에 젖은 베적삼은 마를 날이 없었다.

뒷도랑에 씻어다가 앞 냇물에 헤와(헹궈) 내어
돋은 양지 은줄에다 하루 이틀 사흘 나흘 바래여서
닷새 엿새 풀을 하여 이레 여드레 다듬어 직령 도포 지어서라.
새 담지개 담아놓고 앞 창문을 반만 열고 밀창문을 밀쳐놓고,
저기 가는 저 선비야 우리 '황'이 언제 오노.

어머니의 〈베틀노래〉는 고통을 견디는 노동요勞動謠이었지만, 자식들에게는 자장가요 안심가요 희망의 노래였다. 어머니의 뱃속에서 느끼고, 베틀 아래에서 잠자고 놀았다.

"철거덕, 탁탁!"

바디와 북, 끌신과 잉앗대의 움직임이 시적 운율로 들려왔다.

　아들의 기침이나 미열微熱에도, 아픈 자식보다 어머니가 더 고통스러웠고, 말끔히 소쇄瀟灑한 방에 아들을 눕히고, 목욕재계沐浴齋戒한 어머니는 정갈하게 옷을 갈아입고, 지극정성으로 빌었다.

　홍역紅疫은 누구나 한 번은 건너야 할 유년幼年의 강, 다섯 살 서홍에게도 천역天疫은 피해 가지 않았다. 유년의 강을 건너지 못하고 삼 동네에 곡성이 퍼지고, 사흘 후 새벽에 서홍의 얼굴에 열꽃이 피었을 때, 어머니가 옆에 쓰러져 있었다.

　"대나무 상자에 역청을 발라 강을 건너게 한 어머니……."

　어머니의 노래와 주술은 생명의 노래가 되었다.

　서홍은 여섯 살이 되어서 비로소 글을 배우기 시작했다. 이웃에 《천자문》을 가르치는 박씨 노인이 있어 형님들과 함께 배웠으나, 형들이 숙부를 따라 진주로 간 후 혼자가 되었다.

　어제 배운 것을 스승의 집 울 밖에 서서 외어 본 뒤 집 안으로 들어가, 장죽을 문 스승께 공손히 문안인사를 올렸다. 글을 배울 때에는 엄숙하고 진지한 모습이 영락없는 선비였다. 《천자문》을 넘어서니 《명심보감》이었다.

　"서홍아, 외어보련?"

　"예, 스승님."

　서홍은 좌우로 몸을 흔들면서 외우기 시작했다.

　낭랑한 목소리가 울타리 너머 고샅으로 퍼져 나갔다.

　베틀에 앉은 어머니의 귀에는 미풍을 타고 노래가 되었다.

　"오늘은 무엇을 배웠느냐?"

어머니는 언제나 그날 배운 것을 물어보았다. 서홍은 몸을 좌우로 흔들면서 외었다.

是非終日有 옳고 그름을 따지는 일이 종일 있더라도,
不聽自然無 듣지 않으면 저절로 없어지니라.

"남의 말을 듣고도 시비를 말하지 않는 이유는 무엇이냐?"
"서로가 자기 생각이 옳다고만 하면 말싸움이 됩니다."

어머니는 친정 마을의 '말 무덤' 이야기를 해주었다. 대죽리(한대마을)에는 '말 무덤'이 있는데, 말(馬) 무덤이 아니라, 말(言)을 묻어둔 무덤이란다. 김씨, 박씨, 유씨, 최씨, 채씨가 대를 이어 살았는데, 사소한 말 한 마디가 씨앗이 되어 싸움이 그칠 날이 없었다. 그러던 어느 날, "말 무덤(言塚)을 만드시오." 과객의 말을 듣고, 시비의 단초가 된 말을 그릇에 담아 깊이 묻으니, 마을이 평온해지고 두터운 정을 나누게 되었단다.
　서홍은 어머니의 이야기를 듣고 나서,
　"말을 삼가서 해야 하는 뜻을 이제야 알겠습니다."
　라고 하였다.

　서홍의 배움은 그리 길게 가지 않았다. 《천자문》, 《동몽선습》, 《명심보감》, 《통감》을 겨우 넘어서자, 기침소리 그친 날, 스승이 상여를 타고 북망산천으로 떠났다.

　배움의 바다에서 항로를 잃어버린 서홍은 영지산에 두견화가 피어도 봄날이 기쁘지 않았고, 은하수 흐르는 하늘에 반딧불이 별처럼 반짝여도 즐겁지 않았으며, 만추에 풀벌레 소리 소슬한 바람은 서홍을 더욱 쓸쓸하게 했다.

　서홍에게 어머니는 생명줄이요 스승이며 우주宇宙 전체였다. 어머니의 말씀이 道가 되고, 어머니의 노래는 詩가 되었다.

　서홍은 18세 봄에 제비실(燕谷)에 갔다가, 호젓한 산골짜기에서 작은 연못을 발견하고 다가가니 물이 너무나 맑고 고요했으며, 연못 주위에 풀이 우거졌고 하늘에 구름 떠 있는데, 제비들이 연못 위를 어지러이 나는 것을 관찰하여 시를 지었다.

　　이슬 맺힌 풀잎은 물가에 우거졌는데,
　　고요한 연못 맑디맑아 티끌 한 점 없네.
　　떠가는 구름 나는 새는 본시 연줄이지만,
　　다만 저 제비 발길에 물결 일까 두렵네.

　고요하고 맑디맑아 티끌 한 점 없는 연못에 물결 일으킬까 두렵다고 읊었다. 이미 18세의 나이에 장차 세상에 나가 정치판에 휘말리거나 자신으로 인하여 세상을 어지럽게 할까 우려하는 마음을 나타내고 있다.

아가리 '입'을 속되게 이르는 말. 아갈머리, 아구리, 아갈빽이.

아가리질 '말질', '악다구니'를 속되게 이르는 말.

아까 조금 전. **아까 맨치로/맹쿠로/매이로** 조금 전과 같이.

아갈잡이 소리를 지르지 못하게 입을 틀어막다. **아감지** 아가미 또는 아가리.

아구성 악을 쓰며 지르는 소리. **아구시다** 억척스럽고 세차다. '억세다'.

아궁이 방이나 솥에 불을 때는 구멍. **아귀** 활 줌통과 오금이 닿는 오긋한 부분.

아귀다툼 각자 자기의 욕심을 채우고자 서로 헐뜯고 기를 쓰며 다투는 일.

아귀세다 마음이 굳세어 남에게 잘 꺾이지 아니하다. 손으로 잡는 힘이 세다.

아귀차다 휘어잡기 어려울 만큼 벅차다. 아귀세다.

아귀토 석회와 화강석, 정적토를 섞어서 처마의 수키와 끝에 바르는 재료.

아그려쥐고앉다 섰던 자리에 그대로 주저앉다. 아그려쥐다.

아근바근 서로 마음이 맞지 아니하여 사이가 벌어지는 모양.

아글타글 무엇을 이루려고 몹시 애쓰거나 기를 쓰고 달라붙는 모양.

아금바르다 알뜰하게 아금받다. **아금박스럽다** 이악하고 탐탁한 데가 있다.

아금받다 무슨 기회든지 재빠르게 붙잡아 이용하는 소질이 있다.

아기똥하다 무뚝뚝하고 뚱하다. **아기자기** 오밀조밀 어울려 예쁜 모양.

아기작거리다 작은 몸집으로 팔다리를 부자연스럽게 움직이며 천천히 걷다.

아깃살 보통 화살의 2/3길이의 짧은 화살. **아께** 조금 전에. '아까'.

아나 가까이 있는 사람에게 무엇을 주면서, '여기 있다'.

아낙 남의 집 부녀자를 낮잡아 이르는 말. **아내** 혼인하여 짝이 된 여자를 이르는 말.

아늑하다 따뜻하고 포근하다. **아는성시리** 아는 것처럼 행동하다.

아늘거리다 빠르고 가볍게 잇따라 흔들리다. **아늠** 볼을 이루고 있는 살.

아니꼽다 언행이 거슬려 불쾌하다. **아니꼽살스럽다** 지나치게 아니꼽다.

아니리 가락 없이 줄거리만 변사하는 판소리 극劇 대사.

아당하다 남의 비위를 맞추거나 환심을 사려고 아첨하다.

아동바동 무엇을 이루려고 애를 쓰거나 우겨대는 모양. '아등바등'.

아동방 청구 우리 동녘 땅 조선. 청구靑丘는 조선이다.

아둔망태 아둔한 사람을 낮잡아 이르는 말. 아둔하다.

아드등대다 서로 제 생각만 고집하여 양보하지 않고 자꾸 다투다.

아득시니 똑똑하지 못하고 분별력이 없는 사람을 속되게 이르는 말.

아득하다 보이는 것이나 들리는 것이 희미하고 매우 멀다.

아들내미 '아들'을 귀엽게 이르는 말. **아들아** 남에게 자기 아들을 이르는 말.

아등그러지다 바싹 말라서 배틀어지다. **아딧줄** 돛을 매어 쓰는 줄.

아라가야 함안 지역에 있었던 가야. **아라마초초** 말 모르는 소리.

아라사 러시아. **아람** 밤이나 상수리 따위가 충분히 익어 저절로 떨어진 열매.

아람치 사사로이 차지하는 몫. **아랑곳** 남 일에 참견하거나 관심 갖는 것.

아랑주 날은 명주실, 씨는 명주실과 무명실을 두 올씩 섞어 짠 천.

아래기 소주 곤 찌꺼기. '아랑'. **아랫묵** 아궁이 가까운 쪽의 방바닥. '아랫목'.

아랫당줄 망건편자 밑에 달린 당줄. **아랫동서** 손아래 동서同壻.

아랫목 온돌방에서 아궁이 가까운 쪽의 방바닥. '아랫목'.

아레 어제의 전날. '그저께'. 그제. **아렴풋하다** 물체가 흐릿하다.

아령칙하다 기억이나 형상 따위가 긴가민가하여 또렷하지 아니하다.

아록 외방수령에 딸린 식구들한테 주던 녹祿. **아롬** 아는 일. '앎'.

아롬하다 부담스럽거나 무서울 것이 없어 쉽게 다루거나 대할 만하다.

아롱지다 아롱아롱한 점, 무늬가 생기다. **아륜** 톱니바퀴.

아르르하다 추위나 두려움, 애처롭거나 아까워서 몸이 떨리다.

아르쇠 주전자나 냄비 따위를 화로 위에 올려놓을 때 걸치는 기구. '다리쇠'.

아른거리다 무엇이 희미하게 보이다 말다 하다.

아름답다 대상이 균형과 조화를 이루어 눈과 귀에 즐거움과 만족을 줄 만하다.

아름드리 둘레가 한 아름이 넘는 것을 나타내는 말.

아름아름하다 말이나 행동을 분명히 하지 못하고 자꾸 우물쭈물하다.

아름작거리다 작은 물건이 보일 듯 말 듯 아른아른하다.

아름차다 힘에 겹다. 두 팔을 벌려 껴안은 둘레의 길이에 가득하다.

아리땁다 마음이나 몸가짐이 맵시 있고 아름답다.

아리랑 우리나라의 대표적인 민요의 하나. 기본 장단은 세마치장단.

아리랑볼 야구에서, 포물선을 그리며 느리고 약하게 날아가는 공.

아리삼삼 정신이 아릿거릴 만큼 눈에 어리는 꼴.

아리소리하다 생각이 날 듯하면서도 떠오르지 않는 다는 '아리송하다'.

아리잠직하다 키가 작고 모습이 얌전하며 어린 티가 있다.

아망스럽다 하는 짓이나 모양새가 잘고 얄미운 데가 있다.

아마 단정할 수는 없지만 그럴 가능성이 크다는 뜻을 나타내는 말. 아매.

아망 아이들이 부리는 오기. **아무개** 구체적인 이름 대신 이르는 인칭 대명사.

아무것도 특별히 정해지지 않은 어떤 것 일체. 앙꾸도.

아무것이 어떤 사람을 구체적인 이름 대신 이르는 인칭 대명사. '아무개'.

아무따나 구체적으로 정하지 않은 어떤 상태나 조건에 놓여 있다.

아무레미 말할 나위 없이 그렇다는 뜻으로, 긍정을 보일 때 하는 말.

아무치도 아무렇지도. 아무토.아문치도, 아뭏도.

아물다 부스럼이나 상처가 다 나아 살갗이 맞붙다.

아물리다 일이나 셈을 끝막다. 일을 잘되도록 어우르거나 잘 맞추다.

아미 누에나방 눈썹처럼 아름다운 눈썹. 일색 눈썹.

아방신 어리석고 멍청하거나 못난 사람을 욕하거나 비난하여 이르는 말.

아배 '아버지'의 호칭, 지칭. **아뱀** 시아버님. 아배+님. 아배임. 아번님.

아뿔사 갑자기 큰 변을 당했을 때 자신도 모르게 나오는 소리. 우야꼬. 우짤꼬.

아사무사하다 생각이 날 듯 말 듯 하다. **아삼륙** 서로 꼭 맞는 짝.

아수롭다 필요할 때 없거나 모자라서 만족스럽지 못하다. '아섭다'. 아숩다.

아수하다 아깝고 서운하다. **아쉬잡다** 아쉬운 대로 잡다.

아슥아슥하다 여러 개가 모두 한쪽으로 조금 비뚤어져 있다.

아슬아슬 아찔할 정도. **아슴아슴하다** 정신이 몽롱하다. 아리송하다. 아사무사하다.

아습 소나 말의 나이가 아홉 살. **아시서답** 초벌 빨래.

아시타다 엄마가 임신하자, 아이가 엄마한테 성가시게 구는 짓.

아실랑거리다 몇 사람이 천천히 왔다 갔다 하다. 아슬랑거리다.

아리랑 (봉화·상주 아리랑)

아리랑 아리랑 아라리요 아리랑 고개를 넘어간다
개나리 봇짐을 짊어지고 아리랑 고개를 넘어간다
아리랑 아리랑 아라리요 아리랑 고개를 넘어간다
아버지 어머니 어서와요 북간도 벌판이 좋답디다
아리랑 아리랑 아라리요 아리랑 고개를 넘어간다
쓰라린 가슴을 움켜쥐고 백두산 고개로 넘어간다
아리랑 아리랑 아라리요 아리랑 고개를 넘어간다

아리아리 쓰리쓰리 아라리요 아리랑 고개를 넘어간다
문전의 옥토는 어찌되고 쪽박의 신세가 웬말이냐
아리아리 쓰리쓰리 아라리요 아리랑 고개를 넘어간다
원수로다 원수로다 원수로다 총 가진 포수가 원수로다
아리아리 쓰리쓰리 아라리요 아리랑 고개를 넘어간다
말깨나 허는 놈 재판소 가고 일 깨나 허는 놈 공동산 간다
아리아리 쓰리쓰리 아라리요 아리랑 고개를 넘어간다
아리랑 아리랑 아리요 아리랑 고개를 넘어간다

출처 상주시청

아심아심하다 마음이 놓이지 않아 조마조마하다.

아아하다 산이나 큰 바위 따위가 험하게 우뚝 솟아 있다.

아아라히 보고 듣는 것이 희미하고 아득하게. **아예** 미리, 처음부터.

아야보다 상대편의 동태를 알기 위하여 멀리서 동정을 살피다. '망보다'.

아얌 겨울에 부녀자가 머리에 쓰고 뒤에는 아얌드림을 늘어뜨린다.

아얌드림 아얌 뒤에 댕기처럼 길게 늘어뜨린 비단.

아양떨다 귀염을 받으려고 알랑거리는 짓. **아에미** '며느리'의 지칭, 호칭.

아옹하다 속이 좁은 사람이 성에 안 차서 달갑지 않게 여기는 티가 있다.

아우 주로 남동생을 이름. **아우라지** 두 갈래 이상의 물이 한데 모이는 물목.

아우래비 아홉 명이나 되는 여자의 남동생. '아홉+오래비'.

아우르다 여럿을 모아 한 덩어리나 한 판이 되게 하다. **아음니** 사랑니.

아이 같은 일을 여러 차례 거듭 할 때에 맨 처음 대강 하여 낸 차례. '애벌'.

아이꼽다 비위가 뒤집혀 구역날 듯하다. '아니꼽다'.

아이낳이 아이를 낳음. '해산解産'. **아이다** 아니다. 아니요.

아이오 갑자기. 느닷없이. 문득. **아이초라니** 잔재주를 부리는 아이광대.

아인 게 아니라 '아닌 게 아니라'. **아잠하다** 자우룩하다.

아장짱하다 '어정쩡하다'. **아재비** '아저씨'. 아저씨의 낮춤말.

아잼 나이 적은 아재뻘 항렬의 호칭. **아적** 아침 또는 아침 식사.

아존한 맑고 깨끗하게 살아온. **아주먹이** 손댈 필요 없을 만큼 깨끗하게 쓿은 쌀.

아주무이 결혼한 낯선 여인 '아주머니'.

아주반님 남편의 형제나 같은 항렬의 장가 든 사람.

아주뱀 남편의 형제, 같은 항렬의 장가 든 사람. **아즈방하다** 흐리멍덩하다.

아즐아즐 강아지 따위가 계속해서 꼬리를 치며 비틀비틀 걷는 모양.

아지 새로 나온 연한 줄기. **아지랑이** 공기가 아른아른 움직이는 현상.

아지못게라 알지 못하겠다. **아지매 / 아지뱀** '숙모님', '시숙님' 호칭.

아직 시간이 더 지나야 하거나, 그 상태가 지속되고 있음을 나타내는 말.

아직알 아직 아침이 안 된 때. **아짐태서** 혹시나 해서.

아짐테서 불안하고 불편해서. **아찔하다** 정신이 아득하고 어지럽다.

아치 '그 일에 종사하는 사람'의 뜻을 더하는 접미사. 벼슬아치. 장사아치.

아치랍다 가엾고 불쌍하여 마음이 슬프다. '애처롭다'. **아침나절** '아침결'.

아침뜸 아침 무렵해풍과 육풍이 바뀔 때에, 한동안 바람이 자는 현상.

아칫대다 어린아이가 이리저리 위태롭게 걸음을 떼어 놓다.

아퀴 어수선한 일을 갈피잡아 마무르는 끝매듭. 아퀴짓다. **아해** 아이.

악다구니 기를 써서 다투며 욕설을 하는 짓. **악다받다** 모질고 억지 부리다.

악대 고기를 얻기 위하여 불알을 까서 기른 소. **악대값** 나쁜 짓을 한 벌금.

악마디 결이 몹시 꼬여서 모질게 된 마디. **악매하다** 모질게 꾸짖다.

악머구리 잘 우는 개구리라는 뜻으로, '참개구리'. **악문** 보복. 못된 짓.

악바리 성미가 깔깔하고 고집이 세며 모진 사람. 악빠리.

악빙덜 고치기 힘든 병. '악병'. **악사** 악기로 음악을 연주하는 사람.

악살 깨어져 산산이 부서짐. **악장치다** 악을 쓰며 소동을 일으키다.

악지 잘 안될 일을 해내려고 하는 억지스런 고집.

악지바른 무리하게 고집을 세우는. **악지세다** 어지러운 떼를 쓰는 힘이 세다.

악짓손 고비대로 해내는 솜씨. **악청** 악을 써서 지르는 목청.

악치 솎은 뒤에 늦게 올라오는 싹. **악티이** 노엽거나 분한 마음. '부아'

안갚음 까마귀 새끼가 자라서 늙은 어미에게 먹이를 물어다 주는 일.

안개 지표면 가까이에 아주 작은 물방울이 부옇게 떠 있는 현상.

안개치마 안개처럼 엷고 가벼운 치마. **안거번거하다** 말이 수다스럽다.

안겉장 책 표지 다음의 '속표지'. **안고나서다** 남의 일을 대신 맡다. '안담'.

안고지다 남을 해치려다가 도리어 해를 입다. **안꼬** 빵 속에 든 팥.

안날 바로 전날. **안남** 베트남. **안다니** 무엇이든지 잘 아는 체하는 사람.

안다미로 그릇에 넘치도록. **안달구다** 은근히 화가 나게 하다. 안달궂다.

안달하다 속을 태우며 조급하게 굴다. **안돈하다** 마음이 정리되어 안정되다.

안돌잇길 험한 벼랑에서 바위 같은 것을 안고 겨우 돌아가게 된 길.

안동하다 사람을 데리고 함께 가거나 물건을 지니고 가다. **안들** 부인네들.

안반 떡을 치거나 밀가루 반죽할 때의 넓고 두꺼운 나무판. 엉덩이 큰 여성.

안반뒤지기 서로 붙들고 엎치락뒤치락하면서 힘을 겨루는 일.

안받음 자식에게 끼친 은혜를 안갚음 받는 것. **안받침** 안에서 받쳐줌.

안방샌님 바깥출입을 하지 않고 안방에 처박혀 있는 사내.

안방지기 안주인. 마누라. **안봉** 짐승의 자궁. **안석** 편하게 기대앉는 보료.

안숭 규방여인들의 흉. 안흠새(欠事). **안슬프다** 처량하고 슬픈 '구슬프다'.

안심가 걱정을 떨쳐 버리고 마음을 편히 가지도록 불러주는 노래.

안심부름 부녀자들이 시키는 심부름. **안심찮다** 남에게 폐를 끼쳐서 미안하다.

안씨럽다 약자의 딱한 형편이 마음이 아프고 가엽다. '안쓰럽다'.

안아치다 뒤로 돌아서서 어깨 너머로 망치질을 하다.

안어버이 집 안에 계신 어버이라는 뜻으로, '어머니'를 이르는 말. 안어른.

안언역 성주군 용암면 상언리에 있던 역참. **안온하다** 조용하고 편안하다.

안올리다 기구나 그릇 따위의 안쪽을 칠하다.

안을하다 돌아눕다. 마음을 돌리다. **안음새** 무엇을 품에 안은 모양새.

안잠 여자가 남의 집에서 먹고 자며 그 집의 일을 도와주는 일.

안저지 어린아이를 보살펴 주는 일을 하는 여자 하인.

안절부절 초조하고 불안하여 허둥대다. **안쫑잡다** 마음속에 품어 두다.

안지기 상대편의 왼쪽 다리를 걸어 당겨 상대를 뒤로 넘어뜨리는 기술.

안진다락 앉아서 물건을 넣을 수 있는 낮은 다락. **안질뱅이꽃** 민들레.

안쨍걸음 두 발 끝을 안쪽으로 향하고 걷는 걸음. **안찝** 옷의 안감.

안차다 겁 없고 당돌하다. **안창** 골목의 깊숙한 곳. 막다른 골목.

안채다 앞으로 들이치다. **안채우다** 맡아서 당하게 되다. '안채다'.

안추르다 고통을 꾹 참고 억누르다. 분노를 눌러서 가라앉히다.

안치다 어려운 일이 앞에 닥치다. 음식 재료를 솥이나 냄비에 넣다.

안치매기 물에 가라앉은 녹말. **안치산** 여인네가 하는 집안 살림살이.

안침 안쪽으로 쏙 들어간 곳. **안카다** 말하지 않는다.

안타깝다 뜻대로 되지 아니하여 가슴 아프고 답답하다.

안타깨비 귀찮게 조르거나 검질기게 달라붙는 사람을 이르는 말.

안태고향 선조 때부터 살아서 자신이 태어난 곳.

안태우다 가마, 인력거, 말을 모는 사람의 앞에 앉게 하여 함께 태우다.

안틀다 일정한 수효나 값의 한도 안에 들다.

안팎 남편과 아내를 아울러 이르는 말. **안판시럽다** 속이 야무져 보인다.

안퐁하다 언덕의 가운데가 오목하게 들어가 아늑하고 포근하다.

안항 동기간. 동기. 형제. **안해** 혼인한 남자의 짝. '아내'.

앉아버티다 뜻을 굽히거나 남의 요구에 응하지 아니하다.

앉은걸음 앉은 채로 걷는 걸음. **앉은굿** 장구를 치거나, 춤도 추지 않는 굿.

앉은뱅이술 일어날 수 없을 만큼 취한 술. **앉은벼락** 뜻밖에 당하는 큰 불행.

앉은봉가 가만히 있어도 저절로 자신에게 돌아오는 몫. '앉은 봉개'.

앉히다 버릇을 가르치다. /자리를 잡게 하다.

알가먹다 남의 재물을 좀스러운 말과 행위로 꾀어 빼앗아 가지다. 알겨먹다.

알거냥하다 모르면서 아는 체하다. **알거지** 가진 것이 아무것도 없는 거지.

알겯다 암탉이 알을 낳을 무렵에 골골 소리를 내다.

알공배 바둑에서 공배를 채우는 것처럼 조심스럽다. **알과녁** 과녁의 한복판.

알구지 지겟작대기의 맨 위에 있는 아귀처럼 나뉘어진 곳.

알그리하다 매워서 입 안이 조금 알알하다. '알근하다'.

알그작대다 작은 것이 눈앞에서 빠르게 잠깐씩 나타나다. '알찐거리다'.

알근달근하다 맛이 조금 매우면서 달짝지근하다.

알근하다 매워서 입 안이 알알하다. 마음속이 조금 알짝지근하다.

알금삼삼하다 잘고 얕게 얽은 자국이 드문드문 있다.

알꼬뱅이 실속이 있거나 표본이 되는 것. '알짜'.

알끈하다 무엇을 잃거나 기회를 놓치고서 아쉬운 감이 있다.

알기다 조금씩 갉아 내거나 빼내 가지다.

알나니 어리고 키 작은 사람이 벼슬한 경우를 놀림조로 이르는 말. '알나리'.

알땀 이마나 가슴팍에 송골송골 맺히는 땀. **알땅** 초목이 없는 발가벗은 땅.

알랑방귀 발라맞추는 것. **알랑꼴랑하다** 몰골이 사납고 보잘것없다.

알량하다 시시하고 보잘것없다. **알령** '안녕'. **알롱** 관아의 전령을 맡던 총각.

알매치다 새 지붕으로 갈아 얹다. 산자 위에 얹는 흙.

알묘조장 곡식을 뽑아 올려 농사를 망치는 것을 교육에 비유한 말.

알밋알밋하다 오물쪼물하며 미적미적 미루다. 아물아물 돌리다.

알바늘 실을 꿰지 않은 바늘. **알반대기** 달걀을 부쳐 잘게 썬 고명.

알발 아무것도 신지 아니한 발. **알방구리** 물을 긷거나 담는 작은 질그릇.

알분스럽다 눈치가 빠르고 똑똑하다. 알분단지. **알불** 불등걸.

알싸하다 매운맛이나 독한 냄새 따위로 코 속이나 혀끝이 알알하다.

알쌈 달걀을 펴서 지짐판에 익혀 소를 넣고 싸서 반달처럼 부친 음식.

알삽하다 정신이 아리송하다. 문장을 알아보기 힘들다.

알섬 사람이 살지 않는 작은 섬. **알속하다** 몰래 내용을 알리다.

알시럽다 손아랫사람이나 약자의 딱한 형편이 마음이 아프고 가엽다.

알심 겉보기와는 달리 야무진 힘. 속으로 은근히 동정하는 마음이나 정성.

알아방이다 무슨 일의 낌새를 알고 미리 대비하다.

알양반 학식과 덕성을 갖춘 양반다운 양반. **알우다** '알리다'. 알옳다.

알은곳 참견하거나 관심 갖다. '아랑곳'. **알은척하다** 인사하는 표정을 짓다.

알음 신이 보호하여 준 보람. **알음알음** 여러 사람을 통하여 알게 됨.

알음알이 서로 가까이 아는 사람. **알음짱** 눈치로 은밀히 알려 줌. '알음장'.

알이마 가린 것 없이 드러난 이마. **알이새** '꾀꼬리'의 옛말.

알이알이 아이들의 날마다 늘어나는 재주. **알자리** 알을 낳거나 품는 자리.

알짜배이 가장 중요한 물건만 모은 것 '알짜배기' 알코뱅이.

알짝지근하다 음식의 맛이 약간 달면서도 알알한 느낌이 있다.

알짬 여럿 가운데에 가장 중요한 내용. 알짱.

알제기다 눈동자에 흰 점이 생기다. **알조** 알 만한 일. 알괘.

알쭌하다 다른 것이 섞이지 않아 순전하다. **알찌근하다** 아섭고 안타깝다.

알찐대다 눈앞에서 잇따라 빠르게 잠깐씩 나타나다.

알차다 속이 차거나 내용이 아주 실속이 있다. **알차리** 알이 찬 열매. 알키.

알천 재물 가운데 가장 값나가는 물건. 음식 가운데 가장 맛있는 음식.

알키 껍질 속 부분 또는 사물의 핵심. '알갱이'. 알맹이.

알탕갈탕하다 힘에 겨운 일을 이루려고 갖은 애를 쓴다. '애면글면하다'.

알토란같다 내용이 옹골차고 실속이 있다. **알항아리** 매우 작은 항아리.

앎 아는 일. **암** 상대편의 말에 강한 긍정을 보일 때 하는 말. '암, 그렇고말고'.

암갈색 어두운 갈색. **암낙** 머리를 끄덕여 들어주겠다는 뜻을 나타내는 것.

암니 자질구레한 일에 좀스럽게 따지는 모양. '암니옴니'.

암되다 내성적이다. **암막새** 한 끝에 반달 모양 혀가 붙은 암키와.

암물 맑은 샘물. **암사나** 숫기없는 사내. **암사받다** 하는 짓이 야무지다.

암상하다 남을 미워하고 시샘하다. **암성** 답답하게 느껴지는 소리.

암새 암컷의 발정. **암수거리하다** 속임수로 남을 속이다.

암으리 비록 그렇다 하더라도. **암자** 큰 절에 딸린 작은 절.

암죽 묽게 쑨 죽. **암지르다** 주된 것에 덧붙여서 하나로 되게 하다.

암클 여자들이나 쓸 글이라는 뜻으로, 한글을 낮잡아 이르던 말. '암글'.

암통하다 앙큼스럽고 앙똥하다. **암팡지다** 몹시 작아도 야무지고 다부지다.

암호 비밀을 유지하기 위하여 당사자끼리만 알 수 있도록 꾸민 약속 기호.

압꺼렁 앞 도랑. **압비다** 앞이 비다. **압차다** 똑똑하고 야무지다. 압치다.

앗게 하게할 처지에, 그리 말도록 권하는 말. 그만두게.

앗사리 그럴 바에는 오히려. '아싸리'. 아예, 차라리.

앗사위 쌍륙이나 골패에서, 승부가 결정되는 한 판.

앗(아)치로운 손아랫사람이나 약자의 딱한 형편이 마음이 아프고 가엾은.

앙가바틈하다 조금 짤막하고 딱바라지다. **앙가슴** 두 젖 사이의 가슴.

앙가조촘하다 앉지도 서지도 아니한 채 몸을 반쯤 굽히다.

앙감질 한 발은 들고 한 발로만 뛰는 짓.

앙갚음하다 남이 해를 준 대로 저도 그에게 해를 주다.

앙고발이 다리가 짧고 굽은 사람을 낮잡아 이르는 말. '앙가발이'. 앙개발이.

앙괭이 잠을 자는 사람의 얼굴에 먹이나 검정으로 함부로 그려 놓는 일.

앙구다 알을 품다. **앙그러지다** 모양이 어울려서 보기에 좋다.

앙글거리다 무엇을 속이면서 자꾸 꾸며서 웃다.

앙금쌀쌀 처음에는 굼뜨게 기다가 차차 빠르게 기는 모양.

앙기 원한을 앙갚음하려는 마음. **앙달머리** 어른인 체하는 능청스러운 짓.

앙달복달 몹시 들볶다. 안달복달. **앙당그러지다** 마르거나 졸아져 뒤틀리다.

앙당하다 어울리지 아니하게 작다. **앙똥하다** 짓이 조금 까다롭고 얄망스럽다.

앙등하다 분위기나 시세가 솟구치다. **앙문하다** 뒷날 돌아오는 원망.

앙바틈하다 짤막하고 딱 바라져 있다. **앙발구** '욕심꾸러기'. 악착빼기.

앙버티다 기를 쓰고 고집하여 끝까지 대항對抗하다.

앙살 엄살을 피우며 반항함. **앙상하다** 나뭇잎이 지고 가지만 남아서 스산하다.

앙세다 몸은 약해 보여도 다부지다. **앙짜** 앳되게 점잔을 빼는 짓.

앙잘대다 작은 소리로 원망스럽게 종알종알 군소리를 자꾸 내다.

앙장구 가시가 돋은 '성게'. 섬게. **앙정불정** 애를 쓰거나 우기다. '아등바등'.

앙조가리다 불만스런 표정으로 지지 않고 말대꾸하다.

앙증하다 제격에 어울리지 않게 작다. **앙징스럽다** 작으면서 깜찍하다.

앙치 원한 품음. '앙심怏心'. **앙크랗다** 악을 쓰고 덤비는 태도. '앙칼지다'.

앙하다 맺힌 것이 풀리지 아니하여 토라져 있다. **앞갈망** 맡은 일을 잘 처리함.

앞그루 그루갈이를 할 때 먼저 재배하는 농작물.

앞다리 여러 사람이 이어서 일할 때 자기의 바로 앞에 있는 사람.

앞되창 앞들창. **앞뚜룩** 앞 호주머니를 속되게 이르는 말.

앞메꾼 대장간에서 불린 쇠를 큰메로 치는 일을 하는 사람.

앞방석 중요한 직위의 사람에게 직속되어 사무를 맡아보는 사람. '비서祕書'.

앞소리 요령잡이 소리. **앞엣거리** 품밟기 첫머리에 하는 몸풀기.

앞차다 앞을 내다보는 태도가 믿음직하고 당차다. **앞치** 앞쪽.

애곡 소리 내어 슬프게 욺. **애구** 요구를 들어 달라고 간절히 바람.

애꿎이 아무런 잘못 없이 억울하게. **애긍** 불쌍히 여기다.

애끌 커다란 끌. **애끓다** 몹시 답답하거나 안타까워 속이 끓는 듯하다.

애끝보다 처음과 마지막을 보다. **애기동지** 음력 11월 10일 경. '아기동지'.

애나다 안타깝고 속이 상하다. **애달궆다** 애태우다. 애달다.

애닲다 마음이 안타깝거나 쓰라리다. '애달프다'. **애당기다** 마음에 끌리다.

애도래라 애달프구나. **애돌다** 다시 돌다. **애돌아지다** 노여워서 토라지다.

애동대동하다 매우 앳되고 젊다. **애동첩** 나이 어린 화초첩.

애동호박 애호박. **애돝** 한 살이 된 돼지. 애저.

애들ㅎ다 애둘하다. 애들하다. 애닲다. 안타깝다. 애듧다.

애라리 물렁하게 익은 감. '홍시紅枾' 연시, 연감.

애리다 '여리다'. '아리다'. 아리아리하다. 애리애리하다.

애만살 애 많은 살煞(죽음). **애만(문)소리** 엉뚱한 사람을 짚어서 말하다.

애만하다 아무 잘못 없이 꾸중을 듣거나 벌을 받아 억울하다. '애매하다'.

애말무지 깊이 생각하지 않고서. **애먹다** 속이 상할 정도로 어려움을 겪다.

애먼 엉뚱한 피해로 억울하게 느껴지는. 애맨. **애먼 때** 누명.

애면글면 약한 힘으로 무엇을 이루느라고 힘을 다하는 모습. 애밍글밍.

애목 목 한복판. **애무섭다** '안쓰럽다'. **애무시다** 애가 달다. 안타깝다.

애문하다 애매하다. **애물단지** 몹시 애를 태우는 몬이나 사람.

애바르다 이익을 좇아 발밭게 덤비다. 안타깝게 마음을 쓰는 정도가 심하다.

애박 애욕에 집착하거나 경망스러운 사람을 일컫는 말.

애발스럽다. 힘겨운 일을 이루려고 애쓰다. 애면글면.

애벌 같은 일을 거듭할 때에 맨 처음 대강 하여 낸 차례.

애비다 몸의 살이 빠져 파리하게 되다. '여위다'.

애삐시하다 별로 대수롭지 않게 여기다. **애삭이다** 근심걱정을 가라앉이다.

애살 자신이 맡은 일을 잘하고자 하는 욕심과 애착이 있는 태도. 애살스럽다.

애색하다 애처롭고 안타깝다. **애성이** 분하거나 성이 나서 몹시 안달하다.

애소하다 슬프게 하소연하다. **애쓰다** 무엇을 이루려고 힘쓰다.

애연하다 구슬프다. **애오라지** 좀 부족하나마 겨우, 오직.

애옥살이 가난하고 쪼들린 살림살이. **애운하다** 서운하고 아쉽다. '섭섭하다'.

애울리다 분위기에 함께 휩싸이다. **애인하다** 애처롭다. **애잇머리** 맨 첫 번.

애일지심 부모의 늙음이 안타까운 마음. **애잔하다** 몹시 애처럽고 애틋하다.

애잡짤한 가슴이 미어지도록 안타까운. **애장** 창자. 애간장. 아이의 장례.

애장터 어린아이의 시신을 묻은 곳. '아총'. **애저** 어린 새끼 돼지.

애절하다 견디기 어렵도록 애가 타는 마음이 있다.

애쩌하다 애처럽고 애틋하다. '애잔하다'. **애지녁** 초저녁. 애초. 애저녁.

애지랑 남에게 귀엽게 보이는 태도. '애교'. **애참하다** 슬프고 비참하다.

애채 나무에 새로 돋은 가지. **애초롬하다** 젊고 건강하여 아름다운 태가 있다.

애추 자두나무의 열매. '자두'. 애치. **애치기** 어린아이 무덤.

애태우다 몹시 답답하게 하거나 안타깝도록 속을 끓이다. '애타다'.

애해하다 물체 따위가 희미하고 흐릿하다. '의희하다'.

애허리지다 골병들 정도로 힘이 들다. **애호박** 덜 여믐 어린 호박. 애딩이.

애홉다 원통한 일을 겪거나 불쌍한 일을 보고 마음이 괴롭다. '슬프다'.

애휼 불쌍히 여기어 은혜를 베풂. **액내** 정원. 정액. 한 집안. 한 동아리.

액땜 닥쳐올 불운을 다른 가벼운 곤란으로 미리 겪음으로써 무사히 넘김.

액미 쌀에 섞여 있는, 빛깔이 붉고 질이 나쁜 쌀. '앵미'.

액씨 애기씨. 남편의 미혼 여동생을 일컫는 말.

앤간하다 보통이거나 그보다 약간 더한 수준이다. '어지간하다'. 언간하다.

앤게다 가슴 쪽으로 끌어당겨 품 안에 있게 되다. '안기다'.

앤꼽다 하는 말이나 행동이 눈에 거슬려 불쾌하다. '아니꼽다'. 앵이곱다.

앤네 여편네. **앤생이** 잔약한 사람이나 보잘것없는 물건을 낮잡아 이르는 말.

앰한나이 연말에 태어나서 곧 한 살을 더 먹게 된 경우의 나이.

앰한소리 아무런 잘못 없이 억울한 말을 듣다. **앰헌** 애먼. 죄없는.

앳병 억울한 일을 당하여 가슴이 답답하면서 잠을 잘 자지 못하는 병.

앵고름하다 대수롭지 않다. '하찮다'. 만만하다. **앵경** '안경'.

앵고롬하다 무서울 것 없어 쉽게 다루거나 대할 만하다. '만만하다'.

앵끼손가락 새끼손가락. **앵돌아지다** 마음이 틀어져 토라지다.

앵두를 따다 눈물을 흘리다. **앵두장수** 잘못을 저지르고 자취를 감춘 사람.

앵미 쌀에 섞여 있는, 빛깔이 붉고 질이 나쁜 쌀.

앵벌이 불량배의 부림을 받는 어린이가 구걸이나 도둑질로 돈벌이하는 짓.

앵속 '양귀비'. **앵여** 시체를 묻은 뒤에 혼백과 신주를 모시고 돌아오는 가마.

앵이 '돈'을 속되게 이르는 말. **앵통하다** 슬퍼하고 가슴 아파하다.

앵하다 토라져 짜증을 내다. 기회를 놓치거나 손해를 보아서 분하고 아깝다.

야거리 돛대가 하나 달린 작은 배. **야경벌이** 밤에 하는 도둑질.

야굉이 섣달 그믐날 밤에 자는 아이들의 신을 가져간다는 귀신. '앙괭이'.

야기부리다 불만을 품고 대들다. **야기죽거리다** 밉살스럽게 빈정거리다.

야나치다 영락없고 매몰하다. **야다하면** 어찌할 수 없이 긴급하게 되면.

야단나다 좋아서 떠들썩하거나, 난처한 일이 벌어지다.

야단버꾸통 많은 사람이 모여들어 떠들썩하고 부산스럽게 굶. '야단법석'.

야당스럽다 약빠르고 매몰찬 데가 있다. **야로부리다** 속임수를 부리다.

야록하다 무엇이라 표현할 수 없이 묘하고 이상하다. '야릇하다'.

야리다 의지나 감정 따위가 모질지 못하고 무르다.

야마리 얌치 없는 사람을 낮잡아 이르는 '얌치'를 속되게 이르는 말. '얌체'.

야멸차다 자기만 생각하고 남의 사정을 돌볼 마음이 거의 없다.

야무다 일 처리나 언행이 옹골차고 여무지다. '여물다'. 야물다.

야물딱지다 사람의 성질이나 생김새가 빈틈이 없이 굳세다. '야무지다'.

야물상 첫날밤에 신랑 각시가 나눠 먹는 주안상. 야화상. **야미** 뒷거래.

야바우 협잡의 수단으로 그럴듯하게 꾸며서 남을 속이는 일. '야바위'.

야반 자시子時 밤 11시~1시. **야발스럽다** 야살스럽고 되바라진 데가 있다.

야불다 여위다. **야불야불** 입을 자주 놀려 잇따라 말하는 모양. 야불야불하여.

야비다리 대단하지 않은데 제 딴에 가장 잘 한 듯 도도함.

야사끼리하다 치장이 되바라지다. **야사하다** 값이 싸다./생각이 얕다.

야살스럽다 알망궂고 잔재미가 있다. **야생화** 들꽃. **야소교** '예수교'.

야속하다 무정한 행동이나 그런 행동을 한 사람이 섭섭하게 여겨져 언짢다.

야수다 틈이나 기회를 노리다. **야스락거리다** 입담 좋게 말을 늘어놓다.

야시리하다 분위기나 생김새가 야한 느낌이 있다. '야시시하다'.

야유 들놀음. **야이쪼부리다** 남을 속이는 술수를 부리다.

야자버리다 '잊어버리다'. **야젓하다** 말이나 행동 따위가 점잖고 무게가 있다.

야죽거리다 자꾸 밉살스럽게 재깔이며 짓궂게 빈정거리다. '야기죽거리다'.

야지놓다 남을 빈정거려 놀리다. '야유하다'. **야지랑스럽다** 얄밉도록 능청맞다.

야지러지다 성격이나 생각이 바르지못하고 조금 비뚤어지다.

야지리 참거나 견디어 내기가 매우 어려워서 안타깝게. '모조리'. 야지미리.

야짓 건너뛰거나 빼놓지 않고 모조리. **야차** 모질고 사나운 귀신의 하나.

야찹다 깊이가 얕다. **야코죽이다** 기세를 꺾어 약해지게 하다.

야트막하다 조금 얕은 듯하다. **야호** 야산의 호랑이.

약국대 도랑가에 자라는 마디풀과의 한해살이풀. '여뀌'.

약두구리 탕약을 달이는 데 쓰는, 자루가 달린 놋그릇. 약탕기. 약탕관.

약동하다 생기 있고 활발하다. **약비나다** 정도가 지나쳐 몹시 싫증나다.

약약하다 억지로 하는 태도가 보인다. **약존약무** 있는 듯 없는 듯 하다.

약주릅 약주를 사고 파는 데 흥정붙이는 것을 업인 사람.

얌얌하다 속이 허해 먹을 것이 당긴다. **얄** 야살스럽게 구는 짓.

얄개 야살스러운 짓을 하는 아이. **얄궂다** 야릇하고 짓궂다.

얄긋하다 한쪽으로 조금 쏠리어 배뚤어져 있다.

얄망궂다 성질이나 태도가 괴상하고 까다로워 얄미운 데가 있다. 얄궂다.

얄밉다 말이나 행동이 약빠르고 밉다. '얄밉다'.

얄부리하다 두께가 조금 얇다. '얄팍하다'. 얄브리하다.

얄상스럽다 몹시 야살을 떠는 듯한 데가 있다.

얄시리하다 분위기나 생김새가 야한 느낌이 있다. '야시리하다'.

얄찍하다 얇은 듯하다. **얄캉하다** 가늘고 탄력이 있으며 부드럽다.

얄프다 두께가 두껍지 아니하다. '얇다'. 얇아, 얇고.

얌샘이 남의 물건을 조금씩 훔쳐 내는 짓. **얌심** 몹시 샘내고 시기하는 마음.
얌얌하다 음식을 먹고 난 뒤에 성에 차지 않아 더 먹고 싶다. '냠냠하다'.
얌전하다 침착하고 단정하다. **얌치** 얌치가 없는 사람. '얌체'. 얌치까지다.
얌통머리 부끄러운 줄도 모르고 행동하는 '얌치'를 속되게 이르는 말.
얍삽하다 얕은꾀를 쓰면서 자신의 이익만을 챙기려는 태도.
양구 서양의 침략자. **양귀자** 서양사람. **양글** 소가 논갈고 짐을 싣는 일.
양글다 똑똑하고 야무지다. 야물다. **양껏** 할 수 있는 양의 한도까지.
양냥거리다 만족스럽지 못하여 짜증을 내며 종알거리다.
양념 음식의 맛을 돋우기 위하여 쓰는 재료를 통틀어 이르는 말 '약념'. 양님.
양념딸 아들 많은 집의 외딸. '고명딸'.
양돈 한 냥 정도의 엽전. 엽전 열냥(꾸러미)이 쾌, 백냥이 짝.
양미간 눈살. **양발** 맨발에 신도록 실이나 섬유로 짠 것. 양말.
양밥 신에게 기도하여 재앙과 질병을 물리치는 법. '양법禳法'.
양석 생존을 위하여 필요한 사람의 먹을거리. '양식'. 양슥, 양슥.
양색단 씨실과 날실의 빛이 다른 실로 짠 비단.
양성 제 성품을 닦아서 오롯하게 다듬는 것. **양수거지** 두 손을 마주잡고 서 있음.
양수기 무자위. **양아** 거짓으로 말을 못하는 체함. **양아치** '거지'의 속된 말.
양약하다 비위가 좋지 않아 금방 게울 듯하여지다.
양염 아지랑이. **양재기** 안팎에 법랑을 올린 그릇. **양중이** 남자 무당.
양지 볕이 바로 드는 곳. **양지기** 상어 돔배기의 뱃살. **양지머리** 소의 가슴 살.
양찰동우 양철로 만든 물동이. '양철동이'. **양치다** 소가 새김질하다.
양태 갓 밑둘레의 넓게 된 부분. **양태머리** 두 가랑이로 갈라땋아 늘인 머리.
양푸이 음식을 담거나 데우는 데에 쓰는 낮고 아라기고 넓은 놋그릇. '양푼'.
양호 호서와 호남, 즉 금강 서쪽인 충청도아 남쪽의 전라도.
얕은맛 진하지 않으면서 산뜻하고 부드러운 맛. **얕은물** 깊지 않은 물.
얕추 너무 깊지 않고 얕게. **얘깃거리** 이야기할 소재. '이야깃거리'.
얘지랑스럽다 얄밉도록 능청맞고 천연스럽다. '야지랑스럽다'.

얘짓잖다 말이나 행동 따위가 점잖지 못하고 가벼운 데가 있다. '야젓잖다'.

어간 시간이나 공간의 일정한 사이. **어간마루** 방과 방 사이에 있는 마루.

어간장지 대청이나 큰방의 중간을 가로막은 장지문.

어간재비 사이에 칸막이로 둔 물건. **어개다** 규칙을 지키지 아니하고, '어기다'.

어깨걸이 어깨에 걸쳐 앞가슴 쪽으로 드리우는 부인용 목도리.

어깨동무 어깨에 서로 팔을 얹어 끼고 나란히 걸어가는 아주 친한 동무.

어깨바디 어깨 언저리. **어깻바람** 신이 나서 어깨를 으쓱거리며 움직이는 기운.

어거하다 거느리어 바른길로 나가게 하다. 다스리다.

어거지 잘 안될 일을 무리하게 기어이 해내려는 고집. '억지'.

어겹 여럿이 한데 뒤범벅이 됨. **어김없이** 어기는 일이 없이. 틀림이 없이.

어구시다 행동이 억척스럽고 세차다. '억세다'. 어구씨다.

어꾸수하다 맛이나 냄새가 조금 구수하다. '엇구수하다'.

어그럭지기다 계획이나 예상이 빗나가거나 달라져 이루어지지 아니하다.

어근버근하다 서로 마음이 맞지 아니하여 사이가 꽤 벌어지다.

어글하다 서글서글하다. **어글한** 구멍새가 넓직한.

어금니 송곳니의 안쪽에 있는 큰 이. **어금막히다** 서로 엇갈리게 놓이다.

어금어금 서로 비슷하고 대소 장단의 차가 적음. '어금지금'. 어금버금.

어글어글하다 생김새나 성품이 매우 상냥하고 너그럽다.

어긋매끼다 한쪽으로 치우치지 아니하도록 서로 어긋나게 걸치거나 맞추다.

어기대다 순순히 따르지 아니하고 어그러지게 뻗대다.

어기뚱하다 엉뚱하고 주제넘다. **어기야버기야** 무엇을 이루려고 애를 쓰다.

어기차다 한번 마음먹은 뜻을 굽히지 아니하고, 성질이 매우 굳세다.

어김없이 어기는 일 없이.틀림없이. **어깃장** 어긋나게 비틂.

어녹다 얼다가 녹다가 하다. **어너리** 값을 깎다. '에누리'. 어느리.

어느덧 어느 사이인지도 모르는 동안에. **어늬** 덜미. 어깻죽지.

어다가 '어디에다가'. 어데, 어다아. **어덕어덕하다** 약간 딱딱하다.

어덜삶다 육류고기를 푹 삶지 않고 대충 익히다.

어데 아니, 상대방의 질문에 대한 부정하는 대답.

어두부리하다 어둠이 약간 깔리는 상태.

어둑깨 해가 진 뒤 빛이 조금 어둑한 상태. '땅거미'. 어둑살.

어둑발 사물을 뚜렷이 분간할 수 없을 만큼 어두운 빛살.

어둑서니 어두운 밤에 아무것도 없는데, 있는 것처럼 잘못 보이는 것.

어둑시그레하다 빛이 조금 어둑하다. '어스레하다'.

어둑신하다 분명히 가려볼 수 없을 만큼 어둑하다.

어둔타 굼뜨고 능숙하지 못하다. **어둠별** 초저녁에 서쪽하늘에 반짝거리는 금성.

어드등하다 마음이 불편하고 답답하다. **어뜩** 지나치는 결에. 얼른, 퍼뜩.

어뜩비뜩 바르지 못한 행동. **어뜩새벽** 날이 밝기 전 새벽. '어둑새벽'.

어뚱든동 어떻든지.   **어디예** 묻는 말에 부정하여, '아니요'. 어언제예.

어러지다 위에서 아래로 내려지다. '떨어지다'.

어런더런 여러 사람들이 시끄럽게 오락가락하고 있는 모양.

어레미집 어레미(구멍이 큰 체)를 담아 두는 물건. **어려중석** 어려서부터.

어련하다 '그럴 리 없다' 긍정적이나, 비아냥거리는 뜻을 나타내기도 한다.

어렴시수 삶 소납인 생선·소금·땔나무·물. **어렴풋이** 기억이 흐릿하게.

어령칙하다 기억이나 형상 따위가 긴가민가하여 뚜렷하지 아니하다.

어루꾀다 얼렁뚱땅하여 남을 꾀다. **어루러기** 곰팡으로 생기는 피부병.

어루배이 다부지지 못하고 어리석은 사람을 낮잡아 이르는 말. 어리보기.

어루쇠 쇠붙이로 만든 거울. **어룸하다** 분명히 하지 못하고 우물쭈물하다.

어룽거리다 뚜렷하지 아니하고 흐릿하게 어른거린다.

어룽다 어린아이를 달래거나 기쁘게 하다. '어르다'.

어름 두 사물이 서로 맞닿는 자리. **어름서름없다** 막되고 분별이 없다.

어릉정 어린아이의 말씨로 버릇없이 굴거나 무엇을 흉내 내는 일. 어리광.

어리 싸리로 만든 병아리 닭장. **어리넉달** 남을 기쁘게 하려고 수다를 떨다.

어리눅다 일부러 못생긴 체하다. **어리다** 눈물이 조금 괴다.

어리대기 기세를 잡기 위해서 상대를 희롱하듯 어정거리는 동작.

어리뜩하다 말이나 행동이 똑똑하지 못하고 어리석어 보이는 데가 있다.

어리마리하다 잠이 든 둥 만 둥 하여 정신이 흐릿하다.

어리무던하다 성질이 까다롭지 아니하고 무던하다. '어련무던하다'.

어리미 바닥의 구멍이 큰 체. **어리뻥뻥하다** 어리둥절하여 갈피를 못잡다.

어리숙다 겉모습이나 언행이 치밀하지 못하여 순진하고 어리석은 데가 있다.

어리장고리장 어린아이를 귀여워하며 어르다.

어리장수 닭이나 오리 따위를 어리나 장에 넣어서 지고 다니면서 파는 사람.

어리중천 하늘 한가운데. **어리치다** 밝은 빛으로 정신이 흐릿해지다.

어리칙칙하다 능청스레 어리석은 체하는 태도가 있다.

어린 슬기롭지 못하고 둔한. '어리석은'. **어림** 대강 짐작으로 헤아림.

어림없다 너무 많거나 커서 대강 짐작조차 할 수 없다.

어림잡다 대강 짐작으로 헤아려 보다. 어림치다.

어림장 말과 행동으로 위협하는 짓. 으름장.

어릿간 소나 말 따위를 들여 매어 놓기 위하여 사면을 둘러막은 곳.

어릿광대 정작광대가 나오기 전에 말과 재주로 흥을 돋우는 사람.

어릿보기 물체를 명확하게 볼 수 없는 눈의 굴절 이상. 난시.

어릿어릿 씩씩하지 못하고 늘어진 꼴. **어릿하다** 혀끝이 쓰리고 따갑다.

어마꿈하다 얼마만하다. 어마이. 어마큼. 어만츰, 어만침, 어맨츰, 어맨침.

어마도지하다 당황하다. **어마지두** 무섭고 놀라와서 정신이 얼떨떨한 판.

어매 '어머니'. 엄마. **어매스러운** 똘똘한. **어맴** 시어머님.

어먼 일의 결과가 다른 데로 돌아가 억울하게 느껴지는. '애먼'. 어문.

어물다 사람의 성격이나 태도가 여무지지 못하다.

어물하다 겉으로는 어리석은 것처럼 보이면서 속으로는 엉큼하다.

어미 '눈꼬리의 주름'을 일컫는 관상 용어./ 새끼를 낳은 암컷.

어바리 좀 모자라는 사람. **어방없다** 도저히 될 가망이 없다. 어림없다.

어빡자빡 여럿이 서로 고르지 아니하게 포개져 있거나 자빠져 있는 모양.

어뱅이 물고기 잡는 일을 업으로 하는 사람. '어부'.

어벌렁하다 됨됨이가 변변하지 못하고 덜된 사람. '얼간이'. 어빙이.

어벌쩡하다 말이나 행동을 믿게 하려고 일부러 슬쩍 어물거려 넘기다.

어벙하다 사람의 성질이 여무지지 못하고 멍청하다. **어별** '물고기와 자라'.

어부르다 여럿을 모아 한 덩어리나 한판이 크게 되게 하다. '어우르다'.

어부바 어린아이의 말로, 업거나 업히는 일을 이르는 말.

어부랭이 메뚜기, 잠자리 따위의 벌레나 곤충이 짝을 지은 것.

어부렁하다 야무지지 못하거나 실속이 없다.

어불러 여럿이 모여 한 덩어리나 한판이 되다. '어우르다'의 피동사. 어울려

어비딸/어비아들 '아버지와 딸, 아버지와 아들'을 아울러 이르는 말.

어빙이떠빙이 '어중이떠중이'. 어발이떠발이.

어사리 그물을 쳐서 한꺼번에 많은 물고기를 잡는 일.

어사무사 그런 것 같기도 하고 아닌 것 같아서 분간하기 어렵다.

어살 강이나 바다에 울타리를 둘러치고 길발, 깃발, 통발과 같은 장치.

어살버살 이러니저러니 말이 많은 모양. **어상반** 서로 비슷함.

어쌔고비쌔다 요구나 권유를 이리저리 사양하다.

어색하다 잘 모르거나 만나고 싶지 않은 사람을 대하여 자연스럽지 못하다.

어석 구석진 곳. **어설궂다** 몹시 어설프다.

어설푸다 일이 몸에 익지 아니하여서 엉성하고 거친 데가 있다. '어설프다'.

어섭 어스름한 저녁. **어섯** 몬 한 부분에 지나지 않는 만큼. 몬·물건.

어섯눈 사물의 한 부분 정도를 볼 수 있는 눈.

어성내기 어떤 일에 처음 나서서 일이 서투른 사람. '신출내기'.

어성꾼 게으르고 한갓지게 지내는 사람.

어수눈 사물의 한 부분 정도를 볼 수 있는 눈. **어수찮다** 대단찮다.

어숭그러하다 일이 그리 까다롭지 아니하고 수수하다.

어스러지다 말이나 행동이 정상에서 벗어나다.

어스럭송아지 크기가 중간 정도 될 만큼 자란 큰 송아지.

어스레하다 빛이 조금 어둑하다. **어스름** 어슴푸레하게 조금 어둑하다.

어슥비슥하다 서로 어긋나고 비뚤어져서 가지런하지 아니하다.

어슥어슥하다 여러 개가 모두 한쪽으로 약간 비뚤어져 있는 듯하다.

어슬막 해가 질 무렵, 밝음이 점차 사라져 조금 어둑한 상태. 어스름.

어슬어슬하다 땀이 식으면서 약간 추위를 느끼다.

어슴새벽 조금 어둑하고 희미한 새벽. 미명.

어슴푸레하다 빛이 약하거나 멀어서 어둑하고 희미하다.

어슴푸리하다 '어슴푸레하다'. **어슷거리다** 힘없이 천천히 거닐다.

어슷비슷 서로 비슷비슷한 모양. **어슷하다** 한쪽으로 조금 비뚤다.

어시미시하다 기억이나 생각이 뚜렷하지 아니하고 흐릿하다. '어렴풋하다'.

어실미 조금 어둑한 상태. 또는 그런 때. '어스름'.

어안 물고기와 기러기라는 뜻으로, 편지나 통신을 이르는 말. '편지'.

어애 어떠한 이유, 방법, 관점으로. '어찌'. 어째. 어쩌다, 어쨌건, 어쩌다.

어언간 어느 사이인지도 모르는 동안에. 어느덧.

어야꼬 어떻게 하나. 어예노, 우야꼬. **어야든동** 어떻게 하든지. 어찌하든지.

어약연비 만물이 활기차고 자연스럽다는 뜻을 비유로 이르는 말.

어언제 상대방의 질문에 부정하는 대답 '아니'.

어여 일이나 행동을 지체 없이 빨리하기를 재촉하는 말. '어서'.

어여머리 부인이 예장할 때에 하던 머리 모양.

어연번듯하다 세상에 드러내 보이기에 아주 떳떳하고 번듯하다.

어엿부다 마음이 아플 만큼 불쌍하다. '가엾다'.

어엿하다 행동이 거리낌 없이 당당하고 떳떳하다.

어우러지다 여럿이 조화를 이루거나 섞이다.

어우렁그네 두 사람이 함께 타는 '쌍그네'.

어우렁더우렁 여러 사람들과 어울려 들떠서 지내는 모양.

어우르다 여럿을 모아 한 덩어리나 한판이 크게 되게 하다.

어우리 소작이나 소작인. **어욱새** '억새'.

어울다 여럿을 모아 한 덩어리나 한판이 크게 되게 하다. '어우르다'.

어울려 여럿이 모여 한 덩어리가 되다.

어웅하다 속이 휑하고 침침하여 잘 보이지 않다. 어육 생선과 고기.

어이 어머니와 자식. 어이다 마음을 몹시 아프게 하다. '에다'.

어자 마부. 어장배 고기잡이 배. 어짜피 '어차피'. 어짱놓다 어긋나게 행동하다.

어저귀 아욱과의 풀, 줄기의 껍질로부터 섬유를 채취한다.

어정개비 어정뱅이. 어정거리다 사람이나 짐승이 이리저리 천천히 걷다.

어정띠다 마땅히 할 일을 하지 않거나 태도가 분명하지 아니하다. '어정뜨다'.

어정뱅이 일을 제대로 하지 아니하고 어정대는 사람.

어정시럽다 나이는 어리지만 어른 같은 데가 있다. '어른스럽다'.

어정어정하며 하는 일 없이 시간을 보내며.

어정잡이 겉모양만 꾸미며 일을 잘 마무리하지 못하는 사람.

어제아래 바로 며칠 전. '엊그제'. 어지아래. 어좌어우 좌우지간에.

어주전갈 어중되게(적당히) 말을 꾸며서 하는 전갈.

어줍다 말이나 행동이 익숙지 않아 서투르고 어설프다.

어줄없다 하는 짓이 분수에 넘쳐 비웃음을 살 만하다.

어중되다 이도 저도 아니어서 어느 것에도 알맞지 아니하다.

어중이떠중이 여러 곳에서 모여든, 탐탁치 못한 사람들을 통틀어 이르는 말.

어쭙지 않다 말과 행동이 분수에 넘치는 점이 있다. 어즈버 감탄사 '아'.

어지간하다 보통이거나 그보다 약간 더하다. 어지러이 여기저기 널려 있어.

어지벙하다 하는 일이 분명하지 아니하다. '흐리멍덩하다'.

어지빠르다 푼수에 넘고 처져서 어느 쪽에도 맞지 아니하다. 엇바르다.

어지자지 남녀의 생식기를 한 몸에 겸하여 가진 사람이나 동물.

어진혼 착하고 어진 사람의 죽은 영혼. 어질다 너그럽고 슬기롭고 덕이 높다.

어질더분하다 어질러 놓아 지저분하다.

어처구니 악귀를 막는 궁궐기와 위의 잡상인 토우土偶. /맷돌의 손잡이.

어처구니없다. 생각보다 너무 뜻밖이어서 기가 막히는 듯하다. '어이없다'.

어치기 메뚜기, 잠자리 따위의 벌레나 곤충이 짝을 지은 것. '어부랭이'.

어타다 의견, 성질, 형편, 상태 따위가 어찌 되어 있다. '어떻느냐?'. 어타아.

어허이 듣는 이의 행동을 강하게 금지 할 때, 짧고 강하게 말한다. "어허!".

어허이루후어 장원급제 축하를 위해 기생들이 불러주던 노래의 후렴.

어험스럽다 짐짓 위엄이 있어 보이는 듯하다.

어흥어화 상엿소리 후렴. **억대우** 덩치가 매우 크고 힘이 센 소.

억매흥정 부당한 값으로 억지로 물건을 사려는 흥정.

억바리 뜻이나 행동이 억척스럽고 세찬 사람. '억세다'.

억박적박 뒤죽박죽 어긋나 있는 모양. **억병** 한량없이 많은 술. 억빼기.

억산듬 도회에서 멀리 떨어져 사람이 많이 살지 않는 깊은 두메산골.

억새밭 억새가 많이 우거진 곳. **억설** 근거도 없이 고집을 세워서 우겨 댐.

억수로 물을 퍼붓듯이 세차게 내리는 비. 몹시 크거나 많은 정도로. '대단히'.

억시기 양이나 정도가 아주 지나친 상태. '엄청'. 어시, 억시, 억세다.

억시내 음식 먹기 전에 자리 밖으로 "고수레" 하고 음식을 던지는 일.

억실억실하다 얼굴 모양이나 생김새가 선이 굵고 시원시원한 모양.

억적박적 이리저리 겅중거리며 바쁘게 뛰는 모양. **억조창생** 수많은 백성.

억주기다 생각이나 감정, 기운이 마구 한데 뒤섞이고 서리다. '뒤엉키다'.

억지공사 잘 되지 않을 것을 억지로 하는 일.

억지춘양 갈피에 맞지 않아 될 듯 싶지 않은 것을 억지로 함.

억짓손 무리하게 억지로 해내는 솜씨.

억척보두 심성이 굳고 억척스러운 사람. **억판** 매우 가난한 처지.

언가이 성격 따위가 생각보다 심하게. '어지간히'. 웬만큼. 언간하다.

언거번거하다 말이 쓸데없이 많고 수다스럽다.

언걸 남의 일 때문에 당하는 해. 재앙. 동티. 지실. 언짢은 일.

언걸입다 남 일로 큰 해코지 입다. **언구럭** 떠벌리며 남을 농락하는 짓.

언년이 '어린년이'의 준말. **언달** 몹시 추운 겨울. '엄동'.

언덕밥 솥에 쌀을 언덕지게 안쳐서 한쪽은 질게, 다른 쪽은 되게 지은 밥.

언덕배기 언덕의 몹시 비탈진 곳. **언듯키** 눈결에 잠깐 스쳐 보이듯이. 홀연히.

언떵거리 얼은 땅덩어리. **언사나** 어느새. **언선스럽다** 아첨 떨다.

언저리 둘레의 가장자리. **언죽번죽** 비위가 좋아 뻔뻔한 모양.

언지요 아니요. **언치** 마소의 등을 덮어 주는 방석이나 담요.

언치다 먹은 음식이 잘 소화되지 아니하고 배 속에 답답하게 처져 있다.

언턱 언덕 턱. **언턱거리** 사달머리./남에게 말썽을 부릴 만한 핑계 턱거리.

언틀먼틀하다 바닥이 고르지 못하여 울퉁불퉁하다. **언필칭** 말 할 때 반드시.

언해꼬꾸랭이 한글을 낮춤말. **얹은머리** 땋아서 위로 둥글게 둘러 얹은머리.

얹혀있다 위에 올려져 놓이다. **얼** 넋. 영혼. 정신. / 남 때문에 당하는 해.

얼㱣 딸꾹질. 헛구역질. **얼간망둥이** 주책없고 아무데에나 껑충거리다.

얼간쌈 배추의 속대를 소금에 절여 두었다가 겨울에 쌈으로 먹는 음식.

얼간잽이 소금을 조금 쳐 놓은 생선. **얼갈이** 논밭을 겨울에 대강 갈아엎음.

얼강달강 작고 단단한 물건이 자꾸 부딪쳐 울리는 소리.

얼개 둘 사이에 마음이 서로 맞지 아니하여 항상 충돌함. '상극'.

얼개미 빗살이 굵고 성긴 큰 빗. '얼레빗'.

얼거리 일의 골자만을 대강 추려 잡은 전체의 윤곽이나 줄거리.

얼거지다 잘 맞물려 있는 물체가 틀어져서 맞지 아니하다. '어그러지다'.

얼근덜근하다 맛이 조금 매우면서 들쩍지근하다.

얼기설기 가는 것이 이리저리 뒤섞이어 얽힌 모양.

얼기미체 바닥의 구멍이 굵은 체. '어레미'.

얼김 어떤 일이 벌어지는 바람에 자기도 모르게 정신이 얼떨떨한 상태.

얼낌덜낌 얼떨결에 덩달아서. **얼넘기다** 일을 대충 얼버무려서 넘기다.

얼다 정을 통하다. **얼동상** 서동생. 얼자孽子. **얼되다** 얼뜨다. 얼띠기.

얼뚱아기 얼러 주고 싶은 재롱스러운 아기. **얼뜨리다** 이것저것을 합치다.

얼띠기 어수룩하게 보이는 사람을 낮잡아 이르는 말.

얼라 나이가 적은 아이. '어린아이'. **얼락배락** 성했다 망했다 하는 모양.

얼랑누굴랑 융통성. **얼래리꼴래리** 아이들이 남을 놀릴 때 하는 말.

얼러맞추다 그럴듯한 말로 둘러대어 남의 비위를 맞추다.

얼러먹다 서로 어울러서 함께 먹다. **얼러메다** 위협적인 언동으로 억누르다.

얼러방치다 얼렁뚱땅하여 넘기다. **얼럭광대** 어릿광대 다음에 나오는 정작광대.

얼럭밥 잡곡밥. **얼럭** 시간을 끌지 아니하고 바로. '얼른' 어서. 얼러. 퍼뜩.

얼런도없다 어림도 없다. **얼렁거리다** 하는 일 없이 빈둥빈둥 지내다.

얼렁뚱땅 얼김에 슬쩍 넘기다. **얼렁질하다** 실이 누가 더 질긴가를 겨루다.

얼레 자기 자신과 핏줄이 이어져 있는 친척. / 연줄, 낚싯줄을 감는 기구.

얼레발이치다 몹시 부산하게 굴다. **얼레빗** 빗살이 굵고 성긴 큰 빗.

얼레살풀다 연을 날릴 때 얼레를 돌려 실을 풀듯이 재물을 없애기 시작하다.

얼룽 본바탕에 다른 빛깔의 점이나 줄 따위가 뚜렷하게 섞인 자국. '얼룩'.

얼른하면 무슨 생각이나 기억 따위가 문득 떠오르기만 하면. '언뜻하면'.

얼마르다 얼어 가며 차차 조금씩 마르다. **얼맞다** 넘치거나 모자라지 아니하다.

얼멍거리다 왔다 갔다 하다가. **얼멍덜멍** 고르지 아니하게 얼룩덜룩한 모양.

얼밋얼밋하다 허물이나 책임 따위를 남의 탓으로 어물어물 돌리다.

얼바람 어중간하게 맞는 바람. **얼방둥이** 빈들거리며 남에게 빌붙어 사는 사람.

얼빵하다 얼빠지다. **얼보다** 빛이 어지럽게 비쳐서 바로 보지 못하다.

얼분 거만스러운 태도. '거드름'. 얼분단지, 얼분시럽다, 얼분이, 얼분타.

얼비치다 어떤 대상의 모습이 어렴풋하게 나타나 보이다.

얼산 일이 마구 어질러진 채 잔뜩 쌓여 있는 모양. 얼상. 얼성.

얼쌜먹다 다른 사람 때문에 해를 당하여 골탕을 먹다. '언걸먹다'.

얼쑹덜쑹 여러 가지 빛깔의 줄이나 점이 불규칙하게 무늬를 이룬 모양.

얼씬거리다 조금 큰 것이 잇따라 눈앞에 잠깐씩 나타났다 없어지다.

얼씬못하다 두려워서 절대로 나타나지 못하다. **얼안** 둘레 안. 테두리의 안.

얼얼하다 얼떨떨하다. **얼없이** 조금도 틀림이 없이. **얼요기** 대강하는 요기.

얼은털 털갈이 때 새로 돋는 솜털. **얼입다** 남의 허물로 인하여 해를 받다.

얼짐 일이 벌어지는 바람에 자기도 모르게 정신이 얼떨떨한 상태. '얼김'.

얼짱머리없다 줏대없다. **얼쩍지근하다** 술기운이 알맞게 도는 듯하다.

얼쩡거리다 하는 일도 없이 자꾸 이리저리 돌아다니거나 빙빙 돌다.

얼쭝거리다 남의 비위를 맞추려고 그럴듯한 말로 아첨하다. '얼쩡거리다'.

얼찐대다 조금 큰 것이 눈앞에 잇따라 빠르게 잠깐씩 나타나다.

얼척없다 너무 뜻밖이어서 기가 막히는 듯하다. '어처구니없다'. 어이없다.

얼추 어지간한 정도로 대충. '얼축'. **얼치다** 몹시 놀라서 얼떨떨해지다.

얼큼하다 이리저리 얽혀서 얼마간의 관련이 되다.

얼푸시 기억이나 생각 따위가 뚜렷하지 아니하고 흐릿하게. '어렴풋이'.

얼푼 시간을 끌지 아니하고 바로. **얼피덩** 얼른. **얽치다** 이리저리 얽어 매다.

얽섞이다. 함께 얽히다. **엄격하다** 말, 태도, 규칙이 매우 엄하고 철저하다.

엄대 물건값을 표시하는, 길고 짧은 금을 새기는 막대기.

엄덕하다 집안의 전통적인 예절이 엄격하다. **엄뚱여** 얼기설기 묶어

엄마 태어나서 처음으로 하는 말. 자식의 코딱지와 똥찌끼를 맨손으로 닦아 주고, 자식의 실패를 끌어안고 서럽게 울어주는 사람, 어매. 어무이.

엄머증나다 싫증나다. **엄발나다** 제 마음대로 움직여 벗나가는 낌새가 있다.

엄방지다 잘난 체하며 지나치게 주제넘다. '건방지다'.

엄버무리다 말이나 행동을 불분명하게 대충 하다. '얼버무리다'.

엄버지기다 엄청많다. **엄범부렁하다** 실속은 없이 겉만 크다.

엄벙덤벙 줏대 없이 움직이는 꼴. **엄부럭** 철없이 부리는 억지나 엄살, 심술.

엄부렁하다 속은 비고 겉만 부풀다. '엄범부렁하다'.

엄불리다 서로 한데 어울리다. **엄숙하다** 분위기나 의식이 장엄하고 정숙하다.

엄심이 어떤 일을 보기보다 잘 해내다. 엄식.

엄엄하다 숨이 곧 끊어지려 하거나 매우 약한 상태에 있다.

엄장 풍채 있게 큰 허위대. **엄적** 잘못된 행적을 가리어 덮음.

엄지 짐승의 어미. '어이'. **엄지가락** 중요한 지위에 있는 사람.

엄지굴대 여러 사람을 거느리고 지휘하는 사람. 목대잡이.

엄지락총각 떠꺼머리총각. **엄지머리** 한뉘를 총각으로 지내는 사람.

엄찌 어음을 쓴 종이. **엄첨시리** 수준이나 솜씨가 어느 정도 이름. '제법'.

엄첩다 흐뭇하고 자랑스럽다. '대견하다'. 엄청다. 엄청스리.

엄치다 모자라는 것을 보태서 채우다. **엄펑소니** 의뭉스럽게 남을 후리는 짓.

엄펑스럽다 의뭉스럽게 남을 속이거나 곯리는 데가 있다.

엄포 위협으로 으르는 짓. **엄하다** 성격이나 행동이 철저하고 까다롭다.

업 한집안의 살림을 보호하거나 보살펴 준다고 하는 동물이나 사람.

업덩어리 귀찮은 존재. **업동이** 집 앞에 버려진 아이. '업둥이'.

업무 양반 첩 자식으로 무예를 닦아 지체가 '선달'이 된 사람.

업세 별꼴. 얼라. 어머. **업수이녀기다** '업신여기다'. 업시름.

업숭이 하는 짓이 변변하지 못한 사람을 놀림조로 이르는 말.

업유 양반 첩 자식으로 문장을 닦아 지체가 '유학'이 된 사람.

업저지 어린아이를 업어주던 계집아이. **업진** 소의 가슴살.

엇갈이 철 구분 없이 아무 때나 가꾸는 푸성귀. **엇깎다** 비뚤어지게 깎다.

엇구뜰하다 변변찮은 반찬의 맛이 조금 그럴듯하여 먹을 만하다.

엇구수하다 맛이나 냄새가 조금 구수하다.

엇기다 다른 음식으로 끼니를 때우다. **엇나다** 빗나가. 어긋나다.

엇다 어떤 일을 하기에 거북할 만큼 모자라고 어중되다.

엇달래다 그럴듯하게 달래다. **엇답** 물이 어중되고 모자란 논.

엇두름 엇비스듬하게 두르다. **엇뜨다** 눈동자를 한쪽으로 몰아 빗보다.

엇먹다 사리에 맞지 않는 말과 행동으로 비꼬다.

엇매다 이쪽 어깨에서 저쪽 겨드랑이 밑으로 걸어서 매다.

엇박이 한군데에 붙박이로 있지 못하고 갈아들거나 이리저리 움직이는 상태.

엇셈하다 서로 주고받을 것을 비겨 없애는 셈을 하다.

엇송아지 아직 다 자라지 못한 송아지. **엇저개** 어제 저녁에.

엇절이다 소금에 약간 절이다. **엇조** 비위에 거슬려서 양보하거나 맞서는 말투.

엇차다 엇바꾸어 가며 달아매거나 끼워서 지니다.

엇참 어긋나거나 엇나가게 숙소참宿所站을 댐.

엉가이 성격 따위가 생각보다 심하게. '어지간히' 엉간하다. 웬만큼. 엥간히.

엉깨이심주다 방귀를 뀌거나 똥 눌 때 힘 주다.

엉거주춤하다 이러지도 저러지도 못하고 망설이다. **엉걸나다** 지겹다.

엉겁 끈끈한 물건이 범벅이 되어 달라붙은 상태.

엉겁결 미처 생각하지 못하거나 뜻하지 아니한 순간. 엉겁절.

엉구다 여러 가지를 모아 일이 되게 하다.

엉구럭 아픔이나 괴로움을 거짓으로 꾸미거나 실제보다 보태어서 나타냄.

엉구렁 구렁텅이. **엉그름** 차지게 갠 흙바닥이 말라 터져서 넓게 벌어진 틈.

엉그름지다 쩍쩍 갈라지다. **엉글거리다** 무엇을 속이면서 자꾸 억지로 웃다.

엉금썰썰 처음에는 굼뜨게 기다가 차차 재빠르게 기는 모양.

엉기난다 몹시 싫거나 무서워서 몸이 떨리다. 몸서리 난다. 지긋지긋하다.

엉기다 일을 척척 하지 못하고 굼뜨며 허둥거리다.

엉기정기 질서 없이 여기저기 벌여 놓은 모양.

엉너리 남의 환심을 사기 위하여 어벌쩡하게 서두르는 짓.

엉너릿손 남 마음을 끌기 위하여 어벌쩡하게 서두르는 솜씨. 얼레발.

엉두덜거리다 남이 못 알아들을 정도의 낮은 목소리로 자꾸 불평을 하다.

엉머구리 맹꽁잇과의 양서류로서, '맹꽁이'.

엉바지 어른들이 귀여움만 받고 버릇없이 굴며 자란 아이. '응석받이'.

엉버틈하다 어울리는 맛이 없이 싱겁게 벌어져 있다.

엉성시럽다 매우 엉성하거나 엉성한 데가 있다. **엉세판** 매우 가난하고 궁한 판.

엉절거리다 작은 목소리로 원망하는 뜻을 자꾸 나타내다.

엉정벙정하다 쓸데없는 말을 지껄이며 허풍을 치다.

엉컴 실제보다 지나치게 과장하여 믿음성이 없는 말이나 행동. '허풍'.

엉클리다 일이 서로 뒤섞이고 얽혀 갈피를 잡을 수 없게 되다. '엉클다'.

엎더지다 앞으로 넘어지다. **엎어말다** 음식을 한 그릇에 곱빼기로 말다.

엎어삶다 그럴듯한 말로 남을 속이어 자기의 뜻대로 되게 하다.

엎집 지붕의 앞쪽은 높고 뒤쪽은 낮은 집. **엎쳐뵈다** 구차하게 머리 숙이다.

에꾸다 서로 주고받을 것을 비겨 없애다. **에굽다** 약간 휘우듬하게 굽다.

에끼 마음에 마땅치 않거나 무엇에 싫증이 나서 그만둘 때 내는 소리.

에끼다 서로 주고받을 물건이나 일 따위를 비겨 없애다.

에나 본뜨거나 거짓으로 만들어 낸 것이 아닌 참인 것. '진짜'. 정말, 참말.

에넘느레하다 여기저기 함부로 늘어져 있어 어수선하다.

에누릿속 값을 실제보다 더 깎아서 에누리 하는 속내.

에다 예리한 연장으로 도려내듯 베다. 마음을 몹시 아프게 하다. 외치다.

에돌다 곧바로 선뜻 나아가지 아니하고 멀리 피하여 돌다.

에두르다 바로 말하지 않고 둘러서 말을 해서 짐작하게 하다.

에리다 나이가 비교 대상보다 적다. '어리다'.

에말무지 결과를 바라지 아니하고, 헛일하는 셈 치고 시험 삼아 하는 모양.

에미 손자나 손녀에게 그들의 어머니를 이르는 말. '어미'.

에법 수준이나 솜씨가 어느 정도에 이르렀음을 나타내는 말. '제법'.

에부수수하다 정돈되지 아니하여 어수선하고 엉성하다.

에울 강이나 바다의 바닥이 얕고 폭이 좁아 물살이 세게 흐르는 곳. '여울'.

에움 무엇을 갚거나 배상함. **에움길** 굽은 길. 또는 에워서 돌아가는 길.

에여가다 피해가다. 돌아가다. **에워가다** 다른 길로 돌아가다.

에워싸다 둘레를 빙 둘러싸다. **에테** 주색잡기에 빠짐.

에허리지다 하는 일이 힘에 겨워 고단하다. '고되다'.

엔간하다 대강 어림잡아서 정도가 표준에 꽤 가깝다. '어연간하다'. 엔가이.

엔굽이치다 물이 굽이진 데서 휘돌아 흐르다. **엔담** 사방으로 빙 둘러쌓은 담.

엘라 왕잠자리. 왕잠자리 낚을 때, "엘라, 수엘라". **엘레지** 수캐의 생식기.

여 '여기'. 이곳. **여가** 겨를. **여가집** 여염집. **여간** 어지간한. 웬만한.

여간내기 만만하게 여길 만큼 평범한 사람. 풋내기. **여깽이** '여우'.

여게 '여기'. 여보게. **여근동서** 가까운 친척 간의 동서. **여꾸리** 옆구리.

여뀌 시냇가 한해살이 풀. 요화. 짓찧어 물고기 잡는데 씀.

여기 남에게 굽히지 않는 굳세고 억척스러운 기세.

여낙낙하다 성미가 곱고 상냥하다. **여남은** 열 가량부터 열 좀 더 되는 수.

여달스럽다 행동이 우직하고 멋없다. '여들없다'.

여대 예를 갖추어 대접함. '예대'. **여덟달반** 사람이 어리석고 모자란다는 뜻.

여동대 승려가 귀신에게 주기 위하여 공양 전에 떠놓는 밥 그릇.

여동밥 승려가 귀신에게 주려고 한 술 떠 놓는 밥.

여든대다 귀찮게 자꾸 억지를 부리다. **여들없다** 행동이 멋없고 미련하다.

여래 진리로부터 진리를 따라서 온 사람이라는 뜻. '부처'를 달리 이르는 말이다.

여럽다 겸연쩍고 부끄럽다. '열없다'. **여력** 어떤 일에 주력하고 아직 남은 힘.

여름낳이 여름에 짠 베. **여릅** 짐승의 나이 열 살.

여리꾼 손님을 이끌어 물건을 사게 하고 품삯을 받는 사람. '여리꾼'.

여리질 손님을 끌어들이는 짓. **여립켜다** 여리꾼이 손님을 끌어들이다.

여마리꾼 몰래 남의 사정을 살피고 조사하는 사람을 낮잡아 이르는 말.

여맥이 마소를 먹이기 위하여 말려서 썬 짚이나 마른풀. '여물'.

여머리 '얌치'를 속되게 이르는 말. '야마리'. **여물** 마소의 먹이.

여물리다 일이나 말 따위를 매듭지어 끝마치게 하다.

여벌 본래 소용되는 것 이외의 남은 것. **여부** 틀리거나 의심할 여지.

여부까시 피부에 낟알만 하게 도도록하고 납작하게 돋은 군살. '사마귀'.

여불때기 사물의 오른쪽이나 왼쪽의 면. 또는 그 근처. '옆'을 이르는 속어.

여루다 물건이나 돈 따위를 아껴 쓰고 나머지를 모아 두다.

여부없다 조금도 틀림이 없어 의심할 여지가 없다.

여물딱지다 빈틈이 없이 매우 단단하고 굳세다. '여무지다'.

여사 보통 일처럼 아무렇지도 아니하게. / 그다지 중요하지 않은 일.

여섯때 승려들이 하루를 여섯으로 나누어 염불독경하는 것.

여수비 여우비. 볕이나 있는 날 잠깐 오다가 그치는 비. **여시** 여우.

여알 정사政事를 어지럽히는 여자. **여염** 백성의 살림집이 모여 있는 마을.

여우 하는 짓이 깜찍하고 영악한 계집아이를 비유적으로 이르는 말. 매구.

여우볕 비나 눈이 오는 날 잠깐 났다가 숨어 버리는 볕.

여울 강이나 바다의 바닥이 얕거나 폭이 좁아 물살이 세게 흐르는 곳.

여울목 폭이 넓어져서 여울물이 턱진 곳. **여원잠** 넉넉하지 못한 잠.

여음 소리가 그치거나 거의 사라진 뒤에도 아직 남아 있는 음향.

여의다 사랑하는 사람이 죽어서 이별하다. /시집장가 보내다.

여일 한결같이 언제나. **여자** '여주'. **여정** 여행의 과정이나 일정.

여제 못된 돌림병에 죽은 귀신에게 드리는 제사.

여줄가리 중요한 일에 곁달린 그리 대수롭지 않은 일.

여직 지금까지. 또는 아직까지. '여태'. 아직.

여짓 곧바로. 또는 무슨 말을 할 듯 할 듯 자꾸 머뭇거리다. '여짓거리다'.

여탐굿 집안에 경사가 있을 때 먼저 조상에게 아뢰는 굿.

여태 이미 이루어졌어야 함에도 그렇게 되지 않았음 때. 여태껏.

여투다 돈이나 물건을 아껴 쓰고 나머지를 모아 두다.

여트막하다 조금 옅은 듯하다. 넓갑다. **여흘** '여울'.

여행 일이나 유람을 목적으로 다른 고장에 가는 일.

여희옵고 이별하고. **역말** 역마을. 역참驛站이 있는 마을. 역촌.

역부러 알면서도 숨기거나. '일부러'. **역리** 역참에 속한 구실아치. '역원'.

역성들다 누가 옳고 그른지는 상관하지 아니하고 무조건 한쪽 편만 들다.

역사轢死 차에 치여 죽음. **역사歷史** 인류 사회의 변천과 흥망의 과정 기록.

역시 생각하였던 대로. 전과 마찬가지로. 여전히. 맹. **역아** 앓는 아이.

역쥐다리 약은 꾀를 쓰는 사람. **역청** 방수 방습의 재료.

엮는목 사푼사푼 멋지게 엮어내는 목소리.

연 종이 세는 단위. 전지 500장을 '한 연'으로 이르는 말.

연가하다 모임이 있기 전에 미리 알아보는 일.

연계 부드러운 닭고기. **연그랍다** 연기가 나서 눈이 맵다.

연기 정해진 시기를 뒤로 미룸. **연달래** '철쭉'. **연두색** 연한 초록색.

연득없다 갑자기 행동하는 면이 있다. **연들다** 감이 익어 말랑말랑하게 되다.

연루 남이 저지른 범죄에 연관됨. **연메꾼** 연輦(가마)을 메는 사람.

연명 목숨을 겨우 이어 살아감. **연모** 일 할 때 쓰는 연장과 재료.

연못 넓고 오목하게 팬 땅에 물이 괴어 있는 곳.

연반군 장사지내러 갈 때 등을 드는 사람. **연벽** 형제가 동시에 급제함.

연변 찹쌀 밀 수수가루로 반죽해 지진 뒤 속을 넣은 네모 난 떡.

연비어약 솔개가 날고 물고기가 뛴다는 뜻으로, 자연스러움을 이르는 말.

연비연사 직간접적으로 연결된 친척이나 인척. **연사간** 사돈 사이.

연사질 교묘한 말로 남의 속마음을 떠보는 일. **연삽하다** 부드럽고 사근사근하다.

연상 하나의 관념이 다른 관념을 불러일으키는 현상.

연상·서판 벼루와 붓·먹을 넣고 아래 칸에 종이를 두는 상床.

연생이 애틋하고 애처로와 보잘 것 없는 사람이나 몬.

연시제 설날 아침에 지내는 제사. **연에** 잇달아. **연줄** 인연이 닿는 길. 관계망.

연즉 드러나지 않게 '넌지시'. **연철** 고기나 떡 조각을 굽는 기구. '석쇠'.

연춧대 토담을 쌓을 때에 쓰는 나무. **연치** 나이. 연세. **연탕** 제비알 찌개.

연하 안개와 아지랑이. 자연의 아름다운 풍치.

열 도리깨나 채찍, 창끝에 달려 있는 회초리나 끈을 통틀어 이르는 말.

열고나다 몹시 급하게 서두르다. 몹시 급한 일이 생기다.

열꽃 홍역을 앓을 때, 피부에 돋아나는 붉은 점. **열구름** 지나가는 구름.

열끼 눈동자에 드러나는 정신의 담찬 기운. **열나절** 매우 오랫동안.

열내다 온갖 정성을 다하여 열심히 하다. **열녀** 절개가 굳은 여자.

열달애장 임신하여 열 달 동안 애간장을 태우다.

열때 자물쇠를 잠그거나 여는 데 사용하는 물건. '열쇠'. 쇳대.

열두하님 신부를 따르던 열두 명의 하님. 몸·함·경대·폐백·시곗박·족두리 각 한 쌍.

열뜨다 진정하지 못하고 몹시 흥분하다. **열릅** 마소의 열 살을 이르는 말.

열명길 사람이 죽은 뒤에 그 혼이 가서 산다고 하는 세상으로 가는 길.

열목카래 가래 두 개로 장부꾼 두 사람과 줄꾼 여덟 사람이 하는 가래질.

열바가지 박을 쪼개어 물을 푸거나 물건을 담는 데 쓰는 그릇. '바가지'.

열바락 버선을 오래 신어 바닥이 닳아서 얇어진 것.

열반涅槃 번뇌에서 해탈하고, 진리를 깨달아 불생불멸의 법을 체득한 경지.

열보라 비교적 흰빛을 띤 보라매. **열불나다** 몹시 흥분이 되고 화가 나다.

열브스름하다 조금 엷은 듯하다. **열싸다** 행동이나 눈치가 재빠르고 날쌔다.

열소리 어린 소리. **열손님** 지나가는 손님. **열손재배** 손을 놓고 가만히 있다.

열없다 성질이 묽어서 다부지지 못하다. **열에 아홉** 열 개 중에 아홉 개.

열없다 좀 겸연쩍고 부끄럽다. '어렵다'. **열중** 한 가지 일에 정신을 쏟음.

열쭝이 아직 날지 못하는 어린 새 새끼. **열채** 끈이 달린 채찍.

열퉁적다 눈치 없고 미련스럽다. 당치 않게 나서다. **열합** '홍합', 섭조개.

염 시신을 베로 쌈. **염라대왕** 생전의 선악을 심판한다는 지옥의 왕.

염료 물감. **염알이** 남의 사정을 몰래 알아냄. **염의없다** 예의나 부끄러움이 없다.

염접하다 몬의 가장자리를 접거나 베어 가지런하게 하다.

염치 체면을 차리고 부끄러움을 아는 마음. **엽렵하다** 썩 슬기롭고 날렵하다.

엽치다 보리나 수수의 겉곡식을 대강 찧다. **엽태** 지금까지. '여태'. 여태껏.

엿도가 엿을 만들어서 도거리도 파는 집. **엿질금** '엿기름'.

영각 암소를 찾는 황소의 울음 소리. **영감탱이** '나이 든 남편, 늙은 남자'.

영감할마이 노老 부부를 낮잡아 이르는 말.

영개 초가의 지붕이나 담을 이기 위하여 짚이나 새로 엮은 물건. '이엉'.

영검 소원이 이루어지는 신기한 징험. '영험'. **영겁** 영원 무궁한 세월.

영결 죽은 사람과 산 사람이 서로 영원히 헤어짐.

영계 병아리보다 조금 큰 닭. **영국** 이긴 바둑. 승국勝局.

영글다 과실이나 곡식 따위가 알이 들어 딴딴하게 잘 익다. '영그다'.

영금 따끔하게 당하는 곤욕. **영길리** 영국. **영락없다** 조금도 틀림없이 들어맞다.

영남들기 옳고 그름에는 관계없이 무조건 한쪽 편을 들어 주는 일. '역성'.

영둥할마이 음력 2월 초하룻날인 영등날에 하늘에서 내려온다는 할머니.

영미롭다 영특하다. **영바람** 뽐낼 정도로 등등한 기세.

영별하다 특별하다. 또렷하다. **영손** 남의 손자에 대한 경칭. 영포令抱.

영웅 보통 사람이 하기 어려운 일을 해내는 지혜롭고 용맹한 사람.

영원히 끝없이 이어지는 상태로. **영잎** 마른 나뭇잎.

영장 죽은 사람의 몸을 이르는 말. **영절스럽다** 말로는 아주 그럴듯하다.

영험 신기한 징조. **옆질** 배가 좌우로 흔들리는 일.

옇다 어떤 범위 안에 들게 하다. 넣다. **예** 아주 먼 과거.

예굽다 조금 휘어진 듯하게 굽다. **예나** 여자아이.

예다 장소를 이동하다. '가다'. **예담** 경조사에 대하여 경우에 맞게 하는 말.

예론하다 걱정하지 아니하여도 잘될 것이 명백하거나 뚜렷하다. '어련하다'.

예비다 여위다. 예볐다. **예수남은** 예순이 조금 넘는 수.

예술 기예와 학술을 아울러 이르는 말. **예지랑날** 늦은 오후.

예축없다 조금도 버릴 것이 없다. '깔축없다'.

옛말 옛사람이 쓰던 말. 또는 지나간 일에 대하여 회상하는 말.

옛살라비 고향. 태어나서 자란 곳. 옛 살비.

오가리 무나 호박 따위의 살을 길게 오리거나 썰어서 말린 것.

오가리솥 아가리가 안쪽으로 조금 고부라진 작고 오목한 솥. 오갈솥.

오가리지다 오그린 모양이나 오그라든 상태. 또는 그런 물건. '오가리'.

오가재비 굴비나 자반준치 따위를 다섯 마리씩 한 줄에 엮은 것.

오간수 다리 동대문에서 을지로6가 사이 성벽 아래의 수문水門.

오감ㅎ다 분수에 넘치다. 고맙다. '오감하다'. **오괴** 성질이 오활하고 기괴함.

오구 오구굿 할 때 영혼. **오구작작** 어린아이들이 한곳에 모여 떠드는 모양.

오구탕 매우 요란스럽게 떠드는 짓. **오그락지** '무말랭이'.

오그랑망태 아가리에 돌려 꿴 줄로 오그렸다 벌렸다 하는 망태기.

오그랑장사 이익을 남기지 못하고 밑지는 장사.

오금드리 오금에 이를 만큼 자란 풀. **오금박다** 빌미잡아 몹시 공박하다.

오금재이 무릎의 구부러지는 다리 뒤 오목한 안쪽 부분. '오금'.

오금질·제기차기 택견에서 몸 풀기.

오금탱이 물건에서 오목하게 굽은 자리의 안쪽. '오금팽이'.

오굿하다 여럿이 다 안으로 조금 오그라진 듯하다.

오늬 화살의 머리를 활시위에 끼도록 에어 낸 부분.

오다가다 어쩌다가 가끔. 또는 지나는 길에 우연히. **오다리** 잠자리. 엘라.

오다바치다 일러바치다. **오달지다** 허술한 데 없이 야무지고 실속 있다.

오던없다 사리를 분별할 만한 지각이 없다. '철없다'.

오도마니 홀로 한자리에 가만히 서 있거나 앉아 있는 모양. '오도카니'.

오도깝스럽다 경망하게 덤비는 태도가 있다. **오도록하다** 볼록하다.

오도마니 작은 사람이 한자리에 가만히 서 있거나 앉아 있는 모양. 오도카니.

오도발싸하다 매우 날째고 성질이 급하며 팔팔하다.

오독도기 불꽃놀이 딱총. **오돌막스럽다** 보기에 맥없이 조용한 데가 있다.

오돌지다 허술한 데가 없이 야무지고 알차다. '오달지다'.

오동 돛대를 제외한 배의 높이. 손잡이 두 개와 발 세 개가 달린 술잔.

오되자 나이보다 일찍 지각이 나다. 올지다. 오달지다.

오두방정 호들갑스런 말과 몸짓. 오두발광. **오둠지** 옷의 깃고대가 붙은 부분.

오둠지진상 상투나 멱살 따위를 잡고 번쩍 들어 올리는 짓.

오들개 뽕나무의 열매. '오디'. **오등친** 오촌 안쪽. **오디** 뽕나무의 열매.

오디새 도가머리에 계피색 날개의 개똥지빠귀 비슷한 새.

오라 죄인의 두 손을 뒷짐 지워 묶는 붉고 굵은 줄. 홍줄.

오라질 미워하는 대상이나 못마땅한 일에 대하여 불평할 때 욕으로 하는 말.

오랍동생 여자가 자기 사내 동생을 일컫는 말.

오랏바람 오라를 차고 죄인을 잡으러 다니는 포졸의 위풍威風을 이르던 말.

오랏줄 도둑이나 죄인을 묶을 때에 쓰던, 붉고 굵은 줄.

오랑캐 혈통·언어·풍습이 다른 '이민족'을 낮잡아 이르는 말. 올량합兀良哈.

오래 거리에서 대문으로 통하는 좁은 길. 오래 뜰, 오래 문.

오래비 여자의 남자 형제를 두루 이르는 말. '오라버니'. 오라비.

오려송편 올벼로 빚은 송편. 오려:올벼. **오려잡다** 올벼 베기.

오력 잘못한 일에 대한 갚음. '욿'. **오련하다** 빛깔이 엷고 곱다. 희미하다.

오례쌀 올벼의 쌀. **오롯이** 고요하게. 쓸쓸하게. 호젓하게.

오롱이조롱이 오롱조롱하게 제각기 달리 생긴 여럿을 이르는 말.

오르로 오른쪽으로 향하여. **오리** 실, 나무, 대 따위의 가늘고 긴 조각.

오리가리 여러 가닥의 올이나 갈래로 갈라지거나 째진 모양.

오리드리 날아와 들었다. **오리문자** 'ZZ'처럼 겹치는 문자.

오리방석 오리가 앉는 방석으로, 물을 비유적으로 일컫는 말. 물.

오리소리하다 뜻밖의 일이나 어려운 일을 만나 정신이 없는 상태이다.

오리정 손님을 배웅기 위해서 성 밖 5리쯤에 세운 정자.

오리쥐덩이 24반 무예의 곤방棍棒 끝에 달린 날카로운 쇠붙이.

오마쥐다 여러 갈래를 한데 모아 쥐다. 오도바쥐다, 우두부쥐다.

오만데 매우 여러 곳을 이르는 말. **오만상** 얼굴을 잔뜩 찌푸린 꼴.

오망부리 전체에 비하여 한 부분이 너무 볼품없이 작게 된 모양.

오망종지 볼품없이 작고 못생긴 그릇. 덫.

오망하다 물건의 바닥이나 면 따위가 납작하고 오목하다.

오맞이꾼 집안 살림보다는 나들이에 여념 없는 여자를 낮잡아 이르는 말.

오매가매 오면서 가면서. '오면가면'. 오며가며.

오목다리 누비어 지은 어린아이의 버선. 꽃을 수놓고, 목에는 대님을 단다.

오목조목 조금 큰 것 조금 작은 것이 오목하게 섞이어 있는 꼴.

오무래미 이가 다 빠진 입으로 늘 오물거리는 늙은이를 낮잡아 이르는 말.

오물씨다 거죽을 안으로 오목하게 패어 들어가게 하다. '오므리다'.

오므다 물건의 가장자리 끝을 한곳으로 모으다. '오므리다'.

오미 평지보다 조금 얕은 곳으로, 늘 물이 괴어 있는 곳.

오미영조미영 요모양 저모양. **오밤중** 깊은 밤. 한밤중.

오방 동서남북 그 가운데. **오방지다** '옹골차다'. **오방장** 어린이 색동 옷.

오방지다 실속이 있게 속이 꽉 차 있다. '옹골지다'. **오베기** 고래 꼬리부위.

오베다 훔치다. **오보록하다** 작은 몬들이 한데 많이 모여 소복하다. 다보록하다.

오부록하다 쌓이거나 담긴 물건 따위가 불룩하게 많다. '수북하다'.

오부순타 홀가분하면서 아늑하고 정답다. '오붓하다'.

오분에 곧 돌아오거나 이제 막 지나간 차례. '이번에'.

오불오불하다 자그마한 것들이 한데 모여 있다.

오불치다 이것 저것 한데 합쳐서 싸다. 몸을 움츠려 작아지게 하다.

오붓하다 홀가분하면서 아늑하고 정답다. 옹골지고 포실하다.

오븐거 본래대로 고스란한 것. **오븐돈** 수중에 온전히 들어온 돈.

오비다 좁은 틈이나 구멍 속을 갉아 내거나 도려내다.

오비작거리다 좁은 틈이나 구멍 속을 자꾸 함부로 갉아 파내다.

오사리 작물을 제철보다 일찍 수확하는 일. 철이 덜 든 사람을 빗댄 말.

오사리잡것 이른 철 사리에 잡힌 갖가지 해산물처럼 이놈저놈.

오사바사 성깔이 부드럽고 사근사근한 것.

오석복 함안 모곡에 살았던 의령 현감. 퇴계의 사촌 누이의 시아버지.

오성 마음의 능력. 지성知性. **오소소** 작은 물건이 소복하게 쏟아지는 모양.

오소하다 무리를 지어 호소하다. **오솔길** 폭이 좁고 호젓한 길.

오수경 검정 수정알 안경. **오시시하다** 차고 싫은 기운이 사르르 느껴지다.

오실이 이른 철에 수확한 농작물. **오심기** 보통 보다 일찍 내는 모내기.

오십살백선 오십개의 살로 이루어져 백번이 접히는 부채.

오십시五+矢 활쏘기에서, 화살 50발을 쏘아 45발 이상을 맞힘.

오야지 왕초. **오얏** 자두. **오언율** 한 귀句마다 다섯자로 된 한시.

오여발 왼발. **오여싸다** 둘레를 빙 둘러싸다. '에워싸다'.

오엽선 둘레를 오동나무잎처럼 곡선을 내어 오려낸 부채.

오요오요 강아지 부르는 소리. 오요요. **오이** 물외.

오이소 다른 사람을 부르는 소리. 물건을 팔기 위하여 손님을 부르는 행위.

오이소 보이소 사이소 부산 자갈치 시장의 수산물축제 표제.

오입쟁이 외도하는 사람. **오자** 친한 친구를 '내 자식'이라는 우스개 소리.

오자탈주 자색이 붉은 주색을 망침. 거짓이 참을 욕보이다.

오장치 짚으로 엮어 만든 작은 섬. '오쟁이'.

오쟁이 지다 제 안해가 집밖 사내와 몰래 정을 통하다.

오졸없다 하는 일 칠칠하지 못하다. **오종종하다** 얼굴이 작고 옹졸스럽다.

오죽잖다 보통도 못 될 만큼 변변하지 아니하다. **오줌마리** 오줌에 젖은 옷.

오줌버캐 오줌 담아 둔 그릇에 허옇게 엉겨 붙은 물질이나 가라앉은 찌꺼기.

오줌분지 오줌을 누어서 담는 그릇. **오줌장군** 오줌을 담아 나르는 오지 그릇.

오지그릇 붉은 진흙으로 만들어 볕에 말고, 오짓물을 입혀 다시 구운 그릇.

오지기 호되게. 되게. **오지다** 허술한 데가 없이 알차다. '오달지다'.

오지랖 윗도리에 입는 겉옷의 앞자락. **오지랖넓다** 참견하는 버릇이 있다.

오진살 생월이 일러 꽉찬 나이. **오질** 세상 물정을 판단하는 능력. **오줄없다**.

오징어 외모가 뛰어나지 않은 사람을 놀림조로 이르는 말.

오품 손으로 한 줌 움켜질 만한 분량. 움큼. **오피리** 검정 가죽신.

오히려 그럴 바에는 차라리. **옥갈다** 칼 따위의 날을 비스듬히 세워 갈다.

옥공다리 감옥에서 죄수를 감시하던 구실아치. 옥리獄吏.

옥구구 잘못 생각하여 자기에게 손해가 되는 셈. '옥셈'.

옥다 안쪽으로 조금 오그라져 있다. **옥문** 여성 성기性器.

옥물다 아무지게 꼭 물다. **옥새** 잘못 구워서 안으로 옥은 기와.

옥생각 옹졸한 생각. **옥성** 오롯한 인물이 되게 하는 것.

옥셈 자기에게 손해가 되는 셈. **옥식기** 속을 오목하게 만든 주발.

옥신각신 옳으니 그르니 하며 다툼. 또는 그런 행위. 물음막음, 물음마구리.

옥실옥실하다 아기자기한 재미 따위가 많다. '옥시글옥시글하다'.

옥야천리 끝없이 넓고 기름진 들판. **옥작거리다** 여럿이 수선스럽게 들끓다.

옥죄이다 몸이 아프도록 옥여 죄이다. **옥집** 바둑에서 안으로 오그라든 집.

옥천 사람의 몸에 있는 혈穴을 찔러서 병을 다스리는 데에 쓰는 '침鍼'.

온 '오너라'가 줄어든 말. /전부 / 온전한/ 본래. **온것잖다** 온전하지 않다.

온나 자르거나 나누지 아니한 통째 그대로의 것. '통것'. 온깐, 온통, 전부

온데곤데없다 감쪽같이 자취를 감추어 찾을 수가 없다. '온데간데없다'.

온돈 액수가 많은 돈. **온말** 존대말. 반말에 맞선 말.

온바탕 판소리 열두 마당. **온새미** 모두. 죄다. 얘주루, 얘지리, 얘지미리.

온이 더 이상 어찌할 수 없는 상태. '아주', 온통. 온전히, 완전히.

온천하다 모아 놓은 물건의 양이 축남이 없이 온전하거나 상당히 많다.

온품 온 하루 동안 일하는 품. **온필** 잘라 쓰지 아니한 옹근 피륙.

온판 어떤 일이나 사건의 전체적인 판국이나 형세.

올가미 옭아서 짐승을 잡는 장치. 사람이 걸려들게 만든 수단이나 술책.

올각거리다 먹은 것을 갑자기 조금 게우는 소리가 잇따라 나다.

올개 올해. **올게심니** 가장 잘 익은 오곡을 뽑아서 걸어두고 풍년을 빌다.

올곡하다 실이 너무 꼬여서 비비 틀려 있다. **올곧다** 정신이 바르고 곧다.

올골질 진저리나게 을러메는 것. **올꾫럽다** 아기가 참하게 생겼다.

올근볼근하다 질긴 물건을 입에 넣고 볼을 오물거리며 볼가지게 씹다.

올딱거리다 먹은 것을 계속 게워 내다. **올데갈데없다** 의지할 곳이 전혀 없다.

올딩이 정월에 생일이 든 사람. '오진살'.

올록볼록 면이 고르지 않게 높고 낮은 모양. **올롱하다** 유별나게 회동그랗다.

올림말 사전 따위의 표제 항목에 넣어 알기 쉽게 풀이해 놓은 말.

올망졸망 귀엽고 작은 덩어리가 고르지 않게 벌려 있는 꼴.

올목갖다 이것저것 고루고루 갖추고 있다. **올무** 짐승을 잡기 위한 올가미.

올미 봄철에 논에 나는 택사과의 여러해 살이 식물. 올무.

올방자 '양반다리'. 책상다리. **올배** 오라버니, 오라배. 오랍.

올벼 일찍 여무는 벼. **올보리** 일찍 익는 보리. **올부레미** 온전하게.

올연하다 홀로 우뚝하다. **올올히** 꼼짝 않고 똑바로 앉아 있는 꼴.

올풀이 작은 규모로 가게를 하는 장사치가 상품을 낱자나 낱개로 파는 일.

옭히다 올가미를 씌워서 잡아매다. **옮기다** 정해진 자리를 다른 곳으로 바꾸다.

옰 손해 /일이 잘못된 데에 대한 갚음.

옴 산모의 젖꼭지 가장자리에 좁쌀 모양으로 오톨도톨하게 돋아 있는 것.

옴나위 꼼짝할 틈. /꼼짝할 만큼의 작은 움직임.

옴니암니 자질구레한 일에 대하여 까지 좀스럽게 셈하거나 따지는 모양.

옴닥옴닥 작은 벌레나 짐승이 빽빽하게 모여 움직이는 모양. '오글오글'.

옴두꺼비 두꺼비 생김새를 아주 흉하게 일컫는 말.

옴뚝가지 옴딱지와 같이 쓸모없고 볼품없는 것.

옴살 매우 친밀한 사이. **옴쌀** 인절미에 덜 뭉개진 채 섞여 있는 찹쌀 알갱이.

옴속옴속 연달아 작게 움직이는 모양. **옴큼** 한 손으로 옴켜질 만한 분량.

옴파다 속을 오목하게 파다. **옴팡간** 아주 작은 집.

옷갓하다 웃옷차림에 갓을 쓰다. **옷거리** 옷 입은 모양새.

옷고름 저고리나 두루마기의 양편 옷깃을 여밀 수 있도록 한 헝겊 끈.

옷깃차례 일의 순서가 오른쪽으로 돌아가는 차례.

옷주제 변변하지 못한 옷을 입은 모양새. **옷품** 몸과 옷 사이의 틈.

옹가지 둥글넓적하고 아가리가 쩍 벌어진 작은 질그릇. 옹자배기. 옹배기.

옹고집 억지가 매우 심하여 자기 의견만 내세워 우기는 성미. 똥고집.

옹골지다 미운 사람이 잘못되는 것을 보고 속이 시원하다. '고소하다'. 싸다.

옹구 망태처럼 엮어서 소의 길마 양쪽으로 걸쳐 얹고 짐을 나르는 데 쓴다.

옹구바지 대님을 맨 윗부분의 바지통이 옹구의 불처럼 축 처진 한복 바지.

옹근나이 정월에 태어나서 꽉 차게 먹은 나이.

옹글다 매우 실속 있고 다부지다. 모자람 없이 본디대로 있다.

옹달샘 작고 오목한 샘. **옹동그리다** 바짝 옴츠러들이다.

옹두라지 나무에 난 작은 옹두리. **옹망추니** 소견이나 마음이 좁은 사람.

옹반 억지가 매우 심하여 자기 의견만 내세워 우기는 성미. 옹고집 양반.

옹방구리 물을 긷는 데 쓰는 동이 모양의 아주 작은 질그릇.

옹배기 아가리가 넓고 둥글넓적한 작은 질그릇. '옹자배기'.

옹상하다 모양이 둥그스름하고 옴폭하다.

옹송그려지다 (무섭거나 추워서) 몸을 궁상맞게 옹그리게 되다.

옹송망송하다 정신이 흐려 생각이 잘 떠오르지 않고 흐리멍덩하다.

옹시래미 찹쌀가루나 수수 가루로 동글동글하게 만든 새알심.

옹알거리다 아직 말을 못 하는 어린아이가 혼자 자꾸 재깔이다. 옹알이.

옹이 나무에 박힌 가지의 밑 부분. **옹잘거리다** 불평을 입속말로 혼자 재깔이다.

옹종하다 마음이 좁고 모양이 오종종하다. **옹찰이** '자배기'. 옹가지. 옹추리.

옹쳐매다 끈이나 실 따위로 감거나 둘러 묶다. '동이다'. 동여매다.

옹추 싫어하고 미워하는 사람 또는 그런 관계를 비유적으로 이르는 말. 옹치.

옹총망총 조심하거나 깊이 생각하지 아니하고 마음 내키는 대로 마구.

옹총시럽다 행동이나 말이 가볍고 조심성 없는 데가 있다. '경망스럽다'.

옹치다 끈이나 줄 따위에 단단히 감기다. '옭다'의 피동사. '옭히다'.

옹콤하다 보기와는 달리 품위가 있거나 실속이 있다. '앙콤하다'.

읖음갚음 남에게 입은 은혜나 당한 원한을 잊지 않고 그대로 갚음. '대갚음'.

와료 교군꾼들이 교군을 메고 오다가 이제 다 왔다는 외침.

와사 달팽이의 집이라는 뜻으로, 작고 초라한 집을 비유로 이르는 말.

와사증 얼굴 신경 마비 증상. 입과 눈이 한쪽으로 틀어지는 병이다.

와실 '달팽이의 집', 작고 누추한 집. **와언** 잘못 옮겨진 말. 와설訛說.

와유 누워서 유람한다는 뜻으로, 여행에서 지은 시문을 읽는 것을 비유.

와이카노 왜 이러느냐. **왁달박달** 조심성이 없이 수선스러운 모양.

왁댓값 자기 아내를 딴 남자에게 빼앗기고 그 사람으로부터 받는 돈.

왁살스럽다 무지하고 포악하며 드센 데가 있다. '우악살스럽다'.

왁자지껄하다 여럿이 시끄럽게 떠들다. **완각** 박공지붕, 팔모지붕의 옆면.

완사계 완사마을 덕천강 강변 소나무숲. 지금은 금성교 아래 물속에 잠김.

완사마을 사천시 곤명면 정곡리 마을. 옛 점곡은 진양호 수몰로 이전 됨.

완상하다 구경하다. **완월동취** 달을 벗삼아 같이 취한다.

완자 다진 고기에 달걀, 두부를 섞어 밀가루를 발라 달걀을 씌워 지진 음식.

완자걸이 판소리의 엇붙임 박자 맺는 솜씨. **왈개다** 윽박질러서 다그치다.

왈짜 말투가 얌전하지 못하고 수선스러운 사람. 왈패.

왈기다 남의 것을 갑자기 빼앗거나 슬쩍 가지다. '후리다'.

왕건 고려를 건국한 태조. **왕골미투리** 굵게 쪼갠 왕골로 삼은 미투리 신.

왕국 임금이 다스리는 나라. **왕기** 사기로 만든 큰 대접.

왕도 임금으로서 마땅히 지켜야 할 도리. **왕둥발가락** 올이 굵은 피륙.

왕래 가고 오고 함. /서로 교제하고 사귐. **왕배덕배** 시비를 가리는 모양.

왕사 지난 일. **왕신** 올곧지 아니하여 상대하기 어려운 사람의 별명.

왕왕 가끔. **왕창** 엄청나게 큰 규모로. **왕청스럽다** 엉뚱하다.

왕토쟁이 미장이. **왕화** 임금의 덕행으로 감화하게 함. 또는 그런 감화.

왕후장상 왕, 제후, 장수, 재상을 통틀어 이르는 백성의 지배층.

왜각대각 그릇 따위가 부딪치거나 깨어질 때 요란스럽게 나는 소리나 모양.

왜골 허우대가 큰 사람. 말투가 막되고 고집이 센 사람.

왜골참외 골이 움푹움푹 들어간 참외. **왜굿다** 물체가 굳고 '뻣뻣하다'.

왜뚜리 큰 물건. **왜룡그리다** 독에 꼬불꼬불한 줄을 긋다.

왜목 천의 한 가지. 광목廣木. **왜바람** 방향이 없이 이리저리 부는 바람.

왜배기 겉보기에 좋고 질도 좋은 물건을 속되게 이르는 말.

왜왜하다 매운맛이나 독한 냄새로 코 속이나 혀끝이 알알하다. '알싸하다'.

왜자기다 왁자지껄하게 떠들다. **왜자하다** 소문이 널리 퍼져 요란하다.

왜장녀 가면극 산대극의 등장 여인. 체격이 크고 부끄럼 타지 않는 여자.

왜장치다 일이 지난 뒤에 헛되이 큰소리치다.

왜죽왜죽 팔을 홰홰 내저으며 경망스럽게 계속 빨리 걸어가는 모양.

왜증 바탕이 얇은 주사니것 한 가지. 주사니것:명주明紬.

왜청 검은 빛을 띤 푸른빛 물감. **왜퉁스럽다** 대단히 엉뚱할 만큼 새삼스럽다.

왜틀비틀 몸을 몹시 흔들고 비틀거리며 걸어가는 모양.

왱그랑거리다 작은 방울이 흔들리며 요란스럽게 부딪치는 소리가 잇따라 나다.

외고펴고 공개적으로 떳떳하게. **외구리** 사천시 서포면 까치섬 부근 간척지.

외눈박이 남자 성기. **외다** 피하여 자리를 조금 옆으로 옮기다.

외딴치다 택견 따위의 운동에서, 혼자 판을 휩쓸다.

외대다 소홀히 대접하다. /싫어하고 꺼리어 멀리하다.

외대머리 제대로 혼례를 치르지 않고 머리를 쪽진 기생.

외대박이 한쪽 눈이 먼 사람을 낮잡아 이르는 말. '애꾸눈이'.

외동덤 자반고등어 따위의 배 속에 덤으로 끼워 놓는 한 마리의 새끼 자반.

외둘다 외지다. **외딸다**. **외들레하다** '왁자지껄하다'. 시끄럽다.

외려 기대와는 전혀 반대가 되거나 다르게. '오히려'.

외로이 홀로 되거나 의지할 곳이 없어 쓸쓸하게.

외마치장단 높낮이, 박자가 바뀜 없이 지루하게 치는 장단.

외목장사 혼자 독차지하는 장사. **외밀이** 창바라지 안쪽의 여닫는 미닫이.

외방 자기가 사는 곳 밖의 다른 고장. **외별** 짝이 없는 사람이나 물건.

외봉치다 물건을 훔쳐 딴 곳으로 옮겨 놓다. **외부** 바깥 부분.

외상 한사람 몫으로 차린 음식상. 독상獨床 / 물건값을 나중에 치르기.

외상말코지 일을 시킬 때, 돈을 치르지 아니하면 얼른 해 주지 아니하는 일.

외상없다 조금도 틀림이 없거나 어김이 없다. **외손** 한짝 손.

외손잡이 손으로 하는 일에 한쪽 손이 익은 사람. 한손으로만 하는 씨름.

외손질 한쪽 손만 쓰는 것. **외앉다** 자리를 비켜서 다른 쪽으로 돌아앉다.

외어서다 길을 비키어 서다. 방향을 바꾸어 서다.

외얽이 흙벽을 할 때 그 속에 넣을 외根 얽기. **외오** 외따로 떨어져. '외우'.

외올뜨기 뜨개질에서 여러 겹으로 겹치지 않고 한 올로 뜬 것.

외욕질 속이 메스꺼워 자꾸 토하려고 하는 짓.

외우 외따로 떨어져. 시간이나 거리가 몹시 떨어져 있는 상태로.

외우다 글이나 말을 기억하여 두었다가 한 자도 틀리지 않게 그대로 말하다.

외자 정혼한 데도 없이 상투만 짜 올린 것.

외자욱길 한 사람이 지나갈 좁은 길. **외자하다** 친한 사이끼리 떠들썩하다.

외주물집 마당 없이 길에 붙어서 길에서도 들여다보이는 작고 허술한 집.

외쪽문 한쪽으로 된 문. **외줄기** 단 한 가닥으로 된 줄기.

외직 지방 관아. **외착나다** 셈이 틀리다. **외처하다** 외진 구석. '외촌하다'.

외출 집에서 벗어나 잠시 밖으로 나감. **외치다** 고개를 외로 저어 돌리다.

외코 아무 꾸밈이 없는 민짜로 첩이나 기생들이 신던 신.

외통며늘 고집센 며느리. **외통베개** 신혼부부가 함께 베는 긴 베개.

외틀다 한쪽으로 틀다. 왼쪽으로 틀다. **왼소리** 험하거나 궂은 소리.

왼손좍질 숟가락이나 젓가락을 왼손으로 쥠. **욀총** 잘 외워 새겨두는 총기.

욍기다 본래 있던 곳에서 다른 곳으로 옮기다. **왜다** '외치다'.

왠떡이냐 뜻밖의 횡재를 했을 때, 기쁨을 외치는 소리.

요각 혼인 때에 가족 중에서 신랑이나 신부를 데리고 가는 사람. '요객繞客'.

요감 끝을 막음. **요개하다** 흔들어서 고치다. **요공** 아름다운 하늘.

요구 시장기를 겨우 면할 정도로 조금 먹음. '요기療飢'.

요따매이 요러한 부류의 대상을 낮잡아 이르는 지시 대명사. '요따위'.

요랑 앞일을 잘 헤아려 생각함. 또는 그런 생각. '요량料量'. 요롱.

요령도둑놈 흉악스럽고 눈알이 커서 늘 눈을 부라리는 사람.

요마이 요만한 정도로. '요만큼' 요만침, 요만침, 요맨침. 요만하다.

요부하다 넉넉하다. **요사아다** 살피다. **요사스럽다** 요망하고 간사하다.

요악하다 요사하고 간사하며 악독하다. **요조숙녀** 조용한 성품에 얌전한 여인.

요절로 빼썼다. 꼭 빼닮았다. **요정케** 때를 알맞게 맞춰서.

요조하다 얌전하고 아름답다. **요지** 말이나 글에서 핵심이 되는 중요한 내용.

요지경 여러 가지 재미있는 그림을 돌리면서 구경하는 장치나 장난감.

요카다 요렇게 말하다. **요호창** 요의 몸에 닿는 쪽에 시치는 흰 헝겊. '욧잇'.

욕가마리 욕을 먹어 마땅한 사람. **욕감태기** 늘 남에게 욕을 먹는 사람.

욕보이다 몹시 고생스러운 일을 겪게 하다. 욕보에사. 욕보엘다, 욕비다,

욕받다 일을 하느라고 힘을 들이고 애를 썼다. '수고했다'.

욕식 아침 일찍 잠자리에서 식사하는 일. **욕심** 분수에 넘치게 탐내는 마음.

욕지기 메슥메슥한 느낌. 구역질. **욕창** 누워 지내는 환자의 엉덩이나 등의 부스럼.

욕태바가지 욕을 몹시 얻어 먹다. 욕타바지. **욘마아** '요 녀석', 욜마아.

욜랑거리다 몸의 일부를 가볍게 흔들며 자꾸 움직이거나 촐싹거리다.

욧잇 요의 몸에 닿는 쪽에 시치는 흰 헝겊. 요호청. **용가마** 큰 가마솥.

용고뚜리(질) 담배 골초. **용골때질** 심술을 부려 남의 부아를 돋우는 짓.

용궁맞이 물에 빠져죽은 이의 넋을 건지기 위해 용왕에게 올리는 굿.

용낫이 조금의 움직임. **용떡** 가래떡을 용틀임 모양으로 서리어 담은 떡.

용두레 낮은 곳의 물을 높은 곳의 논이나 밭으로 퍼 올리는 데 쓰는 농기구.

용둔하다 어리석고 미련하다. **용마루** 지붕 가운데의 가장 높은 수평 마루.

용마름 초가집의 지붕마루에 짚을 엮어서 덮는 것.

용빼다 사슴의 뿔(茸)을 뺄 수 있을 만큼 힘이 세고 재주가 있다.

용사비등 용이 살아서 날아오르듯이 힘차고 매우 잘 쓴 글씨.

용수 죄수의 얼굴을 보지 못하도록 머리에 씌우는 둥근 통 같은 기구.

용수뒤 맑은 술을 걸러낸 뒤의 찌꺼기 술. **용쓰다** 온 힘을 들이다.

용시 술이나 장을 거르는 싸리나 대오리로 만든 둥글고 긴 통. '용수'.

용신제 음력 유월 용날이나 유둣날 또는 칠월 칠석에 용왕에게 지내는 제사.

용약 용감하게 뛰어감. **용자창** 가로 살 두 개와 세로 살 한 개의 '用'자 꼴 창살.

용정 곡식을 찧음. **용집** 발에 땀이 나서 버선 위로 내밴 더러운 얼룩.

용천 미리내. **용천병** 나병 환자의 살갗에 생기는 부스럼 같은 멍울. 나병.

용천하다 꼴사납게 마구 법석을 떨거나 분별없이 행동하다. 용천지랄.

용총줄 돛대에 매어 놓은 줄. 돛을 올리거나 내리는 데 쓴다.

용타배기 순하기만 하고 무능한 사람. **용탕** 움푹 파여 물이 괴어 있는 곳.

용통하다 됨됨이가 어리석고 미련하다.

용트림하다 거드름을 피우며 크게 트림하다. **용코없다** 어쩔 도리가 없다.

용하다 재주가 특별히 뛰어나다. **우거리** 아래위가 좁고 배가 부른 질그릇.

우거지상 잔뜩 찌푸린 얼굴. **우걱뿔** 안으로 굽은 뿔.

우격 억지로 우겨서 굴복시킴. 우격다짐. **우구리다** 오그리다. 오구리다.

우꾼우꾼하다 여러 사람이 일시에 잇따라 우겨 대거나 기세를 올리다.

우굴쭈굴 우그렁쭈그렁하다. **우꿈** 한 줌 움켜질 만한 분량. '움큼'. 우끔.

우글다 물체가 안쪽으로 우묵하게 휘어지다. '우그러지다'.

우금 시냇물이 급히 흐르는 가파르고 좁은 산골짜기.

우굿하다 다옥(茂盛)하게 우거져 있다. '욱다'. 우굿우굿하다.

우기다 억지를 부려 제 의견을 고집스럽게 내세우다. 우겨대다.

우나다 유별나다. **우네** 고래의 가슴살. **우다다** 누구를 두둔하여 행동하다.

우닥방망이 도깨비 방망이. **우덜거지** 허술한 대로 위를 가리게 되어 있는 것.

우데기 지붕의 처마 끝에서부터 땅에 닿는 부분까지 둘러치는 벽.

우두다 떠받들다. 우두머니 넋이 나간 듯이 한자리에 있는 모양.

우두바가다 함께 데리고 가다. 우두망찰하다 갑자기 닥친 일에 어쩔줄 모르다.

우둔우둔 두려워서 가슴이 두근거리다. 우둘두둘 바닥이 우둘투둘하다.

우둥우둥 여러 사람이 황망히 드나드는 모양.

우둥퉁하다 몸집이 크고 퉁퉁하다. 우듬지 나무의 꼭대기 줄기.

우등불 잎나무나 검불 따위를 모아 놓고 피우는 불. '모닥불'.

우람하다 기골이 장대하다. 우러구러 되지도 안 될 일을 억지로 밀어붙이다.

우러리 짚으로 얽어 만든 뚜껑. 우럭우럭 불기운이 세차게 일어나는 모양.

우렁두렁하다 몸집이 크고 언행이 거칠고 난폭하다. 우렁투렁, 우락부락.

우렁잇속 속이 까다로와 헤아리기 어려운 일을 빗대는 말.

우레 꿩사냥 때 살구나 복숭아씨에 구멍을 뚫어 꿩을 부르는 소리 내는 몬.

우려들다 빛이 비쳐들다. 우련하다 형태가 약간 나타나 보일 정도로 희미하다.

우렷하다 형태가 약간 나타나 보일 정도로 희미하다. '우련하다'.

우레질하다 혼쭐나게 몹시 윽박지르다.

우려내다 물체를 액체에 담가 성분, 맛, 빛깔 따위가 배어들게 하다.

우리 기와를 세는 단위. 한 우리는 기와 2천 장이다.

우리다 더운 볕이 들다. 달빛이나 햇빛 따위가 희미하게 비치다.

우리하다 머리나 상처 따위가 자꾸 쑤시는 듯이 아픈 느낌이 들다.

우멍거지 포경包莖(음경의 귀두가 포피에 덮인 상태).

우멍낫 나뭇가지도 아울러 깎는 묵직한 조선낫.

우멍하다 물건의 바닥이나 면 따위가 납작하고 우묵하다.

우묵하다 가운데가 둥그스름하게 푹 패거나 웅숭깊다.

우물당치다 매가 공중에서 빙빙 돌다. 우물반자 소란을 둘러댄 반자.

우물안 우물에 비유하여 시야가 좁다는 뜻. 우물안 개구리.

우바새 불교를 믿는 여성 신도. 우바이. 우박 매우 꾸중하다. '타박'.

우부리다 노끈이나 줄 따위로 이리저리 '얽다'. 우비기 여럿이 모여 있다.

우비다 온당치 못한 수단으로 남의 것을 호리어 빼앗다.

우사스럽다 남에게서 비웃음을 받을 만큼 창피한 데가 있다. 우세스럽다.

우산걸음 우산을 들었다 내렸다 하듯이 몸을 추썩거리며 걷는 걸음.

우선하다 병이 좀 차도가 있는 듯하다. 언짢던 기분이 누그러진 듯하다.

우설지다 풀, 나무 따위가 자라서 무성해지다. '우거지다'. 우슬지다.

우수개 남을 웃기려고 익살을 부리면서 하는 말이나 짓. '우스개'. 우시개.

우수리 몬 값을 제하고 거슬러 받는 잔돈. **우시장** 소를 사고파는 장.

우아래 윗사람과 아랫사람을 아울러 이르는 말. '위아래'.

우악시럽다 모질고 험상궂게 보인다. '우악스럽다'. 우악시리.

우애다 어떠한 방법으로 하다. '어찌하다'. 우애든동, 어앤일, 우앴건, 우앴든동.

우야꼬 어떻게 할까, 어쩌나. 어찌 할고. '어찌하다'.

우야든동 의견이나 일의 형편이 어떻게 되어 있든지. **우얄래** 어쩔래.

우언 인격화한 동식물을 주인공으로 하여 풍자와 교훈의 뜻을 나타내는 '우화'.

우연만하다 정도나 형편이 표준에 가깝거나 그보다 약간 낫다. '웬만하다'.

우엄타 위험하다. **우에꺼** 일정한 범위나 한도의 밖. '이외'. 우엣돈, 우엣일.

우연찮이 꼭 우연한 것은 아니나 뜻하지도 아니하다. '우연찮다'. 우연찮게.

우왁시럽다 미련하고 험상궂은 데가 있다. **우짜다** 어떻게 하다.

우자스럽다 어리석은 데가 있다. **우접다** 남보다 빼어나게 되다.

우조 판소리나 산조의 웅건하면서도 따뜻한 소리.

우주 무한한 시간과 만물을 포함하고 있는 끝없는 공간의 총체.

우주다 장사판에서 이익을 남겨 주다. **우죽** 대나무의 우두머리에 있는 가지.

우죽거리다 무슨 일이라도 있는 것처럼 몸을 흔들며 바쁜 듯이 걸어가다.

우죽없다 나무의 우듬지가 없어지다. 산산이 부서져서 남은 것이 없다.

우죽우죽 무슨 일이나 있는 것처럼 바쁘게 몸짓을 하면서 걷는 모습.

우줄우줄 몸이 큰 사람이나 짐승이 가볍게 율동적으로 자꾸 움직이는 모양.

우줄기다 말려도 말을 듣지 않고 억지로 행하다. '우줎이다'.

우중 사시巳時. 상오 9시~11시. **우중지** 더욱이.

우중충하다 날씨나 분위기 따위가 어둡고 침침하다.

우중타 병이 위독하다. **우지** 걸핏하면 우는 아이. 울지.

우질부질 성질이나 행동이 곰살궂지 못하고 좀 뚝뚝하고 사나운 모양.

우집다 얕잡다. **우짜다** 무슨, 웬의 뜻. '어쩌다'. **우짠일** 어찌된 일.

우케 찧기 위하여 말리는 벼. **우통하다** 재빠르지 못하고 둔하다.

우트럽다 어떤 형세가 마음을 놓을 수 없을 만큼 위험한 듯하다. '위태롭다'.

우펍다 두려움없이 함부로 덤비거나 말하다.

우화 의인화 기법으로 교훈적이며 풍자적인 내용을 주로 다룬 문학작품.

우활하다 사리에 어둡고 세상 물정을 잘 모른다.

우황 쇠쓸개에 병으로 생겨서 뭉친 몬. **우후** 다른 것에 비하여 썩 두터움.

욱걷다 힘껏 빨리 걷다. **욱기** 욱하게 치솟는 성깔.

욱다 안쪽으로 조금 우그러져 있다. **욱닥불놓다** 분통지르다.

욱대다 우락부락하게 을러대어 위협하다. '욱대기다'.

욱동이 욱하는 성질이 있어 참을성이 적은 사람. 성미 급한 사람.

욱여넣다 디딜방아의 호박에서 넘쳐 나오는 곡식을 호박 안으로 쓸어 넣다.

욱여들다 주위에서 중심으로 모여들다. **욱이다** 안으로 우그러들게 하다.

욱키다 밖으로 몰아내다. '후치다'. **운꾼** 한데 어울려 일할 사람.

운김 여럿이 함께 일할 때 우러나오는 힘. **운덤** 운이 좋아 덤으로 생긴 소득.

운두 그릇이나 신발 같은 몬의 둘레 높이.

운명 목숨이 끊어짐./이미 정해진 초인간적 처지. **운율** 시詩의 음성적 규칙.

운소 구름 낀 하늘. **운자** 한시를 지을 때 운으로 다는 한시 첫머리 글자.

운짐달다 일이 바짝 닥쳐서 매우 급하다. '다급하다'.

운치 고상한 멋. **울**(우리) 울타리. /기와를 세는 단위. 한 우리는 2천장.

울가내다 수단을 써서 남의 재물을 끄집어내거나 받아 내다. '옭아내다'.

울가망하다 근심스럽거나 답답하여 기분이 나지 않는 상태이다.

울골질 지긋지긋하게 으르며 덤비는 짓.

울그다 어떤 물건을 액체에 담가 그 성질이 빠져나오게 하다. '우리다'.

울근불근 서로 으르대며 감정 사납게 맞서다.

울기 얼굴에 불그레하게 오르는 열기. /몹시 성나거나 흥분한 기운.

울내미 걸핏하면 우는 아이. 울래미. **울대뼈** 앞 목에 두드러져 나온 뼈.

울뚝 성미가 급해 참지 못하고 말과 행동을 마구 우악스럽게 하는 꼴.

울래미찔래미 잘 우는 아이, 즉 울보를 놀리는 말. 울래미 삘래미.

울러메다 들어 올려서 어깨에 메다. '둘러메다'. 둘러메다, 둘러미다.

울렝다 '울게하다'. 울레다, 울리다. **울력** 여러 사람이 힘을 합하여 일함.

울력성당하다 떼 지어 협박하다. **울멍지다** 크고 뚜렷한 것들이 두드러지다.

울며불며 소리 내어 울다가 부르짖기도 하며 울다.

울바자 대·갈대·수숫대로 발처럼 엮은 울타리. **울밖** 울타리 바깥.

울분 답답하고 분함. **울서같다** 잘 손질하여 한참 보기 좋다.

울어매 우리 엄마. **울올바시** 우리 오라버니. **울울하다** 마음이 매우 답답하다.

울짱 말뚝을 박아서 만든 울타리. **울쩍하다** 답답하고 쓸쓸하다. '울적하다'.

울치 신발의 양쪽 가에 댄, 발등까지 올라오는 부분. '신울'.

울크다 쓸데없이 보통 이상으로 많이 자라 연약하게 되다. '웃자라다'.

울타리 풀이나 나무를 얽거나 엮어서 담 대신에 경계를 지어 막는 물건.

움누이 시집간 누이가 죽고 난 뒤 그 누이의 남편과 결혼한 여자.

움버들 밑동을 베어 낸 자리에서 새로운 싹이 돋아난 버들.

움벼 가을에 베어 낸 그루에서 움이 자란 벼. **움썩움썩** 무럭무럭 자라다.

움적대다 느릿느릿 자꾸 움직이다. '움지럭거리다'. 움닥러리다.

움치레들다 '움츠리다'. 움치리다. **움집** 우묵하게 땅을 파고 위를 덮은 집.

움틀움틀 몸의 한 부분을 자꾸 구부리거나 비틀며 움직이는 모양.

움파 겨울에 움 속에서 자란, 빛이 누런 파. **움퍼리** '움막'.

움푹하다 가운데가 우묵하게 푹 들어간 데가 있다.

웁쌀 솥 밑에 잡곡을 깔고 그 위에 조금 얹어 안치는 쌀.

웃거리 맨 겉에 입는 옷. 또는 음식 재료 중에 으뜸이 되는 것.

웃국 간장이나 술 따위를 담가서 익힌 뒤에 맨 처음에 떠낸 진한 국.

웃기 웃음거리. **웃날** 흐렸을 때의 날씨를 이르는 말. **웃따까리** 웃대가리.

웃달 앉거나 설 수 있게 걸쳐놓은 나무토막. **웃돈** 본래의 값에 덧붙이는 돈.

웃묵 온돌방의 윗목. **웃봉지** 개짐 넣어둔 봉지 아가리.

웃비 아직 우기雨氣는 있으나 좍좍 내리다가 그친 비.

웃손 혼인 때에 신랑이나 신부를 데리고 가는 사람. 상객.

웃아귀 엄지손가락과 집게손가락의 사이. **웃음가마리** 웃음거리가 되는 사람.

웃자라다 쓸데없이 지나치게 자라다. **웃질** 질적으로 훨씬 나은 수준. '윗길'.

웃티 신랑집에서 봉치로 보내 온 옷감으로 지은 신부옷.

웅글다 소리가 웅숭깊고 우렁우렁 울리는 힘이 크다.

웅긋쭝긋 굵고 잔 여럿이 군데군데 고르지 않게 불거진 꼴.

웅굴 물을 긷기 위하여 땅을 파서 지하수를 괴게 한 샘. '우물'. 웅글.

웅숭그리다 춥거나 두려워 몸을 궁상맞게 몹시 웅그리다.

웅숭깊다 생각이나 뜻이 크고 넓다. /사물이 되바라지지 아니하고 깊숙하다.

웅장 규모가 거대하고 성대하다. **웅절거리다** 불평을 입속말로 자꾸 해 대다.

웅지 시내나 샘터에서 빨래할 수 있게 마련한 일정한 장소. '빨랫터'.

웅천 들뜨고 허황된 사람. **웅치다** 난폭하게 윽박질러 위협하다. '욱대기다'.

웅켜 곡식을 거둘 때 흘렸거나 빠뜨린 낟알. **웅특**雄特 굳세고 영특함.

워낭 마소의 턱 아래에 단 방울. **워락** 주로 하인이 거처하던 방. '행랑'.

원납願納**전/원납**怨納**전** 자원해서 내는 돈/원망하며 억지로 내는 돈.

원달구 둥글고 큰 돌에 끈을 맨 달구. 땅을 다지는 데 쓴다. 덜구.

원두처 원리의 근원. **원둥거리** 근본을 이루는 줄기. '원줄기'. 원둥거지.

원뒤짐 도적이 그 주인을 시켜 뒤져내는 것. **원래** 사물이 전하여 온 그 처음.

원력 몸의 바탕을 이루는 기운. **원루** 원통한 눈물.

원망 못마땅하여 불평을 품고 미워함. **원밥수기** 떡국에 밥을 넣어 끓인 음식.

원삼국시대 한국고대사에서 서력기원 전후부터 AD 300년경까지의 시기.

원수지 여럿 가운데 가장 중요하거나 훌륭한 물건. '알짜'. 알짜백이.

원숭이 원성이猿猩이. 고유어는 '나비'와 '잔나비'이다.

원승시럽다 원흉元兇스럽다. **원습** 높고 마른 땅, 낮고 축축한 땅.

원시 원한이 맺힐 정도로 자기에게 해를 끼친 사람이나 집단. '원수'. 웬수.

원자 임금의 적장자. 태자. **원정** 백성들이 관아에 사정을 말로 하소연하다.

원척 원고와 피고. **원천** 사물의 근원. **원청** 본디부터. 두드러지게. 원체.

원추리 뿌리에서 뭉쳐나는 좁고 긴 잎줄기 끝에 백합 비슷한 등황색 꽃.

원행 먼길. 먼 여행. **원혼** 분하고 억울하게 죽은 사람의 넋.

원효 신라의 승려(617~686). 불교의 대중화에 힘썼다.

월 달을 세는 단위. 기수 뒤에서는 주로 형을 선고하거나 구형할 때 쓴다.

월끼 오빠의 아내, 혹은 남동생의 아내를 이르거나 부르는 말. 올케.

월매나 잘 모르는 수량이나 정도. '얼마'. 을매나, 음매나.

월아산청곡사 진주시 금산면 월아산에 있는 절. 퇴계 형제들이 공부한 곳.

월영대 마산 해운동 최치원 서당. 퇴계는 〈월영대〉를 읊고 회원으로 건너감.

월천국 내를 건너는 듯한 국이라는 뜻으로, 건더기가 없어 맛이 없는 국.

월품 살피. 경계境界. **웬간찮다** 정도가 보통 이상을 넘어 있다.

웬걸 뜻밖의 일이 일어나거나 기대하던 바와 다르게 전개될 때 하는 말.

웬만큼 허용되는 범위에서 크게 벗어나지 아니할 만큼.

웬셈 어찌 된 일이나 사실의 원인. **웬일** 의외의 뜻을 나타내는 말.

위각나다 일정 기준이나 기대에 벗어나다. **위격** 격식이나 도리에 어긋남.

위경 아슬아슬한 경우. **위덮다** 남보다 뛰어나서 그를 능가하다.

위들다 남의 연줄을 얽히게 할 수 있는 위치에 들다. **위뜸** 위쪽 마을.

위면하다 마주치기를 꺼리어 피하거나 얼굴을 돌리다. '외면하다'.

위서다 혼인 때에 신랑이나 신부를 따라가다. **위업** 생업으로 삼는 일.

위천 군위 의흥에서 의성을 지나는 시내. **위코** 소중하게 여기다. '위하고'.

위턱구름 대기권 윗부분에 떠 있는 구름. 햇무리 달무리를 이루는 상층운.

위풍 밖에서 들어오는 바람. 윗바람. **윗손치다** 남이 하기 전에 앞지르다.

윗수 상수上手. **유개** 거렁지. **유건** 선비들이 헝겊으로 만들어 쓰던 것.

유곡 문경시 점촌 북초등학교 앞 비석거리에 있던 옛 영남대로의 본역.

유관ㅎ다 마음이 넓고 크다. '유관하다'. **유교변** 버드나무 다리 가장자리.

유년 여러 해. **유년사주** 해마다의 운수를 점치는 사주. **유달하다** '유별나다'.

유독 많은 것 가운데 홀로 두드러지게. **유란** 그윽한 향기를 뿜는 난초.

유람 돌아다니며 구경함. **유련** 객지에 오래 묵다.

유름하다 필요한 것을 갖추다. '장만하다'. 마련하다. **유리** '우박'.

유모촌 재종간. **유명幽明** '어둠과 밝음', '이승과 저승'을 아울러 이르는 말.

유민 일정한 거처 없이 이리저리 떠돌아다니는 백성. 유맹.

유배 죄인이 귀양 보내지다. **유벽** 한적하고 궁벽한 곳.

유세스럽다 몹시 젠 체하고 뽐내다. **유속일반**의 풍속.

유애遺愛 어진 덕이 후세에 남아 있는 것. **유영** 아스무레한 영상.

유원지 구경하고 즐기기 위한 설비를 갖춘 곳.

유월선물 그해의 맨 처음에 나는 과일, 푸성귀, 해산물.

유적 깊숙하고 고요함. **유정** 하오 6시. **유지** 어떤 상황을 변함없이 지탱함.

유진 군사들을 머물러 있게 함. **유착하다** 몹시 투박하고 크다.

유창 소의 창자 가운데 제일 긴 것. 국거리로 쓴다.

유체스럽다 젠체하고 진중한 체하며 말이나 행실 따위가 온화한 데가 없다.

유취 그윽하고 고요한 운치. **유학** 벼슬하지 아니한 유생.

유한 조용하고 그윽하다. / 일정한 한도나 한계가 있음.

유행기 안거安居를 끝낸 뒤 산사를 떠나 세속을 다니면서 수행하는 기간.

육갑떨다 좀 모자란 듯한 행동. **육경** 역경·서경·시경·춘추·예기·악기.

육담 살꽃이야기처럼 던지러운 말. 살꽃·몸을 파는 계집의 몸뚱이.

육모매질 사금파리 위에 무릎을 꿇린 뒤 다리를 두들겨 패기.

육모얼레 연날릴 때 쓰는 여섯모 꼴의 실감개.

육소간 쇠고기, 돼지고기를 파는 가게. '정육점'. **육자배기** 남도지방의 잡가.

육자배기목 육자배기 창의 탄식조 목소리. **육장** 한 번도 빠지지 않고 줄곧.

육장치다 한 달에 여섯 차례씩 열리는 장을 돌아다니며 보다.

육젓 유월에 잡은 새우로 담근 젓. **육초** 쇠기름으로 만든 초.

육통터지다 일이 되려다가 틀어지다. **육혈포** 탄알 구멍이 여섯인 권총.

육환장 수행자가 닦아야 할 육바라밀을 나타내는 여섯 개 방울 단 지팡이.

육구락 숯불. 윤똑똑이 혼자 잘나고 영악한 체하는 사람을 낮잡아 이르는 말.

윤디 인두. 윤슬 햇빛이나 달빛에 비치어 반짝이는 잔물결. 윤집 '초간장'.

윤척없다 이말 저말 되는대로 지껄여 줄거리가 되는 요점이 없다.

율기하다 안색을 바로잡아 엄정히 하다.

윷진아비 경쟁에서 자꾸 지면서도 다시 하자고 달려드는 사람을 이르는 말.

으깍 서로 의견이 달라서 생기는 감정의 불화.

으늑하다 조용하고 깊숙하다. 으드등거리다 거친 말로 자꾸 우기고 다투다.

으등그려붙이다 우그러뜨리고 비틀어지다. 잔뜩 찌푸리다.

으뜸 가장 뛰어난 것. 으르딱딱거리다 잇달아서 을러대며 딱딱거리다.

으밀아밀 남몰래 이야기하는 모양. 으스러지다 덩어리가 깨어져 부스러지다.

으스름 보일 듯 말 듯 할 만큼 어둠. 윽박다 을러대어 몹시 억누르다.

윽살리다 남을 마구 놀려 주거나 집적거리다. 은가람 은은히 흐르는 강.

은거 세상을 피하여 숨어서 삶. 은결 달빛에 비쳐 일렁이는 은백색의 물결.

은결들다 원통한 일로 남모르게 속이 상하다. 은동거리 은 동거리.

은사죽음 마땅히 들어나서 보람이 있어야 할 일이 나타나지 않고 마는 일.

은어받이 음력 시월 보름 전후로 함경도 연안에 몰리는 명태의 떼.

은연통 은물부리 담뱃대. 은유 본뜻을 숨기고 현상만을 암시적으로 표현하는 것.

은은하다 뚜렷하게 드러나지 아니하고 어슴푸레하며 흐릿하다.

은일 세상을 멀리하고 숨다. 또 그런 사람. 은짬 그윽한 대목.

은정 하소연. 은죽 몹시 퍼붓는 소나기. 은총이 불알이 흰말.

은태 자식을 낳게 하는 사람. 은폐 덮어 감추거나 가리어 숨김.

은한 '은하수'. 을(얼孼) 얼. 밖으로 드러난 흠. 탈. 언걸. 서자庶子.

을값에 괜찮거나 잘된 일이라는 뜻의 어미에 나타내는 말. '-할망정'.

을근거리다 미워하는 빛을 보이다. 을러메다 위협적 언동으로 남을 억누르다.

을러방망이 때릴 자세로 겁을 주려고 으르다. 을모 책의 귀같이 세모진 모.

을밋을밋하다 일을 우물쩍거리어 미루다. 을싸나 마지막 남은 것이나 '마저'.

을씨년스럽다 보기에 날씨나 분위기가 몹시 스산하고 쓸쓸한 데가 있다.

을충하다 유순해 보이나 엉큼하고 불량하다. **읊조리다** 뜻을 음미하면서 시를 읊다.

음식 먹고 마시는 것을 통틀어 이르는 말. **음전하다** 말이나 몸짓이 점잖다.

음창벌레 아낙네 살꽃에 나는 부스럼벌레라는 말로 가장 끔직한 욕.

음충맞다 매우 음충한 데가 있다. **음침하다** 명랑하지 못하고 의뭉스럽다.

음택 '무덤'을 사람 사는 집에 상대하여 이르는 말. **음특** 음충맞고 잔꾀 많음.

응그리다 사물을 손으로 움켜쥐다. **응답** 부름이나 물음에 응하여 답함.

응당 행동이나 대상 따위가 일정한 조건이나 가치에 꼭 알맞게.

응등그러지다 마르거나 졸아지거나 굳어지면서 뒤틀리다.

응석받이 어른들이 귀여워해 줄 것을 믿고 버릇없이 굴며 자란 아이.

응짜 핀잔하는 투로 대꾸하는 말. **응정부리다** 버릇없이 굴다.

의걸이장 옷을 넣어 두는 장롱. '옷장'. **의굿** 이익이 될 만한 실마리.

의뜻 마음속에 지닌 실제의 뜻. 마음 또는 생각을 그루박을 때 씀. 그루박.

의령 경상남도 의령군 의령읍. **의뭉스럽다** 어리석어 보이나 엉큼한 데가 있다.

의빙하다 어떤 힘에 의지하다. **의뿐** 어여쁜. **의수하다** 실제와 비슷하다.

의연하다 의지가 굳세어서 끄떡없다. **의원** 의사와 의생을 통틀어 이르는 말.

의지 관棺 대신에 시체를 담는 물건. **의지가지하다** 의지하다.

의초 동기간의 우애. 부부의 정의. **의호** 한편만 역성들어 두둔함. /마땅히.

이理 만물의 이치, 원리, 질서. **이까리** 소의 굴레에 매어 끄는 줄. '소고삐'.

이깝 낚시에 매다는 물고기의 미끼. **이거** 다른 곳으로 옮겨 감.

이계양 퇴계 이황의 아버지. **이골이나다** 익숙해지다.

이굿 재물의 이익이 되는 실마리. **이기죽거리다** 밉살스럽게 빈정거리다.

이남박 함지박. **이내** 해질 무렵에 멀리 보이는 푸르스름하고 흐릿한 낌새.

이냥 이대로 내처. **이녘** 부부간이나 하오할 사람이 말할 때 낮게 일컫던 말.

이대선 두 개의 돛대를 세운 배. '두대박이'.

이대이대 소를 똑바로 가자는 소리. **이드거니** 충분한 분량으로 만족스러운 모양.

이듬 논이나 밭을 두 번째 갈거나 매는 일. **이듭** 마소의 나이 두 살.

이따금 얼마쯤씩 있다가 가끔. **이따매이** 이러한 부류의. '이따위것'. 이따우.

이따아 조금 지난 뒤에. '이따가'. **이딴거** '이따위'를 구어적으로 이르는 말.

이랑 갈아 놓은 밭의 한 두둑과 한 고랑을 아울러 이르는 말.

이랄라꼬 이러려고. 이럴려고. **이러루하다** 정도나 형편이 대개 이러하다.

이러크름 이렇게. **이르매이** 이따위 것. **이르집다** 오래전의 일을 들추어내다.

이리위저리위 앞으로 나오라 뒤로 나오라 하다. **이마빡** 이마의 속어.

이마작해서 이제 와서. **이문둥아** 흉물 없는 친구 간에 나누는 농지거리.

이물 배의 앞부분. **이물스럽다** 성질이 음험하여 속을 헤아리기 어려움이 있다.

이밀기밀하다 의식이나 기억이 조금 희미해져서. '가물가물하다'.

이바구 어떤 사물이나 사실, 현상에 대하여 나누는 말. '이야기'. 담소.

이바지 도움이 되게 함. / 잔치. **이밥** 입쌀로 지은 밥. '쌀밥'.

이별 오랫동안 만나지 못하게 서로 갈리어 떨어짐. **이복** 각배.

이분거리다 집적거리다. **이삼저삼** 이런 저런 생각. **이상** 기준보다 더 많음.

이상가리 변리 위에 변리를 더하고 변리 속에서 변리. 복리複利.

이새 바느질, 청소 따위의 집안 일. **이수** 장미과 배나무. 돌배나무 따위.

이수 거리를 나타내는 '리里'단위. **이스매기** 실을 이어 붙인 곳.

이슥하다 밤이 매우 깊다. 이윽하다. **이슬** '눈물'을 이슬에 비유하는 말.

이슷하다 '비슷하다'. **이승** 지금 살고 있는 세상.

이승잠 혼수상태. **이시렴** 있으려무나. **이심스럽다** 지나치게 심하다.

이아치다 거치적거리어 일에 방해가 되다. **이악하다** 자기 이익에만 마음이 있다.

이야지야하다 이것이야저것이야 하다. **이약** 이야말로. 이역시.

이양 이러한 모습으로 줄곧. '이냥'. **이양떡** 경사慶事에 나누어 먹는 떡.

이엉 지붕을 이는 데 쓰는 엮은 짚. **이에** 살피. 어름. 설미. 잇짬.

이에다 (머리에)이게 하다. 이엤다. **이에짬** 두 몬을 맞붙여 잇는 짬. 짬·틈.

이여드레 이레와 여드레. **이역** '자기'. **이연들아** '이놈 아들아'의 속어.

이우다 꽃이나 잎이 시들다. 점점 쇠약하여지다. '이울다'.

이우명 두 마리 소가 잇따라 우는 소리가 들릴만한 2km 거리.

이윽하다 그윽하고 은근하다. **이을들다** 멍이 들거나 흠이 생기다.

이자 길미. **이저꿈** 이제까지 내내. '이제껏'. 이적끈, 이적지, 이적제.

이전 오래된 지난날. 옛날. **이죽거리다** 밉살스럽게 지껄이며 빈정거리다.

이중생리 복리複利. 겹길미. **이즈막** 얼마 전부터 이제에 이르는 가까운 때.

이지랑시럽다 능청맞고 천연스럽다. '이지렁스럽다'. **이짐** 고집이나 떼.

이징가미 질그릇 끼진 것. **이쩍** 오래 굳어 붙은 이똥. **이촉** 이 뿌리.

이춤 가려운 데를 긁지 못하고 몸을 일기죽거리며 어깨를 으쓱거리는 짓.

이치 도리에 맞는 취지. **이치다** 자연의 힘이 미치어 손해를 입다. '이아치다'.

이침저침 이러저러한 모양으로 그저 그렇게. '이냥저냥'.

이캤다저캤다 '이리하였다가 저리하였다가'. 이카다, 이칸다.

이태 해를 세는 단위의 두 해. **이테** 여태, 지금까지. **이틀거리** '학질'.

이허리지다 힘을 모두 써서 지쳐 쓰러질 것 같은 상태가 되다.

익내이 잿물에 익힌 삼실로 짠 삼베. **익더귀** 새매의 암컷.

익반죽 끓는 물을 쳐 가며 하는 반죽. **익삭이다** 분한 마음을 꾹 눌러 참다.

익은말 숙어. 관용구. **인** 여러 번 되풀이하여 몸에 깊이 밴 버릇.

인걸 뛰어난 인재. **인경** 통행금지. 해제 종. **인나다** 자리에서 일어나다.

인나전나 '이러하나 저러하나'. **인도깨비** 사람 모양의 도깨비.

인두겁 사람의 형상이나 탈. **인둘리다** 운김에 취하여 정신이 어지러워지다.

인뒤웅이 관아에서 쓰는 도장을 넣어두는 궤. 인궤印櫃.

인들아 '이놈들아'의 속어. **인마** '이놈아'가 줄어든 말.

인물치레 판소리 광대 첫째 감목 조건으로 잘생겨야 하는 것을 꼽음.

인부심떡 아이 낳은 집에서 사람으로 말미암는 부정을 막기 위하여 만든 떡.

인불 인燐의 겉불꽃. **인생무상** 인생이 덧없음. **인성만성** 혼잡하고 떠들썩함.

인숭무레기 사리를 분별할 능력이 없는 사람. **인심단지** 인심이 후한 사람.

인정 밤 10시. 쇠북을 28번쳐 통행을 금지.

인정정 고맙다는 뜻으로 주는 많지 않은 돈. **인제오나** 어서 오너라.

인족 비늘을 가진 물고기. **인중** 코와 윗입술 사이에 오목하게 골이 진 곳.

인질 약속 이행의 담보로 잡아 두는 사람. **인짐승** 인두겁을 쓴 못된 인간.

인차 지체함이 없이 바로. '이내'. **인치대다** 치근덕 거리다.

일껏 모처럼 애써서. 일껀. **일결** 크게 손님을 겪는 일.

일고동 일이 잘되고 못됨이 결정되는 요긴한 대목.

일긴 가장 긴요한 사람이나 물건. **일더위** 첫여름부터 일찍 오는 더위.

일떠나다 일찍이 길을 떠나다. **일떠서다** 앉아 있다가 갑자기 일어서다.

일렁이다 이리저리 흔들리다. **일력** 하룻동안의 시간.

일매지다 고르고 가지런하다. **일머리** 일의 내용, 방법, 절차의 중요한 줄거리.

일바시다 일으켜 세우다. 일받다. 일배끼다. **일벗다** '훔치다'의 옛말.

일빈 바로 조금 전에. '금방'. 지금. **일새** 일하는 솜씨.

일수이 드물지 아니하게 흔히. 자주. 일쑤. **일순** 아주 짧은 시간.

일식 한 차례 음식을 먹을 동안의 거리. 30리. **일없다** 걱정할 필요가 없다.

일우명 소 울음 한 번 들릴 거리. 천보千步. **일웊다** 일으키다. '일구다'.

일입 유시酉時. 하오 1시~3시. **일잠** 저녁에 일찍 자는 잠.

일장금 줄을 맨 거문고. **일쩝다** 일거리가 되어 귀찮거나 불편하다.

일쭉거리다 허리가 좌우로 가볍게 자꾸 흔들리다. 또는 그렇게 자꾸 흔든다.

일중 오시. 상오11시~하오1시. **일지** 남의 일가붙이를 멸시하여 일컫는 말.

일찍이 일정한 시간보다 이르게. '일찍이'. 일찌가이, 일찌이, 일찍다.

일질 미시未時. 하오 1시~3시. **일집** 말썽이 생기게 되는 바탕이나 원인.

일천하다 오래지 않다. **일축** 한번에 물리침. **일출** 묘시. 하오 3시~5시.

일탈 사회적인 규범으로부터 벗어나는 일. **일테면** 가령 말하자면. '이를테면'.

일티이래도 잃게 되더라도. **일패도지** 여지없이 패함. **일행** 함께 길을 가는 사람.

임 머리 위에 인 물건. **임금** 착하기만 하고 두름성이 없는 것을 비웃는 말.

임끼없다 인기척이 없다. **임마아** 이 녀석, 이놈아, 이눔아, 인마, 일마.

임박곰박 잇따라 여러 번 되풀이하여. '연거푸'. 임비곰븨. 연신.

임방꾼 배의 화물을 싣고 부리는 일을 업으로 하는 사람.

임병 장티부스. **임의롭다** 기준이나 원칙 없이 하고 싶은 대로 할 수 있다.

임전무퇴 전쟁에 나아가서 물러서지 않음을 이른다.

임포 송나라의 시인. 매처학자(매화 아내, 학 아들), 속세를 떠난 생활.

입구입 겨우 벌어 먹음. **입길** 이러쿵저러쿵 남의 흉을 보는 입의 놀림.

입내 소리나 말로써 내는 흉내. **입농사** 아는 집에서 밥을 먹는 것.

입다실거 식사 전에 먹는 간단한 먹거리. **입마구리** 입술 가장자리.

입매하다 음식을 간단하게 먹어 시장기를 면하다. **입말** 글이 아닌 음성 말.

입담 말하는 솜씨. **입매** 음식을 조금 먹어 시장기나 겨우 면하는 것.

입맷상 큰상을 내기 전에 간동히 차려 내는 음식상. **입새** 골목 어귀.

입성 '옷 차림'을 속되게 이르는 말. **입수루** '입술', 입수버리, 입수부리.

입시 시장기를 면하기 위하여 간단한 것을 조금 먹음. 깔딱요기.

입신立身 사람으로 마땅히 지켜야 할 덕을 갖춤. / 출세.

입심 거침없이 말하는 힘. **입씻이** 비밀을 누설하지 않도록 주는 돈이나 물건.

입인사 보상을 하지 않고 말로 만 하는 인사.

입장 장가 들어 어른이 되다. 장丈:어른. **입정** '입버릇'을 속되게 이르는 말.

입종 씨앗이 잘 들었음. **입주** 선 자리에서 마시는 술.

입죽거리다 자꾸 밉살스럽게 지껄이며 짓궂게 빈정거리다. '이기죽거리다'.

입짓 어떤 뜻을 전하거나 무엇을 알려 주기 위하여 입을 움직이는 짓.

입찬소리 자기의 능력을 믿고 장담하는 말. **입치레** 끼니를 때우는 일.

입후 양자養子로 들어감. **잇** 이부자리나 베개 따위의 거죽을 싸는 천.

잇갑 미끼. **잇바디** 이가 죽 박혀 있는 치열列의 생김새. **잉가이** 어지간히.

잉걸불 불이 이글이글하게 핀 숯덩이. **잉물** 잇꽃의 꽃물로 만든 붉은빛 물감.

잉아올 천을 짤 때, 세로 방향으로 놓인 실. '날실'.

잉앗대 베틀에서, 위로는 눈썹줄에 대고 아래로는 잉아를 걸어 놓은 나무.

잉약다 '영악하다'. **잎꽂이** 잎을 묘상에 꽂아 뿌리를 내리게 하는 꺾꽂이.

잎비자루 풀잎으로 만든 비. **잎새** 잎사귀. 이파리.

잎숟가락 얇고 거칠게 만든 숟가락. **잉글** '이렇게', 잉기, 잉다. 이클.

제비원에서 소현으로

푸른 풀에 봄바람 불고 해는 기울려 하는데,
들쑥날쑥한 산, 곳에 따라 인가 드러나네.
누구라서 능히 그려낼까, 도화원의 경치를.
흐드러져 무르익은 붉은색 온 나무에 꽃 피었네.

1월 28일, 새벽안개 걷히기 전에 경류정을 나와 두루마을에서 제비원 방향의 관도로 말을 몰았다. 커다란 바위 위에 반듯하게 앉은 제비원 석조 불상은 전설을 품은 채 서방정토를 향해 명상에 잠겨 있었다. 석조 불상을 힐끔거리며, 하인이 제비원의 전설을 물었다.

제비원의 전설은 이러하니, 남을 도울 줄 모르는 총각이 죽었다. 염라대왕이 그 총각에게 일러주었다.

"다음 생에는 소로 태어날 것이나, 연燕이의 창고에서 선행을 꿔서 쓰면 살아 돌아갈 수가 있다."

부모를 여의고 제비원에서 일하는 연燕이 처녀는 착한 일을 많이 쌓아서 생긴 자신의 재물 쿠폰으로 되살아난 총각에게서 받은 큰 재물로 부처님을 위해 법당을 지었는데, 마지막 기와를 덮던 와공이 지붕에서 떨어지는 순간 제비가 되어 날았다고 해서 암자는 '제비원'이요, 연燕이가 죽던 날 천지가 진동하면서 큰 바위가 갈라지고 나타난 석불은 연燕이가 환생한 '미륵불'이라 하였다.

〈성주풀이〉의 한 대목에 제비원은 성주의 근본이라 하였다.

…… 성주 근본이 어디메뇨.
경상도 안동 땅의 제비원이 본이 돼야
제비원에다 솔 씨 받아 동문 산에다 던졌더니,
그 솔이 점점 자라나 밤이면 이슬 맞고
낮이면 볕에 쐬어 청장목 황장목 ……

제비원에서 자란 소나무 재목을 베어다가 집을 짓고 아들을 낳아 길러 과거에 급제한다는 내용이다.

제비원 미륵불의 시선視線은 서방정토를 향하고 있으니, 제비원에서 서방은 송야천을 따라가는 검제(금계 金溪) 쪽이다. 검제를 지나면 송현으로 갈 수 있어, 〈제비원에서 소현으로 향하다 自燕子院向所峴〉라는 시를 지었다.

검제로 들어서니 군계일학群鷄─鶴 학가산이 우뚝 솟았다. 태백산에서 뻗어 내린 학가산은 안동의 서쪽, 예천 동쪽에 우뚝 웅장하게 솟아 있으며, 북쪽은 영주까지 다다르고, 남쪽으로는 풍산을 끌어당긴다. 뭇 산들 가운데 여러 고을의 경계에 흩어져 있는 것들은 모두가 야트막한 언덕배기와 같다.

시인은 평소에 여러 경계를 두루 돌아다녀 보았는데, 이르는 곳마다 이 산이 문득 바라다보여, 그때마다 가슴이 출렁이고 눈결에 와 닿는 흥취를 이기지 못했다.

검제 골짜기를 빠져나오면, 소나무가 울창한 소현이다. 포석정에 순배주循盃酒 그치고 마의태자 개골산 입산하니, 왕건과 견훤이 무주공산 땅따먹기 벌일 때, 마지막 승부수를 디케(Dike)의 천칭天秤에 걸었다. 안동의 삼태사(三太師 고려의 개국공신 김선평, 권행, 장정필)가 왕건 쪽에 분동分銅 하나 올려놓자, 견훤이 울고 간 곳이 바로 이 소현이다.

소현所峴에서 송야천이 낙동강으로 흘러든다. 소현을 뒤로하고 낙동강 강변길을 따라갔다. 낙동강이 두 번 굽이쳐서 돌면, 선사 유적지 마애마을이다. 이미 석기시대부터 사람이 살았던 곳으로, 시인의 선조는 진보에서 마애로 옮겨와 살았고, 송안군 이자수는 마애에서 두루마을로 옮겨 갔다. 송안군의 증손 흥양興陽이 산수 정山水亭을 짓고 정착하였다.

강 건너 깎아지른 적벽赤壁 세 봉우리 중 가운데 한 봉우리, 작지만 곧고 가파르게 서 있어서 옥루봉玉樓峯이라 하였다. 봉의 서쪽 골짜기 정사亭舍에 깊은 못이 있고, 하얀 모래를 금대金帶같이 두른 숲은 경치가 빼어났다. 아름드리 소나무가 우거진 솔숲 팔각연화대좌에 결가부좌하고 외로이 앉은 비로자나불상이 염불을 그치지 않는다.

마애마을의 서쪽은 낙동강이 만들어 놓은 풍산 들이다. 낙동강이 화산花山에 막혀 강물이 급하게 굽이쳐 돌 때, 강물에 실려온 기름진 흙을 내려놓아 생긴 들판이다. 씨를 뿌리기만 하면 갯무가 쑥쑥 자라고 벼이삭이 여무는 곳, 지금은 보리이삭이 파란 들판 위로 북풍이 차지만, 이삭이 영그는 5월이면 사람들의 성정을 풍성하게 한다.

풍산 들을 지나 낙동강을 따라 화산을 돌아 나가면, 병풍산이 적벽 밑으로 흐르는 강물에 그림자를 드리운다. 훗날, 서애 유성룡이 풍악서당을 옮겨 병산서원을 지으면서 만대루가 세워지게 된다.

입교당에서 바라보면 만대루 7칸 기둥 사이로 펼쳐지는 강물과 병산屛山과 하늘의 조화는 살아서 꿈틀거리는 그림이다. 만대루의 '만대晩對'는 두보杜甫의 시 〈백제성루百濟城樓〉의 '취병의만대翠屛宜晩對'에서 따온 것으로, 그 의미는 "병산의 푸른 절벽은 늦은 오후에야 대할 만하다."이다.

화산을 남으로 돌아 나가면, 물이 굽이도는 하외촌河隈村이다. 남쪽으로 흐르던 강물이 부용대에 이르러 동으로 급선회하여 산을 휘감아 안고 산은 물을 얼싸안은 곳이다. 꽃뫼(花山)가 뒤를 받치고 꽃내(花川)가 마을을 휘감아, 거센 물줄기가 주춤하며 잠시 쉬어 가는 곳이 하외다. 산과 물이 어우러진 산태극수태극山太極水太極 형국을 물이 돌아 나가는 '물돌이동'이라 하여 '하외河隈'라 하였다.

하외마을에는 오래전부터 전해 오는 〈하외 별신굿 탈놀이〉는 보통 10년 또는 7년에 한 번씩 보름 남짓한 기간 동안 열리는데, 민중들이 주축이 되어 서낭신을 앞세운 풍물패와 탈춤패들이 어울려 마을의 구석구석을 누비면서, 평소에는 불가침 지역으로 조신하게 드나들었던 양반집 마당이나 대청마루에도 거침없이 오르고, 양반과 선비를 무능하고 위선적인 존재로 그려서 그들의 체면을 구겨 놓는다.

자가바람 요란한 소리를 내며 빠르게 일어나는 바람. '자개바람'.

자가사리 퉁가릿과의 민물고기. '동자개'.

자가품 손발의 이음매가 과로로 말미암아 마비되어 시고 아픈 증상.

자갈치 부산 중구 남포동·충무동 일대의 활어·어패류·건어물 수산시장.

자갈풍 손목, 발목, 손아귀 따위의 이음매가 시고 아픈 증상. '자가품'.

자깝스럽다 어린아이가 마치 어른처럼 행동하여 깜찍한 데가 있다.

자개미 겨드랑, 오금 양쪽의 오목한 곳. **자개바람** 바짓가랑이 스치는 '잰바람'.

자개장 전복 껍데기 조각을 붙인 장롱. **자고** 무거운 물건을 담는 가죽 주머니.

자게 자기. **자구럽다** 자고 싶은 느낌이 들다. '졸리다'. 자부럼, 자부랍다.

자꾸 여러 번 반복하거나 끊임없이 계속하여. 자꼬. 자꾸자꾸, 자꼬자꼬.

자국 '흔적'. **자국걸음** 한 발짝씩 조심스럽게 옮겨 디디는 걸음.

자국눈 겨우 발자국이 날 만큼 적게 내린 눈.

자국메우기 골을 따라 씨를 뿌린 다음 밟아 나가며 자국을 메우는 일.

자국물 발자국에 괸 물. **자굴산** 의령군 가례면에 있는 산.

자그라지다 짓눌려서 오그라지다. '짜그라지다'.

자그락거리다 잔 자갈밭을 가볍게 밟는 소리가 잇따라 나다.

자극 어떠한 작용을 주어 감각이나 마음에 반응이 일어나게 함.

자근당 시간이 상당히 지나는 동안. '한참'. **자근자근하다** 자꾸 가볍게 밟다.

자글거리다 걱정이 나서 마음을 졸이다. 햇볕이 따갑게 내리쪼이다.

자금거리다 음식에 섞인 잔모래가 자꾸 씹히다.

자금질 물속에서 떴다 잠겼다 하는 '자맥질'.

자긋자긋 살며시 가볍게 자꾸 힘을 주는 모양.

자긋자긋하다 몸에 소름이 끼치도록 잔인하다.

자냥스럽다 재잘거리는 소리가 듣기에 똑똑하다.

자네 친구나 아랫사람, 사위를 점잖게 대우하는 이인칭 대명사. 자개.

자늑자늑하다 동작이 조용하며 가볍고 진득하게 부드럽고 가볍다.

자닝하다 애처롭고 불쌍하여 차마 보기 어렵다. 연약하고 가냘프다.

자닥 두 팔을 둥글게 모아서 만든 둘레. '아름'. 자대기.

자드락 겨드랑. 자드랑, 자드랭이. **자드락거리다** 남을 자꾸 성가시게 굴다.

자드락논 나즈막한 산기슭 기울어진 땅에 일군 계단식 논.

자드락나다 감추고 있던 일이 탄로 나다.

자드락밭 나즈막한 산기슭 비탈진 땅에 비스듬히 일군 밭.

자드락지기 나즈막한 산기슭 기울어진 땅에 일군 계단식 논배미.

자드랭이 양편 팔 밑의 오목한 곳. '겨드랑'. 자드락, 자드랑.

자들다 비, 눈 따위가 억세게 마구 쏟아지다. '퍼붓다'. 짜들다.

자다 바람이나 물결이 잠잠해지다. **자따롭다** 인색하다. '잗달다'.

자라가슴 쉽게 놀라거나 크게 겁을 내는 가슴을 비유적으로 이르는 말.

자라눈 젖먹이의 엉덩이 양쪽으로 오목하게 들어간 자리.

자라다 생물이 생장하거나 성숙하여지다. /넉넉하여 모자람이 없다.

자라기 옷이나 이불 따위의 아래로 드리운 넓은 조각. '자락'.

자라병 편제扁提. 자라꼴 물병. **자락** 넓게 퍼진 안개나 구름, 어둠 따위.

자락자락 갈수록 더욱 거리낌 없이 구는 모양.

자란자란 액체가 그릇에 가득 차 가장자리에서 넘칠 듯 말 듯 한 모양.

자래 앉을 수 있게 마련된 자리. '좌석座席', 자리.

자래다 넉넉하여 모자람이 없다. '자라다'. 도래다, 도래가다, 자랫다.

자록하다 자애를 베푸는 사랑과 정이 깊다. '자애롭다'.

자롭 유아들이 흔히 앓는 자질구레한 병. '잔병'. 자릅, 자립.

자루 이야기를 세는 단위. **자름하다** 약간 잔 듯하다. '자름'.

자리 주머니, '자루'. /손잡이, '자루'. /노래나 악곡, '가락'.

자리꼽재기 인색한 사람을 낮잡아 이르는 말. '자린고비'. 구두쇠.

자리끼 잠자리의 머리맡에 준비해 두는 물. **자리맡** 잠자리의 곁.

자리보기 신혼부부가 첫날밤을 지낸 다음 날 친척이 모여 함께 즐기기.

자리보전 병이 들어서 누워서 지냄. **자리옷** 잠잘 때 입는 잠옷.

자린고비 '자리꼽재기'. **자립성** 남에게 의지하지 아니하고 스스로 서려는 성질.

자릿그물 물고기 떼가 지나는 길목에 쳐 놓아 고기를 잡는 그물.

자릿내 오래도록 빨지 아니한 빨랫감에서 나는 쉰 듯한 냄새.

자릿쇠 물건을 죌 때, 너트에 끼우는 둥글고 얇은 쇠붙이.

자릿조반 아침에 잠에서 깨어나는 그 자리에서 먹는 간단한 식사.

자마구 곡식의 꽃가루. **자만** 스스로 흡족하게 여김.

자망하다 스스로 흡족하게 여기다. '자만하다'.

자맥질 물속에서 떴다 가라앉았다 하는 팔다리의 움직임. 자무락질.

자몽하다 졸릴 때처럼 정신이 흐릿한 상태. **자무래기** 벼이삭이 팬 것.

자무다 물속에 가라앉다. '자물다'. **자물시다** '기절하다'.

자물통 '자물쇠'. **자물다** 자물쇠를 채우거나 빗장을 걸다. '잠그다'.

자미화 배롱나무의 꽃. **자바기** '자배기'. **자빠뜨리다** 자빠지게 하다.

자박 발을 가만가만 가볍게 내디디는 소리. 자박거리다.

자빡(놓다/대다/맞다/치다) 못박아 딱지 놓다. 일언지하의 거절.

자반뒤집기 괴로움을 이기지 못하여 엎치락뒤치락하는 짓.

자반토막 소금에 절인 생선토막. **자발없다** 움직임이 가볍고 참을성이 없다.

자밤 나물이나 양념을 모아 그 끝을 손가락으로 집을 만한 분량의 단위.

자배기 둥글넓적하고 아가리가 넓게 벌어진 질그릇.

자벌레 나뭇잎을 갉아먹고 사는 벌레.

자부락거리다 가만히 있는 사람을 실없이 자꾸 건드려 귀찮게 하다.

자부레기 쭈그러져 못 쓰게 된 그릇이나 물건 따위를 이르는 말.

자부래미 잠꾸러기. **자부럼** 잠이 오는 느낌이나 상태. '졸음'.

자부레지다 날씨가 비가 올 듯 가라앉다.

자부시면 '먹다'의 높임말. 잡수시면. **자북하다** '자욱하다'.

자분거리다 짓궂은 말이나 행동으로 자꾸 귀찮게 하다.

자분치 귀 앞에 난 잔머리카락. **자불다** '졸다'. 자울다.

자비 가마 같은 탈것을 이르는 말. **자상하다** 인정이 넘치고 정성이 지극하다.

자살궂다 성미나 행동 따위가 몹시 잘고 싹싹하고 부드럽다.

자새 눈알이나 새 따위의 알에서 빛깔에 따라 구분된 부분. '자위'.

자석 '자식子息'. **자세** 연줄, 낚싯줄 따위를 감는 '얼레'.

자세하다 권력이나 세력을 믿고 의지하다./꼼꼼하고 세심하다.

자슥내이 아이를 낳는 '출산'. 자슥(자식). **자시다** '잡수시다'.

자시하다 사소한 부분까지 아주 구체적이고 분명하다. '자세하다'.

자식 부모가 낳은 아이를, 그 부모에 상대하여 이르는 말.

자아내다 물레로 실을 뽑아내다. 생각이 저절로 나오도록 일으켜 내다.

자아매다 흩어지지 않게 한데 매다. '잡아매다'.

자아먹다 '잡아먹다'. 자아멕히다:잡아먹히다, 자아멕헤다. 자아멕헿다.

자에다 잠을 자게 하다. '잠재우다'. 자엜다. 재웠다.

자영구 '자전거'. 자장구. **자옥비게** 자주색 보석같이 썩 아름다운 베게.

자요 윗사람에게 물건을 줄 때 쓰는 말. '옜습니다'.

자우 암컷과 수컷을 아울러 이르는 말. '자웅'.

자욱길 오가는 사람이 드물어 흔적이 날 듯 말 듯한 오솔길.

자욱하다 연기나 안개 따위가 잔뜩 끼어 흐릿하다.

자웅 암컷과 수컷을 아울러 이르는 말. 승부를 비유적으로 이르는 말.

자웅눈 한쪽은 크고 한쪽은 작게 생긴 눈.

자위 새끼를 꼬거나 실을 감았다 풀었다 하는 작은 얼레. '자새'.

자위돌다 있던 자리에서 떠나 한 바퀴 빙 돌아서 오다.

자위지다 병으로 몸이 쇠약해지다. **자이** 매우. 몹시. '장차히'.

자이다 그릇에 차곡차곡 담아 두다. '쟁이다'. **자인** 아내의 아버지. '장인'.

자자부리하다 여럿이 다 가늘거나 작다. '자잘하다'. 자잔하다.

자자하다 여러 사람의 입에 오르내려 떠들썩하다. 흐드러지다.

자작거리다 어린아이가 처음 발을 짧게 내디디며 위태롭게 걷다.

자작자즉 고요하고 호젓하게. '잠적히'. **자작지얼** 스스로 저지른 일로 생긴 재앙.

자잔하다 여럿이 모두 가늘거나 작다. '자잘하다'.

자잘궂다 성격이 자잘하다   **자잘모름하다** 여럿이 다 잘고 시시하다.

자잘못 잘함과 잘못함. '잘잘못'. **자장가** 어린아이를 재우기 위하여 부르는 노래.

자재기 '자치기놀이'. **자정수** 자정에 길어서 먹는 물.

자조 같은 일을 잇따라 잦게. '자주'. **자죽** 흔적. 자국.

자주와리 말을 재잘거리는 사람. **자지갓나희** 솜씨있게 노는 계집.

자지다 뒤로 기울다. 잦히다. **자지레지다** 몹시 놀라 몸이 움츠러 들다.

자진모리 빠른 박자. **자질** 아들과 조카를 통틀어 이르는 말.

자질무리하다 자잘하다. **자차분하다** 잘고 시시하여 대수롭지 아니하다.

자책나다 집안에 앓거나 손실이 생겨 걱정이 생기다.

자책하다 자신의 삶에 대하여 스스로 깊이 뉘우치고 자신을 책망함.

자처울다 닭이 점점 새벽을 재촉하여 울다. **자체** 내부적이거나 독립적임.

자축대다 다리에 힘이 없어 가볍게 다리를 절며 걷다.

자청파 잎이 가는 파. '쪽파'. **자최** 어떤 것이 남긴 표시나 자리. '자취'.

자축자축 다리에 힘이 없어 절룩거리는 것.

자치기 나무토막을 긴 막대기로 쳐서 날아간 거리로 승부정하는 놀이.

자치다 잇달아 재촉하다. **자치동갑** 한 살 차이나는 동갑. 어깨동갑.

자칫거리다 어린이가 걸음 발 타듯이 주춤거리며 걷다.

자태 (어떤 대상) 옆에, 에게, 한테. / 모습이나 모양.

자투리 팔거나 쓰다가 남은 피륙이나 종이의 조각. 자치래기.

자파하다 저절로 일을 구만두다. **자판** 땅에 늘어놓고 앉는 자리. '좌판'.

자풀이 천을 필로 팔지 아니하고 몇 자씩 끊어서 팖.

자하동 경복궁 북쪽 창의문 아래. 북악과 인왕산 사이의 계곡.

자하로 자기 뜻대로. **자학적** 자기를 스스로 학대하는 것.

작달비 장대처럼 굵고 거세게 좍좍 내리는 비.

작당 떼를 지음. **작도** 사천시 서포면의 옛 까치섬. 작도 정사가 있음.

작반 길을 같이 가는 사람. 동행자. **작발하다** 나무를 베다. '작벌하다'.

작벼리 물가의 모래벌판에 돌이 섞여 있는 곳.

작별 물에 닳아서 된 작고 동글동글한 돌. '조약돌'.

작살나다 완전히 깨어지거나 부서지다.

작신 꼼짝못하게 한번에. **작신거리다** 자그시 힘을 주어 자꾸 누르다.

작약 작약과의 여러해살이풀. **작이** 아쉽게도 채 이르지 못하게. 거의.

작이없다 주책없다. **작지** 작대기. **작히다** 상황이 좋지 않을 때, '오죽'.

잔내비 '원숭이'. **잔녑** 가냘프고 변변하지 못함. **잔다리** 낮은 자리부터 오른 사람.

잔다리밟다 낮은 지위에서부터 높은 지위로 차차 오르다.

잔대기 잔디. **잔도드리** 정악과 민속악에서 한 옥타브 올려 변주곡.

잔득거리다 녹진하고 차져 끈적끈적하게 자꾸 달라붙다.

잔말쟁이 쓸데없이 자질구레하게 말을 하는 버릇이 있는 사람.

잔망스럽다 몹시 약하고 가냘픈 데가 있다. **잔머리** 약은 꾀. '잔꾀'.

잔물잔물 눈 가생이의 짓무른 듯한 잔주름. **잔박하다** 쇠잔하고 가난하다.

잔방의 가랑이가 무릎까지 오는 홑고의. **잔병치레** 잔병을 자주 앓는 일.

잔사다리 쓸데없이 자질구레한 말을 늘어놓음. '잔사설'.

잔사담 대수롭지 않은 것을 사사로이 하는 말.

잔삭다리 자로 재어 팔거나 재단하다가 남은 천의 조각. '자투리'.

잔생이 '아주 몹시' 또는 '지긋지긋하게'의 뜻을 나타내는 말. '지지리'.

잔속 시시콜콜한 속내. **잔손불림** 잔손질이 가는 자질구레한 일.

잔수발 신변 가까이에서 여러 가지 자질구레한 시중을 듦.

잔신 화살을 발시하고 난 뒷 동작. **잔용** 자질구레한 데에 드는 비용費用.

잔월효성 새벽녘의 달과 별. **잔입** 자고 일어나서 아무것도 먹지 아니한 입.

잔자름하다 여럿이 다 가늘거나 작다. **잔자부레하다** 자그마한 이것저것.

잔작돌 강 바닥이나 바닷가의 반질반질하게 모가나지 않은 잔돌. 몽돌.

잔작하다 나이에 비해 어리고 좀스럽다. **잔재미** 소소한 재미.

잔재주꾼 자질구레한 재주를 잘 부리는 사람. 잔재비꾼.

잔조롭다 움직이는 모양새가 작아 잔잔한 느낌이 있다.

잔주름 잘게 잡힌 주름. **잔주접** 어릴 때의 잔병치레로 잘 자라지 못하는 탈.

잔줄내기 어린아이들을 낮잡아 이르는 말. '조무래기'.

잔줄이다 감정을 억제하여 참다. **잔질타** 마음이 약하고 하는 짓이 잘다.

잔채질 포교가 죄인을 신문할 때에, 회초리로 연거푸 마구 때리던 일.

잔챙이 지지리 못난 사람을 낮잡아 이르는 말. **잔쳇집** '잔칫집'.

잔치 기쁜 일이 있을 때에 음식을 차려 놓고 여러 사람이 모여 즐기는 일.

잔판머리 일의 끝날 무렵. 마무리 무렵.

잔풀나기 무엇을 자랑하여 꺼떡거리는 사람. / 싹이 나는 봄철.

잔풍하다 바람이 잔잔하다. **잘갈다** 잘고 곱게 갈다.

잘널다 잘게 널다. 음식을 이로 깨물어 잘게 만들다.

잘다랗다 아주 자질구레하다. **잘달다** 하는 짓이 잘고 다랍다.

잘젊다 나이보다 젊어 보이다. **잘주름** 옷에 잡은 잔주름.

잘타다 팥이나 녹두 따위를 잘게 부서뜨리다.

잘개 볏단을 메어쳐서 이삭을 떨어내는 데 쓰던 농기구. '개상'.

잘게 자루에. **잘근거리다** 조금씩 잇달아서 씹다.

잘래잘래 머리를 옆으로 가볍게 자꾸 흔드는 꼴. 절레절레.

잘록이 산줄기의 잘록한 곳. **잘숨하다** 길이가 약간 짧은 듯 하다.

잘잘거리다 주책없이 자꾸 이리저리 바삐 싸다니다.

잘잘못 잘함과 잘못함. **잘참** 길 옆에 만들어 놓은 숙소.

잘코사니 미운 사람이 잘못되는 것을 고소하게 여기는 일.

잠깐 매우 짧은 동안. **잠게다** '잠그다'. 잠구다. 잠굴다, 잠우다, 잠웋다.

잠게다 물속에 물체가 넣어지거나 가라앉게 되다. '잠기다'. 잠겔다.

잠꼬대 잠을 자면서 자기도 모르게 중얼거리는 헛소리.

잠꾸레기 잠이 아주 많은 사람을 낮잡아 이르는 말. '잠꾸러기'. 잠충이.

잠귀 잠결에 소리를 들을 수 있는 감각.

잠귀가 질기다 여간해서 잠을 깨지 아니하다.

잠동무 친근하게 한자리에서 잠을 자는 사람.

잠록하다 날씨가 흐리고 바람이 없이 우중충하다.

잠방이 가랑이가 무릎까지 오는 홑바지. **잠뿍** 꽉 차도록 가득. 잔득.

잠절 의식이 흐릿할 정도로 잠이 들거나 깬 상태. '잠결'.

잠주정 '잠투정'. **잠죽하다** 한 가지 일에 골똘하다. '참척하다'.

잠지 남자아이의 성기를 귀엽게 이르는 말. **잠차지다** 열중하다.

잠충이 '잠꾸러기'. 잠총이. 잠벌레. **잠투세하다** 잠투정하다.

잡구잡신 잡스런 귀신. 잡귀신. **잡념** 여러 가지 잡스러운 생각.

잡도리 미리 잘못되지 않게 단단히 잡죄는 일. 단도리.

잡동사니 잡동산이雜同散異, 잡다한 것이 한데 뒤섞인 것이나 물건.

잡북 분량이나 수효 따위가 어떤 범위나 한도에 꽉 찬 모양. '가득'. 자뿍.

잡살뱅이 여러 가지가 뒤섞인 허름한 물건. **잡상스레** 잡되고 상스러운.

잡술상 손님을 대접하는 조촐한 다과상. 어려운 이를 대접하는 상.

잡아끄다 잡고 끌다. '잡아끌다'. **잡아땡기다** 잡아서 끌어당기다. '잡아당기다'.

잡아들다 (목표를 정하여) 어느 길로 들어가다.

잡아띠다 한 것을 아니 하였다고 하다. '잡아떼다'.

잡아옇다 '잡아넣다'. **잡을손** 일을 다잡아 하는 솜씨.

잡이 사람이 타고 다니는 것을 통틀어 이르는 말. '탈 것'.

잡잇간 농기구·풍물·가마 같은 기구를 넣어두는 곳간.

잡차래 삶아 낸 여러 가지가 뒤섞인 쇠고기.

잡채다 아주 엄하게 다잡다. 잡죄다. 재촉하다. 독촉하다.

잡히다 열매 등이 열다. 어름이 얼다. 꽃망울이 생기다.

잡힐손 무슨 일에든지 쓸모가 있는 재간. **잣** 흙, 돌을 높이 쌓아 만든 담.

잣다 물레 따위로 섬유에서 실을 뽑다. / 말하다. 지껄이다.

잣구리 잣가루 묻힌 떡. **잣단얘기** 점잖지 못한 얘기. **잣비개** 자수놓은 베게.

장 물건을 사고 파는 곳. /노랫가락을 세는 단위. /늘, 언제나.

장가 사내가 아내를 맞는 일. **장가구** 장 보러 갈 때 들고 가는 바구니.

장갱이 다리의 정강이뼈. **장건건이** 간장, 고추장, 된장을 통틀어 이르는 말.

장골 기운이 세고 뼈대가 큰 사람. **장과지다** 기절하다. 까무러치다.

장구럭 시장바구니. **장구배미** 장구처럼 가운데가 불룩한 논배미.

장국밥 장국에 산적을 넣은 국밥. **장군** 액체를 담아서 옮길 때에 쓰는 통.

장군전 세 근에서 닷근의 쇠로 만든 화살. 지자총통 화살.

장궈지다 얼마 동안 정신을 잃고 죽은 사람처럼 되다. '까무러지다'.

장근 때가 가깝게 됨. ~에 가깝다. **장꼬방** 장독을 놓아두는 곳. '장독간'.

장꽃 간장 위에 뜨는 허옇게 엉겨 굳거나 말라서 생긴 더껑이.

장글장글하다 바람이 없는 날에 해가 살을 지질 듯이 따갑게 내리쬐다.

장금장금 작은 동작으로 느리게 걷거나 기는 모양. '앙금앙금'.

장기튀김 한 군데에서 생긴 일이 차차 다른 데로 옮겨 미침을 이르는 말.

장끼 수꿩. 장꿩, 장꽁. **장남하다** '장성하다'를 속되게 이르는 말. 점잖다.

장내기 장날에 장꾼의 물건이나 돈을 빼앗는 것.

장내놓다 돈이나 곡식을 꾸어 주고 이자를 받다. 장리長利놓다.

장님총 목표를 똑바로 잡지 아니하고 함부로 쏘는 총.

장다리 종아리에서 살이 불룩한 부분. '장딴지'. 종아리.

장다리꽃 배추, 무의 줄기에서 피는 꽃. **장다지** 시간이 많이 지나도록. 줄곧.

장단 박자. **장닭** 수탉. **장대다** 마음속으로 기대하며 잔뜩 벼르다.

장대비 굵은 방울이 쏟아지는 비. **장떡** 된장떡, 먼길 갈 때 건량으로 썼음.

장땡이 화투 노름에서, 열 끗짜리 두 장을 잡은 제일 높은 끗수. '장땡'.

장도감 풍파를 이르는 말. **장도막** 장날로부터 다음 장날 사이의 동안.

장독 간장, 된장, 고추장 따위를 담아 두거나 담그는 독.

장동 자하동을 자동으로 발음하고 빨리하면 장동으로 불렀다.

장두 거리가 멀고 가까움을 서로 비교함. **장돌림** 장돌뱅이.

장딍이 코나 산 따위의 두드러져 올라온 부분. '잔등'. **장로** 장래. 앞으로.

장막 둘러친 막. **장막지** 간장을 담그고 남은 찌꺼기. '간장박'.

장맞이 사람을 만나려고 길목을 지키고 기다리는 일.

장목비 꿩의 꽁지깃으로 만든 빗자루. **장밭** 길이가 긴 밭.

장뼘 엄지손가락과 가운뎃손가락을 힘껏 벌린 길이.

장부이 오줌을 담아 나르는 오지나 나무로 된 그릇. '장군'.

장사자루 상권商權. 장사해자 장사밑천. 장살 매를 쳐서 죽이는 형벌.

장서두리 장날이면 일을 거들어 주는 사람, 또는 그러한 일.

장석 짚으로 길게 엮은 자리. 장성세다 무서움을 타지 아니하다. '장력세다'.

장수 장사하는 사람. '장사꾼'. 군사를 거느리는 우두머리.

장수철갱이 장수잠자리. 장승 장생長柱. 장시 시장市場 / 장사.

장옥場屋 과거시험장. 장옷 외출할 때 머리에서부터 내려쓰던 풀빛 옷.

장옷짜리 평민 부녀. 장울다 '가라앉다'의 사동사. '가라앉히다'.

장인 아내의 아버지를 이르는 말. /덕이 많고 학식이 많은 사람.

장작가래이 장작을 쌓아 올린 무더기. '장작가리'.

장장대다 짧은 다리를 모으고 가볍게 자꾸 내뛰다.

장주릅 장터에서 흥정 붙이는 것을 업으로 하는 사람.

장죽꽂이 긴 담뱃통을 아래로 가도록 여러 개 걸치도록 한 것.

장찌개 간장만으로 간을 쳐서 끓인 찌개. 장차 미래의 어느 때.

장찬가음 옷이나 이불 따위를 만들 때 쓰이는 천으로 긴 것을 일컫는 말.

장치 어떤 목적에 따라 기계를 장착하는 설비.

장치다 말이 누워서 등을 땅에 대고 문질러 비비다.

장침 보료와 같은 밑감을 싸서 팔을 얹고 옆으로 기댈 수 있는 것.

장판 사람이 모여서 북적거리는 곳을 비유적으로 이르는 말. 장터.

장ㅎ다 기상이나 인품이 훌륭하다. 자랑스럽고 멋이 있다. '장하다'.

잦감 밀물이 다 빠져나가 바닷물이 잦아진 때. 간조干潮.

잦다 잇따라 자주 있다. 잦뜨리다 힘을 들여 뒤로 잦히다.

잦바듬히 탐탁해하거나 즐겨 하는 빛이 없이.

잦아지다 느낌이나 기운 따위가 속으로 깊이 스며들거나 배어들게 되다.

잦치르다 잇따라 재촉하다. '잦추다'. 잦히다 밥물이 잦아지게 하다.

잩에 곁에. 재 고개. 영嶺. 티山寺. 재간바치 재주를 지닌 사람. '재간꾼'.

재강 술을 걸러내고 남은 찌끼. 술막지. 재게 걸리는 시간이 짧게. '빨리'.

재까닥 어떤 일을 시원스럽게 빨리 해치우는 모양. 재깍.

재꼴리다 낮고 빠른 목소리로 자꾸 지껄이다. 재잘거리다.

재끼칼 주머니에 넣고 다니며 쓰는 작은 칼. '주머니칼'.

재넘이 산에서 내려부는 바람. **재넝기다** 기한을 넘겨 맛이 새콤하게 되다.

재다 동작이 재빠르고 날쌔다. **재딱거리다** 잘난 체 버릇없이 움직이다.

재단 마름질. **재랄** 법석을 떨며 분별없이 행동하다. **재래기** '겉절이'.

재령이씨 황해도 재령군을 본관으로 하고 시조는 고려의 중신 이우칭.

재리 매우 인색한 사람을 낮잡아 이르는 말.

재만대이 재의 맨 꼭대기. '잿마루'. 잿때뱅이, 잿디이, 잿마랭이. 재만디이.

재목 목조의 건축물ㆍ기구 따위를 만드는 데 쓰는 나무.

재물 돈이나 값나가는 모든 물건. **재미** 즐거운 기분이나 느낌. 성과, 보람.

재바르다 동작 따위가 재고 빠르다. **재벽** 사금광에서 나오는 금덩이.

재불 두 번째. '재차'. **재사** 묘소나 사묘祠廟 옆에 지은 집.

재산치 대나 싸리로 만든 그릇. **재수** 재물이 생기거나 좋은 일이 있을 운수.

재여리 중매. 흥정꾼. 중개인仲介人. 뚜쟁이. 중신어미. 매파.

재우치다 빨리 몰아치거나 채촉하다. **재원** 재주가 뛰어난 젊은 여자.

재이다 물건을 차곡차곡 포개어 쌓아 두다. '쟁이다'.

재작하다 짐작하여 만들다. **재장구치다** 두 번째로 서로 마주쳐 만나다.

재장바르다 시작하려는 첫머리에 좋지 못한 일이 생겨 꺼림칙하다.

재주 무엇을 잘 할 수 있는 타고난 능력과 슬기. '재조才操'.

재책 코 안의 신경이 자극을 받아 갑자기 코로 숨을 내뿜는 일. '재채기'.

재책없다 주저함이 없다. **재첩** 가막조개, 갱조개.

재판 물기를 걷게 하는 일. 방 안에 깔아 두는 두꺼운 종이나 널빤지.

잰 '저 아이는'의 준말. **잰꾀** 얕은 꾀. '잔꾀'. **잰메늘** 부지런한 며느리.

잼 재미. **잼강** 댕강. **잼처** 어떤 일에 바로 뒤이어 거듭.

잽싸다 동작이 매우 빠르고 날쌔다. **잽이수** 윗수. 상수上手.

잽히다 담보로 맡겨지다. '잡히다'. **잿길** 고개를 넘는 길.

잿더미 불에 타서 폐허가 된 자리를 비유한 말. **잿물** 재를 우려낸 물.

잿밥 불공할 때 부처 앞에 놓는 밥. **쟁개비** 무쇠로 만든 작은 냄비.

쟁게미 솥뚜껑처럼 생긴 무쇠 그릇. '번철'.

쟁깨미 놋그릇을 닦을 때 쓰는 깨진 기와조각 가루.

쟁기다 물속에 물체가 넣어지거나 가라앉다. '잠기다'.

쟁여놓다 차곡차곡 쌓아두다. 재다. **쟁이** 천천히. **쟁첩** 반찬 담는 작은 접시.

쟁치다 풀을 먹인 명주나 모시를 반반하게 말리거나 다리다. '재양치다'.

쟁퉁이 잘난 체하고 거드름을 피우는 사람을 놀림조로 이르는 말.

쟁핑하다 표면이 편편하다. **쟁피** 논에서 자라는 볏과의 한해살이풀. 피.

재촉 일을 빨리하도록 조름. 최촉催促. **저** 젓가락. 저까치.

저까이 겨우 저만한 정도의. '저까짓'. 저까안, 저까앗

저겨디디다 발끝이나 발뒤꿈치만으로 땅을 디디다. '제겨디디다'.

저구리 한복 윗옷의 하나. '저고리'. **저근하다** 보다 약간 낫다. 웬만하다'.

저내년 내년 다음 해. **저냐** 재료에 밀가루를 바르고 달걀을 씌워서 지진 음식.

저녁놀 해가 질 때의 노을. '저녁노을'. **저녁답** 저녁때. 저녁 무렵.

저따우 '저러한 부류'를 낮잡아 이르는 말. '저따위'. 저따매이, 저르매이.

저뭇하다 날이 저물어 어스레하다. 거느름하다.

저랄라꼬 저렇게 하려고, 저란다꼬. **저래** '저러하게'. 저렇게.

저래기 배추, 상추, 무 따위를 절여서 곧바로 무쳐 먹는 반찬. '겉절이'.

저래다 저렇게 하다. '저리하다'. **저르매이** 저따위 것.

저른 뜻밖에 놀라운 일이나 딱한 일을 보거나 들었을 때 하는 말. '저런'.

저를 시간적인 여유. **저름** 고깃덩어리에서 떼어 낸 작은 고기 조각.

저름나다 말이나 소가 다리를 절게 되다. **저릅** 껍질을 벗긴 삼대. '겨릅'.

저리다 두렵게 하다. **저마꿈** 정도가 저러하다. '저만하다'. 저만츰, 저만침.

저모레 모레의 다음 날. '글피'. **저물게** 날이 저물 무렵. '저물녘'.

저믓 해가 져서 어두워지다. **저분** 젓가락. **저저분흐다** 지저분하다.

저승꽃 노인들 얼굴에 생기는 거뭇거뭇한 점點.

저쑵다 신불神佛이나 조상에게 메를 올리거나 절하다.

저아래 오늘로부터 사흘 전의 날을 이른다. **저어꺼정** 저희들 끼리.

저울샅 무거운 물건을 움직이는 데에 쓰는 막대기. '지렛대'.

저욹 물건의 무게를 다는 데 쓰는 기구. '저울'. 저을 겨울. 저의 속셈.

저저금 저마다. 제각기. **저저력** 돌보지 않아 보잘 것 없게 된 모습.

저저이 있는 그대로 낱낱이 모두. **저적** 말하는 때 이전의 차례나 때. 접때.

저적대다 어린아이가 발을 천천히 내디디며 위태롭게 걷다.

저절로 제 스스로. **저줍다** 말을 더듬다. **저즈르다** 재거나 짐작하다.

저즈리다 절제하다. **저지다** 적시다. 저치다.

저질다 죄를 짓거나 잘못이 생겨나게 행동하다. '저지르다'. 저지레하다.

저짜 저쪽. **저찬하다** 몹시 바쁘게 뛰어다니다. '분주하다'.

저촉이다 절뚝거리다. **저치다** 거리끼거나 얽매이다. 성가시게 하다.

저칸다꼬 저렇게 말한다고. 저카다, 저칼라꼬. **저퀴** 앓게 한다는 귀신.

저큼 잘못을 고치고 다시 같은 잘못을 하지 아니하는 버릇.

저투리다 두려워하다. '두렵다'. 저퍼하다. 저프다. 저품.

저허하다 염려하거나 두려워하다. '저어하다'. 적 '부침개'.

적막함 고요하고 쓸쓸함. **적몰** 재산을 몰수하고 가족까지 처벌하던 형벌.

적바람 글로 간동하게 적어두는 일. '적바림', 적발. 자국.

적바르다 어떤 한도에 이르러 여유가 없다.

적빠르다 정도가 넘고 처져서 어느 쪽에도 맞지 아니하다. '어지빠르다'.

적벽가 소동파가 항주의 동파에 유배 되었을 때 지은 시.

적삼 윗도리에 입는 저고리와 같은 모양의 홑옷.

적새 고기나 굳은 떡 조각 따위를 굽는 기구. '석쇠'. 적쇠, 적수.

적수 재주나 힘이 서로 비슷해서 상대가 되는 사람.

적심 재목을 물에 띄워 내리는 일. **적요** 적적하고 고요함.

적이 어지간한 정도로. **젂어봤다**. 겪다. **전갈** 전하는 말이나 안부.

전거리 전으로 쌓아 두거나, 한 전씩 묶어 단을 지은 잎나무.

전곡 집터의 경계선. **전끈** 분량이 어떤 한도에 꽉 차다. '가득'.

전내기 물을 타지 않은 술. **전다지** 다른 것이 섞이지 아니하고 고스란히.

전더구니 물건의 위쪽 가장자리. '전'을 속되게 이르는 말.

전두리 둥근 그릇의 아가리에 둘려 있는 전의 둘레.

전디다 어려운 환경에 굴복하거나 죽지 않고 계속해서 버티다. '견디다'.

전마춤 공장에 직접 주문제작하여 만든 물건. '전맞춤'.

전물 오랫동안 푹 고아서 걸쭉하게 된 국물. '진국'.

전반 종이를 벨 때에 칼질을 바로 할 수 있게 눌러대는 나무쪼각.

전반도리 땋아 늘린 머리채가 치렁치렁하게 흔들리다. **전방** 가게.

전배기 물을 조금도 타지 아니한 순수한 술. '전내기'. 점배기.

전별연 보내는 쪽에서 예를 차려 작별할 때에 베푸는 잔치.

전부 낱낱을 모두 합친 것. 마구다, 마카. **전설** 옛부터 전하여 오는 이야기.

전승 문화, 풍속, 제도를 이어받아 계승하거나 그것을 물려주어 잇게 함.

전시내 온통. **전신만신** 몸 전체. 모조리. **전이없다** 본래 없다.

전접스럽다 천박하다. **전주다** 목표물을 향해 방향과 거리를 잡다. '겨누다'.

전주르다 다음 동작에 힘을 더하기 위하여 한 번 쉬다. 비교하다.

전주집 말 옮기기를 즐기는 여인. **전중이** 징역살이하는 사람.

전지렁 순간장. **전짓다리** 삼이나 모시 가래를 건너질러 놓고 삼는 기구.

전짓대 끝이 두 갈래로 갈라진 감 따는 막대. **전횡** 권세를 제 마음대로 함.

절경 더할 나위 없이 훌륭한 경치. **절구** 곡식을 빻거나 찧는 기구.

절딴나다 도무지 손을 쓸 수 없게 된 상태. '결딴나다'.

절래우다 줄여 가다. **절래판** 논매기 할 때 마지막 남은 논.

절레다 몸이 뜨끔뜨끔 아프거나 뻐근한 느낌이 들다. '결리다'. 절렝다.

절로 다른 힘을 빌리지 아니하고 제 스스로. 자연적으로. '저절로'.

절벽 바위가 깎아 세운 것처럼 아주 높이 솟아 있는 험한 낭떠러지.

절삭다 음식물이 제대로 발효되어 좋은 맛이 나다. '결삭다'.

절수옷 염습할 때에 송장에 입히는 옷. '수의襚衣'.

절의 절개와 의리를 아우르는 말. **절이다** 푸성귀나 생선을 간이 배게 하다.

젎다 성질, 모양, 상태가 저와 같다. '저렇다'. **점글다** 해가 지다. '저물다'.

점두룩 해가 져서 어두워질 때까지. '저물도록'. 점도록, 점두록.

점바치 점치는 일을 하는 이. '점쟁이'. **점빵** 가게.

점상 둘 또는 그 이상의 사람이 함께 먹게 차린 상. '겸상'.

점잔하다 언행이나 태도가 의젓하고 신중하다. '점잖다'. 점잖이, 점잖게.

점직하다 조금 부끄럽고 미안한 느낌이 있다. 점적하다.

점주 엿기름을 우린 물에 밥알을 넣어 식혜처럼 삭혀서 끓인 음식. '감주'.

점차 차례를 따라 조금씩. **접다** 그만두다. 또는 마음이 있음. 싶다.

접들다 자기 순서나 자리가 아닌 틈 사이를 비집고 들어서다. '끼어들다'.

접때 '며칠 지난 때'를 이르는 말. **접머슴** 어린 머슴. 보조 머슴.

접방살다 곁방살이. **접사리** 비 올 때 어깨에 걸치는 우장雨裝. '도롱이'.

접속지 서로 맞대어 있음. **접장** 교원을 낮잡아 일컫는 말. **접지** 종이를 접음.

접질리다 삔 지경에 이르다. **접집** 겹집. **접침접침** 여러 겹으로 접은 모양.

젓가락장단 젓가락을 두들기며 맞추는 장단. **젓무** '깍두기'.

젓발이 부수적인 것. 당사자가 아닌 주변의 사람. 곁다리.

젓수다 신과 부처에게 빌다. '잡숫다'의 궁중말.

젖먹이 젖을 먹는 어린 아이. **젖살내리다** 유아가 야우타다.

정가 지나간 허물을 들추어 흉봄. 또는 그런 흉.

정간케 깨끗하고 깔끔하다. '정갈하게'. **정갈하다** 깨끗하고 깔끔하다.

정강말 무엇을 타지 않고 제발로 걷는 것. **정구지** 부추.

정낭 정랑. 화장실. 뒷간. **정내미** '정나미'. **정때** 저녁 때. 저녁 무렵.

정떨어지다 역겹고 싫은 생각이 들다. **정랑** 뒷간.

정문頂門 숫구멍. **정미롭다** 자세하다.

정반청 신행 때 시집으로 들기 전에 임시로 머물러 쉬는 곳.

정받이 암수의 생식 세포가 하나로 합쳐져 접합자가 됨.

정배기 머리 위의 숫구멍이 있는 자리. '정수리'. 정수박이, 쟁백이.

정산 안동시 풍천면 가일 마을의 산. 솥뚜껑을 엎어 놓은 것 같은 산.

정성스레 온갖 힘을 다하려는 참되고 성실한 마음이 있게.

정성무당 아직 신이 내리지 않아 뒷전 굿만을 맡던 무당.

정수리 머리 위에 숨구멍이 있는 자리. **정술** 고래고기의 내장부위.

정습 점심때 끼니. '점심'. 정심. **정의로운** 정의에 벗어남이 없이 올바른.

정짜 가짜가 아닌 순정품. /물건을 꼭 사 가는 단골손님. **정절** 곧은 절개.

정주간 '부엌'. 정기. 정지. **정중하다** 태도나 분위기가 점잖고 엄숙하다.

정초 주춧돌. **정취** 고요한 느낌. **정치판** 정치가 벌어지는 마당, 형국.

젖꾼 뱃사람. **젖꽃판** 젖꼭지 둘레의 거무스름한 부분. **젖다** 생각에 잠기다.

젖동생 자기의 유모가 낳은 자식. **젖무덤** 젖꽃판 언저리의 불룩한 부분.

젖미수 멥쌀가루의 즙으로 다른 쌀가루를 반죽하여 볕에 말린 가루.

젖버듬하다 자빠질 듯이 뒤로 조금 기운 듯하다. **젖부들기** 짐승의 젖가슴.

젖주럽 젖이 모자라 아이가 잘 자라지 못하는 상태.

젙눈질 눈알만 굴려서 보는 시선. '곁눈'. 젙:곁.

젙구 나대다 얌전히 있지 못하고 철없이 깝신거리고 나다니다.

제깍하다 어떤 일을 아주 시원스럽게 빨리 해치우다. '제까닥하다'.

제게나 분량이 적더라도. 얼마간이라도. '적이나'.

제겨디디다 발끝이나 발뒤꿈치만으로 땅을 디디다.

제고물 반자를 들이지 않고 서까래에 산자를 엮고 흙을 발라 만든 천장.

제꼬리다 잘난 체하거나 우쭐하며 젠 체하다. 제찍하다.

제골 감이나 모양새가 제격으로 된 물건.

제국 잡것이 섞이지 아니한 것, 제격으로 된 일을 비유적으로 이르는 말.

제금나다 따로내다. 딴살림차리다. 제가끔, 각자.

제기다 팔꿈치나 발꿈치 따위로 지르다. **제기랄** 불평스러워 하는 욕.

제끼다 일정한 대상이나 범위에서 빼거나 일을 미루다. '제치다'.

제날 짚신의 밑감에 같은 밑감을 댄 날. 날:피륙, 노끈. 실.

제명오리 행실이 얌전하지 못한 여자. **제물자루** 섞이지 않은 순수한 물건.

제묻다 상주喪主를 위문함. '문상'. **제바닥** 본 바닥. 몬 자체.

제바리 막일꾼들이 자기의 불만을 나타낼 때 하는 말.

제비 승부나 차례 따위를 결정하는 방법. 심지뽑기.

제비원 안동시 이천동, 마애여래입상의 주변 지역을 일컫는 말.

제비댕기 머리카락에 넣어 땋은 끈. 꽃두레는 빨강끈, 꽃두루는 검정끈.

제비초리 뒤통수나 앞이마의 한가운데에서 아래로 뾰족하게 내민 머리털.

제삿날 죽을 정도로 혼쭐이 날 때를 비유적으로 이르는 말.

제살이하다 남에게 의지하지 않고 자기 힘으로 살아가다.

제삼호시 이상의 시 〈오감도〉. 싸우는 사람은 싸우지 않는 사람.

제삿날 죽을 정도로 혼쭐이 날 때를 비유하는 말. **제옵다** 지겹다.

제우 겨우. **제웅** 무당이 액막이 할 때 짚으로 만든 사람의 형상.

제육방지 돼지고기를 얇게 썰어 소금을 쳐 구운 음식. **제이** 천천히.

제제이 사람마다 따로따로. '제각기' 제각금. 제제금.

제진 마을 전체가 관청 문간에서 물러나지 아니하고 항의하기.

제찜 자기. **제창** 저절로 알맞게. 줄곧. **제처제비** 준비를 재촉.

제추리 껍질을 벗긴 속껍질을 말린 삼. **제출물로** 제 생각이나 힘으로.

제키다 살갗이 조금 다쳐서 벗어지다. **제턱** 변함이 없는 그대로의 분량.

제피 산초가루. **젠이** 천천히. **젠장맞은** '제기 난장을 맞을 것' 혼자 욕.

져근덧 매우 짧은 동안. '잠깐'. 잠시. **조가비** 조개 껍데기.

조각 떨어져 나온 작은 부분. 또가리, 쪼가리.

조개볼 말하거나 웃을 때에 두 볼에 움푹 들어가는 자국. '보조개'.

조갯속게 몸이 연약하고 가냘파서 일을 감당 못하는 사람을 이르는 말.

조격 품격이나 인품에 어울리는 태도. **조곤조곤** 꼼꼼하고 차근차근한 꼴.

조그마큼 매우 적은 정도로. '조그만큼'. **조근조근** 차근차근.

조금 조수潮水가 가장 낮은 음력 7, 8일과 22, 23일.

조금치 '조금' 때 날씨가 궂은 일. **조급** 참을성이 없이 몹시 급하다.

조기다 써서 없애 치우거나 또는 사정없이 들이다.

제삼호詩第三號 (오감도)

이상 李箱 (1910~1937)

싸움하는사람은
즉싸움하지아니하던사람이고
또싸움하는사람은싸움하지아니하는사람이었기도하니까
싸움하는사람이싸움하는구경을하고싶거든싸움하지아니하던사람이
싸움하는것을구경하든지싸움하지아니하는사람이싸움하는구경을하든지
싸움하지아니하던사람이나싸움하지아니하는사람이
싸움하지아니하는것을구경하든지
하였으면그만이다.

※ 이상, 이상오감도. 한국대표명시선. 시인생각. 2015

구본웅의 '친구의 초상' (이상), 1935

※ 이상李箱의 본명은 김해경金海卿,
　　조선총독부 건축기사가 되어 1932년 의주에서 전매청 공사를 할 때, 한 인부가 그를
　　"이상李樣(李さん)" 하고 불러서, 《조선과 건축》에 기고한 '건축 무한육면각체'에
　　'이상'을 필명한 후 계속 쓰게 됨.

조깃상 음식을 차려 놓는 사각형의 큰 상. '교자상'.

조널이 함부로. 감히. **조널로** 남에게 사정할 때에 '제발 빈다'는 뜻.

조당수 좁쌀을 물에 불린 다음 갈아서 묽게 쑨 음식.

조대 대나 진흙 같은 것으로 담배통을 만든 담뱃대.

조디이 사람의 입을 속되게 이르는 말. '주둥이'.

조따매이 저러한 부류의 대상을 낮잡아 이르는 말. '저따위' 조따위.

조라기 삼 껍질의 부스러진 오라기. **조라떨다** 일을 망치도록 방정을 떨다.

조라치 왕실이나 나라에서 세운 절을 청소하는 머슴.

조락신 노끈으로 삼았던 고급 신. 삼껍질 오라기로 만든 신.

조령 새재. **조롱** 새를 넣어 기르는 새장. 어린아이들의 액막이 물건.

조롱목 조롱박꼴로 허리가 잘록한 길목. **조롱복** 아주 짧게 타고난 복福.

조롱이 작은 것이 많이 고르게 매달려 있는 것.

조롱하다 비웃거나 깔보면서 놀리다. **조루** 물뿌리개. 조로.

조루다 다른 사람에게 끈덕지게 무엇을 자꾸 요구하다. '조르다'.

조류 흐름. **조름** 물고기 아가미 안의 검붉은 반원 꼴의 숨쉬기 기관.

조리돌림 죄인을 행길로 끌고다니며 우세를 주는 벌.

조리복소니 크고 좋던 물건이 졸아들어서 보잘 것 없게 됨.

조리차하다 알뜰하게 아껴 쓰다. **조리치다** 졸음이 올 때 잠깐 졸고 깨다.

조릿조릿 조바심이 나서 마음을 놓지 못하고 애타는 꼴.

조마조마 두려운 조바심. **조막디이** 주먹만하게 작다. 조막타.

조만하다 상태, 모양, 성질 따위가 어지간하다. **조매** 여간해서는. 좀처럼.

조물주 우주의 만물을 만들고 다스리는 신. **조바심** 조마조마하여 마음 졸임.

조바위 추울 때에 귀와 뺨을 덮는 여성의 방한모. **조박무시** 몹시 작은 것.

조박지 조각. **조빼다** 달아나다. 도망치다. **조상** 상주를 위문함.

조쌀하다 늙었어도 얼굴이 깨끗하고 맵시 있다. **조새** 굴을 따는 갈고리.

조수 밀물과 썰물. **조수다** 느슨한 것을 팽팽하게 하다. '죄다'. 조우다.

조숙 올되다. **조심성** 실수가 없도록 마음을 쓰는 태도. 매착, 매찰.

조아팔다 크거나 많은 물건을 헐어서 조금씩 팔다.

조애태우다 일이나 행동 따위를 막아서 방해함.

조오짜다 어떤 행동을 하도록 조르거나 괴롭히다. '쥐어짜다'.

조오차다 발로 걷어차다. 조왕지신 부엌을 맡는다는 신.

조우 '종이'. 조의, 조후. 조 이 옳고 그름을 따지는 말다툼. '시비是非'. 죄.

조이김史 양민 안해. 아래치 사람 과부.

조이다 조각에서, 글자나 그림을 도드라지게 새기다. '양각陽刻하다'.

조이목 저지른 죄의 명목. '죄목'. 조자리나다 '결딴나다'. 조자리내다.

조자붙이다 부탁하여 억지를 부리며 조르다.

조짜배기 진짜처럼 만든 가짜 물건. 조작 일을 사실인 듯이 꾸며 만듦.

조작거리다 어린아이가 배틀거리며 걷다. 잘난 체하며 자꾸 떠들다.

조잔거리다 때를 가리지 않고 군음식을 점잖지 않게 자꾸 먹다.

조잖다 '주저앉다'. 조잘거리다 조금 낮은 목소리로 빠르게 말을 계속하다.

조잡스레 말이나 행동, 솜씨가 거칠고 품위 없이.

조장 태도를 거짓으로 꾸밈. '가장假裝'. / 국가의 헌장.

조정 나라의 정치를 하는 곳. 조제 주문에 따라서 만듦.

조조리 어지럽게 매달리거나 묶여 있는 것. '조자리'.

조조하다 성질이 몹시 조급하다. 조준 활, 총을 쏠 때 목표물을 향해 겨눔.

조지다 일이나 말이 허술하게 되지 않도록 단단히 단속하다. 쪽을 찌다.

조짐 좋거나 나쁜 일이 생길 기미가 보이는 현상.

조짐머리 머리털을 소라딱지 비슷하게 틀어 만든 여성의 머리.

조차간 얼마 되지 않는 아주 급작스러운 때.

조체없다 대비하거나 어찌할 도리가 없다. 조촐한 아담하고 깨끗한.

조치다 아우르거나 겸하다. 조침젓 여러 가지 물고기를 섞어 담근 젓.

조카 족하足下. 조카다 조렇게 말하다. 조포 '두부'. 조피.

조화롭다 서로 잘 어울려 모순됨이나 어긋남이 없다. 족 적거나 작은 양.

족다리질하다 '발길질하다'를 낮잡아 이르는 말.

족대기질 견디지 못할 정도로 마구 두들겨 패다. 고문拷問.

족두리하님 혼행 때 신부를 따라가던 계집종 높임말. 교전비.

족심 발바닥 한 가운데.   **족자리** 옹기의 양쪽에 달린 손잡이.

족지다 쪽을 찌다.   **족치다** 매우 볶아치다. 규모를 작게 만들다.

존귀한 지위나 신분이 높고 귀한.   **존망이합** 삶과 죽음 만나고 헤어짐.

존재 현실에 실제로 있음. **존조리** 조리 있고 친절하게.

존존하다 여럿이 층이 없이 고르다. '가지런하다'.

존줄타 씀씀이를 아껴 알맞게 쓰다. '존절하다'.

존ㅎ다 공경하다. 존귀하다. **졸가리** 군더더기를 떼어 버린 골자.

졸卒개 남의 잔심부름을 하는 사람을 낮잡아 이르는 말.

졸곧다 마음이나 정신 상태 따위가 바르고 곧다. '올곧다'.

졸기다 달아나다.   **졸때기** 낮은 지위의 '졸卒'을 속되게 이르는 말.

졸들다 발육이 부진하고 주접이 들다. **졸랑졸랑** 가볍게 움직이다.

졸막졸막 작은 사물이 뒤섞여 있는 모양. **졸밋거린다** 옴빌거린다.

졸밥 꿩사냥을 위하여 매에게 미리 먹이는 꿩고기 미끼.

졸뱅이 재주도 없고 졸망하게 생긴 사람을 낮잡아 이르는 말. '졸보拙甫'.

졸부 '벼락부자'.   **좀것** 좀스러운 것. **좀금** 잡것이 섞인 금.

좀나무 키가 작고 밑동에서 가지를 많이 치는 나무. '떨기나무'.

좀놈 행실이 나쁜 남자를 욕하여 이르는 말. '잡놈'.

좀도리쌀 동학에서 밥지을 때, 한 식구에 한 숟갈씩 모은 성미誠米.

좀방술 하찮은 방술方術.   **좀사내** 성질이 잘고 그릇이 작은 사내.

좀이 쑤시다 참고 가만히 있지 못하다. 좀을 볶다.

좀팽이 몸피가 작고 좀스러운 사람을 낮잡아 이르는 말.

좀하다 어지간하다. 웬만하다. **좁쌀과녁** 얼굴이 몹시 넓은 사람.

좁쌀여우 말짓이 좀스럽고 간살 떠는 사람.

좁쌀영감 잔소리가 많은 사람을 일컫는 말. **좁좁하다** 아주 좁다랗다.

좃다 이마가 바닥에 닿을 정도로 머리를 자꾸 숙이다. '조아리다'.

종가래 한 손으로도 쓸 수 있는 작은 가래. **종과**腫果 부럼.

종구라기 조그마한 바가지. **종구잡이** 요령잡이. **종굴박** 조그마한 표주박.

종그다 뒤 쫓아 따르다. **종금새** 종달새. 종다리.

종날 하인들을 하루 놀리던 2월 초하루. 노동절.

종내기 아들과 딸을 비속하게 이르는 말. '애새끼'.

종다래끼 다래끼보다 작은 바구니. **종대** 식물의 큰 줄기.

종바리 간장·고추장 따위를 담아서 상에 놓는, 작은 그릇. '종발'. 종지.

종반 일가친척. **종부형제** 아버지의 형제.

종애골리다 남을 속이 상하게 하여 약을 오르게 한다.

종없다 말이나 태도가 똑똑하지 못하여 종잡을 수가 없다. 종작이 없다.

종요롭다 없어서는 안 될 매우 긴요한 것.

종유 학덕이 있는 사람과 더불어 놂. **종일** 아침부터 저녁까지 내내.

종작 대중으로 헤아려 짐작. **종작없다** 말이나 태도가 종잡을 수가 없다.

종잘대다 수다스럽게 종알대다. **종재기** 종발보다 작은 그릇. '종지'.

종전 이제까지. **종종거리다** 발걸음을 가까이 자주 떼며 계속 빨리 걷다.

종종걸음 발을 자주 가까이 떼며 급히 걷는 걸음.

종주먹 대다 주먹으로 쥐어지르며 을러대다. **종주발거리다** '종알거리다'.

종지뼈 무릎 앞 한가운데 있는 작은 종지 모양의 오목한 뼈.

종짓굽 종지뼈. **종짓불** 작은 종지 그릇(깍정이)에 담긴 불.

종체 한 경전의 핵심이 되는 근본정신. 큰 수레(大乘). **종친** 임금의 친척.

종콩 빛이 희고 알이 잔 늦종콩. **좋의** 좋네. 꽤. 무던히. 충분히.

쫑쫑다리 가늘고 깟칠한 다리로 급하게 쫑쫑걸음치는 '山새의 걸음거리'.

좌단 왼쪽 소매를 벗는다는 뜻으로, 남을 편들어 동의함을 이르는 말.

좌뜨다 생각이 남보다 뛰어나다. **좌먹다** '집어먹다'.

좌청룡 풍수지리에서, 주산의 왼쪽에 있다는 뜻으로 '청룡'을 이르는 말.

좨기밥 손에 들고 먹을 수 있도록 속에 반찬을 넣어 만든 밥 덩이.

좨치다 죄어치다. 재촉해서 몰아대다. **죄다** 남김없이 모조리.

죄면 서로 사이가 안 좋아 교제를 끊음. '조면'.

죄민장사 조면장사. 안 팔리는 물건을 억지로 파는 것.

죄어들다 안으로 바싹 죄어 오그라들다. 마음이 점점 긴장되다.

죄어치다 죄어서 몰아치다. 재촉하여 몰아대다.

쫴기 데친 나물이나 반죽한 가루를 둥글넓적하고 조그마하게 만든 덩이.

쟁이 물고기를 잡는 원뿔 모양 그물. 타망打網.

주걱 밥을 푸는 도구. 발이 잘 들어가도록 구두 뒤축에 대는 도구.

주걱뼈 마소의 어깻죽지의 주걱처럼 생긴 뼈.

주검 죽은 사람의 몸을 이르는 말. **주게** 밥주걱.

주게떡 예상치 못한 손님이 오면 남은 밥을 주게로 이겨서 만든 떡.

주근깨 얼굴 등에 발생하는 다갈색 ·암갈색의 작은 색소반. 까무깨.

주근주근하다 성질이나 태도가 검질기고 끈덕지다.

주끼다 '지껄이다'. **주니** 몹시 지루함을 느끼는 싫증.

주니없다 두렵거나 확고한 자신이 없어서 마음이 내키지 아니하다.

주두리 '입'의 속된 말. '주둥이' 주두라지. 주둥아리. 주디이, 주딩이.

주둥망 소가 풀을 뜯어 먹지 못하도록 주둥이에 씌우는 망태기.

주둥이만 까다 실천하지 않고 말만 그럴듯하게 꾸며대다.

주런이 줄을 지어 가지런히. **주럽** 피로하여 고단한 증세.

주련 기둥이나 벽 따위에 장식으로 (한시의 연구) 써서 붙이는 글귀.

주렴 구슬을 꿰어 만든 발. **주룩살** '주름살'. 주그럭살.

주름잡다 모든 일을 자기가 하고 싶은 대로 주동이 되어 처리하다.

주릅 흥정을 붙여 주고 보수를 받는 것을 직업으로 하는 사람.

주리 물건값을 제하고 거슬러 받는 잔돈. 우수리.

주리틀다 죄인의 두 다리사이에 두 개의 주릿대를 끼워 비트는 형벌.

주리경 주리를 트는 모진 형벌. **주리치기** '장구채'.

주릿대 안기다 모진 벌을 주다. **주막** 밥과 술을 팔거나 돈 받고 묵게 하는 집.

주머니떨이하다 여럿이 주머니에 있는 돈을 모두 내어, 음식을 사 먹다.

주머니지킴 좀처럼 쓰지 아니하는 약간의 돈. '주머니밑천'.

주먹다짐 주먹으로 때리는 짓. **주먹셈** 머릿속으로 하는 계산. 속셈.

주먹심 주먹으로 때리거나 쥐는 힘. **주버기** 덕지덕지 붙은 더께.

주부코 코 끝에 땀구멍이 숭숭 나서 딸기처럼 보이는 비사증. 딸기코.

주산 도읍, 집터, 무덤의 뒤쪽에 있는 산. **주살나다** 매우 자주 드나들다.

주서 정칠품 벼슬. **주서싱기다** 말을 아무렇게나 늘어놓다. '주워섬기다'.

주술 불행을 막으려고 주문을 외거나 술법을 부리는 일.

주야불식 밤낮으로 쉬지 않음. **주억이다** '끄덕이다'.

주우짜다 '쥐어짜다'. **주을들다** 잔병으로 잘 자라지 못하거나 주접 들다.

주자가례 가례에 관한 주자의 학설을 수집하여 만든 책. **주잖다** 주저앉다.

주장 자기의 의견이나 주의를 굳게 내세움.

주장매 주릿대에 붉은 칠을 한 몽둥이로 때리다.

주재主宰 일을 중심이 되어 처리하는 사람.

주저롭다 넉넉지 못하여 매우 아쉽거나 곤란하다.

주적거리다 자꾸 비틀거리며 귀엽게 걷다.

주전부리 때를 가리지 아니하고 군음식을 자꾸 먹음. 또는 그런 입버릇.

주접들다 잔병이 많아 자라지 못하다.

주접떨다 욕심을 부리며 추하고 염치없게 행동하다.

주제 대화나 연구 따위에서 중심이 되는 문제. 주된 제목.

주주객반 독을 타지 않았다는 뜻으로 주인이 먼저 한 잔 마시기.

주줄이 죽 늘어진 상태. **주지꽃** 할미꽃. **주책** 줏대 없이 되는대로 하는 짓.

주척대다 주책없이 잘난 체하며 떠들다.

주체궂다 처리하기 어려울 만큼 짐스럽고 귀찮은 데가 있다.

주춧돌 주초柱礎. **주치다** 죽지가 처지다. **주하고사하다** 토하고 설사하다.

죽 옷, 그릇의 단위. **죽계** 소백산 초암사 계곡. **죽구재비** 지친 모습.

죽담 막돌에 흙을 섞어서 쌓은 돌담. **죽데기** 남을 견디기 어렵도록 볶아침.

죽사돈 죽은 총각집과 처녀집이 사돈을 맺는 것. **죽살이** 생사生死.

죽시 깃이 없고 탄피 모양의 촉·오늬가 부착된. '대나무 화살'.

죽어리 '쭉정이'. 죽음 생명이 없어지는 현상. 죽이맞다 일손이 서로 맞다.

죽자고 죽기로 기를 쓰고. '한사코'. 죽장 죽이 엉겨붙은 껍데기.

죽젓개질 남 하는 일을 휘저어 훼방놓다. 지저귀.

죽젓광이 죽을 쑬 때에 죽을 휘젓는 나무 방망이.

죽져 곡식의 껍질. 등겨. 죽죽장군 대야성을 지키다 전사한 신라 장군.

죽지 새의 날개가 몸에 붙은 부분. 죽치 죽신, 날림으로 만든 죽갓.

죽치기 물건을 낱개로 팔지 않고 여러 죽씩 한꺼번에 넘기는 일.

준보다 교정쇄와 원고를 대조하여 오자, 오식, 배열, 색 따위를 바로잡다.

준상俊爽 재주와 슬기가 뛰어나고 명석함.

준하다 술맛 따위가 매우 독하거나 진하다. 산세가 가파르다.

줄가리 벼를 말리기 위하여 볏단을 거꾸로 세워서 줄을 지어 놓은 가리.

줄광대 외줄타기 광대. 줄구다 줄이다.

줄글 구나 글자 수를 맞추지 아니하고 죽 잇따라 지은 글. 산문散文.

줄금 한 차례 쏟아지는 비나 연기, 바람.

줄금줄금 비가 조금씩 자꾸 내렸다 그쳤다 하는 모양.

줄나다 생산물이 표준 수량보다 덜 나다.

줄남생이 크고 작은 것이 나란히 늘어 앉아있는 모양.

줄느런하다 한 줄로 죽 벌여 있다. 줄달음치자 단숨에 내달리다.

줄대부리 옷을 걸 수 있게 만든 막대. '횟대'.

줄 때 몸이나 땀이 밴 옷 따위에 줄줄이 낀 때.

줄뒤짐하다 무엇을 찾으려고 하나하나 차례로 뒤지다.

줄드레 줄을 길게 달아 우물물을 퍼 올리는 데 쓰는 도구. '두레박'.

줄먹줄먹 크고 작은 몬이 뒤섞여 그 다름이 두드러진 꼴.

줄멍줄멍하다 고르지 아니한 큰 물건이 뒤섞여 있다.

줄목 일의 진행 과정에서 가장 중요한 대목.

줄무더기 여러 가지 물건이 모여서 된 한 벌.

줄무지 친구끼리 춤을 추며 상여를 메는 기생이나 장난꾼의 행상行喪.

줄미기 줄을 선 모습. **줄밑** 어떤 일의 단서나 말의 출처.

줄밑걷다 단서를 더듬어 찾다. **줄밥** 매를 길들일 때, 줄의 끝에 매어서 주는 밥.

줄방귀 잇달아 뀌는 방귀. **줄뿌림** 줄에 맞게 밭에 씨를 뿌리는 것.

줄어름하다 줄타기하다. **줄주리** 넓적다리를 묶은 줄을 당김. **줄지갈지** 허둥지둥.

줄통뽑다 옷깃을 헤치는 기세로 목 아래의 속 옷깃을 뽑아 올리는 객기.

줄행랑 피해서 급히 달아나다. **줄창** 끊임없이 잇따라. '줄곧'.

줄풍류(꾼) 현악기를 연주하는 풍류風流. 연주자. 대풍류꾼.

줅줅 굵은 빗줄기가 내리는 소리나 모양. '주룩주룩'.

줌 줌통. 활 한가운데에 손으로 쥐는 어섯. 어섯:부분.

줌벌다 한 줌으로 쥐기에 지나치다. **줌손** 활의 줌통을 흘려 쥐는 것.

줌치 주머니. 염낭. **줌통** 활을 손으로 잡는 활의 한 가운데 부분.

줏개 지붕 위에 새겨 얹은 신상神像 장식 기와. '잡상'의 옛말.

줏대 자기의 처지나 생각을 꿋꿋이 지키고 내세우는 기질이나 기풍.

줏대잡이 중심 되는 사람. **중갈이** 아무 때나 씨를 뿌려 푸성귀를 가꾸기.

중거미 앞다리가 거미처럼 길게 생긴 명물 새우. **중궁** 왕후. 왕비.

중년 근래. 요즈음. **중노미** 주막에서 허드렛일을 하던 사내. 중내미. 중니.

중다버지 길게 자라서 더펄더펄한 아이들 머리카락.

중동 가운데 도막. **중동끈** 치마가 거치적거리지 아니하도록 띠는 끈.

중동무이 하던 말이나 일을 가운데서 끊어 무지르다.

중동치레 주머니·쌈지·띠 따위로 하는 허리 어섯의 치장.

중두리 독보다 조금 작고 배가 부른 오지항아리. 평지의 중간 위치.

중둥밥 찬밥에 물을 조금 치고 다시 무르게 끓인 밥.

중둥이 사물의 중간이 되는 부분이나 가운데 부분.

중딩이 사물의 중간이 되는 부분이나 가운데 부분. '중동'.

중마름 마름한테서 땅을 빌려 병작시키던 얼치기 마름.

중모리 판소리의 빠른 박자. **중밀 때** 방아개비 비슷한 메뚜기.

중발 조그마한 주발. **중복** 거듭하거나 겹침. **중북살** 초상집 귀신한테서 입는 액.

중뿔나다 관계없는 사람이 불쑥 참견하며 주제넘게 나서다.

중빌 중치 크기의 바늘. **중신애비** 혼인을 중매하는 남자. '중신아비'.

중씰하다 중년이 넘은 듯하다. **중우** '바지'. 바지춤.

중절대다 자꾸 중얼대다. **중중거리다** 원망하듯 군소리로 중얼거리다.

중중모리 좀 느린 박자. **중챙이** 망둥이 비슷한 물고기. **중치다** 중지하다.

중치막 벼슬하지 아니한 선비가 소창옷 위에 덧입던 웃옷.

중치맥히다 음식물이 목구멍에 걸리다.

줘뜯다 단단히 뜯어내다. '쥐어뜯다'. **줘짜다** 억지로 짜내다. '쥐어짜다'.

줘패다 주먹 따위로 사정없이 마구 때리다. '쥐어패다'.

쥐걸음 살금살금 걷는 걸음. **쥐눈이** 콩나물용 콩. '여우콩'.

쥐대기 여기저기서 마구 모으는 일. '수집收集'.

쥐락펴락 손아귀에 넣고 마음대로 휘두르다. **쥐방울만하다** 작고 앙증스럽다.

쥐뼘 짧은 뼘. 엄지손가락과 새끼손가락을 한껏 펴서 벌렸을 때의 길이.

쥐악상추 잎이 덜 자란 상추. **쥐알봉수** 꾀가 많고 좀스러운 사람을 비웃는 말.

쥐어박다 면박을 주어 주눅 들게 하다. 주먹으로 때리다.

쥐어치다 조리 없이 쓸데없는 말을 자꾸 지껄이다.

쥐여미 재강에 물을 타서 술을 걸러내고 남은 찌꺼기. '지게미'.

쥐젖 사람의 살가죽에 생기는, 젖꼭지 모양의 갸름하고 작은 사마귀.

쥐집다 반죽하다. **쥐치다** '구제하다'.

쥐코맞상 두 사람이 마주앉아 먹게 차린 간동한 술상.

쥐통 콜레라. **쥔** '주인'. **쥘부채** 접었다 폈다 할 수 있는 부채.

쥘손 물건의 손잡이. **쥬리울** 소나 말을 후려 몰기 위하여 길게 단 고삐.

쥬변 일을 처리하는 솜씨. **쥬복** 여드름 따위를 이르는 말.

쥬피 마소의 방울과 말 궁둥이를 꾸미는 기구. '고들개와 후걸이'.

즈그 저희. **즈런즈런** 살림살이가 넉넉한 꼴.

즈르듸디다 꽉 눌러 밟다. **즈르잡다** 졸라 잡다. **즈믄** '천千'. 1000.

즈칙이다 쏟아지거나 미끄러지다. **즈칙다** 설사하다.

즐급드리우다 애착하다. **즐다** 지저분하거나 난잡하다.

즐빗이 한줄로 가지런히 늘어 선 모양. **즐어디다** 요절하다. 즐어죽다.

즑다 즐거워하다. **즘게** 30리 가량의 거리. **즘복** 담뿍하게 잔뜩. '잠뽁'.

즘즘하다 한창 벌어지던 어떤 현상이 멎어지고 잠잠하다.

즛 모습이나 모양. 또는 짓. **즛흥다** 놀리거나 움직이다.

증광시 나라에 큰 경사가 있을 때 보이는 시험. **증이나다** 싫증이 나다.

증외가 조부의 외가. **증하다** 지나치게 크거나 괴상하여 흉하고 징그럽다.

지 '제'. 자기, 저. **지가락** 집게 손가락. 넷째 손가락(無名指).

지각각 모두 각각. 따로따로. '제각각'. **지갈피우다** 잘난 체하여 뻐기다.

지거미물 칼을 간 숫돌물. **지검** 비듬. 지기미. **지게목발** 지겟다리의 발목.

지게문 마루에서 방으로 드나드는 곳에 안팎을 종이로 바른 외짝문.

지고밑지다 남에게 져주고 밑지는 것이 장차 이득이라는 것.

지그럽다 간지럽다. **지그시** 슬며시 힘을 주는 모양.

지금지금 음식에 섞인 잔모래 따위가 자꾸만 씹히다.

지긋지긋하다 진저리가 나도록 몹시 싫고 괴롭다.

지긋하다 비교적 나이가 듬직하다. **지까** 힘이나 정도가 미치는 데까지. '기껏'.

지까짓 '제까짓'. 지까안. **지꺼분하다** 눈이 선명하지 아니하고 흐릿하다.

지꼬 어떤 경우에도 절대로. '결코'. **지끈거리다** 머리가 자꾸 쑤시듯 아프다.

지기 어떤 일이 벌어지려고 하는 분위기.

지끼다 약간 큰 소리로 떠들썩하게 이야기하다. '지껄이다'.

지나개나 너나 나나 가릴 것 없이 다 마찬가지로. 지나서나.

지난이 동작이나 태도가 급하지 아니하고 느리게. 천천히.

지난개 지난해. 작년. **지난다이** 제멋대로 구르는 사람.

지난분 지난번보다 조금 더 전. **지날로** 피륙에서 제 길이대로 자르는 것.

지날짜 미리 정해진 날짜. '제날짜'.

지남지북 남쪽으로도 갔다가 다시 북쪽으로 가서 서로 헤어지는 것.

지내댕기다 어디를 거쳐서 가고 오고 하다. '지나다니다'.

지노귀굿 탈상 뒤에 죽은 사람의 넋을 위로하고 극락으로 인도하는 굿.

지노귀새남 사십구일재에 죽은 사람의 넋을 극락으로 인도하는 굿.

지닐재주 보거나 들은 것을 잊지 아니하고 오래 지니는 재주.

지다 젖이 불어 저절로 나오다. **지다꿈하다** 매우 길거나 생각보다 길다.

지다위 남에게 기대거나 제 허물을 남에게 씌움.

지딱거리다 서둘러서 마구 일을 하다. **지딴에** 제깐에. 지따나, 제 딴은.

지달 함부로 뛰지 못하게 말의 발을 얽매는 기구.

지대다 남의 힘에 의지하다. '기대다' 지다히다. 지여다.

지대로 제 격식이나 규격대로. '제대로'. 지대에 본래 있던 자리. '제자리'.

지더라도 성품이나 행실이 지나치게 더럽고 야비하다.

지더리다 성품이나 행실이 지나치게 더럽고 야비하다.

지데 대대로 그 땅에서 나서 오래도록 살아 내려오는 사람. '본토박이'.

지도리 돌쩌귀, 문장부 따위를 통틀어 이르는 말.

지돌잇길 험한 벼랑에서 바위 같은 것에 등을 대고 겨우 돌아가게 된 길.

지두통인 사물에 통달한 사람의 으뜸. '지두통인'.

지둘쿠다 넘어지지 않게 기대거나 의지하게 하는 것.

지드럭거리다 몹시 귀찮아하도록 자꾸 성가시게 굴다.

지랑물 간장. / 썩은 초가집 처마에서 떨어지는 검붉은 빛깔의 낙숫물.

지랑해 해질 무렵. **지러지** '겉절이'. 지래기.

지러지다 잘 자라지 못하고 시들시들 자라 잘아지고 쇠하여지다.

지럭지 '길이', 지러기. **지런지런하다** 액체가 넘칠 듯 말 듯 하다.

지럽다 '저리다'. **지럽에** 미리 생각하다. 예상하다.

지럽자리 삼대의 겨릅으로 만든 깔개. 자리. **지렁이** 지룡地龍 + 이.

지레김치 김장 전에 조금 담그는 김치. **지레목** 산줄기가 끊어진 곳.

지레짐작 미리 넘겨짚는 짐작. **지레채다** 지레 짐작으로 알아채다.

지려감다 눈을 찌그리어 감다. **지류** 원줄기에서 갈려 나온 물줄기.

지르되다 더디게 자라거나 익다. **지르매** 소나 말 따위의 등에 얹는 '길마'.

지르보다 눈을 부릅뜨고 보다. **지르신다** 신을 뒤축이 발꿈치에 밟히게 신다.

지르잡다 옷에서 더러운 것이 묻은 부분만을 걷어쥐고 빨다.

지르퉁하다 못마땅하여 잔뜩 성이 나서 말없이 있다.

지릅 경험을 통하여 얻은 묘한 이치나 요령. '미립'.

지릅뜨다 고개를 수그리고 눈을 치올려 뜨다.

지리다 참지 못하고 조금 싸다. **지리히** 지루하게.

지망없다 버릇없다. **지망지망(하다)** 조심성 없고 가볍게 나부대는 꼴.

지며리 차분하고 꾸준한 모양. 끈질기게.

지무리다 저보다 약한 사람을 괴롭게 윽박지르다.

지미 얼굴에 끼는 거뭇한 얼룩점. '기미'. **지발적선** 제발 덕분에.

지방 길가에 움푹 패어 있어 빠지기 쉬운 개울.

지범거리다 음식물을 체면도 없이 이것저것 자꾸 집어 거두거나 먹다.

지부상소 도끼를 가지고 대궐문 밖에 엎드리는 상소. 우탁의 상소.

지부치다 나부끼다. **지분대다** 자꾸 남을 귀찮게 하다. '지분거리다'.

지불이다 까불림을 당하거나 들까불리다. **지붕물매** 지붕의 경사진 정도.

지사地師 풍수가. **지살이꾼** '자작농'. **지상** 토지의 모양. **지새** 기와.

지새다 밤을 고스란히 새우다. '지새우다'. **지새보다** 흘기는 눈으로 보다.

지서멍 집안 일을 실쌈스럽게 다스리는 마음이 부던한 안해.

지스락물 처마에 떨어지는 낙수. **지스러기** 골라내고 남은 것. 찌시레기.

지시 정해 놓은 그 시각. '제때'. **지시들다** 견디기 어려움으로 몸이 초췌함.

지실받다 어떤 재앙으로 해를 입다. **지심매다** 논밭의 잡풀을 뽑아내다.

지싯거리다 남이 싫어하는데도 자꾸 짓궂게 굴다.

지악스럽다 무슨 일을 하는 것이 모질고 악착스러운 데가 있다.

지애 지붕을 이는 건축 자재. '기왓장'. 기와. 지와.

지어먹다 마음을 다잡아 가지다. **지어붓다** 쇠를 녹여 붓다.

지여지다 계속되던 일이나 움직임이 멈추거나 끝나다. '그치다'.

지엽다 '지루하다'. 지에다 물건을 짊어서 등에 얹게 하다.

지에밥 찹쌀이나 멥쌀을 물에 불려서 시루에 찐 밥.

지우 기껏해야 고작. '겨우'. 지우다 눈을 감기고 '재우다' '자다'의 사동사.

지울다傾 '기울다'. 지위 '목수'의 높임말. /질병이나 재앙으로 화를 입는 고비.

지위지다 질병으로 쇠약해지다. 지음 말없이도 속마음까지 다 이해하는 벗.

지음치다 사이에 두다. 지이뜯다 단단히 쥐고 뜯어내다. '쥐어뜯다'.

지자리 본래 있던 자리. '제자리'. 지저귀 떨어져 나오는 부스러기나 조각.

지절로 제 스스로. 자연적으로. '저절로'. 지젤로.

지정거리다 곧장 내달아 가지 아니하고 한곳에서 조금 머뭇거리다.

지정머리 짓이나 행동을 낮잡아 이르는 말. 지쪼대로 제멋대로.

지주指嗾 달래어 꾀어서 어떤 일을 하도록 부추김. 사주使嗾.

지주금 저마다 따로따로. '제각기'. 지즐앉다 지질러 앉다.

지지개 '기지개'. 지지누르다 지지르듯이 내리누르다.

지지랑물 비가 온 뒤 초가집의 검붉은 빛깔의 낙숫물.

지지르다 무거운 물건으로 내리누르다. 지지리궁상 꾀죄죄하고 초라하다.

지지바 계집아이. 지지부리하다 보잘 것 없이 변변하지 아니하다. '지지부레하다'.

지지콜콜이 자질구레한 것까지 낱낱이 따지거나 다루듯이. '시시콜콜히'.

지직하다 반죽이 조금 진 듯하다. 지질리다 무거운 물건에 내리눌리다.

지질하다 보잘것없고 변변하지 못하다. 지질증 지루함을 견딜수 없음.

지짐거리다 가는 비가 그쳤다오다 하다. 지짐이 국물이 적고 짭짤한 음식.

지집 '여자', '아내'를 낮잡아 이르는 말. 지집아, 지집질.

지쪼대로 아무렇게나 마구. 또는 제가 하고 싶은 대로.

지차리 어둡고 습한 곳에서 작은 벌레를 잡아먹는다. '그리마'.

지천들다 병적으로 열이나서 추운 기운을 느끼다. 한기가 들다.

지청구 까닭 없이 남을 책망하거나 핀잔을 주다. 지천대다.

지체 사회적 신분, 지위. 지체후 몸과 마음의 형편을 이르는 말. '기체후'.

지추르다 돈이나 물건을 다음을 위해서 남겨두는 것.

지추리 삼의 겉껍질을 긁어 버리고 만든 실로 짠 삼베. '계추리'.

지치다 일을 미루거나 경쟁상대를 거치적거리지 않게 빼다. '제치다'.

지치말다 상처받지 아니하다. **지친 것** 퇴직하는 사람. 퇴직한 사람.

지침 '기침'. **지케미** 한 집이나 마을을 지켜 주는 신. '지킴이'.

지토리 문짝을 문설주에 달아 여닫는 데 쓰는 두 개의 쇠붙이.

지평 사물의 전망이나 가능성 따위를 비유적으로 이르는 말.

지푸라기 부서진 짚의 부스러기. '지푸라기'. 지푸래이.

지피다 땔나무에 불을 붙이다. **지피방** 큰 방에 딸린 작은 방.

지하支下 종파에서 갈라져 나간 파의 자손. **지하다** 덜어 내거나 빼다.

지해기 갈대, 띠, 억새, 짚 따위의 껍질을 벗긴 줄기. '새꽤기'.

직 병이 발작하는 주기. **직령** 무관이 입던 웃옷. **직사게** 아주. 매우.

직수굿하다 저항하거나 거역함이 없이 풀이 줄어 수그러져 있다.

직신거리다 남을 치근대며 자꾸 조르다. **직이다** '죽이다'.

진간장 콩을 쪄서 볶은 밀가루와 섞어 메주를 띄운 후, 발효시킨 간장.

진갈비 비가 섞여 내리는 눈. '진눈깨비'.

진갈이 비 온 뒤 물이 괴어 있을 동안에 논밭을 가는 일.

진개 비가 섞여 내리는 눈. '진눈깨비'. 진갈눈, 진갈비.

진기다 지니다. **진고리** 끈질기게 달라붙는 사람. '진피'.

진구덥 자질구레하고 지저분한 뒤치다꺼리하는 일.

진구리 잔허리. **진날** 땅이 질척거릴 정도로 비나 눈이 오는 날.

진내기 얼굴에 티가 있는 것. **진대마니** 심마니들이 '뱀'을 이르는 말.

진대붙다 때를 쓰며 달라붙어 괴롭힌다. **진더운** 진실하고 따뜻한.

진동 소매. /물체가 몹시 울리어 흔들림.

진동한동 돌아볼 겨를 없이 매우 바쁘게 움직임. 진둥한둥.

진둥걸음 매우 바쁘거나 급해서 몹시 서두르며 걷는 걸음.

진드근하다 매우 녹진하고 차지다. 매우 침착하고 참을성이 많다.

진드래미 물고기가 몸의 균형을 유지하거나 헤엄치는 기관. '지느러미'.

진득찰도깨비 끈끈하게 늘어붙어서 떨어지지 않는 사람을 빗댄 말.

진득하다 몸가짐이 의젓하고 참을성이 있다. **진딧물** 진드기. 뜨물, 뜸물.

진망궂다 경망스럽고 버릇이 없다. **진물** 상처에서 흐르는 물.

진바리 고기를 잡아서 바로 소금 친 것. **진배없다** 그보다 못하나 다를 것이 없다.

진빼다 한 자리에 눌어붙어서 애를 먹이는 것.

진상뜨다 물건을 사지도 않으면서 얄밉게 이것 저것 만지다.

진솔 한번도 빨지 않은 새옷. 짓것. **진솔버선** 새버선.

진양 판소리 늦은 장단./ '진주시'의 옛이름. **진외가** 아버지의 외가.

진일당하다 갑자기 몸을 다치거나 궂은일을 당하다.

진잎 날것이나 절인 푸성귀 잎. **진장** 불만스러울 때 혼자 하는 욕. '제장'.

진제리 으스스 떨거나 귀찮아 떨쳐지는 몸짓. '진저리'.

진종일 아침부터 저녁까지의 하루 동안. **진지하다** 태도가 참되고 착실하다.

진진 '곤지곤지'. **진집** 물건의 가느다랗게 벌어진 작은 틈.

진짓다리 삼 가래나 모시 가래를 한 도막씩 빼내어 삼는 기구.

진짓뜸 한방에서, 살 위에 바로 뜸을 뜸. '살뜸'.

진짜배이 '진짜'를 속되게 이르는 말. 진짝배기.

진쪼실 수라 임금님이 잡수실 진지. **진차이** 괜히.

진찮다 하여서는 안 될 일을 하다. **진창** 싫증이 날 만큼 아주 풍부하게. '진탕'.

진탕만탕 매우 만족스럽게. **진티** 실마리가 되니 까닭. 잘못되어 가는 빌미.

진판산판 바쁘거나 급해서 몹시 서두르는 모양. 진동한동. 진팡산팡.

진펄 땅이 질어 질퍽한 벌. **진풀** 줄기, 잎을 자르면 진이 나오는 풀.

진피 검질긴 성미로 끈질기게 달라붙는 것. 징고리, 진고이, 징고히.

진행 일을 처리하여 나감. **질가** 길 양쪽 가장자리. '길가'.

질감스럽다 견디기에 지루하다. '지루감스럽다'.

질겁하다 숨이 막힐 지경으로 깜짝 놀라다.

질게 어떤 일이 일어나기 전, 기회나 때가 무르익기 전에 미리. '지레'.

질겡이 질경이. **질궇다** 동식물을 보살펴 자라게 하다. '기르다'. 질구다.

질그늙다 나이보다 더 늙은 티가 나다. '겉늙다'.

질그밥 뜸이 덜 든 밥. **질그잡아빨다** 옷이 더러운 부분만 잡아서 빨다.

질금 엿기름. **질기굳어** 질기고 굳세다. **질기다** 즐겁게 누리거나 맛보다. '즐기다'.

질깃하다 질긴 듯한 느낌이 있다. **질나다** 버릇, 습관이 되어 익숙해지다.

질나이 기술이 능숙한 기술자나 노동자. '숙련공'. 질라이.

질다 '길다'. 기다랗다. 질단하다. / 물기가 많아 질척질척하다. '질다'.

질땅 질흙으로 된 땅. 여러 해 농사 짓던 땅.

질대로 제 바탕대로. **질라이** 어떤 일에 이력이 난 것. 질랑이.

질러먹다 덜 익은 음식을 미리 먹다. 때가 되기 전에 먹다.

질레다 어떤 일이나 음식 따위에 싫증이 나다. '질리다'. 질렜다.

질름거리다 한꺼번에 주지 않고 여러 번에 걸쳐 조금씩 주다.

질마 소나 말 등에 얹는 기구. '길마'. **질목** 좁은 길로 들어가는 어귀. '길목'.

질발기 점토를 발로 밟아 흙을 부드럽게 만드는 과정. '질밟기'.

질번질번하다 겉으로 보기에 살림이 모자람이 없이 넉넉하고 윤택하다.

질병 질로 만든 병. **질빵** 몬을 묶고 양쪽 어깨에 걸쳐서 짊어지는 끈.

질쌈 실을 내어 옷감을 짜는 모든 일을 통틀어 이르는 말. '길쌈'.

질서 틈이 없어 재빠르게 글을 쓰는 것. **질솥** 질로 만든 솥. 토정土鼎.

질수 방법. /처지, 분수. **질오가리** 질흙으로 구워 만든 솥. '질솥'.

질옹두루미 진흙으로 된 조그마한 술병. 질이 긴 정도. '길이'.

질정없다 이랬다저랬다 하다. **질주하다** 빨리 달리다.

질쯤하다 꽤 기름하다. '길쯤하다'. **질지** 세금.

질질대다 주책없이 자꾸 가볍게 행동하다. **질청** 아전 일하는 방.

질탕하다 신이 나서 정도가 지나치도록 흥겹다.

질퍽거리다 진흙이나 반죽에 물기가 많아. '질퍼덕거리다'.

짊어내다 짐 따위를 뭉뚱그려서 수레나 지게 위에 올려놓다.

짐 어떤 일의 기회나 계기. '김'. **짐바리** 말이나 소로 실어 나르는 짐.

짐빠 짐을 묶거나 매는 데에 쓰는 줄. '짐바'.

짐빠지다 액체가 열을 받아서 기체로 변한 것. '김빠지다'.

짐밥 '김밥'. **짐방꾼** 큰 싸전에 맡아 곡식 짐을 나르는 사람.

짐벙지다 신명지고 푸지다. **짐병** 행악이나 억지 또는 떼.

짐실이 자전거 따위의 뒤에 짐을 싣도록 만들어 놓은 것. '짐받이'.

짐즉 마음으로는 그렇지 않으나 일부러 그렇게. '짐짓'.

짐짐하다 음식이 아무 맛도 없이 찝찔하기만 하다.

짐짓 마음은 그렇지 않으나 일부러 그렇게. **짐채** '물김치', '김칫국'. 짐치.

집가심 상여가 나간 뒤에 집 안의 액운을 깨끗이 가시도록 물리치는 굿.

집가축하다 집을 매만져서 잘 정리하고 돌보다. **집거리** 집 앞 길거리.

집게뼘 엄지손가락과 집게손가락을 편 거리.

집고 미루어 생각할 때에, 꼭 그러할 것이라는 뜻을 나타내는 말.

집권 '집안'을 낮잡아 이르는 말. '집구석'. 집궈억.

집다 떨어지거나 해어진 곳을 꿰매다. **집산적** 밀가루를 입혀 구운 산적.

집손 식구처럼 때도 없이 들락날락하는 이웃 사람.

집안닦달 집 안을 깨끗이 치우는 일.

집알이하다 새로 집을 지었거나 이사한 집에 인사로 찾아보다.

집어세다 체면 없이 마구 닦달하다. **집에 붙이다** 집에 기거하게 하다.

집주릅 집 흥정을 붙이는 사람. **집중** 한 가지 일에 모든 힘을 쏟아 부음.

집지다 어떤 정도가 보통보다 세거나 강하다.

집착 어떤 것에 늘 마음이 쏠려 잊지 못하고 매달림.

집청 '조청'. **집터서리** 집의 바깥 언저리.

짓것 새로 지어서 한 번도 빨지 아니한 첫물의 옷이나 버선.

짓고생 아주 심한 고생. **짓괴다** 지껄이다.

짓궂기다 불행한 일을 거듭하여 당하다. **짓끌다** 함부로 마구 끌다.

짓다리 몸을 놀리는 모양새를 낮잡아 이르는 말. '짓둥이'.

짓떠들다 마구 떠들어대다. **짓드리다** 깃들이다.

짓마다 짓이기다시피 잘게 부스러뜨리다. **짓밟다** 남의 권리를 침해하다.

짓빠대다 이리저리 마구 밟아대다. **짓비단** 우단.

짓시키다 몹시 심하게 시키다. **짓아비** 가장家長. 지아비.

짓외괴다 지어내거나 꾸며대다. **짓이기다** 함부로 마구 짓찧어 다지다.

짓이나다 같은 짓을 자꾸만 반복하다. **짓적다** 부끄러워 면목이 없다.

징갈비 비가 섞여 내리는 눈. 진눈깨비'. **징거미** 민물새우.

징건하다 먹은 것이 더부룩하고 그득한 느낌이 있다.

징걸이 신을 엎어 씌워 놓고 두드리기 위하여 밑에 받치는 기구.

징검다리 개울이나 물이 괸 곳에 돌이나 흙더미를 놓아 만든 다리.

징게 큰 나무. '즘게'. **징게미** '징기미'. **징고이** 매우 검질기게. 진골이.

징굴다 끈이나 줄 따위를 걸거나 묶는다. (지게에 징굴다)

징그다 옷의 해지기 쉬운 부분에 다른 천을 대고 듬성듬성 꿰매다.

징기다 물건 따위를 간수하다. 마음속에 깊이 새기다. '간직하다'. 징구다.

징날 학질에 걸렸을 때 하루걸러 아픈 날.

징상맞다 생김새나 행동이 징그러울 정도로 밉살맞다. '증상맞다'.

징징하다 언짢거나 못마땅하여 자꾸 보채거나 짜증을 내다.

징하다 징그럽다. **짙다** 드러나는 기미, 경향이 보통 정도보다 뚜렷하다.

짙은천량 대대로 내려오는 많은 재물. **짚가리** 짚단을 쌓아 올린 더미.

짚나라미 새끼, 가마니에서 떨어지는 너더분한 부스러기.

짚둥우리 탐학한 고을 원을 짚둥우리에 태워 고을 살피 밖으로 쫓아내다.

짚북세기 짚이 아무렇게나 엉킨 북데기. '짚북데기'.

짚세기 '짚신'. **짚오자기** 짚으로 결은 검붉은 윤이 나고 단단한 오지그릇.

짚으다 생각이 가볍지 아니하고 신중하다. '깊다'.

짚주저리 볏짚으로 우산처럼 만들어 그릇을 덮어 싸던 것.

짚토매 짚토막. **짜가르다** 둘 이상으로 나누다. '쪼개다'. 짜갈레지다.

짜개 공기놀이. **짜개발리자** 짜개어 발라내다. **짜구** 나무를 깎는 연장. '자귀'.

짜구나다 음식을 많이 먹어 탈이 나다. **짜그락거리다** 하찮은 일로 옥신각신하다.

짜다 인색하다. **짜다리** 그러한 정도로는. 그렇게까지는. '그다지'. 별로.

짜드라오다 많은 수량이 쏟아져 오다. **짜드라지다** 성격이 비뚤어지고 꼬이다.

짜들다 비 따위가 갑자기 세차게 내리다, 퍼붓다. 짜드다. 쩌들다.

짜름하다 조금 짧은 듯 하다. **짜르다** 길이가 짧다.

짜른대 곰방대. **짜리몽땅하다** 키가 몸피에 비하여 꽤 작다. '작달막하다'.

짜매다 잡아매다. **짜발량이** 짜그라져서 못 쓰게 된 사람이나 물건.

짜부레지다 물체가 눌리거나 부딪혀서 오그라지다. '짜부라지다'.

짜아매다 흩어지지 않게 한데 매다. '잡아매다'.

짜자부리하다 '자잘하다'. 짜잔하다 **짜잔하다** 자랄하고 볼품없다.

짜장 과연果然. 정말로. **짜질한놈** 보잘것없고 변변하지 못한 놈.

짜치다 일이나 사람에 시달리거나 부대끼어 괴롭게 지내다. '쪼들리다'.

짜투매기 '자투리'. **짜하다** 소문이 퍼져서 왁자하다.

짝다리 살아있는 나무의 죽은 가지. **짝돈** 백냥 쯤 되는 돈.

짝두름 풍물놀이에서, 상쇠와 종쇠가 서로 번갈아 가락을 치는 일.

짝배기 '왼손잡이'. **짝붕알** 한쪽 불알이 좀 작은 것.

짝사위 걸을 쳐야 할 때 도를 치고, 개를 쳐야 할 때 걸을 치는 일.

짝손이 '지겟작대기'. **짝이없다** 비길 데 없을 만큼 대단하거나 심하다.

짝자꿍이 끼리끼리만 내통하거나 어울려서 손발을 맞추는 일. '짝짜꿍이'.

짝짜꿍이하다 끼리끼리만 내통하거나 어울려서 손발을 맞추다.

짝지 걸을 때에 도움을 얻기 위하여 짚는 막대기. '지팡이'.

짝지칼 주머니에 넣고 다니며 쓰는 작은 칼. '주머니칼'. 쨀기칼.

짝짜거리다 물기가 말라붙은 것. **짝쩍이** 서로 짝이 아닌 것 한 벌. '짝짝이'.

짝패 짝을 이룬 패. **짠보** 울보. **짠돌이** 매우 인색한 남자를 비유한 말.

짠졸래기 좀 작은 것들이 졸망졸망한 것. **짠지** '김치'. 짐치, 짐채.

짠지패 날탕패 북을 두드리고 상스러운 노래를 부르며 뛰놀던 패거리.

짠짓국 누더기옷. **짠하다** 안타깝게 뉘우쳐서 속이 좀 아프고 언짢다.

짤다 푸성귀나 생선 따위에 소금이 배어들다. '절다'.

짤렝다 직장에서 해고하다. '자르다'. 쨀레다, 쨀르다.

짤아빠지다 어떤 일을 하는 데 대하여 지나치게 박하다. '인색하다'.

짬 어떤 일에서 손을 떼거나 다른 일에 손을 댈 수 있는 겨를. 틈.

짬상 짜는 인상. **짬수** 어떤 일을 할 수 있는 알맞은 낌새나 형편.

짬없다 일의 차례나 갈피를 잡을 수 없다. '두서 없다'.

짬직하다 일하는 솜씨가 여물고 깐깐하다. '짬지다'. 짬쭐맞다, 짬쭐밧다.

짬짜미 남모르게 저희들끼리만 짜고 하는 언약. 뒷흥정. 묵계.

짬짬이 만날 때마다 틈틈이. **짬짬하다** 할 말이 없어서 맨송맨송하다.

짭박없다 아무런 변동이나 탈이 없이 매우 온전하다. '끄떡없다'.

짭질맞다 일이나 행동이 규모가 있고 알차다. '짭좔하다'.

짭쪼름하다 짭짤하다. 약간 짠 듯하다. **짯짯이** 빈틈없이 꼼꼼하게.

짯짯하다 성미가 딱딱하고 깔깔하다. 빛깔이 맑고 깨끗하다.

짱꼴라 제기차기. **짱당그리다** 마음에 못마땅하여 얼굴을 매우 찡그리다.

짱돌 큰 자갈돌. 장도리. **짱배기** '정수리'의 속어.

짱크다 자로 재는 것. **째이다** 옷이나 신이 몸이나 발에 조금 작은 듯하다.

째그닥하다 한 쪽 눈이 째긋하다. **째기발** 발가락 끝으로 서는 것.

째리다 못마땅하여 매서운 눈초리로 흘기다. 또는 술에 쩌리다.

째마리 사람이나 물건 가운데서 가장 못된 찌꺼기.

째매 정도나 분량이 적게. '조금'. 째매끔쓱, 째매하다, 째맨끔쓱, 째민츰….

째비다 남의 것을 몰래 훔치다. **째이다** 살림이 어렵다.

쨀기다 똥이나 오줌을 참지 못하고 조금 싸다. '지리다'.

쨀끔쨀끔 '짤끔짤끔'. **쨀쨀** '절절'보다 센 느낌을 준다. '쩔쩔'.

쨀쭘하다 옆으로 좁다랗다. **쨈빛** 두 빛깔을 조화시키려고 더 칠하는 색.

쨉 어떤 일을 감당해 낼 능력. / 맞수를 속되게 이르는 말.

쨉이다 '꼬집다'. 쨉헤다. **쩌붙들다** 곁에서 붙들다. **쩌잡다** 함께 끼다.

쩍말없다 썩 잘 되어서 더 이상 할 말이 없다.

쩍지다 상대하기가 만만치 않거나 힘겹다. **쩔다** 몹시 더러워지다.

쩔때부리다 하는 일이 잘 안 될 때 마구 훼방 놓다.

쩔렁거리다 온 사방을 휘젓고 다니다. **쩔레부리다** 부정한 행동.

쩨리하다 '쩨릿쩨릿하다'. **쪼가리** 작은 조각. 쪽.

쪼간 수가 일에 붙어서 몇 번이나 몇 가지 뜻을 나타내는 말.

쪼개다 둘 이상으로 나누다. 또가르다.

쪼고실 쪼구미다리(도리를 받치는 동자기둥 다리)가 놓인 마을.

쪼구마이 꼬마. 어린아이. **쪼그랑망태** 일이 잘못되어 낭패가 되다.

쪼글씨다 팔다리를 오그려 몸을 작게 옴츠리다. '쪼그리다'. 쪼구리다….

쪼까내다 쫓아내다. **쪼끔씩** 많지 않게 계속하여. '조금씩'. 쪼꼼, 꼬끔,

쪼다 조금 어리석고 모자라 제구실을 못하는 사람. 조대措大. 조다助多.

쪼다리 조금 어리석고 모자라 제구실을 못하는 사람. '쪼다'. 멍청이.

쪼대 진흙. 잘흙. 도자기를 빚는 흙. **쪼대로** 제 멋대로.

쪼달레다 '쪼들리다'. 쪼달렝다, 쪼들레다, 쪼들렝다. **쪼란히** 가지런히.

쪼레다 바짝 끓여서 물끼가 적어지다. '조리다'. 쫄다, 쪼렝다, 쪼룽다.

쪼루다 속을 태우다시피 초조해하다. **쪼막손** 손가락이 짧은 조막손.

쪼매 조금. 쪼께, 쪼만침. **쪼무래기** 어린아이들을 낮잡아 이르는 말.

쪼물닥 자꾸 주무르다. **쪼바리** 아주 못난 사람. **쪼빼다** 거드름을 피우다.

쪼사대다 입방아를 쪼아대다. **쪼이다** 마음 졸이다.

쪼자분타 좁고 인색하다. **쪼작하다** 쩨쩨하다. **쪼지다** 상투를 틀어올리다.

쪼치다 살림이 궁색하다. **쪼차바리** 빠른 속도로 뛰기. '달리기', 쪼추바리.

쪽 마디풀과의 한해살이풀로 잎은 염료로 쓴다. **쪽거울** 작은 거울.

쪽골 편두통. **쪽글** 짤막한 글. **쪽다리** 긴 널조각을 걸치어 놓은 다리.

쪽닥하다 쫄딱하다. **쪽매** 얇은 나무쪽이나 널조각 따위를 붙여 댐.

쪽모이 여러 조각을 모아 만든 물건. **쪽박귀** 오밀조밀하게 생긴 귀.

쪽박세간 보잘것없는 하찮은 살림살이 도구를 비유적으로 이르는 말.

쪽박차다 살림이 거덜이 나다. **쪽발구** 사람이 끄는 작은 눈썰매.

쪽배기 작은 바가지. '쪽박'. **쪽소매** 한쪽만 밑까지 서랍이 달린 책상.

쪽소반 한손으로 들 수 있을 만큼 작은 소반小盤.

쪽잘거리다 음식을 시원스럽게 먹지 아니하고 께지럭대며 조금씩 먹다.

쪽잠 짧은 틈을 타서 잠깐 자는 잠. **쪽쟁이** 아편중독자.

쪽종이 종이 쪽지. **쪽지게** 젓장수나 등짐장수의 지게.

족집게 잔털이나 가시를 뽑는 기구. **쪽찌다** 머리털을 땋아 비녀를 꽂다.

쪽팔리다 얼굴이 알려지다. **쫄따구** '졸때기'. **쫀쫀하다** 잘고 빈틈이 없다.

쫄로래기 여럿이 층이 나지 않고 고르게. '가지런히', 쫄로리. 쫄루리.

쫌맞다 움직임이 마침맞다. **쫍치다** 너그럽지 못하고 옹졸하게 만들다.

쫑구래기 조그마한 바가지. '종구라기'. **쫑가리다** 나누다.

쫑다래끼 종다래끼. 작은 다래끼. **쫑대** 감 따는 장대.

쭈글살 얼굴 피부가 노화하여 생긴 잔줄. '주름살'. 쭈구럭살, 쭈굴쭈굴.

쭈구리다 누르거나 욱여서 부피를 작게 만들다. '쪼그리다'. 쭈구레지다.

쭈그랑방탱이 쪼그라지다. 쭈굴방탱이. **쭈글시럽다** '부끄럽다'. 창피하다.

쭈르투름하다 타박을 받고 기분을 다쳐 밝지가 않다. **쭉다발** 공.

쭉담 마당보다 돋우어 지은 축담. **쭉드레품** 중요하지 아니한 일. '허드렛일'.

쭉대기 '쭉정이'. 쭉쟁이. **쭉하면** 손쉽게. 툭하면. **쭐거리** 식물의 줄기. '줄거리'.

쭐래기 잉어 새끼. **찌** 낚싯줄에 매어서 물 위에 뜨게 만든 물건.

찌개지다 짓눌려서 우그러지다. '찌그러지다'. 찌그레지다.

찌거미 터줏대감. **찌그락짜그락** 한찮은 일로 자꾸 티격태격 다투는 것.

찌그렁이 남에게 무턱대고 억지로 떼를 쓰는 사람. **찌금찌금** 이따금.

찌끄래기 '찌꺼기'. **찌끔하다** '께름하다'.

찌다 뜨거운 김을 쐬는 것같이 더워지다. **찌딱대다** '뒤뚱거리다'.

찌득찌득하다 '진득진득하다'보다 센 느낌을 준다. '찐득찐득하다'.

찌래기 한끝에서 다른 한끝까지의 거리. '길이'. 찌래이.

찌러기 성질이 몹시 사나운 황소. **찌렁내** 오줌에서 나는 것과 같은 냄새.

찌르퉁하다 못마땅하여 잔뜩 성이 나서 말없이 있다. '지르퉁하다'.

찌리찌리 끼리끼리. **찌무라기** 칭얼거리다. **찌불땅하다** 조금 기운 듯하다.

찌작바작 티격태격. **찌잦이다** 식은 밥을 안쳐 다시 밥을 짓다.

찌지불하다 되고 마고. **찌짐** '부침개'. **찌치다** 옷을 오래 입어서 찌들었다.

찍소리 아주 조금이라도 반대하거나 항의하려는 말이나 태도.

찍자붙다 계속 달라붙어 애먹이다. **찐고리** 끈질기게 달라붙는 짓.

찐대기 보리를 베어서 금방 찐 것. **찐덥다** 마음에 거리낌이 없고 떳떳하다.

찐드기 '진득이'보다 센 느낌을 준다. 찐데기, 찐득이.

찐맛없다 아기자기하게 즐겁고 유쾌한 기분이나 느낌이 없다. '재미없다'.

찐빠리 '절름발이'. **찐쌀** 덜 여문 벼를 미리 거두어 쪄서 말린 쌀.

찐찐하다 못마땅한 듯하다. **찔꺽눈** 짓물러서 눈가에 진물이 괴어 있는 눈.

찔기다 똥을 싸다. **찔내미** 걸핏하면 질질 짜는 아이. **찔뚝없다** '주책없다'.

찔락거리다 잘난 채 거들먹거리다. **찔레꽃머리** 찔레꽃이 필 무렵. '초여름'.

찔름거리다 여러 번에 걸쳐 조금씩 주다. '질름거리다'.

찔벅거리다 자꾸 남을 건드려 성가시게 하다. '집적거리다'.

찔수 같은 동류끼리 노는 것. **찔통** 자꾸 울거나 보채는 아이.

찜맛없다 하는 짓이나 모양이 격에 어울리지 않다. '멋쩍다'.

찜부럭내다 괴로워 짜증이 나다. **찜찜하다** 일을 치른 뒤 마음이 개운치 않다.

찜닭 닭고기를 간장이나 고추장으로 맛을 내어 자작하게 조린 음식.

찜부럭 몸이나 마음이 괴로울 때 짜증을 내는 짓.

찜없다 잘 어울려서 틈이 생기지 아니하다. **찜통더위** 무척 무더운 기운.

찝지부리하다 마음에 꺼림칙한 느낌이 있다. '찜찜하다'.

찐붕어 기세등등하던 사람이 풀이 죽어서 형편이 없게 된사람.

찔레꽃머리 모내기 철. **찜부럭** 괴로운 때에 걸핏하면 내는 짜증.

찡구다 무엇에 걸려 있도록 꿰거나 꽂다. '끼우다'. 찡꿓다, 찡케다.

찡기다 얼굴의 근육이나 눈살을 몹시 찌그리다. '찡그리다'.

찡기어 팽팽하게 켕기지 못하고 구겨져서 찌글찌글하다.

찡찡하다 언짢거나 못마땅하여 자꾸 보채거나 짜증을 내다. '징징하다'.

찡하다 귀에 소리가 울리는 것. **찢어지게** 몹시 대단하게.

찧다 무거운 물건을 들어서 아래 있는 물체를 내리치다.

청곡사를 지나며

금산 가는 도중에 저녁 무렵 비 만났는데,
청곡사 앞에서는 차가운 샘물 넘쳐흐르네.
여기가 바로 눈 진흙에 기러기 자취 남긴 곳처럼 되었으니,
삶과 죽음, 만남과 이별에 한 줄기 눈물이 흐르네.

3월 26일, 의령 가례 백암촌 처가를 출발하여 금산으로 강공저와 사마 동년인 강응규, 정두를 만나러 갔다. 친구들을 만나러 금산으로 가는 길에 월아산月牙山 청곡사를 지나면서 어린 시절을 회상하였다.

숙부가 진양 목사로 계실 때, 언장 형님과 경명 형님 두 분이 어릴 때 아버지를 여의고 숙부를 따라와 이 절에서 독서할 때였다. 시인은 어려서 숙부를 따라갈 수 없었다.

"형님이 보고 싶어요."

"자식 된 사람은 마땅히 글을 읽어 학업을 성취해야 한다. 형들은 이 때문에 간 것이니, 그리워할 필요는 없느니라."

어머니의 말을 들은 뒤부터 시인은 더욱 학업에 열중하였다.

숙부 송재공은 진양 목사를 마치고 조정으로 들어가시어 이조 참판을 지내셨고, 경오년(1510)에 강원도 관찰사로 나가셨는데, 공은 시인의 할아버지 이계양의 두 아들 중 둘째아들이다. 그는 강원도에 있을 때, 먼 길을 말을 달려서 일부러 어머니를 뵈러 올 정도로 효성이 지극하였다.

송재공은 임금에게 간곡히 청하여 임신년(1512)에 강원도에서 돌아왔다. 송당골에 집을 지었는데, 소나무가 많아서 송재松齋라 했다.

송재공이 귀전했을 때, 시인은 열두 살이었다. 이때, 형들과 함께 송재공에게 《논어》를 배웠다.

공은 조카들에게 각각 자字를 지어 주었는데, 서귀를 언장彥章, 서봉을 경명景明, 서란을 정민貞愍, 시인을 서홍瑞鴻에서 경호景浩로 바꿔 주었다. 보고 싶던 형들이 돌아왔고, 배움의 길을 찾았으니, 경호景浩는 배움이 즐거워 유월의 신록처럼 쑥쑥 자랐다.

《소학》은 터전을 닦아 재목을 갖추는 것이요, 《대학》은 그 터전 위에 커다란 집을 짓는 것이라 하여, 스승은 자질들을 교육함에 《소학》을 중시하였다.

"물 뿌리고 쓸고 공손히 응답하며, 집에 들어가서는 효도하고, 밖에서는 공경하여 모든 행동에 거스름이 없이 행한 뒤에 여력이 있으면 詩를 외고 글을 읽으며, 영가詠歌하고 무도舞蹈를 하는 데도 생각이 지나침이 없게 하는 것이다. 이치를 궁구하고 몸을 닦는 것은 이 학문의 큰 요지이다."

"弟子入則孝 집에 들어와서는 부모님께 효도하고,
　出則悌　 집 밖에 나가서는 공손해야 한다."

경호景浩는 고개를 끄덕이면서 말했다.
"사람의 도리는 마땅히 이래야 할 것입니다."

"學而時習 배우고 때로 익히면
　不亦說乎 기쁘지 아니한가."

경호는 담담한 표정으로 경계했으며, 〈자장子張〉 편에서, 질문하고 이理를 터득했다.

"일의 옳은 것이 바로 理입니까?"

송재공은 "그렇다." 라고 대답하면서,

'이 아이는 가르치지 않아도 스스로 길을 아는구나.'

라고 생각했다.

숙부는 엄격한 스승이었다. 책을 덮고 돌아앉아서 배운 것을 배송背誦하게 했다.

"외는 것은 글자를 기억하는 것이 아니라, 선현의 뜻을 가슴에 흐르게 하는 것이니라."

선비의 자세로 바르게 앉아서 외우되, 몸을 흔들어서도 안 되고, 착란하지 말고 중복하지도 말며, 너무 급하게 굴면 조급하고 너무 느리면 정신이 해이해져서 생각이 뜨게 된다.

《논어》와 《집주》를 배송하면 잡념이 없어지고 머리가 맑아졌다. 이렇게 하여 경호景浩는 열세 살에 《논어》를 마쳤다.

송재공의 교육은 알묘조장揠苗助長이 아니라, 사람답게 사는 길을 스스로 터득하도록 하는 것이었다.

"앎과 배움은 그것 자체로 가치가 있는 것이 아니다. 학문의 길에 각고도 중요하나, 심신의 휴양 또한 중요하다."

자연을 소요하며 물아일체의 호연지기浩然之氣를 길러 자유의지와 정의로운 품성을 갖춰야 한다고 했다.

"알기만 하는 사람은 좋아하는 사람만 못하고, 좋아하는 사람은 즐기는 사람만 못하다."

知之者不如好之者 好之者不如樂之者

송재공은 안동 부사 재임 중에 혈소환으로 별세하였다.

시인은 송재공이 운명하자 세상을 다 잃었다. 송재공은 숙부가 아니라 아버지요, 엄격한 스승이며 닮고 싶은 시인이었다.

시인은 청곡사에 들러서, 존망이합存亡離合의 인생을 느꼈다.

"지금 27년이 지나 내가 이곳으로 와 잠시 들렀는데, 만나고 헤어지고 살고 죽는 것에 대하여 사람으로 하여금 거의 마음속으로만 편안히 품고 있지 않아서 절구 한 수를 읊는다.

지금 언장 형님이 세상을 하직한 지도 1년이 지났고, 경명 형님은 조정에서 관직생활을 하고 있다가 이 소식을 듣고 고향을 찾아와 뵈었으나, 나는 남쪽 땅에 체류하고 있었으니, 아마도 돌아가서는 보지 못할 것 같은 까닭에 이른 것이다."

차가다 무엇을 날쌔게 빼앗거나 움켜 가지고 가다.

차갑디차갑다 더할 나위 없이 차갑다.

차깔하다 문을 굳게 닫아 잠가 두다. **차개차개** 차곡차곡.

차곡차곡 물건을 가지런히 겹쳐 쌓거나 포개는 모양.

차꼬 죄수의 손발목을 옭아매던 쇠사슬.

차꼬막이 기와집 용마루의 양쪽으로 끼우는 수키왓장.

차근거리다 성가실 정도로 은근히 자꾸 귀찮게 굴다. '자근거리다'.

차근차근 말이나 행동을 아주 찬찬하게 조리 있게 하는 모양.

차끈하다 매우 차가운 느낌이 있다. **차나락** 찰벼.

차노치 찹쌀로 만드는 부침개. **차다** 더 들어갈 수 없이 되다. '가득하다'.

차닥거리다 물기가 있거나 차진 물건을 가볍게 자꾸 두드리다.

차단지 야무지게 말하는 사람. **차란** 쇠로 잘게 만든 총알. '처란'.

차람이불 솜이 얇은 이불. '차렵이불'. **차려입다** 잘 갖추어 입다.

차련 부드럽게 다루어 만든 당나귀 가죽. '채련'.

차렵 옷이나 이불 따위에 솜을 얇게 넣는 방식. 차렵이불, 차렵저고리.

차렷 몸과 정신을 바로 차리어 부동자세를 취하라는 구령.

차례강산 돌아올 차례가 아득한 것.

차리다 음식을 상 위에 벌이다. /살림, 가게 따위를 벌이다.

차마 부끄럽거나 안타까워서 감히. 또는 고통을 참는다는 뜻의 '참아'.

차만하다 마음이 가라앉아 조용하다. '차분하다'.

차반 예물로 가져가거나 들어오는 좋은 음식. '음식'의 옛말.

차배미논 물 걱정없이 기름지고 거둠새 좋은 상등답上等畓.

차붓소 달구지를 끄는 큰 소. **차열** '차멀미'.

차집 부유한 집에서 음식 장만 따위의 잡일을 맡아보던 여자.

차침차침 차츰차츰. **차판** 처하여 있는 사정이나 형편. '처지'.

차포잡이 장기에서, 상대편의 차포를 떼어 놓고 두는 하수下手.

차하다 표준에 비하여 좀 모자라다. **착란** 어지럽고 어수선함.

착망 다녀간 것을 알리기 위하여 문안에 이름을 적어 넣음.

착살맞다 하는 짓이나 말 따위가 얄밉게 잘고 다랍다.

착착하다 말이나 일이 조리에 맞아 분명하다.

찬땀 몸이 쇠약하여 덥지 아니하여도 병적으로 나는 땀. '식은땀'.

찬마루 부엌 한쪽에 있는 밥상을 차리는 마루.

찬물내기 찬물이 솟거나 흘러 들어와 괴어 있는 논배미. '찬물받이'.

찬물을 끼얹다 잘 진행되어 가는 일에 훼방을 놓다.

찬탈 왕위, 국가 주권을 억지로 **빼앗음.** **찬평** 가묘에 제사지내는 제수 음식.

찬합 층층이 포갤 수 있는 그릇. **찰** '끈기, 지독한, 충실한' 뜻의 접두사.

찰가난 여간하여 벗어나기 힘든 가난. **찰강낭** 찰기가 있는 옥수수. '찰옥수수'.

찰떡같다 정이 깊고 찰떡처럼 긴밀하다. **찰떡치기** 술래놀이에서 등 짚고 넘기.

찰람하다 그릇에 넘칠 만큼 액체가 가득하다. **찰랑** 물체가 흔들리는 모양.

찰랑개비 팔랑개비. **찰랑머리** 움직일때마다 찰랑찰랑 흔들리는 단발머리.

찰쌈지 허리에 차는 담배 쌈지. **찰시중** 가까이 곁에서 모시고 시중드는 것.

찰원수 풀릴 수가 없을 정도로 원한이 깊이 사무친 원수.

찰짜 성질이 수더분하지 아니하고 몹시 까다로운 사람.

찰찰하다 몸가짐이 꼼꼼하다. **참** 만조滿潮 때의 물. 잠시 쉬는 동안站.

참꽃 먹는 꽃이라는 뜻으로, '진달래'를 개꽃에 상대하여 이르는 말.

참다랗다 분명하고 틀림없다. **참답다** 거짓없이 진실하고 올바른 데가 있다.

참람하다 분수에 넘치게 지나치다. **참사하다** 말이 적고 조용하다.

참살구 개살구에 상대하여 이르는 말. **참여** 어떤 일에 관계함. 참니.

참지 닥나무 껍질을 원료로 한 종이. 한지. **참지름** 참깨로 짠 기름. '참기름'. 참지럼.

참척하다 한 가지 일에 정신을 골똘하게 쓴다. **참하다** 생김새가 말쑥하고 곱다.

참하이 생김새 따위가 나무랄 데 없이 말쑥하고 곱네.

찹찹하다 마음이 들뜨지 아니하고 차분하다. **찻머리** 정류장.

창랑滄浪 맑고 푸른 물결 / 최명길崔鳴吉(1586~1647)의 호.

창빗 관아의 창고를 보살피고 지키던 사람.

창옷 두루마기와 같은 중치막 밑에 있는 웃옷. 선비나 평민의 옷.

창옷짜리 소창小氅옷 입은 사람을 가볍게 일컫던 말.

창지 큰창자와 작은창자를 통틀어 이르는 말. '창자'.

창호지 주로 문을 바르는 데 쓰는 얇은 종이.

채곡채곡 '차곡차곡'. **채꾼** 소를 모는 사람. 고기 잡는 일을 하는 사람.

채근채근 '차근차근'. **채다** 갚기로 하고 남의 것을 얼마 동안 빌려 쓰다.

채덮다 그만두다. **채독** 싸리나 버들가지를 엮어서 종이를 바른 독.

채뜨리다 잡아당기어 날쌔게 채어 빼앗다. **채로** 변함없이 그 모양으로.

채를 잡다 어떤 일을 하는 데서 주동이 되거나 방향을 잡다.

채리다 음식 따위를 장만하여 먹을 수 있게 상 위에 벌이다.

채마 먹을거리나 입을 거리로 심어서 가꾸는 식물.

채반 싸릿개비나 버들가지를 엮어서 둥글넓적하게 만든 채그릇.

채밭 채소밭. **채변** 남이 무엇을 줄 때 사양하다. 뿌리치다. 손사래치다.

채붕 나무로 단을 만들고 오색 비단 장막을 늘어뜨린 장식 무대.

채상 자그마한 밥상. '소반'. **채색구름** 여러 빛깔로 아롱진 고운 구름.

채수염 숱이 적으면서 퍽 긴 수염. **채우다** 일정한 공간에 가득하게 되다.

채이 창자, 키箕. **채장** 남에게 빌린 돈의 금액을 적는 장부.

채전 남새밭. 채소밭. 텃밭. **채전에** 어떻게 되기 훨씬 전에. **채쭉** '채찍'.

채찍비 채찍을 내리치듯이 굵고 세차게 쏟아져 내리는 비. **채채로** 차차로.

채치다 몹시 재촉하다. **채하** 까치솔. **채하다** 낌새를 채다. **책가위** 책까풀.

책려사 왕세자·왕비·세자빈을 책봉하는 의식을 주관하는 사람.

책상물림 글만 읽어서 사회 물정에 어두운 사람. **책술** 책의 두껍고 얇은 정도.

책씻이 책 한 권을 다 배운 뒤에 선생과 동료들에게 한턱내는 일.

챔 무엇을 하는 경우나 때. 무엇을 할 생각이나 의향.

챔빗 빗살이 가늘고 촘촘한 빗. '참빗'. **챗물** 무, 오이의 채로 만든 국. '챗국'.

챗열 채찍 따위의 끝에 달리어 늘어진 끈.

챙견 자기와 관계없는 일이나 말에 끼어들어 이래라저래라 함. '참견'.

챙기다 필요한 물건을 갖추어 놓거나 빠뜨리지 않았는지 살피다.

챙이 곡식을 까불러 쭉정이나 티끌을 골라내는 도구. '키'. 채이.

챙챙 단단하게 여러 번 감거나 동여매는 모양. 칭칭. **처가** 아내의 본가.

처가붙이 아내의 친정 집안 식구들. **처가살이** 아내의 본가에 들어가 삶.

처깔하다 문을 아주 굳게 닫아 잠가 두다. **처갓곳** 처가妻家 동네.

처근처근하다 물기 있는 물건이 약간 끈기 있게 달라붙다.

처남 아내의 남자 형제를 이르거나 부르는 말.

처남우댁 처남의 아내를 이르거나 부르는 말. '처남댁'. 처남으댁.

처내빼리다 함부로 내버리다. **처네** 어린애를 업는 끈이 달린 작은 포대기.

처녀 아무도 손대지 아니하고 그대로임. /일이나 행동을 처음으로 함.

처녀림 사람이 손을 대지 아니한 자연 그대로의 산림.

처담다 마구 담다. **처대다** 불에 태우다. **처뜨리다** 맥없이 늘어뜨리다.

처럼 모양이 서로 비슷하거나 같음을 나타내는 말. 맹구로, 매치로.

처막 지붕이 도리 밖으로 내민 부분. '첨아簷牙'. '처마'.

처매 '치마'. **처매다** 친친 감아서 잡아매다. **처먹다** 욕심 사납게 마구 먹다.

처박혜다 처박히다. 처박헿다. **처방전** 처방의 내용을 적은 종이.

처서판 막벌이 노동을 하는 험한 일판. **처연스럽다** 시치미를 떼다. '천연스럽다'.

처옇다 처넣다. **처자다** '자다' 속된 말. **처자빠지다** '자빠지다' 속된 말.

처장이다 잔뜩 눌러서 많이 쌓다. '처쟁이다'. 처재다. 처재이다.

처재 결혼하지 아니한 성년 여자. 처자處子.

처주끼다 약간 큰 소리로 떠들썩하게 이야기하다. '지껄이다'.

처줏다 자신보다 간격을 뒤에 처지게 하거나 남게 하다. '떨구다'.

처지 처한 사정이나 형편. **척** 그럴듯하게 꾸미는 거짓 태도나 모양.

척간하다 죄상이 있는지 없는지를 밝히기 위하여 캐어 살피다.

척사윤음綸音 천주교를 배척하는 임금님의 말씀.

척심하다 잊지 않도록 마음에 깊이 새겨 두다. '명심하다'.

척양 외세를 배척함. **척양비** 외세를 배척한다는 내용을 적은 비석. 척화비.

척지다 원한을 품어 서로 반목하다. **척척하다** 젖은 듯하다. '축축하다'.

천관시럽다 몸가짐이 번듯하고 의젓하다. '너볏하다'. 천간시럽다.

천극안치 배소 주위에 가시나무 울타리를 만들어 자유를 제한.

천근같다 움직이기 힘들 정도로 매우 무겁다.

천날만날 매일같이 계속하여서. '만날'. 언제나. **천단청** 푸른 보랏빛 잿물.

천덕구니 남에게 천대를 받는 사람이나 물건. '천덕꾸러기'. 천덕궁이.

천덕스럽다 품격이 낮고 야비한 느낌이 있다.

천덩거리다 끈기 있는 액체가 길게 처져 내리거나 뚝뚝 떨어지다.

천도복숭아 복사나무의 변종으로, 열매에 털이 없고 윤이 나는 복숭아.

천둥같이 몹시 화내는 모습을 이르는 말. '천동天動'.

천둥지기 비가 와야만 모를 심을 수 있는 논. 천수답天水畓. 봉천답奉天畓.

천렵 냇물에서 고기잡이하는 일. **천리** 천지자연의 이치. / 바른 도리.

천만 기관지 내강이 좁아서 숨숨이 차고 가슴이 몹시 벌떡거림. '천식'.

천만의 말 사양할 때 당찮음을 이르거나 남의 주장을 부정할 때 하는 말.

천방하다 매우 흔하다. 지천至賤이다. 첨방. 천지빼까리.

천불나다 성이 나서 속에 화기火氣가 생기다. '화가나다'.

천산갑 신종 코로나바이러스의 중간 숙주로 추정하고 있다. '청성개비'.

천상 타고난 것처럼 아주. '천생'. **천상수** 빗물. **천석고황** 자연에 대한 사랑.

천세나다 사물이 잘 쓰여 귀하여지다. 물건을 찾는 사람이 매우 많아지다.

천없어도 무슨 일이 있더라도 꼭. '세상없어도'. 천없다. 천하에 없어도.

천역 인간이 막을 수 없는 전염병. **천연** 머뭇거림. 늦어짐. 날짜를 미루다.

천연덕스럽다 생긴 그대로 거짓이나 꾸밈이 없고 자연스러운 느낌이 있다.

천연스럽다 시치미를 뚝 떼어 아무렇지 않은 체하는 태도가 있다.

천운 하늘이 정한 운명. /자연의 운치. **천자문** 중국의 주흥사가 지은 책.

천주학자 천주교도. **천지빼까리** 너무 많아서 그 수를 다 헤아릴 수 없다.

천집살이 아주 낮고 천한 일을 맡아하는 일. **천착하다** 깊이 파서 살피다.

천천무리 천덕꾸러기. **천추** 오래고 긴 세월. **천칭** 저울의 하나.

천트다 남의 추천을 받다. **천황씨** 무능할 정도로 마음이 너그러운 남편.

철 사리를 분별할 수 있는 힘. **철가치** 기차가 다니는 선로. '철로'.

철갑 물건의 겉면에 다른 물질을 흠뻑 칠하여 바름. '칠갑'. 피칠갑.

철개이 '잠자리'. 철갱이. 철구, 철기. **철겹다** 제철에 뒤져 맞지 아니하다.

철골 몸이 야위어 뼈만 남은 상태. **철대반죽** 물기가 지나치게 많은 반죽.

철딱서니 사리를 분별할 수 있는 힘. **철떡거리다** 한참동안 떠들다.

철로쓰다 시간이나 재물 따위를 헛되이 헤프게 쓰다. '낭비'.

철록에미 줄담배를 피워대는 사람을 놀리는 말.

철매 구들장 밑이나 굴뚝에 끈끈하게 엉키어 붙은 그을음. 매연.

철머슴 농사일이 바쁜 한 계절만 고용살이를 하는 사람.

철반지다 반죽이나 밥, 떡 따위가 끈기가 많다. '차지다'. 찰지다.

철벅거리다 옅은 물이나 진창을 거칠게 밟거나 치는 소리가 자꾸 나다.

철부지 철없는 어린아이. 철없어 보이는 어리석은 사람.

철수찾다 제철에 맞추다. **철저** 빈틈이나 부족함이 없음. **철쭉** 개꽃.

철찾다 제철에 맞추다. **철철넘치다** 많은 액체가 넘쳐흐르다.

첨삭지도 쓴 글을 고치고 다듬으면서 좋은 글을 쓰는 방법 따위를 가르쳐 주는 일.

첨절 흉사. **첨지** 벼슬은 없지만 점잖은 어른을 부르는 말. '첨지중추부사'.

첩급捷給 말을 잘하고 일처리에 능숙함.

첩지 부녀들이 예장禮裝할 때에 머리 위를 꾸미던 장식품.

첫고등 맨 처음 고비. 첫 대목. **첫국밥** 산모가 처음으로 먹는 국과 밥.

첫길 시집가거나 장가들러 가는 길. **첫날밤** 혼인날 부부가 함께 잠자기.

첫닭울이 첫닭이 울 무렵. **첫물** 그해의 맨 처음에 나는 농·해산물. '맏물'.

첫물지다 그해 들어 첫 홍수가 나다. **첫밭** 일이나 행동의 맨 처음 국면.

첫사랑 처음으로 느끼거나 맺은 사랑. **첫사리** 그해 처음으로 시장에 나온 첫 조기.

첫잠 막 곤하게 든 잠. **첫한아비** 맨 처음 한 아비. 시조始祖.

청 방과 방 사이에 있는 큰 마루. 맑은 하늘. 얇은 막.

첫 날 밤

오상순 吳相淳 (1894~1963)

※ 신세훈 편저, 한국대표시선집, 금우당. 1984

어어 밤은 깊어
화촉동방의 촛불은 꺼졌다.
허영의 의상은 그림자마저 사라지고….

그 청춘의 알몸이
깊은 어둠바다 속에서
어족인 양 노니는데
홀연 그윽히 들리는 소리 있어,

아야… 야!
태초 생명의 비밀 터지는 소리
한 생명 무궁한 생명으로 통하는 소리
열반의 문 열리는 소리
오오 구원의 성모 현빈玄牝이여!

머언 하늘의 뭇 성좌는
이 밤을 위하여 새로 빛날진저!

밤은 새벽을 배고(孕胎)
침침駸駸히 깊어 간다.

심사정, 물총새와 연꽃《화원별집》

※ '현빈玄牝' 은 여성을 의미한다. '玄牝之門'은 '우주와 생명의 뿌리'가 되니 끊어질 듯 이어 진다.
　玄牝之門현빈지문 是謂天地根시위천지근 綿綿若存면면약존.《노자》
　민세 안재홍(1891~1965)은 그의 〈백두산등척기〉에서, 옛 사람들은 천지天池를
　'생식의 문'에 비유하여 '씨의 입'으로 명명하야 존경하고 숭배조차 하였다고 한다.

청간 맑고 깨끗한 시내. 청계. **청곡사** 진주시 금산면 월아산에 있는 절.

청구靑丘/靑邱 예전에, 중국에서 우리나라를 이르던 말.

청구성 구성진 목소리. **청국장** 담북장. 띔북장.

청귀틀 마룻귀틀. **청기와** 푸른 빛깔의 매우 단단한 기와.

청노새 대부분의 양반들이 타고 다니던 털 빛깔이 푸른 노새.

청노지상 장구치고 노래하는 창기娼妓. '청루기생'.

청덕루 청향루 죽서루와 함께 청도에 있던 누정으로 임란으로 소실됨.

청도 경상북도의 가장 남쪽에 있는 군으로 경상남도 밀양과 접하고 있다.

청두리 겨울철새 청둥오리. **청둥호박** 늙어서 겉이 굳고 씨가 잘 여문 호박.

청랑하다 맑고 명랑하다. **청맹과니** 겉으로는 멀쩡하나 보지 못하는 사람.

청모시 모시풀로 짠 옷으로 풀을 먹여 빳빳하고 청량감이 드는 옷맵시.

청목댕이 여자나 아이들의 가죽신. **청부루** 털빛이 푸르고 흰 점이 박힌 말.

청빈 성품이 깨끗하고 재물에 욕심이 없어 가난함. **청사** 역사상의 기록.

청사리 상어의 일종으로 '청상아리'의 다른 이름.

청삽사리 검고 긴 털이 곱슬곱슬하게 생겼던 둘씨개. **청설모** 날다람쥐.

청소 깊고 푸른 연못. **청소깝** 마르지 않은 소나무의 가지와 솔잎. 청솔가지.

청수하다 맑고 수려하다. **청술레** 일찍 익으며 빛이 푸르고 물기가 많은 배.

청승궂다 궁상스럽고 처량하여 보기에 언짢다. 청승스리.

청승살 팔자 사나운 노인이 어울리지 않게 찐 살.

청실홍실 납채할 때 엮은 명주실 타래. **청아들** 똑똑하고 건강한 아들.

청애동자 똑똑하고 영리한 사내아이. **청올치** 칡 속껍질로 삼은 윗길 짚신.

청장목 관棺을 만드는 목재. **청질** 권세가에게 부탁하여 그 힘을 빌리는 일.

청처지다 아래쪽으로 좀 처지거나 늘어지다. **청처짐하다** 동작이 느슨하다.

청춘 새싹이 돋아나는 봄철이라는 뜻으로, 이십 대 전후의 젊은 시절을 이르는 말.

청춘기 한창 젊고 건강하여 활발하게 활동을 하는 시기.

청치 푸른 털이 얼룩얼룩한 소. **청하여** 어떤 일을 남에게 부탁하다.

체 가루를 곱게 치거나 액체를 거르는 기구. **체계놀이** 일수 월수.

체념 희망을 버리고 아주 단념함. **체다보다** 위를 올려 보다. '쳐다보다'.

체들다 들어 올리다. '쳐들다'. **체머리** 저절로 머리가 좌우로 흔들리는 증상.

체메꾼 남에게 휘둘리어 대신 돈을 쓰거나 땀흘리는 이.

체멘하다 겸손하여 받지 아니하거나 응하지 아니하거나 양보하다.

체모 체면. **체신** 위신. **쳇것** 명색이 그런 사람이나 물건을 낮잡아 이름.

쳇불관 선비들이 쓰던 말총으로 거칠게 짜서 만든 관冠.

초가리 서까래 끝에 붙인 기와. **초가마가리** 허술한 오막살이 초가집.

초간 풀이 우거진 사이. **초강초강하다** 얼굴 생김새가 갸름하고 살이 적다.

초고리 작은 매. **초꼬슴** 맨 처음. **초꼬지** 작은 전복을 말린 것.

초곡 영주시 휴천 삼동 사일마을. 퇴계 이황의 처가가 있던 푸실.

초군초군하다 아주 꼼꼼하고 느릿느릿하다.

초근목피 맛이나 영양 가치가 없는 거친 음식을 비유로 이르는 말.

초근초근하다 성질이나 태도가 검질기고 끈덕지다. **초눈** 초파리 애벌레.

초다듬이 거듭하여야 할 때에 맨 처음 대강 하여 낸 차례. '초벌'. 초따디미.

초다짐 배고픈 것을 벗어나려고 끼니를 먹기 전에 먼저 먹는 간동한 음식.

초달기 어른 말 끝에 아랫사람이 그 말에 대하여 덧붙여 말하다. 깃달기.

초대 어떤 일에 경험이 없이 처음으로 하는 사람.

초때뼈 무릎 아래의 정강이, 촉대뼈. **초들다** 사실을 입에 올려서 말하다.

초라니 까불까불한 나자儺者. 양반의 하인으로 행동거지가 가볍고 방정맞다.

초라떼다 격에 맞지 않는 짓이나 차림새로 창피를 당하다.

초래 병 따위에 꽂아 놓고 액체를 붓는 데 쓰는 나팔 모양의 기구. '깔때기'.

초래기 옛날, 밥 담는 도시락. **초랭이** 초라니. 몹시 방정맞은 행동.

초려삼간 작은 초가집이란 뜻으로, 가난하고 소박한 삶.

초련 풋바심한 곡식으로 가을걷이 때까지 양식을 대어 먹는 일.

초롬하다 모자라거나 마음에 차지 않은 것. **초롱** 촛불을 켜는 등롱. / 양철통.

초롱군 초롱을 들고 가며 밤길을 밝혀 주는 사람을 이르던 말.

초름 첫머리. **초름하다** 마음에 차지 않아 내키지 않다.

초리 물체의 가늘고 뾰족한 끝부분. 가느다란 나뭇가지.

초리다 음식이 오래 되어 저린 내가 나다. **초마리** 간장 담는 작은 항아리. 초래미.

초망 추가 달려서 물에 던지면 좍 퍼지면서 가라앉는다. 물고기 잡는 쨍이.

초빼이 술에 취하거나 술을 자주 마시는 사람. 초배기.

초사리 그해 처음으로 시장에 들어오는 첫 조기.

초싹대다 어깨를 가볍게 자꾸 추켜올렸다 내렸다 하다.

초석 순장 바둑에서 미리 돌을 놓는 것. **초성좋다** 노래 잘 한다. 목소리가 좋다.

초슬목 날이 어두워진 지 얼마 되지 않은 때. '초저녁'.

초생달 초승에 뜨는 달. '초승달'. 생生은 '승'으로 굳어졌다.

초실하다 살림이 초라하고 부실하다. **초아재비** 몹시 신맛이 나는 것.

초악 말라리아. '학질'. 초학. 하루걸이. **초암사** 소백산 죽계의 절.

초입 동네에 들어가는 어귀. **초잡다** 더럽고 지저분하다. '추접하다'.

초잡다 글을 초벌로 쓰다. **초점** '학질'. **초지니** 두 살 된 매.

초지렁 장이 서기 시작한 무렵. '초장初場'. **초집** 식초를 갠 고추장. '초장醋醬'.

초짜배기 처음 하여 그 일에 능숙하지 못한 사람. **초청** 사람을 청하여 부름.

초초하게 매우 간동하고 거칠게. **최췌하다** 얼굴이 여위고 파리하다.

초치다 한창 잘되는 일에 방해를 놓다. **초친놈** 난봉꾼을 비난조로 이르는 말.

초토 불에 탄 것처럼 황폐하고 못 쓰게 된 상태를 비유적으로 으르는 말.

촉 씨, 줄기, 뿌리 따위에서 처음 돋아나는 어린잎이나 줄기. '싹'.

촉대뼈 무릎 아래에서 앞 뼈가 있는 부분. '정강이'. 촛대뼈.

촉바르다 바른말을 하는 데 거침이 없다. '입바르다'.

촉불 초에 켠 불. '촛불'. **촉새** 입이 가벼운 사람. 촉바르다.

촉새부리 끝이 뾰족한 물건을 비유적으로 이르는 말.

촉작대 끝에 쇠꼬챙이 달린 보부상들의 물미장勿尾杖.

촌 도시에서 떨어져 있는 지역. '시골'. **촌구역** '촌'을 낮잡아 이르는 말.

촌띠기 '촌사람'을 낮잡아 이르는 말. '촌뜨기'.

촌보리동지 무던하게 생긴 시골 사람을 낮잡아 이르는 말.

촌시럽다 어울린 맛과 세련됨이 없이 어수룩한 데가 있다. '촌스럽다'.

촐래받다 말이나 행동이 가볍고 점잖지 못하다. '방정맞다'.

촐삭거리다 가볍고 경망스럽게 자꾸 까불다. '촐랑거리다'.

촘촘이 간격이 매우 좁거나 작게. '촘촘히'. **촛기** 구슬치기의 첫 구멍.

총 짚신이나 미투리의 양편쪽 가장자리의 발등까지 올라오는 울타리.

총각 결혼하지 않은 성년 남자. **총구** 총명한 기운. '총기'.

총내이 하는 짓이 경박한 사람. 초랭이, 총냉이.

총냥이 이리처럼 눈이 붉고 입이 뾰족하며 마른 얼굴을 한 사람.

총대우 말총이나 쇠꼬리의 털로 짜서 옻을 칠한 갓.

총댕이 총으로 짐승 잡는 사냥꾼. **총생이** 초목이 무더기로 더부룩한 것.

총섭總攝 총괄하여 다잡고 다스림. **총용사** 군영의 장.

총총히 몹시 급하고 바쁜 상태로. **최후** 맨 마지막.

추구려주다 용기나 의욕이 솟아나도록 북돋게 하다. '격려하다'.

추근거리다 조금 성가실 정도로 은근히 자꾸 귀찮게 굴다. 추군거리다.

추깃물 송장이 썩어서 흐르는 물. **추녀** 처마의 네 귀에 있는 큰 서까래.

추노다 숨긴 것을 '수색하다'. **추다** 춤 동작을 하다.

추달하다 자식이나 제자의 볼기나 종아리를 회초리로 때리다. '초달하다'.

추라치 굵고 큰 송사리. **추레하다** 겉모양이 깨끗하지 못하고 생기가 없다.

추려잡다 위로 끌어올려 잡다. **추렴** 놀이의 비용을 나누어 내다. 출렴出斂.

추로지향 학문의 본 고장. **추리** '자두'. **추리다** 섞여 있는 것에서 골라내다.

추리하다 지저분하고 더럽다. '추루하다'. 추레하다. **추바리** '뚝배기'.

추새 초가집 처마. **추서다** 몹시 지쳐서 허약하여진 몸이 차차 회복되다.

추석 한가위. **추썩대다** 일부러 남을 자꾸 슬슬 부추기다.

추스르다 일이나 생각을 수습하여 처리하다. '추스르다'. 추슬르다.

추억 지나간 일을 돌이켜 생각함. **추임새** 고수鼓手가 흥을 돋우는 소리.

추자 '호두'. **추적추적** 비 따위가 축축하게 자꾸 내리다. **추접다** '더럽다'.

추접지근하다 더럽고 지저분한 듯하다. **추종** 남의 뒤를 따라서 좇음.

추증 나라에 공로가 있는 자에게 죽은 후에 벼슬을 주던 일.

추지저끔 수수께끼, 수지저끔. **추지다** 물기가 배어서 몹시 눅눅하다.

추지저끔 '수수께끼'. **추목** 산뜻하고 흥거운 느낌을 주는 목소리.

축 오징어를 묶어 세는 단위. 한 축은 오징어 스무 마리를 이른다.

축구 바보. 처치. **축담** 막돌에 흙을 섞어서 쌓은 돌담.

축문 제사 때에 읽어 신주神主께 고하는 글.

축산이 '바보'의 속어. 축생畜生. 바보 축구畜狗. **춘기** 봄철.

춘천박씨 퇴계 이황의 어머니. **출렁이다** 큰 물결을 이루며 흔들리다.

출면 관직을 파면 당하다. **출몰** 현상이나 대상이 나타났다 사라졌다 함.

출무성하다 굵거나 가는 데가 없이 위아래가 모두 비슷하다.

출물꾼 회비, 잡비 따위를 혼자서 모두 내는 사람. **출발** 어떤 일을 시작함.

출사 벼슬길로 나아가다. **출썩거리다** 주책없이 덜렁거리며 돌아다니다.

출입 남자가 장가 든 처갓곳. 처가 집안. 처가 권속. **출처** 벼슬에 나아감.

출출하다 배가 고픈 느낌이 있다. **춤새** 춤을 추는 모양새.

충분한 모자람이 없이 넉넉함. **충빠지다** 화살이 떨며 나아가다.

충정 성성스럽고 참된 정. **충훈부** 조선시대 공신들의 관부官府.

취바리 취바리탈을 쓰고 춤추는 사람. **취라치** 군대의 나발수.

취하다 무엇에 마음이 쏠리어 넋을 빼앗기다.

최소 예정된 일을 없애 버림. **측거리** 발등걸이와 호미걸이 기술.

측실 정식 아내 외에 함께 사는 여인. **측흐다** 슬프거나 섭섭하다.

츱츱하다 야마리 없이 다랍고 더럽다.

치 곡식의 쭉정이를 골라내는 도구. **치각** 술에 취한 사람. '취객'.

치거리 산마루나 용마루의 두드러진 턱. '산치거리'.

치골 비웃는 줄도 모르고 제멋대로 행동하는 어리석은 사람.

치날리다 위로 가볍게 휘날리는 모양새. **치다** 동물을 기르다. 봉양하다.

치다꺼리 남의 자잘한 일을 보살펴서 도와주는 일.

치다보다 위를 향하여 올려 보다. '쳐다보다'.

치대다 빨래, 반죽 따위를 무엇에 대고 자꾸 문지르다.

치들다 위로 올려 들다. 쳐들다. **치뜨럽다** 치사하고 더럽다.

치뜨리다 위로 던져 올리다. **치뜰다** 행실이나 성질이 나쁘고 더럽다.

치롱 싸리가지를 걸어 뚜껑 없이 만든 채롱 비슷한 그릇.

치롱구니 어리석어 쓸모가 없는 사람.

치마양반 신분이 높은 집과 혼인함으로써 사회적 지위를 얻게 된 양반.

치맛귀 치마의 모서리 부분. **치매기다** 순서를 따져서 차례를 정하다.

치먹다 시골에서 생산된 물건이 서울로 와서 팔리다.

치면하다 그릇 속의 내용물이 거의 가장자리까지 차 있다.

치받이 비탈진 곳에서 위쪽으로 향한 방향.

치받치다 감정이 세차게 복받쳐 오르다. **치빨나다** 몹시 잘 나가다.

치배 풍물놀이에서, 타악기를 치는 사람을 통틀어 이르는 말.

치부 남에게 드러내고 싶지 아니한 부끄러운 부분.

치부책 돈이나 물건이 들고 나고 하는 것을 기록하는 책. 치부장.

치사랑 손아랫사람이 손윗사람을 사랑함. **치살리다** 지나치게 치켜세우다.

치송하다 결혼시켜서 가정을 이루게 하다. 취성娶成하다.

치수 몸의 크기. '체수體數'. **치숫다** 지저분하고 더럽다.

치신머리사납다 몸가짐을 잘못하여 꼴이 몹시 언짢다. 치신사납다.

치아삐라 그만 둬. 또는 치워라. **치양없다** 차별 없다.

치우다 물건을 다른 데로 옮기다. / 자녀를 혼인 시키다.

치이다 연장의 날을 불에 달구어 두드려서 날카롭게 만들다. '벼리다'.

치임개질 벌여 놓았던 물건들을 거두어 치우는 일.

치지도위 일정한 범위에서 도외시하여 내버려두는 것.

치째지다 아래로부터 위로 향하여 째지다.

치천 4대 이내의 자손 가운데 제사를 받들기 위하여 자기 집으로 옮겨 감.

치치다 글자 획을 위로 올려 긋다. **칙간** 뒷간. 측간廁間.

칙살맞다 하는 짓이나 말 따위가 얄밉게 잘고 더럽다.

친구 벗. 동무. **친실아** 시집간 딸. **친정곳** 친정 동네.

친정붙이 친정 식구. **친정살이** 결혼한 여자가 친정 살림살이를 하는 일.

친정아바시 친정아버지. **친좁다** 지내는 사이가 매우 친숙하고 가깝다.

친친하다 축축하고 끈끈하여 불쾌한 느낌이 있다.

친탁 생김새나 성질이 아버지나 할아버지를 닮음. 진탁.

칠기 콩과의 낙엽 활엽 덩굴성 식물. '칡'. 칡덩이.

칠떡거리다 물건이 길게 늘어져 자꾸 바닥에 닿았다 들렸다 하며 끌리다.

칠뜨기 '칠삭둥이'를 낮잡아 이르는 말.

칠렁거리다 큰 그릇에 그득 찬 액체가 자꾸 넘칠 듯이 흔들리다.

칠림 신세짐. **칠석물** 칠석날에 오는 비. 견우와 직녀의 눈물이라는 전설.

칠성판 시신을 넣는 관 바닥에 북두칠성을 본 따서 일곱구멍을 뚫은 널판.

칠안 아기가 태어나서 7일이 된 날을 한칠. 삼칠까지를 칠안이라 하였다.

칠칠맞다 주접 들지 아니하고 깨끗하고 단정하다. '칠칠하다'.

칠패 남대문 시장 자리에 있던 민간 시장.

칠흡송장 정신이 흐리멍텅하고 몸가짐이 반편 같은 사람을 이름.

칡범 몸에 칡덩굴 같은 어룽어룽한 줄무늬가 있는 범.

칡소 온몸에 칡덩굴 같은 어룽어룽한 무늬가 있는 소.

칩 웃돈이나 덤. **침감** 소금물에 담가서 떫은맛을 없앤 감.

침버캐 침이 말라붙은 찌끼. **침선** 바느질. 침자질. **침식** 잠자고 먹는 일.

칩떠오르다 위로 힘 있게 오르다. **칩뜨다** 몸을 힘차게 솟구치어 떠오르다.

칭게다 무거운 물건에 부딪히거나 깔리다. '치이다'.

칭굴다 자동차나 수레로 부딪히거나 깔았다. '치다'. **칭칭대** 층계. 계단.

칭칭이 농부들 사이에 행하여지는 고유의 음악. '풍물놀이'. 농악놀이.

칭퉁이 큰 벌을 통틀어 이르는 말.

코바위에 올라서

2월 13일, 회산(檜山 창원)으로 가서, 그곳에 살고 있는 사촌누나의 생일잔치에 참석하였다.

시인의 사촌누나는 숙부 송재공의 맏딸이다. 사촌누나는 친정이 멀리 있어서 외롭게 살고 있었는데, 친정 종제가 마침 자신의 생일잔치에 참석하게 되니 반갑고 또 반가웠다.

이 자리에서 생질 조윤구曺允懼의 詩를 차운해 〈회산조경중수모생진차경중운檜山曺敬仲壽母生辰次敬仲韻〉을 지었는데, 생일잔치의 즐거움을 묘사하는 한편, 이미 별세한 종자형 위재韋齋 조효연曺孝淵과 옛날 함께 청량산에 올랐던 일을 생각하고, 그의 죽음을 슬퍼하는 마음도 아울러 담았다.

시인의 종자형 조효연은 총명 준수하고 민첩 예리하여, 남다른 풍도가 있었다. 시문을 지을 때는 즉시 붓을 휘둘러 글의 내용이 거침없이 분방하였으며, 관직의 유사有司에게 구차하게 고분고분 따르지 않았고 억양이 강하였다. 또한 기개가 특출하고 행동이 고상하여, 남에게 아부하거나 환심을 사거나 영합하려고 하지 않았다.

이런 연유로 벼슬길이 많이 지체되었으나, 그는 걱정하지 않았다. 그 뒤로는 곧 스스로 말씨가 급한 것이 道에 해롭다고 여겨, 옛사람이 자신의 행동을 교정하기 위해 가죽을 허리에 패용佩用 한 것을 염두에 두었다고 한다.

2월 15일, 오석복을 모시고 오언의·조윤구曺允權와 월영대(月影
臺 마산 해운동)에 갔다.

모곡은 산인 면에 있으니, 모곡 건너편 마을부터 마산이다. 최
치원이 옛날 놀던 일을 추억하는 詩 〈월영대月影臺〉를 지었으며,
저물녘 월영대에서 배를 타고 회원(창원)에 도착하였다.

월영대는 고운 최치원이 대를 쌓고 후학을 가르치던 곳으로,
고운이 떠난 뒤 수많은 선비들이 그의 학덕을 흠모하여 찾아오는
순례지가 되었다.

합포合浦는 우리 땅에서 봄이 가장 먼저 오는 곳이며, 가덕도에
서 거제도 옥포만으로 둘러싸인 진해만의 내해에 위치하여, 만구
는 좁으나 수심이 깊고 잔잔하여 천연의 항구이다.

최치원의 〈범해泛海〉는 합포 만을 배경으로 한 시이다.

돛 달아 바다에 배 띄우니,
긴 바람 만 리에 나아가네.
뗏목 탔던 한나라 사신 생각나고,
불사약 찾던 진나라 아이들도 생각나네.
해와 달은 허공 밖에 있고,
하늘과 땅은 태극 가운데 있네.
봉래산이 지척에 보이니,
나 또한 신선을 찾겠네.

3월 18일, 고향에서 보내온 편지를 받았다.

그 편지에 사형四兄 해濬가 서울에서 고향에 다니러 왔다고 하였다. 그날 밤, 곤양길에 오르지 못했는데, 고향으로 돌아가야 할지 고민했다.

함안 모곡에서 이날 오석복의 시를 차운해 〈십팔일모곡차오의령운十八日茅谷次吳宜寧韻〉을 지었는데, 시의 제목은 주제와 직결되어 있기에, 시를 이해함에 제목을 이해하는 것이 중요하다.

여기서 오공吳公은 시인의 종자형 죽오 오언의의 부친 죽재 오석복을 지칭하는데, 그가 의령 현감을 지냈기 때문에 시인은 차운한 시의 제목에 '의령'이라는 글자를 넣은 것이다.

봄바람이 불어와 비를 흩뿌리고 안개가 깔리는데,
울타리엔 봄이 깊어 살구 열매가 도톰하구나.
갑자기 고향에서 기쁜 소식 알려오니,
고향으로 돌아가려는 마음은 이미 나는 듯 흰 구름 따라 달리네.

東風吹雨散餘霏 籬落春深杏子肥
忽有鄕音來報喜 歸心已逐白雲飛

3월 20일, 회산檜山 조윤구의 재사齋舍에 있으면서, 친인척들과
함께 비암鼻巖에 갔다. 무학산 정상 비암에서 시루봉 쪽으로 가다
가 왼쪽 내서읍 감천리 쪽으로 산보를 갔다가 저녁에 돌아왔다.
이날 〈비암鼻巖〉을 지어서, 봄이 무르익어 감을 노래했다.

평평한 반석은 손바닥 같고,
맑은 샘 뱀과 같이 흘러가네.
시를 읊조리며 시냇가 풀을 헤치고,
술병 들고 산꽃을 묻는다네.

봄 저무니 나그네 괴롭게 읊나니,
구름 흘러 저물녘 풍경 아름답네.
귓가에는 산새 울음소리,
번잡한 소리, 시름을 어이할까?

盤石平如掌 淸泉走似蛇 吟詩尋澗草 携酒問山花
春滿羈吟苦 雲移暮景多 耳邊山鳥語 喞喞奈愁何

| 번역 | 장광수 2017 |

이 시의 수련首聯에서는 평평한 반석盤石과 그 주변에 흐르고 있
는 맑은 개울을 손바닥과 뱀의 형상으로 묘사하고, 함련頷聯과 경련
頸聯에서는 자연의 정취에 묻혀 시를 읊고 술을 마시기는 하지만,

봄이 지나감에 괴로워하는 나그네의 모습을 드러낸다. 미련尾聯에
서는 산새의 지저귀는 소리와 대비하여, 시름에 겨워하는 고뇌를
표출한다.

   계절은 눈에 띄지 않게 서서히 변하는 것이라고는 하지만, 요 며
칠 사이 봄빛이 완연하다. 얼어붙었던 대지와 산천이 봄을 맞아 선
명한 빛깔로 되살아나고, 온 산천의 초목들이 활기찼다.

   그러나 어느 순간 이러한 봄도 점점 저물어 간다는 사실을 떠
올린 시인은 영원한 아름다움이란 존재하지 않는다는 사실을 깨
닫게 된 것으로 보인다.

> 春滿羈吟苦 봄 저무니 나그네 괴롭게 읊나니,
> 雲移暮景多 구름 흘러 저물녘 풍경 아름답네.

   시인은 봄이 저물어 감에 이를 아쉬워하는 것으로 보인다.

   30대 초반이었던 시인에게 이러한 깨달음은 자신의 처지를 돌
아보게 되는 계기가 되었을 것이며, 청년기에서 장년기로 넘어가
는 과도기의 시인에게 더욱 절실하게 다가왔을 것으로 생각된다.

   청년기 시인의 감성이 늦은 봄날의 아름다운 풍경과 함께 잘
형상화된 작품이라 할 수 있다.

카라반 사막이나 초원과 같이 교통이 발달하지 않은 지방에서, 낙타나 말에 짐을 싣고 떼를 지어 먼 곳으로 다니면서 특산물을 교역하는 상인의 집단.

칸살 일정한 건물이나 물건에 사이를 갈라서 나누는 살.

칼가래질 가래를 모로 세워 흙을 깎는 일. **칼감** 성질이 썩 독살스런 사람.

칼국시 밀가루를 얇게 민 반죽을 썰어서 끓인 후 고명을 얹어서 먹는 음식.

칼깃 깃 이음선의 벌림 사이가 매우 좁고 깃 벌림선이 위로 치들린 양복 깃.

칼나물 승려들이 '생선'을 이르는 말. **칼랄** 칼의 얇고 날카로운 부분. '칼날'.

칼밥 나무를 칼로 깎을 때 생기는 부스러기.

칼산 불교에서 지옥에 있다는 삐죽삐죽 솟은 산.

칼새 제비와 비슷한데 칼샛과의 새, 높은 산이나 해안 절벽에 분포한다.

칼잠 바로 눕지 못하고 몸의 옆 부분을 바닥에 댄 채로 불편하게 자는 잠.

칼조개 석패과의 '말조개'. 안쪽의 진주광택은 공예 재료로 사용한다.

칼춤 칼을 들고 추는 춤. **칼코등이** 슴베 박은 칼자루의 목 쪽에 감은 쇠테.

칼클타 사물이 더럽지 않고 말끔하게 정돈되어 있다. '깨끗하다'.

칼혼 억지로 하는 혼인. '늑혼勒婚'. **캄카무리하다** 약간 어둡다.

캉 일 따위를 함께 함을 나타내는 격 조사. '…과 함께'의 준말.

캉감하다 아주 까맣게 어둡다. '깜깜하다'보다 거센 느낌.

캐드득하다 참다못하여 조금 높고 날카롭게 새어 나오는 소리로 웃다.

캥캥대다 여우나 강아지가 우는 소리. **커녕** 말할 것도 없거니와 도리어.

커리 신, 양말, 버선, 방망이의 두 개를 한 벌로 세는 단위. '켤레'. 컬리.

컬컬하다 물이나 술 따위를 마시고 싶을 정도로 목이 몹시 마르다.

컬트래미 '트림'. **컹커무리하다.** 약간 컴컴하다. 컴커무리하다.

컴컴하다 아주 어둡다. '껌껌하다'보다 거센 느낌을 준다. '컴컴하다'.

켕기다 마음속으로 겁이 나고 탈이 날까 불안해하다.

켜다 불을 붙이거나 성냥이나 라이터 따위에 불을 일으키다.

켯속 일이 되어 가는 속사정. **코** 버선의 앞 끝이 오뚝하게 내민 부분.

코고무신 앞쪽이 코처럼 뾰족하게 나온 여성용 고무신. **코고뿔** 코감기.

카라반

이희춘 (부산대학교 명예교수)

호레즘의 오디가 맛 들면
나도 맛 들리라
우르겐치의 토마토가 익으면
내 영혼도 익으리라
꿀벌이 잉잉거리는 산촌으로 돌아가서
뻐꾸기소리로 병풍을 둘러치고
감자가 굵어지는 소리에 귀를 기울이리라
들판의 뽕나무는 가지마다 착하고
맑은 별은 이마마다 서늘한 곳
우리가 어느 길로 걸어가든
저 차고 맑은 새벽의 가슴에 도착하리니
포플러나무에 바람이 일면
허공에 달빛 하나 그려 넣고
밤이 이슥하도록 이역의 강가에 앉아
끝모를 세상 홀로 떠드는
내 마음속 카라반 하나 불러내어
둘이 같이 앉아 밤을 지샐까.

※ 이희춘, 천개의 실크로드. 중앙아시아 기행, 중문출판사.

실크로드 대상. 경북의 혼을 찾아서(14). 경북매일신문. 2012.11.5

코골이 자면서 코를 고는 일. **코그루 박다** 잠을 자다. **코꾸마리** '콧구멍'.

코꾼다리 소의 코청을 꿰뚫어 끼는 나무 고리. '코뚜레'. 코꾼지.

코따대기 콧구멍에 콧물과 먼지가 섞여 말라붙은 것. '코딱지'. 코따가리.

코대답 대수롭지 않게 여겨서 건성으로 하는 콧소리 대답.

코떼다 핀잔을 심히 듣다. **코뚜레** 소의 코청을 꿰뚫어 끼는 나무 고리.

코랑코랑하다 곤하게 깊이 잠이 들어 조금 요란스럽게 코를 골다.

코리다 마음씨나 하는 짓이 아니꼬울 정도로 옹졸하고 인색하다. '고리다'.

코맹맹이 코가 막히어 소리가 잠기거나 어리광부리는 소리. 코맹녕이.

코머리 관기官妓의 우두머리. **코쇠** 산기슭 끝의 사금沙金 지층.

코숭이 산줄기의 끝. **코웃음 치다** 남을 깔보고 비웃다.

코청 두 콧구멍 사이를 막고 있는 얇은 막.

코촉상 통나무로 만든 둥근 상. **코침** 콧구멍에 심지를 넣어 간질이는 짓.

코콜불 벽에 뚫어 놓은 고콜에 켜는 불. 코콜불.

코큰소리 잘난 체 하는 소리. **코털** 콧구멍 속에 난 털.

코푸렁이 줏대가 없고 흐리멍덩한 사람을 놀림조로 이르는 말.

코풀레기 코흘리개. **콧날** 콧마루의 날을 이룬 부분.

콧등머리 '콧대'. **콧등치기국수** 메밀가루로 만든 칼국수.

콧디이 '콧등'. **콧벽쟁이** 콧구멍이 좁아서 숨을 잘 쉬지 못하는 사람.

콧세미 '콧수염'. **콧중배기** '코'를 낮춰 부르는 말.

콜랑거리다 착 달라붙지 아니하고 들떠서 부풀어 자꾸 달싹거리다.

콩가리 콩을 빻은 가루. '콩가루'. **콩가루집안** 가족 간의 질서가 깨어진 집안.

콩국 흰콩을 약간 삶아서 맷돌에 갈아 짜낸 물.

콩국시 콩국에 말아서 만든 국수. **콩가리** 콩을 빻아서 만든 가루. '콩가루'.

콩깍지 콩을 털어 내고 남은 껍질. **콩꼬투리** 콩알이 들어 있는 꼬투리.

콩나물 콩지름. 콩질금. **콩나물국** 콩나물을 넣고 끓인 국.

콩노굿 콩의 꽃. **콩다디미** 콩을 갈아서 들기름에 섞어 장판에 바르는 일.

콩다래끼 눈꺼풀에 생긴 작은 덩어리. **콩돌** 공깃돌.

콩동 콩을 꺾어 수수깡으로 싸서 묶은 덩이.

콩동지기 등을 마주 대고 서로 업었다가 내려놓기.

콩몽둥이 둥글게 비비어서 길쭉하게 자른 콩엿.

콩사리 아직 여물지 않은 콩을 포기째 불에 그슬려 먹는 일.

콩소매 도포道袍자락이나 옷소매 끝에 볼록한 주머니.

콩칼국시 밀가루와 콩가루를 함께 반죽하여 끓인 국수.

콩켸팥켸 사물이 마구 뒤섞여서 뒤죽박죽이 된 것.

콩코무리하다 냄새가 조금 쿠린 듯하다. '쿠릿하다'.

쾌 북어, 엽전 따위를 묶어 세는 단위. **쾟돈** 열냥. 관貫돈. 엽전 천 닢.

쿠렁쿠렁 자루나 봉지에 물건이 꽉 차지 아니하여 많이 들썩거리는 모양.

쿤내 똥이나 방귀 냄새와 같이 고약한 냄새. '쿠린내'.

쿨렁거리다 들러붙지 않고 들떠서 부풀어 자꾸 들썩거리다. '꿀렁거리다'.

쿨룩거리다 감기나 천식으로 가슴 속에서 나오는 기침 소리를 잇따라 내다.

퀴다 음식을 몹시 탐하다. **큰가래** 서너 사람이 줄을 당기는 큰 가래.

큰머리 예식 때 부녀 머리에 크게 틀어 올린 가발.

큰상차림 잔치의 주인공을 대접하기 위하여 갖가지 음식으로 차린 상.

큰손님 마마. 또는 사돈의 혼주. **큰아기** 자란 계집아이. 또는 다 큰 처녀.

큰일 결혼, 회갑, 초상 따위의 큰 잔치나 예식을 치르는 일.

큰집 집안의 맏이가 사는 집. 죄수들의 은어로, '교도소'를 이르는 말.

클클하다 답답하고 못마땅해하다. **큼직하이** 꽤 크다. '큼직하다'.

키 배의 방향을 조종하는 장치. 어떤 문제를 해결할 수 있는 실마리.

키내림 곡식을 키에 담아 높이 들고 천천히 흔들며 쏟아 내리는 일.

키돋움 키를 돋우려고 발밑을 괴고 서거나 발끝만 디디고 섬. '발돋움'.

키우다 동식물을 돌보아 기르다. **키질** 키로 곡식 따위를 까부르는 일.

퇴도退陶 유감

봄 저무니 나그네 괴롭게 읊나니,
구름 흘러 저물녘 풍경 아름답네.
귓가에는 산새 울음소리,
번잡한 소리, 시름을 어이할까?

3월 28일, 진주에서 곤양으로 출발하였다. 곤양에 도착하여 어득강을 만나 그곳 객관에서 묵었다.

어득강은 욕심이 없고 염치廉恥를 숭상하여, 시골집의 가난하기가 빈한한 사람과 다름없이 청빈하였다. 공명의 득실 때문에 근심하지 않았으며, 마음이 꾸밈이 없고 순박하여 우활(迂闊 물정에 어둡다)하다는 평을 들었다.

"그대 바다를 본 적이 있는가?"

일찍이 월영대와 법륜사 등에서 바다를 구경한 적이 있지만, 모두가 다 우물 안에서 하늘을 본 것 같았다.

"내일은 남산에 올라 곤양의 바다를 구경하는 것이 어떻겠소?"

관포의 호의에 감사하였다.

어득강은 시인 일행을 위하여 곤양 남산에 올라 하늘에 맞닿은 수평선과 고깃배들이 작은 섬 사이를 헤매고 다니는 바다의 풍광을 보여주는 한편, 배를 타고 작도鵲島에 건너갔다.

작도는 바다에 둘러싸인 작은 섬에 불과하였는데, 바다는 크고 작은 섬들이 둘러쳐져 있어, 바다가 아니라 잔잔한 호수 같았다. 갈매기가 갯바위에 날아오르고 바닷물이 쓸려 나가면, 아낙네들이 갯벌에 엎드려 꼬막과 조개를 캐고 낙지를 잡아 올린다.

시인과 어득강 일행은 배를 타고 외구外鳩리의 작도정사鵲島精舍에 올랐다. 작도에 들어갈 때 타고 갔던 배가 썰물이 빠져나간 후 바닷가 갯벌에 동그마니 얹혀 있었다.

"조수潮水와 석수汐水는 하루도 어김이 없듯이, 인간사도 이와 같아서 나섬(出仕)과 물러남(進退)이 분명해야 하지요."

관포는 과거에 오른 후로 대사간大司諫에까지 올랐으나, 여러 번 외직을 청하고, 성품이 담백하여 물러가기를 좋아하였다.

당시, 시인은 학문과 출사의 갈림길에서 갈등하고 있었다. 관포는 호강후胡康侯의 소견을 인용하여, "대체로 출처 거취는 마땅히 스스로의 마음에서 결단할 것이요, 다른 사람과 꾀할 만한 것이 못되며, 다른 사람이 참여할 수도 없는 것"이라고 하면서, 다만 걱정되는 것은 이치에 정미롭지 못하고 뜻(志)이 강剛하지 못하면, 스스로의 결단이 혹은 시의時義에 어둡고 혹은 원모願慕에 뜻을 빼앗기게 되어 그 마땅함을 잃어버리게 된다면서,

"학문에 전념하는 것은 좋은 일이지요. 그러나 그대 스스로 어떻게 처리하느냐에 달려 있으며, 출사와 진퇴는 조수와 같으니, 한 인간의 의지만으로 될 수 없지요."

석양이 바다를 붉게 물들일 때쯤, 고향에서 온 편지를 알렸다. 시인의 넷째형 해瀣가 조정에서 벼슬살이를 하다가 고향에 왔으니, 빨리 돌아와서 그를 따라 서울로 올라가라는 내용이었다.

"사형四兄께서 근친하러 고향에 돌아왔다는 전갈입니다."

"하루 이틀 지체하시더라도 쌍계사 유람은 하시고 가시지요."

"삼신산 신령이 입산을 거부하는 듯하니, 때가 아닌가 봅니다."

시인은 삼신산 쌍계사 유람을 포기한 채 서둘러 고향으로 돌아가게 되었다.

관포 어득강은 완사계浣沙溪에서 고향으로 돌아가야 하는 시인을 위해 전별연을 베풀어 주었다. 완사계는 곤양 동헌에서도 수십 리 떨어져 있는 곤명 완사마을의 덕천강변 소나무 숲이었다.

덕천강은 지리산에서 발원하여 산청을 거쳐 남강으로 흘러드는데, 덕천강변의 완사계는 곤양·곤명·진양의 주민들이 여름이면 강물에 멱을 감고 더위를 식히기 위해 모여드는 숲으로서, 계契모듬을 하여 천렵을 즐기는 유원지였다.

어관포는 쌍계사를 함께 유람하자고 했던 계획을 취소할 수밖에 없는 데 아쉬워하면서, 시인과 마지막 전별을 완사계에서 벌였던 것이다.

"내 그대와 함께 삼신산 쌍계사를 유람하려 했으나, 만나자 곧 이별이니 인간의 힘으로 천리天理를 어찌 알겠는가."

완사계 전별 浣紗溪餞渡

완사계 물은 거울처럼 맑게 빛나는데,
해 질 무렵 어느 집에서 피리소리 들려오는가.
어 태수는 날 보내야 하고, 나 또한 떠나야 하니,
완사계 가의 가득한 방초들도 석별의 정을 어쩌지 못하네.

浣沙溪水鏡光淸　落日誰家一笛聲

太守送人人亦去　滿汀芳草不勝情

| 번역 | 장광수 2017 |

타끈하다 인색하고 욕심이 많다. **타기** 침을 뱉음. **타나다** 타고나다.

타넘다 높은 부분의 위를 넘어서 지나가다.

타내다 남의 잘못이나 모자람을 들추어 탓하다.

타니 장식을 위해 귓불에 다는 작은 고리. 귀고리. 귀걸이.

타다 악기의 줄을 퉁기어 소리를 내다.

타락줄 사람의 머리털을 꼬아 만든 줄.

타래 사리어 뭉쳐 놓은 실이나 노끈 따위의 뭉치. **타래골뱅이** '다슬기'.

타래미다 기분 나쁜 일로 고개를 숙이고 시선을 내리 깔다. '타래밀다'.

타래박 긴 자루 끝에 바가지를 달아 물을 푸는 기구. '두레박'.

타래버선 돌 전후의 어린이가 신는 누비버선의 하나.

타래송곳 용수철 모양의 송곳. **타래타래** 노끈이나 실을 동글게 틀어진 모양.

타리다 국수, 새끼, 실 따위를 동그랗게 포개어 감다. '사리다'.

타목 쉰 것처럼 흐리터분한 목소리. **타박고매** 물기가 적어 팍팍한 고구마.

타박타박하다 가루음식 따위가 물기나 진기가 없어 씹기에 조금 팍팍하다.

타박하다 허물이나 결함을 나무라거나 핀잔하다.

타방 자기가 자란 곳이 아닌 다른 지방이나 나라.

타시락거리다 조그만 일로 옥신각신하며 자꾸 우기거나 다투다.

타시롭다 態態스럽다. **타울거리다** 뜻한 바를 이루려고 애를 쓰다.

타이墮弛 떨어져서 해이함. **타짜** 노름판에서, 남을 잘 속이는 재주를 가진 사람.

타줄 마소에 써레, 쟁기 따위를 매는 줄. '봇줄'. **탁난치는** 몸부림치는.

탁배기 쌀로 만든 한국 고유의 하얀색 술. '막걸리'. 탁료濁醪.

탁신하다 몸을 붙여 의지하다. **탄내** 어떤 것이 타서 나는 냄새.

탄명스럽다 똑똑하지 못하고 흐리멍덩하다. **탄식** 한탄하여 한숨 쉬다.

탄지 담뱃대로 피우다가 조금 덜 타고 남은 담배. **탄천** 숫내.

탄하다 남의 말을 탓하여 나무라다. **탈** 어떤 물건의 틀이 되는 모형.

탈나다 뜻밖에 걱정할 만한 사고가 생기다. **탈리다** 몹시 시달리고 지치다.

탈춤 탈을 쓰고 추는 춤. **탈치다** 재빠르게 센 힘으로 빼앗거나 훔치다.

탈놀이 -하외河隈별신굿탈놀이

선비: 여보게 양반, 자네가 감히 내 앞에서 이럴 수 있나?

양반: 무엇이 어째? 그대는 나한테 이럴 수 있단 말인가?

선비: 아니, 그라마 그대는 진정 나한테 그럴 수가 있는가?

양반: 뭣이 어째? 그러면, 자네 지체가 나만 하단 말인가?

선비: 아니 그래, 그대 지체가 내보다 낫단 말인가?

양반: 암, 낫고 말고.

선비: 그래, 낫긴 뭐가 나아.

양반: 나는 사대부 자손일세.

선비: 아니 뭐라꼬, 사대부? 나는
　　　팔대부 자손일세.

양반: 아니, 팔대부? 그래, 팔대부는 뭐로?

선비: 팔대부는 사대부의 갑절이지.

양반: 허허, 빌 꼬라지 다 보겠네.
지체만 높으면 제일인가?

선비: 에헴, 그라믄, 또 뭐가 있단 말인가?

양반: 학식이 있어야지, 나는 사서삼경을 다 읽었네.

선비: 뭐 그까짓 사서삼경? 나는 팔서육경을 다 읽었네.

양반: 아니, 뭐? 팔서육경? 도대체 팔서는 어데 있고, 육경은 또 뭔가?

초랭이가 두 사람의 얘기를 듣다가 잽싸게 끼어드는데,

초랭이: 헤헤 나도 아는 육경, 그것도 모르니껴. 팔만대장경. 중의 바라경,
　　　　봉사의 앤경, 약국의 길경, 처녀 월경, 머슴의 새경 말이시더.

선비: 그래, 양반이라카는 자네가 육경을 모른단 말인가?

양반: 여보게 선비, 싸워 봤자 피장파장이네. 부네나 불러 춤이나 추시더.

선비: (잠시 생각하다가) 암, 그것참 좋지 좋아.

탈판 거푸집. 틀. **탐내다** 가지거나 차지하고 싶어하다. '욕심'.

탐마 매우 짧은 동안. '잠깐'. **탐묵** 욕심이 많고 하는 짓이 더러움. 탐오貪汚.

탑삭부리 수염이 짧고 다보록하게 많이 난 사람을 놀림조로 이르는 말.

탑손 부습을 쥐는 손. **탐완**貪頑 탐욕스럽고 완고함.

탓 구실이나 핑계로 삼아 원망하거나 나무라는 일.

탕개 물건을 줄로 동여맬 때 단단히 조이는 기구. 비녀장.

탕갯줄 물건을 단단히 동여매는 줄. **탕건** 갓 아래 받쳐 쓰던 관冠.

탕기湯器 약탕기. 자그마한 탕 그릇. **탕진쟁** 소소하게 낭비하며 느끼는 재미.

탕만흐다 헛배가 부르다. **태** 질그릇의 깨진 금. /겉에 나타나는 모양새.

태가 짐을 실어 날라 준 삯. **태깔** 모양과 빛깔.

태기치다 '팽개치다'. 태질하다. **태무심** 마음 쓰지 않다. 생각지도 않다.

태백성 저녁 무렵 서쪽 하늘에 보이는 '금성'을 이르는 말.

태사신 남자용 신발. 징신. **태성** 이마가 흰 말. **태수** 곡식의 수확량.

태양 태양계의 지구에서 가장 가까운 항성, 막대한 에너지를 방출한다.

태없다 사람이 뽐내거나 잘난 체하는 빛이 없다. **태깔** 교만한 태도.

태장 볼기를 치는 데 쓰던 형구. **태질** 세게 메어치거나 내던지는 짓.

터수 집안 형편. 서로 사귀는 푼수. 터. 처지, 형편.

태산북두泰山北斗 세상 사람들로부터 훌륭한 인물로 존경받는 사람.

태연스럽다 두려워할 상황에서 아무렇지도 않은 듯이 예사로운 데가 있다.

태치미 서랍이 있는 목침으로 화장 도구를 넣을 수 있다. '퇴침'.

태펭스럽다 아무 근심 걱정이 없고 평안한 데가 있다. '태평스럽다'.

택구 벼슬 이름이나 처가나 본인의 고향 이름을 붙여서 부르는 말. '택호'.

택도없다 '어림없다'. **택택하다** '넉넉하다'. **탯덩이** '못생긴 사람'의 속된 말.

탯자리개 타작할 때에 곡식의 단을 둘러 묶는 데 쓰는 굵은 새끼.

탱게치다 물건을 동이는 줄을 죄이다. '탕개'. **탱고리** 올챙이.

탱글탱글하다 탱탱하고 둥글둥글하다. **탱금지기** 넘어지지 않게 괴거나 받치는 것.

탱기다 다른 물체에 부딪치거나 힘을 받아서 튀어 나오다. '튕기다'.

탱탱하다 누를 수 없을 정도로 굳고 단단하다. **터** '자리', '장소'. 터서리.

터구 아둔하고 어리석은 사람을 놀림조로 이르는 말. '멍청이'. 터배기,

터덕거리다 몹시 지치거나 느른하여 힘없이 발을 떼어 놓으며 걷다.

터드레 둘레의 가장자리. '테두리'. **터득** 깊이 생각하여 이치를 깨닫다.

터럭 사람이나 짐승의 몸에 난 길고 굵은 털. '털'. 터래기. 터럭이. 트래끼.

터무니 정당한 근거나 이유. **터무니없다** 허황하여 전혀 근거가 없다.

터바꾸다 처지, 입장을 바꾸다. **터밭** 집터에 딸린 밭. 터서리밭.

터배기 한군데에 무더기로 쌓이거나 덕지덕지 붙은 상태. '더버기'.

터벙하다 터부룩한 수염이나 머리털이 좀 어수선하게 덮여 있다.

터뺌질하다 남의 물건을 서슴지 아니하고 단숨에 채어 가다.

터분하다 음식의 맛이 신선하지 못하다. 날씨나 기분이 답답하고 따분하다.

터수 살림살이의 형편이나 정도. /서로 사귀는 사이.

터울 먼저 태어난 아이와 그다음에 태어난 아이와의 나이 차이.

터울거리다 어떤 일을 이루려고 애를 몹시 쓰다.

터전 자리 잡은 곳. 집 가까이 있는 밭. 텃밭.기틀. 근거.

터줄다 터지게 하다. **터팔다** 유아의 어머니가 아이동생을 임신하다.

턱 마땅히 그리하여야 할 까닭이나 이치.

턱거리 철봉을 잡고 몸을 올려 턱이 철봉 위까지 올라가게 하기.

턱따기 나무를 벨 때 베는 맞은편을 먼저 따 내는 일. **턱아리** 턱주가리.

턱없다 이치에 닿지 아니하거나, 수준이나 분수에 맞지 아니하다.

턱자가미 아래턱과 위턱이 맞물린 곳. **턱주가리** '아래턱'의 속된 말.

턱지다 평평한 곳에 좀 두두룩한 자리가 생기다.

턱찌꺼기 먹다남은 음식. 빌붙었을 때 받는 혜택을 비유적으로 이르는 말.

턴털이 성격이나 하는 짓 따위가 까다롭지 아니하고 소탈한 사람. '털털이'.

털끝 아주 적거나 사소한 것을 비유적으로 이르는 말.

털메기 모숨을 굵게하여 몹시 거칠게 삼은 짚신.

털벙거지 털로 만든 벙거지. **털분하다** 남의 허물이나 책임을 넘겨 맡다.

털썩거리다 갑자기 주저앉는 소리가 자꾸 나다.

털썩이잡다 일을 망치다. **털수세** 털이 많이 나서 험상궂게 보이는 수염.

털이개 먼지를 떠는 기구. **털찝** 돈을 주책없이 함부로 쓰는 방탕한 기질.

털털거리다 자동차 따위가 흔들리며 느리게 겨우 가는 모양새.

털팔이 행동이 어수선한 사람. **털핀이** 단정하지 못한 것.

텁털이 단정치 못하고 지저분한 아이. **텀벅질** 탐욕스레 걸터듬질 하는 것.

텃논 집 근처의 논. **텃도지** 터를 빌린 값으로 내는 세.

텃돌 주춧돌, 섬돌 따위를 통틀어 이르는 말. **텃마당** 타작할 마당.

텃물 집의 울 안에서 흘러나오는 온갖 물.

텃새 먼저 자리 잡은 이가 나중 온 이를 업신여기는 짓.

텅거리 메기 비슷하게 생긴 민물고기. '퉁가리' 텅거리, 텅과리, 텅버리.

테가리 '턱'을 속되게 이르는 말. **테받다** 어떤 대상과 같은 모양을 이루다.

테설이 성질이 거칠고 심술궂은 사람. **텍** 그만한 정도나 처지. '턱'.

텍걸이 '턱걸이'. **텍대다** 그렇게 셈하다. **텍도없다** '턱도없다'.

텍밑 아주 가까운 곳을 비유적으로 이르는 말. '턱밑'.

텍바지 흘리는 침이나 음식물이 옷에 떨어져 헝겊으로 만든 물건. '턱받이'.

텍수가리 아래턱을 속되게 이르는 말. '턱주가리'. 텍사가리, 텍주가리.

테수염 아래턱에 난 수염. '턱수염'. **테밖** 울타리 바깥.

테안 테두리 안. 얼안. 일원一圓. **템** 얼추. 생각보다 많은 만큼.

텡 겉으로는 튼튼해 보이나 허약한 사람을 낮잡아 이르는 말.

텹텹 여러 겹으로 겹친 모양. '첩첩'.

토 간장을 졸일 때에 위에 떠오르는 찌꺼기. **토구** 두메에서 일어난 도둑의 떼.

토기다 힘을 모았다가 갑자기 탁 놓아 내뻗치거나 튀게 하다. '튀기다'.

토끝 천의 끄트머리. **토끼눈** 빨갛게 되거나 동그랗게 커진 눈을 비유하는 말.

토끼다 도망치다. 달아나다. 토사리. **토랏다** '토라지다'.

토렴 밥이나 국수에 뜨거운 국물을 부었다 따랐다 하여 덥게 함.

토리 둥글게 감은 실 뭉치. 연습용 화살촉에 끼우는 쇠고리.

토마루 방에 들어가는 문 앞에 좀 높이 편평하게 다진 흙바닥.

토막돌림 돌아가면서 하는 소리. 돌림노래.

토막말 긴 내용을 간추려 한마디로 나타내는 말.

토막먹 닳아서 짧아진 먹. **토막소리** 온바탕이 못 되는 판소리 어섯(부분).

토매간 정미소. **토매기** 덩어리에서 잘라낸 덩어리. '토막'. 톰배기, 통배기.

토멸 쳐서 없애 버림. **토백이** '토박이'. 토배기.

토심스럽다 남이 좋지 아니한 태도로 대하여 불쾌하고 아니꼬운 느낌이다.

토우 흙으로 만든 사람이나 동물의 상. 부장품으로 사용하였다.

토운생풍 구름을 토하고 바람을 일으킴.

토째비 동물이나 사람의 형상을 한 잡된 귀신의 하나. '도깨비'.

토설 숨기었던 진실을 비로소 밝히어 말하다. **토시럽다** 유복하다.

토하 민물 새우. **토하다** 느낌이나 생각을 소리나 말로 힘 있게 드러내다.

톡탁거리다 서로 가볍게 자꾸 치다.

톡탁치다 옳고 그름을 가리지 아니하고 모두 쓸어 없애다.

톡톡하다 피륙이 올이 고르고 촘촘하게 짜여 조금 두껍다.

톡톡히 넉넉하게. 심하게. 충분하게.

톱반찬 큰일 때 생선 도막을 손님상에 담아 내는 반찬. 톺반찬.

톨배기 밤이나 곡식의 낱알을 세는 단위. '톨'.

톱밥 톱으로 나무를 켤 때 쓸려 나오는 가루.

톱손 틀톱 양쪽 가에 있는 손잡이 나무. **톱질** 톱을 켜듯 살을 찢던 것.

톱칼 자루를 한쪽에만 박아 혼자 잡아당겨 켜는 톱.

톱톱하다 옷이 꽤 두껍다. 살림살이가 실속 있고 넉넉하다. '톡톡하다'.

톳 김을 묶어 세는 단위. 한 톳은 김 100장을 이른다. **톳나무** 큰 나무.

톳나물 끓는 물에 톳을 데친 다음에 여러 양념을 넣어 무친 나물.

통가리 싸리로 엮은 발을 둘러치고 그 안에 곡식 낱알을 채워 넣는 더미.

통간 결혼한 사람이 배우자가 아닌 사람과 성적 관계를 맺음.

통거리 물건이나 일을 가리지 아니한 채 모두. **통겨주다** 몰래 알려 주다.

통겨지다 노리던 기회가 어그러지다. **통다지** 나누지 아니한 덩어리 전부.

통배기 김치나 깍두기 따위를 담는 반찬 그릇의 하나. '보시기'.

통고리 한쪽 눈이 먼 사람을 낮잡아 이르는 말. '애꾸눈이'.

통금 이것저것 한데 몰아친 값. **통길** 길이 없던 곳에 사람이 다녀서 난 길.

통나무집 통나무로 지은 집. **통노구** 품질이 낮은 놋쇠로 만든 작은 솥.

통다지 통째. **통돌다** 여럿이 뜻을 모아 그렇게 하기로 서로 알려지다.

통량갓 통영갓. **통마루** 툇마루를 뺀 안방과 건넌방 사이에 놓인 마루.

통메장이 통을 메우거나 고치는 일을 직업으로 하는 사람.

통목 배에서 나온 통목소리. **통밀다** 이것저것 가릴 것 없이 평균으로 치다.

통筒바리 댓조각이나 싸리를 엮어서 통같이 만든 고기잡이 기구. '통발'.

통방이 쥐가 덫 안의 먹이를 먹으면 덫의 입구가 막혀 쥐를 가두는 쥐덫.

통변通辯 언어가 다른 사람 사이에서 뜻이 통하도록 말을 옮겨 줌. '통역'.

통새미 자르거나 쪼개지 아니한 생긴 그대로의 상태.

통시 '뒷간'을 이르는 말. **통씨름** 샅바 없이 허리와 바지를 잡고 하는 씨름.

통영대로 문경 유곡역에서 솔티를 넘어서 통영에 이르는 옛 국도.

통자바리 사람의 도량이나 씀씀이. '도량'. **통잠** 깨지 아니하고 푹 자는 잠.

통짜다 여럿이 한 동아리 다짐하다. **통재** 마음이 아프다. 슬프다.

통젖 통에 달린 손잡이. **통찰** 예리한 관찰력으로 사물을 꿰뚫어 봄.

통치다 구별하지 않고 하나로 합치다. **통쾌하다** 아주 시원하여 유쾌하다.

통터져 여럿이 한꺼번에 냅다 쏟아져 나와서. **통통히** 호기 있고 엄하게.

통팥 갈거나 으깨지 아니한, 온전한 모양 그대로의 팥. 옹근 팥.

통하다 막힘이 없이 들고 나다. 어떤 관계를 맺다.

통히 아무리 해도. '도무지'. **톺다** 가파른 곳을 오르려고 더듬다.

톺반찬 고등어 따위를 작게 도막내어 작은 접시에 담은 반찬.

퇴 싫증이 나거나 물리는 느낌. **퇴기질** 세차게 메어치는 짓.

퇴내다 먹거나 가지거나 실컷 누리어서 물리게 되다.

퇴도만은 만년에 도산으로 물러난 은사. **퇴물림** 윗사람이 물려준 물건.

퇴밀이 사랑채의 창살 양옆과 등을 밀어 동그랗게 한 창살.

퇴방정 방정을 많이 떨다. **퇴하다** 다시 무르다. **툇마루** 뒷간에 놓은 마루.

투가리 '뚝배기'. 툭바리, 툭사리. **투깔스럽다** 모양새가 투박스럽고 거칠다.

투겁하다시피 뒤집어씌우다시피. **투그리며** 짐승들이 서로 싸우려고 벼르는 짓.

투덕거리다 울리지 아니하는 물체를 두드리는 소리. '두덕거리다'.

투레질 급히 내쉬는 숨으로 입술을 떨며 '투루루'하는 소리를 내는 짓.

투미하다 어리석고 둔하다. **투전걸이** 돈을 걸고 이긴 편이 먹던 노름.

툭박지다 툭툭하고 질박하다. **툭사리** 뚝배기. 툭사바리, 툭사발.

툭지다 굵거나 두꺼워 보이다. **툭툭하다** 살림살이가 실속 있고 넉넉하다.

툴개다 사정없이 내쫓다. **툴툴거리다** 마음에 차지 아니하여 투덜거리다.

툽상스럽다 투박하고 상스럽다. **퉁** 심술궂고 못된 성품을 낮잡아 이르는 말.

퉁겁다 굵다. 두껍다. **퉁구리** 일정한 크기로 묶거나 사리어 싼 덩어리.

퉁기다 관절을 어긋나게 하다. **퉁노구** 품질이 낮은 놋쇠로 만든 작은 솥.

퉁두랑이 퉁두래미. **퉁딴** 도둑질죄 전과자가 포교를 도와서 도둑 잡는 일.

퉁때 엽전에 묻은 때. **퉁망스럽다** '퉁명스럽다'.

퉁바리 퉁명스러운 핀잔. **퉁방울** 품질이 낮은 놋쇠로 만든 방울. 퉁바리.

퉁피 한 사람 몫의 국물이 들어갈 만한 크기의, 전이 넓은 그릇.

튀각 다시마나 죽순 따위를 잘라 기름에 튀긴 반찬. 티각.

튀김 갑자기 통줄을 세게 주어서 상대편의 연 머리를 그루박게 하는 일.

튀는목 평성平聲으로 하다가 위로 튀어나오는 목소리.

튀하다 새나 짐승을 끓는 물에 잠깐 담갔다가 털을 뽑다.

트러 이따금 드물게. '더러'. **트레머리** 꼭뒤에다 틀어붙인 여자 머리.

트레바리 아유 없이 남의 말에 반대하기를 좋아하는 성격.

트레방석 나선 모양으로 틀어서 만든 방석. **트름** '트림'.

트리 어떤 불법적인 행위를 하기로 합의하는 일. 공모共謀.

트릿하다 맺고 끊음이 뚜렷하지 않다. **트적지근하다** 거북하고 불쾌하다.

특지特旨 임금의 특명. **특특하다** 피륙의 바탕이 촘촘하고 조금 두껍다.

틀가락 무거운 물건을 메는 데 쓰는 긴 막대기.

틀개놓다 훼방놓다. **틀거지** 듬직하고 위엄이 있는 겉모양.

틀레다 셈이나 사실 따위가 그르게 되거나 어긋나다. '틀리다'. 틀렜다.

틀박이 고향을 떠나지 않은 사람. 일정한 범위나 형식에 박혀 있는 사람.

틀수하다 성질이 너그럽고 침착하다. **틀스럽다** 겉모양이 듬직하고 위엄이 있다.

틀어박헤다 밖에 나가지 않고 일정한 공간에만 머물러 있다. '틀어박히다'.

틀을 깨다 기존의 방식에 얽매이지 않고 완전히 새로운 방식으로 개선하다.

틀을 빼다 격식이나 형식을 차리다. **틀을 짓다** 일부러 위엄을 보이다.

틀지다 겉모습이 당당하고 위엄이 있다.

틀톱 톱에 틀이 붙어 두 사람이 양쪽에서 밀고 당기면서 켜는 옛날식 톱.

튼실하다 튼튼하고 실하다. **틈바구** '틈'. 틈사구, 틈사리, 틈서구. 틈서리.

틔다 '트이다'. **티격태격** 서로 뜻이 시비를 따지며 가리는 모양. '티격태격'.

티겁지 잡티가 많이 섞인 검불. '팃검불'. **티격나다** 서로 사이가 벌어지다.

티궇다 끓는 기름에 넣어서 부풀어 나게 하다. '튀기다'. 티다.

티끌 몹시 작거나 적음을 이르는 말. **티끌세상** 고뇌와 번뇌로 어수선한 세상.

티기다 새나 짐승을 뜨거운 물에 잠깐 넣었다가 털을 뽑다. '튀하다'.

티내다 실컷 먹거나 가지거나 누리어서 물리게 되다. '퇴내다'. 물리다.

티눈 손이나 발에 생기는 굳은살. '글자를 모르는 까막눈'을 비유하는 말.

티무리기 쓰던 것을 물려주는 일. '퇴물리기'. **티미하다** '흐리멍덩하다'.

티바지 거절당하거나 물리침을 받다. **티박** 곡식을 볶아 튀긴 것. '튀밥'.

티석티석하다 거죽이나 면이 매우 거칠게 일어나 번지럽지 못하다.

티에다 막혀 있던 것이 치워지고 통하게 되다. '트다'. 티엘다, 티이다.

티우다 끓는 기름에 넣어서 부풀어 나게 하다. '튀기다'.

티하다 울리듯 아프고 정신이 흐릿하다. **팃검불** 잡티가 많이 섞인 검불.

팅구다 다른 사람의 요구나 의견을 거절하다. '퉁기다, 튕기다'. 팅궇다.

푸른보리물결 건넜네

집 떠날 땐 목말라 맑은 얼음 깨진 걸 찾았더니,
돌아올 땐 말안장 위에서 시 읊으며 푸른 보리이랑 건넜네

去路渴尋氷鏡破　歸鞍吟度麥波靑

시인은 고향에서 온 편지를 거역할 수 없는 운명으로 여기면서 안타까워했다.

"회자정리會者定離이니 인생무상人生無常이로소이다."

시인은 이 자리에서 완사계의 아름다운 풍광을 노래하면서, 곤양으로 초청해 주신 어관포에게 고마움을 표하는 한편,

"어 태수는 날 보내야 하고 나 또한 (고향으로) 가야 하니, 완사계 가의 가득한 방초들도 석별의 정을 어쩌지 못하네."

시인은 함께 삼신산을 승유하자고 1년 전에 어관포와 약속한 일을 상기하면서, 편지를 받고 집으로 돌아가야 하는 처지에, 함께 삼신산을 가기로 한 선객仙客들이 화를 내고, 또한 내가 오지 않는다고 삼신산의 뭇 신선들이 화를 낼 것이라 했다.

경치 좋은 쌍계사는 신선이 노시던 곳,
편지로 부르시니 빈말이 아니었네.
속사에 몰리게 된 나 자신이 부끄럽네,
마음으로 계획한 일 바꾸게 되었으니.

| 번역 | 장광수 2017 |

시인은 어관포와 약속했던 쌍계사 여행을 더 이상 진행하지 못하게 된 것을 에둘러 변명하지 않고, 정중하게 유감을 표했다.

能令心事有遷移 마음으로 계획한 일 바꾸게 되었으니.
還愧塵緣驅使在 속사에 몰리게 된 나 자신이 부끄럽습니다.

시인은 어득강의 초청을 받고 곤양으로 달려가고 싶었으나, 자신이 처한 어둡고 무거운 현실에서 벗어나기가 쉽지 않았다.

"그대 부르심 무릎 꿇어 받자오니,
새 날이 열리면 그대 보러 가리다.
산 너머 남촌에는 햇살도 부드러울진대,
꿈속에 보았던 그곳으로 냉큼 달려가오리다."

막연한 기대를 품고 토계를 무겁게 밟고 나섰다. 학문과 출사를 결정하지 못해 갈팡질팡했었는데, 여행을 떠난 후 곧 여행에 몰두하게 되자, 아내를 여읜 상실감도 잊고 여행을 즐기게 되면서, 자유로운 몸으로 구름에 달 가듯이 홀연히 떠다니는 처지를 행운으로 여기게 되었다.

그러나 쌍계사 유람을 접고 고향으로 급히 돌아가지만, 예천에서 굶주린 백성들의 아픔을 보지 못하고, 관수루에서 선인들의 깊은 충정을 알지 못하며, 법륜사에서 지음知音을 얻지 못하고, 작도에서 해조음海潮音을 듣지 못하며, 관포에게서 동주도원의 포부를 알지 못하고, 청곡사에서 존망이합存亡離合의 눈물이 없었다면, 댓잎에 이는 바람에도 〈梅花〉를 미처 알아보지 못했을 것이다.

평생 마셔도 마르지 않는 영혼의 샘물을 얻었으니, 삼신산 신선이 산문山門을 막아서도 詩 지어 와유臥遊할 따름이다.

시인은 이번 여행의 목적지인 쌍계사에는 갈 수 없게 되었지만, 인생 진로에 대한 확신을 얻게 되었으며, 무엇보다 〈梅花〉詩 한 수를 얻었음을 기뻐할 따름이었다.

지난 2개월간의 남행을 되돌아보며, 여행의 소회를 읊은 〈안언 역에서 일어나 宿安彦驛曉起次板上韻〉 詩에서, 도학자의 수양과 멋을 엿볼 수 있다.

올봄 정처 없이 이리저리 떠돌아다녔으니,
사방팔방 몇 번이나 길을 물었던고.
집 떠날 땐 목말라 맑은 얼음 깨진 걸 찾았더니,
돌아올 땐 말안장 위에서 시 읊으며 푸른 보리이랑 건넜네.
바람과 구름 따라 산과 바다 떠돌며 시 천 수를 얻었으니,
관문에서나 큰 물가에서나 나그네 넋 잃기는 마찬가지였지.
강남 겨울 들판이나 마음속에 떠올려 볼거나,
집 벽에 편히 기대앉아 술 두 병을 비우노라.

| 번역 | 장광수 2017 |

파개 배에서 쓰는 두레박. **파근파근하다** 가루나 음식이 보드랍고 조금 팍팍하다.

파근하다 다리 힘이 없어 내딛는 것이 무겁다.

파나다 찢어지거나 깨어져 못 쓰게 되다. **파니** 하는 일 없이 노는 모양.

파도 일이 잘못되어 흐지부지됨을 비유적으로 이르는 말. '파투破鬪'.

파라지다 파랗게 되다. **파락호** 집안의 재산을 몽땅 털어먹는 난봉꾼.

파란양반 떨치는 힘이 서릿발 같은 양반.

파람 길이의 단위로, 한 발은 두 팔을 양옆으로 펴서 벌린 길이이다. '발'.

파람내다 솜방망이를 만들어 물레에 걸어서 잣다.

파래박 배 안에 들어온 물을 퍼내는 데 쓰는 바가지.

파래질 두레로 물을 푸는 일. '두레질'. **파려하다** 고달프다.

파렴치 염치를 모르고 뻔뻔스러움. **파르라니** 파란 빛이 돌다.

파르무리하다 엷게 파르스름하다. '파르무레하다'.

파르족족하다 칙칙하고 고르지 아니하게 파르스름하다.

파리하다 몸이 여위거나 핏기가 없고 해쓱하다.

파명당 무덤을 파서 다른 곳으로 이장移葬하다.

파묻히다 남이 모르게 숨겨져 감추어지다. '파묻다'의 피동사. 파묻헿다.

파발쟝 여참의 우두머리. **파사** 페르시아.

파사거리하다 찰기가 없이 푸석하다.

파수 장날에서 장날까지 동안의 날. **파싹** 몹시 쇠약해진 모습.

파슬파슬하다 물기가 말라 바스러지기 쉽다. '바슬바슬하다'.

파이다 좋지 아니하다. 옳지 아니하다. 건강에 해롭다. '나쁘다'. 파에다.

파임 일치한 의논을 나중에 다른 소리를 하여 그르치게 하다.

파잡다 결점을 들추어내다. **파장** 과거장, 백일장, 시장市場 따위가 끝남.

파저래기 파를 먹기 좋게 채 썰어 양념에 버무린 것. '파절이'. 파절애기.

파적 파전./ 심심풀이. **파접** 글을 짓거나 책을 읽는 모임을 마침.

파제키다 속에 있는 것이 드러나도록 파서 젖히다. '파헤치다'. 파제끼다.

파파할멈. 머리가 하얗게 센 할멈. **파하다** 어떤 용무로 사람을 보내다.

파혼 약혼을 깨뜨림. **파흔치다** 한데 모였던 것을 흩다. '흩이다'. 흔치다.

팍내 내외간. 한솔. 부부夫婦(왜) **팍삭** 맥없이 주저앉는 모양. '폭삭'.

팍신하다 보드랍고 탄력이 있으며 포근하다.

팍팍하다 음식이 물기나 끈기가 적어 목이 멜 정도로 메마르다.

판나다 끝장이 나다. 재산이나 물건이 모조리 없어지다.

판도방 사찰의 큰 방. **판때기** 판판하고 넓게 켠 나뭇조각. '판자'.

판들다 가지고 있던 재산을 다 써서 없애 버리다.

판막음 그 판에서 마지막 이김. **판막음장사** 마지막 겨룸에 이긴 장사.

판몰이하다 한 사람이 판돈을 몰아 가지다. **판무식쟁이** 매우 무식한 사람.

판쌍늠 말이나 행실이 고약한 사람을 낮잡아 이르는 말. '불쌍놈'.

판수 점치는 소경. **판수익다** 어떤 일의 사정에 아주 익숙하다.

판축 바둑에서 외통수에 몰려 잡히게 된 꼴. **판하다** 끝없이 판판하고 너르다.

팔걸이 한 손으로 상대편의 다리를 걸어서 넘어뜨리는 씨름 기술.

팔꾸머리 팔의 위아래 마디가 붙은 관절의 바깥쪽. '팔꿈치'. 팔꾸무리, 팔꿉.

팔난봉 가지각색의 온갖 난봉을 부리는 사람. **팔다** 주의를 다른 데로 돌리다.

팔다리 일을 직접 담당하고 적극적인 역할을 하는 존재를 비유하는 말.

팔대지 말을 할 때에 상대편의 앞에서 팔을 들어 흔들어 대는 짓. '팔대짓'.

팔랑귀 다른 사람이 하는 말에 잘 흔들리는 성질이나 사람을 비유하는 말.

팔리다 정신이 다른 데로 쏠리거나 돌려지다.

팔매질 작고 단단한 돌 따위를 손에 쥐고, 팔을 흔들어서 멀리 내던지는 짓.

팔맷돌 팔매질할 때에 쓰는 돌. **팔모가지** '팔목'의 속된 말.

팔밀이 혼인날 신부 측 사람이 신랑을 행례청까지 팔을 밀어 인도하던 일.

팔비개 팔을 베개 삼아 벰. 또는 베개 삼아 벤 팔. '팔베개'.

팔오금 팔꿈치 안쪽. 오금. **팔자** 사람의 한평생의 운수.

팔자걸음 발끝을 바깥쪽으로 벌려, 거드름을 피우며 느리게 걷는 걸음.

팔주리 두 팔을 어깨가 닿도록 뒤로 묶은 다음 나무를 팔 속에 넣고 비틀다.

팔진미 여러 가지 음식이 아주 맛있는 음식을 비유적으로 이르는 말.

팔찜 '팔짱'. 팔초하다 얼굴이 좁고 아래턱이 뾰족하다.

팔팔결 엄청나게 어긋나는 일이나 됨됨이. 팔회목 손목의 잘록한 부분.

팝씨 파의 씨앗. 팡개 논밭의 새를 쫓는 데에 쓰는 대나무 토막.

팥 콩과의 한해살이풀. 콩보다 작으며 가루는 팥고물이다.

팥고물 팥을 삶아 으깨어 만든 가루를 떡에 묻히거나 떡고물로 쓴다.

팥비누 팥가루로 얼굴을 씻거나 고운 빨래를 할 때에 사용하였다.

패각 조개의 겉껍데기. 패기 뿌리를 단위로 한 초목의 낱개. '포기'. 푀기.

패나게 다른 곳을 거치거나 들르지 아니하고. 바로 그 즉시에. '곧바로'.

패다 곡식의 이삭이 나오다. 도끼로 장작 따위를 쪼개다.

패대기질 땅바닥에 내팽개치다. 패댕이치다.

패동패동 통통하게 살이 찌고 보드라운 모양. '포동포동'. 태당패당하다.

패랍다 몸이 마르고 낯빛이나 살색이 핏기가 전혀 없다. '파리하다'.

패랭이 폐양蔽陽, 패리. 패려궂다 말과 행동이 매우 거칠고 비꼬여 있다.

패리하다 도리나 이치에 어그러지다. 패밭다 뱉아내다.

패악 바탕이 거칠고 사나워 휘어잡기 어렵다.

패암 곡식의 이삭이 패어 나오는 일. 또는 그 이삭.

패역 사람으로서 마땅히 하여야 할 도리에 어긋나고 순리를 거슬러 불순함.

패쨀다 살림살이가 어렵다. 패차다 좋지 못한 일로 별명이 붙다.

패패이 여러 패가 모두 각각. 괜찮다 병을 앓고 있다. '편찮다'.

괜괜하다 표면이 높낮이가 없이 평평하고 너르다. '판판하다'.

팽개치다 하던 일을 중도에서 그만두거나 책임을 다하지 아니하다.

팽기다 힘이 다하다. 팽기치다 '팽개치다'. 팽다리 '가부좌'. 책상다리.

팽조노담 팽조彭祖와 노자老子로 알려짐. 소식 詩 〈입협〉의 '불견유팽담'.

팽패리 성질이 괴팍한 사람. 팽팽히 둘의 힘이 서로 엇비슷하게.

팽하다 지나치거나 부족하지 아니하고 꼭 알맞다. 퍼그리 채소의 포기.

퍼글레 같은 성씨에서 갈래진 여러 파. 퍼대다 비난 따위를 마구 하다. '퍼붓다'.

퍼더버리다 팔다리를 아무렇게나 편하게 뻗다.

퍼드레지다 아무렇게나 쭉 뻗고 앉거나 눕다. '퍼드러지다'.

퍼떡 짧은 동안에. '빨리'. 퍼뜩. **퍼벌하다** 겉모양을 꾸미지 아니하다.

퍼석돌 풍화 작용을 받아 푸석푸석하여진 돌. '푸석돌'. 퍼스럭돌.

퍼얹다 욕설이나 저주 따위를 마구 퍼붓다.

퍼줗다 널리 퍼지게 하다. '퍼뜨리다'. **퍼지이다** 마구 퍼붓다.

퍽신하다 부드럽고 포근하다. **펀더기** 넓은 들.

펀둥거리다 아무 하는 일 없이 뻔뻔스럽게 놀기만 하다.

펀히 뚜렷이. **펄꾼** 겉치레를 하지 아니하여 모양새가 사나운 사람.

펴널 상투 짤 때에 맺는, 맨 아래 돌림. 위의 다른 돌림보다 크고 넓게 한다.

편 '떡'을 점잖게 이르는 말. 편대:제사 때 떡을 괴는 제기.

편가르기 이권이나 관계에 따라 구성원들을 우리 편, 남의 편으로 나누기.

편놈 산대놀음을 하는 사람을 낮잡아 이르는 말.

편달 바른길로 가도록 가르쳐 이끌며 경계하고 격려함.

편발 관례를 하기 전에 머리를 길게 땋아 늘이던 일. 또는 그 머리.

편복 우리 민족의 현실을 어두운 동굴에 갇혀 사는 박쥐에 빗대 표현한 것.

편수 공장工匠의 두목. 골편수, 도편수.

편쑤기 정월 초하룻날에 차례를 지내는 데 쓰는 떡국.

편역 무조건 한쪽 편을 들어 주는 일. '역성'.

편안 편하고 걱정 없이 좋음. **편자** 말굽에 대어붙인 쇳조각.

편전 총통에 넣어서 쏘는 하나로 된 작고 짧은 화살.

편지 소식, 용무 따위를 적어 보내는 글. **페다** 굽은 것을 곧게 하다. '펴다'.

펜찮다 몸이 아프다. '편찮다'. **펠치다** '펼치다'. **펭상** 일생 동안. '평생'.

평교 나이가 서로 비슷한 벗.

평교자 종일품 위 기로소耆老所 당상관이 타던 남녀藍輿.

평기둥 물림퇴를 받치는 기둥. **평다리** 편히 앉아 쭉 뻗은 상태의 다리.

평다리치다 편하게 앉아서 다리를 쭉 펴다.

편복蝙蝠

이육사李陸史 (1904~1944)

※ 손병희 엮음, 광야에서 부르리라, 탄신100주년 기념 이육사 시집, 이육사문학관, 2004

광명을 배반한 아득한 동굴에서
다 썩은 들보와 무너진 성채城砦 위 너 홀로 돌아다니는
가엾은 빡쥐여! 어둠의 왕자王者여!
쥐는 너를 버리고 부잣집 고庫간으로 도망했고
대붕大鵬도 북해로 날아간 지 이미 오래거늘
검은 세기의 상장喪裝이 갈가리 찢어질 긴 동안
비둘기 같은 사랑을 한 번도 속삭여 보지도 못한
가엾은 박쥐여! 고독한 유령이여!

앵무와 함께 종알대어 보지도 못하고
딱따구리처럼 고목을 쪼아 울리도 못 하거니
마노보다 노란 눈깔은 유전을 원망한들 무엇하랴
서러운 주문呪文일사 못 외일 고민의 이빨을 갈며
종족과 홰啋를 잃어도 갈 곳조차 없는
가엾은 빡쥐여! 영원한 보헤미안의 넋이여!

백자청화박쥐무늬대접 높이19.5cm, 입지름 23.4cm, 바닥지름 10.9cm

제 정열에 못 이겨 타서 죽는 불사조는 아닐망정
공산空山 잠긴 달에 울어 새는 두견새 흘리는 피는
그래도 사람의 심금心琴을 흔들어 눈물을 짜내지 않는가?
날카로운 발톱이 암사슴의 연한 간肝을 노려도 봤을
너의 머ー ㄴ 조선祖先의 영화롭던 한 시절 역사도
이제는 아이누의 가계家系와도 같이 서러워라!
가엾은 빡쥐여! 멸망하는 겨레여!

운명의 제단祭壇에 가늘게 타는 향香불마저 꺼졌거든
그 많은 새즘승에 빌붙일 애교愛嬌라도 가졌단말가?
상금조相琴鳥처럼 고흔 뺨을 채롱에 팔지도 못하는 너는
한 토막 꿈조차 못 꾸고 다시 동굴로 돌아가거니
가엾은 빡쥐여! 검은 화석化石의 요정이여!

※ '편복蝙蝠'은 당시 우리 민족의
　현실을 어두운 동굴에 갇혀 사는
　박쥐에 빗대 표현한 것으로 원고를
　일제에 빼앗겼으나, 이육사의 절친
　신석초 시인이 소장하고 있다가
　유족에게 전달되어 '이육사문학관'에
　기증되었다.
　'편복蝙蝠'은 이육사의 유일한 친필
　원고이다.

평뜨기 한 평의 곡식을 거두어 보고, 전체의 수확량을 산출하는 일.

평말 곡식을 될 때 평미레로 고르게 밀어 된 말.

평미레 말에 곡식을 담고 그 위를 밀어서 고르게 하는 방망이.

평미리치다 고르게 하다. **평생토록** 살아서 목숨이 다할 때까지.

평작 길지도 짧지도 않은 화살. **평접시** 과일 담는 평평한 접시.

평지 바닥이 편편한 땅. **평지풍파** 평온한 처지에 뜻밖에 분쟁이 일어남.

평찌 나지막하고 평평하게 날아가는 화살.

폐롭다 성가시고 귀찮다. **폐흫다** 폐를 끼치다.

포逋 관청의 물건을 사사로이 써 버리는 짓. '포흠질'.

포개다 놓인 것 위에 또 놓다. 여러 겹으로 접다. 동개다.

포궁 자궁. **포금** 화적들에게 바치기 위하여 미리 마련해두었던 돈.

포기 하려던 일을 도중에 그만두어 버림.

포달 암상이 나서 악을 쓰로 함부로 욕을 하며 대드는 말.

포대기 어린아이의 작은 이불. 덮고 깔거나 어린아이를 업을 때 쓴다.

포때난다 표시난다. **포려흫다** 몹시 우악스럽고 사납다. '강포하다'.

포말 물거품. **포류** 버드나뭇과의 낙엽 활엽 관목. '땅버들'.

포스랍다 살이 통통하게 오르고 포근하고 부드럽다. '포실하다'. 포시럽다.

포실하다 살림이 넉넉하고 오붓하다. **포옹하듯이** 사람끼리 품에 껴안듯이.

포원 어떤 일이 이루어지기를 바람. **포저菹苴** 뇌물을 목적으로 보내는 물건.

포집다 거듭 포개다. **포착** 꼭 붙잡음. 어떤 기회나 정세를 알아차림.

포함 무당이 귀신의 말을 받아서 호령함. **포효** 사나운 짐승이 사납게 울부짖음.

폭닥하다 도톰한 물건이나 자리 따위가 보드랍고 따뜻하다. '포근하다'.

폭백 성난 까닭을 들어 함부로 성을 내어 말로 발뺌함.

폭시리하다 촉감이 부드럽고 폭신하다. **폭포수** 절벽에서 쏟아져 내리는 물줄기.

폭폭한 숨이 막힐 듯이 갑갑하다. **표상** 대표로 삼을 만큼 상징적인 것.

표절 시나 글, 노래를 지을 때에 남의 작품의 일부를 몰래 따다 씀.

푸레질 바람을 불어넣는 풀무질. **푸새김치** 절이지도 아니하고 바로 먹는 김치.

표차롭다 여럿 가운데 두드러져 겉보기가 번듯하다.

푸꾸먹다 '호미씻이'. 풋구먹다. **푸나무** 풀과 나무를 아울러 이르는 말.

푸냥하다 생김새가 좀 두툼하다. **푸너리** 타악기만으로 연주하는 장단.

푸네기 가까운 제살붙이를 낮잡아 이르는 말. 푸녁. 푸녁.

푸는목 판소리에서 느슨하게 슬슬 푸는 목소리.

푸다꺼리 '푸닥거리'. **푸닥지다** (비꼬는 뜻으로) 꽤 많다.

푸대 베로 만든 띠. **푸둥지** 아직 깃이 나지 아니한 어린 새의 날갯죽지.

푸등기다 바람에 펄럭이다. **푸르딩딩하다** 고르지 않게 푸르스름하다.

푸르무리하다 엷게 푸르스름하다. **푸르스레하다** 조금 푸르다.

푸솔 풀이나 옻을 칠할 때에 쓰는 솔의 하나. '귀얄'.

푸새 옷 따위에 풀을 먹이는 일. **푸새좋은** 풀을 잘 먹이어 보기 좋은 옷.

푸새머리 잡풀이 솟듯 다듬지 않은 머리. **푸서** 베어 낸 자리에서 풀어지는 올.

푸서리 잡초가 무성하고 거친 땅. **푸석이** 부스러지기 쉬운 물건.

푸솜 타지 아니한 날솜. **푸수수하다** 어수선하고 엉성하다.

푸슬푸슬하다 눈이나 비가 조용히 성기게 내리다. '부슬부슬하다'.

푸시시하다 머리카락이 어지럽게 흐트러져 있다.

푸즌 물건을 늘엏고 파는 곳. **푸장나무** 생나무 곁가지.

푸쟁 옷을 빤 뒤에 풀을 먹여 발로 밟거나 홍두깨질하고 다리미로 다리기.

푸주 소, 돼지를 잡아서 그 고기를 팔던 가게.

푸지개꾼 풀이나 나무를 엮어 제 몸을 감추고 새를 잡는 사람.

푸지다 매우 많아서 넉넉하다.

푸지위 한번 지위(분부)하였던 것을 다시 무르고 하지 말라 함.

푸하다 속이 꽉 차지 아니하고 불룩하게 부풀어 있다.

푹새 거칠고 단단하지 못하여 부스러지기 쉬운 물건. '푸석이'. 푸서기.

푹하다 겨울 날씨가 춥지 아니하고 따뜻하다.

푼 돈을 세는 단위. '서푼'과 같이 스스로 적은 액수라고 여길 때 쓴다.

푼거리 땔나무를 작게 묶어서 몇 푼 돈으로 사고 파는 일.

푼관 여러 대에 걸쳐 붙박이로 사는 토반土班. 향족鄕族.

푼더분하다 여유있고 넉넉하다. 두툼하고 탐스럽다.

푼빵 품삯을 일당으로 주지 아니하고 나르는 짐의 수에 따라 주는 일.

푼수 생각이 모자라고 어리석은 사람을 놀림조로 이르는 말.

푼주 큰 술대접.   **푼푼하다** 넉넉하다. 옹졸하지 않고 서글서글하다.

푿소 여름에 생풀만 먹고 사는 소.   **풀기** 드러나 보이는 활발한 기운.

풀다 일어난 감정 따위를 누그러뜨리다. 생땅이나 밭을 논으로 만들다.

풀대님 바지에 대님을 매지 않은 것.   **풀떠거리** 풀이 우거져 이룬 떨기.

풀떼죽 잡곡을 갈아 물을 짜내고 다른 잡곡을 넣어 쑨 음식. 수꾸풀떼.

풀돌다 어떤 둘레를 돌던 방향과 반대로 빙빙 돌다.

풀등 강물 속에 모래가 쌓이고 그 위에 풀이 수북하게 난 곳.

풀막 물가나 산기슭에 뜸집처럼 지붕을 풀로 잇고 임시로 지은 막.

풀매듭 풀기 쉽게 맨 매듭.   **풀무** 불을 피울 때에 바람을 일으키는 기구.

풀무풀무 매우 급하게 서두르는 모양. '부랴부랴'.

풀보기 신부가 혼인한 며칠 뒤에 시부모를 뵈러 가는 날.

풀솜 실을 켤 수 없는 허드레 고치를 삶아서 늘여 만든 솜.

풀솜할머니 '외할머니'를 친근하게 이르는 말.   **풀섶** 풀이 무성한 곳. '풀숲'.

풀쎄기 불나방의 애벌레. '풀쐐기'. 풀새미. 풀새비.

풀어먹이다 음식이나 재물을 여러 사람에게 기쁘주다(분배).

풀쳐생각 맺혔던 마음을 풀어버리고 스스로 달램.

풀치 갈치의 새끼.   **풀치다** 맺혔던 생각을 돌려 너그럽게 용서하다.

풀치마 좌우에 선단이 있어 둘러 입게 된 통치마.

풀풀하다 참을성이 적고 성질이 괄괄하다.   **품** 삯을 받고 하는 일.

품격 사람 된 바탕과 타고난 성품. 사물 따위에서 느껴지는 품위.

품꾼 품을 파는 사람. '품팔이꾼'.   **품돈** 품삯으로 받는 돈.

품밟기 택견을 겨루기 앞서 바탕법식을 보여주는 것.   **품성** 타고난 성질.

품앗이 힘든 일을 서로 거들어 주면서 품을 지고 갚고 하는 일.

풋 '처음 나온', '덜 익은', '미숙한', '깊지않은'의 뜻을 더하는 접두사.

풋꼬치 풋고추.　풋구 '호미씻이'. 풋구먹다.

풋기운 아직 힘이 몸에 깊게 배지 못한 젊은 사람의 기운.

풋낯 조금 아는 얼굴.　풋눈 초겨울에 들어서 조금 내린 눈.

풋담배 채 익지 않은 푸른 잎을 썰어 말린 담배.

풋머리 곡식이나 과실이 채 익지 않고 겨우 맏물이나 햇것이 나올 무렵.

풋바둑 아직 익지 않은 바둑. 어린 바둑.

풋바심 채 익기 전 벼나 보리를 베어 떨거나 훑는 일. 풋바슴.

풋술내기 맛도 모르고 술을 먹는 사람.　풋심 아직 익지 않은 아이들 힘.

풋잠 잠이 든 지 오래지 않아 깊이 들지 않은 잠. 수잠.

풋장 가을에 억새, 참나무 따위의 잡풀이나 잡목을 베어서 말린 땔나무.

풍각쟁이 길에 돌아다니며 악기를 연주하여 돈을 얻는 사람.

풍개질 물레질.　풍계 넌지시 말하여 훈계함.

풍계묻이 어떤 물건을 감추고 서로 찾아내는 아이들의 놀이.

풍경 처마 끝에 다는 작은 종.　풍광 자연이나 지역의 모습.

풍구 불을 피울 때에 바람을 일으키는 기구.

풍덩하다 옷의 품이 크고 넉넉하다.　풍란 바람에 흩날리는 난초.

풍류 멋스럽고 풍치가 있는 일.　풍물 두레 일과 놀이를 함께 아우르는 것.

풍성하다 넉넉하고 많다. 개락이다, 천지삐까리.

풍신 볼품없는 모양새. 몰골, 꼬라지.　풍신스럽다 보잘것없고 밉살스럽다.

평온하다 조용하고 평안하다.　풍장 '풍물놀이'를 달리 이르는 말.

풍족하다 넉넉하여 부족함이 없다.　풍정각시럽다 있는 체하고 거드름을 피우다.

풍청하다 소문을 듣다.　풍채흥치 겉모양과 흥. 풍채와 흥취.

폐비윤씨 성종의 계비이자 연산군의 어머니. 갑자사화의 배경.

피 남에게 끼치는 신세나 괴로움. '폐弊'.　피감자 껍질을 벗기지 않은 감자.

피고개 피도 아직 패지 아니할 무렵에 농가의 식량 사정이 어려운 고비.

피골집 순대.　피근피근하다 뻔뻔스러울 정도로 고집이 세고 완고하다.

피기 '딸국질'. 피딱지 닥나무 껍질의 찌끼로 뜬 품질이 낮은 종이.

피대기 약간 건조 시킨 해산물. 피등피등 살이 찌고 활기차다.

피뜩 퍼뜩. 피리 속이 빈 대에 구멍을 뚫고 불어서 소리를 내는 악기.

피마 다 자란 암말. 피밤 껍질을 벗기지 않은 밤. '겉밤'.

피목 자작나무. 피사리 농작물에 섞여 자란 피를 뽑아내는 일.

피새 급하고 날카로워 화를 잘 내는 성질. 알랑거리며 늘어놓는 말.

피새나다 숨기던 일이 뜻밖에 발각되다. 피새놓다 필요한 체하며 방해 놓다.

피섯 비슷하다. 피어오르는 김이나 연기, 구름이 계속 위로 오르는.

피에 운다 몹시 슬프게 운다. 피죽 피로 쑨 죽.

피죽바람 피죽도 못 먹게 할 모낼 무렵 아침 동풍 저녁 서북풍을 이르는 말.

피천 아주 적은 액수의 돈. 피탈 핑계를 대는 일. '핑계'.

피틀치다 펴서 드러내다. '펼치다'.

피편 소머리나 소의 껍데기를 삶아서 묵처럼 만든 음식.

핀둥이 맞대어 놓고 언짢게 꾸짖거나 비꼬아 꾸짖는 일. '핀잔'. 핀퉁이.

핀잔젓다 부끄럽다. 핀코 편안하고. 핀피롭잖다 마음이 불편하다.

핍박 형세가 절박함. 바싹 죄어서 몹시 괴롭게 굶. 필경 마침내.

필부 그저 그런 사내. 평범한 사내. 장삼이사張三李四. 필시 반드시.

필요 반드시 요구되는 바. 필채 엽전을 꿰기 위하여 노끈으로 만든 꿰미.

핍진성 실물과 아주 비슷한 느낌을 주는 성질. 즉 사실적 실감.

핏미 월경이나 해산 전에 조금 나오는 누르스름한 물. '이슬이 비친다'.

핏종발 의기義氣가 있는 마음이 맑고 바르고 깨끗함. 핏기.

핑구 위에 꼭지가 달린 팽이. 핑계 구차한 변명.

핑핑하다 잔뜩 켕기어 튀기는 힘이 있다.

핑하다 매우 빠르게 돌아서 정신이 흐릿하다.

호접몽

원추리 꽃처럼 웃던 봄, 벽오동 잎보다 싱그런 여름,
대추 영그는 가을보다 향설香雪 날리는 겨울 먼저 왔구려.
산도라지꽃 꺾어 머리에 꽂으니 나비 앞서 날고,
오호 통재痛哉! 일곱 해 답청놀이 호접몽이었구나.

2월 5일, 시인은 장인의 생일잔치에서 몇 잔 술을 마시고, 아내와 함께했던 젊은 날의 추억에 잠겨 있었다. 정해년(1527)에 아내를 사별死別하고 꿈에라도 한 번 그 모습을 보고 싶었는데, 처가에 와 있으니 아내 생각이 더욱 간절하였다.

그해 봄날, 신혼부부는 꽃을 찾는 나비가 되어 답청踏靑을 나갔다. 시인은 부인의 가마를 앞세우고 말 위에 앉아 뒤따랐다.

배점마을에서 국망봉國望峰 아래 죽계로 꺾어 올랐다. 죽계를 따라 10여 리를 올라가자, 골짜기가 아늑하고 깊숙하며, 일행을 반기듯 새소리와 꽃과 방초들로 어우러진 낙원이었다.

바위에 부딪치는 물소리를 뒤로 흘려보내며 위로 올라갔다. 안간교安干橋를 건너 초암에 이르렀다. 초암은 원적봉 동쪽, 월명봉 서쪽에 있었고, 양쪽 봉우리에서 뻗은 두 산줄기가 암자 앞에서 서로 포옹하듯이 마주쳐 산의 어귀를 이루었다.

초암에서 요기를 하고 두 사람만 비로사 뒤 달밭골로 들어갔다. 봄이 벌써 반을 지나서 만물이 때를 얻어 꽃과 새가 흥이 한창인데, 한 시간 정도 오솔길을 걸었다. 철쭉과 산죽山竹이 군락을 이루고, 물소리 산새 소리에 산 벚꽃이 하얗게 눈이 부셨다.

시인은 깎아지른 절벽 위 바위틈 사이에 뿌리를 내리고 어렵게 버티고 서 있는 소나무의 기상에 감흥을 받아 〈영송詠松〉을 지었다. 이렇게, 시인이 소나무에 집중하는 동안 신부는 지천으로 핀 야생화와 새소리에 취해서 나비처럼 산속을 헤매고 다녔다.

시인은 시 짓기를 마치고 신부를 찾아 숲속 나무들 사이를 두리번거렸다. 신부의 모습은 보이지 않고, 산죽 숲 뒤로 산 벚꽃이 바람에 하늘거렸다.

시인은 바람에 서걱거리는 대숲으로 다가갔다. 하얀 저고리에 남색 치마를 입은 신부가 하얀 도라지꽃을 머리에 꽂고 산죽 잎 사이로 미소 짓고 서 있었다. 시인의 눈에 비친 신부는 한 송이 향설香雪이었다.

風吹齊發玉齒粲　바람 불어 고운 이 가지런히 빛나고,
雨洗渾添銀海渙　흐렸던 눈은 비에 씻겨 빛나네.

신부의 고운 이가 가지런히 빛나고 진주알같이 반짝이는 눈동자가 자신의 눈과 마주하자, 시인은 눈이 부셨다.

시인은 대청마루 헌함軒檻 너머로 대나무·매화·난 등이 어우러진 정원과 연못이 눈에 들어왔다. 대숲에 이는 바람에 서걱거리는 소리를 들으며 무심코 시선이 정원으로 향하던 중, 정원에 소복素服한 여인의 모습이 흐릿하게 눈에 들어왔다. 곧추앉아서 정신을 집중하였다.

여인의 자태가 점차 또렷해지면서, 대숲 뒤로 하얀 저고리에 남색 치마를 차려입은 아내가 하얀 도라지꽃을 머리에 꽂고 산죽 잎 사이로 미소 짓고 서 있었다.

'아, 그대가……'

風吹齊發玉齒粲 　바람 불어 고운 이 가지런히 빛나고,
雨洗渾添銀海渙 　흐렸던 눈은 비에 씻겨 빛나네.

시인의 눈에 비친 아내는 한 송이 향설香雪이었다. 혼인하던 그 해 봄, 소백산 죽계 초암사 달밭골에서 본 그대로의 모습이었다. 시인은 아내와 서로 화답하며 정원을 거닐었다.

의령에 좋은 세상이 따로 있나니,
백암촌 안의 처가 정원 숲에 여러 가지 나무가 있구나.
한 해 봄꽃을 보고 꽃에 관해 가벼이 논하지 말라,
꽃의 품격을 논할 땐 매화가 존귀하다 먼저 적나니.

고상한 정취를 가진 매화가 어찌 섣달에만 피리,
고고한 운치를 지닌 매화는 화창한 봄날 오기를 기다리지 않나니,
매화 한 가지 푸른 대나무밭에 비스듬히 기대 있구나.
풍란風蘭은 황금색 술잔에 비치고.

못에 드리운 식물의 줄기마다 화창한 봄날의 정취를 머금어,
가까운 처가의 처마엔 절경이 철철 넘치는구나.
절개 있는 선비는 속된 얼굴로 꾸미지 않으니,
정절 곧고 고요한 여인이 어찌 화장한 얼굴로 교태를 부리리.

바람 불어 고운 이 가지런히 빛나고,
흐렸던 눈은 비에 씻겨 빛나네.
연기가 짙어져 발과 장막으로 가려야 할 때 있었지,
달이 지면 은하수도 반쯤 기울어지리라.

잘 나는 수물총새에 어울려 암물총새 날갯짓하며 시끄럽게 울고,
연두색 저고리 거꾸로 걸치고 신선 같은 노인이 나오는구나.
알뜰히 화장한 여인이 노인에게 헌수獻壽 모습 맑고 아름답네.
그리운 역리驛吏 만나려 매화 한 가지 꺾어 보냈으나,

고결한 매화 멋대로 조화를 부렸구나.
매화나무 성긴 가지 맑고 깨끗한 기운이 빼어나고,
흥을 돋우는 피리소리 그쳤으나 더 놀고 싶어라.
그림처럼 아름다운 잔치마당에 속마음 드러냄 참으로 구차해.

낡은 다리 얕은 물을 아내와의 추억을 되새기며 거니노라.
오래된 정원이 마음을 아프게 해 도리어 정신을 차리게 되고
꾀꼬리 새끼 울음소리 시끄러워 아내 소식 들을 수 없으니,
개미 반걸음만큼도 못 움직이겠네.

매화에게 나의 편안한 말과 본디의 마음을 충분히 전했으니,
매화와 더불어 더 이상 회포를 풀어 무엇하랴.
천 년 전 임포의 매처학자梅妻鶴子 풍류가 오히려 어제 일 같으나,
객지 같은 처가에서 아내를 만나보려 해도 뜻대로 되지 않고.

매화를 아내로 여기려는 이 조촐한 풍류조차 누릴 수 없구나.
나그네 기억 어렴풋해 처가 동네 낯설고,
노래할 때 구슬은 젓가락 장단 맞추는 반에서는 소용없구나.
맑은 술동이 내버려두고 음식을 받드는 여자 젊고 예쁘도다.

내게 음식 받드는 일일랑 그녀 뜻에 아예 맡겨 홀가분하니,
시를 읊조리고 배회하며 매화의 맑고 깨끗함을 함께하나니,
쇠솥에 국 끓이는 것은 그리 중요하지 않다네.
고깃국 끓이는 불길 한 줄기가 흰 매화를 날리지 않게 하게.

| 번역 | 장광수 2017 |

  한참을 거닐다가, 정신을 차리고 다시 한 번 자세히 보았더니, 푸른 대숲에 비스듬히 서 있는 매화 한 가지가 바람에 일렁이고 있었다. 그 날 처가에서 잠깐 본 아내의 모습은 그 후 평생토록 뇌리에 박혀 사라지지 않았다.
  '오호 애재哀哉, 남가일몽南柯一夢이었구나.'

하게 벗이나 아랫사람에게 낮춤말로, '하오'보다 낮게 '해라'보다 높임말.

하과 여름에 하던 공부. 하천도회라 하여, 여름방학 특강이었다.

하기사 이미 있었던 일을 긍정하며 아래에 어떤 조건을 붙일 때, '하기야'.

하깃돈 먼 길을 떠나 오가는 데 드는 비용. '노자路資'.

하나비 할아버지.　**하늞뜯** 하늘의 뜻. '천의天意'.　**하나래** 별채.

하냥 한결같이.　**하냥다짐** 일이 안 되면 죽음이라도 각오한다는 다짐.

하노리다 놀리다. 놀려먹다.　**하눌타리** 박과의 덩굴성 여러해살이풀.

하늘거리다 조금 힘없이 늘어져 가볍게 자꾸 흔들리다.

하늘눈 선정禪定을 닦아서 얻게 되는 '마음의 눈'을 이르는 말.

하늘바래기 하릴없이 하늘만 바라보는 것.　**하늘밥도둑** '땅강아지'.

하늘병 간질.　**하늘하늘하다** 너무 무르거나 성기어서 뭉그러질 듯하다.

하늬바람 '하늬'는 서쪽이다. 서쪽에서 부는 서늘하고 건조한 바람.

하님 계집종을 대접하여 부르거나 계집종끼리 서로 높이어 부르던 말.

하다분하다 보드랍고 하늘하늘하다.　**하당찮다** 마땅하지 않다.

하따 못마땅해서 빈정거릴 때 가볍게 내는 소리. '아따'.

하동거리다 어찌할 줄을 몰라 갈팡질팡하며 조금 다급하게 서두르다.

하랄없이 달리 어떻게 할 도리 없이.　**하람下纜** 배의 닻줄을 내림.

하로점두록 하루종일 저물도록. 하로점도록, 하리점도록

하루살이 작은 지혜를 가진 사람. 소인. 큰 지혜; 대붕大鵬.

하릅 한 살 된 소, 말, 개.　**하릅강아지** 한 살 되는 강아지. 철모른다.

하리 남을 헐뜯어 윗사람에게 일러바치는 일. 하리 놀다.

하리다 사치하다. /아둔하다.　**하리들다** 일이 되어 가는 중에 방해가 생기다.

하리망당하다 기억이 흐릿하다.　**하리타분하다** 흐릿하여 어지러운 데가 있다.

하릴없다 달리 어떻게 할 도리가 없다. 조금도 틀림이 없다.

하마 바라건대. 행여나 어찌하면. 또는 예상보다 빠르게. '벌써'. 이미.

하마나 몹시 안타깝게 기다릴 때 쓰는 말. '이제나저제나'. 하마나하마나.

하마터면 조금만 잘못하였더라면. 위험한 상황을 겨우 벗어났을 때.

하만 벌써, 하마. **하머** (상대의 말을 받아서 맞장구 칠 때) 그럼, 그렇지.

하모 아무렴 **하무** 병정들이 떠드는 것을 막고자 입에 물리던 막대기.

하분하분하다 조금 연하고 무르다. **하비다** 남의 결점을 드러내어 헐뜯다.

하빠리 품위나 지위가 낮은 사람을 낮잡아 이르는 말.

하삭다 젓갈 따위가 오래되어서 푹 삭다. '곰삭다'.

하수 남보다 뛰어나지 못한 수나 솜씨. / 손을 대서 사람을 죽임.

하시기부시기 이것저것. **하염없이** 시름에 싸여 아무런 생각 없이 멍하게.

하야로비 '해오라기'. **하오하다** 맞선이를 흔히 하는 대로 높이어 말한다.

하외마을 '하회마을'의 옛 이름. **하외욤** '하품'. **하외치다** 긁어 파헤치다.

하이고 기막힐 때 내는 소리. 하이고야, 하이구, 하이구야.

하이튼 의견이나 일의 성질, 형편이 어떻게 되어 있든. '하여튼'. 하에튼.

하인 남의 집에 매여 일을 하는 사람.

하님 혼행 때 신부를 따라가는 당의를 입고 족두리를 씌운 계집하인.

하잔타 대수롭지 아니하다. '하찮다'. **하잔하다** 잔잔하고 한가롭다.

하제 오늘의 다음 날. 그제-오늘-하제(올제)-모레.

하직下直 먼 길을 떠날 때 웃어른께 작별을 고하는 것. 어떤 곳에서 떠남.

하필 다른 방도를 취하지 아니하고 어찌하여 꼭.

하회 어떤 일이 있은 다음에 벌어지는 일의 형태나 결과. '다음 차례'.

학 '학질'. **학가산** 안동과 예천에 걸쳐 있는 산. 봉정사 극락전이 있음.

학띠다 학瘧(학질)을 떼는 것에서 온 것으로, '진저리가 나다'. 학을 떼다.

학문 체계적인 지식. / 배워서 익힘. **학배기** 잠자리의 애벌레.

학업 학문을 닦는 일. **학조** 학생에게 교육을 실시하는 기관. '학교'.

학창의 옷 가장자리를 검정헝겊으로 넓게 꾸민 창옷. 선비 옷.

학치 '정강이'를 속되게 이르는 말. **한** 혼. 그 수량이 하나.

한 몹시 원망스럽고 억울하거나 안타깝고 응어리진 마음.

한가 원통한 일에 대하여 하소연이나 항거를 함. 하소연.

한가람 큰 강. **한가지** 모양이나 형편이 서로 같음. '마찬가지'.

한가하다 원통한 일에 대하여 하소연이나 맞서서 달려들다. 항거하다.

한걱정 큰 걱정. **한걸음** 쉬지 아니하고 내처 걷는 걸음이나 움직임.

한것기 썰물과 밀물의 차를 헤아릴 때, 음력 닷새와 스무날을 이르는 말.

한껏하다 할 수 있는 데까지 하다. **한결** 전과 비교하여 한층 더.

한겻 한나절의 반. '한낮'. **한겻지다** 으슥하고 구석지다. '한갓지다'.

한고함 큰 고함. **한골** 신라 때에 임금과 같은 성씨, '한 골骨'.

한그루 한 땅에서 농사를 한 번 짓는 일. **한그메** 아무리 한다고 해야.

한근가다 한근은 한금金(큰돈)이니, '시세가 좋다'는 뜻이다.

한근하다 겨를이 생겨 여유가 있다. '한가하다'.

한글량으로 처음부터 끝까지 한 방향으로 하다. '한결같이'.

한나름 늘 그런 것처럼 변함없는 태도. 하나와 같이 고름.

한나절 하룻낮의 반半. 하룻낮 전체. **한날** 같은 날. 또는 어느 날.

한낮 12시를 전후한 낮의 가운데. **한누리** '온 세상'을 예스럽게 이르는 말.

한뉘 한평생. 한 세상. 뉘:세대世代, 향수享受(누림).

한낱 기껏해야 대단한 것 없이 다만. **한님** 하느님의 준말.

한다하는 보통수준 보다 썩 뛰어난. **한닥이다** 작은 물체가 조금 흔들리다.

한달음 쉬지 아니하고 한 번에 달려감. **한데** 집채의 바깥을 이른다. '바깥'.

한데솥 집체의 바깥에 걸어 놓은 솥. '한뎃솥'.

한동가리 함께 활동하는 무리. 동아리. **한동자** 끼니를 마친 뒤 다시 밥짓기.

한드작거리다 매달려 있는 작은 물체가 찬찬히 자꾸 흔들리다.

한들한들 가볍게 이리저리 자꾸 흔들리는 모양.

한등누르다 벼슬의 임기가 찬 뒤에 그 자리에 눌러 있게 되다.

한량 돈 잘 쓰고 만판 놀기만 하는 사람. **한매** 하마. 벌써. 일단.

한머리 어떤 일의 한 측면. '한편'. **한몫보다** 단단히 이득을 취하다.

한몫하다 한 사람으로서 맡은 역할을 충분히 하다.

한무릎공부 한동안 착실히 하는 공부. **한박물림** '객귀물림 푸닥거리'.

한발 가뭄. **한밥** 마음껏 배부르게 먹는 음식. **한배** 가락이 빠르고 느린 만큼.

한비 상당한 기간에 걸쳐 많이 쏟아지는 비. '큰비'. **한빈하다** 가난하다.

한삐가리 큰 볏가리로서 그득하게 많다는 뜻이다. '한 볏가리'.

한사리 음력 보름과 그믐 무렵에 밀물이 가장 높은 때.

한새 '황새'. 또는 일세一世, 당대. **한새쿠** 죽기로 기를 쓰고. 한사코.

한시반시 조금도. **한소끔** 밥솥이 한번 끓고 난 뒤. 숨을 한 번 쉴 동안.

한소데 한소매, 반소매(왜). **한속** 추울 때 몸에 돋는 소름. 소름끼치다.

한손접다 스스로 자기 실력을 낮추다. **한송이눈** '함박눈'.

한수정寒水亭 춘양에 있는 안동권씨 정자. **한순간** 매우 짧은 동안.

한술 더 뜨다 이미 한 일에 더 앞서거나 대처할 계획을 미리 세우다.

한올지다 매우 가깝고 친밀하다. **한음식** 끼니때가 아닌 때에 차린 음식.

한이레 아이가 태어난 지 이레가 되는 날. '첫이레'.

한입빼치 얼마간의 돈이나 음식. 한입빼이. **한자대기** 한 아름 가득히.

한자리 노래나 이야기 따위를 할 때, 노래 한 곡, 이야기 한가지.

한잠 누에가 섶에 오르기 전에 마지막 잠. **한잡이꾼** 한패의 풍물잡이.

한좨기 눈물이 흐르거나 비가 한 차례 내리다. '한줄기'.

한짝지다 외따로 떨어져 있어 으슥하고 후미지다. '외지다'.

한저녁 끼니때가 지난 뒤 간동하게 차린 저녁.

한저름 음식의 한 젓가락 분량. **한줄금** 한 번 세게 쏟아지는 빗줄기.

한즉 그렇게 하니까. **한참** 시간이 상당히 지나는 동안.

한창 어떤 일이 가장 활기 있고 왕성하게 일어나는 때.

한철 한창 성한 때. **한카래** 한 가래에 쓰는 세 사람의 한 패.

한켠 어느 한 방향을 가리키는 말. **한타랑** 동일한 범주에 속하는 대상.

한탄하다 원통하거나 뉘우치는 일이 있을 때 한숨을 쉬며 탄식하다.

한탕 한 차례. **한터** 넓은 빈터. **한테** '에게'보다 더 구어적이다.

한통속 서로 마음이 통하는 동아리. **한통치다** 나누지 아니하고 한곳에 합치다.

한파수 여러 번 있는 일에서의 어느 한 번. 또는 어느 한 동안.

한팔접이 팔씨름에서, 한쪽 팔을 쓰지 않고도 능히 상대할 수 있는 실력.

한포국하다 흐뭇하게 가지다. **한풀** 한창 올라서 좋은 풀기.

한훅큼 한 웅큼. **할갑다** 낄 물건보다 낄 자리가 꼭 맞지 않고 조금 크다.

할경 남의 떳떳하지 못한 지체를 드러내는 말.

할끔하다 곁눈으로 살그머니 한 번 할겨 보다. '할금하다'.

할기족족 할겨 보는 눈에 못마땅하거나 성난 빛이 드러나 있는 모양.

할길없이 어떻게 할 도리 없이. '하릴없이'.

할딱하다 얼굴이 파리해지고 핏기가 없다. 야위다. 해쓱하다. 초췌하다.

할랑할랑 몹시 할가와서 자꾸 흔들리다.

할림새 남의 잘못을 몰래 일러바치는 사람. 헤미새. 촉새.

할매단지 가을에 제일 먼저 거둔 햇곡식을 넣어 모시는 단지.

할맨교 인사말. "할머니, 어서 오십시오.", "할머니, 평안하십니까?"

할맴 '할머니'의 높임말. '할머님'. **할무대꽃** 할미꽃.

할무이 손자·손녀, 또는 젊은이가 할머니를 지칭하거나 부르는 말.

할미 '할맴'의 낮춤말. 할머니가 손자, 손녀에게 자신을 이르는 말.

할박割剝 탐관오리가 백성의 재물을 강제로 **빼앗음**. 박할.

할애비 '할아버지'의 낮춤말. 할아버지가 손자녀에게 자신을 이르는 말.

할쭉하다 야위다. 여위다. 파리하다. 마르다. 데꾼하다. 수척하다.

할퀴다 손톱이나 날카로운 물건으로 긁어 상처를 내다. 까래비다.

핥다 혀가 물체의 겉면에 살짝 닿으면서 지나가게 하다.

함만 일단 한 차례만. '한번만'. **함박살** 허벅지의 살.

함부레 조심하거나 생각하지 아니하고 마음 내키는 대로 마구. '함부로'.

함부로덤부로 마음 내키는 대로 마구. 대충대충.

함뿍 분량이 넉넉하거나, 물이 배도록 몹시 젖은 모양. '흠뻑'.

함씬 꽉 차고도 남을 만큼 넉넉한 상태.

함실 부넘기가 없이 불길이 그냥 곧게 고래로 들어가게 된 아궁이 구조.

함실방 함실구들을 놓은 방. **함실코** 입천장과 맞뚫린 코.

함안 함안군. 이라가야 지역. **함영** 자맥질. **함지땅** 움푹 꺼진 땅. '분지'.

함지박 통나무의 속을 파서 큰 바가지같이 만든 그릇. 전이 없다. 방티이.

함진애비 신랑 집에서 신부 집에 보내는 함을 지고 가는 사람. '함진아비'.

함초롬하다 가지런하고 곱다. **함치르르하다** 반지르르 윤이 나는 상태이다.

함함한 소담하고 탐스럽다. '함함하다'. **합두망** 하더군요. **합뜨리다** 아주 합치다.

합씬 아주 넉넉하거나 물에 푹 젖은 모양. '흠씬'. **합연** 갑자기 되는 모양.

합자 홍합. **합죽선** 얇은 겉대를 맞붙여서 살을 만들어 접었다 폈다 하는 쥘부채.

합죽하다 이가 빠져 입술과 볼이 오므라져 있다.

합창合瘡 생채기에 새살이 차서 아무는 것. **합창갱이** 한군데로 들어붙다.

핫것 솜을 두어서 만든 옷이나 이불 따위를 통틀어 이르는 말.

핫길 하등의 품질. **핫뿔** 아랫도리 지체. 하천下賤한 것.

핫아비 아내가 있는 남자. (홀아비의 반대)

핫옷 안에 솜을 넣어서 지은 옷. **핫저고리** 솜을 넣어서 만든 저고리.

핫퉁이 철 지난 뒤에 솜옷을 입은 사람을 낮잡아 이르는 말.

항가하다 겨를이 생겨 여유가 있다. **항것** 종·머슴들이 모시는 주인.

항곡천류 시골에 사는 비천한 계층. **항골래** '방아깨비'. 항글레, 항글레비.

항로 배가 지나 다니는 바닷길. / 비행기가 통행하는 하늘 길.

항아님 달 속에 있다는 전설 속의 선녀. **항아리손님** '볼거리'를 달리 이르는 말.

항애장사 바늘·실 등 잡살뱅이 물건을 팔러다니는 사람. '방물장사'.

항정 소, 돼지, 개 따위의 목덜미. **항정없다** 끝이 없다. '한없다' 항젱없다.

해까닥 아주 가볍게. **해갈이** 과일나무가 한해 씩 건너서 열매를 여는 것.

해감 흙과 유기물이 썩은 찌꺼기. **해깨비** 경솔한 사람. 해끼비.

해껏 해가 넘어갈 때까지. **해꼬지** 남을 해치고자 하는 짓. '해코지'. 해꾸지.

해꼴리다 음식이 당긴다. **해귀당신** 얼굴이 해바라지고 못하게 생긴 사람.

해그다 잇따라 그렇게 하다. **해그름** 해가 서쪽으로 넘어가는 때. '해거름'.

해근 피부의 털구멍 따위로 화농성 균이 들어가서 생기는 염증의 뿌리.

해금내 바닷물에서 흙과 유기물이 썩은 찌꺼기의 냄새. '해감내'. 해굼내.

해끔하다 빛깔이 조금 희고 깨끗한. 반반하게 생기다.

해끗다 해맑고 깨끗하다. 해기 이삭이 달린 줄기. '홰기'.

해나 어쩌다가 혹시. '행여나'. 해나절 어둑어둑해질 무렵. 해거름. 해으름.

해낙낙하다 마음이 흐뭇하여 기쁜 빛이다.

해동갑 일이나 길을 갈 때에 해가 질 때까지 금 긋다.

해딴에 해가 있는 낮 동안에. 해똑똑이 헛똑똑한 것.

해득하다 뜻을 깨쳐 알다. 해뜩하다 보기에 해끔하고 훤하다.

해락 결정적인 판단을 하거나 단정을 내릴 수 있는 능력. '결단력'

해롭다 해가 되는 점이 있다. 해롭잖다 해롭지 않다. 괜찮다.

해루 얼마쯤 비어서 허술하거나 허전하다. '허루하다'. 허루虛漏.

해망쩍다 영리하지 못하고 아둔하다. 해매 요사하고 간악한 기운.

해머리 '햇무리'. 해매, 해물. 해미세 실지로 드러나는 행동. '행실', 행세.

해바라지다 어울리지 아니하게 조금 넓다.

해반닥거리다 물고기가 몸을 자꾸 반득이다.

해반드르르하다 이치에 맞게 꾸며 대어 그럴싸하다.

해반주그레하다 얼굴이 해말쑥하고 겉보기에 반반하다.

해분 해갈이 과일 나무가 열매가 적게 달리는 해. 해뻐면 하면, 한다면.

해불실하다 해 버릇하다. 해사하다 얼굴이 희고 곱다랗다.

해싸티이 '하더니'의 해 쌓더니. 해쌓다. 해선 가리비. 조개.

해설피 해질 무렵 햇빛이 옅은 모양. 해소수 한 해가 조금 지나는 동안.

해악질 모질고 나쁜 행동을 하는 일을 낮잡아 이르는 말. '행악질'.

해안 한해 안. 해 넘기기 전. 해액 해가 되는 나쁜 일. '해악害惡'.

해어화 '말을 알아듣는 꽃'이라는 뜻으로, 기생을 일컬음.

해여 어쩌다가 혹시. '행여나'. 해오라기 뚱뚱하며 다리가 짧다. 해오리.

해우채 노는계집과 어르고 주는 돈. 해웃값.

해읍스름하다 산뜻하지 못하게 조금 하얗다.

해이 긴장이나 규율 따위가 풀려 마음이 느슨함.

해자 일을 하는 데 써서 없어지는 돈. 성 밖으로 둘러 판 못.

해자흥다 돈이나 물자, 시간, 노력을 들이거나 써서 없애다. '소비하다'.

해작거리다 활개를 벌려 가볍게 저으며 걷다.

해재끼다 어떤 일을 빠르고 시원스럽게 끝내다. '해치우다'.

해조음 밀물이나 썰물이 흐르는 소리. / 파도 소리. 해줄기다 '내달리다'.

해종일 하루 종일. 해찰부리다 집적거리다.

해채 흙과 유기물이 썩은 냄새나는 찌꺼기. '해감'. 해태 김. / 게으름.

해포 한 해가 조금 넘는 동안. 해필 '하필'. 핼갛다 '핼쑥하다'.

햇귀 해가 처음 솟을 때 햇빛. 햇덧 해가 지는 짧은 동안.

햇돝 당해에 나서 자란 돼지. 햇물 '햇무리'. 햇볕 '햇볕'. 햇빛. 햇살.

햇살 해에서 나오는 빛의 줄기. 행갈이 글의 줄을 바꿈.

행간 글의 줄과 줄 사이. 행과 행 사이. 숨은 뜻을 비유로 이르는 말.

행감치다 바짝 틀어치는 책상다리 비슷한 앉음새.

행길 사람이나 차가 많이 다니는 넓은 길. '한길'.

행내기 만만하게 여길 만큼 평범한 사람. '보통내기'.

행담 여행할 때 갖고 다니는 도시락. 행리 나들이 때 쓰는 도구나 차림.

행리청 혼례를 치르는 곳. '초례청'. 행망쩍다 주의력이 없고 아둔하다.

행비 걸음을 걸음. 또는 그 걸음. 행사 실지로 드러나는 행동. '행실'.

행상 사람의 시체를 실어서 묘지까지 나르는 가마. '상여喪輿'.

행상머리 '행실'을 속되게 이르는 말. '행실머리'.

행여나 어쩌다가 혹시. '행여'를 강조하여 이르는 말.

행연 들손 벼루. 휴대용 벼루. 행운 좋은 운수. 행이 황소.

행자 먼 길을 떠나 오가는 데 드는 비용. '여비'. 노수, 노자, 길삯.

행장 여행할 때 쓰는 물건과 차림. 행짜 심술을 부려 남을 해롭게 하는 짓.

행주치마 부엌일을 할 때 옷을 더럽히지 아니하려고 덧입는 작은 치마.

행투 행짜를 부리는 버릇. '행티'.

행하行下 품삯 밖으로 더 주거나, 경사가 있을 때 하인에게 주던 금품.

행하다 무슨 일에나 막힘이 없이 다 잘 알아 매우 환하다. '훤하다'.

향교 지방의 문묘文廟와 그에 속한 관립官立 학교.

향기 꽃, 향, 향수에서 나는 좋은 냄새.

향설 향기 있는 눈이라는 뜻으로, 흰 꽃을 이르는 말.

향수 고향을 그리워하는 마음. **향안** 제사 때에 향로나 향합을 올려놓는 상.

허거프다 허전하고 어이없다. **허걸밭을 매다** 여기 저기 헤매고 다니다.

허겁스럽다 당차지 못하고 겁이 많은 데가 있다.

허공잡이 가랑이 사이로 줄을 타고 앉았다 일어났다 하는 줄타기 재주.

허구리 갈비뼈 아래 잘쏙한 부분. 물건의 가운데 부분.

허궁 땅바닥이 움푹 패어 빠지기 쉬운 구덩이. '허방'.

허깨다 집 따위의 축조물이나 쌓아 놓은 물건을 무너뜨리다. '헐다'.

허닥하다 모아 둔 물건이나 돈 따위를 헐어서 쓰기 시작하다.

허당 땅바닥이 움푹 패어 빠지기 쉬운 곳. 아래로 꺼진 땅.

허덕지덕하다 정신을 못 차릴 정도로 힘에 부쳐 쩔쩔매거나 괴로워하다.

허덜푸리하다 야무지지 못하고 싱겁다.

허도행사 헛된 행사. **허두가** 본 소리 앞서 목풀이로 하는 소리.

허드렛일 대수롭잖은 일. **허드재비** 허드레로 쓰는 물건이.

허든거리다 다리에 힘이 없어 중심을 잃고 이리저리 자꾸 헛디디다.

허들시리 마음이 몹시 끌리도록 보기에 풍만하다. '허들지다'.

허들푸리하다 야무지지 못하다. **허래빠졌다** 값이 매우 헐하다.

허령불매 마음자리. 마음이 맑고 영묘하여 모든 것을 밝게 살펴본다.

허룩하다 줄어들거나 없어지다. **허룽거리다** 언행이 경망스럽다.

허류 실물은 없고 장부나 문서상으로 거짓 기록만 남아 있다.

허르스름하다 사람이나 물건이 표준에 약간 미치지 못하다. '허름하다'.

허릅숭이 말투가 미덥지 못하여 믿기 어려운 사람.

허리매 아름답고 보기 좋은 허리 모양새. '허리맵시'. 허릿매.

허리안개 산중턱을 에둘러 싼 안개. **허리짬** '허리춤'. 허리쌈.

허릿말기 치마나 바지 허리에 둘러서 댄 띠. **허릿빵** 허리띠. 허릿바.

향수 鄕愁

정지용 鄭芝溶 (1902~1950)

넓은 벌 동쪽 끝으로
옛이야기 지줄대는 실개천이 회돌아
나가고
얼룩백이 황소가
해설피 금빛 게으른 울음을 우는 곳,
―그곳이 참하 꿈엔들 잊힐 리야.

질화로에 재가 식어지면
비인 밭에 밤바람 소리 말을 달리고,
엷은 조름에 겨운 늙으신 아버지가
짚베개를 돋아 고이시는 곳
―그곳이 참하 꿈엔들 잊힐 리야.

흙에서 자란 내 마음
파아란 하늘 빛이 그립어
함부로 쏜 화살을 찾으러
풀섶 이슬에 함추름 휘적시든 곳,
―그곳이 참하 꿈엔들 잊힐 리야.

전설바다에 춤추는 밤물결 같은
검은 귀밑머리 날리는 어린 누이와
아무렇지도 않고 예쁠 것도 없는
사철 발벗은 안해가
따가운 해ㅅ살을 등에지고 이삭줏던 곳,
―그곳이 참하 꿈엔들 잊힐 리야.

하늘에는 석근 별
알 수도 없는 모래성으로 발을 옮기고,
서리 까마귀 우지짖고 지나가는 초라한 지붕,
흐릿한 불빛에 돌아앉아 도란도란거리는 곳,
―그곳이 참하 꿈엔들 잊힐 리야.

※ 정지용, '그곳이 차마 꿈엔들 잊힐리야', 정지용시선, 깊은샘. 1988

허바리 행동이 얌전치 못하고 덤벙대는 사람.

허발 몹시 굶주려 있거나 궁하여 체면 없이 함부로 먹거나 덤빔.

허벌렁하다 묶거나 쌓은 물건이 버쩍 다가붙지 않다. '서부렁하다'.

허방 땅바닥이 움푹 패어 빠지기 쉬운 구덩이.

허방다리 짐승을 잡으려고 파놓은 구덩이. 허방. 함정檻穽.

허벅지다 모자람이 없이 아주 넉넉하다. 두툼하고 부드럽다.

허벗다 바라든 것이 가망이 없다. **허부래기** '쭉정이'.

허부적거리다 어려운 지경에서 벗어나려고 몹시 애쓰다. '허우적거리다'.

허북하다 느슨하거나 틈이 생기다. '서부렁하다'.

허뻐 옳고 그름이나 형편 따위를 헤아리지 아니하다. '덮어놓고'.

허뿌다 어이없고 허무하다. '허망하다'. **허비다** 날카로운 끝으로 긁어파다.

허사렴 퇴계 이황의 처남. **허섭스레기** 좋은 것을 고르고 난 짜투리.

허성하다 주위에 아무것도 없어서 공허한 느낌이 있다. '허전하다'.

허수룹다 짜임새나 단정함이 없이 느슨한 데가 있다.

허수애비 주관 없이 시키는 대로 행동하는 사람을 이르는 말. '허수아비'.

허수하다 허전하고 서운하다. **허실허실하다** 뭉그러져서, '흐물흐물하다'.

허얼끈 허리띠로 쓰는 끈. '허리끈'. 허얼띠.

허여멀쑥하다 살빛이 허옇고 멀쑥하다. **허여무리하다** 약간 흰 듯 하다.

허영거리다 걸음걸이가 기운이 없어 쓰러질 듯 비틀거리다.

허옇다 다소 탁하고 흐릿하게 희다. **허양벌지** 기댈 곳 없이 너른 들판.

허영허제 헌칠하고 끼끗하고 시원스럽고 엄청난 짓을 하는 사람을 이름.

허우대 겉꼴이 좋고 큰 몸집. 허위대.

허우럭하다 마음이 텅 빈 것같이 허전하고 서운하다. '허우룩하다'.

허울 실속이 없는 겉모양. **허위넘다** 허위단심으로 넘어가다.

허위단심 갈 곳에 이르려고 허우적거리며 매우 애를 씀.

허장 거짓무덤. 가분假墳, 허묘虛墓, 잠장潛葬, 잠매潛埋.

허적거리다 쌓인 물건을 자꾸 함부로 들추어 헤치다.

허전하다 서운하거나 공허한 느낌이 있다. **허재비** 허수아비.

허접스럽다 허름하고 잡스러운 느낌이 있다. **허정** 알뜰한 듯하나 실속은 없음.

허정대다 다리 힘이 없어 비틀대다. **허줄그레하다** 보잘것없고 초라하다.

허줏굿 무당이 되려고 처음으로 신神을 맞아들이는 굿.

허찬 퇴계 이황의 아내 허씨 부인의 친정 아버지.

허챙이 언챙이. **허청** 헛간으로 된 집채. 덧집.

허청허청 힘이 빠져서 걸음이 잘 걸리지 않고 비틀거림.

허출하다 배가 조금 고프다. **허탕** 시도하였다가 아무 소득이 없이 끝난 일.

허턱 아무 생각 없이 문득 나서거나 움직이는 모습.

허텅지거리 매겨진 맞수가 없이 들떼놓고 하는 말. **허퉁하다** 텅 비어 있다.

허튼모 못줄을 쓰지 아니하고 손짐작대로 이리저리 심는 모.

허판 일이 헛되이 되는 것. **허풉하다** 겉만 그럴듯하지 속은 텅 비어있다.

허패 가슴안의 양쪽에 있는, '허파'. **허허롭다** 매우 허전하다.

허희탄식 한숨 지으며 탄식하다. **헌디** 살갗이 헐어서 상한 자리. '헌데'.

헌걸스럽다 풍채가 좋고 의기가 당당한 듯하다.

헌 것 낡고 성하지 아니한 물건. 오래되어 허술한 물건.

헌사롭다 화려한 경치를 생동감있게 표현할 때, '야단스럽다'.

헌수 환갑잔치에서, 주인공에게 장수를 비는 뜻으로 술잔을 올림.

헌심없다 정도에 지나치거나 모자라지 않다. 한심스럽지 않다.

헌트다 흩어지게 하다. '흩트리다'. **헌출하다** 헌칠하다.

헌칠민틋하다 키가 크고 똑고르다. **헌털뱅이** '헌것'을 속되게 이르는 말.

헌튼머리 흐트러져 산발한 머리. **헌함** 누각 따위의 난간이 있는 좁은 마루.

헐각하다 잠시 다리를 쉬다. **헐껍다** '헐겁다'. 헐렁하다.

헐금씨금대다 숨이 차거나 하여 숨소리가 자꾸 매우 가쁘고 거칠게 나다.

헐대다 숨을 자꾸 가쁘고 거칠게 쉬는 소리를 자꾸 내다. '헐떡거리다'.

헐다 저장하여 둔 물건을 꺼내거나 쓰기 시작하다.

헐떡거리다 숨소리가 거칠다. **헐무리하다** 좀 낡았다.

헐미 피부에 나는 종기를 통틀어 이르는 말. '부스럼'. 헌데, 헌디이.

헐수찮다 변변하지 않다. **헐쑥하다** 얼굴이 여위고 핏기가 없다.

헐쓱 정도 이상으로 차이가 나게. '훨씬'. 헐썩.

헐쭘하다 값이 좀 싼 듯하다. '허름하다'. 헐찍하다.

헐추리하다 시장기를 약간 느끼다. **헐치다** 가볍게 하다. 허름하게 하다.

헐ㅎ다 값이 싸다. 헐하다. **헐헐하다** 숨이차서 숨을 고르지 아니하게 쉬다.

헐후하다 대수롭지 않다. **험다리** 흠이 생긴 과인이나 채소.

헙신헙신하다 물렁물렁하여 건드리는 대로 쭈그러지는 듯하다.

헙헙하다 활발하고 융통성이 있으며 대범하다.

헛가게 때에 따라 벌였다 걷었다 하는 가게. 구멍가게.

헛거 기氣가 허하여 없는데 있는 것처럼 보이다. '허깨비'. 헛재비.

헛고함 겁을 주려고 일부러 지르는 소리. **헛꾸엑질** '헛구역질'.

헛기침 인기척을 내거나 목청을 가다듬기 위하여 일부러 기침함.

헛다리짚다 일을 그르치거나 성과 없이 끝나다. **헛띠기** 바라던 바가 허사가 되다.

헛제사밥 제사를 지내지 않고 제사 지낸 것처럼 차려 놓고 파는 밥.

헛목 엉터리 소리. **헛바꾸** 헛도는 바퀴. **헛방** 허드렛 세간을 넣어두는 방.

헛빵 아무 보람이나 실속이 없다. **헛불** 짐승을 맞히지 못한 총질.

헛삶이 모를 심을 생각 없이 그냥 논을 갈아서 써레질하는 일.

헛심 쓸데없는 힘. 보람 없이 써지는 힘. **헛잠** 잔 둥 만 둥 한 잠.

헛장 크게 허통을 치며 떠벌리는 소리. **헛애** 아무 보람 없이 쓰는 애.

헛헛하다 출출해서 무엇이 먹고 싶다. **헝감** '허풍', '엄살'.

헝거풀 천의 조각. '헝겊'. 헝겊때기. **헝클레다** '헝클리다'.

헡다 흐트러지다. 헤듣다. **헤** '입 안으 '혀'.

헤가르다 헤쳐 가르다. **헤갈** 흩뜨려 어지럽힘. 허둥지둥 헤맴.

헤갈때기 허둥지둥 헤맴. 또는 그런 일. '헤갈'.

헤까래 마룻대에서 도리 또는 보에 걸쳐 지른 나무. '서까래'.

헤근대다 꼭 들어맞지 아니하고 벌어져 자꾸 흔들리다.

헤끕다 가벼워지고 말라졌다. **헤딱** 자꾸 언뜻 휘돌아보다. '히뜩'.

헤덤비다 공연히 바쁘게 서두르다. **헤뜨다** 자다가 놀라다.

헤루질 불빛을 비추어 조개나 소라 따위를 잡는 짓.

헤먹다 구멍이 커서 헐겁다. 야무지지 못하고 헤실바실하다.

헤무르다 맺고 끊음이 분명하지 못하고 무르다.

헤미 사람이나 물고기가 물속에서 움직이다. '헤엄'. 헴, 헤엠.

헤비다 일의 내막이나 비밀을 드러나도록 깊이 캐다.

헤살 짓궂게 훼방하는 짓. **헤식다** 단단하지 못하여 헤지기 쉽다.

헤실바실하다 모르는 사이에 흐지부지 없어지다.

헤싱헤싱하다 치밀하지 못하고 허전한 느낌이 있다.

해에나다 힘든 상태를 헤치고 벗어나다. '헤어나다'.

헤우다 한 번 씻은 것을 다시 씻는 것을 이른다. '헹구다'.히우다, 힝구다.

헤일 보람을 얻지 못하고 쓸데없이 한 노력. '헛일'.

헤임 아우나 아랫 사람이 '형님'을 정답게 부르는 말. 헤임, 헹님. 헤임.

헤짜래기 'ㄹ', 'ㅅ', 'ㅈ' 발음을 제대로 하지 못하는 사람. '혀짤배기'.

헤적이다 무엇을 찾으려고 들추거나 파서 헤치다.

헤적헤적 활개를 벌려 거벼이 저으며 걷는 모양.

헤죽대다 흐뭇한 태도로 은근하게 슬쩍 자꾸 웃다.

헤푸다 말이나 행동을 마구 하거나 물건이나 돈을 함부로 쓰다. '헤프다'

헥세 사물을 인식하여 논리나 기준 등에 따라 판정을 내림. '판단', '판정'.

헥시다 속에 든 물건을 드러나게 하려고 젖히다. '헤치다'. 헥셔보다.

헤식하다 탐탁치 못하고 싱겁다. **헨말ㅎ다** 실속 없이 헛된 말. '빈말하다'.

헴판 셈을 놓는 데 쓰는 기구. '수판數板'.

힐끔 곁눈질하여 슬쩍 한 번 쳐다보는 모양. '힐끔'. 힐꿈.

힐끗 눈에 언뜻 띄는 모양. '힐긋'보다 센 느낌을 준다. '힐끗'.

힐쑥하다 얼굴이 여위고 핏기가 없다. '헐쑥하다'.

힐쭉하다 살이 빠져서 몹시 여위다. '헐쭉하다'.

헴 짐작하여 가늠하거나 미루어 생각하다. 또는 근심, 걱정.

헷갈레다 정신이 혼란스럽게 되다. '헛갈리다'.

헷기침 인기척을 내거나 목청을 가다듬기 위해 일부러 기침함. '헛기침'.

헷꾸엑질 게우는 것이 없이 욕지기가 나는 일. '헛구역질'.

헷디디다 발을 잘못 디디다. '헛디디다'.

헷때기 말이나 행동이 조심성 없이 가벼운 사람. 헷뜨기.

헷똑똑이 아는 것이 많아 보이나 정작 알아야 할 것은 모르다. '헛똑똑이'.

헷뜨기 말이나 행동이 조심성 없이 가벼운 사람.

헷바늘 헛바닥에 좁쌀알같이 돋아 오르는 붉은 살. '헛바늘'.

헷소리 실속이 없고 미덥지 아니한 말. '헛소리'.

헷손질 정신없이 손을 휘젓거나 잡지 못하는 손질. '헛손질'.

헹글헹글 입거나 끼우는 것이 커서 들어맞지 아니하고 헐거운 모양.

혀납대기 '혀짤배기', 혀짜래기.　**혀다** '불을 켜다'.

혀아랫소리 잘 들리지 아니하게 입 안의 소리로 하는 말.

혀짜래기 'ㄹ' 받침소리를 잘 내기 못하는 사람을 놀림조로 이르는 말.

혁심革心 과녁 한가운데.　**혁혁히** 공로나 업적 따위가 뚜렷하게.

현미 허령불매한 마음자리로 가 닿을 수 있는 마지막 세계.

현반 물건을 얹어 두기 위하여 벽에 달아 놓은 긴 널빤지. '선반'.

현빈玄牝 '현빈지문玄牝之門'은 여성의 성기性器. '천지의 근원天地之根'이다.

현실 실제로 존재하는 사실.　**현학자** 학식이 있음을 자랑하여 뽐내는 사람.

혈기 격동하기 쉬운.　**혈마** 앞장서서 인도하는 말.　**혈물** '썰물'.

혈소환 고혈압 증세.　**혈이흥다** 전체에서 일부를 줄이거나 빼다. '생략省略'.

혈잇말 단어의 일부분이 줄어든 것. '준말'.

혈혈한 의지가지없이 외로운. 우뚝하게 외로이 선.

혐의 범죄를 저질렀을 가능성이 있다고 봄.

혐의롭다 꺼리고 싫어할 만한 데가 있다. 혐의쩍다.

협금 옷의 장식이나 꾸밈에 쓰려고 금을 입힌 얇은 양가죽. '피금皮金'.

협천남정 합천읍 황강 강변의 함벽루 정자.

협협하다 모험심이 많다. 호기심이 많다.

형극 나무의 온갖 가시. '고난'을 비유적으로 이르는 말.

형상화 어떤 소재를 구체적이고 명확한 형상으로 나타냄.

형편없다 결과나 상태, 내용이나 질 따위가 매우 좋지 못하다. 매란없다.

형화 반딧불. **혬가림** 사물을 헤아리고 판단하는 작용. '생각'.

호號 본명이나 자 이외에 쓰는 이름. 허물없이 쓰기 위하여 지은 이름이다.

호가나다 소문이 나다. 이름이 널리 알려지다.

호갈 호각이나 우레 따위를 통틀어 이르는 말. '호루라기'. 호각, 호그래기.

호강후 송나라의 학자 호안국胡安國. 출처진퇴가 엄격하였다.

호기심 새롭고 신기한 것을 좋아하거나 모르는 것을 알고 싶어 하는 마음.

호다 헝겊을 겹쳐 바늘땀을 성기게 꿰매다. **호당**湖堂 압구정에 있던 독서당.

호동그랗다 호젓하고 홀가분하다. **호둣속** 호두 열매의 속. 복잡하다. 미로.

호드기 버들가지나 밀짚 토막으로 만든 피리. 버들피리. 호대기. 호때이.

호드락바람 공기가 나선 모양으로 일으키는 선회 운동. '회오리바람'.

호들갑스럽다 말이나 하는 짓이 야단스럽고 방정맞다. **호듯하다** 가냘프다.

호락질 가족끼리만 농사를 짓는 일. **호랑불** 호롱에 켠 불. '호롱불'.

호랑새 호랑이처럼 무섭다고, 며느리가 시아버지를 익살스럽게 표현한 말.

허룽하다 말이나 행동을 다부지게 못하고 실없이 가볍고 들뜨게 하다.

호리 매우 적은 분량을 비유적으로 이르는 말.

호리병 가운데가 잘록한 꼴의 병. 술병, 물병으로 쓰임.

호리뺑뺑이 보통 흔히 있는 일. '예삿일', 호리뺑빼이.

호매이 쇠로 만든 ㄱ자 형의 농기구. '호미', 호매.

호매이고기 양미리를 엮어 말리면 호미처럼 구부러진다.

호미씻이 논매기 만물을 끝낸 뒤 온 동네가 하루 즐기는 일. 풋굿.

호박 방앗공이로 찧을 수 있게 돌절구 모양으로 우묵하게 판 돌. '방아확'.

호박건박 애호박을 얇게 썰어 말린 반찬거리. '호박고지'.

호박한량 마음씨가 호탕하고 좋다.　**호발**皓髮 하얗게 센 머리.

호부 '한 겹으로 된' 또는 '하나인, 혼자인'의 뜻. '홑', 호붙

호분차 혼자. 홀로.　**호불애비** 아내를 잃고 혼자 지내는 사내. '홀아비'.

호불이불 홑겹으로 된 이불. 주로 여름에 덮는다. '홑이불'.

호비다 손톱이나 날카로운 물건으로 긁어 상처를 내다. '할퀴다'.

호사 호화롭게 사치함.　**호사바치** 몸치장을 호화롭고 사치스럽게 하는 사람.

호습다 탈것이 흔들려서 즐겁고 짜릿한 느낌이 있다.

호습성 식물이 물기나 습기를 좋아하는 습성.　**호시다** 재미있다.

호야豪冶 성격이 호탕하고 예쁘장함.　**호연지기** 바르고 거침없는 큰 기개.

호열자 콜레라균으로 사망에 이르는 전염병. '콜레라'. 괴질怪疾.

호욕 혹시.　**호의** 친절한 마음씨.　**호인밥** 그릇 위로 높이 담은 밥. '고봉밥'.

호자虎子 변소. 화장실. 뒷간통.　**호작질** 쓸데없이 손을 놀려서 하는 장난.

호잡다 장소가 매우 좁다.　**호장**豪壯 호화롭고 장쾌하다.

호장 여성의 저고리 깃, 끝동, 겨드랑이에 댄 여러 빛깔의 헝겊. '회장回裝'.

호장저고리 회장回裝을 댄 호사롭고 맵시 있는 저고리.

호전걸육 호랑이한테 고기 달란다는 말.

호접몽 나비에 관한 꿈이라는 뜻으로, 인생의 덧없음을 이르는 말.

호젓하다 후미져서 고요하다.　**호좁다** 마음 쓰는 것이 매우 너그럽지 못하다.

호지작거리다 이리저리 젖히거나 뒤적이다. '헤집다'.

호청 요나 이불 따위의 겉에 씌우는 홑겹으로 된 껍데기. '홑청'. 호창.

호팔없다 고단하고 외롭다.　**호푸다** 헝겊을 겹쳐 바늘땀을 성기게 꿰매다.

호함지다 마음이 몹시 끌리도록 소담스러운 데가 있다. '탐스럽다'.

혹가다아 간혹 어쩌다. '간혹가다'.　**혹다래끼** 다래끼 같이 생긴 혹.

혹뿔 얼굴이나 살갗의 표면으로 불룩하게 나온 부분. '혹'.

혼구멍나다 호되게 꾸지람을 듣거나 벌을 받다. '혼꾸멍나다'.

혼돌림 단단히 혼을 내는 일.　**혼뜨검** 혼이 나가게 꾸지람을 하는 것.

혼띔이 단단히 혼냄. '혼띔'.　**혼새미** 혼수를 지고 가는 이. '혼수애비'.

혼솔 온 집안. 홈질한 옷의 솔기.　**혼잡** 소꿉놀이. 소꿉장난.

혼절 정신이 아찔하여 까무러침.　**혼줄나다** 몹시 혼나다.

혼착하다 정신이 한 곳에 집중하여 빠지다.　**혼혼목목ᄒ다** 까마득하다.

홀가분하다 거치적거리지 아니하고 가볍고 편안하다.

홀개 혼례나 제례 때에 의식의 순서를 적은 글. '홀기笏記'.

홀기다 매력으로 남을 유혹하여 정신을 흐리게 하다. '호리다'. 홀게다.

홀때기 바지가랭이가 좁다랗게 다리에 착 달라붙은 것.

홀라당 한꺼번에 속이 드러나도록 벗어지거나 뒤집히는 모양. '홀랑'.

홀라들이다 함부로 마구 쑤시거나 훑다.

홀맺다 풀 수 없도록 단단히 옭아매다.　**홀박** 고스란히 온전하게.

홀보드르르하다 천이 가볍고 매우 보드랍다.

홀아비김치 무나 배추 한 가지로만 담근 김치.

홀아비바람꽃 미나리아재빗과의 흰색 꽃이 피고 씨는 하나로 작다.

홀알 암탉이 혼자서 낳은 수정이 되지 아니한 알.

홀앗이 살림살이를 혼자서 맡아 꾸려 나가는 처지.

홀연히 뜻하지 아니하게 갑자기.　**홀지다** 복잡하지 않고 단순하다.

홀치 쟁기.　**홀치매다** 실이나 끈을 잡아매다. 홀치기.

홀카먹다 남을 유혹하여 정신을 흐리게 하여 호려먹다.

홀캥이 개 따위의 목에 맨 줄. 홀가지, 홀깽이, 홀당가지. 목걸이.

홀키다 무엇의 유혹에 빠져 정신을 차리지 못하다. '홀리다'.

홀태 알이 들지 않아 배가 홀쭉한 생선.　**홀태바지** 가랑이 통이 썩 좁은 바지.

홀태질 곡식을 훑어서 떨던 것으로, 탐관오리들의 학정을 빗댄 말.

홀홀찮다 물건이나 세력 따위가 다루기에 힘에 겹거나 거북하다. '버겁다'.

홀홀히 '가볍게. 대수롭지 않게'.　**홈싹** 차고도 남을 만큼 넉넉한 상태. '함씬'.

홈질 옷감 두 장을 포개어 바늘땀을 위아래로 드문드문 호는 바느질.

홈착거리다 요리조리 자꾸 더듬어 뒤지다.　**홈홈하다** 흐믓한 표정을 띠고 있다.

홉뜨다 눈알을 위로 굴리고 눈시울을 위로 치뜨다.

홋홋하다 딸린 사람이 적어서 매우 홀가분하다.

홍겁먹다 혼이 빠지도록 몹시 겁을 먹다. '혼겁魂怯'.

홍낭홍낭하다 사람의 몸이나 기질이 야무지지 못하여 무르고 약하다.

홍두깨 다듬이질할 때에 쓰는 단단한 나무로 만든 길고 둥근 방망이.

홍두깨생갈이 메마른 땅을 억지로 가는 일. **홍두깨 입혀** 홍두깨질을 해서.

홍두깨흙 수키와가 붙어 있도록 괴는 반죽한 흙.

홍등紅燈 기생집임을 알리는 표시로 대문간에 내걸었음.

홍목댕이 푸른 바탕에 붉은 눈을 수놓은 가죽신.

홍몽둥이 죄인을 때릴 때 쓰던 붉은 칠을 한 몽둥이. 주장매.

홍살문 능, 원, 묘, 궁전, 관아 앞에 세우던 붉은 칠한 문.

홍수 물렁하게 잘 익은 감. '홍시紅柿'. 애라리.

홍심 과녁의 중심에 붉은 칠을 한 부분. **홍양홍양** 부드럽고 몰랑몰랑한 느낌.

홍역 홍역 바이러스가 일으키는 급성 전염병, 한 번 앓으면 면역 생김. 홍진.

홍재 뜻밖에 재물을 얻음. '횡재'. **홍치이다** 정신이 혼란스럽다. '헷갈리다'.

홍탁 불순물이 섞이어 깨끗하지 못하고 흐림. '혼탁混濁/渾濁/溷濁'.

홑깝내기 겹으로 지을 옷감에서 안감을 끼지 아니한 겉감. '홑껍데기'.

홑벌사람 속이 깊지 못하고 소견이 얕은 사람을 낮잡아 이르는 말.

홑벌이 가정에서 한 사람만이 직업을 가지고 돈을 벎.

홑으로 (세기 쉬운 적은 낱수로) 눈에 띄게. 대수롭지 않게.

홑지다 단순하다. **홑치마** 속에 아무것도 입지 않고 입은 치마.

화 기쁘거나 슬플 때, 화나거나 한탄스러울 때 내는 소리. '허'.

화花 꽃이 피는 식물을 통틀어 이르는 말. 도리행화桃梨杏花.

화가미치다 피해가 번져서 가닿다. **화근내** 어떤 것이 타서 나는 냄새. '탄내'.

화내다 몹시 노하여 화증火症을 내다. **화냥년** '화냥'을 속되게 이르는 말.

화닥질 몹시 못마땅하거나 언짢아서 나는 성. '화禍'를 속되게 이르는 말.

화당당하다 놀라거나 다급하여 어찌할 바를 몰라 하다. '당황스럽다'.

화동이 불을 담아서 화로로 쓰는 동이. **화둑화둑** 열기가 달아 오르는 느낌.

화들짝 별안간 호들갑스럽게 펄쩍 뛸 듯이 놀라는 모양.

화등잔 놀라거나 앓아서 퀭해진 눈. **화디** 등잔을 얹는 기구.

화라지 길게 뻗어 나간 나뭇가지를 땔나무로 이르는 말.

화려하다 환하게 빛나며 곱고 아름답다. **화리** 놋쇠로 만든 여자의 밥그릇.

화보 얼굴이 둥글고 살이 두툼하게 찐 여자. **화사한** 화려하게 고운.

화산 꽃이 많이 피어 있는 산. /화회마을의 주산. /안동의 옛 이름.

화수분 재물을 아무리 써도 줄지 않음을 이르는 설화상의 단지.

화수회 일가들이 친목을 위하여 이룬 모임이나 잔치.

화승대 화승火繩불로 터지게 하여 쏘는 화승총.

화장 저고리의 깃고대 중심에서 소매 끝까지의 길이.

화장하다 화장품을 바르거나 문질러 얼굴을 곱게 꾸미다.

화장걸음 새가 날개를 치는 것처럼 두 팔을 흔들며 걷는 걸음.

화쟁 모순, 대립으로 보여도 그 본질은 다르지 않다는 원효의 불교 사상.

화제 사람들에게 알려진 이야깃거리. **화창하다** 날씨가 온화하고 맑다.

화초담 여러 가지 빛깔로 글자나 무늬를 놓고 치레한 담장.

화천 화천에서 흘러내리는 시내. **화치다** 물결에 의하여 배가 좌우로 흔들리다.

화택 번뇌와 고통이 가득한 이 세상.

화톳불 장작 따위를 한군데 수북하니 쌓아놓고 질러놓은 불.

화투 부엌 앞에 흙과 돌로 쌓은 불씨를 보관하는 화로.

화포花浦 내성천의 꽃내 나루 / 삼학사 홍익한洪翼漢의 호.

확 방앗공이로 찧을 수 있게 돌절구 모양으로 우묵하게 판 돌.

확신 굳게 믿음. **확인** 틀림없이 그러한가를 알아보거나 인정함.

환 아무렇게나 그리는 그림. **환생** 다시 태어남. **환쟁이** '화가'를 낮잡은 말.

환질ㅎ다 맞바람에 돛이 비끼게 하며 나아가게 하다.

활 동작이나 행동이 조금 크고 활기차며 거침없는 모양.

활개걸음 두 팔을 힘차게 내저으며 걷는 걸음.

활고재 활의 양 끝머리 또는 생식 기관이 불완전한 남자. 고자鼓子.

활기차다 힘이 넘치고 생기가 가득하다. **활대** 돛 위에 가로 댄 나무.

활대장승 커다란 장승처럼 키가 매우 크다.

활도고리 틈이 가거나 뒤틀린 활을 바로잡는 틀. '도지개'.

활머기다 활에 화살을 장전하다.

활머리 어여머리의 맨 위에 얹던 다리를 튼 것과 같이 만든 큰머리.

활벌이줄 연鳶 머리에 활시위 모양의 벌이줄. **활브리우다** 활시위를 벗기다.

활비비 활같이 굽은 나무에 시위를 메워서 구멍을 뚫는 송곳. '활비비'.

활수 돈을 아끼지 아니하고 시원스럽게 잘 쓰는 큰손.

활시울 '활시위'. **활옷** 전통 혼례 때에 새색시가 입는 예복.

활와치 활을 업으로 만드는 사람. '조궁장造弓匠'.

활좀 활의 한가운데 손으로 쥐는 부분. '줌통'. **활죽** 돛을 버티는 살.

활지 '삼태그물'. **활짓다** 활시위를 얹다. **활찌고** 들이 시원스럽게 펼쳐진 모양.

황각 의정부의 별칭으로 재상을 뜻하기도 함. **황강** 합천지역을 흐르는 강.

황골래 '방아깨비'. **황구리** '황구렁이'.

황구월석 '세월이 빠르게 흘러가는 것을 '황구월심'이라 한다.

황금빛들녘 누런빛의 금이라는 뜻으로, 곡식이 익어가는 들녘을 이르는 말.

황당하다 말이나 행동 따위가 참되지 않고 터무니없다.

황덕불 사냥꾼들이 짐승을 막고 추위를 쫓고자 피우던 모닥불.

황망하다 마음이 급하여 당황하고 허둥지둥하다.

황밤 말려서 껍질과 보늬를 벗긴 밤.

황삽사리 색깔이 누렇고 긴 털이 곱슬곱슬한 둥씨개.

황새걸음 긴 다리로 성큼성큼 걷는 걸음.

황새머리 가운데만 남기고 둘레를 모두 밀어낸 머리 꼴.

황새바람 좁은 구멍으로 세게 들어오는 바람.

황소 큰 수소. 미련하거나 기운이 세거나 많이 먹는 사람을 비유로 이른다.

황소고집 몹시 센 고집. **황솨안지** 수컷인 송아지. '황송아지'.

황술레 누렇고 크며 맛이 좋은 배. **황실뢰** 누른빛이 나는 배. 황실리.

황아장수 자질구레한 일용 잡화를 팔러다니는 사람.

황아전 온갖 잡살뱅이를 파는 가게. 화화방荒貨房.

황장목 임금의 관棺을 만드는 데 쓰던, 질이 좋은 소나무.

황전마을 봉화군 내성읍 의성김씨 집성촌. 내성읍의 동쪽 재 너머 마을.

황차 하물며. **황천** 사람이 죽은 혼이 산다고 하는 세상.

황천수 사람이 죽어서 건너는 강. **황칠** 되는대로 마구 칠하다. 환칠.

황토 누렇고 거무스름한 흙.

황혼 술시. 해가 지고 어스름해질 때. **황황한** 마음이 급하여 허둥지둥함.

홰 새나 닭이 올라앉게 가로질러 놓은 나무 막대.

홰기 벼, 갈대, 수수 따위의 이삭이 달린 줄기.

홰뿔 두 뿔이 가로 뻗쳐 홰처럼 'ㅡ' 자 모양을 이룬 짐승의 뿔.

홰치다 닭이나 새 따위가 날개를 치다. 남의 관심을 끄는 행동. 꼬리치다.

홰대 새장이나 닭장 속에 새나 닭이 앉도록 가로지른 나무 막대.

횅하다 막힌 데 없이 시원스럽게 뚫려 있다.

회공 물건의 속이 두려빠져서 텅 빔. **회두리** 여럿이 있는 중에서 맨 끝.

회매하다 옷매무새나 묶은 꼴이 산드러지다. **회목** 손목이나 발목 잘록한 곳.

회바람 돌아다니며 바람을 씌는 것. **회방** 과거에 급제한 지 예순 돌.

회비 술잔을 서로 주고받을 때에 되받은 잔.

회술레 남의 비밀을 들추어내어 널리 퍼뜨리다.

회시 초시에 합격한 후 서울에서 보는 복시. 전시 자격을 줌.

회로리ㅂ룸 '회오리바람'. 돌개바람. 회리바람. 회호리.

회양회양ᄒ다 부드럽고 하늘하늘하다.

회오리바람 팔을 성난 파도처럼 흔들어 대는 춤사위.

회오리봉 작고 뾰족하며 둥글게 생긴 산봉우리.

회자정리 만난 자는 반드시 헤어짐. 모든 것이 무상함을 나타내는 말.

회차 여러 사람이 한곳에 많이 모임. '회취會聚'. 회추, 휘치, 모꼬지.

회창거리다 가늘고 긴 것이 탄력 있게 휘어지며 가볍게 자꾸 흔들리다.

회패 맨 끝 자례. **회포** 마음속에 품은 정情. **회한** 뉘우치고 한탄함.

회혼 혼인한 지 예순 돌. **회회칙칙** 여러 번 단단히 돌려 감거나 감기는 모양.

횟배 회충으로 인한 배앓이. **횡가재** 수평 방향으로 걸쳐지는 구조재. 홰.

횡보다 똑바로 보지 못하고 잘못 보다. **횡하니** 빠른 걸음걸이.

횡횡이치다 몹시 분주하여 어쩔 줄 모르다. **효도** 부모를 기쁘게 하는 도리.

효성 샛별. **후갈기다** 마구 때리다. /글씨를 함부로 마구 쓰다. '휘갈기다'.

후꾸름하다 무어라고 꼬집어 말할 수 없어도 무서운 느낌이 든다.

후끈하게 불이 타오를 때처럼 뜨겁게. **후딱** 아주 빨리 날쌔게 해 내는 꼴.

후달리다 괴로움이나 성가심을 당하다. '시달리다'.

후답하다 일 따위를 맡아서 능히 해내다. '감당하다'.

후대끼다 사람이나 일에 시달려 크게 괴로움을 겪다. '부대끼다'.

후더침 거의 낫다가 다시 더친 병. **후둘레다** '휘두르다'.

후둣가 보내다 닦달하여 쫓아 보내다.

후드래기 풍물놀이에서, 장구재비가 장구를 후드득거리며 빨리 치는 방법.

후들기다 되는대로 막 흔들다. **후렁후렁하다** 크고 넓어서 걸리는 느낌이 없다.

후려갈기다 채찍이나 주먹을 휘둘러 힘껏 치거나 때리다.

후려잡다 휘둘러 쳐서 잡다. **후루매기** '두루마기'. 두루막.

후루루ㅎ다 국물 따위가 진하지 아니하고 매우 묽다. '멀겋다'.

후룩거리다 새가 갑자기 날아가는 소리가 나다. 후루룩거리다.

후름하다 죽이나 미음 따위가 잘 퍼져서 매우 묽다. '훌훌하다'.

후리다 휘몰아 채거나 쫓다. **후리마리** 얼렁뚱땅. 흐리마리하게.

후리이다 남을 꾀어 후리는 일. 또는 그런 솜씨나 수단. 후림을 당하다.

후리하다 몸이 축 늘어질 정도로 아주 힘이 없다. '후줄근하다'.

후리후리하다 키가 크고 늘씬하다. **후무리다** 남의 물건을 슬쩍 훔치다.

후물림 남이 쓰던 물건을 물려받음. **후미** 물가나 산길이 휘어서 굽어진 곳.

후미지다 휘어서 굽어진 곳. 호젓하고 깊숙하다.

후비다 찾으려고 손으로 더듬어 만지다. '훔치다'. 히비다.

후시 바지 위에다 무릎까지 내려오게 껴입는 옷. '슬갑膝甲'.

후시대다 빠르게 서두르다. **후아대다** '휘어잡다'. 후려잡다.

후안무치 뻔뻔스러워 부끄러움이 없음.

후어내다 사람이나 사물에 대하여 강력한 지배력을 가지다. '후려잡다'.

후억하다 조금도 모자람이 없을 정도로 넉넉하여 만족하다. '흡족하다'.

후이 마음 씀씀이나 태도가 너그럽게. 음이 너그럽고 후덕하게.

후적시다 무엇을 찾으려고 들추거나 파서 헤치다. '헤적이다', 힉시다.

후정거리다 자꾸 마구 휘젓거나 뒤흔들어 어지럽히다. '휘정거리다'.

후정후정 돈이나 물건을 낭비하다. **후제** 뒷날의 어느 때. 후께. **후조** 철새.

후줏국 진국을 떠낸 뒤에 다시 물을 부어 두 번째로 떠낸 묽은 액체.

후중 품질이 썩 좋은 소나무로 짠 널. **후짖다** '윽박지르다'.

후지다 품질이나 성능이 다른 것에 비해 뒤떨어지다. **후지르다** 더럽히다.

후지박다 면박을 주어 상대를 주눅 들게 하다. '쥐어박다'.

후쳐내다 쫓아내다. **후추** 다시 장가가서 아내를 맞이함. '후취後娶'.

후치다 강제로 어떤 곳에서 밖으로 내몰다. 내쫓다.

후탈 지나간 뒤에 생기는 탈. **후터분하다** 불쾌할 정도로 무더운 기운이 있다.

후파문하다 (비꼬는 뜻으로) 많고 푸지다. **후품** 뒤로 풍어주는 마음씨.

훅하다 날씨가 풀리다. **훈감하다** 맛과 냄새가 진하다. 푸짐하고 호화스럽다.

훈제 소금에 절인 고기를 연기에 익혀 말리면서 연기 성분을 흡수되게 함.

훈향 훈훈한 향기. **훌** 주저하지 아니하고 결단성 있게 행동하는 모양.

훌근거리다 아니꼬운 기색으로 눈을 자꾸 슬쩍슬쩍 흘기다.

훌근번쩍거리다 눈을 자꾸 함부로 흘기며 번쩍이다.

훌기다 휘몰아 채거나 쫓다. **훌닦다** 휘몰아서 나무라다. 대강 훔쳐 닦다.

훌라들이다 함부로 쑤시거나 훑다. **훌렁하다** 헐거운 듯한 느낌이 있다.

훌레삐쭉하다 불규칙적으로 울퉁불퉁하고 끝이 조금 길게 내밀려 있다.

훌륭 대추를 통째로 삼키듯, 뜻도 모른 채 받아들임을 비유. '홀륜囫圇'.

훌림목 아양 띤 목소리. **훌배다** 주먹이나 회초리로. '후려치다'.

훌뿌리다 업신여겨 함부로 냉정하게 뿌리치다.

훌빈하다 주위에 아무것도 없이 빈공간이 공허한 느낌이 있다. '허전하다'.

훌찐이 땅을 가는 쟁기와 비슷하나 보습 끝이 무디다. '극젱이'.

훌치다 세게 훑다. 훌훌하다 죽이나 미음 따위가 잘 퍼져서 매우 묽다.

훔척거리다 이리저리 자꾸 더듬어 뒤지다.

훔쳐때리다 들이덤비어 여무지게 때리다.

훔치질 논이나 밭을 맨 뒤에 다시 돋은 잡풀을 손으로 뜯어내는 일.

훔훔하다 얼굴에 매우 흐뭇한 표정을 띠고 있다.

훗국 (진국을 우려낸 다음) 다시 물을 부어 끓인 국.

훗근심 어떤 일로 말미암아 뒷날 생기는 걱정과 근심. '후환後患'.

훗발 나중에 나타나는 좋은 기세. 훗배앓이 해산한 뒤 생기는 배앓이.

훗훗하다 갑갑할 정도로 훈훈하게 덥다.

훌닦다 남 흠집이나 허물을 들어 몹시 나무람.

훤화 시끄럽게 떠들다. 훼상 제사를 마치고 제사음식을 치우다.

훼슬레 사람을 함부로 끌고 돌아다니며 우세를 주는 일.

훼절 절개를 깨뜨림. 휑뎅그렁하다 속이 비고 넓기만 하여 몹시 허전하다.

휘 '마구', '매우', '심하게'의 뜻을 더하는 접.

휘갑치다 천이나 멍석, 돗자리의 가장자리를 얽어서 둘러 감아 꿰매다.

휘갑하다 더 이상 말하지 못하도록 마무르다.

휘국시 회국수에 홍어를 얹어 먹는 국수.

휘달리다 급한 걸음으로 빨리 달리거나 바쁘게 돌아다니다.

휘대다 휘젓고 다니다. 휘뚜루 닥치는 대로 대충대충.

휘뚝거리다 넘어질 듯이 뒤뚱거리다. 휘뚝하다 갑자기 위험한 일이 생기다.

휘말리다 어떤 사건이나 감정에 완전히 휩쓸려 들어가다.

휘모리 매우 빠른 박자. 휘묻이 가지의 한끝을 땅에 묻어서 뿌리를 내리게 하다.

휘번덕거리다 눈을 크게 뜨고 흰자위를 자꾸 번득이다. '희번덕거리다'.

휘슈 소용돌이. 휘시널다 쌓인 것을 흩어내어 볕에 널다.

휘적휘적 걸을 때 팔을 몹시 휘젓는 꼴. **휘어붙이다** 남을 굴복하게 하다.

휘얻다 조금 휘어져 뒤로 자빠질 듯 비스듬하다. '휘우듬하다'.

휘오다 휘게 만들다. **휘왕하다** '휘황하다'. 히왕하다.

휘우듬하다 조금 휘어져 뒤로 자빠질 듯 비스듬하다.

휘윰하다 조금 휘어져 있다. **휘좃치다** 휘둘리며 쫓기다.

휘자졌네 꽃이 한창 피어 아름답다. **휘잦기다** 녹음이 짙어지다.

휘장걸음 두 사람이 양쪽에서 한 사람의 팔죽지를 움켜잡고 걷는 걸음.

휘젓하다 후미져서 무서움을 느낄 만큼 고요하다. '호젓하다'.

휘주근하다 옷이 풀기가 빠져서 축 늘어져 있다.

휘지다 무엇에 시달려 기운이 빠지다. **휘지르다** 옷을 구기거나 더럽히다.

휘초낭게 가느다란 회초리나무에. **휘치다** 후치다. 후려잡다.

휘휘하다 무서운 느낌이 들 정도로 고요하고 쓸쓸하다.

휘황하다 정신이 어지럽다. **휜두루쳐** 재빨리 휘갈겨서.

횟손 남을 휘어잡아 부리는 솜씨. **훗발** 뒤로 나타나는 보람이나 효과.

훙뚱항뚱 정신이 쏟지 않고 꾀를 부리며 들떠 있는 꼴.

횟손 남을 휘어잡아 잘 부리는 솜씨. **휴가** 말미. **휴르새** '부엉이'.

흉 상처가 아물고 남은 자국. 남에게 비웃음을 살 만한 거리. 무릿마우리.

흉하다 생김새나 태도가 보기에 언짢거나 징그럽다.

흉하적 남의 결점을 드러내어 말함. **흉헙다** 불쾌할 정도로 흉하다.

흐나므라다 이것저것 나무라다. **흐너지다** 포개져 있던 물건들이 허물어지다.

흐놀다 무엇인가를 몹시 그리면서 동경하다. **흐느기다** 흔들리다.

흐느적 가늘고 긴 물체가 느리게 흔들리는 모양.

흐는히 달빛이 물결에 흐늘거리는.

흐늘거리다 물결 따위가 흥겹게 자꾸 굼실거리다.

흐드러지다 아주 잘 익어서 무르녹다. 흐무러지다. 썩 탐스럽다.

흐드리 흐드러지게. **흐둥하둥하다** 말이나 행동이 실없고 성의가 없다.

흐르니다 흘러가다. **흐름** 한 줄기로 잇따라 진행되는 현상을 이르는 말.

흐락하다 마음의 긴장을 풀어서 흐뭇하고 안락하다.

흐르다 시간이나 세월이 지나가다. **흐리다** 맑지 아니하다.

흐릿이 조금 흐린 듯하다. '흐릿하다'.

흐무지다 매우 흐뭇하다. **흐벅지다** 탐스럽게 두툼하고 부드럽다.

흐붓이 흐뭇하고 뿌듯한 느낌으로.

흐슬부슬하다 차진 기가 없고 부스러져 헤어질 듯하다.

흐워기 윤택하게. **흐웍흐웍ㅎ다** 아주 흡족하다.

흐이 보통보다 더 자주 있거나 쉽게 접할 수 있게. '흔히'. 흦다.

흐지부지 흐리멍덩하게 넘어가거나 넘기는 모양. 시지부지.

흔단 서로 사이가 벌어져서 틈이 생기게 되는 실마리.

흔덕이다 큰 물체 따위가 둔하게 흔들리다.

흔뎅거리다 큰 물체가 위태롭게 매달려 자꾸 흔들리다.

흔드렁거리다 매달려 있는 큰 물체가 좁은 폭으로 가볍게 자꾸 흔들리다.

흔드적거리다 매달려 있는 큰 물체가 천천히 자꾸 흔들리다.

흔들레판 밑바닥이 질퍽하여 빠지면 나오기 어려운 진펄.

흔들비쭉이 변덕스럽고 걸핏하면 성을 내거나 심술을 잘 부리는 사람.

흔연하다 기쁘거나 반가워 기분이 좋다.

흔전만전 조금도 아끼지 아니하고 함부로 쓰는 듯한 모양. 흔전거리다.

흔전하다 넉넉하여 아쉬움이 없다. **흔 줄** 마흔 살.

흔치다 한 곳에 모여 있는 것을 사방으로 흩다.

흔터놓다 흩어 놓다. **흔하다** 보통보다 더 자주 있거나 쉽게 접할 수 있다.

흔흔하다 기쁘고 만족스럽다. **흗다** 모였던 것을 따로따로 '흩다'.

흘개보다 눈동자를 옆으로 굴리어 못마땅하게 노려보다. '흘기보다'.

흘게 숨이 가쁘고 기침이 나며 가래가 심하다. '천식喘息'.

흘구디이 흙구덩이. **흘그산** 흘깃흘깃 보는 것처럼 생긴 눈.

흘근거리다 굼뜨게 느릿느릿 걷거나 행동하다.

흘근다히다 숨이 차서 헐떡거리다. **흘근번쩍거리다** 눈을 자꾸 흘기며 번쩍이다.

흘긔눈 정면으로 보지 못하고 언제나 흘겨보는 사람. '흑보기'.

흘기죽죽하다 흘겨보는 눈에 못마땅하거나 성난 빛이 있는 듯하다.

흘깃할깃하다 가볍게 자꾸 흘겼다 할겼다 하다.

흘미죽죽하다 야무지게 끝맺지 못하고 흐리멍덩하게 질질 끄는 데가 있다.

흘떼기 짐승의 힘줄이나 근육 사이에 박힌 고기.

흘떼기장기 뻔히 질 것을 알면서도 끈질기게 두는 장기.

흘레 생식을 하기 위하여 동물의 암수가 관계를 맺는 일. '교미, 헐레'.

흘레듣다 주의 깊게 듣지 아니하다. **흘리살다** 여기저기 전근하며 살다.

흘림 초벌로 쓴 원고. **흘림흘림** 조금씩 자꾸 사라지거나 없어지는 모양.

흘미죽죽 일을 야무지게 끝맺지 못하고 흐리멍덩하게 질질 끄는 모양.

흘쩍거리다 일부러 걸음을 자꾸 느릿느릿 걷다.

흙감태기 온통 흙을 뒤집어쓴 사람이나 물건.

흙깔이 논바닥에 필요한 성분이 들어 있는 흙을 까는 일.

흙격지 지층과 지층의 사이. **흙구뎅이** 흙을 우묵하게 파낸 자리.

흙내 흙에서 나는 냄새. **흙다리** 긴 나무를 걸치고 그 위에 흙을 덮어 만든 다리.

흙더버기 진흙이 튀어 올라붙은 여러 개의 작은 진흙 방울. '흙투성이'.

흘터놓다 여기저기 난잡하게 물건을 흩어놓다.

흙들이다 논밭을 개량하기 위하여 다른 곳의 좋은 흙을 섞어 넣다.

흙마루 방 문 앞에 좀 높이 편평하게 다진 흙바닥.

흙비 토우土雨. 고운 흙바람. **흙살** 돌이 섞이지 아니한 흙의 부드러운 상태.

흙손 흙일을 할 때에, 겉 표면을 반반하게 하는 연장. '흙칼'.

흙주접 한 가지 농작물만 해마다 심은 탓에 땅이 메말라지다.

흙창 창살의 안팎에 종이를 발라 컴컴하게 만든 창.

흙테미 흙이 한데 모이거나 흙을 한데 모아 쌓은 더미.

흠欠 어떤 물건의 이지러지거나 깨어지거나 상한 자국. '흉'.

흠구덕 남의 흠을 헐뜯어 험상궂게 말함.

흠다리 흠이 생긴 과일이나 채소. **흠빨다** 입으로 깊이 물고 흠뻑 빨다.

흠뻑 분량이 차고도 남도록 아주 넉넉하게.

흠실흠실하다 가벼운 물체가 크게 잇따라 흔들리다.

흠지러기 살코기에 지저분하게 흐늘흐늘 매달린 고기.

흠치르르하다 깨끗하고 번지르르 윤이 나는 상태이다.

흠흠하다 소담하고 탐스럽다. '함함하다'.

흡뜨다 눈알을 위로 굴리고 눈시울을 위로 치뜨다. '홉뜨다'.

훗걷다 휴식을 취하거나 건강을 위해서 천천히 걷다. '산책하다'.

훗놀다 날아 흩어지다. **훗듣다** 떨어져 흩어지다.

훗부르다 이거저것 되는대로 부르다. **흥감하다** 재미있거나 신나는 기분.

흥겨운 매우 흥이나고 즐거운. **흥글방망이놀다** 남의 일을 훼방놓다.

흥클다 한데 뒤섞어 놓아 몹시 어지럽게 하다. '헝클다'.

흥뚱항뚱 정신을 쏟지 않고 들떠 있는 꼴. 흥둥흥둥. 흥뚱거리다.

흥성드뭇 많은 수효가 듬성듬성 흩어져 있는 모양. '겅성드뭇'.

흥을돋우다 흥을 더욱 높여 주다. **흥정바지** 장사꾼. 장사아치.

흥정즈름 '거간꾼'. **흥청망청** 흥돈이나 물건을 마구 쓰는 모양. 흥진망진.

흥챙이 형편없이 무너진 상태. **흥취** 흥과 취미를 아울러 이르는 말.

흥코많다 흔하고 많다. 지천으로 많다. **흥해** 경상북도 포항시 흥해읍.

흩놀며 마구 버릇없이 까불며. **흩어지다** 사방으로 퍼지다.

희갈하다 목마름을 해결하다. **희껍하다** 무게가 가볍다.

희광이 하회 별신굿 탈놀이에 나오는 백정의 탈.

희끄덕하다 어떤 사물의 모습이나 불빛이 선명하지 아니하고 흐릿하다.

희끗거리다 어떤 것이 빠르게 잠깐잠깐 자꾸 보이다.

희나리 덜 마른 장작. 병에 걸려 마른 얼룩이 많은 고추.

희득스그리하다 빛깔이 희면서 탁하고 어둡다.

희뜩 자세히 보지 않은 채 빠르게 지나다.

희떱다 알속은 없어도 겉으로는 호화롭고 마음이 넓고 손이 크다.

희뜩거리다 흰 빛깔이 여기저기 뒤섞이어 얼비치는 꼴. 희뜩희뜩.

희뜩머룩이 실없는 짓을 하여 돈이나 물건을 주책없이 써 버리는 사람.

희로喜怒 기쁨과 노여움을 아울러 이르는 말.

희룸하다 어울리는 맛이 없고 빈틈이 있다. '엉성하다'.

희룽거리다 버릇없이 자꾸 까불다. 희무로 검정과 초록의 중간색.

희미론 희미한. 아리송한. 희번드르르하다 겉모양이 희멀쑥하고 번드르르하다.

희번하다 동이 트며 허연 빛살이 약간 비쳐서 조금 환하다.

희붐하다 날이 새려고 빛이 희미하게 약간 밝은 듯하다.

희살짓는다 험한 일이 그대로 계속된다.

희숭스레하다 산뜻하지 못하게 조금 희다. '희읍스름하다'.

희아리 약간 상한 채로 말라서 희끗희끗하게 얼룩이 진 고추.

희안시럽다 매우 드물거나 신기한 데가 있다. '희한스럽다'. 희안하다.

희안얄궂다 희한하고 얄궂다. 희어슭ㅎ다 해쓱하다.

희연하다 동이 트며 허연 빛살이 약간 비쳐서 조금 환하다. 희번하다.

희영수 남과 실없는 말이나 짓을 함. 희우다 헹구다.

희읍스름하다 썩 깨끗하지 못하고 약간 희다.

희짜뽑다 가진 것이 없으면서 짐짓 분수에 넘치게 굴다.

희자시다 휘젖아지다. 희짓다 남의 일에 방해가 되게 하다.

희치희치 바탕이 드문드문 치이거나 미어진 꼴. 희칠희칠.

희탄 탄식하여 흐느껴 울다. 희학질 실없는 말로 하는 농지거리.

흰골무 고물을 묻히거나 물들이지 아니한 골무떡.

흰그루 지난겨울에 곡식을 심었던 땅.

흰데기 나락을 훑을 때 알곡은 담고, 나머지를 다시 쳐서 나오는 것.

흰돌개 당진 아산 사이의 나루터. 흰멸앳 청미래덩굴.

흰무리 멥쌀가루를 켜가 없게 안쳐서 쪄 낸 시루떡.

흰소리 터무니없이 자랑으로 떠벌리는 말. 희떱게 하는 말.

흰자우 새알이나 달걀 따위의 속에 노른자위를 둘러싼 빛이 흰 부분.

흰재 병들거나 다쳐서 치료를 받아야 할 사람. '환자'. 힌재.

히껍하다 무게가 일반적이거나 기준이 되는 대상의 것보다 적다. '가볍다'.

히구저치다 뽐내어 설치다. **히꿈하다** 조금 희고 깨끗하다. '희끔하다'.

히끔히끔 거볍게 곁눈질로 보는 모양. '힐끔힐끔'. 힐꿈.

히끗 거볍게 슬쩍 한 번 흘겨보는 모양. '힐긋'보다 센 느낌을 준다.

희닥하다 마음에 들지 않아 시답잖다. **히딱** 매우 날쌔게 행동하는 모양.

히마리 어떤 일을 할 수 있는 능력이나 역량.

히물히물 입술을 좀 실그러뜨리며 소리 없이 자꾸 웃는 꼴.

히밀렁하다 맺고 끊음이 분명하지 못하고 무르다. '헤무르다'.

히뭇이 가뭇없이 히죽하게. **히번득거리다** 눈을 크게 뜨고 흰자위를 굴리다.

히부여시름하다 날이 새려고 빛이 약간 밝은 듯하다. '희붐하다'.

히쁘다 씀씀이가 헤프다. **히안얄궂다** 매우 신기하며 야릇하고 짓궂다.

히야 형. 형님, 형님아. **히즈리다** 드러눕다.

히푸다 물건이나 돈을 아끼지 아니하고 함부로 쓰다. '헤프다'.

힐끔거리다 거볍게 곁눈질하여 자꾸 슬쩍슬쩍 쳐다보다.

힐끗거리다 거볍게 자꾸 슬쩍슬쩍 흘겨보다.

힐우기다 근육의 한 부분이 실그러지게 움직이다. '실룩이다'.

힐위다 잡아 빼다. **힐책하다** 잘못된 점을 따져 나무라다. **힐후다** 다투다.

힘꼴 '힘'을 낮잡아 이르는 말. **힘내다** 일이 잘 되도록 힘을 다하다.

힘입다 어떤 힘의 도움을 받다. **힘지다** 힘이 깃들어 있다.

힘차리다 이것저것 알아 셈을 차리다. **힘히미** 쓸모가 없이. '부질없이'.

힝금흐다 한족이 유별나게 길쭉하다.

자갈치에서

소백 준령이 서북西北으로 뻗어 내리고 남동南東이 바다로 둘러싸인 땅, 그 가운데로 젖줄 같은 낙동강이 흐르면서 소백과 지리산 골짜기의 물을 꽃뫼(花山)가 뒤를 받치고 꽃내(花川)가 마을을 휘감아, 안동 하외·영주무섬·예천회룡포를 산태극수태극 어우러져 태고에서 금세今世까지 천장지구天長地久를 이룬 금수강산 경상도.

1533년 퇴계 이황이 안동에서 지리산 쌍계사까지 칠백리 물길을 따라 올랐던 강 언덕 정자에서나 깊은 산골짜기 촌락에서나 억양은 다소 차이가 있으나 못 알아 듣는 말은 없었습니다. 하외별신굿탈춤·예천캥매쿵쿵·밀양아리랑을 비롯하여, 계녀가·사향곡·베틀노래·화전가·회심곡 등 내방가사들은 옛사람들의 삶의 애환이 녹아 있는 '말의 보고寶庫'입니다.

강江은 지역을 가르고 국경이 되기도 합니다. 그러나 낙동강은 지역을 품어주는 강입니다. 낙동강에는 일찍이 조운선漕運船과 소금배가 드나들고 신행길 신부를 태운 꽃가마가 외나무다리를 한들한들 건넜으며 홍수나 가뭄을 걱정하고 왜구를 함께 물리쳤습니다.
최북단 봉화에서 낙동강 하구 을숙도까지 한 나무에서 가지가 벌어지듯이 골짜기마다 낙동강이 연결되어 가야와 신라의 얼이 담긴 경상도말이 끊임없이 강물처럼 흘러왔습니다.

낙동강이 하외를 돌아내리면 곧장 예천군 지보면 대죽리에 '말무덤'이 있습니다. 여러 성씨들이 대를 이어 정답게 살았는데, 사소한 말 한 마디가 씨앗이 되어 싸움이 그칠 날이 없었습니다.
"말 무덤(言塚)을 만드시오." 나그네가 넌지시 던진 말에, 시비의 단초가 된 말을 그릇에 담아 깊이 묻으니, 마을이 평온해졌습니다.

경주의 한 절터에서 발견 된 여인의 웃는 모습을 돋을새김 한 '얼굴무늬수막새'. 유안진 시인은 이 미소를 '법어'라 하였습니다. 아마도 그 '막새기와쪽'은 깨어진 것이 아니라, 부처에 가려진 부분이 아닐까요? 우리의 눈에 부처가 보이지 않을 뿐, 분명 여인은 고통스런 삶의 무게를 짊어지고 구비구비 토함산을 힘겹게 올라 마주 한 본존불의 금강경 설법에 감동한 그 찰라가 어느덧 천년 세월이 흘렀으며, 시인은 그 여인의 미소를 천년씩이나 신라이게 했던 법어라 했습니다.

"봄볕만치나 다사로우십니다. 가을 바람같이나 서늘도 하십니다.
　눈부시지 않게 밝고 맑으십니다. 고요로우십니다 아직도 처음같이."

'말·글·얼'은 서로 다르면서 같은 삼위일체 입니다, 말이 씨가 되어 다툼이 되기도 하고 눈물샘을 자극하기도 합니다. 외래어와 신조어들이 난무하는 오늘날, 표준어를 고집하고 방언을 경시하는 풍조는 이제 아무 의미가 없습니다. 억양, 어조, 적절한 단어 선택으로 상대방을 미소 짓게 한다면 사투리라도 좋습니다.
　박목월은 그의 詩 〈사투리〉에서, "경상도 사투리에는 약간의 풀냄새가 난다. 약간 이슬냄새가 난다. 그리고 입안이 마르는 황토흙 타는 냄새가 난다."고 했습니다.

　소설 《토지》에서, 구천이와 별당아씨가 종적을 감춘 뒤, 서희는 거의 날마다 엄마한테 데려다 달라고 조르고 봉순네는 이를 달랩니다.

"질(길)이 멀어서 애기씨는 걸을 수가 없인께요."
"길상이가 업고 가믄 되잖아."
"그, 그렇기는 하겠소만…생이틀(상여) 같은 호랭이가 두 눈에 화덕 같은 불을 키고 얼래(아기)만 보믄 어흥! 잡아묵을라 안캅니까."

  우리의 고유 언어는 우리 민족 특유의 문화나 정서를 표현하며, 정서적 감수성을 풍요롭게 합니다. 나쁜 말은 사투리가 아니라, 남을 비방하거나 품위 없는 말입니다. 악화가 양화를 구축하듯이 정감어린 말들이 신조어에 조롱 당하거나, 지구환경의 오염으로 생물 종種이 사라지듯이 순수한 우리의 말들이 흔적 없이 사라질 수 있습니다.

  미술사학자 최순우는 '백자 달항아리'의 '흰빛의 세계와 부정형의 원'을 형언하기 어려운 무심한 아름다움에 정이 간다고 했습니다.
  "아주 일그러지지도 않았으며, 더구나 둥그런 원을 그린 것도 아닌 이 어리숙하면서 순진한 아름다움에 정이 간다."
  얼굴무늬 '막새기와쪽의 미소'가 신라의 법어 이듯이, 백자 달항아리는 어리숙하면서 순진한 조선의 얼입니다.

  팔도의 억양이 팔딱이는 자갈치에서, 달빛 하얗게 찰랑이는 섬진강 평사리 《토지》에서, 혹은 청석골 《임꺽정》의 화적패들과 남사당패의 버나·살판·어름·덧뵈기·덜미·얼른, 여섯 뜬쇠들의 막걸리 같이 걸쭉한 말들을 '우리말항아리'에 소담스럽게 담아 보았습니다.

  국어사전의 쓰임은 대체로 '낱말의 풀이'에 있습니다.
  ㉠에서 ㉭까지 '쌍계사 가는 길'을 시 읊으며 걷는 것은 어떨까요?
  제자리 놓고 보면 비대칭도 편안해 진다면 다행입니다.

                          2020년 6월 박대우

그림 **오용길** 이화여자대학교 명예교수 (조형예술대학장)
후소회 회장, 예술의 전당 아카데미 수묵풍경 강좌

엮음 **박대우** (교육부 NEIS 개발팀장1997, 국가인권위원회 인권교육2004)
소설 '쌍계사 가는 길'2017, '시 읊으며 거닐었네'2019.

우리말항아리

★

초판 인쇄일 / 2020년 07월 23일
초판 발행일 / 2020년 07월 30일

★

지은이 / 박대우
펴낸이 / 김동구
펴낸데 / 明文堂
인 쇄 / 천광인쇄
창립 1923. 10. 1
서울특별시 종로구 윤보선길 61(안국동)
우체국 010579-01-000682
☎ (영업) 733-3039, 734-4798, 733-4748
Fax : 734-9209
H.P. : www.myungmundang.net
e-mail : mmdbook1@hanmail.net
등록 1977. 11. 19. 제 1-148호

★

ISBN 979-11-90155-48-9 (03710)

★

★

값 20,000원

젊은 날의 퇴계 이황이 시 읊으며 너던 길

박대우 역사인물소설　오용길 실경산수화

A5판(150mm×210mm)/All Color/368쪽/값 18,000원

쌍계사 가는 길
따라걷기

How many roads must a man walk down Before you call him a man?

꿈(Vision)을 꾸는 사람은, 단 하나의 가능성을 위해 지도에도 없는 곳을 향해 무작정 길을 떠납니다.

밥 딜런은 〈바람에 실려서(Blowin in The Wind)〉라는 그의 노래에서 "얼마나 많은 길을 걸어야 진정한 인생을 깨닫게 될까?(How many roads must a man walk down Before you call him a man?)"를 노래하면서, 통기타를 둘러메고 길을 떠났습니다. 〈쌍계사 가는 길〉은 젊은 날의 시인(퇴계 이황)이 사유와 통찰의 길을 찾아 떠난 고독한 여행이었으며, 그 길 위에서 별처럼 빛나는 詩를 읊었습니다. 눈덮인 도산 골짜기를 떠나 강물이 풀리는 관수루에 오르고, 산수유 꽃피는 가야산을 돌아 곤양까지 여행하면서 민초들의 가난한 삶을 애통해하고, 선인들의 충절에 감동하며, 불의의 권력에 분노하고, 존망이합存亡離合에 가슴아파하며, 별이 빛나는 성산星山의 별티를 넘었고, 가야의 고분에서 꿈을 꾸면서 천릿길을 여행하였습니다. 파울로 코엘료의 소설 〈연금술사〉의 양치기 산티아고는 스페인 안달루시아에서 출발하여 지중해를 건너고 사막을 횡단하여 이집트의 기자 피라미드까지 여행하면서 양치기에서 장사꾼으로, 사막을 횡단하는 대상에서 전사로, 매번 자신을 둘러싼 상황에 따라 변신하지만, 꿈을 포기하지 않음으로써 우주의 신비인 연금술의 원리를 찾았습니다. 〈산티아고 순례길〉은 남프랑스의 생 장 피드포르에서 시작되어 스페인 북서쪽 산티아고 데 콤포스텔라 대성당 야곱의 무덤에 이르는 약 700km의 길입니다.

청량산에서 벚꽃 피는 쌍계사까지의 〈퇴계의 너던 길〉은 서른세 살의 무관無冠의 처지에 한 무명 시인으로서 생애 가장 자유로운 여행이었습니다. 이 길은 낙동강을 따라서 걷다가 옛 가야의 땅으로 들어가 통영대로를 거치는, 퇴계의 詩 흔적을 찾아서 걷는 우리의 문화유산 순례길입니다.

明文堂　영업 733-3039/734-4798　편집 733-4748　FAX 734-9209
www.myungmundang.net　mmdbook1@hanmail.net

시 읊으며 거닐었네 ① 신화의 땅

소설 '쌍계사 가는 길'은 사별한 아내를 위한 詩〈梅花〉를 중심으로 엮은 퇴계의 지고지순한 러브 스토리입니다. 작가는 퇴계가 '시 읊으며 거닐었던 길'을 '순례길'로 정하고, 가는 곳마다 詩를 읊고 은근한 이야기를 속살거립니다.

도산서원은 퇴계의 덕행을 기리고 추모하는 공간이며, 퇴계의 사상을 시대정신에 맞게 구현하는데 목적이 있습니다.

2019년 봄, 퇴계 선생 마지막 귀향길(1569년) 450주년을 맞아 서울에서 도산서원까지 320km를 걷고 시를 읊었습니다. 인간성 상실과 갈등의 시대에 퇴계의 실천 철학이 필요한 때입니다. 젊은 시절의 이황이 '시 읊으며 걸었던 청보리밭 길은 청정의 길이요 희망의 길입니다.

박대우 글·오용길 그림 / 150×210판형 / 372쪽 / 값 **18,000**원